Johannes P. Heymann

CAMPINGBUSSE SELBERMACHEN

Wohnmobil-Eigenbau von A–Z

Motor buch Verlag

Einbandgestaltung: Katja Draenert

ISBN 3-613-02111-0

1. Auflage 2001
Copyright © by Motorbuch Verlag,
Postfach 103743, 70032 Stuttgart.
Ein Unternehmen der Paul Pietsch-Verlage GmbH & Co.

Lektorat: Joachim Kuch
Reproduktionen: PHG Lithos, 82152 Martinsried
Innengestaltung: Marit Wolff
Druck: Rung-Druck, 73033 Göppingen
Bindung: E. Riethmüller, 70176 Stuttgart
Printed in Germany.

INHALTSVERZEICHNIS

1. EIN PAAR INFORMATIONEN VORAB . . . 8

1.01 Urlaub nach Maß 8
    (a) Die Vorteile 8
    (b) Die Nachteile 10
1.02 Selbst ist der Mann 10
1.03 Das Buch als Helfer 11
1.04 Häuslebau für Heimwerker 13

2. DAS BASISFAHRZEUG 14

2.01 Grundsätzliche Überlegungen 14
    (a) Der Einsatzbereich 14
    (b) Das Fahrzeug 17
    (c) Platzfragen 18
    (d) Die Ausbaumöglichkeiten 18
    (e) Die Kosten 18
    (f) Die Fahrzeugwahl 20
    (g) Das Nutzlastproblem 21
    (h) Die Motorisierung 23
    (i) Die Extras 24
    (j) Der Platzbedarf 24
    (k) Fenster und Türen 25
    (l) Der Wiederverkaufswert 27
    (m) Noch ein paar Tips 28
2.02 Thema Sicherheit 28
    (a) Zusätzliche Schutzmaßnahmen 28
    (b) Persönliche Sicherheit 29
2.03 Neufahrzeuge 30
    (a) Mehrausstattungen 31
    (b) Minderausstattungen 34
2.04 Gebrauchtfahrzeuge 35
    (a) Der erste Eindruck 35
    (b) Die Karosserie 36
    (c) Das Fahrgestell 36
    (d) Das Innenleben 37
    (e) Die Vorabkontrolle 38
    (f) Der Verbrauchstest 38
    (g) Die Probefahrt 38
    (h) Die Nachkontrolle 39
    (i) Der Gebrauchtfahrzeug-Markt 40
2.05 Aufarbeitung gebrauchter Fahrzeuge 40
    (a) Vorarbeiten 41
    (b) Dellen und Löcher 41
    (c) Weitere Arbeiten 42
    (d) Rostbekämpfung 43
    (e) Die Fahrzeugtechnik 44
    (f) Feinarbeiten 44
    (g) Arbeiten im Innenraum 44

3. DIE PLANUNG 46

3.01 Bestandsaufnahme 46
    (a) Das Reserverad 46
    (b) Weitere Grundausstattung 47
    (c) Ein paar grundsätzliche
       Hinweise 47
    (d) Der Wohnbereich 49
3.02 Aufmaß und Entwurf 50
    (a) Das Aufmaß 50
    (b) Der Entwurf 56
    (c) Der 1:1-Entwurf 56
    (d) Der 1:20-Entwurf 58
    (e) Körpermaße 58
    (f) Zweckmäßige Möbelanordnung 59
    (g) Die Fahrzeughöhe 68
3.03 Der endgültige Plan 71
    (a) Praktische Entwurfskontrolle 71
    (b) Die Möbelbefestigung 73
    (c) Die Plan-Zeichnung 77

4. DER GRUNDAUSBAU 79

4.01 Arbeitsplatz und Werkzeug 79
    (a) Der Arbeitsplatz 79
    (b) Das Werkzeug 81
    (c) Materialfragen 83
4.02 Fahrerhaus und Durchgang 85
    (a) Das Fahrerhaus 85
    (b) Der Durchgang 90
4.03 Stehhöhe im Fahrzeug 96
    (a) Das Hochdach 96
    (b) Das Hubdach 102
    (c) Das Aufstelldach 103
    (d) Das Klappdach 104
    (e) Das Sonderdach 104
4.04 Der Fußboden 105
    (a) Der Rostschutz innen 106
    (b) Die Dämmschicht 106
    (c) Die Bodenplatte 108
4.05 Fenster und Türen 110
    (a) Fenster 110
    (b) Fensterzubehör 128
    (c) Türen 131
4.06 Luken, Klappen und Öffnungen 132
    (a) Gas-Vorratskasten 133
    (b) Gasheizung 135
    (c) Boiler, Kühlschrank usw. 136
    (d) Gasherd und Backofen 136
    (e) Sonstiges 136
    (f) Lüftungsklappen 136
    (g) Dachluken 137
    (h) Weitere Durchbrüche 141
4.07 Das Isoliermaterial 142
    (a) Schaumstoff 142
    (b) Schaumgummi 143
    (c) Hartschaum 143
    (d) Glas- und Steinwolle 143
    (e) Dämmplatten 144
4.08 Die Wände 144
    (a) Die Wandverkleidung 147
    (b) Die Dampfsperre 151
4.09 Das Dach 153
    (a) Problemzonen 153
    (b) Die Isolierung 155
    (c) Befestigung
        der Dachverkleidung 156

5. DIE INSTALLATIONEN 159

5.01 Rohrleitungen und Kabel 159
    (a) Leitungsplanung 159
5.02 Bordelektrik 161
    (a) Allgemeines 161
    (b) Autoelektrik 162
5.03 Die Schwachstromanlage 162
    (a) Die Stromversorgung 164
    (b) Stromverteilung 166
    (c) Stromverbraucher 170
    (d) Zusätzliche Energiequellen 171
5.04 Starkstromanlagen 173
    (a) Die Minimalanlage 173
    (b) Stromverteilung 173
    (c) Geräteanschluß 175
    (d) Zusätzliche Energiequellen 175
5.05 Elektronik 176
5.06 Gasversorgung 177
    (a) Die Bestimmungen 178
    (b) Die Gasbevorratung 179
    (c) Die Gasverteilung 184
    (d) Gasverbraucher 186
    (e) Prüfung der Installation 189
5.07 Heizung – Kühlung – Lüftung 190
    (a) Die Heizung 190
    (b) Die Kühlung 197
    (c) Die Lüftung 200
5.08 Wasser und Abwasser 202
    (a) Wasserbevorratung 202
    (b) Fördereinrichtungen 206
    (c) Wasserleitungen 208
    (d) Armaturen 210
    (e) Sanitärobjekte 211
    (f) Warmwasserbereitung 212
    (g) Abwasseranlagen 214
    (h) Zweckmäßige Wasserversorgung . . . 214

6. DIE EINRICHTUNG 218

6.01 Möbelbau im Campingbus 218
    (a) Die Werkstoffe 218
    (b) Eckverbindungen 219
    (c) Türen und Klappen 223
    (d) Schubladen 227

(e) Schlösser und Verschlüsse 228
(f) Möbellüfter 229
(g) Sonstiges 230
6.02 Schränke und Staufächer 231
(a) Die Zwischenwände 231
(b) Die Schablonenmethode 232
(c) Die Rastermethode 235
(d) Zuschnitt und Montage 236
6.03 Sitz- und Liegemöbel 246
(a) Die Sitzhöhe 246
(b) Konstruktive Einzelheiten 249
(c) Zusatz-Bettenbau 255
6.04 Tische 259
6.05 Die Küche 261
(a) Praxismaße 263
(b) Das Umfeld 264
6.06 Dusche, Waschraum und WC 268
(a) Der Waschschrank 268
(b) Der Waschraum 269
(c) Die Duscheinrichtung 273
(d) Das Toilettenproblem 274
6.07 Abschlußarbeiten 276
6.08 Polster, Teppiche und Gardinen 279
(a) Polster 279
(b) Teppiche und Bodenbeläge 281
(c) Wandbeläge 282
(d) Gardinen, Vorhänge usw. 283
(e) Ein wichtiger Hinweis 283

7. DIE ZULASSUNG 284
7.01 Campingbus und TÜV 284
(a) Fahrzeug- und Aufbauart 285
(b) Gesamtfahrzeug 285
(c) Festigkeit von Wohnaufbauten 286
(d) Werkstoff für Aufbauten 286
(e) Kommunikation zum Fahrerhaus . . . 286

(f) Zugänge / Einstiege 286
(g) Fluchtwege / Notausstiege 286
(h) Fenster 287
(i) Scheiben 287
(j) Mindestausstattung
für den Wohnteil 287
(k) Verletzungsrisiko 287
(l) Sitze 287
(m) Sicherheitsgurte und
Verankerungen 287
(n) Fußbodenbelag 288
(o) Belüftung im Fahrzeug 288
(p) Stand- und Zusatzheizungen 288
(q) Flüssiggasanlagen 288
(r) Elektrische Installation 288
(s) Besonderheiten 288
7.02 Campingbus und Versicherung 290
7.03 Campingbus und Zulassung 292

8. SICHERHEIT AUF REISEN 293
(a) Ein paar Tips vorab 293
(b) Alarmanlagen 294
(c) Was tun im Notfall? 294
(d) Allgemeinen Reisetips 295
8.02 Ein paar Worte zum Schluß 295

ANHANG 297
Erste Einrichtungsskizzen 297
Einige wichtige Grundriß-Rohmaße 298
Wichtige Rohmaße
von Fenstern und Türen 299
Wichtige Roh-Innenmaße
im Fahrzeugquerschnitt 300

1 EIN PAAR INFORMATIONEN VORAB

1.01 Urlaub nach Maß

Seien Sie bitte einmal ehrlich zu sich selbst: War Ihr voriger Urlaub ein Urlaub im eigentlichen Sinn? War es Erholung? Was war denn mit dem Hotelzimmer? War das wirklich so gut gelegen und nett eingerichtet wie im Hotelprospekt abgebildet? War die Bedienung freundlich, das Essen vorzüglich, der Hotelpreis angemessen? War der Strand wirklich so romantisch, menschenleer und feinsandig wie auf dem bunten Plakat im Reisebüro? War das Meerwasser wirklich so klar, daß man bis zum Grund gucken konnte? Und wie war das denn mit dem Wetter im Urlaub? Gab es wirklich immer nur eitel Sonnenschein? Jeden Tag? Wenn Sie das alles aus vollem Herzen bejahen können, waren Sie dieses Jahr ein ganz seltener Glückspilz..., aber sind Sie auch sicher, daß es nächstes Jahr noch genau so ist?

Natürlich gibt es kein absolut sicheres Patentrezept gegen jeden Ärger, den man im Urlaub erleben kann. Aber es gibt doch ein recht wirksames Mittel, um Urlaubsstreß einigermaßen zu vermeiden. Das Zauberwort heißt: Campingbus.

(a) Die Vorteile

Mit einem Campingbus können Sie jederzeit da Urlaub machen, wo es Ihnen gefällt! Ohne Hotelbuchungen oder Stornogebühren, ohne Streß und ohne Hetze, ohne Fahrpläne, ohne Sprachschwierigkeiten und ohne Ernährungsprobleme. Sogar ohne Wetterprobleme, denn Sie können jederzeit da hin fahren, wo das Wetter besser ist, wo die Landschaft schöner ist oder die Leute netter zu Ihnen sind! Individuelle Reisen abseits vom Massentourismus sind auch heute noch mit einem eigenen Wohnmobil jederzeit zu verwirklichen!

Ihre Garderobe hängt griffbereit im Kleiderschrank, Ihre Zahnbürste ist ebenso am gewohnten Platz wie Ihr Rasierapparat, der Wein steht gut temperiert im eigenen Kühlschrank, und Sie können in der eigenen Küche ebenso rasch einen starken Mokka brauen wie ein Menü kochen oder eine spezielle Diät. Im Hotel wissen Sie doch nie, wer vor Ihnen das Bett oder die Toilette benutzt hat, ob das Geschirr sauber gespült ist oder ob der Koch sich vor der Essensbereitung die Hände gewaschen hat.

Im eigenen Campingbus weiß man nicht nur das, sondern man hat auch noch eine ganze Menge weiterer Vorteile. Dieses ganz persönliche Hotel steht immer genau in der Urlaubsgegend, die Ihnen am meisten zusagt. Das eigene Hotel auf Rädern ist nur auf Ihre eigenen Bedürfnisse zugeschnitten. Es hat die richtige Bettgröße, die bequeme Matratze, die gewohnte Bettdecke und nicht zuletzt die gemütliche Sitzecke. Auch eine eigene kleine Dusche, eine hygienische Toilette und eine saubere Küche ist vorhanden. Sogar die Leseleuchte sitzt da, wo man sie immer gern hat. Und die Stereoanlage oder der Fernseher, nach Wunsch eingebaut, wird nicht so leicht in dieser Ausführung in einem »normalen« Hotelzimmer zu finden sein.

Dieses Minihotel, das mit allen Schikanen eingerichtet ist, ist noch dazu fahrbar, kann auf fast jedem

Parkplatz abgestellt werden und ist nicht nur für den Sommer- oder Winterurlaub startklar, sondern kann an jedem Wochenende zu einem Kurzurlaub eingesetzt werden. In der Woche läßt sich damit gut beim nächsten Supermarkt vorfahren, wenn Großeinkäufe auf dem Programm stehen. Ein antiker Bauernschrank läßt sich notfalls ebenso im Fahrzeug verstauen wie ein defekter Kühlschrank oder Fernseher, wenn es einmal darum geht, solche Dinge transportieren zu müssen.

Der Campingbus kann auch als perfekt eingerichtetes Gästezimmer herhalten, wenn überraschend mehr Besuch kommt als erwartet. Oder wenn der Besuch unbedingt in der Nähe des berühmten Domes oder Rathauses oder einer anderen Sehenswürdigkeit übernachten will. Man kann sein eigenes

Abbildung 1: Der Neufahrzeugkauf.
Große Hecktüren, ebener Fahrzeugboden, relativ gerade Wagenwände und möglichst noch Stehhöhe im Wageninneren sind ideale Voraussetzungen für den Ausbau zum Campingbus. Die kleinen Radkästen stören den Ausbau nur wenig.

Hotelzimmer auch bei Bekannten vor der Tür aufstellen, wenn man nach einer feuchtfröhlichen Party nicht den Führerschein riskieren will.

Wenn Sie am Bauen sind: Eine bessere Baubude werden Sie kaum finden als Ihren eigenen Campingbus: Sie sind jederzeit mobil, um Zementsäcke oder Sanitärobjekte heran zu holen, um Besprechungen bei schlechtem Wetter im gemütlichen Wohnteil abzuhalten oder nachts den Baustellendieben aufzulauern!

Sie sehen also: So ein eigener Campingbus hat schon eine beachtliche Reihe Vorteile und es gibt noch viel mehr. Darauf komme ich weiter hinten im Buch noch ausführlich zu sprechen.

(b) Die Nachteile

Aber gibt es denn auch Nachteile? Natürlich hat ein Campingbus auch Nachteile. Der größte Nachteil für so ein vielseitiges Fahrzeug ist meiner Ansicht nach sein Anschaffungspreis.

Wer sich ein komplett ausgestattetes Wohnmobil fix und fertig kaufen möchte, muß relativ tief ins Portemonnaie greifen. Ist das Fahrzeug auffallend billig, sollten Sie mißtrauisch sein. Irgendwo ist gespart worden!

- ■ Hat das Fahrzeug konstruktive Mängel (mangelnde Stabilität, minderwertiges Material, Grundrißfehler usw.)?
- ■ Ist das Fahrzeug »simpel« verarbeitet (schludrige Verarbeitung, Paßfehler an Möbelkanten oder Wandverkleidungen usw.)?
- ■ Ist das Fahrzeug unvollkommen eingerichtet (fehlendes Zubehör, unvollständige Ausstattung usw.)?

Aber auch teuere Wohnmobile brauchen noch lange nicht perfekt oder gar vollständig ausgestattet zu sein. Man kann da mitunter sein blaues Wunder erleben, wenn man nicht hellwach ist. Ihnen kann das ja nicht passieren, denn Sie sind durch das Lesen dieser Zeilen darüber informiert, daß es für jeden halbwegs praktisch veranlagten Menschen noch eine preiswertere und, wie ich meine, bessere Methode gibt, einen guten Campingbus zu bekommen! Richtig, ich meine das Selbermachen!

1.02 Selbst ist der Mann

Das Selbermachen hat nicht nur finanzielle Vorteile, sondern man bekommt dabei noch mehr mit auf den Weg:

- ■ Erstens kann man sich seinen Campingbus so einrichten, wie es für die Familie am besten ist oder wie es der persönliche Stil erfordert.
- ■ Zweitens wird man durch das Arbeiten im Fahrzeug auch mit allen Details der Technik rasch vertraut und kann sich im Notfall selbst helfen, wenn mal eine Panne zu beheben ist.

Diese Argumente sollte man nicht unterschätzen. Wenn sie wirklich einmal mit Ihrem Campingbus in einer menschenleeren Gegend herumsitzen und die Wasserversorgung, die Heizung oder die Bordelektrik ist kaputt, dann können solche Eigenbau-Erfahrungen außerordentlich nützlich sein.

Was machen Sie in einem solchen Moment bei einem fertig gekauften Wohnmobil, bei dem Sie weder wissen, wie man an die Wasserversorgung kommt noch wie sie elektrisch angeschlossen ist? Da nützt dann die schönste Garantiekarte herzlich wenig, da muß man schon die Ärmel aufkrempeln und selbst den Fehler suchen. Wie einfach ist es dann, wenn man beispielsweise weiß, wie die Küchenspüle oder der Kühlschrank usw. zu demontieren gehen, wo die Wasserleitung verlegt ist und was dergleichen Fragen mehr sein können!

Aber genug der Probleme. Ich hoffe, Sie überzeugt zu haben, daß der Eigenbau von Wohnmobilen nicht nur finanziell eine interessante Sache ist, sondern daß dieses Hobby auch andere handfeste Vorteile zu bieten hat.

Nun werden Sie vielleicht fragen, wer sich denn Campingbusse selber machen kann, wo doch so viel Technik in diesen Dingern enthalten ist? Meiner Meinung nach kann jeder Campingbusse selber machen, der etwas Heimwerkererfahrung besitzt, über ein paar zweckentsprechende Werkzeuge verfügt und bereit ist, neben den Kosten für ein Fahrzeug und das Material auch einen Teil seiner Freizeit in den individuellen Ausbau eines solchen Campingbusses zu stecken.

So kompliziert, wie sich das mancher Laie oft vorstellt, ist es nämlich nicht! Natürlich erfordern große Wünsche oder aufwendige technische Einrichtungen ein höheres Wissen und Können als eine normale Ausstattung. Aber auch hier hat die rührige Zubehörindustrie in den letzten Jahren Erstaunliches geleistet. Dinge, die noch vor wenigen Jahren selbst in Luxus-Reisemobilen als Sonderausstattung galten, sind heutzutage fast schon Standard und von jedem halbwegs geschickten Menschen im Fahrzeug zu installieren.

Ein Tip

Anstatt Ihnen hier als Bezugsquellen die Adressen von einigen Zubehörfirmen aufzulisten, ist es m. E. für Sie einfacher und vor allem aktueller, wenn Sie sich ein paar Campingzeitschriften aus dem nächsten Zeitschriftenhandel besorgen und dort geeignete Firmenanschriften aus den Inseraten heraussuchen.

Wenn Sie die ersten Kataloge und Prospekte in den Händen halten, werden Sie viel genauer planen und bauen können. Besorgen Sie sich jetzt gleich die ersten Unterlagen! Diese Fülle von Zubehör und Einrichtungsgegenständen, Halbfertig- und Fertigprodukten aus den Katalogen und Zeitschriften ermöglichen es nahezu jedem Interessenten, sich den Wunschtraum nach einem eigenen Campingbus zu erfüllen. Je nach Geschicklichkeit oder finanziellen Möglichkeiten kann man so seinen Campingbus in mehreren Ausbaustufen einrichten, indem zunächst nur das Nötigste eingebaut wird und man die Einrichtung Schritt für Schritt ergänzt.

Wer handwerklich weniger geschickt ist oder sich nur auf einem speziellen Gebiet auskennt, wird dann gern auf die oft recht preiswert angebotenen fertigen Einbausätze der einschlägigen Industrie zurückgreifen und diese in ein günstig erworbenes und gut erhaltenes Fahrzeug einbauen.

Diese Lösung mit fertig erworbenen Einbausätzen ist zwar nicht so preiswert wie von Grund auf selbstgebaute Einrichtungen, aber immer noch besser als der Kauf eines fertigen Wohnmobils, bei dem man an der Einrichtung ja nichts mehr ändern kann.

Wer als Bastler schon über ein paar Grundkenntnisse verfügt und sich nur die fehlerfreie Planung der Ein-

richtung nicht so recht zutraut, der wird vielleicht von den im Handel erhältlichen Einrichtungsplänen und Zeichnungssätzen Gebrauch machen können, die für eine Reihe von Fahrzeugtypen zu bekommen sind. Je nach Fahrzeugtyp erwirbt man den gewünschten Plan, überträgt die angegebenen Maße auf Holzplatten, schneidet die Teile zu und setzt sie zusammen.

Wer bei der Einrichtung eines Campingbusses mit den übrigen Details wie Elektrik, Wasser- oder Gasversorgung usw. Probleme auf sich zukommen sieht, der sollte dennoch nicht die Flinte ins Korn werfen. Erstens kann man mit der Aufgabe wachsen und sich vielleicht in Einzelfragen auch von Fachleuten helfen lassen. Zweitens kann man auf leichter einsetzbare alternative Lösungen zurückgreifen.

Man braucht beispielsweise nicht unbedingt gleich eine elektrische Wasserversorgung, eine mechanische mit Handpumpe tut es auch für die erste Zeit. Und wo vielleicht die Installation eines Gaskochers Probleme bereitet, kann man sich von einem zugelassenen Installateur helfen lassen. Ich will damit sagen, daß sich im Laufe der Ausbauarbeit und beim Studium dieses Buches auch für den technisch nicht so Versierten fast immer eine praktisch ausführbare Lösung findet.

Die dritte große Gruppe der Campingbus-Eigenbauer schließlich besteht aus den geübten Heimwerkern, denen weder der Möbelbau noch ein paar technische Fragen Angst einjagen und die sich einen Campingbus so optimal wie möglich einrichten wollen. Sie werden bestrebt sein, möglichst viele eigene Ideen in die Tat umzusetzen, sie werden Dutzende von Entwürfen skizzieren und sich bei anderen Campingbussen Anregungen und Tips holen.

1.03 Das Buch als Helfer

Für jede dieser drei Eigenbaugruppen werden sich in diesem Buch eine ganze Menge Anregungen und Hinweise finden. Sie sollten sich daher nicht scheuen, dieses Buch als unverbindliche Arbeitsunterlage und als Nachschlagewerk zu betrachten. Nehmen Sie beim Lesen einen Bleistift oder sogar farbige Filzstifte

Abbildung 2: Der Kastenwagen. Für den problemlosen Selbstausbau ist ein fensterloser Kastenwagen (mit oder ohne Hochdach) die beste Ausgangsbasis, weil hierbei der optimale Grundriß relativ frei gestaltet werden kann.

zur Hand und markieren Sie sich die für Sie interessanten Stellen. Kreuzen Sie an, was Ihnen wichtig erscheint, oder notieren Sie sich auf Zetteln sofort Tips für Ihren Ausbau. Und lesen Sie, bevor Sie in eigene Planungen einsteigen, erst einmal das Kapitel »Campingbus und TÜV«. So ersparen Sie sich vermutlich eine ganze Menge Geld und Ärger.

Machen Sie sich auch bitte gleich Skizzen oder Detailentwürfe von einzelnen Bauvorschlägen, die Sie später vielleicht verwenden wollen. Fordern Sie auch gleich beim Lesen der entsprechenden Kapitel

dieses Buchs Unterlagen und Kataloge von Zubehör-Versandgeschäften an. Holen Sie sich die schönen bunten Hochglanzprospekte von Fahrzeugherstellern. Die Lektüre ist eine wichtige Planungshilfe. Sie bekommen da nicht nur jede Menge Anregungen, was es alles gibt und wie unterschiedlich die Produkte sein können, sondern Sie bekommen auch gleichzeitig die neuesten Preisangaben.

Überhaupt: Informieren ist fast die halbe Arbeit! Gehen Sie deshalb, wenn möglich, auch auf Messen oder Campingausstellungen und studieren Sie die dort ausgestellten Fahrzeuge oder Zubehörangebote. Fragen Sie, wenn Ihnen dabei etwas unklar ist, oder auch, wenn Ihnen etwas besonders gut gefallen hat, warum der Hersteller das gerade so und nicht anders gemacht hat. Schauen Sie sich bei Freunden und Bekannten in deren Wohnmobil um und fragen Sie diese nach ihren Erfahrungen.

Überlegen Sie auch, ob und wie Sie mit den Möglichkeiten Ihrer Hobbywerkstatt, mit Ihrem Werkzeug die dort gezeigten Einrichtungen, Möbel usw. nachbauen können. Schauen Sie sich die verwendeten Materialien an und die Art ihrer Verarbeitung. Das hilft Ihnen sicher später bei der Entscheidung, aus welchen Werkstoffen die Einrichtung Ihres Fahrzeugs gefertigt werden kann und welche Kenntnisse oder Werkzeuge für diese Arbeiten erforderlich sind.

1.04 Häuslebau für Heimwerker

Ein Campingbus ist ein Haus auf Rädern. Aber viel kleiner, enger und kompakter. Deshalb macht sich bei einem Campingbus jeder Planungsfehler später viel stärker bemerkbar als in einem richtigen Haus. Und aus diesem Grunde sollten Sie der Planung eines Campingbusses wenigstens eben so viel Aufmerksamkeit zuwenden wie der Planung eines Hauses.

Der Ausbau so eines Campingbusses hat nämlich durchaus Parallelen zum Hausbau. Zuerst kommt die Planung. Danach die Kostenschätzung, damit man auch weiß, was man sich überhaupt leisten kann und wo man zunächst noch sparen muß. Dann folgt der Grundausbau des Fahrzeugs, der mit dem Rohbau eines Hauses vergleichbar ist. Dann kommen die Installationen, die technischen Details an die Reihe und schließlich die Einrichtung und Vervollständigung des Fahrzeugs. Und als letztes die technische Zulassung des fertigen Fahrzeugs durch TÜV, Dekra usw. mit all den Vorschriften und Auflagen, welche

man über den gesamten Ausbau hinweg immer im Auge behalten sollte.

Aber Vorsicht! Der Teufel steckt wie beim Hausbau auch hier immer im Detail! Je genauer die Planung der Einrichtung und der Ausbauabläufe ist, desto weniger geht schief. Zum Trost gibt es aber fast immer noch Möglichkeiten, etwas zu improvisieren. Das sollte aber nicht die Regel sein. Deshalb ist es auch besser, sich ausgiebig mit den Hinweisen in diesem Buch zu befassen. Zumindest wird es billiger als der Ärger, den man sich durch Pannen beim Ausbau einhandeln kann. Pfiffige Leute lesen deshalb dieses Buch gleich dreimal:

- Das erste Mal, um sich allgemein zu informieren, was da so überhaupt alles auf sie zukommt.
- Das zweite Mal, wenn die Phase der Planung und des Vorbereitens beginnt, wenn Zubehör und Werkstoffe beschafft werden müssen.
- Ein drittes Mal schließlich, wenn während der Ausbauarbeiten Fragen auftauchen, wenn Schaltpläne, Details, Verarbeitungstips usw. gebraucht werden.

Es soll sogar ein paar Leute geben, die lesen es ein viertes Mal. Dann nämlich, wenn sie feststellen wollen, was sie an ihrem Campingbus falsch gemacht haben. Aber das kann normalerweise nur den Leuten passieren, die das Buch die ersten Male nicht gründlich genug gelesen haben.

Nun möchte ich Ihnen aber nicht Angst machen, denn so schlimm ist es gar nicht mit dem Selbermachen. Wenn man die Augen offenhält, wenn man die Arbeitsgänge vorher plant, ordentliches Werkzeug und eine gute Portion Geduld mitbringt, ist alles zu schaffen.

Sie werden sehen, am Ende haben auch Sie ein preiswertes, schönes und zweckmäßig eingerichtetes Wohnmobil vor der Tür stehen, mit dem es dann auf Entdeckungsreisen geht, mit dem der Urlaub endlich wieder Spaß macht.

Aber zuvor heißt es: Campingbusse selber machen ...

2 DAS BASISFAHRZEUG

2.01 Grundsätzliche Überlegungen

Bevor Sie sich mit viel Schwung und Energie an den Ausbau des eigenen Campingbusses machen, sollten Sie zuvor ein paar grundsätzliche Überlegungen anstellen.

(a) Der Einsatzbereich

Beispielsweise sollten Sie die wichtige Frage klären, was Sie mit dem Campingbus machen wollen. Das hört sich zunächst vielleicht etwas merkwürdig an, aber: Was wollen Sie mit dem Campingbus alles machen?

Pos.	Frage	ja	nein
	Fragen zur Verwendung		
1	Ist ein PKW vorhanden?		
2	Soll der Campingbus das einzige Fahrzeug sein?		
3	Soll der Campingbus beruflich benutzt werden?		
4	Wird für berufliche Zwecke eine spezielle Einrichtung benötigt?		
5	Soll der Campingbus auch für Kleintransporte benutzt werden?		
6	Soll der Campingbus nur privat benutzt werden?		
7	Wird der Campingbus häufig im Stadtverkehr eingesetzt?		
8	Wird der Campingbus in einer Garage untergestellt?		
9	Soll der Campingbus als reines Freizeitfahrzeug geplant werden?		
10	Wird der Campingbus nur für Urlaubsreisen eingesetzt?		
11	Wird der Campingbus für Wochenendfahrten und Reisen benötigt?		
12	Dient der Campingbus auch als Gästequartier, Baubude o. a. Zwecke?		
13	Soll der Campingbus nur im Sommer benutzt werden?		
14	Soll der Campingbus ganzjährig genutzt werden?		
15	Wird der Campingbus für Fernreisen / Abenteuerurlaub benötigt?		

Abbildung 3: Tabelle 1 – Soll der Campingbus nur als reines Freizeitfahrzeug eingesetzt werden, so können Sie ganz anders planen, als wenn Sie das Fahrzeug auch benötigen, um damit jeden Morgen durch den Berufsverkehr zur Arbeit zu kommen.

Wenn Sie darauf angewiesen sind, mit dem Campingbus in der Innenstadt einen Parkplatz zu suchen und wenn Sie dabei nicht als Verkehrsbremse wirken wollen, dann brauchen Sie ein besonders handliches, wirtschaftliches und zweckmäßiges Fahrzeug.

Wird der Campingbus von Ihnen werktags benutzt, ist für Sie der Treibstoffverbrauch eine interessante Frage, denn im Stadtverkehr kann ein großer Wagen mit Benzinmotor ganz schön zu saufen anfangen. Bei einem Zweitfahrzeug spielt das dagegen keine so wesentliche Rolle, obwohl der Treibstoffverbrauch bei den heutigen Preisen durchaus immer mit bedacht werden sollte.

Wenn Sie den Campingbus beruflich einsetzen, so werden Sie ihn vielleicht auch als Transportfahrzeug benutzen wollen. Das bedeutet aber, daß Sie im Wagen viel Platz brauchen, daß also die Einrichtung möglichst weitgehend herausnehmbar sein sollte. Das bedeutet ferner, daß Sie ein Fahrzeug mit großen Türen, mit ebenem Fahrzeugboden usw. anschaffen müssen. Wenn Sie größere Lasten transportieren, muß die Nutzlast des Fahrzeugs entsprechend hoch sein.

Wenn Sie Ihren Campingbus wochentags beispielsweise als rollendes Büro nutzen möchten, muß die Einrichtung dementsprechend zu nutzen sein und auch die Installationen für Telefon, Faxgerät, Computeranlage usw. wollen bereits bei der Planung mitbedacht werden. Soll der Bus dagegen als fahrbare Werkstatt dienen, müssen rechtzeitig entsprechende Haltevorrichtungen für Regale und die Werkbank vorgesehen werden und der Wand- bzw. Bodenbelag sollte robust genug sein, um auch nach längerer Zeit noch ansehnlich zu sein.

Soviel über den möglichen Einsatz wochentags. Aber wohin sollen im Urlaub Ihre Reisen mit diesem Bus hauptsächlich führen? Es ist nämlich ein beträchtlicher Unterschied, ob Sie den Campingbus hauptsächlich für kleine Urlaubsfahrten mit der ganzen Familie mal im Sommer in den Schwarzwald einsetzen, ob Sie zu zweit im Winter im Gebirge campen und Wintersport betreiben wollen oder ob Sie womöglich Entdeckungsreisen nach Übersee vorhaben.

Natürlich kann man heute noch nicht entscheiden, wo man in zwei Jahren hin will oder welche Ansprüche man dann an sein Fahrzeug stellt. Aber grundsätzliche Gedanken sollten Sie sich schon machen.

Die Fragen der Größe und Einrichtung des Campingbusses beantworten Sie sich selbst am übersichtlichsten mit folgender Tabelle:

Fragen zu Mitreisenden			
Pos.	Frage	ja	nein
1	Wird der Campingbus nur von Erwachsenen benutzt?		
2	Reisen im Campingbus behinderte oder kranke Personen mit?		
3	Reisen im Campingbus Jugendliche mit?		
4	Reisen im Campingbus Säuglinge oder Kleinkinder mit?		
5	Steigt die Anzahl Mitreisender in den nächsten Jahren?		
6	Reisen nur Familienangehörige mit?		

Abbildung 4: Tabelle 2 – Wollen Sie Ihren Campingbus allein, mit dem Ehepartner, mit einer größeren Familie benutzen? Wie viele Kinder reisen mit? Reiseziele und Anzahl der Mitreisenden haben unmittelbar Auswirkungen auf die Wahl eines geeigneten Basisfahrzeugs, egal ob es nun neu oder gebraucht erstanden werden soll. Auch die Einrichtung wird davon beeinflußt: Bei mitreisenden Kleinkindern kann man die Anzahl der Schlafplätze anders planen als bei ein paar Jugendlichen, die auch noch ihre Sportgeräte usw. mitschleppen wollen. Kranke Mitreisende brauchen bequem zu erreichende und ausreichend große Betten, während Jugendliche oft ein romantisches Hochbett lieben.

Abbildung 7: Seitentüren. Eine große seitliche Schiebetür läßt sich sehr vielseitig benützen, weil sie die Grundrißplanung nicht beeinträchtigt. Das Fahrerhaus dient als »Schmutzbremse«, wenn man auf der Reise mit nassen oder schmutzigen Sachen den Wohnteil nicht verdrecken will.

Abbildung 5 (linke Seite, oben): Eine große Klappe. Transporter und Kastenwagen mit Flügeltüren (links) sind üblicher als Heckklappenausführungen (rechts), die mehr bei Vans oder Kombis anzutreffen sind. Bei Flügeltüren reicht es oft schon aus, wenn man nur eine Seite öffnet. Heckklappen dagegen sind bei schlechtem Wetter besser, wenn man das Fahrzeug lüften will, ohne daß es hinein regnet.

Abbildung 6 (linke Seite, unten): Mini und doch mobil. Auch »Kleine« können eine praktische große Klappe haben, durch die sie sich einfach beladen oder zum kompakten Campingbus umbauen lassen.

(b) Das Fahrzeug

Eine große Familie erfordert notgedrungen auch ein entsprechend geräumiges Fahrzeug. Nicht nur wegen der Anzahl der erforderlichen Schlaf- oder Sitzplätze. Aber was ist, wenn tagsüber witterungsbedingt sich alle Mitreisenden im Fahrzeug aufhalten müssen, wenn zu dieser Zeit gerade gekocht werden muß und auch noch Kleinkinder da sind, die im Wagen spielen wollen?

Natürlich kann man das Fahrzeug nicht für einen solchen Extremfall bemessen, aber man sollte auch mit solchen Situationen rechnen und den vernünftigsten Kompromiß zwischen Fahrzeuggröße und Familie suchen. Man muß in diesem Zusammenhang auch berücksichtigen, daß heranwachsende Kinder womöglich schon in den nächsten Jahren selbständig verreisen wollen und nicht mehr im Campingbus mitreisen.

Auch die Frage der Hauptreiseziele ist für die Fahrzeugwahl mitentscheidend!

■ Für Sonntagsnachmittags-Kaffeefahrten kommt man in Europa mit jedem halbwegs fahrfähigen Busmodell zurecht, wenn es die richtige Größe hat.

■ Winterurlaub im Gebirge erfordert ein voll wintertaugliches Fahrzeug mit entsprechender Isolierung und Heizung, mit bergtauglichem Frontantrieb und frostsicherem Motor (Diesel macht bei unter - 20 Grad Probleme!).

■ Bei Expeditionsreisen in überseeische Länder, in Wüstengebiete oder Gebirgsgegenden dagegen wird man schon an einen Allradantrieb, an spezielle Tropenausstattung, an ein solideres Fahrgestell, an mitzunehmende Ersatzteile usw. denken müssen.

Sie sehen also, daß die Frage nach dem Zweck des Campingbusses überhaupt nicht so abwegig ist.

(c) Platzfragen

Nachdem dieses erste kleine Problem gelöst ist, sollte man sich noch vor der endgültigen Fahrzeugwahl darüber Gedanken machen, wo man das Fahrzeug ausbauen und wo man es in der Zeit unterstellen kann. Nicht jeder hat einen großen Hof oder gar eine befreundete Werkstatt in der Nähe, wo er ungestört werkeln kann. Und dann ist immer noch die Frage, wo läßt man nach dem Ausbau das fahrfertige Wohnmobil, wo kann es bei Wind und Wetter so untergebracht werden, daß es nicht unnötig Schaden nimmt.

Es ist nicht damit getan, daß man weiß, wie groß der Campingbus werden sollte, man muß auch wissen, wohin mit dem Ding. Kann man es vielleicht in der Zeit, in der man es nicht nutzt, an befreundete Familien verleihen? Dann ist es erstens besser ausgenutzt und bringt zweitens durch die selbstverständliche Verleihgebühr wenigstens einen Teil der Selbstkosten wieder herein. Allerdings ist dabei dann wieder die

Voraussetzung, daß man das Fahrzeug so stabil ausgebaut hat, wie das bei der stärkeren Beanspruchung durch andere Benutzer erforderlich ist.

Aber auf diese doch schon recht speziellen Fragen wird an geeigneter Stelle noch ausführlich eingegangen, hier sollte nur einmal aufgezeigt werden, welche Kriterien bei der Vorauswahl eines geeigneten Basisfahrzeugs mit bedacht werden sollten.

(d) Die Ausbaumöglichkeiten

Eine ebenfalls sehr wichtige Frage, die auch schon in der Einleitung kurz gestreift wurde, ist jedoch für die Wahl des Basisfahrzeugs unbedingt zu beantworten. Nämlich die Frage, inwieweit man selbst in der Lage ist, so einen Campingbus auszubauen.

Fehlen Ihnen die Möglichkeiten, um die Einrichtung, also vor allem die Möbel, selbst zu fertigen, so sind Sie auf Bausatzmöbel der Industrie angewiesen. Und die wiederum gibt es nicht für jedes Fahrzeugmodell, sondern nur für eine Anzahl bevorzugter Typen. Haben Sie dagegen eine eigene kleine Heimwerkstatt oder Gelegenheit, sich notfalls Teile von einem Tischler oder anderen Heimwerkern anfertigen zu lassen, so können Sie fast jedes Basisfahrzeug in die engere Wahl ziehen.

Auch die Einrichtungspläne bekommt man nur für eine beschränkte Anzahl gängiger Basisfahrzeuge. Schon deshalb bin ich der Ansicht, daß eine optimale Lösung die ist, sowohl die Planung der Einrichtung als auch die Ausführung der Arbeiten selbst durchzuführen. Und wenn alle Stricke reißen, findet sich im Bekannten- oder Freundeskreis fast immer jemand, der mit Rat und Tat zur Seite steht.

(e) Die Kosten

Zum Abschluß der grundsätzlichen Überlegungen sollten Sie auch noch an die Kosten denken. Wenn die Mittel knapp sind, wird man mit ganz anderen Vorstellungen an die Auswahl eines geeigneten Basisfahrzeugs herangehen müssen als bei voller Kasse.

■ Neufahrzeuge kosten einen Haufen Geld, sind aber meist die beste Lösung angesichts der Tatsache, daß man sehr viel Geld und Arbeit in den

Abbildung 8: Bausatz-Einrichtungen. Ähnliche Bausatzmöbel wie die abgebildeten gibt es von mehreren Herstellern und für viele Fahrzeugtypen. So können auch weniger geschickte Bastler ihren Campingbus relativ preiswert selbermachen.

Ausbau seines Wohnmobils steckt. Vorteile: Das Neufahrzeug kann nach Wunsch ab Werk mit Zubehör ausgerüstet werden, hat eine längere Garantiezeit und die längste Lebenserwartung. Nachteile: Neufahrzeuge sind teuer und verlieren schon nach kurzer Nutzungsdauer erheblich an Wert.

■ Neuere gebrauchte Fahrzeuge sind relativ teuer, wenn sie noch gut in Schuß sind. Aber dafür spart der Kauf eines gut erhaltenen Gebrauchtfahrzeugs unter Umständen aufwendige Reparaturen. Vorteile: Preiswerter als Neufahrzeuge. Grundlegende Fehler sind meist schon in der vorangegangenen Garantiezeit behoben worden.

Nachteile: Man ist der zweite Besitzer (Wertverlust bei Wiederverkauf!), die Garantiezeit ist abgelaufen, das Fahrzeug kann verborgene Mängel aufweisen.

■ Ältere Gebrauchtfahrzeuge: Machen Sie auf keinen Fall den Fehler, ein spottbilliges Basisfahrzeug zu erwerben und dieses auszubauen, wenn Sie nicht ausreichende Kenntnisse haben, das Fahrzeug von Grund auf zu überholen! Das Risiko ist unübersehbar! Denn die Arbeit des Ausbaus ist in etwa gleich, egal ob Neu- oder Gebrauchtfahrzeug. Da wäre es dann schade, wenn nach all der vielen Arbeit und den teuren Investitionen das Basisfahrzeug nicht mehr mitmacht, weil es keine Ersatzteile mehr gibt, weil es schrottreif oder zu klapprig ist oder weil es der TÜV aus anderen Gründen aus dem Verkehr zieht.

Sie sollten daher bei der Kostenfrage immer bedenken, daß ein ordentlich gebautes Wohnmobil gut zehn Jahre im Einsatz sein kann. In dieser Zeit würde man für seinen Urlaub ja auch eine ganze Menge Geld ausgeben. Einen Teil davon kann man also getrost in den eigenen Campingbus investieren. Man wird dann zwar kaum billiger reisen, aber meistens besser.

(f) Die Fahrzeugwahl

Unabhängig zunächst einmal von der Frage, ob für Sie ein neues oder ein gebrauchtes Basisfahrzeug in Frage kommt, sollten Sie sich zuerst über ein paar technische und sachliche Details der Basisfahrzeuge Klarheit verschaffen. Um so leichter fällt Ihnen dann später die Entscheidung, welches Fahrzeug für Ihren Fall das Optimale ist.

Da ist zunächst die Frage, für welche Fahrzeuge Ihr Führerschein ausreicht. Auskunft darüber erteilt jede Fahrschule, der TÜV, die Zulassungsstelle oder jeder Automobilclub. Sie dürfen nämlich mit Ihrem normalen PKW-Führerschein noch lange nicht Busse oder Lkws beliebiger Größe chauffieren! Wer also einen größeren Campingbus im Auge hat, sollte sich erkundigen, ob er diese Fahrzeugklasse mit seinem Führerschein fahren darf oder ggfs. eine Zusatzprüfung ablegen muß.

Als Basisfahrzeuge für den Ausbau zum Campingbus kommen normalerweise Nutzfahrzeuge wie Busse,

Transporter, Lkws usw. in Betracht, weil nur derartige Fahrzeuge genügend Raum zum Ausbau aufweisen. Auch Vans sind eine brauchbare Alternative als Kompromiß zwischen Raumangebot und Handlichkeit. Natürlich gibt es auch zu Campingzwecken umfrisierte Pkws und Kombiwagen. Selbst handliche Kleinlieferwagen werden zu rollenden Betten umgebaut. Aber das sind meiner Ansicht nach fast immer nur Notlösungen, die auf Dauer weder befriedigen noch hier ausführlich behandelt werden sollen.

Die anderen Extremfälle, wo große Reisebusse, Möbelwagen und ähnliche Monster zu rollenden Villen umgearbeitet werden, sind nicht Hauptthema dieses Buchs. Sie werden am Rande mit erwähnt, und sowohl für die Mini- als auch die Maxi-Campingbusse gibt es eine ganze Menge Tips im Rahmen der Einzelthemen, aber vorwiegend wird der »übliche« Normalfall behandelt.

Was ist das »Übliche«? Als Normalfall sehe ich einen Campingbus für 2 bis 4 Personen an, der bei durchschnittlichen Platzansprüchen aus einem mittelgroßen Transporter, Kastenwagen, Hochraum-Kastenwagen oder Kleinbus entsteht.

Diese »üblichen« Basisfahrzeuge, wenn ich sie einmal so bezeichnen darf, haben meist ein zulässiges Gesamtgewicht bis zu 2,8 oder 3,5 t., in Ausnahmefällen auch bis zu 7,5 t. und sind damit weder zu unhandlich noch stellen sie besondere Anforderungen an die Fahrkünste des Besitzers. Mit diesen Fahrzeugen hat man allgemein weder allzu große Parkplatzsorgen noch Garagenprobleme und sie lassen sich auch im Stadtverkehr noch bequem handhaben. Fahrzeuge dieser Größenordnung haben, um Ihnen eine grobe Raumvorstellung zu vermitteln, in etwa folgende Außenabmessungen: Gesamtlänge 4 bis 6 Meter, Gesamtbreite circa 2 Meter, Gesamthöhe je nach Dachausführung etwa zwischen 2,0 und 2,7 Meter.

Der als »Wohnraum« nutzbare Innenraum (ohne Fahrerhaus) hat annähernd die Abmessungen eines knapp mittelgroßen Caravans, also rund 6 Quadratmeter Grundfläche. Wenn Sie diese Fläche spaßeshalber einmal mit der Grundfläche eines normalen Doppelbetts (mit 2 x 2 = 4 Quadratmeter) vergleichen, können Sie sich leicht vorstellen, welche Platzprobleme in einem Wohnmobil gelöst werden müssen.

Abbildung 9: Hochraum-Kastenwagen. Ein kleiner Transporter wird durch das serienmäßige (oder später aufgesetzte) Hochdach zu einem Raumwunder. Ein paar Ausstellfenster, Klappen und Dachhauben sind dann schnell montiert.

(g) Das Nutzlastproblem

Auch die Nutzlast sollte mit in die Überlegungen einbezogen werden, wenn es um die Fahrzeugwahl geht. Nutzlast ist die Differenz zwischen zulässigem Gesamtgewicht und Leergewicht des Fahrzeugs inklusive Fahrer. Das zulässige Gesamtgewicht (z. B. 2,8 t oder 3,5 t) ist ebenso in den Wagenpapieren vermerkt wie das Leergewicht. Das Leergewicht wird vom Fahrzeughersteller inkl. Fahrer (75 kg), vollem Tank, Reserverad und Bordwerkzeug angegeben. Aber Achtung! Oftmals ist das ursprünglich angegebene Leergewicht durch Sonderausstattungen oder Extras größer geworden, ohne daß dies in den Kfz-Papieren extra vermerkt steht. Sie sollten deshalb, bevor Sie mit der Planung anfangen, das Leergewicht des auszubauenden Fahrzeugs durch eine Gewichtskontrolle ebenso überprüfen wie die einzelnen Achslasten (s. u.).

Je nach Fahrzeug-Grundausstattung kann dieses Leergewicht bereits ab Werk schon bei etwa 1900 kg liegen, wenn man bei dem Beispiel des 2,8-Tonners bleibt. Wird das Leerfahrzeug nun zu einem Campingbus umgebaut, kommen für den Ausbau nochmals zwischen 400 und 800 kg für die Einrichtung hinzu, je nach Bauweise. Nehmen Sie einen mittelschweren Ausbau an mit etwa 600 kg, so verbleibt Ihnen eine effektive Nutzlast von nur 300 kg!

Das ist sehr wenig, wenn Sie bedenken, daß hiervon noch das Gewicht der Mitreisenden, des Frischwasservorrates, des Reservekanisters usw. abgehen muß. Nur den winzigen Rest der Nutzlast können Sie dann für das Gepäck, für Lebensmittel, Bettzeug, Souvenirs usw. in Ansatz bringen.

Machen Sie folgende Kontrolle:

- ■ Entfernen Sie aus dem leeren Fahrzeug all die Dinge, die für Ihr Wohnmobil nicht gebraucht werden (z. B. überzählige Sitze, Einbauten usw., aber weder Reserverad noch Bordwerkzeug).

- ■ Tanken Sie dann das Fahrzeug voll und fahren damit auf eine öffentliche Waage. Bleiben Sie im Fahrzeug sitzen und lassen sie so das Fahrzeug wiegen.

Das ermittelte Gewicht ist das Leergewicht Ihres künftigen Campingbusses vor dem Ausbau und der Beladung! Ziehen Sie dieses Leergewicht von dem (in der Zulassung angegebenen) Gesamtgewicht ab, so erhalten Sie die (Brutto-)Nutzlast vor dem Ausbau und der Beladung!

Jetzt rechnen Sie das Gewicht aller mitreisenden Personen (à 75 kg), das Gewicht der vorgesehenen Frischwassermenge (1 Liter = 1 Kg), das Gewicht aller vorgesehenen Einbaugeräte (Kühlschrank, Klimaanlage, Heizung, Gasflaschen, WC mit Spülwasserfüllung usw., (Werte sind in den Katalogen der Hersteller zu finden!)) von dieser Nutzlast ab und Sie erhalten Ihre Restnutzlast.

Von diesem Wert geht nun noch das Gewicht der Möbel, der Polster, Teppiche, Betten usw. ab und nur die dann noch verbleibende geringe Netto- oder Endnutzlast kann für Lebensmittel, Geschirr, Kleidung, Mitbringsel usw. verwendet werden.

Sie sehen aus dieser Kontrollberechnung relativ genau, wie wenig echte Nutzlast Sie haben und wie wichtig es ist, schon bei der Planung der Fahrzeugeinbauten an die Gewichtsersparnis zu denken!

Aber noch ein weiteres gilt es bei der Berechnung des Gesamtgewichtes zu bedenken: Die Achslasten! In Ihren Fahrzeugpapieren steht nämlich ganz genau, welche Belastung für die Vorder- und die Hinterachse Ihres Fahrzeugs zugelassen ist. Und diese Belastungen werden bei Fahrzeugkontrollen überprüft. Sie müssen deshalb bei der Planung Ihrer Einrichtung unbedingt auch an die maximale Achslast denken! Dabei kann es Ihnen sehr schnell passieren, daß beide zulässige Achslasten zusammen höher sind als das zulässige Gesamtgewicht. In diesem Falle müssen Sie die Belastungen durch die Installationen schwerer Teile (Wassertank) oder die Einbauten usw. so verteilen, daß weder eine zulässige Achslast überschritten wird noch das letztendlich maßgebliche zulässige Gesamtgewicht.

Ich habe dieses Beispiel bewußt von vornherein einmal erwähnt, um Ihnen die Bedeutung der richtigen Fahrzeugwahl vor Augen zu führen. Nun kann man ja durch entsprechende Fahrzeugwahl oder werksseitige »Umlastung« auf ein höheres zulässiges Gesamtgewicht ausweichen. Dann allerdings kann es sein, daß wegen des Gesamtgewichtes die zulässige Höchstgeschwindigkeit gesetzlich verringert wird.

Wer also eine höhere Nutzlast braucht, muß sich bei Fahrzeugen über 3,5 t zul. Gesamtgewicht damit abfinden, auf der Autobahn nur mit Lkw-Tempo durch die Gegend zu brummen. Aber das ist letztlich auch eine Frage der Zeit und der Urlaubs- oder Reise-

---

Zulässiges Gesamtgewicht des Fahrzeugs

abzüglich **Leergewicht** (inkl. Fahrer, vollem Tank, Reserverad u. Werkzeug)
abzüglich **Gewicht** von Mitfahrern, Wasservorrat, Einbaugeräten usw.
abzüglich **Gewicht** der Möbel, Einbauten usw.

= **Endnutzlast** für Lebensmittel, Geschirr, Kleidung usw.

Abbildung 10: Tabelle 3

philosophie, zumal die Besitzer kleinerer Campingbusse bei den horrenden Treibstoffkosten auch kaum
noch in Versuchung kommen, laufend Vollgas zu
fahren.

Da wir schon einmal beim Thema Nutzlast sind, wäre
noch die Frage nach einer Anhängelast, also ob ein
Boot oder ein Caravan an den Campingbus angehängt wird. Auch ob mittels Dachgepäckträger
Dachlasten verkraftet werden müssen, sollte rechtzeitig geklärt werden. Wer also ein Boot auf dem
Dach transportieren möchte, sollte dies ebenso in die
Nutzlastberechnung einbeziehen wie das Gewicht
eines Dachgepäckträgers.

Wer sein Boot oder einen Caravan am Haken hinter
dem Campingbus herzotteln will, sollte nicht nur
die maximal zulässige Anhängelast (gebremst oder
ungebremst) beachten, sondern auch zugleich bedenken, daß vom Anhänger eine bestimmte Stütz-
last auf die Hinterachse mit einwirkt, daß von nun
an bestimmte Höchstgeschwindigkeiten gelten, daß
man beim Gespannfahren nicht mehr jeden Parkplatz benutzen kann und daß last not least auch der
Treibstoffverbrauch rapide in die Höhe schnellen
kann.

(h) Die Motorisierung

Im Zusammenhang mit dem Stichwort Treibstoff
wird dann auch gleich die Frage akut, welcher Motor
im Campingbus besser wäre, der gemütliche und
sparsame Diesel oder der flotte und leise Benziner.
Dazu muß ich sagen, daß hier eine klare Antwort
nicht ganz leicht fällt. Einfach aus dem Grund, weil
dies jeder entsprechend seinen Wünschen entscheiden muß, weil jeder die Vor- und Nachteile der
einzelnen Antriebe gegeneinander abwägen sollte.
Eines aber steht fest:

■ Die Vorteile des Dieselmotors sind der relativ
geringe Verbrauch durch die gute Kraftstoffaus-
nutzung, die langlebige und robuste Konstruktion, bei hohen Kilometerleistungen immer noch
eine unbestrittene Wirtschaftlichkeit (die allerdings vom Treibstoffpreis abhängig ist) sowie die
relativ problemlose Treibstoffversorgung in der
ganzen Welt, denn wo Lkws fahren, wird meist
auch Dieselöl zu haben sein.

■ Die Nachteile des Dieselmotors sind die kurze
erforderliche Vorglühphase beim Start, das relativ
laute Motorgeräusch in der Warmlaufphase,
eventuelle Probleme im Winterbetrieb (bei unter -
20 Grad) sowie ein etwas höherer Anschaffungspreis, ein höheres Motorgewicht (Nutzlast wird
kleiner), und schließlich das etwas trägere Fahrverhalten, wenn man nicht gerade einen kräftigen Turbo-Diesel besitzt.

Nicht unerwähnt lassen möchte ich auch die Tatsache,
daß der Schadstoffausstoß die Höhe der Kfz-Steuer
ebenfalls beeinflußt.

■ Die Vorteile des Benzinmotors sind sein recht
günstiges Leistungsgewicht (er bringt mehr Leistung pro Kilo Motorgewicht), sein leiser Lauf,
sein gutes Startverhalten auch bei Winterbetrieb
und schließlich sein im Verhältnis zum Diesel
etwas niedrigerer Beschaffungspreis.

■ Die Nachteile beim Benziner sind dagegen sein
recht hoher Treibstoffverbrauch (Kostenfrage!!),
seine Anforderungen an die Qualität des Benzins
und vielleicht im einen oder anderen Fall eine
etwas höhere Störanfälligkeit (Elektrik, Vergaser)
bzw. ein erhöhter Anspruch an regelmäßige War-
tung.

Aber egal, ob man sich nun für einen Dieselmotor
oder einen Benziner entscheidet: Wichtig ist, daß
man nicht aus übertriebenem Sparverhalten heraus
einen zu geringen Motorhubraum, eine zu schwache
Leistung wählt. So ein Motor hat nämlich an unse-
rem Campingbus ganz schön zu schleppen. Noch
dazu, wenn der Bus auch mal voll beladen bergauf
fahren muß.

Da macht sich bereits eine schlichte Autobahnstei-
gung durch starken Abfall des Reisetempos unangenehm bemerkbar. Wieviel mehr ärgert einen ein
schwachbrüstiger Motor, wenn man damit eine richtige Bergtour unternimmt. Hinter dem asthmatisch
schnaufenden Campingbus sammeln sich in dem
Fall meist ungeduldig hupende PKW-Fahrer und
schimpfen über die Verkehrsbremse. Aber das ist
dann Temperaments- und Nervensache.

Wichtiger ist, daß ein Motor mit relativ kleinem
Hubraum viel hochtouriger laufen muß, um ein
bestimmtes Drehmoment zu erbringen, als dies bei
einem großvolumigen Motor der Fall ist. Die Folge

ist, daß der großvolumige Motor nicht nur eine gewisse Leistungsreserve hat (die er nur selten ausschöpfen muß), sondern daß er auf Grund der niedrigeren Drehzahlen auch meist langlebiger ist.

Das beste Beispiel in dieser Hinsicht sind die dicken Motoren, die amerikanische Wagen in spritreicheren Zeiten aufwiesen. Diese Motoren mit Hubräumen von 6 bis 8 Liter waren kaum je kaputtzukriegen. Natürlich plädiere ich nun keinesfalls dafür, sich so einen dicken Jonny einbauen zu lassen, aber einen mittelgroßen Campingbus sollte man schon mit einem Motor von wenigstens 2 Liter Hubraum ausstatten, wenn man auf Dauer mit seinem Fahrzeug im Verkehrsfluß einigermaßen mitschwimmen will.

Eine gute Beschleunigung (= hohes Drehmoment + entsprechende Getriebeübersetzung) ist dabei meist wichtiger als eine hohe Spitzengeschwindigkeit. Man will ja nicht an jeder Ampel als Hindernis wirken, sondern zügig mitkommen, sobald die Ampel grün zeigt. Und die hohe Spitzengeschwindigkeit könnte man allenfalls mal auf der Autobahn ausnutzen, aber erstens steigt damit wieder rapide der Treibstoffverbrauch, zweitens hat man den Campingbus ja zur Erholung und nicht zum Rallyefahren und drittens sind die Nebenstraßen viel schöner, beschaulicher und man braucht keine Autobahngebühren zu blechen.

(i) Die Extras

Nun werden Sie sagen, daß man ja nicht nur in Europa und auf glatten Asphaltstraßen fahren möchte, sondern auch auf den oft sehr schlecht ausgebauten Wegen außerhalb Europas. Was dann? Ideal wäre für solche Fahrten natürlich ein geländegängiges Fahrzeug wie beispielsweise ein Unimog, ein umgebauter Geländewagen oder ähnliches.

Zumindest sollte ein Fahrzeug, das speziell für solche Fahrten vorgesehen ist, einen Allradantrieb aufweisen, große Bodenfreiheit besitzen und sowohl mit einem sehr robusten Diesel-Antrieb wie auch einem stabilen Fahrgestell ausgerüstet sein. Die weitere Ausstattung kann man dann je nach Bedürfnis ergänzen, z. B. durch Einbau von Zusatztanks, Spezialfiltern usw.

Naturgemäß sind solche Spezialfahrzeuge reichlich teuer, wenn man sie neu anschaffen will. Aber auch gebraucht kosten sie eine beträchtliche Summe, soweit sie noch gut in Schuß sind. Und schlechte Fahrzeuge sollte man überhaupt nicht erst in Erwägung ziehen. Sofern man damit überhaupt lebend ans Ziel kommt, kosten sie im Endeffekt auch mehr, als wenn man gleich etwas vernünftiges genommen hätte.

Eine relativ preiswerte Alternative sind gebrauchte oder auch neue Transporter und Kastenwagen sowie ähnlich robust und vielseitig aufgebaute Fahrzeuge. Hierüber wird in den weiteren Kapiteln noch ausgiebig zu sprechen sein.

(j) Der Platzbedarf

Ein anderer wesentlicher Gesichtspunkt bei der Vorauswahl eines geeigneten Basisfahrzeugs ist der Platzbedarf. Wenn also ständig eine größere Personenzahl mitreisen will, werden viele der sonst gebräuchlichen Fahrzeugmodelle von vornherein ausscheiden, einfach aus dem Grund, weil sich nur mit Mühe in solchen Modellen mehr als 4 bis 5 Schlafplätze unterbringen lassen, von dem übrigen Freiraum für so viele Leute ganz zu schweigen.

In solchen Fällen sollte man dann zu Lkws mit langem Radstand und besonders großer Karosserie übergehen. Aber nicht nur die nutzbare Grundfläche ist ein Gesichtspunkt, sondern auch die dritte Dimension, die Bauhöhe innen im Fahrzeug. Eines nämlich ist in einem vernünftigen Campingbus unerläßlich, nämlich Stehhöhe!

Ein Fahrzeug, in dem man im Wohnteil nicht zumindest in einem gewissen Bereich aufrecht stehen kann, ist für Campingzwecke ungeeignet! Das mag zwar hart klingen, aber es ist auf Grund der Erfahrungen erwiesen.

Für eine kleine Ausflugsfahrt mag man vielleicht noch mit der üblichen Kastenwagenhöhe auskommen, bereits bei einer ersten Übernachtung aber und erst recht bei längeren Fahrten ist volle Stehhöhe unumgänglich.

Das Optimale in dieser Hinsicht sind natürlich Hochraum-Kastenwagen. Bei diesen Fahrzeugen hat man ab Werk bereits im gesamten Innenraum (meist auch im Fahrerhaus) eine gut ausreichende Stehhöhe von cirka 1,85 Meter. Das genügt für die meisten von

Abbildung 11: Stehhöhe. Campingbusse ohne Stehhöhe im Fahrzeug sind eine Qual für alle Mitreisenden. Ein Aufstelldach läßt sich relativ schnell einbauen und kann preiswert Abhilfe schaffen.

uns. Wer noch größer ist oder wer bereits einen Transporter mit Normalhöhe besitzt bzw. günstig erwerben kann, der wird sich mit der Montage eines Hubdachs oder Aufstelldachs anfreunden müssen. Doch darüber mehr im Kapitel Grundausbau.

(k) Fenster und Türen

Im gleichen Kapitel finden Sie auch Hinweise über das Problem, wieviel Fenster so ein Campingbus haben sollte und wo und wie sie eingebaut werden. Bei der Vorentscheidung, welches Fahrzeug in Betracht kommt, sollten Sie immer das Fahrzeug vorziehen, das möglichst wenig Fenster aufzuweisen hat! Fenster nachträglich einzubauen ist nämlich kein großes Problem. Vorhandene Fensterflächen aber umzuändern oder die Fenster zu entfernen ist dagegen wesentlich schwieriger.

Nun sind Fenster zwar rein optisch eine feine Sache, wenn man aus dem Fahrzeug hinausschauen will.

Genau so gut kann man aber auch hineinsehen, und das ist dann schon weniger schön. Auch Langfinger können leichter durch ein Fenster eindringen als durch eine geschlossene Karosseriefläche. Nicht zuletzt stellen Fensterflächen – genau wie Türen – immer eine Unterbrechung in der Isolierung des Fahrzeugs dar, sie lassen also Kälte oder Hitze leichter herein als eine glatte, voll isolierte Wand. Und hinaus natürlich auch! In Fahrzeugen mit großen Fensterflächen kann es bei Winterfahrten Heizprobleme und im Sommer Schwierigkeiten mit der Klimaanlage geben!

Noch ein Argument, das gegen bereits vorhandene Fenster spricht und vielleicht sogar am entscheidendsten ist: Man muß sich bei der Planung der Inneneinrichtung nun nach den Fenstern richten. Umgekehrt ist es viel rationeller, daß man nämlich erst die Planung des Innenraums optimal vornimmt und dann die Fenster dahin setzt, wo sie wirklich gebraucht werden!

Abbildung 12: Röntgenblick. Die Zeichnung zeigt an einem Beispiel, wie kompliziert es in einem scheinbar »leeren« Kastenwagen zugeht und auf welche Probleme man bei der Planung von Durchbrüchen und Einbauten stoßen kann.

Und da schon mal die Rede von Planung des Innenraums und von Öffnungen in der Karosserie ist, sollten Sie auch gleich noch das Problem der Türen am Fahrzeug überdenken. Also die Zugangstüren zum Wageninneren. Die Industrie bietet für die Kastenwagen, Transporter usw. eine ganze Palette von Türvariationen an. Da gibt es für das Fahrzeugheck Klappen sowie ein- und zweiflügelige Türen. Für die Seitenfront gibt es Schiebetüren oder ebenfalls ein- bis zweiflügelige Türen usw.. Alle dienen der besseren Beladungsmöglichkeit des Fahrzeugs. Zusätzlich ist dann im Fahrerhaus meist auch noch rechts und links je eine Tür angebracht, damit Fahrer und Beifahrer ebenfalls bequem aus- oder einsteigen können.

Diese Türen sind alle sicher sehr nützlich, solange das Fahrzeug als Transporter Nutzlasten befördern soll. Im Campingbus dagegen sind Türen nur da angebracht, wo sie vorgeschrieben sind (s. Kapitel Zulassung), wo sie als Zugang oder Notausgang erforderlich sind und wo sie die Einrichtung nicht behindern. Ein Beispiel: Die seitliche Schiebetür in einem Kastenwagen benötigt gut einen Meter Stellänge des knappen Innenraumes, wenn sie frei zugänglich bleiben soll. Ist keine Tür vorhanden, könnte man in diesem Bereich Schränke o. ä. anordnen. Muß man sich aber mit einer vorhandenen Schiebetür (oder anderen Türen) abfinden, kann man aus der Not eine Tugend machen, indem man beispielsweise in diesem Bereich den Küchenblock oder die Naßzelle anordnet. So ist bei Pannen und Reparaturfällen die technische Einrichtung, soweit sie im Küchenblock bzw. Naßraum installiert wurde, jederzeit von außen durch Öffnen der Tür zugänglich. Außerdem kann man bei gutem Wetter zum Kochen die Tür geöffnet lassen und hat so eine vorzügliche Lüftungsmöglichkeit.

Will man dagegen das Fahrzeug auch wochentags als Nutzfahrzeug für Transportzwecke u. ä. einsetzen, kann man die freie Zugänglichkeit nicht durch fest installierte Möbel einschränken, sondern muß mit schnell herausnehmbaren Möbeln oder einer speziellen Einrichtung arbeiten.

Wie dem auch sei: Überlegungen, ob und welche Türen man braucht, sind immer vorteilhaft, denn Türen sind nun einmal ebenso wie Fenster schlecht zu isolieren, sie beanspruchen Stellfläche, sie beeinflussen die Einrichtungsplanung, stellen eine zusätzliche Gefahrenquelle (Einbruchsmöglichkeit) dar und vor allem kosten sie bei Neufahrzeugen auch noch mehr Geld als eine glatte Blechwand.

Welche Türen, Fenster, Klappen usw. gebraucht werden und wie man sie einbaut, das wird in den speziellen Kapiteln ausführlich behandelt. Hier geht es ja immer noch um die Vorentscheidung, welches Fahrzeug die ideale Basis für Ihren Campingbus abgibt. So unterschiedlich, wie die Ansprüche an die einzelnen Campingbusse sind, so sind auch die Auswahlkriterien unterschiedlich. Ich habe Ihnen nun einige aufgezählt, sicher wird es auch noch ein paar Fragen geben, die hier nicht angesprochen wurden.

(I) Der Wiederverkaufswert

Eine Frage aber sollten Sie sich zum Schluß immer stellen, nämlich die Frage nach dem Wiederverkaufswert Ihres mühevoll und liebevoll ausgebauten Campingfahrzeugs. Haben Sie als Basisfahrzeug ein Fabrikat gewählt, das auch so schon auf dem Gebrauchtwagenmarkt schlecht abschneidet, weil es rostempfindlich oder störanfällig ist beziehungsweise sonstige Mängel haben soll, so werden Sie eines Tages Ihren Campingbus ebenfalls nur mit erheblichem Verlust verkaufen können. Denn auch die schönste und praktischste Einrichtung wird von den meisten Kaufinteressenten nicht so hoch bewertet wie das Basisfahrzeug, dem diese Leute sich ja für Jahre anvertrauen wollen. Kurz gesagt, ein paar Mark mehr in ein gutes Basisfahrzeug zu stecken kann sich eines Tages durchaus lohnen, und sei es »bloß« dann, wenn es bei Ihnen klaglos seine Kilometer ohne Panne abspult.

Abbildung 13: Der Kompromiß. Ein mittelgroßer Kastenwagen mit Hochdach läßt sich werktags als Transporter oder Kleinbus und zum Wochenende oder im Urlaub als provisorischer Campingbus einsetzen. Eine mobile Einrichtung macht es möglich, wenn sie rechtzeitig eingeplant wird.

(m) Noch ein paar Tips

Apropos »Kilometer abspulen«. Wenn Sie zu den Leuten gehören, die sich gern in ferne Länder begeben, sollten Sie Ihr Fahrzeug auch schon ab Werk so weit wie möglich darauf ausrichten lassen. Bei Gebrauchtfahrzeugen ist das nicht mehr möglich, aber sicher kann der Hersteller Ihnen noch für Ihr Wagenmodell das eine oder andere Ausrüstungsstück beschaffen.

◼ Besonders bei Fahrten in tropische Länder gibt es zum Beispiel für manche Motoren an Stelle der normalen Flachkolben auch Muldenkolben, die den Vorteil haben, auch minderwertigeren Sprit durch eine herabgesetzte Oktanzahl zu verarbeiten.

◼ Ein zusätzliches oder besseres Benzinfilter gegen verschmutzten Treibstoff kann sich im fernen Ausland als sehr nützlich erweisen. Ebenso ein Nebenstrom-Ölfilter, ein größeres Luftfilter mit leicht auswechselbaren, leicht zu reinigenden Filtereinsätzen sowie ein Ölkühler.

◼ Daß man zusätzlich dem Motorraum eine gute Abdichtung gegen Staub zukommen läßt und (bei Benzinern) auch den Zündverteiler mit einer Staubdichtung (notfalls Isolierband) versieht, sind weitere Dinge, die sich bei solchen Fahrten als ebenso wichtig erweisen wie beispielsweise eine niedrigere Übersetzung (höheres Steigvermögen des Wagens) oder ein Sperrdifferential, das in unwegsamem Gelände zeigt, was es alles kann.

◼ Stabile Unterflurbleche und Steinschlag-Schutzbleche für die Wagenunterseite, besonders im Antriebsbereich sind eine unentbehrliche Hilfe im schweren Gelände, weil sonst jeder Stein, jeder starke Ast zu schweren Schäden an der Wagenunterseite und der daran installierten Technik führen kann. So manches ansonsten gut gerüstete Fahrzeug hat sich schon unterwegs den Tank oder die Bremsschläuche und andere wichtige Teile beschädigt und ist dann hoffnungslos liegengeblieben.

◼ Aus diesem Grund sollten Sie auch, wenn solche Reisen auf dem Programm stehen, gleich tropenfeste verstärkte Stoßdämpfer einbauen lassen und Scheinwerfer usw. durch Steinschlaggitter zu schützen versuchen.

Über weitere Sonderausstattungen wird später noch zu sprechen sein. Dies soll zunächst einmal zum Thema Fahrzeugwahl genügen, weil es bei der Beschaffung geeigneter Fahrzeuge ein wesentlicher Gesichtspunkt sein könnte.

2.02 Thema Sicherheit

Ich möchte an dieser Stelle ganz bewußt auf ein wichtiges Thema eingehen, das Sie zum Nachdenken bei der Wahl Ihres Fahrzeugs und bei dessen Ausstattung veranlassen soll: Ihre Sicherheit! Und zwar nicht nur die technische Sicherheit des Fahrzeuges an sich (s. Unterkapitel »Campingbus und TÜV«), sondern vor allem Ihre Sicherheit auf Reisen. Gerade weil dieses Thema oft als nebensächlich abgetan wird. Lesen Sie bitte in diesem Zusammenhang auch das Kapitel »Sicherheit auf Reisen« am Ende des Buches. Als Reisender in einem Campingbus sind Sie heutzutage erheblichen Gefahren ausgesetzt:

◼ Weil Sie ein teures Fahrzeug mit teurer Ausrüstung benutzen.

◼ Weil Sie Geldmittel und andere Wertsachen mit sich führen.

◼ Weil sich solche Fahrzeuge oft kinderleicht aufbrechen lassen.

◼ Weil Sie mit Ihrem Fahrzeug oft an abgelegenen Stellen campen.

◼ Weil Sie nachts im Schlaf relativ hilflos sind.

◼ Weil Sie als Ausländer die Landessprache nicht gut beherrschen.

◼ Weil Sie als Ausländer keine Waffen mitführen dürfen.

So etwas lockt Diebe, Einbrecher und anderes Gesindel geradezu magisch an.

(a) Zusätzliche Schutzmaßnahmen

Ein paar zusätzliche Maßnahmen zu Ihrer Sicherheit im Fahrzeug sollten Sie unbedingt von Anfang an beachten:

◼ Vermeiden Sie eine auffallende oder teure Fahrzeuglackierung ebenso wie den Anbau teurer Zubehörteile. Ein unauffälliges Fahrzeug ist sicherer!

Abbildung 14: Kastenwagentypen. Kastenwagen gibt es mit »normalem« oder Hochdach von fast jedem Hersteller. Auch Achsabstände (kurz oder lang) und unterschiedlichste Motorausführungen werden angeboten. Vor dem Kauf sollte eine Art privater Bedarfsanalyse erfolgen, um die eigenen Wünsche abzuklären.

- Sichern Sie beim Verlassen des Fahrzeugs zusätzlich zur Lenkradverriegelung das Lenkrad gut sichtbar mit einer soliden Lenkradkralle.
- Eine weitere Sicherung ist z. B. der Einbau einer drahtlosen Fernüberwachung. So können Sie sich »relativ unbesorgt« bis zu 1000 Meter von Ihrem Fahrzeug entfernen und haben dennoch drahtlos Ihr Fahrzeug unter Kontrolle.
- Mit einer besonders lauten Alarmsirene, die mit einem zusätzlichen Panikknopf auch von innen ausgelöst werden kann, können Sie unter günstigen Umständen einen Einbrecher in die Flucht schlagen.
- Mit Rundumscheinwerfern auf dem Dach, die im Gefahrenfall die Umgegend hell erleuchten und die sich auf Blinkbetrieb umstellen lassen, haben Sie auch nachts einen gewissen Schutz.
- Zusätzliche Türschlösser erschweren Einbruchs- oder Diebstahlversuche.

(b) Persönliche Sicherheit

Außerdem müssen Sie auch für Ihre persönliche Sicherheit ausreichend Vorsorge treffen! Z. B. durch einen vernünftigen Einbruchschutz für den Wohnbereich.

- Fenster, die durch Rolläden, Sonnenschutzfolie oder Metallblenden den Einblick von außen verhindern, sind ein guter Sichtschutz gegen allzu neugierige oder habgierige Blicke. Stabile Fertigrolläden bringen zumindest etwas Schutz gegen Einbruch.
- Blechblenden (mit Sehschlitz!), von innen stabil an den Fensterrahmen einhängbar, sind ein guter Einbruchsschutz.
- Eine solide (wärmeisolierte) Blechtür zwischen Fahrerhaus und Wohnteil, mit soliden Scharnieren, Riegeln und Sicherheitsschlössern (oder Vorhängeschlössern) ausgestattet, kann nicht nur Ihre Wertsachen, sondern auch Ihr Leben retten!

■ Achtung: Manche nächtlich (auch auf Rastplätzen!) tätigen Straßenräuber sprühen durch Lüftungsöffnungen, Luken oder etwas abgesenkte Autofensterscheiben ein Betäubungsmittel in den Wohnbereich und räumen dann, während Sie hilflos betäubt sind, ohne jede Behinderung den aufgebrochenen Wagen aus. Rüsten Sie deshalb Ihren Campingbus mit solchen verborgenen Lüftungsmöglichkeiten aus, die von Ganoven nicht mißbraucht werden können!

■ Gegen die gefürchteten KO-Gas-Überfälle kann ein spezielles Alarmgerät helfen, daß lautstark Ihre Umgebung alarmiert. Sie selbst sind nämlich – wegen der raschen Wirksamkeit des Gases – meist bereits vollkommen hilflos!

Sie können sich in gewissen Grenzen vor Ganoven aller Art schützen:

■ Indem Sie Ihren Campingbus möglichst einbruchsicher ausbauen.
■ Indem Sie Warneinrichtungen installieren.
■ Indem Ihr Fahrzeug möglichst unauffällig erscheint.
■ Indem Sie kritische Situationen von vornherein vermeiden!

Das sollten Sie noch bedenken: Campingbuswände aus Kunststoff sind aus Gewichtsgründen fast immer sehr leicht gebaut. Ein paar kräftige Schläge mit der

Axt oder Machete und der Einbrecher steht plötzlich an Ihrem Bett. Für diesen Notfall müssen Sie anderen lautstark signalisieren können, daß Sie in Gefahr sind. Beispielsweise durch eine entsprechende Alarmanlage. Auch durch Blinkleuchten oder Außenscheinwerfer. Oder durch eine zusätzliche Hupenleitung, die vom Wohnteil aus das Signalhorn im Motorraum in Betrieb setzt.

Statten Sie Ihr Wohnmobil zusätzlich mit einer lauten transportablen Alarmanlage aus. Es gibt viele handliche batteriebetriebene Geräte, die Wagentüren sichern, die als Erschütterungsmelder die kleinste Bewegung an Ihrem Gepäck melden, die als Bewegungsmelder auf die Annäherung von Personen reagieren oder die es ermöglichen, mit einem Fadenzugsensor rund um das Fahrzeug eine regelrechte »Sicherheitszone« aufzubauen. Und es gibt sogar Geräte, die auf das gefürchtete KO-Gas reagieren und (relativ) lautstark Ihre Umgebung alarmieren, während Sie hilflos betäubt im Wagen liegen.

Was die Frage einer (angemessenen) Selbstverteidigung angeht, so lesen Sie bitte das Kapitel »Sicherheit unterwegs«.

Ich hoffe, daß Sie mir meine warnenden Hinweise nicht verübeln, sie sind aus jahrzehntelanger Erfahrung gut gemeint. Zurück zur Fahrzeugwahl:

Abbildung 15: KO-Gas-Alarmgerät. Verschiedene Hersteller bieten KO-Gas-Warngeräte an, die einen gewissen Schutz gegen die gefürchteten Gasüberfälle von nächtlichen Straßenräubern bieten.

2.03 Neufahrzeuge

Wenn Sie sich dazu entschlossen haben, ein nagelneues Basisfahrzeug ab Werk zu beziehen, so haben Sie zweifellos die einfachste und auf lange Sicht zweckmäßigste Lösung gefunden. Ob es auch außerdem die wirtschaftlichste Lösung ist, läßt sich nicht so einfach beurteilen. Jedenfalls sind Sie mit Ihrem Kaufentscheid König Kunde und das sollten Sie auch ausnutzen!

Sie können jetzt alle Register ziehen und das Basisfahrzeug bereits ab Fabrik an Hand der Zubehörlisten für die Sonderausstattung ab Werk oder vom Händler so ausrüsten, wie es Ihren Vorstellungen und Wünschen für den kommenden Ausbau entspricht. Natürlich wird so ein Neufahrzeug durch Zusatzaus-

Abbildung 16: Eine Fahrzeugpritsche. Für technisch versierte Selbermacher kann es reizvoll sein, eine Fahrzeugpritsche mit einer (evtl. fertig gekauften) Wohnkabine zu bestücken. Vorherige Rücksprache mit TÜV oder Kfz-Sachverständigen ist aber unbedingt anzuraten!

stattungen nicht eben billiger. Aber dennoch sollten Sie nicht in den Fehler verfallen und versuchen, am falschen Platz zu sparen, indem Sie wichtiges Zubehör einfach weglassen! Es sei denn, Sie können dieses Zubehör selbst (z. B. im Versandhandel oder bei Autoverwertern) billiger beschaffen und selbst einbauen. Aber ein paar wichtige Dinge lassen sich nachträglich nur schwer selbst einbauen, und wenn, dann oft nicht so perfekt oder im Endeffekt sogar teurer.

(a) Mehrausstattungen

Jeder halbwegs vernünftig ausgebaute Campingbus braucht für die Stromversorgung des Wohnteils beispielsweise eine Zweitbatterie. Manche Fahrzeughersteller bieten diese bereits als Mehrausstattung zusammen mit einem angeschlossenen Trennrelais an. Hierauf sollte man eingehen, denn selbst ein-

bauen wird nicht billiger, zumal der Hersteller bereits im Fahrzeug die Lademöglichkeit für die Zweitbatterie durch die Lichtmaschine mit berücksichtigt hat. Baut man selbst später die Zweitbatterie ein, sollte man rechtzeitig daran denken, daß diese auch mit geladen werden muß. Das besorgt die Lichtmaschine, die dann ab Werk schon stärker ausgelegt sein sollte, um diese Mehrleistung zu erbringen.

Je nach Hersteller sollte ab Werk ein Langzeit-Unterbodenschutz (nicht bloß ein billiger Wachsüberzug) sowie eine gute Hohlraumkonservierung geliefert werden. Beides kann man zwar auch selbst machen, aber kaum so gründlich, wie dies im Werk möglich ist, da die Hohlraumkonservierung teilweise schon im Zusammenbaustadium ausgeführt wird. Und der Unterbodenschutz, den manche Werke serienmäßig auftragen, müßte vor dem Aufbringen des Langzeitschutzes meist erst wieder mühsam entfernt werden. Kriechen Sie einmal unter dem Wagen herum und

Abbildung 17: Das platzfressende Reserverad. Wenn das Reserverad nicht bereits werksseitig unter dem Fahrzeugboden befestigt ist, sollten Sie sich eine passende zugelassene Radhalterung kaufen und montieren (lassen). Im Fahrzeug nimmt so ein Rad viel zu viel Platz weg!

versuchen Sie, die aufgesprühte Wachs-Schutz-schicht abzubekommen, damit danach eine Lang-zeit-Beschichtung hält. Nein, dann lieber in den sauren Apfel beißen und gleich etwas Vernünftiges bestellen!

Auch eine Reserveradhalterung, soweit sie nicht schon serienmäßig unter dem Wagenboden instal-liert ist, sollten Sie von dem Fahrzeughersteller ein-bauen lassen. Entweder nimmt Ihnen sonst das Reserverad im Fahrzeug wichtigen Platz weg oder Sie müssen sich erst im Handel eine passende Halterung für Ihr Fahrzeug besorgen. Dabei muß man dann wieder darauf achten, daß sie auch zugelassen ist (sonst macht der TÜV Ärger) und daß sie sehr stabil montiert wird. Andernfalls haben Sie entweder auf

einmal kein Reserverad mehr oder sogar einen Unfall am Hals. Beides sollte man vermeiden und eine fer-tige Halterung ab Werk montieren lassen.

Aber auch eine ganze Reihe anderer Dinge aus dem fast unerschöpflichen Angebot der Hersteller Ihres Basisfahrzeugs ist durchaus einer ersten Erwägung oder sogar einer Buchung wert. Besonders denke ich dabei an Dinge wie Rammschutzleisten, Verbund-glas-Windschutzscheibe, Wärmeschutzverglasung rundum, zusätzliche Rückfahrscheinwerfer (die po-peligen serienmäßigen reichen meist nicht aus), Nebelscheinwerfer, Scheinwerfer-Waschanlage, Heck-scheibenwischer, Lenkungs-Sperrbolzen, Anhänge-kupplung (sofern erforderlich), einen abschließbaren Tankdeckel, Servolenkung, ABS, Fahrer- und Beifahrersitz als (drehbare) Schwebesitze oder zumindest als höhenverstellbare Sitze, Ausstellfenster in den Fahrerhaustüren (nicht gerade einbruchsicher, aber sehr praktisch!), evtl. Sonderbereifung usw.

Auch für Fernreisen bieten manche Fahrzeughersteller ein Extra-Programm an, das vom Spezialölfilter über Ölkühler bis zu Sandblechen usw. reicht. Hiernach sollte man unbedingt fragen, wenn man derartige Reisen auf dem künftigen Programm stehen hat!

Manches andere dagegen wie etwa die Innenverkleidung des Laderaums kann man sich meist sparen, weil diese Teile entweder aus schlichter, lackierter Pappe sind und man diese Sachen doch schon aus Geschmacksgründen früher oder später rausschmeißt

oder weil sie in der Ausführung nicht zu der eigenen Ausstattung passen.

Auch überteuerte Dinge wie ein Autoradio oder eine Radioantenne würde ich nur dann ab Werk beziehen, wenn ich sie nicht billiger oder komfortabler selbst in dem Fahrzeug installieren könnte.

Anders dagegen ist es mit der Entstörung, die ich sowieso für den Rundfunkempfang oder das CB-Gerät brauche. Hier sollte man, wenn irgend möglich, das Werk in Anspruch nehmen, denn die Leute dort wissen am besten, welche Details ihres Fabrikats entstört werden müssen und womit.

Ebenfalls angeboten wird meist vom Werk eine Zusatzheizung, die meines Erachtens nur dann bestellt

Abbildung 18: Zusatzhalterung für Mofa, Motorroller usw.. Als Camper will man mobil sein. Ein mitgeführtes Motorrad oder Mofa erspart umständliche Parkplatzsuche in der Großstadt. Zugelassene Spezialhalterungen machen es möglich.

werden sollte, wenn man sich außerstande sieht, eine der bewährten Spezialheizungen (siehe Kapitel Installationen) selbst einzubauen. Die werksseitig angebotenen Zusatzheizungen, meist mit Fahrzeugtreibstoff betrieben, brauchen nicht nur Sprit und Batteriestrom, sondern sind auch oft recht laut, was besonders nachts den eigenen Schlaf beträchtlich stören kann. Zumindest sollt man sich so eine Zusatzheizung erst einmal (bei völliger Stille) im Fahrzeug vorführen lassen.

Wenn Sie vorhaben, Ihren Campingbus mit einer Spezialhalterung für ein »Beiboot«, also für ein Mofa, ein Kleinkraftrad oder auch für ein paar schlichte Fahrräder auszustatten, sollten Sie ebenfalls den Händler nach einer Werksempfehlung fragen. Es gibt auch andere Halterungen zu kaufen, die dann aber womöglich wieder Montage- oder TÜV-Schwierigkeiten heraufbeschwören könnten, wenn man sich nicht vorher gründlich informiert

(b) Minderausstattungen

Ja, auch das gibt es und es kann sich sogar ganz schön angenehm in Ihrem Portemonnaie bemerkbar machen. Der Hersteller eines Basisfahrzeugs weiß ja vorher nicht, was der Kunde mit dem Fahrzeug anstellen will. Also muß er einen bestimmten Standard an Ausrüstung in die Fahrzeuge hineinstecken, um möglichst vielen Wünschen gerecht zu werden oder auch, um konkurrenzfähig zu sein. Hier können Sie nun auch wieder einhaken und all das ab Werk weglassen, was Sie nicht brauchen, was Sie beim Ausbau womöglich stört und... was der Händler bereit ist, gegen Vergütung aus der Bestellung auszuklammern.

Besonders viel kann man durch Fortfall nicht benötigter Türen, Innenverkleidungen, Trennwände, Fenster, Sitzbänke bzw. Sitze usw. sparen. Auch eine Reserveradverkleidung, die serienmäßig geliefert wird, ist unnötig, wenn Sie das Reserverad anschließend doch unter dem Wagen anbringen. Wenn schon im Wagenheck Fenster drin sein müssen, vielleicht kann der Händler die Scheiben auf Lager nehmen und Ihnen zu einem kleinen Teil vergüten, denn Sie setzen ja doch vermutlich ausstellbare oder zumindest isolierverglaste Scheiben ein.

Bevor Sie den endgültigen Kaufvertrag unterzeichnen, sollten Sie sowohl das Vorführmodell des Händlers als auch die Sonderlisten des Händlers bezüglich Mehr- und Minderausstattungen gründlich unter die Lupe genommen haben. Das, was in dieser Hinsicht nämlich in den Prospektunterlagen enthalten ist, ist meist nicht alles. Der Händler hat Werkslisten, die oft den Umfang kleiner Bücher annehmen und alles enthalten, was überhaupt für einen Wagentyp lieferbar ist.

Aber bevor es soweit ist und bevor Sie schließlich den Händler auch noch mit dem Wunsch nach einem Preisnachlaß an den Rand der Verzweiflung getrieben haben, sollten Sie sich über Ihre Ausbauplanung und die tatsächlich erforderliche Ausstattung weitgehend klar sein.

Dafür ist es jedoch erforderlich, von dem Händler Ihrer Wahl die neuesten Unterlagen über das Basisfahrzeug zu beschaffen, denn sowohl in den Modellen als auch in der Ausstattung, Motorisierung usw. gibt es mit jedem Modelljahr auch kleine Verschiebungen, die als Verbesserungen bezeichnet werden und oft doch nur als Alibi für Preiserhöhungen dienen.

Schon aus diesem Grund kann es finanziell durchaus interessant sein, ein neues, aber auslaufendes Modell zu erwerben. Man verzichtet dann zwar auf die neuesten Details und hat vielleicht auch später durch das veraltete Modell einen geringeren Wiederverkaufswert, aber dafür bekommt man ein ausgereiftes Fahrzeug zu einem oft beträchtlich günstigeren Preis.

Schauen Sie sich also gründlich auf dem reichhaltigen Markt der Nutzfahrzeuge um. Lassen Sie keine Gelegenheit aus, Probefahrten mit den einzelnen Modellen zu machen und machen Sie Sitzproben auf dem Fahrersitz von wenigstens 10 Minuten, besser länger! Denn manche Kfz-Hersteller bauen Sitze ein, bei denen man nach kurzer Zeit Wadenkrämpfe bekommt oder so ungünstig sitzt, daß zumindest bei längeren Fahrten des Kreuz schmerzt und die Bandscheibe leidet.

Werden Sie vor dem Kaufentscheid Ihr eigener kritischer Autotester. Das ist billiger, als hinterher ein enttäuschter Kunde zu sein! Vergleichen Sie die einzelnen Preise und was Ihnen dafür geboten wird.

Informieren Sie sich auch über den Durchschnittsverbrauch bei Besitzern ähnlicher Fahrzeuge, fragen Sie diese auch nach ihren Erfahrungen und warum sie gerade dieses Fahrzeugmodell gewählt haben oder welches Fahrzeugmodell andere Wohnmobilbesitzer das nächste Mal kaufen würden.

Wie ich schon einmal sagte, ist Information die halbe Arbeit. Je besser Sie informiert sind, desto zufriedener werden Sie in den nächsten Jahren mit Ihrem eigenen Campingbus sein und leicht schadenfroh auf die Leute schauen, die Ihr Fahrzeug nach kurzer Zeit wieder zu verkaufen suchen.

2.04 Gebrauchtfahrzeuge

Wenn Sie sich – aus Kostengründen oder anderen Erwägungen – zumindest für Ihren ersten Campingbus-Ausbau zum Kauf eines Gebrauchtfahrzeugs entschlossen haben, so sparen Sie – zunächst einmal – eine mehr oder weniger große Summe Geld. Wie groß die ersparte Summe wirklich ist, zeigt sich spätestens dann, wenn Sie an die Überholung des gebrauchten Basisfahrzeugs herangehen. Dann zeigt sich, ob Sie Ihr Geld gut angelegt haben oder ob Sie womöglich auf einen geschwätzigen Verkäufer und eine zurechtfrisierte Schrottkiste hereingefallen sind.

Wenn Sie dem Verkäufer nicht unbedingt vertrauen können und selbst nicht ausreichendes Fachwissen besitzen, sollten Sie unbedingt für den Kauf eines »Gebrauchten« einen Fachmann mitnehmen. Selbst wenn ein Fahrzeug äußerlich noch ganz passabel aussieht, kann nur der Fachmann beurteilen, ob Motor und Getriebe, Kupplung, Lenkung, Radlagerung usw. nicht nur den Umbau, sondern auch die ersten paar Reisen einigermaßen pannenfrei überstehen werden.

Wenn Sie, was ja vorkommt, weder einen Fachmann mithaben noch über ausreichende Kenntnisse verfügen, sollten Sie zweierlei tun: Erstens sehr kritisch sein und zweitens ein paar wesentliche Punkte des in Betracht kommenden Fahrzeugs sehr genau unter die Lupe nehmen!

(a) Der erste Eindruck

Als erstes ist es ratsam, sich den Kraftfahrzeugbrief genau anzusehen, denn er verrät schon einige Details, die für Sie wichtig sind. Da steht nicht nur das Baujahr und die Erstzulassung drin, sondern auch, wie viele Vorbesitzer das Fahrzeug schon hatte. Bei einem älteren Modell können es schon mal zwei Vorbesitzer sein, wenn die übrigen noch zu prüfenden Details in Ordnung sind. Sind aber mehr Vorbesitzer eingetragen oder hatte der letzte Vorbesitzer das Fahrzeug nur eine kurze Zeit, taucht die Frage auf, was an dem Objekt faul sein kann. Wer kauft schon ein solches Fahrzeug, um es nach kurzer Zeit wieder ohne Grund abzustoßen?

Wenn im Kfz-Brief alles andere ebenfalls ohne ersichtliche Fragen zu Ihrer Zufriedenheit ausgefallen ist, beginnt die Inspektion des »Gebrauchten«. Zunächst wird es immer die Karosserie sein, die begutachtet wird. Sie ist zwar nicht das Wesentlichste am Fahrzeug, aber auch die äußere Hülle über einem (faulen?) Kern kann schon recht aufschlußreiche Signale geben.

Wenn Sie den Wagen privat von seinem jetzigen Besitzer angeboten bekommen und nicht von einem

Abbildung 19: Eine Karosserie mit »Lüftungsöffnungen«. Wenn der Wind schon durch alle Rostlöcher pfeift, sollte man sich auch den Rest der Karosserie sehr kritisch ansehen, bevor man bei so einem »Schnäppchen« zugreift.

Händler, so nutzen Sie die Möglichkeiten, die sich daraus ergeben. Schauen Sie sich nicht nur die Karosserie des Fahrzeugs genau an, sondern vor allem erst einmal das Äußere des Verkäufers. Vielleicht hat er auch diese Zeilen gelesen und sich extra auf diesen Besuch von Ihnen vorbereitet. Dann ist es schwer zu beurteilen, ob er und das Fahrzeug schon immer so gepflegt waren. Wirkt der Verkäufer aber ungepflegt, schmuddelig und unsauber, so wird er wohl keinen Grund gehabt haben, das Fahrzeug mehr zu pflegen als sich selbst. Wenn ein Mensch keine Zeit oder Lust hat, sein Äußeres und das Äußere seines Fahrzeugs zu pflegen, so wird es um das Innenleben des Fahrzeugs wohl noch viel schlimmer stehen. Hier ist also ein gesundes Mißtrauen am Platze!

Ist nur der Verkäufer ungepflegt und das Fahrzeug außen extra auf Hochglanz gewienert, sollten Sie ebenfalls mißtrauisch sein. Vielleicht ist der Mann eine moderne Art von Roßtäuscher, der das Fahrzeug äußerlich für Sie so schick hergerichtet hat, um von inneren Mängeln des Wagens abzulenken? Meist wird auch der Beruf des Vorbesitzers schon einige Rückschlüsse zulassen. Bei jemandem, der das Fahrzeug beruflich ständig bis an die Grenze des Zumutbaren strapaziert hat, wird vermutlich der Verschleiß des Wagens weiter vorangeschritten sein als bei einem Oberlehrer, der nur sonntags seine Familie spazieren fuhr. Bei einem Kohlenhändler oder Bauunternehmer wird eher mit Defekten am Fahrzeug zu rechnen sein als bei einem Textilhändler, der nur gelegentlich seine Kollektion transportiert hat.

(b) Die Karosserie

Schon der Lack des Fahrzeugs läßt Rückschlüsse zu. Ist er arg zerschrammt, gerissen oder blind, so deutet dies auf seltene Autowäsche oder mangelnde Lackpflege hin. Warum sollte es dann mit dem Innenleben des Fahrzeugs besser aussehen? Türkanten und Kotflügelränder sind besonders aufschlußreich. Oft schimmert hier schon die Grundierung oder sogar der Rost durch. Dann hat der Besitzer vielleicht den Wagen extra für Sie oder für vorangegangene Interessenten mit schleifenden Poliermitteln überarbeitet, dabei den Lack so dünn geschliffen, daß er

kaum noch Schutzwirkung aufweist oder sogar schon zu rostenden Blechteilen führt.

Auch Farbveränderungen sollten Sie beachten. Vielleicht hat es einmal gekracht und der Vorbesitzer hat die Teile nicht fachgerecht reparieren oder auswechseln lassen, sondern selbst übergespachtelt und dünn mit Lack übersprüht? Den Ärger haben Sie anschließend, wenn der Rost darunter blüht. Das an sich ist bei einem leicht auswechselbaren Kotflügel noch kein Grund, ein ansonten gutes Fahrzeug abzulehnen. Schließlich kann auch dem besten Fahrer mal ein Mißgeschick passieren. Nur sollte er so etwas lieber gleich sagen, bevor man bei der Besichtigung von selbst draufkommt.

Prüfen Sie in jedem Falle, ob womöglich andere, nicht so leicht auszuwechselnde Teile oder gar tragende Karosserieteile ebenfalls einmal beschädigt wurden und dieser Unfall möglicherweise zum Verzug der Karosserie geführt haben kann. Wenn der Wagen selbst noch nicht allzu alt ist, sollten Sie aus diesen Gründen auch bei einer Neulackierung besonders mißtrauisch sein. Vielleicht verbirgt sich dahinter ein schwerer Unfall, der verborgene Schäden im Fahrzeug zurückgelassen hat.

Auch andere Merkmale an der Karosserie wie fehlerhafter oder ausgebesserter Unterbodenschutz, blinde Scheinwerfer-Reflektoren, defekte Scheinwerfergläser, Rostränder, Rostspuren oder Haarrisse an Schweißstellen der einzelnen Karosserieteile lassen Rückschlüsse auf Zustand, Pflege oder Unfälle des Fahrzeugs zu.

(c) Das Fahrgestell

Ein gründlicher Blick unter den Wagen ist unverzichtbar!

- ■ Ist der Auspuff äußerlich noch intakt oder bereits stark verrostet?
- ■ Auch die Innenseite des Auspuffrohres sollte Ihnen einen Blick wert sein! Ein innen stark verrußtes Auspuffrohr deutet entweder auf einen schlecht eingestellten oder verschlissenen Motor hin und zeigt Ihnen zumindest, daß viel Kraftstoff unnütz zum Auspuff hinausgeblasen wird.
- ■ Sind die Gummimanschetten an den Antriebsgelenken noch dicht und sauber oder tritt irgendwo Fett aus?

- Sind die Bremsleitungen schon halbwegs verrostet, kommt ebenfalls Ärger auf Sie zu.
- Weisen tragende Profile der Karosserie Rost auf oder hat gar der Zahn der Zeit schon an ihnen oder dem Bodenblech stark genagt?
- Vorsicht! Ein neuer Unterboden-Schutzanstrich kann gut gemeint sein, er kann aber auch schwere Mängel verdecken oder unsachgemäße »Reparaturen«.
- Da Sie schon einmal so weit unten am Fahrzeug sind, nehmen Sie sich auch gleich noch die Räder vor. Packen Sie die Reifen rechts und links kräftig an und rütteln Sie an den Rädern, um zu prüfen, ob die Radlagerung womöglich Spiel hat und ob die Gelenke bereits ausgeschlagen sind. Das kann man am besten dann prüfen, wenn der Wagen aufgebockt ist. Vielleicht haben Sie die Möglichkeit hierfür bei der nächsten Tankstelle oder in Ihrer Autowerkstatt.
- Die Reifen lassen aber noch weitere Schlüsse zu. Erstens kann man an Ihnen sehen, ob durch ungleichmäßig abgefahrene Profilierung entweder die Spureinstellung falsch ist oder der Rahmen durch einen Unfall verzogen ist. Die Spur läßt sich in der nächsten Autowerkstatt einstellen, ein verzogener Rahmen nicht! Auch die Profiltiefe der Reifen kann über die Laufzeit des Wagens oder die Fahrweise des Fahrers Aufschluß geben, abgesehen davon, daß abgefahrene Reifen den Wert des Fahrzeugs natürlich ebenfalls mindern. Stellenweise abgefahrene Profilierung, sogenannte Scheuermarken, deutet auf flatternde Lenkung oder Unwucht der Bereifung hin.

(d) Das Innenleben

Aber schauen Sie auch einmal ins Fahrerhaus. Nicht nur deshalb, um sich schon als Fernreisender zu fühlen, sondern um dem wirklichen Wert des Fahrzeugs auf die Spur zu kommen.
- Durchgesessene Sitze, abgewetzte Bezugstoffe, durchgescheuerte Fußmatten, abgetretene Pedalgummis lassen schon eine Reihe Schlußfolgerungen über Behandlung und Alter des Fahrzeugs zu.
- Deshalb zunächst ein Blick auf den Tacho: Was sagt der Kilometerstand? Kann der angezeigte

Wert mit dem übrigen Zustand des Wagens übereinstimmen oder sind hier offensichtliche Differenzen zu vermuten? Vielleicht ist der Tacho ausgetauscht worden oder der Kilometerzähler ist schon einmal über seine Zählgrenze hinweggesprungen und das Fahrzeug hat bereits mehr als hunderttausend Kilometer auf dem Buckel. Dann sind sicher in nächster Zeit größere Reparaturen fällig, wenn man Pech hat.
- Ist der Kilometerzähler noch bei mittleren Fahrleistungen von 40- bis 50.000 Kilometern und signalisiert das Fahrzeug selbst einen anderen Zustand, war entweder die Pflege sehr schlecht oder der jetzige Besitzer oder Verkäufer hat ein klein wenig am Kilometerstand gedreht (natürlich rein zufällig!). Beide Möglichkeiten sollten Ihnen sehr zu denken geben.

Natürlich gibt es, um auch diese Möglichkeit anzusprechen, außerdem noch Fahrzeuge, die einfach aus beruflichen Gründen stark in Anspruch genommen sind und ansonsten eine sehr gute Pflege haben. Das merken Sie aber dann wieder an anderen Details wie Motorlauf, Reifen, Bremsen, Kupplung usw. und nicht zuletzt auch an dem regelmäßig durchgeführten Wartungsdienst, der aus dem Scheckheft des Fahrzeugs ersichtlich sein sollte.
- Da Sie nun schon einmal hinter dem Lenkrad sitzen, sollten Sie auch gleich behutsam daran drehen und zugleich durch einen Blick aus dem geöffneten Seitenfenster die Räder im Auge behalten oder von einem Bekannten kontrollieren lassen. Bei mehr als einer Handbreit Spiel im Lenkrad (Mittelstellung) und keiner Reaktion der Vorderräder ist offensichtlich die Lenkung ausgeschlagen. Wenn Nachstellen nicht hilft, wird es nicht billig.

Aber zunächst weiter in der Prüfung:
- Kupplung und Bremsen sind die nächsten Bedienelemente, die Sie sich aufmerksam anschauen sollten. Sowohl das Kupplungs- als auch das Bremspedal sollte sich bis zu der Stelle, wo man deutlich den Widerstand spürt, nur etwa zwei bis drei Zentimeter weit frei durchtreten lassen. Mehr Spiel bedeutet meist einen Mangel durch Ver-

schleiß. Weniger Spiel ist kaum zu erreichen, weil dies technisch bedingt ist. Das Bremspedal darf sich, wenn man es voll durchtritt, nicht bis zum Bodenblech drücken lassen. Ein paar Zentimeter vorher muß Schluß sein, sonst stimmt etwas im Bremssystem nicht.

■ Auch die Handbremse verdient etwas Beachtung. Diese sollte sich höchstens einen toten Gang von drei bis vier Zentimeter leisten, bevor sie voll greift. Hier wird eine Reparatur zwar nicht so teuer, aber der Zustand solcher lebenswichtiger Einrichtungen läßt wieder Schlüsse auf Fahrtechnik und Fahrzeugpflege durch den Vorbesitzer zu.

(e) Die Vorabkontrolle

Bevor Sie nun zu der unbedingt zu empfehlenden Probefahrt aufbrechen, sollten Sie noch ein paar kleine, aber wesentliche Details unter die Lupe nehmen.

■ Zuerst prüfen Sie den Reifendruck, solange die Reifen noch kalt sind. Ist er wesentlich niedriger als in der Vorschrift für diesen Reifentyp angegeben, kann das Schlamperei sein. Es kann aber auch bedeuten, daß der Verkäufer Sie übers Ohr hauen will. Weil nämlich so »weiche« Reifen eine Menge Fahrgeräusche, Knackgeräusche der Karosserie und andere Mängel im Innenleben des Fahrzeugs vertuschen. Sie sollten den Reifendruck vor Fahrtbeginn richtigstellen.

■ Schauen Sie auch zum Motor. Nicht nur das Äußere ist interessant, obwohl ein ölverschmierter Motor durchaus auch auf kaputte Dichtungen oder vielleicht sogar einen Riß im Motorblock hindeuten kann.

■ Aber interessant ist ebenso das Motoröl. Solange der Motor noch kalt ist, sollte man den Peilstab herausziehen und sich merken, wie dick in etwa das Öl ist und ob zu viel oder zu wenig Öl im Motor ist (Füllhöhe). Die Dicke des Öls kann man zwar nur schätzen, aber man merkt doch, ob das Öl bei kaltem Motor wesentlich dicker ist als bei heißem Motor (wenn man nach der Probefahrt die Probe nochmals vornimmt!). Zu dickes Öl vor der Probefahrt kann nämlich bedeuten, daß der Verkäufer dadurch klappernde Kolben, mangel-

hafte Dichtringe und zu niedrige Kompression vertuschen wollte.

■ Ein zu hoher Ölstand kann auf Unaufmerksamkeit beim Ölnachfüllen zurückzuführen sein, kann aber auch genau so gut auf Ölverdünnung durch Treibstoff hindeuten. Das wiederum bedeutet, daß die Kolbenabdichtung nicht einwandfrei ist und früher oder später nicht unbeträchtliche Kosten auf Sie zukommen. Man merkt die Ölverdünnung häufig auch schon am Geruch des Öls. Wenn es besonders stark nach Treibstoff riecht oder wenn man es zwischen den Fingerkuppen reibt und es sich dabei nach kurzer Zeit nicht mehr richtig fettig anfühlt, ist Treibstoffverdünnung anzunehmen.

(f) Der Verbrauchstest

Sie können bei einer solchen Probefahrt auch noch einen annähernden Verbrauchstest machen, indem Sie vor dem Probefahren den Tank an der Tankstelle bis zum Abschalten der Zapfpistole füllen. Dann fahren Sie wenigstens 50 Kilometer Probe in verschiedenen Geschwindigkeiten, über Landstraßen und in der Stadt. Danach wird der Tank an derselben Tankstelle wieder genau so gefüllt. Die zweite getankte Treibstoffmenge (zum Beispiel 8,4 Liter) wird mit Hundert malgenommen (ergibt 840) und durch die Anzahl der gefahrenen Kilometer (z. B. 60) geteilt. Das Resultat aus 8,4 x 100 : 60 = 14 ist die Spritverbrauchsmenge des Fahrzeugs auf 100 Kilometer. Das heißt, der Wagen schluckt im Schnitt bei gleicher Fahrweise und Beladung etwa 14 Liter auf 100 Kilometer.

(g) Die Probefahrt

So, nun kann endlich die Probefahrt steigen. Will der Verkäufer Sie nicht selbst fahren lassen, sondern Ihnen den Wagen vorführen, so kann man nichts machen, es ist sein Recht. Aber es gibt dafür die Möglichkeit, ihn bei seinem Fahren zu beobachten, um aus seinem Fahrstil, aus dem Startvorgang und seiner Behandlung des Fahrzeugs auf seine bisherige Fahrtechnik Rückschlüsse zu ziehen. Geht jemand brutal mit dem Fahrzeug schon bei einer Vorführung um, wird er es mindestens genau so schlimm auch schon die Jahre vorher gemacht haben. Das Fahrzeug war der Leidtragende.

- Läßt der Verkäufer Sie ans Steuer, so starten Sie bitte auch den Motor selbst. Nur dann kann man sehen, ob die Batterie noch ausreichend stark ist, den Anlasser zu drehen. Und ob der Motor sofort anspringt (längstens nach 10 Sekunden muß er kommen), andernfalls stimmt etwas nicht und man hat später womöglich noch mehr Ärger mit dem Antrieb. Vielleicht war es nur eine Kleinigkeit, dann kann der Verkäufer es ja rasch beheben. Andernfalls lädt man sich das Risiko höherer Kosten selbst auf. Der Motor sollte im Leerlauf nach wenigen Augenblicken bereits einigermaßen gleichmäßig drehen. Geben Sie nun sanft mehr Gas, so sollte ein gesunder Motor es auch zügig annehmen, ohne dabei zu stottern.

- Der Qualm, der aus dem Auspuff kommt, gibt weitere Aufschlüsse über den Fahrzeugzustand. Blauer Qualm signalisiert hohen Ölverbrauch, was auf schadhafte Kolben oder verschlissene Kolbenringe hindeutet. Schwarzer Qualm kennzeichnet einen hohen Spritverbrauch. Das braucht noch nichts Schlimmes zu sein, vielleicht ist nur der Vergaser verstellt. Wenn nach ein paar Kilometer Fahrt die Erscheinungen die Gleichen sind, sollten Sie bei der Gelegenheit gleich bei einer autorisierten Kfz-Werkstatt den Fehler klären und beheben lassen.

- Wenn Sie das Gas nach diesem kurzen Test wieder wegnehmen, sollte der Motor im Leerlauf gleichmäßig rund drehen und der Öldruck sollte (sofern meßbar) nicht unter den halben Maximalwert abfallen. Ist der Leerlauf nicht gleichmäßig, so muß er sofort eingestellt werden (notfalls in der Werkstatt) und danach gut rund laufen, ohne zu hochtourig zu drehen. Läßt sich der Leerlauf nicht sauber einstellen, liegt ein Schaden an Ventilen oder Kolben nahe.

Nach dieser Prüfung sollten Sie nun wirklich mit einer ausführlichen Probefahrt beginnen. Achten Sie darauf, ob sich die einzelnen Gänge sauber schalten lassen, ob die Kupplung kratzt oder rutscht und drehen Sie den Motor in den einzelnen Gängen beim Fahren ruhig etwas höher, als Sie das sonst tun würden. So hört man leichter, ob das Getriebe womöglich heult oder andere Geräusche gibt, die auf Verschleiß deuten.

Während der Fahrt sollten Sie auf einer ruhigen, glatten und geraden Straße einen Bremsentest machen, indem Sie bei losgelassenem Lenkrad (Hände dicht am Lenkradkranz, damit Sie notfalls sofort wieder zupacken können) leicht bremsen. Zieht der Wagen stark einseitig bei trockener Straße, sind die Bremsen schlecht eingestellt.

Nun lassen Sie dem Wagen noch einmal freien Lauf, nachdem Sie die Lenkung wieder auf Geradeauslauf eingestellt haben. Mit losgelassenem Lenkrad müßte das Fahrzeug jetzt bei gleichbleibender Geschwindigkeit (ohne Gas zu geben) etwa hundert Meter geradeaus rollen, ohne nach einer Seite zu ziehen. Das geht natürlich nur auf einer nicht gewölbten Fahrbahn, die auch kein merkliches seitliches Gefälle haben darf. Notfalls machen Sie diesen Test bei einer übersichtlichen, geraden und nicht befahrenen Strecke einmal kurz auf dem Mittelstreifen. Zieht der Wagen nach einer Seite hin, ist die Lenkung nicht in Ordnung.

Auch wenn Sie mit dem Wagen aus einer Kurve herauskommen, sollte sich dahinter das Lenkrad, das man wiederum mit Bedacht (in Griffnähe bleiben) losgelassen hat, auf die mittlere Geradstellung eindrehen. Wenn nicht, so ist die Werkstatt der richtige Gesprächspartner für einen Kostenanschlag.

Und da Sie gerade so schön am Fahren sind, achten Sie bitte auf glatter wie auch auf holpriger Fahrbahn auf begleitende Karosserie- und Motorgeräusche.

Machen Sie zum guten Ende noch einen Rütteltest auf einer wirklich miserablen Wegstrecke, denn davon werden Sie später noch mehr als genug auf Ihren Reisen kennenlernen. Wenn der Wagen das klaglos überstehen will, muß er es jetzt auch schon können.

(h) Die Nachkontrolle

Nun stellen Sie abschließend das Fahrzeug mit einem Rad auf einen Bürgersteig, die anderen Räder bleiben unten. Normale Menschen würden nie so parken, aber Sie sollten es einmal tun, um zu prüfen, ob sich noch alle Türen und Klappen einwandfrei öffnen und schließen lassen. Dasselbe versuchen Sie noch mal mit allen vier Rädern in Normalstellung, um sicher zu sein, daß sich die Karosserie nirgends verzieht. Abschließend wird nochmals das Öl des Motors begutachtet, ob die Viskosität noch in etwa die Gleiche ist wie vor der Fahrt.

Dies sind ein paar Punkte, die ein autotechnischer Laie selbst bei der Prüfung eines angebotenen Fahrzeugs testen kann. Besser ist in jedem Fall die Mitnahme eines Fachmanns oder die Fahrt mit dem Probewagen zu einer Fachwerkstatt, die den Wagen für ein paar Mark gründlich überprüft.

Wer es noch genauer wissen will und auch noch einen Schätzpreis haben möchte, sollte sich unbedingt an eine der zahlreichen Schätzstellen oder einen vereidigten Kfz-Sachverständigen wenden. Das kostet zwar ein paar Mark mehr, ist aber höchstwahrscheinlich immer noch billiger als eine übersehene Schadensquelle im Fahrzeug. Schließlich wollen Sie ja für Ihr Geld ein solides Fahrzeug, das noch ein paar Jahre mitmachen soll. Sie sollten sich daher auch nicht scheuen, für jeden festgestellten Mangel, wenn Sie ihn schon akzeptieren, zumindest einen Preisnachlaß herauszuschlagen.

(i) Der Gebrauchtfahrzeug-Markt

Abgesehen einmal von den einschlägigen Inseraten der Tageszeitungen unter der Rubrik »Nutzfahrzeuge« sollte man sich auch an die Stellen wenden, die laufend derartige Fahrzeuge einsetzen und nach einem bestimmten Zeitraum günstig wieder abgeben. Ich denke dabei speziell an Industriebetriebe, Großunternehmen und Behörden (Stadtverwaltungen, Bundeswehr, Feuerwehr usw.).

Die Post versteigert alle paar Monate ausgemusterte Nutzfahrzeuge zu recht günstigen Preisen. Auskunft bekommt man bei den einzelnen Dienststellen. Ebenfalls andere Paketdienste haben von Zeit zu Zeit Fahrzeuge aus dem Bestand abzugeben. Auch die Bahn mustert von Zeit zu Zeit Fahrzeuge aus ihrem Fuhrpark aus, die man erwerben kann. Informationen über die näheren Bedingungen erteilen die einzelnen Bahndirektionen.

Polizeifahrzeuge sind ebenfalls eine interessante Sache, weil auch hier manches Spezialfahrzeug dabei ist, das für Fernreisen schon gut gerüstet ist. Die etwa halbjährlich stattfindenden Versteigerungen gebrauchter ausgemusterter Fahrzeuge werden in der Tagespresse und im Bundesanzeiger angekündigt. Noch interessanter sind die Nutzfahrzeuge der Bundeswehr, weil hier vom Allrad-Lkw bis zum Schwimmwagen oder Großtransporter viele Sachen für den Campingbus-Bastler dabei sind. Der Verkauf dieser Fahrzeuge erfolgt allerdings nur zentral. Termine und weitere Informationen über Ort und Zeit der einzelnen Besichtigungen sowie über die weitere Abwicklung erhält man aus dem Bundesanzeiger.

Zu all diesen Versteigerungen oder Verkäufen sollte man aber einen versierten Kfz-Mann mitbringen, denn Probefahrten usw. sind bei derartigen Anlässen meist nicht drin. Da muß man sich schon auf die Angaben, den Augenschein und ein wenig auch auf den lieben Gott verlassen. Dafür sind die Fahrzeuge aber meist recht ordentlich gepflegt und vor allem relativ preiswert.

In der Industrie dagegen hat man eher Gelegenheit, sich Angebote genauer anzusehen. Ebenso beim Händler. Wer hierbei auf Draht ist und durch Besichtigungen und Herumtelefonieren bzw. über das Internet die Angebote vergleicht, kommt relativ ebenso preiswert und meist schneller zu einem eigenen gebrauchten Basisfahrzeug.

Eine sehr interessante Alternative sind entsprechende Institutionen im nahen europäischen Ausland. Allerdings kann man dort nur Schnäppchen machen, wenn man weder sprachliche Probleme hat noch allzu weite Anreisen.

2.05 Aufarbeitung gebrauchter Fahrzeuge

Nun steht also nun nach langen Bemühungen endlich das gebrauchte Basisfahrzeug vor der Tür und harrt der Dinge, die da kommen sollen. Als erstes würde ich ein paar Fotos von der traurig dastehenden Rostlaube machen, damit Sie später der Verwandtschaft und Bekanntschaft auch beweisen können, wie der Campingbus früher mal aussah und was Sie daraus gemacht haben. Oder auch bloß für das eigene Campingbus-Album. Oder für das Gericht, falls der Verkäufer Sie doch angeschmiert haben sollte....

Aber dann wird es ernst, die Aufarbeitung des Fahrzeugs beginnt. Über die technischen Mängel und den Zustand des Innenlebens Ihrer Neuerwerbung haben Sie sich ja schon vor dem Kauf ausreichend informiert, so daß Sie wissen, welche Arbeiten von einer Kfz-Werkstatt noch auszuführen sind.

(a) Vorarbeiten

Zuvor jedoch beginnt erst einmal das große Entrümpeln. Alles, was später für den Campingbusausbau nicht benötigt wird, wird zunächst einmal abmontiert oder ausgeräumt. Auch die Sitze im Fahrerhaus, das Reserverad, die Bordwerkzeuge usw.. Die Batterie wird abgeklemmt (zuerst Minuspol, dann Pluspol!) und aus dem Wagen genommen und dann wird der gesamte Innenraum gründlichst gereinigt. Möglichst nicht mit Wasser, weil sich das bloß unnötig in alle möglichen Ritzen verkriecht und das Rosten fördert. Aber mit Besen und Handfeger und sogar mit der Drahtbürste sollte man jeden Schmutz, den losen Lack und vor allem sämtliche Rostteilchen gründlich entfernen und mit einem starken Staubsauger auch das letzte Winkelchen von Krümeln und Staub befreien.

Fettige oder ölverschmierte Bereiche werden mit Terpentinersatz, Waschbenzin oder einem anderen milden Lösemittel sorgfältig abgewaschen. Das geht sehr gut mit einem breiten Rundpinsel oder notfalls auch mit einem alten Lappen. Achten Sie aber darauf, daß diese Lösemittel keine Kunststoffteile angreifen können und weichen Sie stets auf das am wenigsten aggressive Lösemittel aus.

Die Außenreinigung des gesamten Fahrzeugs sollten Sie einer Fachwerkstatt oder individuell arbeitenden Autowäscherei überlassen. Zum Beispiel ist eine gründliche Wäsche der Außenseite des Wagens (besonders der Wagenunterseite) mit Heißdampf erforderlich, bei der alle Fettrückstände, der ganze Schmutz usw. einwandfrei entfernt werden. Nur so können Sie nämlich auch sehen, wo der Unterbodenschutz fehlerhaft ist, wo vorher vom Schmutz verdeckte Teile, Rohrleitungen usw. beschädigt oder locker sind usw.. Diese Wäsche kann man zwar notfalls auch zu Hause machen, aber eine Hochdruck-Dampfwäsche ist meist doch etwas gründlicher.

Nach dem Reinigen und Kontrollieren des Fahrzeugs sollten Sie sich nunmehr den Außen- und Innenflächen des Fahrzeugs widmen. Am besten stellen Sie das Fahrzeug zu dem Zweck in eine Hofecke oder eine Werkstatt, wo es niemanden stört und Sie dennoch rundum an alle Teile herankommen.

Zuerst werden alle Zierleisten abmontiert, auch Modellbezeichnungen und andere Teile, die nur aufgesteckt oder aufgeschraubt sind. Die Teile werden sorgsam verwahrt, sie sollen ja später fast alle wieder montiert werden. Dann geht die Suche nach weiteren kleinen Beulen, Kratzern und Lackschäden sowie Roststellen los.

(b) Dellen und Löcher

Auszubeulen braucht man innere Blechteile nur dann, wenn Sie später nicht verkleidet werden sollen und die Beulen besonders stark sind. Aber gehen Sie behutsam vor, denn der im Ausbeulen nicht geübte Heimwerker wird sonst den Schaden nur verschlimmern statt ausbessern. Wenn auf der Außenseite der Karosserie Blechteile eingebeult sind, so kann man, zunächst mit dem Handballen, notfalls auch mit einem Gummihammer, von innen her die Beule herauszudrücken versuchen, falls man gut an die Stellen herankommt. Besser wäre natürlich ein komplettes Ausbeulwerkzeug, aber das ist relativ teuer und lohnt sich kaum für das eine Mal. Möglicherweise leiht Ihnen Ihr Autohändler oder eine befreundete Werkstatt so etwas aber übers Wochenende?

Ein Grundsatz: Nie mit Gewalt arbeiten, es wird meist schlimmer! Handelt es sich um kleine Beulen, wird man sowieso auf die Ausbeularbeit verzichten und sich auf einen guten Kunstharzspachtel verlassen. Aber davon später mehr.

Bei stark strapazierten Fahrzeugen kommt es häufig vor, daß doppelwandige Teile der Karosserie oder Türprofile usw. eingedrückt sind und man diese Stellen nicht von der anderen Seite her zurückdrücken kann. Dann muß man halt hergehen und in der tiefsten

Stelle der Einbeulung ein Loch bohren, durch das man einen Haken oder Spreizdübel mit Schraube steckt und daran die Einbeulung herauszuziehen sucht. Anschließend sollte man auch die Bohrspäne (wie überhaupt möglichst bei jeder späteren Bohrung in Blechteilen) so gut es geht mittels Staubsauger o. ä. entfernen, denn Metallspäne verursachen gern Rostnester, wenn sie unbeachtet in irgendwelchen Ritzen liegen bleiben. Zur Not hilft es auch, an unzugänglichen Karosserieholmen o. ä. heißgemachtes Wachs oder flüssiges Bohnerwachs in diese Bohrlöcher zu spritzen, um so die Metallspäne zu isolieren.

Sofern Sie an Ihrem Fahrzeug nicht noch Rostlöcher schließen oder Schweißarbeiten ausführen lassen müssen, können Sie jetzt an die weitere Bearbeitung der Beulen und Dellen herangehen. Beulen und andere Vertiefungen, die tiefer als 1 bis 2 Millimeter sind, werden mit einer 2-Komponenten-Epoxydharz-Spachtelmasse (Autospachtel) ausgefüllt. Damit sich die Spachtelmasse gut in dem – ansonsten unvorbehandelten – Blech festkrallen kann, sollte mit einem scharfkantigen Schraubenzieher oder Sägeblatt der (zuvor gründlich entfettete) Untergrund etwas aufgerauht werden.

Kleinere Beulen und Vertiefungen werden ebenfalls mit normalem Kunstharzspachtel (Zweikomponenten-Spachtel, als Autospachtel überall zu haben) flächig ausgefüllt. Größere Beulen werden mit einer faserarmierten Spachtelmasse geschlossen, welche die selbe Basis, aber zusätzlich Glasfaserschnitzel enthält. Dieses Ausspachteln muß bei Temperaturen über 15° C. erfolgen. Die Mischung der beiden Komponenten und die weitere Verarbeitung kann man den Packungen entnehmen.

Sehr flache Dellen oder Lackfehlstellen werden nur mit einem sogenannten Fein- oder Füllspachtel überzogen. Diesen Feinspachtel kann man auch als Deckschicht über den ausgehärteten Kunstharzspachtel ziehen. Er läßt sich besonders fein schleifen, sobald er hart geworden ist. Der Kunstharzspachtel und erst recht der Feinspachtel werden mit sauberem, gutem Spachtelwerkzeug möglichst glatt aufgetragen. Je sorgfältiger und fugenloser man jetzt arbeitet, um so weniger Schleifarbeit fällt anschließend an.

Nach dem Aushärten der Spachtelmasse geht es dann ans Schleifen, bei dem es kurz gesagt darauf ankommt, unter Verwendung von Naß-Schleifpapier verschiedener, immer feiner werdender Körnung die überspachtelten Flächen vollkommen plan und ohne jede Riefe zu bekommen. Nur so wird später der Lackauftrag zur Zufriedenheit ausfallen. Wer sich diese Arbeit nicht zutraut, sollte entweder mal in einer Autolackiererei zusehen oder an einem Stück Abfallblech üben.

Nach dem letzten Schliff wird, wie auch nach jedem einzelnen Schleifvorgang, mit einem nassen Lappen gründlich übergewischt, um den Schleifstaub wegzubekommen. Das betrifft natürlich nur die Wagenaußenseiten, innen sollte man möglichst nur trocken abreiben, falls überhaupt Spachteln erforderlich ist. Nach jedem Waschgang sollte die Feuchtigkeit möglichst rasch durch Abtrocknen mittels Fön o. ä. beseitigt werden.

Ist nach dem letzten Waschgang ebenfalls die Wagenaußenfront trocken, geht man über all die Stellen, an denen man die Lackschicht überarbeitet hat oder wo Lack fehlt und wo Spachtelmasse sichtbar ist, mit einer Sprühdose voll Haftgrund ans Werk und übersprüht alle nichtlackierten Flächen. Dieser Haftgrund verhindert zumindest für eine kurze Zeit Rostansatz und bildet die Haftbrücke für den späteren Lack.

Der Wagen sieht jetzt vielleicht wie eine gescheckte Kuh aus, aber das braucht Sie vorläufig noch nicht zu stören. Lackiert wird die Außenfront des Fahrzeugs nämlich erst, wenn auch das letzte Fünkchen Rost entfernt ist, wenn die Einbauten drin sind, die Fenster, die Serviceklappen usw., denn sonst würde man beim Arbeiten an der Einrichtung womöglich den schönen neuen Außenlack wieder ruinieren.

(c) Weitere Arbeiten

Nun sollten Sie daran gehen, eine gewisse Grundüberholung der Karosserie vorzunehmen bzw. vornehmen zu lassen. Dazu gehört zunächst einmal die Kontrolle und das Gängigmachen aller vorhandenen Türen, Klappen usw., evtl. sogar der Austausch defekter Türen. Es gibt kaum etwas Unangenehmeres als in einem schicken Campingbus eine verzogene Blechtür, durch deren Ritzen Staub, Dreck und Abgase hereinkommen. Aus diesem Grunde wird es auch meist erforderlich sein, die vorhandenen Gummidichtungen, sofern sie spröde oder eingerissen sind, gegen neue aus dem Ersatzteillager des entsprechenden Herstellers auszutauschen. Allerdings sollte dieser Austausch erst nach der Karosserieüberholung erfolgen, damit die wertvollen Dichtungen nicht bei der Arbeit verschmiert oder beschädigt werden! Achten Sie beim Überholen beweglicher Teile der Karosserie auch auf die gute Funktion von Türschlössern, Scharnieren usw. Jetzt läßt sich noch alles in Ruhe in Ordnung bringen, später im Trubel des Ausbaus wird es womöglich doch noch vergessen. Dann geht es an die sorgfältige Untersuchung der Blechteile und tragenden Rahmen von Fahrgestell und Karosserie auf weitere Schäden und vor allem auch auf Rostbefall.

(d) Rostbekämpfung

Rost muß grundsätzlich weg, denn er kommt auch dann wieder, wenn nur Lack drübergeschmiert wurde und sogar ein sogenannter Rostumwandler wirkt allenfalls verzögernd auf den Rostprozeß ein. Deshalb sollte man auch an jeder Roststelle immer so weit schleifen und mit sauberer Stahlwolle nacharbeiten, bis rundum nur noch glatter, sauberer Lack stehen bleibt und die ganze Stelle metallisch blank ist.

Zu dem Zweck werden alle Roststellen sorgfältig blankgeschliffen, was sich mit einem Schleifteller an der Bohrmaschine oder einem Schwingschleifer recht gut macht. Zur Not geht es natürlich auch mit einem Stück Schleifpapier, das um einen Schleifkork gewickelt wird. Aber das ist bei größeren Flächen Knochenarbeit! Kleine Rostflecke bekommen Sie mit einem Büschel sauberer Stahlwolle gut weg.

Achtung

Achten Sie unbedingt darauf, die abfallenden Stahlwollfasern mittels Magnet oder Staubsauger sorgfältig zu entfernen, sonst wirken sie wie eine Initialzündung zum Rosten! Bei Rostpickeln genügt sogar meist das Überarbeiten mit einem Glasfaser-Radierpinsel, wie man ihn in Zeichenbedarfsgeschäften bekommt.

Da Sie ja die Innenseiten des Fahrzeugs später fast vollständig verkleiden (außer vielleicht bei vorhandenen Fenster- oder Tür-Blechprofilen, die sich schlecht verkleiden lassen) und Sie an die verkleideten Bereiche später nie mehr herankommen, muß diese Vorarbeit sorgfältig ausgeführt werden.

Größere Rostlöcher in der Karosserie sollten Sie entweder (was empfehlenswert ist) einer Karosseriewerkstatt zur fachgerechten Reparatur überlassen oder notfalls selbst schließen. Bei Löchern in tragenden Karosserie- oder Fahrgestellteilen (Streben, Träger, Rahmenteile usw.) muß das Loch fachlich einwandfrei zugeschweißt bzw. durch Überschweißen eines gleichstarken Blechs so geschlossen werden, daß die auftretenden Belastungen von der Reparaturstelle sicher aufgenommen werden können. Das sollte in fast jedem Falle der Fachwerkstatt überlassen bleiben, die dafür letztendlich auch die Haftung übernimmt.

Löcher in nichttragenden Blechteilen können entweder durch Auflegen eines gleichstarken Blechs zugeschweißt oder zugelötet werden. Die Alternative dazu ist das Auftragen von einer oder mehreren Lagen Glasfasergewebe mit Hilfe von Epoxydharz-Spachtelmasse. Solche Reparatursets mit genauer Anleitung bekommen Sie in Baumärkten oder Kfz-Zubehörhandlungen in verschiedenen Größen.

Nach dem Schließen der Rostlöcher muß die Reparaturstelle natürlich noch durch Spachteln (Karosseriespachtelmasse) und sorgfältiges Schleifen geglättet werden, damit später nach dem Lackieren die Fläche vollkommen eben erscheint. Bei Löchern in der Außenwand des Fahrzeugs sollten Sie die Reparatur möglichst von innen her ausführen und die Stellen von außen nur noch glatt spachteln und plan schleifen. So werden solche reparierten Bereiche optisch unsichtbar, denn von innen kommt ja später sowieso die Verkleidung über die Blechwand.

Nach dem Feinschliff der ausgebesserten Flächen wird ebenfalls, wie schon beim Ausbeulen, ein Haftgrund großzügig auf die überarbeiteten Bereiche aufgesprüht. Das endgültige Lackieren Ihres Fahrzeugs sollten Sie erst nach dem Einbau der Fenster, Türen, Installationen usw. vornehmen (lassen), denn zu groß ist sonst die Gefahr, bei einem Ausrutscher oder bei Änderungen an der Konstruktion den schönen neuen Lack zu beschädigen.

(e) Die Fahrzeugtechnik

Nun ist es an der Zeit, in der Werkstatt das Innenleben des Fahrzeugs zunächst auf einen gebrauchsfähigen Zustand bringen zu lassen, also beispielsweise Ölwechsel (Motor, Getriebe, Differential usw.), Filterwechsel oder Filterreinigung, Zündkerzenwechsel, Einstellarbeiten von Ventilen, Zündung, Vergaser, Schmierdienst, Prüfung von Keilriemen, Spur und Sturz der Räder, Reifendruck, Bremsen, Lenkung und was der Wartungsarbeiten noch mehr sind.

Diese Arbeiten sollten Sie, außer wenn Sie selbst Fachmann sind, unbedingt in einer für Ihre Fahrzeugmarke zuständigen Fachwerkstatt ausführen lassen. Nur so haben Sie die Gewähr, daß die Arbeiten auch richtig und vollständig ausgeführt werden und jemand dafür haftet. Ich bin auch nicht dafür, mehr Geld als nötig auszugeben. Aber hier sollte man sich zumindest bei der Grundüberholung von dem Gedanken leiten lassen, daß Pfusch an lebenswichtigen Teilen des Fahrzeugs wie Lenkung, Bremsen, Licht, Bereifung usw. der erste Schritt zum Selbstmord ist. Und dabei bleibt es ja meist nicht: Oft müssen Unschuldige darunter leiden, daß der Fahrzeugbesitzer leichtsinnig »sparen« wollte.

(f) Feinarbeiten

Nachdem das Fahrzeug schließlich maschinell tiptop in Ordnung ist, lohnt es sich auch, selbst weiter zu machen. Da wäre zunächst der Unterbodenschutz, der dank der Dampfreinigung nun leicht nachgebessert werden kann. Bremsleitungen, Seilzüge usw. dürfen dabei jedoch ebenso wenig etwas abbekommen wie der Auspuff oder Motorteile, die heiß werden. Auch Gummi- oder Kunststoffteile sollten nicht mit der Beschichtungsmasse (egal ob auf Kautschuk-, Alu/Zink- oder Bitumenbasis) in Kontakt kommen. Wichtig ist bei dieser Nacharbeit, jedes kleine Winkelchen so gut wie möglich satt einzupinseln. Desto weniger kann sich dort Nässe oder Schmutz verkriechen und Rost bilden.

Sie werden nun vielleicht fragen, warum man zunächst erst einmal alles einpinselt, wo doch später der eine oder andere Durchbruch im Wagenboden ausgeschnitten werden muß? Ganz einfach aus dem Grund, weil es jetzt noch leicht ist, alle Winkel und Ecken zu erreichen. Später, wenn der Abwassertank, die Heizung oder andere Teile eingebaut sind, kommt man nicht mehr an alle Ecken heran. Oder man vergißt die eine oder andere Stelle.

Auch Zeitnot (oder schlechtes Wetter) kann dazu führen, .daß man sagt: So schlimm wird es schon nicht sein. Und das ist dann der Pfusch, den ich meine und der früher oder später zu Pannen oder einem erheblichen Wertverlust führt. Der Rost nimmt nämlich keine Rücksicht darauf, ob Sie gerade keine Zeit für seine Bekämpfung hatten. Der frißt sich einfach durch Ihren schönen Campingbus durch und vermindert so nicht nur das Aussehen und die Lebensdauer des Fahrzeugs, sondern auch seinen Wert.

(g) Arbeiten im Innenraum

Nachdem Sie in den vorangegangenen Arbeiten für eine solide Grundlage Ihres Campingbusses gesorgt haben, können Sie jetzt mit den weiteren Arbeiten beruhigt fortfahren, jetzt geht es nämlich an den Innenraum.

Der Wagenboden im Fahrzeug wird, egal wie er aussieht, gut mit Zeitungspapier oder ähnlichem ausgelegt. Dann werden alle Blechteile, die nicht von einwandfreiem Innenlack geschützt sind, alle Bohrlöcher, Kanten usw. satt bis weit in den einwandfreien Lack hinein mit einer guten Rostschutz-Grundierung gestrichen.

So hat man zunächst einen gewissen Rostschutz, der fürs erste die blanken Metallteile abdeckt, der aber noch nicht dauerhaft ist. Wenn man seinem Fahrzeug etwas wesentlich Besseres an Rostschutz gönnen will, und das sollten Sie bei einem langlebigen Campingbus auf alle Fälle tun, so ist ein Anstrich des gesamten Fahrzeug-Innenraums (außer vielleicht im Fahrerhaus) mit einem elastischen Chlorkautschuklack empfehlenswert. Diese elastischen Farben werden auch zum Anstrich von Schwimmbecken usw. genommen, sind also weitgehend dicht und bilden einen sehr guten Rostschutz.

Beschichten Sie mit dieser Chlorkautschukfarbe, die es in verschiedenen Farbtönen gibt, aber auch wirklich alle Flächen im Innenraum, vor allem Winkel und

Blechverstrebungen, so weit Sie irgendwie mit dem Pinsel hinkommen. Um so besser wird der Schutz. Das Fahrerhaus würde ich deshalb zunächst einmal von dem Chlorkautschukanstrich aussparen, weil hier ja die Wände kaum verkleidet werden, und weil dann ein sauberer Auftrag mit einem »richtigen« Lack viel besser aussieht.

Aber zurück in den künftigen »Wohnteil« des Fahrzeugs, der nach dem Anstrich mit elastischem Chlorkautschuk nur noch einer Behandlung des Fußbodens bedarf.

Die alten Zeitungen, die wir zuvor dort ausgelegt hatten, sollten den Boden vor Farbklecksen schützen und uns die Nacharbeit erleichtern. Nun werden sie entfernt und der Fahrzeugboden sauber gefegt, wenn möglich sogar gesaugt. Handelt es sich um einen Holzfußboden, so werden evtl. vorhandene Fehlstellen, Löcher usw. mit Holzkitt o. ä. ausgespachtelt und anschließend der ganze Boden ein- bis zweimal mit Parkettversiegelung (Farbengeschäft) überstrichen. Dadurch ist der Boden fast schon wasserdicht geschützt. Achten Sie aber unbedingt darauf, entweder eine gesundheitlich unbedenkliche Versiegelung zu benutzen oder beim Arbeiten und während des Trockenprozesses für eine optimale Lüftung des Fahrzeug-Innenraumes zu sorgen!

Bei den (meist üblichen) Blechböden wird die gesamte Fläche einmal satt mit Unterbodenschutz (Bitumenbasis) gestrichen. Der Anstrich wird dabei auch noch rundum zwei bis drei Zentimeter breit die Wände hochgezogen, so daß sich eine Art wasserdichte Wanne im »Wohnteil« ergibt. Ritzen und überflüssige Löcher sollten nun nirgends mehr im Fußboden vorhanden sein, notfalls spachtelt man sie mit Antidröhnmasse o. ä. aus. Wenn die Fußbodenbeschichtung trocken ist, kann man sicher sein, zumindest im

Abbildung 20: Kampf dem Rost. Der gesamte Blechboden des Wohnteils wird vor dem Einsetzen von Dämmschicht und Zwischenboden erst gründlich mit einem schützenden Bitumenanstrich eingepinselt.

Fahrzeuginneren das Bestmögliche für sein Gebrauchtfahrzeug getan zu haben.

Natürlich kann im Rahmen eines so kleinen Kapitels wie hier nicht eine vollständige Arbeitsanleitung für das Überholen aller Teile an einem gebrauchten Basisfahrzeug gegeben werden. Wer sich ausführlicher mit diesem Thema befassen will oder befassen muß, sollte sich eines der vielen Spezialbücher über Kfz-Technik oder über Auto-Karosserien besorgen. Das Hauptthema dieses Buchs ist ja nicht die Kfz-Überholung, sondern das Selbermachen von Campingbussen. Und das geht jetzt erst richtig los mit der Planung der Einrichtung.

3 DIE PLANUNG

3.01 Bestandsaufnahme

Würden Sie ein Haus bauen ohne Grundriß, ohne exakte Zeichnungen und ohne Architekten? Wohl kaum. Bei einem Campingbus ist aber die vorherige Planung noch wesentlich wichtiger, weil der Platz viel knapper ist und im wahrsten Sinne des Wortes jeder Zentimeter rationell genutzt werden muß! Es hat also keinen Sinn und kann unter Umständen sogar den ganzen Ausbau eines Campingfahrzeugs verhindern, wenn Sie dieses Kapitel Planung einfach überschlagen. Entweder ecken Sie später beim TÜV an oder die Einrichtung wird so, daß Sie ständig Ärger mit ihr (und den Mitreisenden) haben. Wollen Sie das wirklich riskieren?

Aber keine Angst, ich will aus Ihnen in diesen Abschnitten weder einen Planungstechniker machen noch Ihnen die Anfertigung umfangreicher Zeichnungen zumuten. Um die Abnahme einiger Maße, ein paar Handskizzen und einige Überlegungen werden Sie allerdings auch im günstigsten Fall nicht herumkommen. Dazu ist die technische Einrichtung, wenn man mal von den Möbeln selbst absieht, doch zu kompliziert, um einfach drüber weg zu gehen. Schließlich soll hinterher ja auch der Kühlschrank oder die Heizung wirklich funktionieren und aus dem Wasserhahn sollte, wenn möglich, sogar Wasser kommen, wenn man ihn aufdreht.

Doch bevor Sie sich nun mit Bleistift, Papier und Metermaß bewaffnen, machen Sie bitte in Ihrem Fahrzeug eine Bestandsaufnahme. Ich meine damit, daß Sie im Fahrzeug prüfen, ob alle für den Betrieb als Kraftfahrzeug wesentlichen Ausrüstungsteile vorhanden sind und ob diese Teile an ihrem Platz verbleiben können. Beispielsweise das Reserverad (sofern es unter dem Fahrzeugboden ist), das Warndreieck, ein 2-kg-Feuerlöscher (für Notfälle), das Bordwerkzeug, die Warnblinkleuchte, der Wagenheber usw.. Das sind alles Dinge, die Sie früher oder später beim Fahren brauchen und die deshalb griffgünstig und doch so verstaut werden sollten, daß sie im Fahrzeuginneren keinen wertvollen Platz wegnehmen.

(a) Das Reserverad

Das Reserverad eines Kastenwagens oder Transporters nimmt eine Menge Platz weg und dennoch muß man es mitführen! Also muß man es da verstauen, wo es am wenigsten stört und dennoch schnell zur Hand ist. Wenn das Reserverad schon mittels Halterung unter dem Wagenboden sitzt, ist es gut. Wenn nicht, sollten Sie sich nach einer zugelassenen Halterung beim Kfz-Händler oder im Zubehörhandel umsehen und sich auch gleich informieren, wo und wie die Halterung montiert wird.

Gibt es keine passende Halterung, können Sie sich vielleicht eine passende anfertigen (lassen). Zuvor sollten Sie aber mit dem TÜV die Zulässigkeit dieser maßgefertigten Halterung besprechen! Der Platz, an dem das Reserverad unter dem Wagen sitzt, kann auch nicht beliebig gewählt werden. Ich gehe deshalb hier etwas mehr auf dieses Problem ein, um Ihnen später Kummer zu ersparen.

Wenn nämlich der einzige freie Platz unter dem Fahrzeug schon durch das Reserverad belegt ist, hat man später möglicherweise Schwierigkeiten, den Abwassertank, den Durchbruch für die Heizung oder andere Dinge unterzubringen. Eine nachträglich angebrachte Reserveradhalterung schafft aber unter Umständen ebenfalls Probleme. Sie kann nämlich im ungünstigen Fall zu einer Verringerung der Bodenfreiheit führen. Bei der ersten Fahrt über schlechte Wege oder freies Gelände rummst es dann und man sitzt auf oder reißt womöglich die Halterung ab. Wenn die Halterung also noch nicht bereits werksseitig montiert ist, lassen Sie diese zunächst noch weg. Planen Sie die Halterung aber mit ein. Montiert wird sie jedoch erst dann, wenn die komplette Planung steht und der Grundausbau durchgeführt wird.

(b) Weitere Grundausstattung

Den in einem Campingbus meiner Ansicht nach unerläßlichen, ausreichend groß bemessenen Feuerlöscher (mind. 2 kg) würde ich am liebsten im Fahrerhaus unterbringen. Und zwar dort, wo er sowohl vom Fahrerplatz als auch vom Wohnteil her ohne langes Suchen griffbereit ist. Je nach Fahrzeugtyp ist die Anbringung unterschiedlich ausführbar, aber der Platz mittig neben dem Beifahrersitz erscheint optimal. Auch direkt unten vor dem Fahrersitz oder vor dem Beifahrersitz läßt er sich gut installieren, ohne zu stören. Allerdings ist er dann nicht mehr so schnell zur Hand, wenn es in dem Wohnteil trotz aller Vorsicht mal brennen sollte.
Die restliche Grundausstattung wie Warndreieck, Bordwerkzeug, Blinklampe, Wagenheber usw. wird man ebenfalls möglichst im Fahrerhaus so anbringen, daß sie griffbereit ist und trotzdem weder hindert noch bei einem Zusammenstoß gefährlich durch die Gegend segeln kann. Eine große Gefahr sind lose durch das Fahrerhaus rutschende Gegenstände, die sich bei einer Notbremsung oder einem Unfall unter dem Bremspedal o. ä. verklemmen können! Jedes bißchen Kram, das man mehr im Fahrerhaus als im Wohnteil braucht, sollte man auch dort im Fahrerhaus unterzubringen versuchen. Im Wohnteil ist, wie Sie später noch merken werden, der Platz ohnehin meist sehr knapp.

Übrigens: In einigen Ländern, durch die Sie früher oder später mit Ihrem Campingbus rollen, sind spezielle Vorschriften für die Ausstattung des Fahrzeugs vorgeschrieben. Zumindest so lange, wie es noch keine einheitlichen Bestimmungen für Euroland gibt. Z. B. schreibt ein Land 2 Warndreiecke und das Mitführen von Ersatzbirnen vor, andere Länder verbieten das Mitführen von Benzinkanistern usw. Erkundigen Sie sich vor Auslandsreisen bei Ihrem Autoclub.
Bei der Bestandsaufnahme der Fahrzeugausrüstung sollten Sie auch dem vorgeschriebenen Verbandskasten ein Augenmerk widmen, denn er sollte von Zeit zu Zeit (in Ihrem eigenen Interesse) auf seine Brauchbarkeit hin geprüft werden. Platzmäßig läßt er sich meist gut unter dem Armaturenbrett, unter dem Beifahrersitz o. ä. griffbereit anbringen. Er ersetzt keinesfalls die für Campingreisen sowieso benötigte Bordapotheke, sondern ist ausschließlich für Notfälle da! Und da Sie schon einmal in allen Ecken des Fahrerhauses herumkriechen, sollten Sie auch gleich den vorhandenen Platz begutachten. Haben Sie dort noch Platz genug, um die – zumindest für mittelgroße bis große Campingbusse dringend nötige – Zweitbatterie unterzubringen? Wenn ja, so ist es gut, selbst wenn man diese 2. Batterie hinter dem Fahrersitz oder zwischen den Sitzen anbringen und dort crashsicher (!) befestigen muß.
Andernfalls müssen Sie sich bei der Planung möglichst bald Gedanken machen, wo Sie eine zweite, mindestens der Größe der ersten Batterie entsprechende Zweitbatterie installieren können. Der Platz sollte möglichst in der Nähe der ersten Batterie sein und ziemlich tief unten am Boden im Fahrzeug, um den Schwerpunkt nicht ungünstig zu beeinflussen.
Zusammenfassend müßte nach der bisherigen Arbeit Ihr Fahrzeug, egal ob neu oder gebraucht und überholt, technisch als Kraftfahrzeug jetzt in einem einsatzfähigen Zustand sein und damit die bestmögliche Basis für den Entwurf und späteren Ausbau darstellen.

(c) Ein paar grundsätzliche Hinweise

Dem in Campingfragen völligen Neuling ist es oft unerklärlich, wie man in dem relativ eng begrenzten Fahrzeug-Innenraum eine komplette Wohnung mit

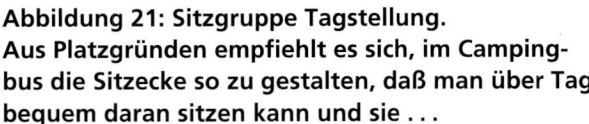

Abbildung 21: Sitzgruppe Tagstellung.
Aus Platzgründen empfiehlt es sich, im Camping-bus die Sitzecke so zu gestalten, daß man über Tag bequem daran sitzen kann und sie ...

Abbildung 22: Sitzgruppe Nachtstellung.
... zum Abend mit ein paar Handgriffen zur groß-zügigen Liegefläche umbauen kann. Unter dem »Liegetisch« ergibt sich dadurch zusätzlicher Stau-raum für Dinge, die man nachts nicht draußen las-sen will.

Küche, Waschraum, Schlafgelegenheiten, Stauräu-men und all dem übrigen technischen Zubehör unterbringen kann.

Dazu ein paar erklärende Worte: Ich gebe gern zu, daß sich ein kleiner oder mittlerer Campingbus schwieriger einrichten läßt als ein großer Wohnbus. Und ich gebe auch gern zu, daß man platzmäßig immer etwas beengt sein wird, selbst bei einer noch so perfekten Einrichtung. Aber dafür gewinnt man mit einem Campingbus etwas anderes, nämlich per-sönliche Freiheit und einen Rest von Abenteuer. Und das wiegt allemal die Einschränkungen in unserer kleinkarierten Bürokratenwelt auf! Wer kann es sich

sonst schon leisten, jederzeit an den schönsten Plät-zen der Welt zu wohnen, ohne Wuchermieten zah-len zu müssen.

Die Verpflegung bezieht man aus dem nächsten Kaufhaus, vom Supermarkt oder direkt vom Bauern. Das Trinkwasser bekommt man beim nächsten Halt an der Tankstelle oder schöpft es sich aus dem Brunnen. Sein Bett, sein Sofa, seinen Waschraum mit pieksauberer Toilette hat man immer dabei, ob es nun direkt unter dem Eiffelturm, am Strand von Nizza, mitten im Schwarzwald oder an der griechi-schen Mittelmeerküste ist! Und für so viele Vorteile hat man als einzigen Nachteil, daß man sich für die paar Wochen Urlaub mal mit ein klein bißchen weniger Platz zufrieden geben muß.

Aber zurück zum Thema: Grundsätzlich sollten Sie im Campingbus zwischen Fahrerhaus und »Wohnteil« unterscheiden. Warum? Weil im Fahrerhaus fast nie Isolierglasfenster eingebaut sind und schon aus diesem Grund das Fahrerhaus nur in seltenen Fällen als Wohnteil mit nutzbar gemacht werden kann. Entweder scheint die Sonne, dann kommt man im Fahrerhaus vor Hitze um (außer wenn man eine teure Klimaanlage installiert hat). Oder es ist draußen kühl. Dann ist es im Fahrerhaus auch kühl und das Kondenswasser läuft munter die Scheiben herunter. Aus diesen Gründen wollen wir uns vorwiegend mit dem Wohnteil des Campingbusses befassen. Sie werden sehen, auch dort gibt es noch genügend zu knobeln.

(d) Der Wohnbereich

Ein paar Worte zur Einrichtung und Möblierung. Im Campingbus hat es sich, wenn man einmal von Ausnahmen absieht, als zweckmäßig erwiesen, die über Tag benötigte Sitzgruppe zusammen mit dem dazugehörigen Tisch für die Nacht als Liegeflächen herzurichten. Das hat vor allem den Vorteil, Platz zu sparen und die für die Sitze erforderlichen Polsterteile zugleich als Matratzenteile der Betten mit zu nutzen.

Die Rückenlehnenteile dieser Sitzpolster werden dann für die Nacht in den Zwischenraum zwischen den einzelnen Sitzreihen auf die Tischplatte (die zu diesem Zweck abgesenkt wird) und gegebenenfalls auf eine Zusatzplatte aufgelegt und vervollständigen so die Liegefläche. Die Sitze selbst, im Grunde nichts weiter als fest montierte Kisten mit aufgelegten Polstern, dienen als zusätzliche Staukästen, um auch noch das letzte Stückchen Platz sinnvoll zu nutzen. Über den Sitzen, also über Kopfhöhe, wird meist noch etwas Platz im Fahrzeug sein, um dort kleine Hängeschränke, Ablageborde oder auch nur Netze zur Unterbringung von Kleinkram anzubringen.

Neben dem Sitzen und Schlafen ist das Kochen ein wesentlicher Teil des Lebens im Campingbus. Für diesen Zweck eignet sich ein Küchenblock gut, in dem alle technischen Einrichtungen für das Kochen zusammengefaßt werden. Oben auf dem Küchenblock ist, meist aus Edelstahl, eine Kombination von

Spülbecken, Abtropfplatte, zwei- oder dreiflammigem Gaskocher (und bei manchen Modellen noch ein Arbeitsbrett) installiert. Unten im Küchenblock wird gern der Kühlschrank untergebracht. Wenn Platz ist, kann dort auch die Gasflasche, ein Frischwassertank, die Wasserpumpe, die Gasheizung (oder Warmwasserheizung), die Zweitbatterie und wenn möglich auch noch eine Besteckschublade vorgesehen werden. Alles andere, wie z. B. Geschirr, Konserven, Lebensmittel usw., muß dann in einem eigenen Vorratsschrank verstaut werden.

Für die Garderobe sowie für Schuhe, Hüte usw. dient ein gesonderter Garderobenschrank. Da dieser aus Platzgründen meist irgendwo zwischen Küche, Dusche und Sitzgruppe steht und die Garderobe wegen der Schulterbreite der Kleidung oben immer eine bestimmte Tiefe haben muß, kann man oft im unteren Bereich des Schranks, wo diese Tiefe nicht erforderlich ist, die Heizung installieren. Das ist aber auch von der Heizungsart abhängig. Weil manche Heizungen durch den Fußboden nach unten herausragen und dafür an dieser Stelle unter dem Fahrzeugboden Platz sein muß.

Nun noch das Thema Waschraum/Toilette. Wenn man irgendwie den Platz erübrigen kann, sollte man einen Waschraum im Campingbus vorsehen, weil sich so ein Raum auch für andere Zwecke bewährt hat. Im Waschraum wird nicht nur das Handwaschbecken (das aus Platzgründen auch klappbar sein kann) angebracht, sondern zugleich kann im Fußboden (oder auf dem Fußboden) eine Brausewanne installiert werden, wenn man sich mal gründlich waschen oder sogar duschen will. Das setzt dann aber einen extra Bodenablauf voraus.

Im Waschraum wird auch die unbedingt erforderliche Toilette aufgestellt. Davon gibt es, neben ein paar Sonderausführungen, hauptsächlich zwei Arten, auf die im Kapitel »Dusche, Waschraum u. WC« noch ausführlich eingegangen wird.

Hier soll nur interessieren, daß die im Campingbus übliche Chemie-Toilette keinen festen Platz haben muß, sondern zur Benutzung durchaus auch ein Stück bewegt werden kann. Das hat den Vorteil, daß man die Toilette beispielsweise unter dem Waschbecken aufstellen und nur zum Gebrauch vorziehen kann.

Ist aus Platzgründen oder mangels Stehhöhe im Fahrzeug kein Platz für einen eigenen Toiletten- oder Waschraum, kann die Toilette auch in einem Schrank oder sogar in einer Sitzkiste untergestellt werden. Für die Benutzung muß man sie dann hervorholen. Gegen neugierige Blicke durchs Fenster muß man sich in diesem Fall dann natürlich durch Zuziehen der Vorhänge oder durch Aufklappen sperriger Schranktüren o. ä. schützen. Schön ist das nicht, schon aus ästhetischer Sicht für die Mitreisenden, die in solchen Fällen meist ins Fahrerhaus oder nach draußen flüchten.

Besser ist nach wie vor der separate Waschraum oder eine so geschickte Möblierung, daß durch Aufklappen von Möbeltüren eine entsprechende Raumabteilung entsteht.

Um Ihnen nun bei der Gestaltung einer eigenen Einrichtung für Ihren Campingbus zu helfen, habe ich für Sie ein paar typische Grundrisse aufgezeichnet. Diese Grundrisse sollen Sie natürlich nicht exakt übernehmen, sie sollen Ihnen nur als Planungshilfe dienen.

Um Ihnen die Übersicht zu erleichtern, sind in allen Grundrissen die verschiedenen Möbel mit ihrem hauptsächlichen Verwendungszweck gekennzeichnet. Ihre Aufgabe ist es dann bei der Planung und bei Ihren ersten Entwürfen, das für Sie Optimale herauszusuchen und mit den für Ihren Campingbus geeigneten Maßen zu versehen.

Die Zugänge zu einem Fahrzeug, unterteilt in Haupt- und Nebenzugänge, sind in den Grundrissen übrigens durch dicke bzw. dünnere Pfeile gekennzeichnet werden. Soweit andere Bezeichnungen auftauchen, werden diese jeweils im dazugehörenden Text noch erläutert.

Nachdem Sie nun einen ersten kleinen Einblick in die Vielfalt so eines Campingbusses bekommen haben, sollte es Ihnen möglich sein, sich erfolgreich mit dem Thema »Aufmaß und Entwurf« zu beschäftigen. Sollte Ihnen bei diesen Arbeiten etwas unklar sein, so lesen Sie bitte sofort in den speziellen Kapiteln weiter hinten im Buch nach oder fragen Sie notfalls auch andere Camper oder Wohnmobilhändler, Zubehörgeschäfte usw., bis Ihre Frage präzise geklärt ist. Das ist immer noch billiger als ein Fehler beim weiteren Arbeiten an Ihrem Campingbus!

3.02 Aufmaß und Entwurf

(a) Das Aufmaß

Endlich ist der Augenblick gekommen, wo Sie sich mit Bleistift, Papier und Metermaß bewaffnet in das Innere Ihres künftigen Campingbusses begeben können. Noch besser als ein Metermaß ist allerdings ein flexibles Stahlbandmaß, das sich auch mal um eine Rundung legen läßt (von denen es im Fahrzeug leider meist mehr als genug gibt).

Zuerst muß maßgenommen werden in Ihrem Fahrzeug. Sie brauchen also einen Grundriß und ein paar Schnitte durch Ihren Campingbus, damit Sie richtig planen können. Wenn Sie sich einmal die Grundrißzeichnung eines Hauses und auch die Schnitte quer durch ein Haus angesehen haben, wissen Sie ungefähr, was gemeint ist. Natürlich mit den Maßen von Ihrem Fahrzeug und auch nicht so perfekt, wie der Architekt das mit Bauplänen macht, aber ein paar Maße müssen Sie schon haben, wenn die Planung klappen soll.

Das Fahrerhaus kann man bei diesem Aufmaß zunächst noch außer acht lassen, denn es soll ja (zumindest vorerst) nicht verändert werden. Wir beschränken uns daher vorläufig nur auf den Teil des Fahrzeugs, der später einmal als Wohnzimmer, Schlafzimmer, Küche, Bad, Vorratsraum und wer weiß was noch alles dienen soll.

Das Wichtigste ist deshalb das zentimetergenaue (!) Aufmessen der zur Verfügung stehenden Grundfläche. Zeichnen Sie zunächst einfach von Hand ein Rechteck auf ein Stück Papier und messen Sie dann mit dem Bandmaß innen die Breite des Fußbodens von Wand zu Wand. Dabei messen Sie aber nur bis zu der Innenkante der einzelnen Blechstreben, welche die Fahrzeugwände aussteifen. Sie können natürlich der Einfachheit halber die erforderlichen Maße auch an die Maßpfeile in den Prinzipskizzen in diesem Buch dran schreiben. Dann gehen sie wenigstens nicht verloren.

Wie so ein Grundriß ungefähr aussehen kann, zeigt Ihnen die folgende Zeichnung. Das Maß L1 ist die Länge des Fahrerhauses innen. Dieses Maß interessiert vorläufig nicht so sehr, weil das Fahrerhaus ja

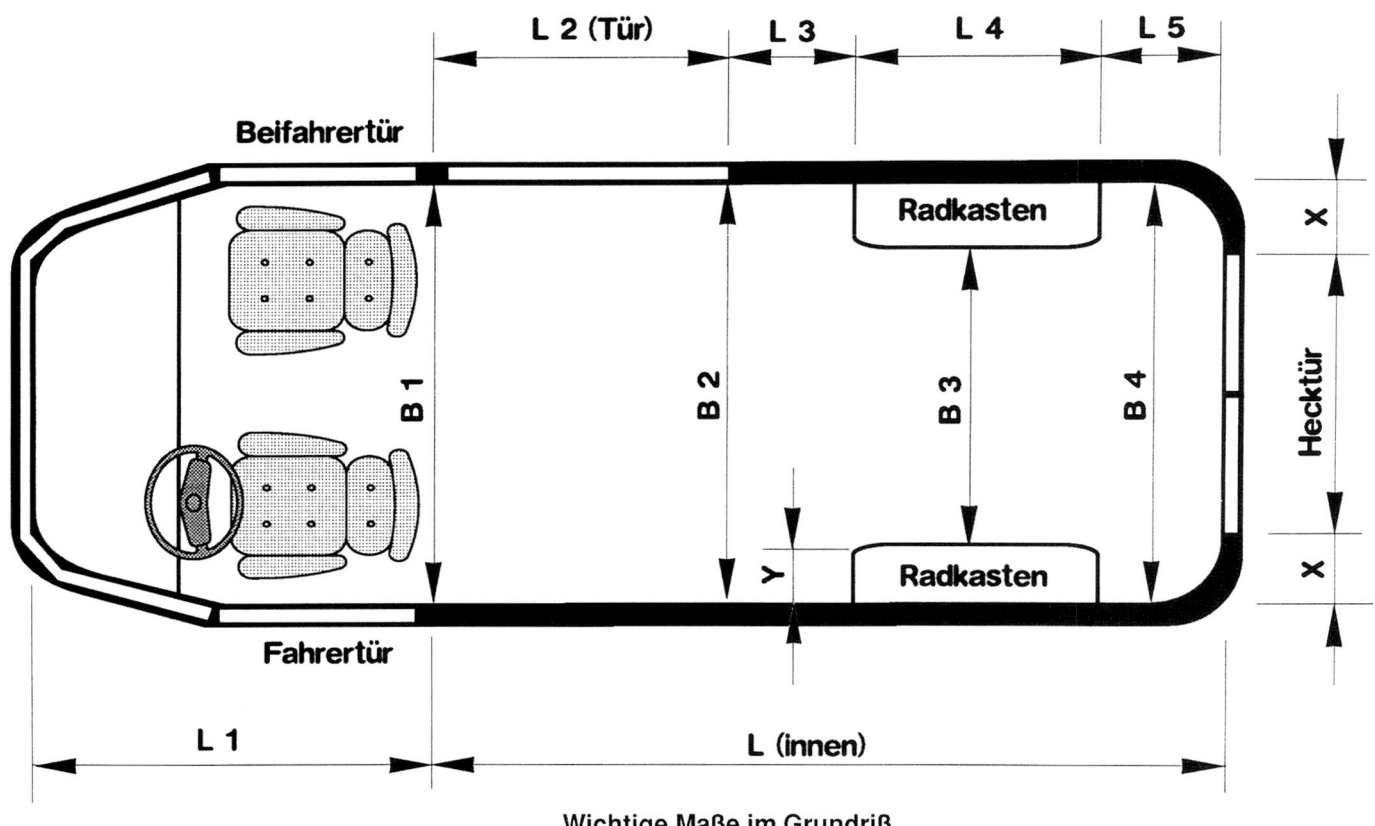

Wichtige Maße im Grundriß

Abbildung 23: Der Grundriß des Fahrzeugs. Diese Maße sollten Sie in jedem Fall in Ihre Grundrißskizze eintragen, denn sie sind für die Ausbauplanung unentbehrlich. Die Maße werden am besten im Fahrzeug direkt gemessen. Maße aus den Maßblättern der Hersteller sind nur als informativ anzusehen, denn sie sind für eine genaue Planung nicht exakt genug.

nur selten mit in den Wohnbereich einbezogen wird. Warum das so ist, darauf kommen wir noch ausführlich zu sprechen. Mit den Maßen B1, B2, B3 und B4 werden an vier verschiedenen Stellen die Breiten des Fahrzeugs innen ausgemessen. Und zwar von Innenkante zu Innenkante der Verstrebungen und nicht etwa von der Innenseite des Karosserieblechs! Die Längsmaße des Fahrzeugs sind ebenfalls wichtig. Das Maß L (Innen) ist die Gesamtlänge des als Wohnteil nutzbaren Fahrzeuginneren. Die oben an der Skizze sichtbaren Maße L2 (Türlänge), L3 (Abstand der Tür bis zum Radkasten), L4 (Länge des Rad-

kastens) und L5 (Abstand Radkasten bis Rückwand) werden ebenfalls genau in die Skizze eingetragen. Messen Sie also zunächst einmal die Breite des Fahrzeugs innen mindestens an vier Stellen, nämlich einmal unmittelbar hinter den Fahrerhaussitzen (B1), dann etwa in der Mitte (B2), ferner im Bereich der Radkästen (B3) und schließlich im Wagenheck (B4). Zusätzlich sollten Sie auch noch die Radkastenbreite am Fußboden (Y) sowie die Breite der Hecktür und die Maße innen rechts und links der Hecktür (Maß X) einzeichnen. Die Maße werden, genau ab Innenkante der Blechverstrebungen gemessen, in Ihre Zeichnung

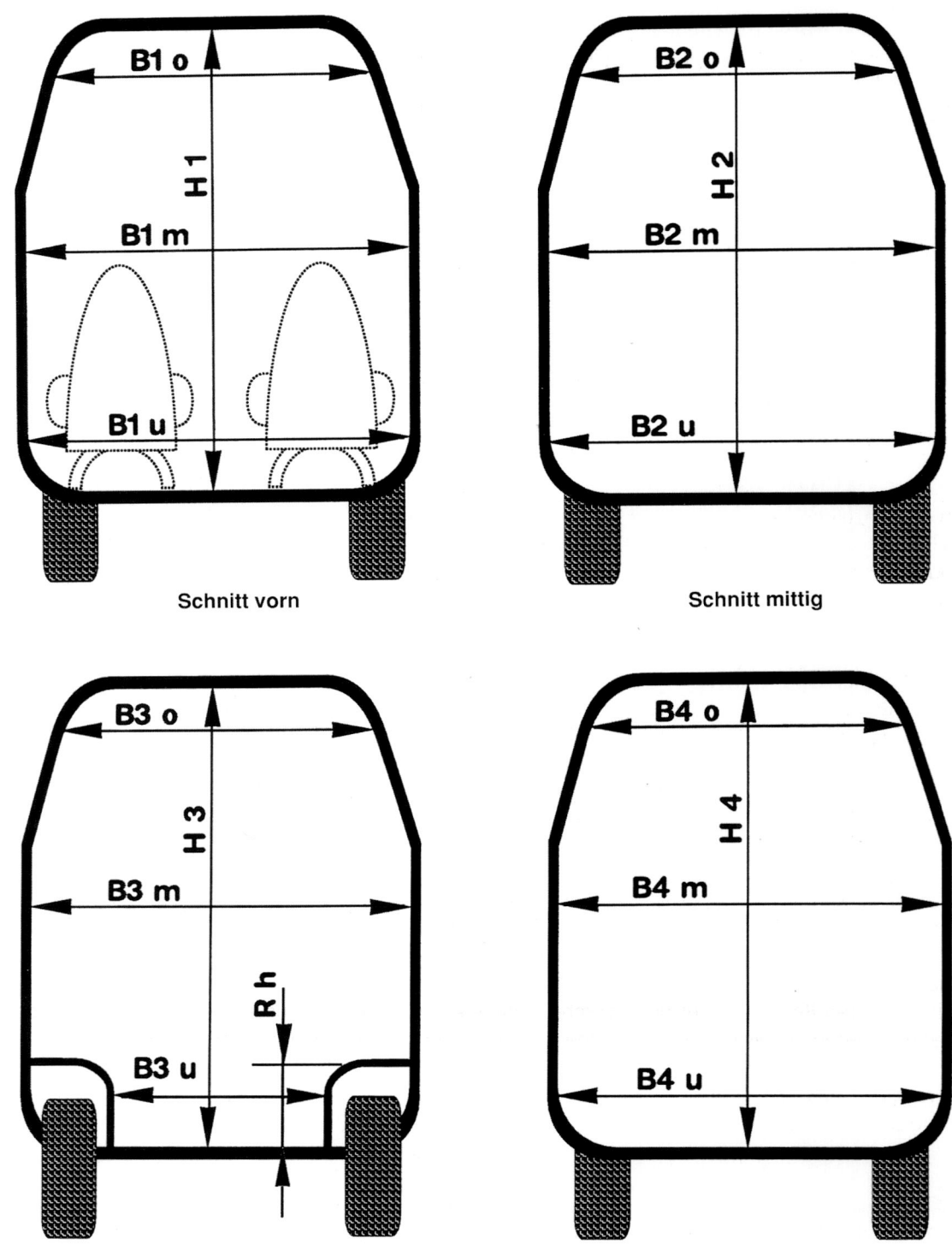

Schnitt vorn

Schnitt mittig

Schnitt in Höhe der Radkästen

Schnitt hinten

52

Rechts: Abbildung 25: Maßnehmen im leeren Fahrzeug. Nehmen Sie die Maße an mehreren Stellen des Fahrzeugs, weil sie oft erheblich differieren. Und die störenden Radkästen müssen natürlich ebenfalls vermessen werden.

eingetragen. Nun kommt die Abnahme der Längsmaße des Wagens. Die Länge des Fahrerhauses innen (L1) brauchen Sie nur, wenn im Fahrerhaus irgendwelche Möbel (z. B. ein Kinderbett) eingebaut werden sollen. Beginnen Sie nun mit den benötigten Innenraummaßen und messen Sie zuerst einmal die gesamte nutzbare Innenraumlänge aus, sie reicht von der Fahrersitzlehne bis hinten im Wagenheck zur Innenkante der Hecktür oder Wagenrückseite (L innen). Dann zeichnen Sie sich noch ein, wo im Fahrzeug Türen oder Fenster angebracht sind und messen Sie auch die einzelnen Längen dieser Teile (L2, L3, L4 und L5). Die Summe dieser Maße L2 bis L5 sollte mehr oder weniger genau der Innenlänge (L innen) entsprechen.

Vielleicht hat Ihr Fahrzeug noch weitere wichtige Breiten- oder Längenmaße, weil andere Teile berücksichtigt werden müssen oder weil keine Türen drin sind. Das sollte auch nur als Beispiel gedacht sein, um Ihnen eine Vorstellung von einem Grundrißaufmaß zu geben, falls Sie damit noch nie zu tun hatten.

Als nächste Arbeit nehmen Sie ein weiteres Blatt Papier und zeichnen in etwa den Querschnitt Ihres Fahrzeugs so auf, wie dies in den nächsten Zeichnungen dargestellt ist.

Der Querschnitt des vorgesehenen Fahrzeugs wird an den gleichen vier Stellen ausgemessen, an denen die Breitenmaße im Grundriß eingetragen wurden. Also einmal im vorderen Bereich hinter den Fahrerhaussitzen, dann mittendrin im Wagenbereich, ferner in Höhe der Radkästen und schließlich noch im Bereich des Wagenhecks. Diese Maße sind ebenfalls für Ihre Planung sehr wichtig!

Linke Seite: Abbildung 24: Querschnittmaße. Diese Maße vorn, mittig, in Radkastenhöhe und hinten sind wichtig für Ihre weitere Planung.

Die in Fußbodenhöhe angegebenen Maße (B1 u, B2 u, B3 u und B4 u) entsprechen den im Grundriß angegebenen Maßen B1, B2, B3 und B4. Diese Maße können Sie also von dort übernehmen. Da ein Fahrzeug aber aus konstruktiven Gründen nur selten gerade aufsteigende Wände hat, ist es erforderlich, in den 4 gemessenen Bereichen die Breite des Fahrzeugs wenigstens in drei verschiedenen Höhen zu messen.

Die Breiten »B1 m, B2 m, B3 m und B4 m« werden in mittlerer Fahrzeughöhe ausgemessen (z. B. in 1 Meter Höhe über dem Fahrzeugboden). Die Breiten »B1 o, B2 o, B3 o und B4 o« ermitteln Sie im oberen Wagenbereich, dicht unterhalb des Beginns der Dachkrümmung.

Um nun auch noch die letzten Maße zu nehmen, werden die Höhen des Fahrzeugs vorn mit H 1, mittig mit H 2, im Radkastenbereich mit H 3 und hinten in dem Wagen mit H 4 gemessen und eingetragen. Auch die Höhe der Radkästen » R h« ist noch nötig,

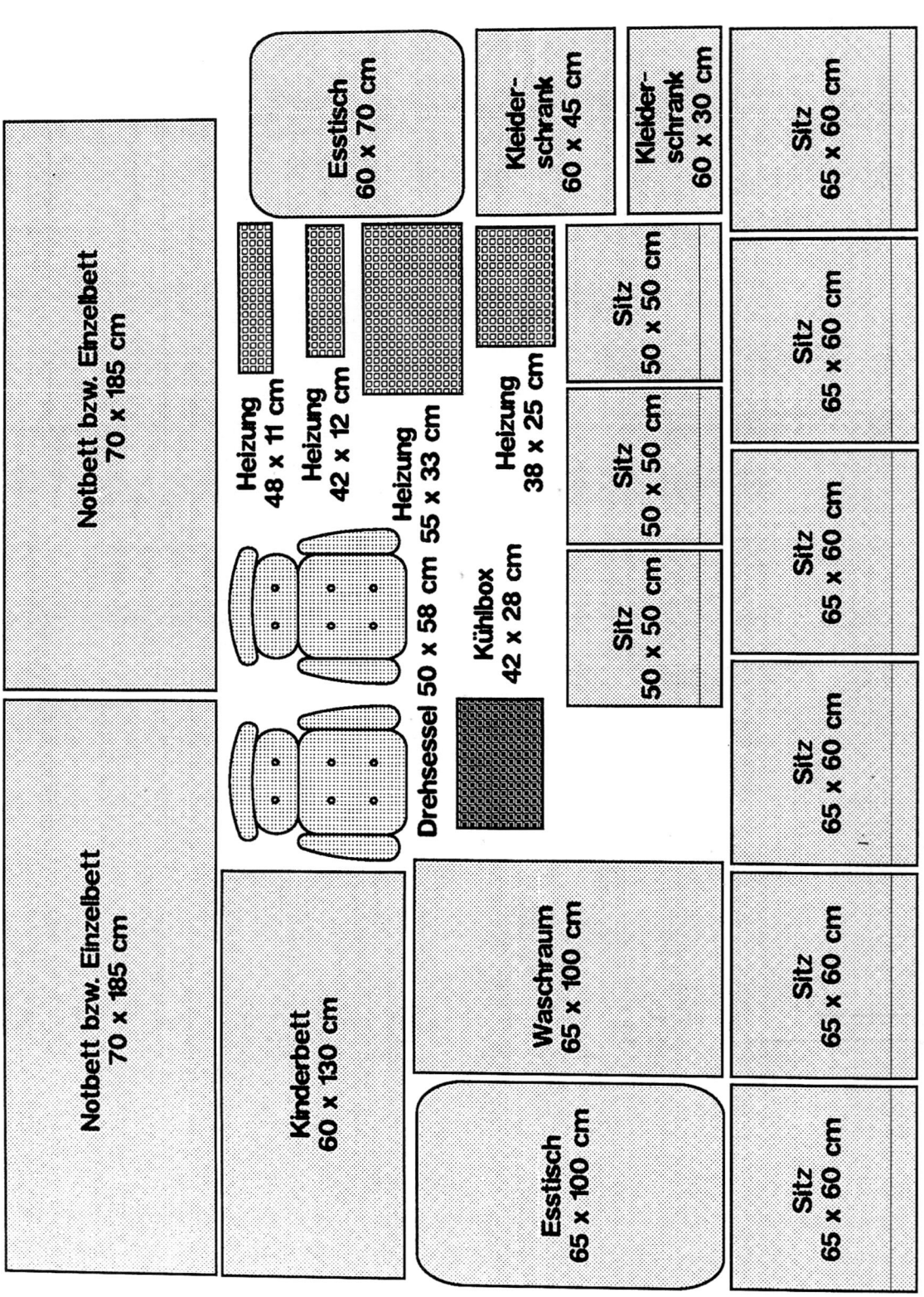

Notbett bzw. Einzelbett
70 x 185 cm

Notbett bzw. Einzelbett
70 x 185 cm

Esstisch
60 x 70 cm

Kleider-
schrank
60 x 45 cm

Kleider-
schrank
60 x 30 cm

Sitz
65 x 60 cm

Heizung
48 x 11 cm

Heizung
42 x 12 cm

Heizung
55 x 33 cm

Heizung
38 x 25 cm

Sitz
50 x 50 cm

Sitz
50 x 50 cm

Sitz
50 x 50 cm

Sitz
50 x 50 cm

Sitz
65 x 60 cm

Sitz
65 x 60 cm

Drehsessel 50 x 58 cm

Kühlbox
42 x 28 cm

Sitz
65 x 60 cm

Sitz
65 x 60 cm

Kinderbett
60 x 130 cm

Waschraum
65 x 100 cm

Sitz
65 x 60 cm

Sitz
65 x 60 cm

Esstisch
65 x 100 cm

Sitz
65 x 60 cm

Sitz
65 x 60 cm

Möbel und Einzelteile

Abbildung 26: Beispiel: Möbelmaße. Abweichungen von diesen Maßen sind selbstverständlich jederzeit möglich und auch wahrscheinlich nötig. Aber ein erster Anhaltspunkt für Ihr Einrichtungspuzzle sind sie doch.

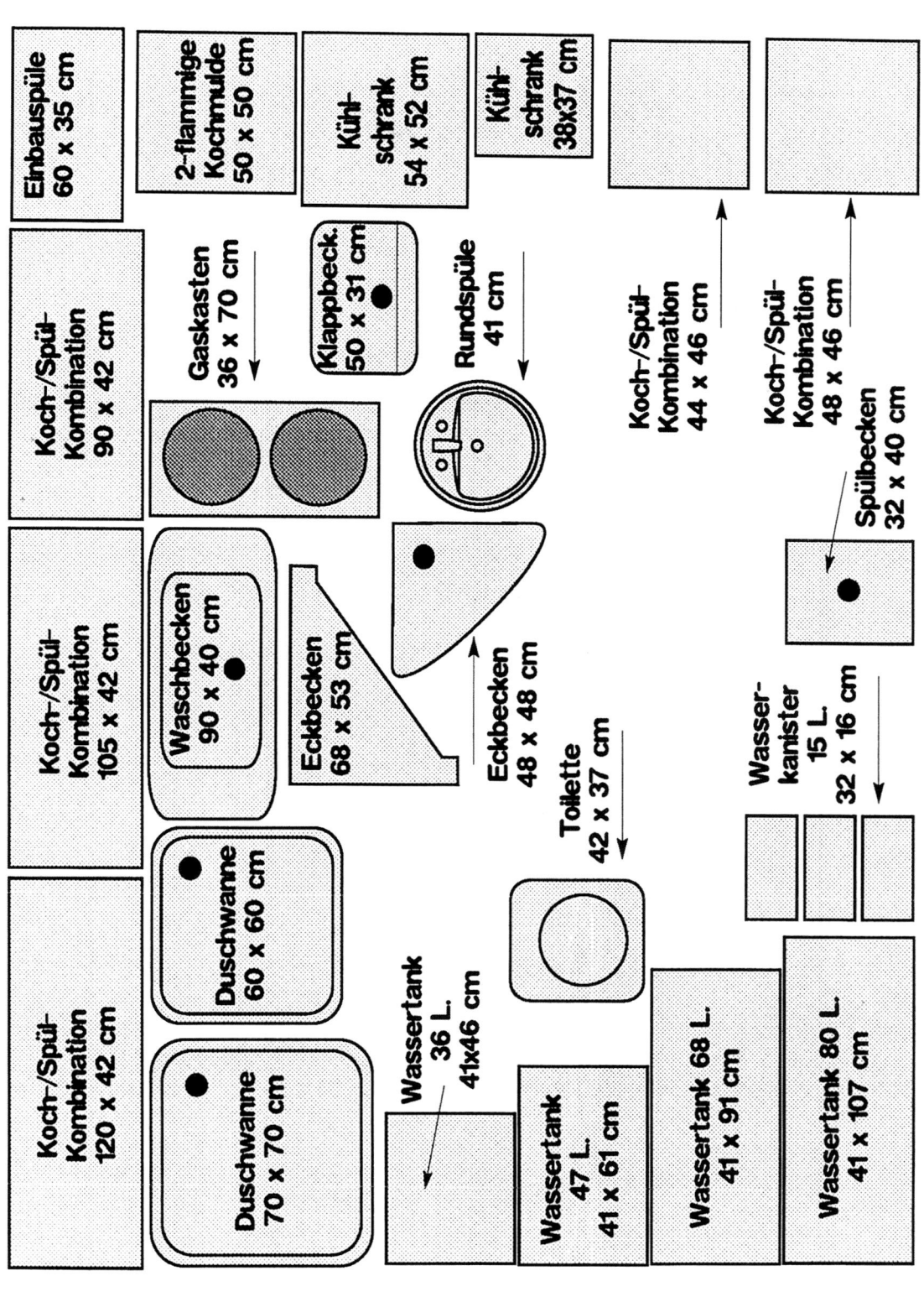

Einbauspüle 60 x 35 cm

2-flammige Kochmulde 50 x 50 cm

Kühlschrank 54 x 52 cm

Kühlschrank 38x37 cm

Koch-/Spül-Kombination 90 x 42 cm

Gaskasten 36 x 70 cm

Klappbeck. 50 x 31 cm

Rundspüle 41 cm

Koch-/Spül-Kombination 44 x 46 cm

Koch-/Spül-Kombination 48 x 46 cm

Spülbecken 32 x 40 cm

Koch-/Spül-Kombination 105 x 42 cm

Waschbecken 90 x 40 cm

Eckbecken 68 x 53 cm

Eckbecken 48 x 48 cm

Toilette 42 x 37 cm

Wasserkanister 15 L. 32 x 16 cm

Koch-/Spül-Kombination 120 x 42 cm

Duschwanne 60 x 60 cm

Duschwanne 70 x 70 cm

Wassertank 36 L. 41x46 cm

Wassertank 47 L. 41 x 61 cm

Wassertank 68 L. 41 x 91 cm

Wassertank 80 L. 41 x 107 cm

Küchen- und Sanitärobjekte M 1:20

Abbildung 27: Beispiel: Küchen- u. Sanitärobjekte. In jedem Zubehörkatalog stehen genaue Maße solcher Teile. Diese hier sollen nur ein erster Anhaltspunkt für Ihre Planung sein.

aber dann haben wir vorerst auch alles, was vorläufig für die Planung gebraucht wird.

(b) Der Entwurf

Ohne konkrete Maße eines bestimmten Basisfahrzeugs ist jeder Entwurf von Einrichtungen nur eine theoretische Spielerei. Dies kann zwar ganz nützlich und lehrreich sein, weil man dadurch ein Gefühl für Campingeinrichtungen entwickelt, aber im Grunde landen derartige Entwürfe doch früher oder später im Papierkorb.

Sollten Sie, wie im vorigen Abschnitt beschrieben, bereits die Maße Ihres Fahrzeugs abgenommen haben, so können Sie nun voll loslegen. Sollten Sie dagegen noch nicht über ein eigenes Basisfahrzeug verfügen, so müssen Sie sich nun zumindest die Innenabmessungen des in Betracht kommenden Fahrzeugs beschaffen. Dann hat das Entwerfen für Sie sogar noch einen Vorteil. Sie sehen nämlich, ob das Fahrzeug sich so einrichten läßt, wie Sie es sich wünschen oder ob nicht doch ein anderes Modell besser wäre.

Wie dem auch sei, zunächst brauchen Sie die Innenmaße. Die können Sie sich auch von einem anderen Fahrzeug des gleichen Typs abnehmen oder Sie besorgen sich Maßblätter von Ihrem Kfz-Händler. Da stehen zwar nicht all die Maße drin, die im vorigen Abschnitt beschrieben sind, sondern nur Länge, Breite und Höhe des als späteren Wohnteils vorgesehenen Raums. Aber für erste Entwürfe reicht auch das aus.

Um nun möglichst rasch zu einem brauchbaren Einrichtungsentwurf zu kommen, gibt es grundsätzlich zwei Möglichkeiten. Das eine ist die »Naturmethode« für Leute, die nicht gern zeichnen, oder die sich einen Entwurf in natürlicher Größe (also 1:1) besser vorstellen können.

Die zweite Möglichkeit ist der zeichnerische Entwurf, der auch ganz einfach ist und im Maßstab 1:20 vorgenommen wird. Bei der ersten Methode entspricht 1 Zentimeter des Entwurfs auch einem Zentimeter der künftigen Einrichtung, deshalb 1:1, während bei dem zeichnerischen Entwurf 1 Zentimeter auf der Zeichnung 20 Zentimeter in der Natur entspricht, deshalb auch 1:20.

(c) Der 1:1-Entwurf

Wenn Sie bereits das Fahrzeug besitzen, können Sie die Entwurfsarbeit natürlich sofort im Fahrzeug vornehmen, da hat die Sache gleich noch mehr praktischen Nutzen. Da im Normalfall aber oft das Fahrzeug nicht zur Hand ist, sondern erst beschafft werden muß, reicht für die ersten Entwürfe auch das Wohnzimmer oder ein anderer Raum. Wichtig ist nur, daß man eine freie Fußbodenfläche hat in der Größe des künftigen Wohnmobil-Innenraums.

Nun nehmen Sie sich eine Rolle Isolierband oder Kreppklebeband und ein Bandmaß zur Hand und kleben auf dem Fußboden möglichst genau die Innenmaße des künftigen »Wohnteils« auf, die Sie aus Prospekten oder einem baugleichen Fahrzeug abgenommen haben. So haben Sie schon einmal eine erste Vorstellung, auf wie wenig Platz Sie später in Ihrem Campingbus leben wollen und wie wichtig eine zweckmäßige Einrichtung ist.

Jetzt geht es ans Entwerfen. Sie wissen, wieviel Personen im Campingbus mitreisen sollen. Sie kennen auch die Körpergröße aller Mitreisenden (wichtig wegen der ausreichenden Bettlängen!) und die besonderen Wünsche der einzelnen. Nicht zuletzt wissen Sie auch die Hauptreiseziele für Ihr Fahrzeug. Auch das ist wichtig, weil ein Campingbus für Fernreisen beispielsweise mehr Platz für Ersatzteile, Treibstoff und Trinkwasservorräte braucht als ein Fahrzeug für Kurzreisen in Europa, wo an jeder Straßenecke eine Tankstelle für Reparaturen, Wasser und Treibstoff zu finden ist.

Deshalb schneiden Sie sich nunmehr die erforderlichen »Möbel« in ihren Grundmaßen einfach aus Packpapier oder alten Zeitungen aus und legen diese Einzelteile wie ein Puzzlespiel innerhalb des markierten Wohnteils auf dem Fußboden aus.

Um Ihnen die Arbeit zu erleichtern, zeigen die beiden Zeichnungen auf der vorherigen Doppelseite eine Reihe Möbel und Einrichtungen, wie sie in Campingbussen eingesetzt werden können, mit den erforderlichen (ungefähren) Maßen in Zentimeter. Natürlich gibt es noch viel mehr Teile und auch mit anderen Abmessungen im Zubehörhandel. Sie können sich deshalb genau so gut Möbelmaße aus den Prospekten von Zubehörhändlern heraussuchen.

Abbildung 28: Eine maßgefertigte Küche. Unter Berücksichtigung der großen Auswahl an Einbaugeräten (Spülen, Herdflächen, Kühlschränken usw. läßt sich mit etwas Knobelei fast immer eine optimale Lösung einplanen.

Aber es soll ja nur erst einmal eine Entwurfsarbeit gemacht werden. Die Feinheiten lassen sich dann immer noch verwirklichen.

Durch das Auslegen der Möbelmaße (natürlich lassen sich die Möbelabmessungen auch mit Klebeband auf dem Fußboden aufkleben) bekommen Sie jetzt einen Überblick, wie der Platz am zweckmäßigsten aufgeteilt werden kann, wo eine Sitzgruppe stehen soll (die nachts zu Einzel- oder Doppelbetten umgebaut wird), wo die Küche hinkommt, der Kleiderschrank usw. und nicht zuletzt, wo die Gehflächen sind.

Die in der Zeichnung dargestellten Möbelmaße sind noch abwandelbar. So braucht ein Sitz natürlich nicht 65 x 60 cm Grundfläche haben, sondern es genügen auch schon 50 x 50 cm. Aber da die meisten Menschen zum Sitzen eine bestimmte Bequemlichkeit haben wollen (es handelt sich ja nicht um einen Stuhl, sondern um Sitze ähnlich Sesseln), werden auch bestimmte Maße als angenehm und ausreichend erachtet. Genau so ist es mit dem Einzelbett. Der eine kommt noch mit einer Bettlänge von 1,80 Meter gut aus, der andere braucht mindestens zwei Meter. Auch Tisch und Kleiderschrank sind Teile, die sich leicht in den Maßen verändern lassen, weil man sie oft nicht fertig bezieht, sondern nach Maß selber baut.

Anders dagegen ist es bei den Küchen. Da kann man sich zwar im Katalog eine fertige Küche aussuchen, die man haben möchte oder platzmäßig unterbringen kann. Aber es wird sich kein Fabrikant finden, der Ihnen individuell eine Edelstahl-Koch-/Spülkombination nach Ihren Maßen fertigt. Entweder nehmen Sie eine der vielen käuflichen Serienküchen oder Sie müssen sich individuell eine Küche selber machen. Aber darauf kommen wir gleich noch zu sprechen. Zunächst einmal sollen auch die zeichnerischen Entwurfsmöglichkeiten besprochen werden.

(d) Der 1:20-Entwurf

Diese Zeichenarbeit ist die Spielwiese für den Schreibtisch oder Wohnzimmertisch. Sie brauchen nämlich nichts weiter als ein Stück Transparentpapier (zur Not geht auch Butterbrotpapier) und ein Lineal. Und natürlich einen Bleistift. Wenn Sie transparentes Millimeterpapier oder Karopapier haben, brauchen Sie noch nicht einmal ein Lineal.

Jedes Karo Ihres Papiers ist fünf Millimeter lang. Das entspricht bei einem Maßstab von 1:20 einer Größe von 10 Zentimeter in der Natur. Wenn Sie kein Karopapier haben, so müssen Sie nun die Innenabmessungen des Fahrzeug-«Wohnteils» so auf dem durchsichtigen Transparentpapier aufzeichnen, daß jeweils 10 Zentimeter Ihres Fahrzeugs durch 5 Millimeter auf dem Papier dargestellt werden. Ist das Fahrzeug beispielsweise innen drei Meter lang, so ergibt das auf dem Papier eine Strecke von (300 cm: 20=) 15 Zentimetern.

Ist der Innenraum beispielsweise 1,8 Meter breit, so haben Sie nun auf dem Papier ein Rechteck von 15 x 9 Zentimeter Kantenlänge aufgezeichnet.

Dieses Rechteck legen Sie jetzt auf das weiter vorn maßstäblich abgedruckte Möbel-Maßblatt oder das Maßblatt der Küchen- und Sanitärobjekte und zeichnen die durch das Transparentpapier durchscheinenden einzelnen Möbel oder Objekte einfach durch, die für Sie in Frage kommen. Denn diese beiden Zeichnungen sind im Maßstab 1:20 gedruckt. Sie können sich auch die einzelnen Möbel oder Einrichtungsgegenstände abpausen oder – noch besser – die beiden Zeichnungen fotokopieren und dann die Einzelteile ausschneiden. So können Sie die Teile wie ein Puzzle zu Ihrem Einrichtungsentwurf zusammensetzen.

Natürlich klappt das nicht auf Anhieb perfekt. Aber das ist ja das Schöne und Interessante bei dieser Entwurfsarbeit, daß Sie sich Ihren Campingbus so gestalten können, wie er Ihnen am liebsten ist. Wie das am zweckmäßigsten und schnellsten zu schaffen ist, sehen Sie in den folgenden Kapiteln.

(e) Körpermaße

Wie ich schon erwähnte, sind die Maße jedes einzelnen Menschen recht unterschiedlich. Bei der Kleidung ist das sehr entscheidend, weil die absolut passen muß. Bei der Einrichtung des eigenen Campingbusses ist das zwar auch wichtig, aber nicht in ganz so engen Toleranzen. Man sollte natürlich darauf achten, daß die Sitzhöhe, die Bettlänge usw. den eigenen Maßen gerecht werden müssen. Man sollte aber, selbst wenn man nicht zu den Riesen zählt, sondern eher etwas kurz geraten ist, keinesfalls die Maße der Einrichtung zu sehr auf die eigenen Maße abstimmen, weil man ja eines Tages den Campingbus wahrscheinlich wieder verkaufen will und der nächste Interessent vielleicht etwas größer geraten ist als man selbst. Umgekehrt ist es dagegen nicht so schlimm. Ein Kurzer paßt immer in das Bett eines Langen. Aber dies nur vorab.

Der Normalfall ist der mittelgroße Mensch von etwa 1,75 Meter Körpergröße. Dieser Mensch braucht beispielsweise eine Bettlänge von mindestens 1,85 Meter, besser sogar von 1,9 Meter. In zu kurzen Betten, in denen man oben und unten fast anstößt, kann man zwar kurzzeitig mal Probeliegen, aber nicht auf Dauer bequem schlafen. Die Füße selbst sind ja im Liegen ausgestreckt, wodurch sich schon eine größere Länge ergibt. Und mit dem Kopf möchte man auch nicht dauernd an die Rückwand stoßen. Aus diesem Grund sollte als Regel für die Bettlänge gelten: Körpergröße + 10 bis 15 Zentimeter sind das Mindestmaß.

Was die Bettbreite betrifft, sollte ein Einzelbett keinesfalls schmaler als 70 Zentimeter sein, eher breiter. Bei einem Doppelbett, sofern die Betreffenden nicht allzu breit sind, genügen dagegen meist schon 140 Zentimeter, in Ausnahmefällen oder bei knappem Platz auch mal 130 Zentimeter. Auch hier ist aber etwas mehr Platz immer angenehmer.

Nun ist es im Campingbus aus Platzgründen fast immer die Regel, daß die Sitzgruppe so konstruiert ist, daß man sie abends als Schlaffläche herrichten kann. Somit richtet sich die Breite der Sitze nicht nur nach den Körpermaßen, sondern auch nach dem Bettenbedarf. Werden also, wie im nächsten Abschnitt noch näher erläutert, zwei Längsbetten (Betten in Richtung der Wagen-Längsachse, also in Fahrtrichtung) benötigt, um nur ein Beispiel anzuführen, so müssen drei Sitze zusammengenommen (oder zwei Sitze und ein Tisch dazwischen) jeweils so groß sein wie ein Bett lang ist.

Bei Querbetten (meist als Doppelbett ausgeführt) ergeben dann jeweils zwei gegenüberstehende Doppelsitze in Verbindung mit der dazwischen absenkbaren Tischplatte ein Doppelbett. Bei den in der Möbelzeichnung dargestellten Sitzen von 65 cm Breite ergäbe sich dann ein Doppelbett von 130 cm Breite. Die Bettlänge richtet sich dann nach der inneren Fahrzeugbreite, was aber bei schmalen Fahrzeugen nicht immer ausreichend ist!

Auch die Bemessung manch anderer Einrichtungsteile ist in vieler Hinsicht von den Maßen der Mitreisenden abhängig. Wo beispielsweise für schlanke Menschen ein Waschraum (oder Dusch- bzw. Sanitärraum von 65 cm Breite und ein Meter Länge ausreicht, kann für korpulente Leute so ein Miniraum zu einer Mausefalle werden, aus der sie im Notfall nicht mehr rauskommen, wenn sie sich doch irgendwie reingezwängt haben sollten. Viel weniger können solche Menschen sich in dem Waschraum bewegen oder gar waschen. Hier muß also in jedem Fall der Mensch das Maß aller Dinge sein. Für den Fall, daß Sie den Grundrißentwurf 1:1 auf dem Fußboden aufgetragen haben, können Sie natürlich durch Bewegen innerhalb der markierten Bereiche feststellen, ob der Platz ausreichend bemessen ist.

Wenn Ihnen durch die aufgeklebten Linien die Raumvorstellung noch nicht deutlich genug wird, können Sie sich beispielsweise durch eine ausgehängte Stubentür, die Sie in einer Raumecke aufstellen, die Maße so eines Waschraums leichter verständlich machen. Die Tür wird im richtigen Abstand von der Wand (von einer Hilfsperson) gehalten. So ergibt sich

ein auf drei Seiten geschlossenes Kabinett. Die offene vierte Seite benützen Sie als Zugang und können sich nun vorstellen, wie eng es in so einem Kämmerchen zugeht, in dem auch noch ein Waschbecken (evtl. ein Klappwaschbecken) und eine Campingtoilette unterkommen müssen.

Auch für die übrige Einrichtung können Sie sich durch echte Möbel eine Raumvorstellung verschaffen. Als »Sitz« kann ein (am besten höhenverstellbarer) Bürostuhl fungieren. Da kann man gleich prüfen, welche Sitzhöhe (später für den Möbelbau wichtig) richtig ist. Die Maße für den Kleiderschrank können Sie in Ihrem eigenen Schrank abnehmen, also die Bügellänge für die Schranktiefe, die Mantellänge für die Schrankhöhe usw. Die Schrankbreite richtet sich dagegen nach dem im Bus vorhandenen Platz bzw. nach der Frage, wieviel Garderobe man mitnehmen will.

Und so gibt es noch viele Möglichkeiten, sich Maße für den eigenen Campingbus-Entwurf zu beschaffen. Schauen Sie sich in Ihrer Wohnung um, bedenken Sie aber auch, wie wenig Platz der Bus hat!

(f) Zweckmäßige Möbelanordnung

Die ideale Campingbuseinrichtung kann es ebenso wenig geben, wie es je den idealen, genormten Menschen geben wird. Das ist einerseits ganz gut. Andererseits würde es vieles erleichtern, so auch die Planung einer optimalen Einrichtung für Campingbusse. Aber wir müssen uns mit den Realitäten abfinden und den Menschen so nehmen, wie er ist. So vielseitig der Mensch auch sein mag und so unterschiedlich seine Gewohnheiten und Ansprüche sind, so haben sich doch im Laufe der Jahre für Campingbusse einige Standard-Grundrisse als besonders zweckmäßig erwiesen. Es kommt für Sie darauf an, diese bewährten Grundmuster so abzuwandeln, daß daraus ein optimaler Grundriß, eine für Sie optimal zugeschnittene Einrichtung wird.

Hierbei werden sowohl die ganz kleinen, mehr als Notbehelf dienenden »Wohnmobilchen« auf PKW-Basis als auch die großen »Ottos« auf der Basis von Omnibussen oder Möbelwagen usw. nur am Rande mit behandelt, um den Umfang des Buches nicht zu sprengen.

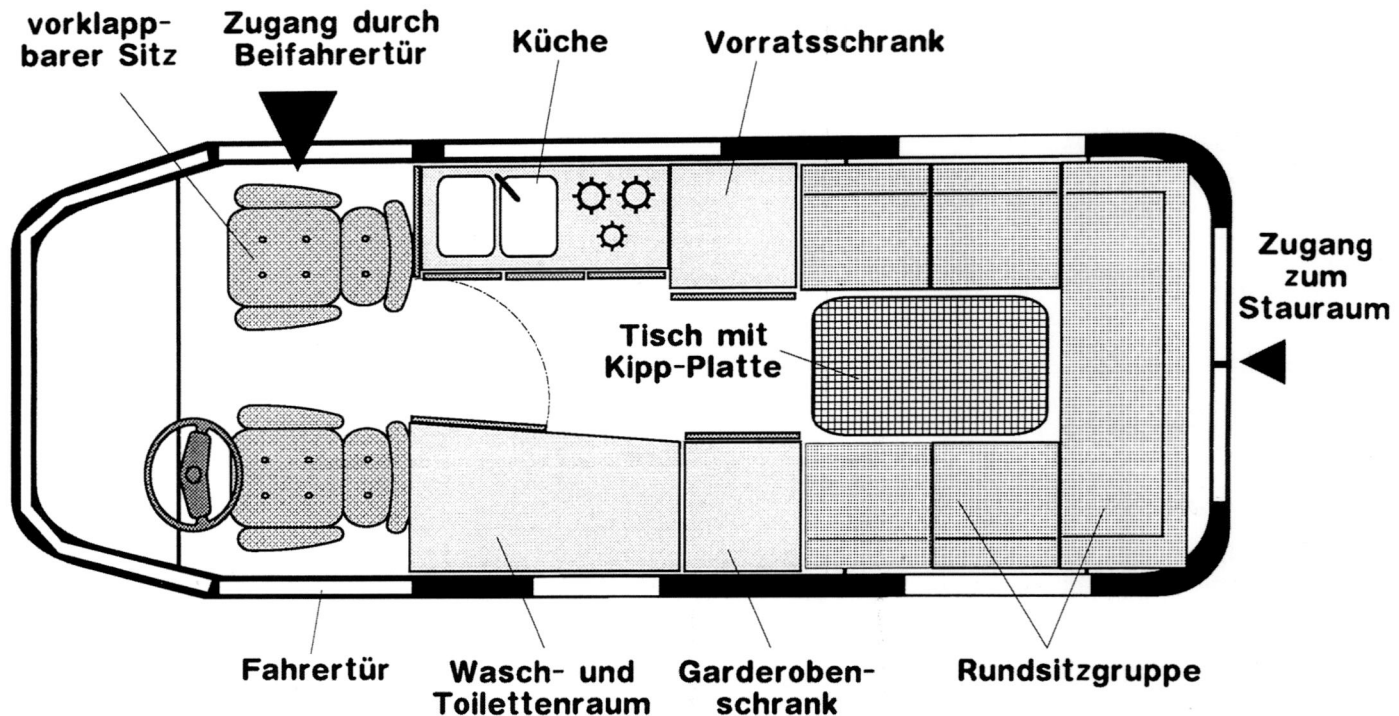

vorklapp-barer Sitz **Zugang durch Beifahrertür** **Küche** **Vorratsschrank**

Zugang zum Stauraum

Tisch mit Kipp-Platte

Fahrertür **Wasch- und Toilettenraum** **Garderoben-schrank** **Rundsitzgruppe**

Abbildung 29: Grundriß 1. Der Hauptzugang erfolgt durch die Beifahrertür, wenn der Beifahrersitz weg-klappbar ist. Durch die Hecktür ist der Stauraum unter der Rundsitzgruppe gut zugänglich. Eine Zwischen-tür (oder auch die Waschraumtür) ermöglicht die Abtrennung des Fahrerhauses vom Wohnteil. Die Instal-lationen im Küchenblock sind bei dieser Anordnung fast immer durch die seitliche Schiebetür gut erreichbar. Außerdem bringt diese Schiebetür eine optimale Küchenbelüftung, wenn sie aufsteht.

Das eigentliche Thema sind nach wie vor die mitt-leren Campingbusse, basierend auf Fahrzeugen wie etwa den mittelgroßen Transportern der 2,8 t-Klasse und ähnlichen Typen.

Zunächst also die »üblichen« Basismodelle mittlerer Größe: Hier haben sich zwei Einrichtungsvarianten als besonders erfolgreich erwiesen, nämlich einmal die Sitzgruppe im Wagenheck mit Stau- und Nutzräumen hinter den Fahrersitzen in Wagenmitte. Zum zweiten die Sitzgruppe unmittelbar hinter den Fahrersitzen mit den im Heck angeordneten Stau- und Nutzräumen. Wie so eine Hecksitzgruppen-Ausführung aufgebaut werden kann, zeigt die Zeichnung Abbildung 29. Der Hauptzugang zum Fahrzeug (dicker Pfeil) erfolgt über die Beifahrertür, als Nebenzugänge dienen die Fahrertür und für Notfälle auch eine evtl. vorhan-dene Hecktür. Das setzt natürlich voraus, daß sich entweder der Beifahrersitz gut wegklappen läßt oder

daß man anders an dem Beifahrersitz bequem vor-beikommt. Wenn man den Motor im Fahrerhaus (zwischen den Sitzen oder mittig im Fußraum) hat, muß man auf den Haupteingang im Fahrerhaus ver-zichten und eine Lösung ähnlich der Zeichnung Abbildung 30 oder Abbildung 31 vorziehen.

Rechte Seite, unten: Abbildung 31: Grundriß 3. Als Hauptzugang dient die Hecktür des Fahrzeugs, indem die Polsterteile im Wagenheck nur bei Be-darf eingesetzt werden. Die Tischplatte der Heck-sitzgruppe ist kipp- oder schwenkbar, damit sie nicht im Wege ist. Durch die seitliche Schiebetür kann man an die Installationen vom Waschraum gelangen, den Waschraum reinigen und belüften, das WC kann leichter entleert werden und der Waschraum kann als Notausgang benutzt werden.

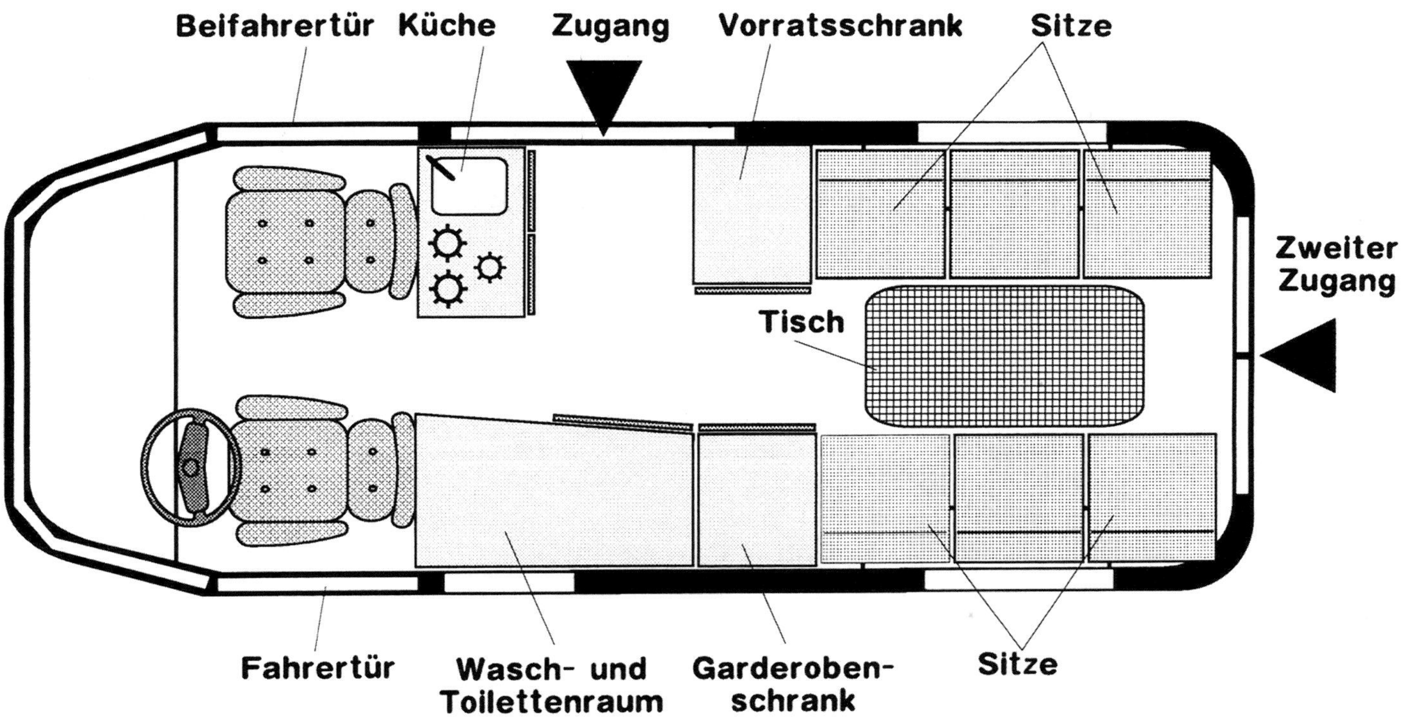

Beifahrertür **Küche** **Zugang** **Vorratsschrank** **Sitze**

Zweiter Zugang

Tisch

Fahrertür **Wasch- und Toilettenraum** **Garderoben- schrank** **Sitze**

Abbildung 30: Grundriß 2. Der Hauptzugang zum Fahrzeug erfolgt durch die seitliche Schiebetür. Die Schiebetür kann, wie schon in Grundriß 1, als Lüftung zum Kochen geöffnet werden. Ein weiterer Zugang direkt in den Wohnteil kann durch die Hecktür erfolgen.

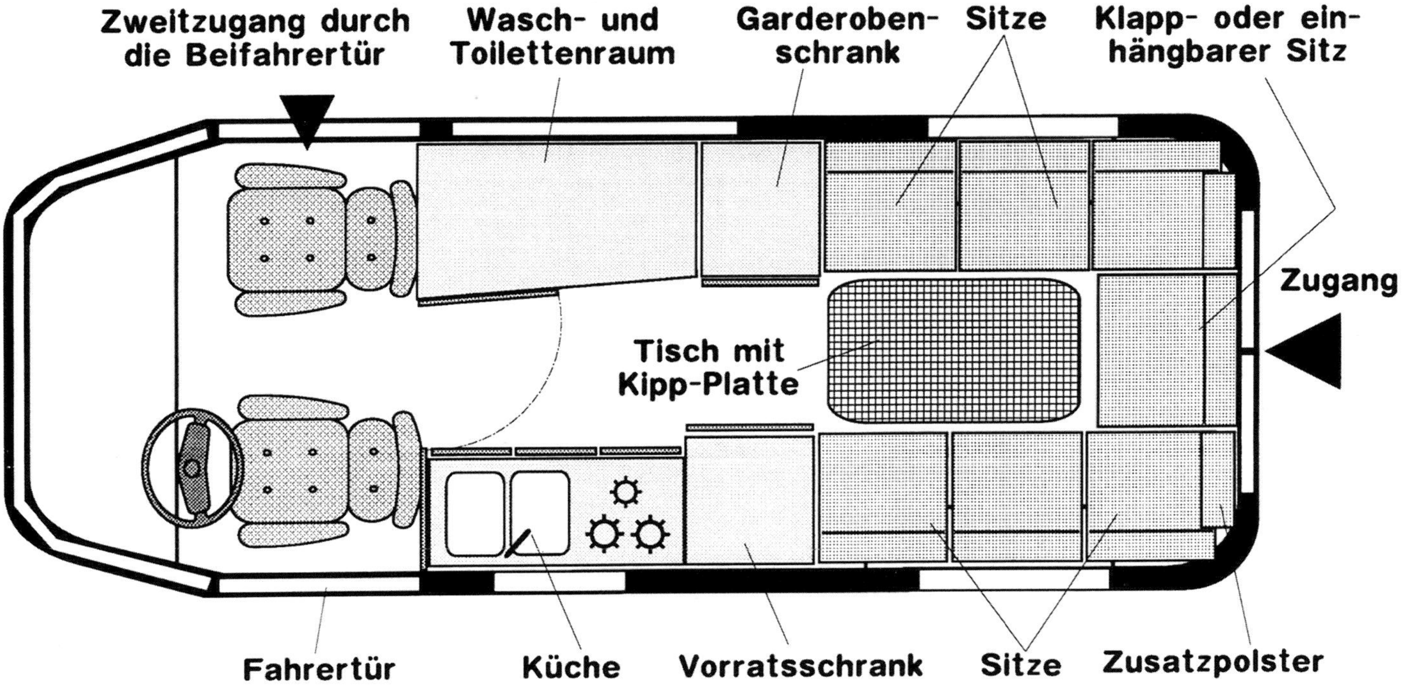

Zweitzugang durch die Beifahrertür **Wasch- und Toilettenraum** **Garderoben- schrank** **Sitze** **Klapp- oder ein- hängbarer Sitz**

Zugang

Tisch mit Kipp-Platte

Fahrertür **Küche** **Vorratsschrank** **Sitze** **Zusatzpolster**

Doch zunächst weiter mit der Anordnung nach der ersten Einrichtungszeichnung Abbildung 29. Unmittelbar hinter dem Beifahrersitz ist der Küchenblock an der Außenwand so installiert, daß man eine evtl. dort vorhandene Schiebe- oder Flügeltür gut als Zugang zu den technischen Details im Küchenblock (Kühlschrank, Spüle, evtl. Gasflaschenkasten usw.) benutzen kann und ein ebenfalls meist vorhandenes Fenster (das gegen ein ausstellbares Doppelfenster ausgetauscht werden sollte) als Belichtung bzw. Belüftung für die Küche dient.

Direkt neben dem Küchenblock wird der Vorratsschrank angebracht, der so tief ist wie die Sitze, aber in seiner Breite den (je nach Fahrzeug unterschiedlichen) Platz zwischen Küchenblock und Sitzgruppe ausfüllt.

Auf der anderen Seite, hinter dem Fahrersitz, wird der Waschraum untergebracht, der ebenfalls ein kleines, ausstellbares Lüftungsfenster bekommt, das mit milchigen oder opaken Scheiben zwar Licht und Luft hereinläßt, aber keinen Einblick ermöglicht. Eine weitere Belüftung wäre über eine aufstellbare Dachluke machbar.

Neben dem Waschraum wird der Garderobenschrank (mit etwa den gleichen Maßen wie gegenüber der Vorratsschrank) untergebracht. Diese ganzen Möbel bringen durch ihre Konstruktion und durch die Installationen sowie die darin untergebrachten Einrichtungen ein ziemliches Gewicht mit sich. Aus diesem Grund ist es von Vorteil, sie in Wagenmitte, also zwischen Vorder- und Hinterachse, vorzusehen, weil auf diese Weise der Schwerpunkt zwischen den Achsen liegt und dadurch die Verteilung der Achslasten recht günstig ist.

Abbildung 32: Stauraum + Sitzecke. Hängeschränke oberhalb der Sitzgruppe sind aus mehreren Gründen empfehlenswert: Erstens können dort Wäsche, Kleidung und andere leichte Sachen untergebracht werden. Zweitens erspart man sich das problematische Verkleiden des Übergangsbereiches zwischen Fahrzeugwand und Wagendach. Und drittens lassen sich dort auch Kabel usw. leicht installieren. Vorausgesetzt, man braucht den Platz über den Sitzen nicht für den Einbau von Zusatzbetten.

Im Wagenheck schließlich ist die Sitzgruppe untergebracht. Sie besteht hier in der Zeichnung aus einer Rundsitzgruppe mit den Sitzbänken und in der Mitte mit dem Hub- oder Schwenktisch.

An Stelle der Rundsitzgruppe können Sie natürlich auch einen Sitz weglassen, bekommen dadurch einen zweiten Zugang über die meist sowieso vorhandene Hecktür und verlieren lediglich etwas Stauraum, weil ja auch in dem jetzt weggelassenen Sitz wie in den anderen Sitzen Staumöglichkeiten vorhanden waren, da diese Sitze praktisch immer als Sitzkisten gebaut werden. Die Zeichnung Abbildung 30 zeigt, wie so etwas (bei veränderter Küchenanordnung) aussehen könnte.

Für die Nacht wird die Tischplatte abgesenkt, eine Zusatzplatte ausgeklappt oder dazugefügt und es ergibt sich aus den gesamten Sitzen und den Polstern der Rückenlehnen eine bequeme Schlaffläche in Größe der Heckfläche. Hier in der Zeichnung sind jeweils mehrere Sitze nebeneinander angeordnet. Dadurch kann man in Längsrichtung des Fahrzeugs schlafen und nötigenfalls sogar in der Mitte zwischen den zwei möglichen Schlafplätzen noch einen schmalen Gang belassen, man kann aber auch nur eine große Schlaffläche schaffen.

Werden weitere Schlafplätze benötigt, kann man, je nach Bauhöhe des Fahrzeugs, Klappbetten so oberhalb der Sitzbänke anbringen, daß sie beim Sitzen nicht stören und nur abends zum Schlafen auf halbe Raumhöhe heruntergeklappt werden. Es ergeben sich dann zwei weitere Schlafmöglichkeiten in Form von Doppelstockbetten.

Benötigt man nur ein Kinderbett zusätzlich zu den beiden Betten im »Erdgeschoß«, so reicht wahrscheinlich auch ein oben quer über den Sitzbänken angebrachtes Bett, das so lang ist wie der Wagen breit ist. Benötigen Sie keine Zusatzbetten, so können Sie den Raum über den Sitzen (Kopffreiheit lassen!) sehr gut mit Hängeschränken ausbauen, in denen sich vorzüglich der ganze Kleinkram wie Unterwäsche, Strümpfe, Pullover usw. verstauen läßt.

Noch ein Wort zu den Sitzkisten. Wenn eine Hecktür im Fahrzeug vorhanden ist (und das ist meist der Fall), sollte man sich diese Tür zunutze machen und als Belademöglichkeit für eine große Sitzkiste im Wagenheck betrachten. Es gibt auf Reisen immer die

Abbildung 33: Der Wagenboden. Schauen Sie sich einmal vor Ihrer Planung den Boden Ihres Fahrzeugs von unten an! So bekommen Sie eine Vorstellung davon, wo sich erforderliche Bodendurchbrüche und Installationen unterbringen lassen (oder auch nicht!).

Notwendigkeit, ein sandiges Schlauchboot, ein paar Liegestühle, ein Klappfahrrad oder den Außenbordmotor unterbringen zu müssen. Wenn man diese oder andere Teile durch die Hecktür in die Sitzkiste laden kann (die dann natürlich zum Wagenheck hin offen sein muß), so wird kein Schmutz in den Wagen gebracht und man kommt auch viel leichter jederzeit an die Teile heran. In den längs angeordneten Sitzbankkisten werden dann die Wassertanks, Reservekanister, Pumpen usw. installiert bzw. diese Kisten können als zusätzlicher Stauraum für Schuhe, Konserven o. ä. genutzt werden.

Auch über die Unterbringung der Heizung muß noch gesprochen werden, denn ohne Heizung ist das schönste Wohnmobil bei kühler Witterung nur eine kalte Blechkiste. Im Sommer mag das unbegreiflich erscheinen, da wird es ohnehin warm im Fahrzeug. Aber oft sind ja auch im Sommer die Nächte kühl

oder Sie fahren im Frühling bzw. Herbst oder sogar im dicken Winter. Dann werden Sie eine vernünftige Heizung zu schätzen wissen.

Wo Sie die Heizung unterbringen, hängt von verschiedenen Gesichtspunkten ab wie zum Beispiel von der Heizungsart (Warmluft mit oder ohne Umwälzung, Warmwasserheizung, elektronisch gesteuerte Kompaktheizung usw.) und auch von den Möglichkeiten, wie man sie im Fahrzeug anordnen kann, ohne daß sie stört und daß sie auch (falls erforderlich) an der geeigneten Stelle im Wagenboden installiert werden kann. Bitte lesen Sie hierüber ausführlich im Kapitel »Heizung-Kühlung-Lüftung« nach, bevor Sie den endgültigen Plan zeichnen!

Ein Bekannter von mir hat die Heizfrage anfangs als relativ nebensächlich angesehen bei der Planung seines alten Kastenwagens. Jetzt, wo die Einrichtung fertig ist, bekommt er durch die Gestaltung der Fahr-

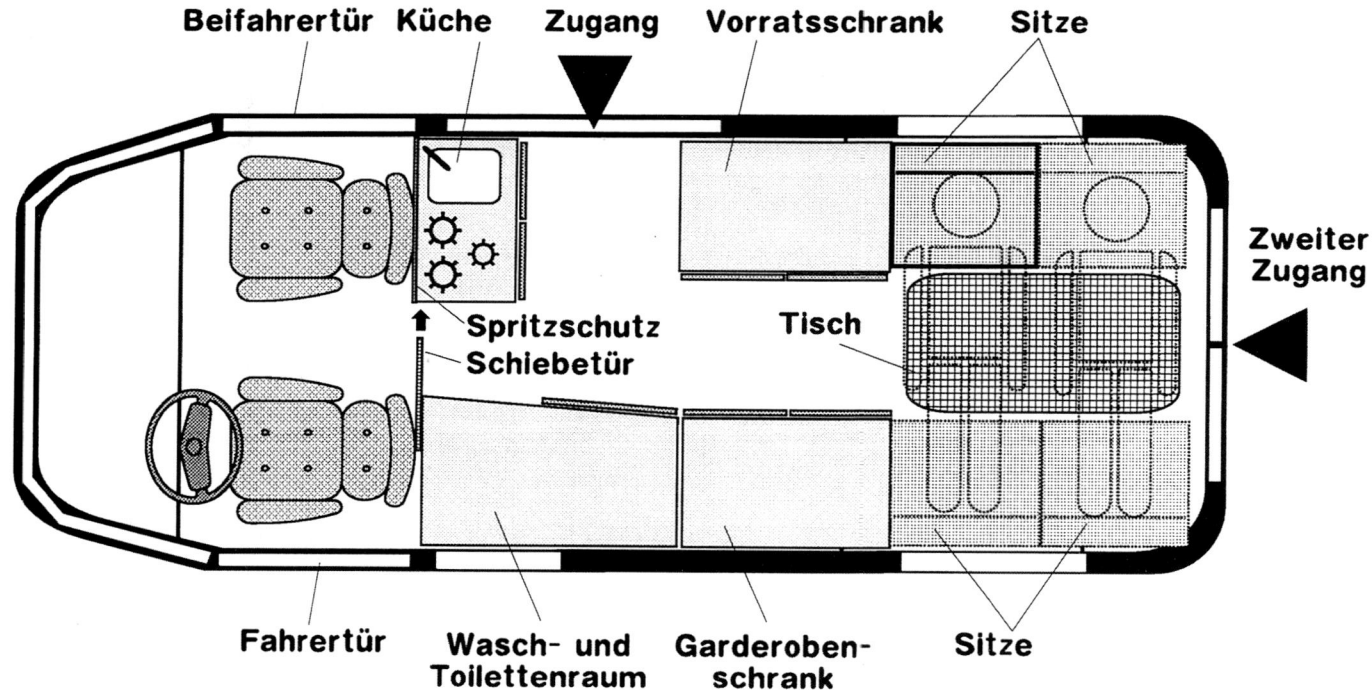

Beifahrertür Küche Zugang Vorratsschrank Sitze

Spritzschutz
Schiebetür

Tisch

Zweiter
Zugang

Fahrertür Wasch- und
Toilettenraum Garderobenschrank Sitze

Abbildung 34: Grundriß 4. Der Hauptzugang erfolgt durch die seitliche Schiebetür. Ein weiterer Zugang ist durch die Hecktür möglich. Voraussetzung für diese Gestaltung der Hecksitzgruppe ist, daß die Fahrzeugbreite ausreicht für quer zur Fahrtrichtung angeordnete Betten. Auch hier sollte der Tisch schwenk- oder wegklappbar gebaut sein.

zeugunterseite seine Heizung nirgends mehr unter und jammert mir ständig die Ohren voll, ich möge doch eine Lösung »finden«! Aber das nur am Rande, um Ihnen zu zeigen, wie wichtig manchmal kleine Details sein können.

Eine Abwandlung der Hecksitzgruppe zeigt der Einrichtungsvorschlag von Abbildung 34. Hierbei ist aber erforderlich, daß der Wagen innen breit genug ist, um im Wagenheck bequem quer schlafen zu können. Das müssen Sie unbedingt vor dem Fahrzeugkauf prüfen!

Durch das Absenken der Tischplatte und Einlegen einer Zusatzplatte wird jeweils aus den Sitzbänken ein Querbett. Insgesamt ergibt sich also eine Schlaffläche, die der Breite zweier Sitze auf jeder Seite entspricht und in der Länge der inneren Wagenbreite. Der hinten im Wagenheck Schlafende muß allerdings, wenn er nachts einmal aus seiner gemütlichen

Ecke heraus will, immer über das vordere Bett klettern. Das ist, zumindest bei älteren Menschen, nicht gerade die optimale Lösung. Andererseits erhält man natürlich bei einer solchen Sitz- bzw. Bettanordnung viel Platz im Fahrzeug, den man für Bewegungsflächen und / oder Stauräume nutzen kann.

So ist es dann möglich, den Küchenblock quer hinter dem Beifahrersitz aufzustellen und den Vorratsschrank vor dem 1. Sitz. Dadurch bleibt ein bequemer Zugang durch die sowieso meist vorhandene seitliche Fahrzeugtür erhalten. Hinter dem Fahrersitz wird dann entweder der Waschraum und daran anschließend der Garderobenschrank installiert oder man tauscht die Anordnung dieser beiden um. Dann kann auch der Garderobenschrank hinter dem Fahrersitz stehen und der Waschraum kommt in Fahrzeugmitte zur Aufstellung. Das würde ich immer dann vorschlagen, wenn ein Warmwasserbereiter

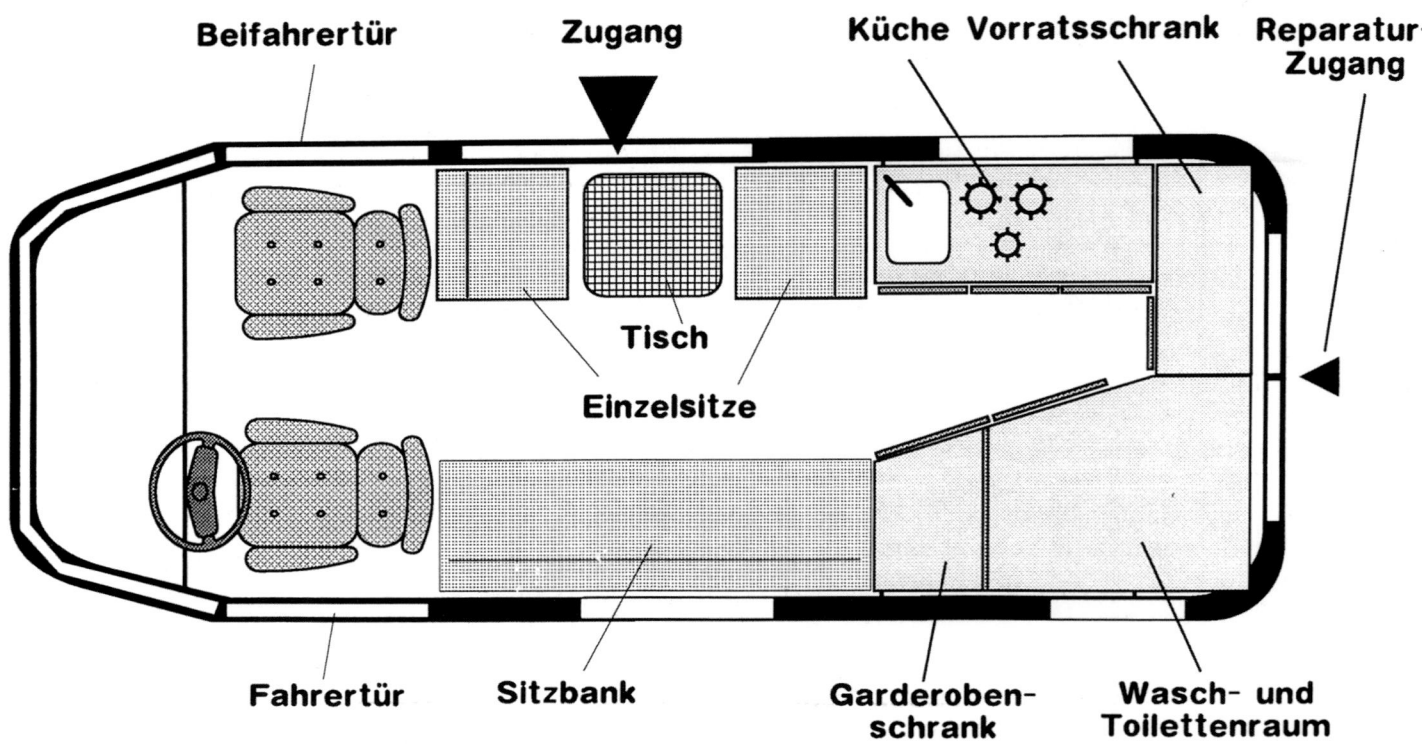

Beifahrertür **Zugang** **Küche Vorratsschrank** **Reparatur-Zugang**

Tisch

Einzelsitze

Fahrertür **Sitzbank** **Garderoben-schrank** **Wasch- und Toilettenraum**

Abbildung 35: Grundriß 5. Der Hauptzugang erfolgt durch die seitliche Schiebetür. Vorausgesetzt, der kleine Tisch ist schwenk- oder klappbar. Weitere Zugänge sind durch die Fahrer- und Beifahrertür möglich, wenn auch nicht sehr bequem. Küche und Waschraum sind im Wagenheck untergebracht. Durch die lange Sitzbank steht auch tagsüber jederzeit eine Liegemöglichkeit zur Verfügung. Diese wird, ausgeklappt, nachts zum Doppelbett in Verbindung mit dem Tisch und den zwei Einzelsitzen. Ein weiterer Schlafplatz kann durch Montage eines Hochbettes über der Sitzbank geschaffen werden.

mit Motorkühlwasser betrieben werden soll und aus diesem Grund das Gerät in Motornähe installiert werden muß. Es würde dann unten im Garderobenschrank untergebracht werden können. Aber davon später mehr im Kapitel »Wasser und Abwasser«.

Noch ein Wort zum Thema Hecktür im Zusammenhang mit dieser Einrichtungsvariante: Man kann bei dieser Lösung natürlich auf eine Hecktür verzichten. Aber ist sie nun einmal vorhanden, sollte man sie entweder als zusätzlichen Zugang nutzen oder als Stautür, indem man zwischen den Sitzbänken eine weitere Sitzkiste anordnet (Abbildung 31) und wie schon bei der ersten Einrichtungslösung beschrieben zum Unterbringen von sperrigen oder schmutzigen

Gegenständen die Sitzkisten nach hinten offen läßt. Auch ein Zusatzbett läßt sich im Wagenheck quer gut über den hinteren Sitzen installieren, das als Klappbett ausgeführt über Tag nicht stört und abends schnell bereitet ist. Je nach Wagendach-Ausführung kann man sich dort in der »zweiten Etage« dann sogar ein breiteres Bett leisten.

Betrachten Sie nun eine weitere Einrichtungszeichnung (Abbildung 35). Das ist die Einrichtungslösung mit der Sitzgruppe direkt hinter dem Fahrerhaus. Bei dieser Sitzgruppe geht es insofern etwas problematisch zu, als man ständig zwischen den beiden Sitzreihen hindurch muß, wenn man vom Fahrerhaus zum »Wirtschaftsbereich« im Wagenheck will. Wird

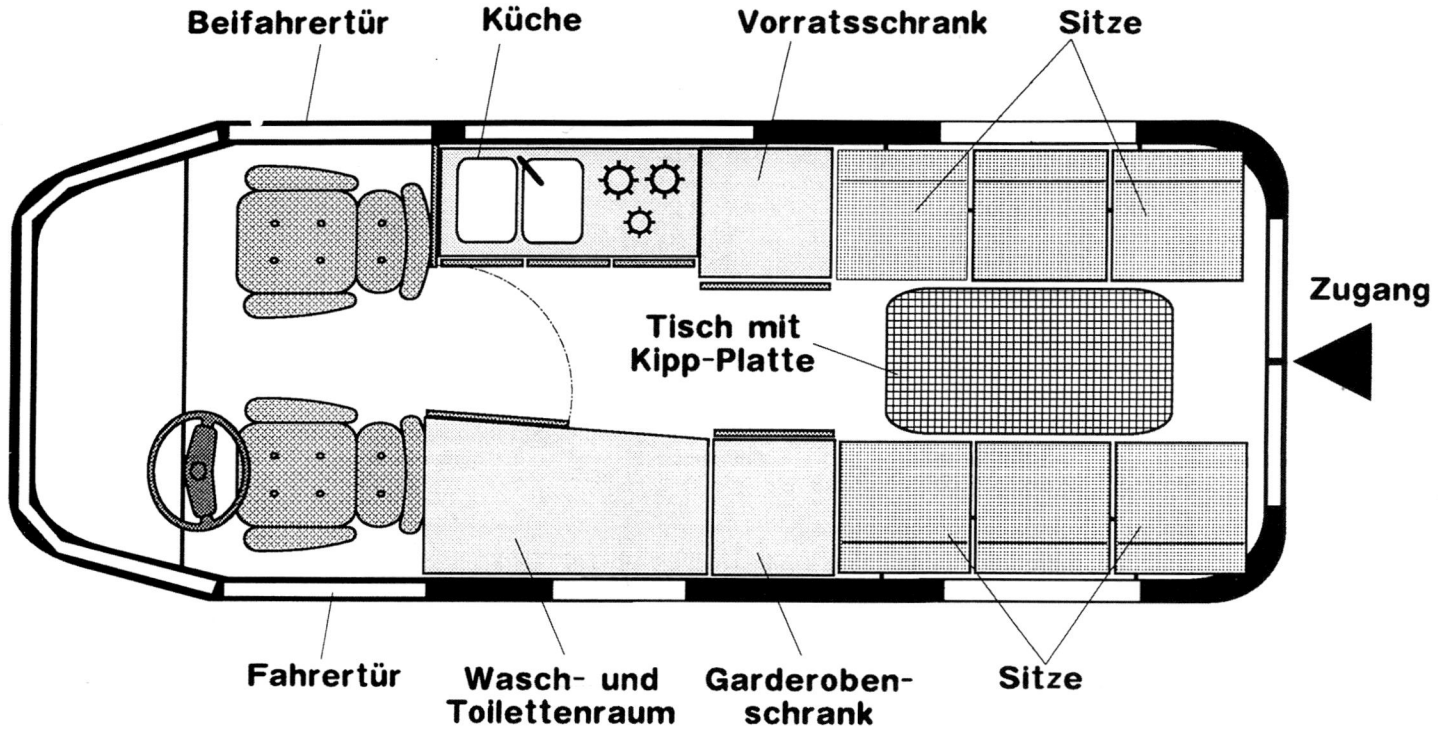

Beifahrertür   **Küche**   **Vorratsschrank**   **Sitze**

Zugang

Tisch mit Kipp-Platte

Fahrertür   **Wasch- und Toilettenraum**   **Garderoben- schrank**   **Sitze**

Abbildung 36: Grundriß 6. Der Hauptzugang erfolgt durch die Hecktür, weitere Zugänge sind durch die Fahrer- und Beifahrertür möglich. Bei diesem Grundriß sind problemlos 2 Längsbetten und zwei Hänge-betten im Wagenheck unterzubringen.

deshalb dieser Durchgang auch noch mit einem Tisch verstellt, wird das Laufen im Fahrzeug echt zu einer Quälerei. Deshalb hat sich die dargestellte Lösung mit den beiden einzelnen Sitzen sowie einem Hubtisch (oder Schwenktisch) dazwischen als günstige Variante erwiesen. Man bekommt so nämlich eine kleine Eß-Sitzgruppe sowie eine Sitzbank aus den Sitzen auf der anderen Wagenseite.

Soll man auf dieser Sitzbank mit am Tisch sitzen kön-nen, wird eine zweite Tischplatte an dem Tisch und mit einem zusätzlichen Klappfuß befestigt. Dann ist allerdings der Durchgang stark behindert, aber das muß dann halt in Kauf genommen werden. So oft wird dies nicht vorkommen, im allgemeinen genügt

deshalb dann meist die kleine Sitzgruppe an der rechten Wagenseite. Die lange Sitzbank kann dann auch als ständige Schlafgelegenheit benutzt werden. Eine zweite Schlafgelegenheit entsteht durch Umbau der einzelnen Sitze zusammen mit der Tischplatte. Weitere Betten ergeben sich durch die Anbringung von Klappbetten oberhalb der Sitze oder durch eine zweite Schlafebene in einem Hub- oder Aufstelldach. Im Wagenheck untergebracht ist der Küchenblock, der Vorratsschrank, der Waschraum und der Garde-robenschrank. Durch die Anordnung dieser gewich-tigen Möbel im Wagenheck entsteht natürlich eine gewisse Hecklastigkeit, das Fahrzeug wird unter Um-ständen dadurch in Kurven etwas schaukeliger zu fahren sein, aber auch daran kann man sich gewöhnen. Wichtig ist es bei dieser Lösung für die Planung, daß besonders auf die maximal zulässige Achslast geachtet wird! Unvorteilhaft erscheinen mir bei dieser Variante auch die nutzlosen Laufflächen zwischen den Sitzgruppen, die von dem ohnehin knappen Platz im Fahrzeug viel zu viel wegnehmen. Da ist die Anordnung der Möbel in Grundriß 1 oder 2 doch wesentlich rationeller. Vor allem der direkte Zugang zum Wohnteil (dicker Pfeil) ist bei Abbildung 30 sehr praktisch. Bei der in dieser Zeichnung gezeigten Lösung ist ebenfalls die Möglichkeit angedeutet, den Hauptzugang (dicker Pfeil) durch eine sowieso meist vorhandene Schiebe- oder Klapptür an der Fahrzeugseite vorzunehmen. Das ist dann wichtig, wenn das Fahrerhaus zu verbaut ist und ein bequemer Durchgang von dort ins Wagenheck nicht so leicht möglich ist.

Eine weitere Alternative bei Zugangsproblemen durch Fahrerhaus oder seitliche Schiebetür wäre der völlige Verzicht auf einen seitlichen Hauptzugang. In diesem Falle müßte der Hauptzugang über die Hecktür erfolgen (Abbildung 36). Die Küchentechnik ist in diesem Falle durch die Schiebetür sehr gut erreichbar. Der Nachteil dieses Grundrisses ist es allerdings, daß Sie bei der Tagesstellung immer den Tisch abklappen müssen, um freien Durchgang zu haben. Und in der Nacht ist durch die evtl. vorhandene Polsterfläche in der Mitte der Durchgang noch umständlicher.

Bei einer Zugangsmöglichkeit durch die seitliche Tür im Wohnbereich wird bei Abbildung 35 der Tisch auf seinem Schwenkrohr beiseite geschwenkt und der Durchgang ist mehr oder weniger frei. Verwendet man dagegen einen Hubtisch, bei dem das Gestell ja auf dem Boden steht, so muß dieser halt umständlich beiseite gerückt oder aus dem Wege genommen werden. Das ist nicht ganz so praktisch, aber immerhin auch noch möglich. Bei dieser Zugangsmöglichkeit von der Wagenseite her kann man auf eine Hecktür im Fahrzeug ganz verzichten. Man kann auch eine vorhandene Hecktür dazu benutzen, die im Waschraum im Wagenheck stehende Bordtoilette zwecks Entleerung oder Reinigung herauszunehmen, einen (vielleicht im Vorratsschrank) befindlichen Frischwassertank oder Stauraum zu beschicken usw.

(g) Die Fahrzeughöhe

Im Zusammenhang mit der Stehhöhe im Fahrzeug oder mit eventuell erforderlichen Betten »in der zweiten Etage« möchte ich nicht versäumen, Sie auch einmal auf die verschiedenen Dachausführungen hinzuweisen. Die »normalen« Transporter haben nämlich fast nie ausreichende Stehhöhe im Fahrzeug. Deshalb ist es entweder erforderlich, ein im Zubehörhandel erhältliches Hub- oder Aufstelldach einzusetzen. Das sind die komischen Segeltuch-Kon-

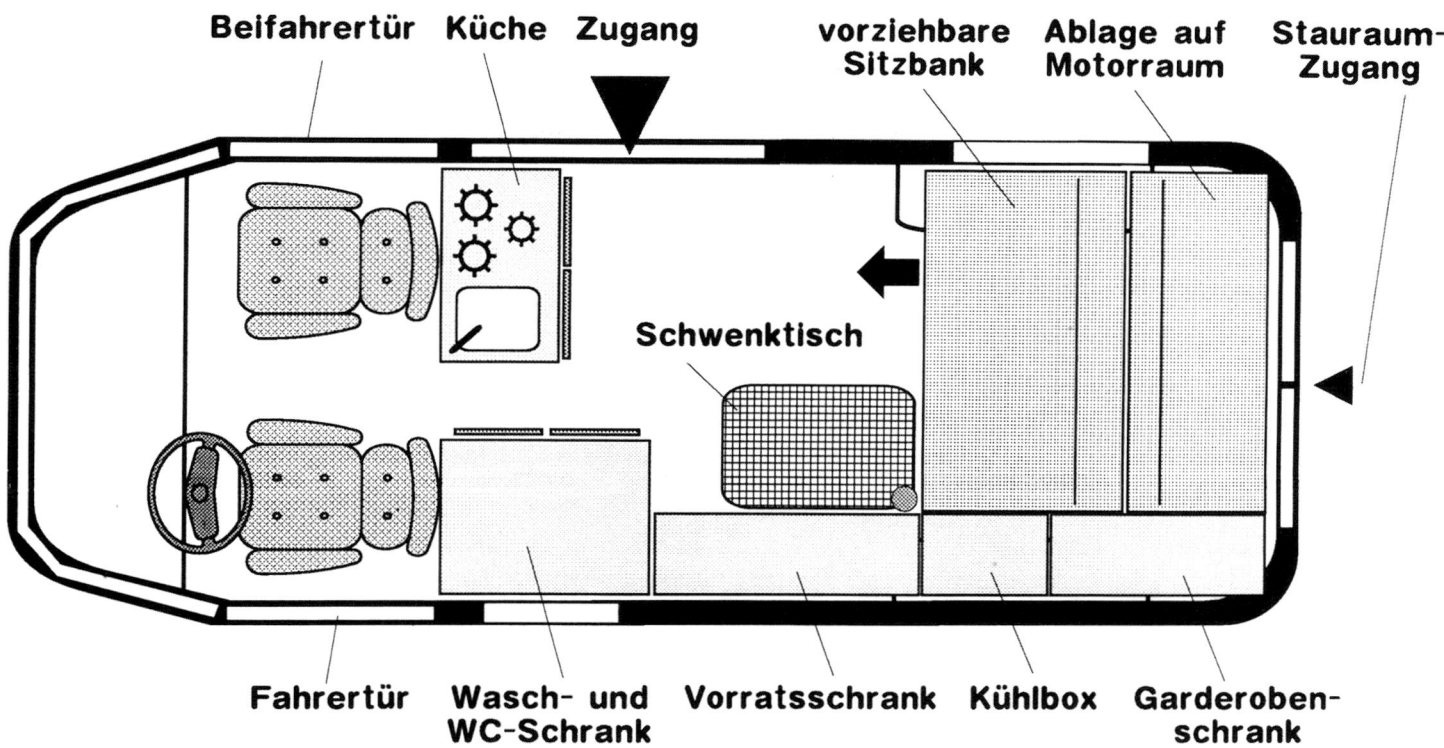

Beifahrertür Küche Zugang　　**vorziehbare**　**Ablage auf**　**Stauraum-**
　　　　　　　　　　　　　　　　　　Sitzbank　　**Motorraum**　　**Zugang**

Schwenktisch

Fahrertür Wasch- und Vorratsschrank Kühlbox Garderoben-
　　　　　WC-Schrank　　　　　　　　　　　　　　　　**schrank**

Abbildung 38: Grundriß 7. Kleintransporter und auch die alten VW-Busse mit Heckmotor erfordern besonders sorgfältige Planung. Hauptzugang erfolgt meist durch die Schiebetür. Die in Fahrtrichtung stehende Sitzbank wird abends durch einfaches Vorziehen der Sitzfläche zu einem breiten Doppelbett umgewandelt, nachdem der Schwenktisch abgenommen wurde. Unter der hinteren Ablagefläche ist ein großer Stauraum, der entweder über die hochklappbare Sitzbank oder über die Hecktür erreicht werden kann.

struktionen mit einer festen Dachschale aus Glasfaser und Polyester. Oder Sie kaufen möglichst gleich ein Fahrzeug mit sogenanntem Hochdach. Dann ist im gesamten Fahrzeug durch die höhere serienmäßige oder nachträglich angebrachte Hochdachausführung immer ausreichende Stehhöhe vorhanden. Ein Campingbus ohne Stehhöhe ist rausgeschmisse

Links: Abbildung 37: Campingbus-Hochdach. Abgesehen von Garagen- und Parkhausproblemen bietet ein Hochdach nur Vorteile: Stehhöhe im gesamten Fahrzeug, jede Menge Stauplatz in Oberschränken und die Möglichkeit, im Dachbereich weitere Schlafplätze unterbringen zu können.

nes Geld, um es einmal ganz deutlich zu sagen. Nur mit Stehhöhe im Fahrzeug wird man auf Dauer mit seinem Campingbus zufrieden sein. Näheres hierüber und über die Vor- und Nachteile der einzelnen Dächer finden Sie im Abschnitt »Stehhöhe«. Die Einrichtung eines Waschraums, wie er in den hier gezeigten Einrichtungsvorschlägen vorgesehen ist, setzt immer volle Stehhöhe im Fahrzeug voraus, also ein Hochdach. Ich habe nämlich noch keinen Camper gesehen, dem es Spaß gemacht hätte, in gebückter oder hockender Stellung die Zähne zu putzen, sich zu waschen oder im Sitzen zu kochen. Um nun auch noch auf die Einrichtung der weit verbreiteten und aus verschiedenen Gründen auch durchaus interessanten kleineren Transporter oder

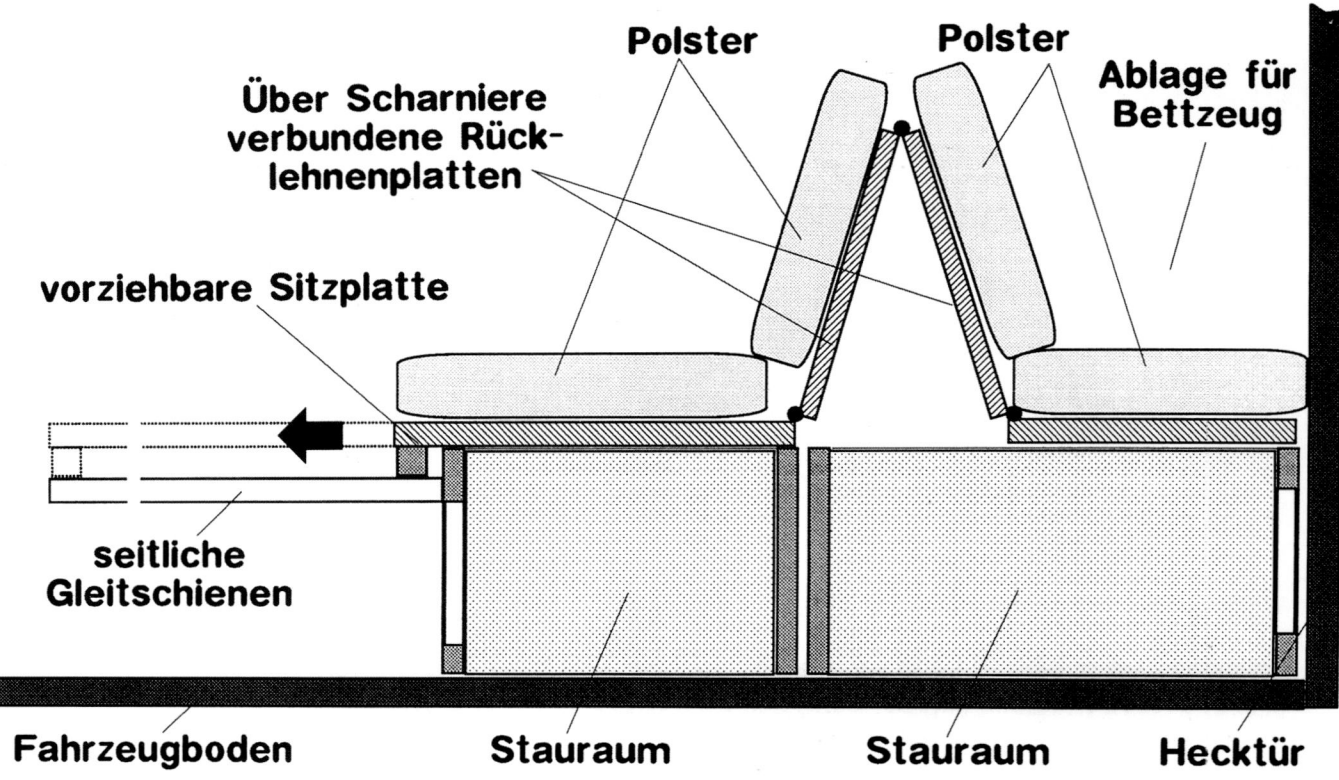

Polster

Polster

Über Scharniere verbundene Rücklehnenplatten

Ablage für Bettzeug

vorziehbare Sitzplatte

seitliche Gleitschienen

Fahrzeugboden   **Stauraum**   **Stauraum**   **Hecktür**

Abbildung 39: Betten im Kleintransporter. Das gesamte Fahrzeugheck wird zum Stauraum, auf dem klapp- oder ausziehbar die Bettenkonstruktion ruht. So wird aus der Quersitzbank mit einem Handgriff ein bequemes Doppelbett.

ähnlicher Fahrzeuge zu kommen, bringt Ihnen die Grundrißzeichnung 7 einen möglichen Einrichtungsvorschlag.

Das Problem bei diesen Fahrzeugen liegt in den kleineren Abmessungen, die vorwiegend eine Nutzung durch nur zwei Personen empfehlenswert erscheinen lassen. Für den Ausbau zum Campingbus bringen Kleintransporter außer Wendigkeit und sparsamem Verbrauch keine Vorteile, sondern ein paar Probleme. Ein im Prinzip schon lange bewährter Einrichtungsvorschlag ist in dieser Einrichtungszeichnung (Abbildung 38) zu sehen. Der Hauptzugang zum Wohnteil erfolgt über die obligatorische seitliche Schiebetür (dicker Pfeil), während die Nebenzugänge über die Fahrerhaustüren sowie notfalls durch die meist recht große Heckklappe erfolgen können.

Im Fahrzeuginneren hat es sich als praktisch erwiesen, einen kompakten Küchenblock (evtl. mit daneben gesetzter Heizung) direkt hinter den Beifahrersitz zu stellen. So läßt sich die Schiebetür beim Kochen als Wagenbelüftung öffnen. Hinter dem Fahrersitz wird dann ein großer Wasch-, Vorrats- oder Garderobenschrank aufgestellt. Der Durchgang zum Fahrerhaus sollte aber unbedingt frei bleiben. Mag er auch noch so eng sein, bei schlechtem Wetter oder wenn man nachts im Notfall schnell wegfahren muß, ist so ein Durchgang bares Geld wert, wenn nicht mehr.

Je nach Fahrzeugmodell wird nun die Sitzbank vor einem Stauraum im Wagenheck installiert. Der alte VW-Transporter hatte beispielsweise einen so flachen Motorraum, daß es durchaus denkbar war, die Sitzbank mit auf diesen Motorraum zu verlegen. Dadurch gewann man mehr Platz im Bewegungsraum zwischen Küchenblock und Sitzbank. Bei der Planung dieser Einrichtung sollte man allerdings das Bettenbau-Prinzip unbedingt beachten! Hier wird bekanntlich das Bett als Doppel-Längsbett aus der in Pfeilrichtung vorgezogenen Sitzbank, der dazwischen abgelegten Rücklehnenpolsterung und der auf dem Stauraum liegenden Matratze gebildet (Abbildung 39). Das heißt, die Sitze werden so weit in den Bewegungsraum vorgezogen, bis die Sitzlehne umklappt und sich aus Sitzpolster, Lehnenpolster und Heckraummatratze eine ebene Liegefläche ergibt. Dazu ist es erforderlich, daß der Schwenktisch entfernt wird und dadurch bis zu dem großen Waschschrank genügend Platz geschaffen wird.

Abbildung 40: Kleintransporter-Sitzbank. Im Foto ist die hintere gepolsterte Ablage und der darunter befindliche große Stauraum gut zu erkennen. Praktisch ist auch die Unterbringung des Gasflaschenkastens links im Bild. Dieser Gaskasten muß allerdings hermetisch gegen den Fahrzeuginnenraum abgedichtet sein und darf nur von außen durch eine Gasflaschenkastentür zugänglich sein.

Aus diesem Grund dürfen auch die kleinen Schränke für Vorräte und die Kühlbox nicht weiter ins Wageninnere hineinragen (s. Abbildung 38). Der im Wagenheck eingezeichnete Garderobenschrank verläuft in gleicher Linie, er kann aber auch etwas breiter sein und schränkt dann allerdings den Fußraum der Bettfläche etwas ein. Über Tag kann die Fläche im Wagenheck gut als Ablage für Bettzeug, Gepäck usw. genutzt werden. Dieses Gepäck kann nachts entweder im Fahrerhaus verstaut werden oder unter dem nach vorn gezogenen Betteil.

Im Foto können Sie sehen, wie so etwas bei Kleintransportern und kleinen Kastenwagen zu realisieren ist. Die Vorteile der nach vorn ausziehbaren Schlaffläche sind hier voll genutzt worden. Unter der Ablagefläche ist ein praktischer Staukasten entstanden, der durch die Hecktür sehr gut zu erreichen ist.

3.03 Der endgültige Plan

(a) Praktische Entwurfskontrolle

Nachdem Sie vermutlich in letzter Zeit viel Papier und Radiergummis verbraucht haben, um einen passenden Einrichtungsentwurf hin zu bekommen, wird es nun langsam ernst. Zumindest haben Sie an Hand ihrer Entwürfe eine Vorstellung davon, wie Ihr Campingbus einzurichten geht und welche Forderungen Sie im einzelnen an die Einrichtung stellen. Als nächste Arbeit steht deshalb an, einen vernünftigen, maßgerechten Plan der Einrichtung zu schaffen, nach dem Sie später dann die Möbel auch bauen können. Nur wenn Sie fertige Bausatzmöbel oder fertige Baupläne verwenden, können Sie dieses Kapitel (fast) übergehen.

Die in den vorangegangenen Kapiteln geschaffenen Entwürfe sind zwar einigermaßen maßstabsgerecht, aber für den Möbelbau dennoch zu ungenau. Auch die Systemgrundrisse (s. Grundriß 1 bis 7) sind ja nur vereinfachte Zeichnungen, die weder die unterschiedlichen Innenmaße noch die Höhen des Fahrzeugs und schon gar nicht die Wandkrümmungen innerhalb der Basisfahrzeuge berücksichtigen, sondern von idealen, geraden Wänden ausgehen.

Spätestens jetzt also, wenn sie dieses Buch nicht nur lesen, sondern danach arbeiten, wäre es gut, wenn Sie das Basisfahrzeug mit allen Maßen zur Hand hätten. Zumindest die Maße sollten vorhanden sein, die im Abschnitt »Aufmaß« aufgezählt sind, außerdem aber müssen Sie noch wissen, wo die einzelnen Verstrebungen der Fahrzeugwände sitzen, wie die Unterseite des Wagens beschaffen ist, damit es da keine Überraschungen gibt (Abbildung 33), ferner wie die Wandkrümmungen gestaltet sind, welche Versteifungen im Fahrzeug notfalls entfernt werden dürften usw.

Unabhängig vom Fahrzeug aber müssen Sie sich auch jetzt schon langsam klar werden, aus welchen Werkstoffen beispielsweise die Möbel gebaut werden sollen. Über die Vor- und Nachteile der einzelnen Materialien lesen Sie bitte im Zweifelsfalle zuerst im Kapitel über die »Einrichtung« die Abschnitte »Sitz- und Liegemöbel« sowie »Schränke und Staufächer«, vor allem aber den Abschnitt »Möbelbau allgemein«. Das ist deshalb wichtig, weil es bei der endgültigen Planung auf jeden Zentimeter ankommen kann und unvorhergesehene Möbelwandstärken den ganzen schönen Plan zunichte machen können.

Deshalb ist es von ausschlaggebender Wichtigkeit, daß man rechtzeitig weiß, wie dick die einzelnen Möbelplatten sein sollen. Denn diese Möbelwände müssen ja bei der Zeichnung mit berücksichtigt werden. Sonst bekommen Sie womöglich später bei der Montage den Kühlschrank nicht in den Ausschnitt oder die Küchenabdeckung paßt nicht auf das Unterteil!

Aber es kann bei ungenügender Planung durchaus noch mehr häßliche Überraschungen geben! Denken Sie beispielsweise einmal daran, daß die Wände Ihres Fahrzeugs noch durch Sperrholzplatten o. ä. verkleidet werden müssen. So kommt bestimmt auf die Verrippung der Fahrzeugkarosserie innen nochmals auf jeder Seite eine Verkleidung von circa 4 bis 5 mm drauf, wenn man dafür Sperrholz oder Hartfaserplatten verwendet. Womöglich noch mehr bei anderen Materialien.

Und der Fußboden bekommt nicht nur eine Dämmschicht, sondern noch eine wenigstens 10 mm dicke Grundplatte und darauf noch den Belag, egal, ob es nun Teppichboden oder PVC-Filz oder Strukturbelag

ist! Die Decke des Fahrzeugs wird ebenfalls mit biegsamem Plattenmaterial verkleidet. Und dann staunt der Laie oft, daß sein Fahrzeug auf einmal innen ein ganzes Ende enger geworden ist als ursprünglich gemessen.

Über die Wand-, Dach- und Fußbodenverkleidungen sollten Sie daher auch erst noch ausgiebig nachlesen, bevor es an den endgültigen Plan geht. Ich möchte bereits an dieser Stelle nicht versäumen, Ihnen einen Tip zu geben, der Ihnen unter Umständen viel Zeit erspart:

Extratip: Wenn Sie in Ihrem Fahrzeug zunächst den Fußboden (evtl. geteilt wegen der besseren Handlichkeit) einpassen, läßt sich auf dieser ebenen geraden Platte des Fußbodens:

- Erstens alles viel genauer messen und anzeichnen als in einem Plan.
- Zweitens haben Sie die größte Maßveränderung (nämlich den Fußbodenaufbau) schon hinter sich und können so viel leichter und genauer die tatsächlichen Maße ermitteln.

Achtung

Wenn Sie die Fußbodenplatte jetzt noch nicht endgültig befestigen, haben Sie bei den weiteren Arbeiten mehr Möglichkeiten, wenn Sie die Bodenplatte nochmals herausnehmen können! Z. B. für eine leichtere Montage von Kabeln, Rohren usw., für das Anbringen von Durchbrüchen, Befestigungsmaterialien für demontierbare Wechseleinbauten u. a.

Die Durchbrüche, die später im Bodenblech des Fahrzeugs gemacht werden müssen, lassen sich notfalls durch diesen Zwischenboden hindurch auch noch herstellen. Allerdings hat die Sache einen Haken, der nicht verschwiegen werden darf: Sollten Sie in dem Bereich zwischen Fahrzeugboden und Bodenplatte noch Leitungen, Kabel o. ä. verlegen wollen, müssen diese vor dem endgültigen Befestigen der Bodenplatte verlegt werden. Ist die Platte nämlich erst einmal fest drin, läßt sie sich nur sehr umständlich

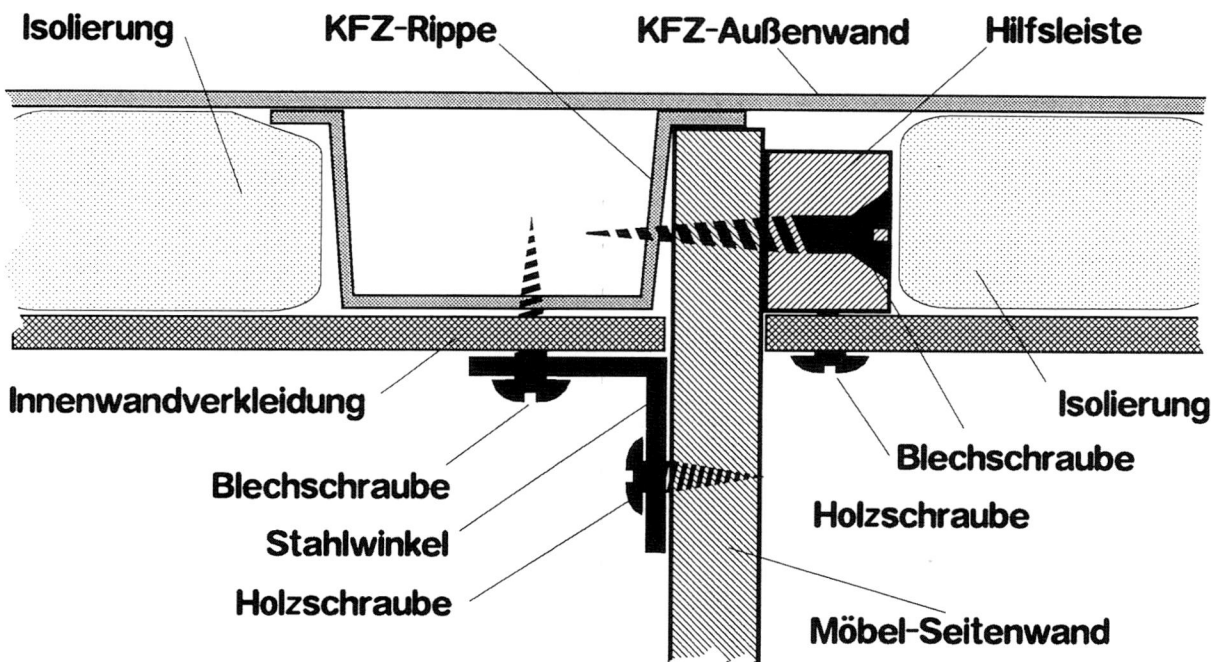

Isolierung   KFZ-Rippe   KFZ-Außenwand   Hilfsleiste

Innenwandverkleidung

Blechschraube

Stahlwinkel

Holzschraube

Isolierung

Blechschraube

Holzschraube

Möbel-Seitenwand

Abbildung 41: Möbelmontage 1. Die einzelnen Möbelseitenwände werden seitlich an den Rippen und Versteifungsprofilen der Karosserie befestigt. Entweder direkt mit Schrauben (rechts) oder durch verzinkte oder verkadmete Metallwinkel (links).

wieder herausnehmen. Und Sie müssen außerdem bedenken, daß zwischen diesen unter der Bodenplatte verlegten Leitungen hindurch sämtliche Durchbrüche für die im Fahrzeug zu installierenden Geräte angebracht werden müssen. Da dürfen die Kabel nicht stören und Sie sollten solche Probleme von Anfang an durch eine überlegte Kabelführung vermeiden!

Die endgültige Grundrißplanung sollte am besten immer im Fahrzeug erfolgen. Wenn Sie die Fußboden-Zwischenplatte also schon (zumindest provisorisch) einbauen, können Sie darauf mit Hilfe von Bleistiftlinien oder auch durch Aufkleben von Isolierbandstreifen (in der Breite der Möbelplatten) den Grundriß exakt nachzeichnen und dabei kritisch prüfen, inwieweit Ihr Papierentwurf zu realisieren geht. Wenn die Bodenplatte noch nicht eingebaut wird, das Ganze aber doch schon praxisnah probiert werden soll, so legen Sie den Fahrzeugboden vollständig mit Packpapier (oder Pappe) aus, das Sie mit Krepp-

klebeband oder doppelseitigem Teppichklebeband am Fahrzeugboden fixieren. Dann können Sie zumindest darauf weiter zeichnen, um erst einmal den Grundriß in natürlicher Größe zu erproben.

(b) Die Möbelbefestigung

Da Sie gerade in Ihrem Fahrzeug den Möbelgrundriß auf dem Fußboden anzeichnen, sollten Sie sich auch gleich Gedanken über ein sehr wichtiges Thema machen: Die Befestigung der Möbel und Einrichtungen am Fahrzeug. Alle Teile im Fahrzeug müssen ja so befestigt sein, daß sie auch im Falle eines (hoffentlich nie eintretenden) Unfalls fest an ihrem Standort verankert bleiben und nicht wie Geschosse durch den Innenraum segeln. Es sind schon recht handfeste Befestigungen erforderlich, um solche Gefahren zu verhindern!

Die Möbelbefestigung sollte deshalb schon jetzt abgeklärt und ggfs. mit einem Fachmann bespro-

Abbildung 42: Montageleisten. Auf dem stabilen Zwischenboden werden solide Leisten mit Weißleim angeleimt und zusätzlich verschraubt. An diesen Leisten lassen sich dann die Möbelwände sicherer befestigen als direkt an dem Zwischenboden. Der Pfeil zeigt, wie eine unter dem Zwischenboden verlegte Schlauchleitung in den Schrank geführt wird. Links eine Öffnung für den Einbau eines Warmluftaustrittes.

Rechts oben: Abbildung 43: Möbelmontage 2. Einzelne Möbelelemente werden mit Flügelmuttern, mit Schnellspannverschlüssen, mit Möbelverbindern o. ä. an den Fahrzeugwänden und / oder am Fußboden lösbar befestigt. Besonders bei herausnehmbaren Möbeln (Mehrzweckverwendung des Fahrzeugs) kommt es auf genaue Planung dieser Befestigungen an!

chen werden, weil davon der weitere Ausbau abhängen kann. Es gibt nämlich drei hauptsächliche Arten, Möbel und Einrichtungen im Fahrzeug zu befestigen. Jede Art hat ihre Vor- und Nachteile und jede Art erfordert bestimmte Vorkehrungen im Fahrzeug.

Die erste Art der Befestigung (Abbildung 41) sieht vor, daß die Haupt-Möbelwände wie z. B. die Querwände des Waschraums, des Vorratsschranks, des Garderobenschranks und auch die Seitenwände der Sitzbänke seitlich an den Fahrzeugverstrebungen und Rippen befestigt werden. Das ist eine relativ solide Befestigung, da ja die einzelnen Möbelplatten entweder mit langen Blechschrauben direkt an den Fahrzeugrippen befestigt werden oder zumindest doch stabile Montagewinkel und entsprechende Blechschrauben für die Befestigung an den Rippen benutzt werden. Diese Methode setzt aber voraus, daß die einzelnen Möbel-Seitenwände möglichst direkt oder doch zumindest dicht bei den einzelnen

Fahrzeugrippen stehen, um halbwegs problemlos befestigt werden zu können.

Die Befestigung von Möbel-Seitenwänden, die sich nicht direkt an einer Rippe anbringen lassen, erfolgt mit Hilfe von Zwischenleisten oder Zwischenbrettern, die fest an den nächsten Rippen angeschraubt werden und an denen dann wiederum die Seitenwand angeschraubt werden kann. Der Nachteil bei dieser ganzen Geschichte ist nur, daß sowohl die Isolierung der Fahrzeugwände als auch die Wandverkleidung erst nach dem Befestigen der Möbelwände erfolgen kann und das ist eine ziemliche Fummelei, wie Sie sich an Hand der beiden Zeichnungen selbst überzeugen können.

Die zweite Methode der Möbelbefestigung (Abbildung 43) erfolgt so, daß die Möbel nach dem Anbringen einer Isolierung und Wandverkleidung als fertige, stabil gebaute einzelne Elemente in das Fahrzeug eingesetzt und gegenseitig so mit Hilfe von Schloßschrauben und Flügelmuttern verschraubt und versteift werden, daß sie sich aneinander abstützen. Zusätzlich werden dann noch (vor dem Verkleiden der Wände!) eine ganze Reihe Befestigungsmöglichkeiten an den Rippen der Karosserie vorgesehen. Das kann beispielsweise mit Ringschrauben und Flügel-

Rechts unten: Abbildung 44: Möbelmontage 3. Die Möbelwände werden mit Hilfe von (auf die Karosserieversteifungen) aufgeschraubten stabilen Leisten an den Wänden befestigt. Zusätzlich halten Möbelverbinder aus Metall, kurze Leistenstücke usw. die Möbelwände sicher an der Bodenplatte. Besonders Einschlagmuttern, die von der Unterseite der Bodenplatte her eingeschlagen werden, sind eine praktische Lösung.

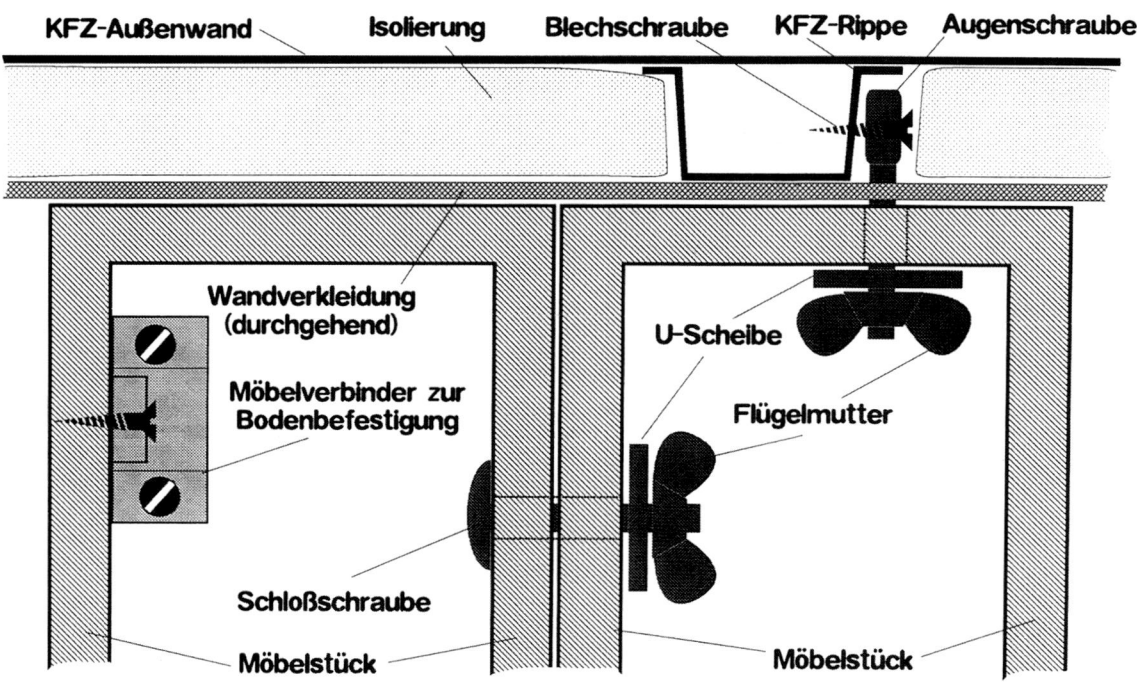

KFZ-Außenwand   Isolierung   Blechschraube   KFZ-Rippe   Augenschraube

Wandverkleidung
(durchgehend)

U-Scheibe

Möbelverbinder zur
Bodenbefestigung

Flügelmutter

Schloßschraube

Möbelstück   Möbelstück

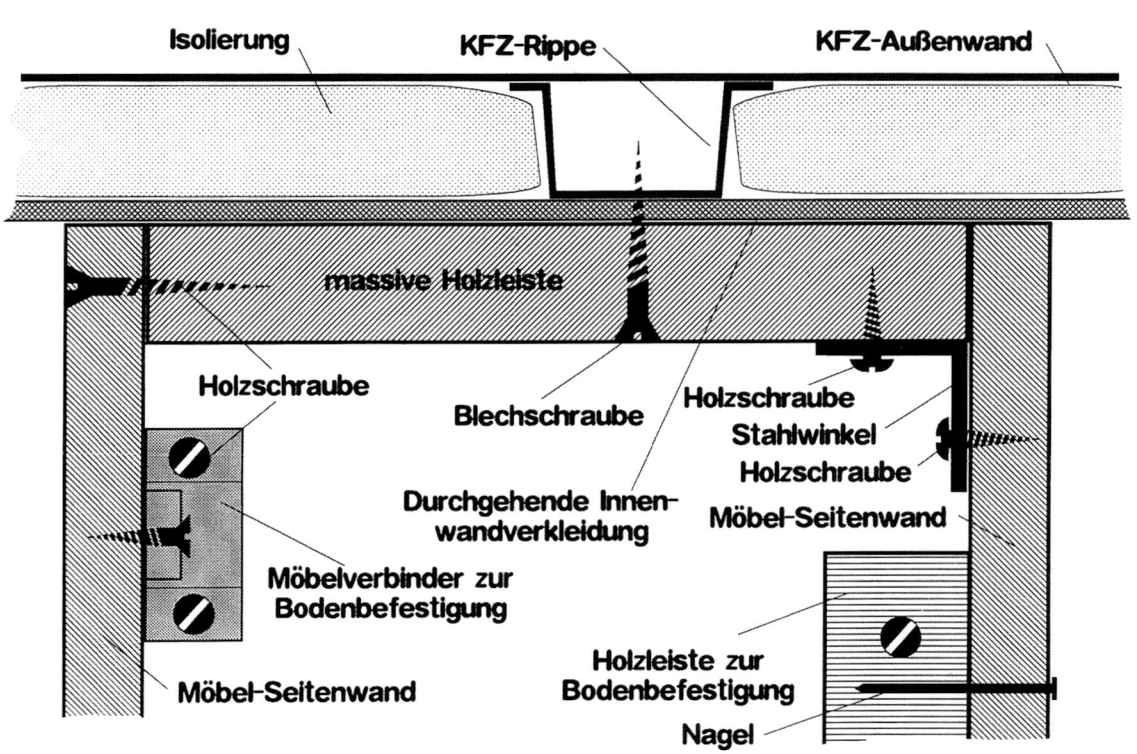

Isolierung   KFZ-Rippe   KFZ-Außenwand

massive Holzleiste

Holzschraube

Blechschraube

Holzschraube
Stahlwinkel
Holzschraube

Durchgehende Innen-
wandverkleidung

Möbel-Seitenwand

Möbelverbinder zur
Bodenbefestigung

Holzleiste zur
Bodenbefestigung

Möbel-Seitenwand

Nagel

muttern erfolgen, damit sich diese Befestigungen, falls nötig, rasch wieder lösen lassen. Auch die Bodenbefestigung der einzelnen Möbel kann z. B. mit praktischen Möbelverbindern hergestellt werden. Diese zweite Methode der Möbelbefestigung hat den Vorteil, daß sich die Möbel erforderlichenfalls wieder einigermaßen schnell ausbauen lassen und das Fahrzeug sodann als Nutzfahrzeug für Transporte o. ä. zur Verfügung steht. Der Nachteil dieser Methode ist, daß die Möbel relativ stabil gebaut sein müssen (das bringt auch mehr Gewicht mit sich!), um sich gegenseitig zu halten, und daß das Fahrzeug dann unter Umständen nicht als »Sonder-Kfz Wohnwagen« zugelassen wird, weil die Möbel nicht dauerhaft mit dem Fahrzeug verbunden sind.

Deshalb bevorzuge ich persönlich eine dritte Methode (Abbildung 44). Sie funktioniert folgendermaßen: Das Fahrzeug wird innen vollständig isoliert und verkleidet. Elektrische Leitungen aller Art werden ebenfalls vorher in den Wänden verlegt und vor dem Anbringen der Wand- und Dachverkleidungsplatten wird mit Bleistift der Verlauf der einzelnen Blechrippen und Verstrebungen dünn auf diesen Platten markiert.

Dann werden die Möbel (entweder vorher zu Elementen zusammengebaut oder als einzelne zugeschnittene Möbelplatten) mit aufgeschraubten Leisten oder besser noch mit soliden Stahlwinkeln (die innerhalb der Schränke oder Möbel liegen) mittels Blechschrauben an den markierten Blechrippen, außerdem an der massiven Fußboden-Zwischenplatte und an der Dachverrippung angeschraubt. Natürlich können Sie auch hierbei wieder die bewährten Möbelverbinder oder auch bloß simple Holzleistenabschnitte für die Befestigung der Seitenwände am Fußboden einsetzen.

Wenn ich bei dieser Befestigungsart die Möbel innerhalb des Fahrzeugs zusammensetze, habe ich außerdem noch die Möglichkeit, die Teile so genau passend einzubauen, daß sie sich im Preßsitz an den Karosserieverstrebungen abstützen. Dadurch wird die Verwindungssteifigkeit des gesamten Fahrzeugs verbessert. Allerdings muß man dann auch sehr solide arbeiten, sonst führt womöglich die immer etwas vorhandene Verwindung der Karosserie beim Fahren zu Knarrgeräuschen innerhalb der Möbel.

Eine zusätzliche sehr gute Befestigungsart stellt auch der Einsatz von Montagekleber aus der Kartusche dar, der zugleich mögliche Geräuschbildungen verhindert.

Was das alles mit dem endgültigen Plan zu tun hat? Nun, ohne das Wissen, welche Befestigungsart der Möbel bzw. Möbel-Seitenwände für Sie die richtige ist, können Sie den Plan gar nicht präzise fertigstellen. Weil davon auch die Tiefe der Möbelplatten, die Anordnung der Möbel (wenn man sich nach den Rippen des Fahrzeugs richten muß), die Stärke der Möbelwandplatten und manches mehr abhängt.

Für die Methode Nummer 1 (Einbau der Möbelwände zwischen den Verstrebungen) geben Ihnen die Fotos weiter hinten im Buch ein paar Beispiele. Die zweite Methode (Einsatz kompletter Möbelelemente) wird so oder ähnlich gern bei fertigen Bausatzmöbeln für herausnehmbare Einrichtungen angewendet, weil da ja komplette Möbel rasch im Fahrzeug befestigt werden müssen. Die dritte Methode (Befestigung der Möbelwände nach Einbau der Wandverkleidung) wird in den folgenden Kapiteln etwas umfassender behandelt, weil sie von jedem einsetzbar ist und auch nachträgliche kleine Anpassungs- oder Änderungswünsche ermöglicht.

Beim Aufzeichnen oder Aufkleben des von Ihnen entworfenen Grundrisses im Fahrzeug können Sie nun auch noch die dritte Dimension, die Höhe der einzelnen Möbel usw., in Betracht ziehen. Zum Beispiel können Sie jetzt prüfen, ob da, wo Sie in Ihrem Entwurf einen Schrank vorgesehen haben, nicht gerade ein vorhandenes Fenster sitzt, das durch den Schrank mit verdeckt würde. Oder ob dort, wo Sie ein Fenster für die Küche oder die Sitzgruppe wünschen, nicht gerade tragende Verstrebungen der Karosserie sitzen, die natürlich nicht entfernt werden dürfen.

Da solche Probleme oft auftauchen und es dem Karosserie-Laien manchmal nicht möglich ist zu entscheiden, welche Verrippung tragend ist und welche nicht, sollten Sie im Zweifelsfalle lieber die Fachwerkstatt aufsuchen oder sich von einem Karosserieschlosser beraten lassen. Optimal wäre es sogar, wenn Sie sich mit einem Foto der betreffenden Karosseriewand (von innen mit Blitz fotografiert) an das Fahrzeug-Herstellerwerk wenden. Dort kann man Ihnen in jedem Fall sagen, ob eine bestimmte

Verrippung entfernt werden darf oder nicht oder ob anstelle einer Rippe eine Verstärkung an anderer Stelle vorgenommen werden muß.

Aber nehmen wir einmal an, Ihr Entwurf läßt sich oberhalb des Fahrzeugbodens gut realisieren. Auch die Fensterfrage, die Stehhöhe, die Bettenzahl usw. sind geklärt und selbst die Heizung hat schon einen vorbestimmten Platz. Dann sollten Sie (je nach Heizungsmodell) zusätzlich prüfen, ob Sie an der Stelle, wo die Heizung hin soll, eventuell einen Durchbruch durch den Wagenboden vornehmen können. Weil nämlich viele Heizungen ihre Frischluft unterhalb des Wagenbodens ansaugen müssen. Oft sieht es aber dann so unter dem Boden aus, daß ausgerechnet an der Stelle Leitungen liegen, Seilzüge, Rippen, Auspuffrohre oder sonst etwas. In solchen Fällen muß man entweder zu einem anderen Heizungsmodell greifen oder den Standort der Heizung verlegen. Bei manchen Heizungen hat man auch die Möglichkeit, mit Zu- und Abluftrohren auf die Fahrzeug-Seitenwand auszuweichen.

Aber auch der Standort des Gaskastens für die Gasflaschen erfordert schon bei der Planung aufmerksame Überlegungen. Der zum Fahrzeuginnenraum hin hermetisch abgedichtete Gasflaschenkasten erfordert nämlich eine unverschließbare Öffnung im Boden oder direkt am Boden in der Außenwand des Fahrzeugs von wenigstens 100 cm² Fläche zur Entlüftung. Besonders günstig wäre es natürlich für die Kontrolle Ihres Entwurfs auf seine Durchführbarkeit, wenn Sie bereits die großen, sperrigen Objekte wie etwa die Koch-Spül-Kombination, den Kühlschrank, die Gasflaschen, den Frischwassertank, das Handwaschbecken, eine evtl. Duschwanne usw. schon haben und an Ort und Stelle an die geplanten Einbauplätze legen können.

Das setzt andererseits natürlich voraus, daß Sie schon ziemlich genau wissen, ob der Entwurf bis auf kleine Änderungen (die unvermeidlich sind) durchführbar ist und daß Sie sich beim Zubehörhändler die Möglichkeit offengehalten haben, Teile (solange sie unbenutzt sind) nötigenfalls umzutauschen. Es kann Ihnen nämlich durchaus noch beim Ausbau selbst passieren, daß Sie feststellen, dieses oder jenes Teil würde sich doch besser verwenden lassen. Deshalb immer ein Umtauschrecht offenhalten, wenn es geht!

(c) Die Plan-Zeichnung

Nach so viel Tüftelei und Überlegungen und Kontrollen steht es nun fest: So und nicht viel anders sieht die Einrichtung aus. Deshalb wird die ganze Geschichte jetzt auch so sauber wie möglich zu Papier gebracht, damit man an Hand der Zeichnung die erforderlichen Materialmengen ermitteln kann.

Der für den Entwurf verwendete Maßstab von 1:20 erscheint mir für eine saubere Planungszeichnung doch etwas zu klein. Es sollte daher, damit man auch mal was aus der Zeichnung herausmessen kann, wenigstens ein Maßstab von 1:10 verwendet werden. Das bedeutet, daß jeweils 1 Zentimeter auf der Zeichnung einer Strecke von 10 Zentimeter in Ihrem Bus entspricht. Da die meisten Campingbusse innen nicht viel länger sind als etwa 3,5 bis 4 Meter, kommt man für die Zeichnung mit ein paar Bogen Millimeterpapier im DIN A 3-Format (das entspricht etwa 30 x 42 cm) bequem aus.

Die Verwendung von Millimeterpapier ist insofern angenehm, als man sich akkurat nach dem Linienraster richten kann. Jeder Millimeter auf dem Papier entspricht einem Zentimeter im Fahrzeug.

Zuerst wird das Fahrzeuginnere nach den im Abschnitt »Aufmaß« abgenommenen Maßen so genau wie möglich aufgetragen, wobei man zunächst wieder nur den Grundriß und die Maße am Boden des Fahrzeugs zeichnet. An Hand der Entwürfe und der notierten Korrekturen aus der Entwurfskontrolle werden nun die einzelnen Möbelstücke mit ihren Wandstärken (!) so eingezeichnet, daß die noch zu kaufenden oder schon vorhandenen Zubehörteile wie Duschwanne, Koch-Spül-Kombination usw. mit ihren Maßen genau in bzw. auf die Möbel passen.

Wenn Sie die nötigen Teile aus dem Zubehörhandel noch nicht besitzen, müssen Sie zumindest an Hand der Maßangaben aus den Katalogen der Händler den erforderlichen Platz lassen.

Hierbei kann es nicht schaden, sich für eventuelle Maßdifferenzen der zu kaufenden Teile eine kleine Platzreserve zu lassen, indem man vorsichtshalber mit ein bis drei Millimeter Unterschied bei den Teilen rechnet (gegenüber den in den Prospekten enthaltenen Angaben).

Mit einem mittelharten Bleistift, einem vernünftigen Lineal und etwas Geduld dürfte es meiner Ansicht nach fast jedem möglich sein, auf die oben beschriebene Weise eine halbwegs brauchbare Zeichnung zusammen zu bekommen, wenn man die Hinweise aus diesem Buch zu den einzelnen Problemen beachtet.

Wenn die Grundrißzeichnung 1:10 fertig ist, sollten Sie sich auch noch die Mühe machen und ähnlich wie in den Querschnittszeichnungen weiter vorn im Buch dargestellt auch noch die einzelnen Querschnitte Ihres Fahrzeugs zeichnen. Wieder auf Millimeterpapier und diesmal so genau wie möglich. Dann zeichnen Sie auch noch die Möbel im Schnitt ein, so bekommen Sie die Höhe der einzelnen Möbelteile, die Form der Hängeschränke usw. An Hand dieser Angaben können Sie jetzt, aus Grundriß und Schnitten zusammen betrachtet, die erforderlichen Materialmengen für die Möbel errechnen.

Natürlich gibt es auch Leute, denen technische Zeichnungen überhaupt nicht liegen, die sich darunter nur sehr wenig vorstellen können und die lieber praxisbetont arbeiten. Nun, diese Leute haben ja (hoffentlich) das Basisfahrzeug vor der Tür stehen und können die Maße für jedes einzelne Brett, für jede Platte direkt am Wageninneren abmessen und notieren.

Das können natürlich auch die Leute, die Zeichnungen lieber haben. Aber bequemer ist es schon, zu Hause am Tisch an Hand der Zeichnungen das Material auszurechnen als im leeren Fahrzeug. Und vor allem wird zu Hause nicht so leicht etwas vergessen. Beim Ermitteln des Materials im Bus soll es schon vorgekommen sein, daß ganze Möbelteile »übersehen« wurden und man zweimal zum Holzhändler mußte, weil man doch mehr Platten brauchte als angenommen.

Deshalb auch noch ein Tip für die »Praktiker«, die nicht gern zeichnen: Nur aus dem Grundriß, den man aus Isolierband o. ä. auf dem Fahrzeugboden aufgeklebt hat, läßt sich nicht alles ersehen. Kleben Sie deshalb für jede Möbelwand einen extra Isolierbandstreifen auf. Wenn also zwei Platten aneinander stehen, kleben Sie auch zwei Isolierbandstreifen nebeneinander. Und noch etwas: Sie können sich vielleicht eine bessere Raumvorstellung machen, wenn Sie die Möbel »plastisch« vor sich sehen. Zu diesem Zweck kann man die Hauptmöbelteile wie Schränke, Waschraum usw. dreidimensional darstellen, indem man die Möbelecken durch an der Wagendecke befestigte und zum Fußboden gespannte Bindfäden (mit Klebeband ankleben!) oder mit Kreppklebeband nachahmt. Halbhoch waagerecht verlaufende Möbelkanten wie z. B. die Oberkante der Sitze oder die Küchenblock-Oberseite werden dann durch waagerecht an die senkrechten Bindfäden geknotete Bindfadenenden dargestellt. So schafft man sich ein »Netzwerk«, das einen wesentlich besseren Raumeindruck verschafft und Pannen verhindern hilft.

Wenn Sie nun an Hand des Planes die einzelnen Plattengrößen und Materialsorten für jedes Möbelstück und jedes Einrichtungsteil herausschreiben, denken Sie bitte dabei an zweierlei:

- Erstens an den Verlauf der Maserung bei Tischler- oder Sperrholzplatten. Es sieht nämlich nicht nur häßlich, sondern vor allem auch unfachmännisch aus, wenn bei ein und demselben Möbelteil oder bei zwei nebeneinander stehenden Möbeln die Maserung mal hochkant und mal quer verläuft.
- Zweitens denken Sie bitte auch an den Verschnitt, der automatisch beim Zurechtsägen der einzelnen Teile anfällt.

Deshalb empfehle ich immer, sich beim Holzhändler die lieferbaren Plattengrößen des gewünschten Materials angeben zu lassen. Dann kann man auf Millimeterpapier die Platten einzeichnen und gleich die einzelnen Möbelplatten dazu. So sieht man, wie viele Platten man braucht, weil nämlich ganze Platten beim Holzhändler billiger zu haben sind als Zuschnitte. Und zuschneiden kann man doch wirklich selber im Zeitalter von Stichsäge und Metermaß! Aber davon später mehr, wenn es an die einzelnen Arbeiten geht.

Wenn man das bestellte Material aus Platzgründen zu Hause nicht unter bekommt, fragen Sie Ihren Holzlieferanten doch, ob Sie die Platten nicht auf einmal bestellen und bezahlen können (wegen des Mengenrabatts!) und die noch nicht benötigten Platten je nach Arbeitsfortschritt bei ihm abholen dürfen. Vielleicht können Sie dort die Platten auch gleich in den benötigten Hauptabmessungen zuschneiden lassen? Fragen kostet nichts.

DER GRUNDAUSBAU

4.01 Arbeitsplatz und Werkzeug

(a) Der Arbeitsplatz

Den Idealfall, daß jemand zum Eigenbau des Campingbusses eine komplette Werkstatt oder eine ausreichend große, helle und womöglich geheizte Garage zur Verfügung hat, wird man nur in den seltensten Fällen antreffen. Der Normalfall sieht so aus, daß man froh sein kann, wenn man sein Basisfahrzeug irgendwo in einer Ecke abstellen darf und dann daran auch noch arbeiten kann.

Aus diesem Grund sollte man sich auch von vornherein darauf einrichten, daß die meisten Arbeiten im Fahrzeug selbst ausgeführt werden müssen. Das bedeutet aber wiederum, daß man ohne elektrischen Strom, also ohne Netzanschluß (evtl. über eine provisorische Leitung mittels Kabelrolle oder Verlängerung) gar nicht auskommt.

Besteht auch diese Möglichkeit nicht, weil man das Fahrzeug zu weit abgelegen abstellen muß, kann man sich vielleicht von einem Händler ein Notstromaggregat leihen oder im schlimmsten Fall nur mit dem Strom der Fahrzeugbatterie arbeiten. Letzteres hat den Nachteil, daß entweder nur 12 Volt Gleichstrom zur Verfügung stehen und dann die Bohrmaschine usw. ebenfalls nur für diese Spannung zur Verfügung stehen muß. Oder man muß den Gleichstrom über einen Wandler auf eine Spannung von 220 Volt Wechselstrom bringen. Diese Wandler sind aber nicht sehr leistungsfähig und können je nach Modell nur bis etwa 500 Watt belastet werden. Außerdem muß man dann jeden Tag die Fahrzeugbatterie mit nach Hause nehmen und über ein Ladegerät wieder auf volle Kapazität bringen. Besser ist also in jedem Falle ein Netzanschluß. Und noch etwas zum Thema Strom: Besorgen Sie sich am besten auch gleich noch ein Kabel mit Mehrfach-Steckdose oder eine Kabeltrommel, sie wird bestimmt gebraucht.

Gibt es mit der Strombeschaffung Probleme, so ergibt sich vielleicht die Möglichkeit für Sie, die Bearbeitung der Möbel und andere größere Arbeiten zu Hause auszuführen und dann im Fahrzeug nur die Montage- und Anpassungsarbeiten vorzunehmen. Hat man aber im Fahrzeug einen Stromanschluß, sollte man zumindest für eine vernünftige Beleuchtung im Fahrzeug sorgen, indem man sich provisorisch eine wenigstens 60 Watt starke Leuchtstofflampe anbringt. Notfalls tut es auch eine Handlampe mit normaler Glühbirne, aber das Licht ist nicht so gleichmäßig und angenehm beim Arbeiten wie bei einer Leuchtstoffröhre.

Für den Fall, daß man in der kalten Jahreszeit den Ausbau vornimmt, empfiehlt sich die Beschaffung eines Heizlüfters, der für das richtige »Arbeitsklima« sorgt. Bei Problemen mit der Strombeschaffung ist ein Heizlüfter natürlich nicht verwendbar. Da müssen Sie auf einen Katalytofen o. ä. ausweichen und für ausreichende Lüftung im Fahrzeug während des Ofenbetriebs sorgen.

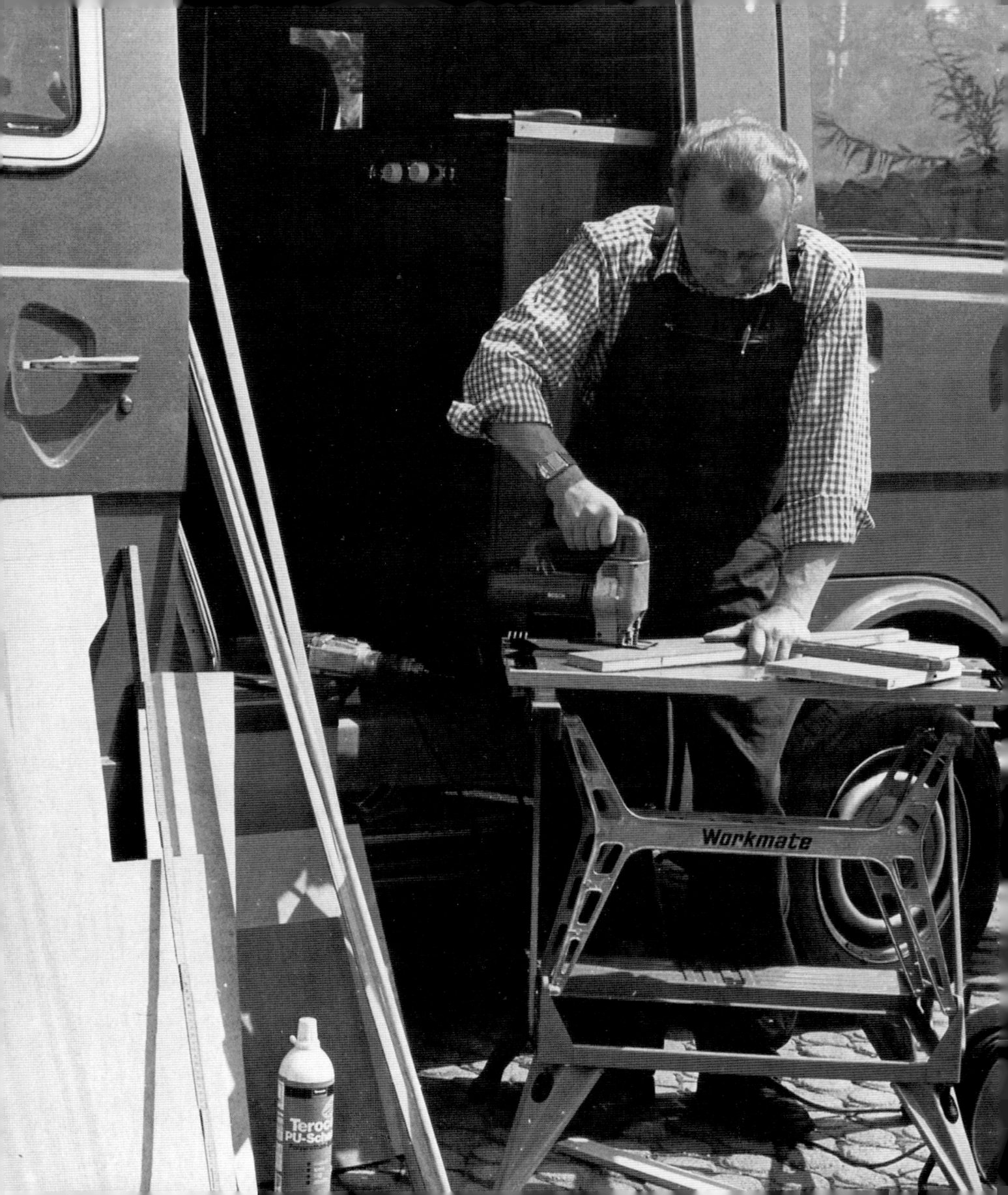

(b) Das Werkzeug

Das meiste für den Campingbus-Ausbau erforderliche Werkzeug dürfte sich in fast jedem normalen Handwerkskasten finden. Ich denke da an einen Satz vernünftiger Schraubendreher (besser bekannt als »Schraubenzieher«), ein paar Schraubenschlüssel, eine Kombizange, einen nicht zu großen Hammer, ein oder zwei Feilen, ein Metermaß oder Bandmaß, einen Bleistift und ein paar Bogen Sandpapier verschiedener Körnung. Vielleicht finden Sie auch noch ein paar Pinsel, eine Holzraspel und einen alten Zirkel aus längst vergangener Schulzeit. Und einen soliden Metallwinkel. Damit sind Sie schon recht gut ausgerüstet und brauchen nun noch ein paar Werkzeuge, um deren Kauf Sie kaum herumkommen, wenn Sie sich diese nicht irgendwo bei einem Werkzeugverleih oder im Bekanntenkreis leihen können. Aber die Werkzeuge, auf die es hier ankommt, kann man als normaler Heimwerker früher oder später immer mal gebrauchen, so daß die Anschaffung nicht nur auf den Campingbus angerechnet werden darf.

Außerdem sollten Sie bei der Beschaffung dieser paar Werkzeuge bedenken, welche Einsparungen dadurch möglich werden, daß Sie die Teile selbst fertigen bzw. einbauen! Wenn das ein Fachbetrieb oder ein Wohnmobilhersteller für Sie machen sollte, würden Sie vermutlich über die Kosten sehr erstaunt sein, die da zusammenkommen.

Die Werkzeuge, die beim Ausbau eines eigenen Wohnmobils einschließlich der eigenen Möbelfertigung gebraucht werden, sind schnell aufgezählt:

- Als erstes benötigen Sie eine elektrische Handbohrmaschine. Am besten eine elektronisch stufenlos geregelte mit wenigstens 450 Watt, aber für die knappe Kasse tut es auch eine billige Maschine für weit unter hundert Mark Anschaffungskosten. Dazu brauchen Sie natürlich noch einen Satz guter (!) Spiralbohrer, die Sie im Set in HSS-Ausführung kaufen sollten.
- Das zweite wichtige Werkzeug ist eine elektrisch betriebene Stichsäge, die es ebenfalls schon sehr preiswert gibt. Mit den entsprechenden Sägeblättern für Holz und für Metall.

Ein gutgemeinter Rat: Ich habe die Erfahrung gemacht, daß es sich für einen Heimwerker immer lohnt, gutes und qualitativ hochwertiges Werkzeug zu kaufen. Im Endeffekt hat man dann nämlich immer noch billiger gekauft als wenn man billigen Schund erwirbt, den man früher oder später doch wegschmeißt und mit dem man sich in der Zwischenzeit immerzu herum quält, weil er nicht genügend leistet. Ich will damit nicht sagen, daß manches preiswerte Werkzeug nichts taugt oder daß man unbedingt nur im Fachhandel kaufen sollte. Auch in Kaufhäusern oder im Versandhandel kann man Qualitätswerkzeug erwerben. Allerdings sollten Sie unbedingt vor der Anschaffung teurer Elektrowerkzeuge die Preise vergleichen! Ich habe die Erfahrung gemacht, daß gutes Werkzeug in Fachgeschäften oftmals sogar preiswerter ist als in Kaufhäusern oder Baumärkten.

Aber zurück zum Thema Stichsäge. Zu der unbedingt erforderlichen Stichsäge brauchen Sie noch Sägeblätter. Nehmen Sie für die Holzbearbeitung und für das Sägen von Metall (Karosserieblech usw.) jeweils ruhig gleich ein halbes Dutzend Sägeblätter, Sie werden sie brauchen. Hat Ihr Basisfahrzeug ein Hochdach aus Polyester, so brauchen Sie für den Einbau von Dachluken oder Lüftungsklappen auch noch Sägeblätter für Kunststoff. Die gibt es in grobgezahnter und feingezahnter Ausführung. Sie brauchen vorwiegend die grobgezahnte Ausführung. Die feingezahnten Kunststoff-Sägeblätter kann man besser für die Bearbeitung von Kunststoffplatten (z.B. Resopal o.ä.) verwenden.

Einen guten Hobel sollten Sie sich auch noch leisten. Es muß kein elektrischer Handhobel sein, ein ganz normaler Handhobel mittlerer Größe mit einem Qualitätsmesser drin tut es allemal. Und noch etwas ist unumgänglich. Sie brauchen Schraubzwingen. Vier kleinere bis mittelgroße und zwei große brauchen Sie bestimmt beim Bau von Möbeln, Sie können die

Linke Seite: Abbildung 45: Gutes Werkzeug hilft sparen. Neben Bohrmaschine und Stichsäge ist eine transportable Werkbank eine sehr praktische Anschaffung, wenn man keine Hobbywerkstatt hat.

praktischen Dinger auch später immer mal wieder verwenden. In Baumärkten und Kaufhäusern bekommt man sie meist recht preiswert und hier sind Qualitätsunterschiede nicht so schwerwiegend. Praktisch wäre an Werkzeug auch noch eine kleine bis mittlere elektrische Handkreissäge (obwohl sich das Meiste auch mit der Stichsäge machen läßt), eine elektrisch beheizte Klebepistole (obwohl es in fast allen Fällen auch der gute alte Weißleim tut) und eventuell (je nach Möbelbauweise) ein Fräsvorsatz für die Bohrmaschine, um die Plattenkanten fräsen oder mit einer Nut versehen zu können.

Ein paar im Laufe der Arbeiten vielleicht noch erforderliche Spezialwerkzeuge wie Rohrbiegezange, Schwingschleifer oder Bandschleifer, Rohrabschneider, Blindnietzange usw. kann man sich bei Handwerkern sicher für ein paar Mark leihen oder die Arbeiten auf andere Weise ausführen. Halt, das Wichtigste hätte ich fast vergessen! Sie brauchen noch einen Notizblock. In den schreiben Sie sofort all das hinein, was Ihnen im Laufe der Arbeiten noch an Material oder Kleinteilen fehlt. Das erspart Ihnen manchen Weg, wie ich aus eigener Erfahrung berichten kann.

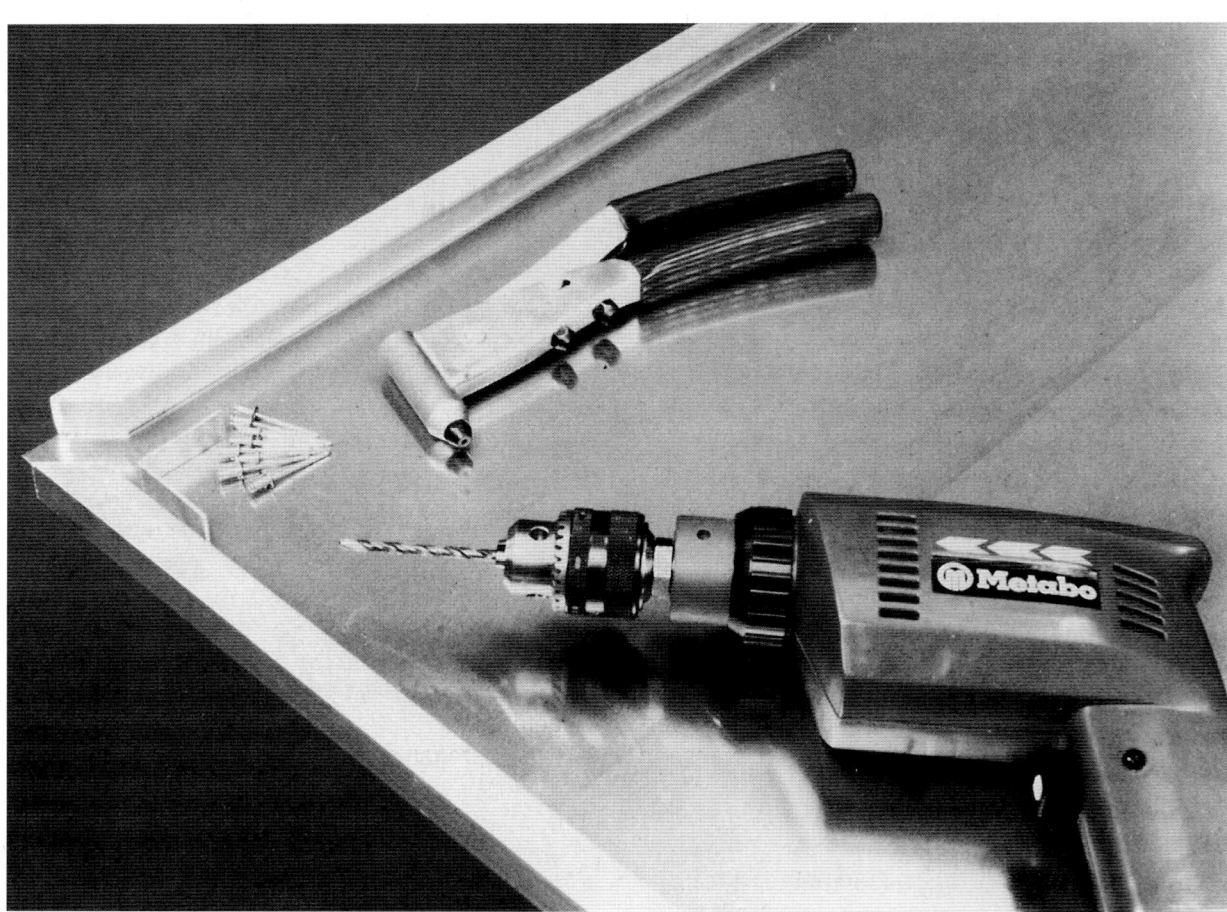

Abbildung 46: Blecharbeiten. Bei Blecharbeiten vor allem an der Karosserie ist eine Blindnietzange sehr hilfreich. Damit können Sie sogar dann Blechverbindungen herstellen, wenn Sie nur von einer Seite an die Teile herankommen.

(c) Materialfragen

Wer sich zum ersten Mal an das Abenteuer wagt, einen Campingbus von A bis Z auszubauen, steht wahrscheinlich zunächst ein wenig hilflos vor der großen Zahl von Werkstoffen und Materialien, die der Handel anbietet. Andererseits ist aber nicht alles, was da manchmal angeboten wird, optimal für den Einsatz im Campingbus geeignet. Es gibt nämlich eine ganz beträchtliche Reihe von teilweise sich widersprechenden Forderungen. Material, das im Campingbus eingesetzt werden soll, muß nach Möglichkeit folgende Anforderungen erfüllen:

■ Das Material muß leicht sein, damit die Nutzlast möglichst groß ist und nicht das tote Gewicht der Einrichtung. Das ist nicht nur eine Frage der Nutzlast, sondern betrifft zugleich die Beschleunigung des Fahrzeugs, den Schwerpunkt (Fahrverhalten in Kurven usw.), den Treibstoffverbrauch und die möglichst kurzen Bremswege, falls das einmal nötig wird.

■ Das Material muß nässeunempfindlich sein. Es darf sich durch Feuchtigkeit möglichst nicht verziehen, quellen oder verrotten. Weil im Fahrzeug durch Atemluft, durch Kondenswasser, durch Kochdünste usw. immer Feuchtigkeit entsteht.

■ Das Material muß haltbar sein, weil die Beanspruchung im Fahrzeug durch den relativ kleinen Raum, durch die Vibrationen beim Fahren und die Verwindungsarbeit der Karosserie relativ hoch ist.

■ Das Material muß sich gut verarbeiten lassen. Sowohl die Bearbeitung einzelner Zuschnitte als auch die Verbindung der Teile untereinander muß leicht und qualitativ hochwertig möglich sein.

■ Das Material muß pflegeleicht sein und gut aussehen, denn nur dann wird auf längere Zeit der Ausbau zufriedenstellen und der Wiederverkaufswert des Campingbusses entsprechend hoch sein.

■ Das Material muß möglichst flammwidrig sein. Es darf also nicht bei einem (immer mal möglichen) Feuer im Fahrzeug (was Ihnen hoffentlich nie passiert) sofort lichterloh wie Zunder brennen.

■ Das Material muß unfallverhindernd sein, darf also nicht durch scharfe Kanten (wie z. B. bei Blech) oder durch besonders harte Oberfläche (wenn

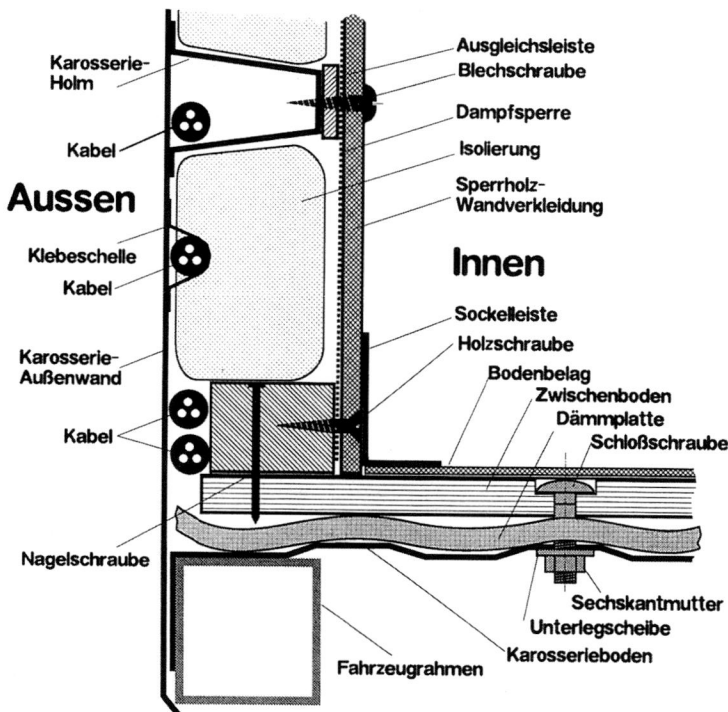

Abbildung 47: Detailskizze 1. Dieser schematische Schnitt durch eine Fahrzeugecke im Wohnbereich eines selbst ausgebauten Campingbusses zeigt, wie der Wand- und Fußbodenausbau, die Verkabelung und die dauerhafte Befestigung der Möbel ausgeführt werden kann. Rohrleitungen sollten dagegen besser innerhalb der Einbaumöbel verlegt werden, damit sie frostgeschützt und leichter zugänglich sind.

man bei einem Crash dagegen fliegt) die Insassen gefährden.

■ Das Material muß nach Möglichkeit isolierend (wärme- und kältedämmend) sowie geräuschmindernd sein, außerdem wenn möglich auch noch leicht auswechselbar (z. B. bei Reparaturen oder Umbauten).

■ Das Material muß möglichst preiswert sein, weil sonst schon der Materialpreis vielen Heimwerkern die Möglichkeit zum fachgerechten Ausbau nimmt.

Wenn Sie diese Punkte (und es lassen sich noch ein paar mehr finden) alle unter einen Hut bringen wollen, brauchen Sie einen Wunderwerkstoff, den es (noch) nicht gibt. Deshalb müssen Sie Kompromisse schließen und sich entweder von der einen oder anderen Eigenschaft des Materials trennen. Oder Sie müssen (und das ist der richtigere Weg) die Werkstoffe so miteinander kombinieren, daß Sie zum Schluß doch fast alle Forderungen erfüllt haben, wenn auch vielleicht nicht mit einem einzigen Werkstoff.

Betrachten Sie in diesem Zusammenhang einmal die Schnittzeichnung (Abbildung 47). Das ist ein Schnitt durch eine Fahrzeugecke, von der unten ein Stück des Fußbodens und links ein Stück Wand gezeichnet ist. Der tragende Fahrzeugrahmen besteht z. B. aus Profilrohr und ist mit dem aus Blech gefertigten Karosserieboden verschweißt. Meist wird so ein Karosserieboden mit eingeprägten Sicken versehen, um ihm mehr Steifigkeit zu geben. Dieser Karosserieboden wird im Fahrzeuginnern zunächst mit Unterbodenschutz versehen, der satt auf den Boden aufgetragen wird, um Rost zu verhindern. Eine darauf aufgelegte Bitumenfilzplatte wirkt sowohl geräusch- als auch wärme- bzw. kältedämmend und gestattet zugleich ein sattes, klapperfreies Aufliegen des stabilen Zwischenbodens aus Holz. Auf dem Zwischenboden schließlich liegt für die Schönheit und Bequemlichkeit im Fahrzeug ein robuster Bodenbelag oder Teppich.

Auch der Wandaufbau ist nach ähnlichen Gesichtspunkten erfolgt. Die Karosserie-Außenwand wird mit einer Isolierschicht gefüllt, die in die Zwischenräume zwischen den einzelnen Rippen bzw. Holmen eingepreßt wird. Gegen die Luftfeuchtigkeit im Fahrzeug (damit weder die Isolierschicht feucht wird noch das Blech) dient eine Dampfsperre (Plastikfolie o. ä.), die vor dem Anbringen der Wandverkleidung überlappend auf die Karosserierippen aufgeklebt wird. Als schöne und haltbare Wandverkleidung, die zusätzliche Aufgaben wie Geräuschdämmung, Isolierwirkung, aussteifende Verstärkung der Karosserie, Untergrund für Kacheln, Tapeten, Stoffbespannung o. ä. übernehmen muß, dient eine Wandplatte aus Sperrholz oder ähnlichen Werkstoffen. Sie wird ringsum mit Blechschrauben und – falls erforderlich – mit

Ausgleichsleisten auf den Karosserierippen bzw. – Holmen befestigt. Unten zum Fahrzeugboden hin wird die Wandverkleidung mit Holzschrauben an einer ringsum montierten Randleiste angeschraubt. Eine geklebte Kunststoff-Sockelleiste bildet schließlich den sauberen Übergang zwischen Bodenbelag und Wandverkleidung.

Sie sehen also, daß die Auswahl der Werkstoffe schon mit einer gewissen Überlegung vorgenommen werden sollte, wenn Sie hinterher lange Freude an Ihrem Fahrzeug haben wollen. Nicht zuletzt sollten die einzelnen Werkstoffe, sofern sie im Fahrzeug auch später sichtbar sind, farblich und im Material aufeinander abgestimmt sein, um eine harmonische Gesamtwirkung zu ergeben.

Deshalb ist es wichtig, sich rechtzeitig Gedanken zu machen, aus welchen Materialien der Campingbus-Ausbau bestehen soll. Ein Beispiel dazu: Sie bekommen für die Wandverkleidung des Fahrzeugs preiswert Paneelplatten in Eiche-Dekor, was Ihnen vielleicht gut gefällt. Derartige Platten lassen sich zudem noch problemlos und einfach verarbeiten. Die Paneele haben außerdem fast immer schon fertig behandelte Oberflächen. Aber dann taucht das Problem auf: Woraus wollen Sie später die Möbel bauen, damit sie im Dekor zu den Paneelen passen? Die für den Möbelbau empfehlenswerten Tischlerplatten sind fast nur im Limba- oder Macoréfurnier erhältlich. Beides paßt nicht zu Eichendekor. Eichenfurnierte Tischlerplatten sind fast unerschwinglich teuer. Und Platten mit Dekormaterial selbst zu überziehen ist erstens nicht billig, zweitens eine sehr aufwendige Arbeit und drittens wird man doch immer einen Unterschied zu den Paneelen erkennen. Notfalls könnte man versuchen, die Tischlerplatten-Oberfläche mit Eichefarbener Beize abzutönen.

Besser ist es, wenn Sie bei der Materialwahl davon ausgehen, sowohl das Plattenmaterial für Decke und Wände als auch das Material für den Möbelbau entweder mit der gleichen Oberfläche zu erwerben oder aber bewußt Kontraste zu setzen, indem Sie beispielsweise Möbel aus furnierter Tischlerplatte bauen und die Wände sowie das Dach innen zum Beispiel mit Webpelz, Langflorteppich oder Korkplatten verkleiden. Anders lang geht es auch. Daß Sie nämlich die Wände aus Sperrholzplatten fertigen und die

Möbel aus beliebigem Material, das anschließend durch farbige Lackierung, aufkaschierte Textilbahnen, aufgeklebtes Kunstleder o. ä. kaschiert wird.

Um Ihnen jetzt und hier die Entscheidung noch nicht so schwer zu machen, gehe ich auf die verschiedenen Materialien und ihre Eigenschaften – positiv wie negativ – bei den einzelnen Kapiteln ein. Speziell bei den Kapiteln über Wände, Dach und Fußboden sowie erst recht nachher im Kapitel Möbelbau.

Wo keine Hinweise auf spezielle Materialien gegeben sind, sollten Sie sich bei der Werkstoffauswahl immer die unter Punkt »Materialfragen« gemachten Forderungen vor Augen halten und danach entscheiden.

4.02 Fahrerhaus und Durchgang

(a) Das Fahrerhaus

Einen großen Teil Ihrer Reisen werden Sie vermutlich im Arbeitszimmer Ihres Campingbusses, also im Fahrerhaus verbringen. Aus diesem Grunde sollten Sie diesem Raum auch besonderes Augenmerk schenken und ihn nicht als notwendiges Übel betrachten. Sie haben nämlich mehr von Ihren Fahrten, wenn Sie entspannt, sicher und bequem fahren können. Deshalb ist es wichtig, das Fahrerhaus so auszustatten,

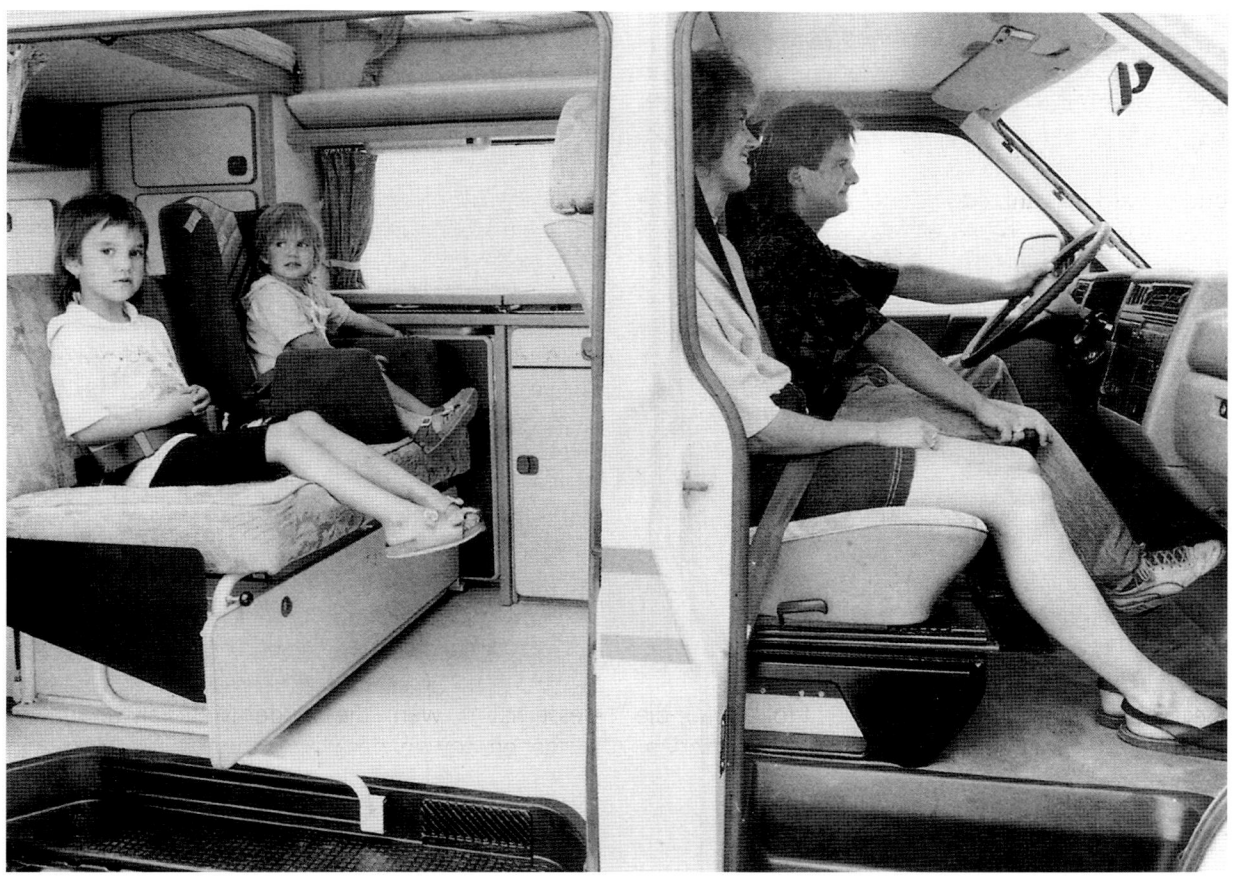

Abbildung 48: Fahrerhaus und Wohnteil. Das Fahrerhaus ist das Arbeitszimmer Ihres Campingbusses. Hier verbringen Sie viel Zeit auf der Reise und sollten es deshalb so bequem und sicher wie möglich haben. Kinder oder andere Mitreisende finden im Wohnteil Platz, wo sie – sicher angeschnallt – ebenfalls entspannt mitreisen können.

daß Sie während der Fahrt alles problemlos zur Hand haben. Nicht nur die Dinge, die der Gesetzgeber sowieso für das Führen von Kraftfahrzeugen vorschreibt.

Fangen wir gleich mit dem Wichtigsten an, nämlich dem Fahrersitz (und auch dem Beifahrersitz). Bei einem Neufahrzeug haben Sie vielleicht schon daran gedacht, trotz der relativ hohen Anschaffungskosten einen vernünftigen Schwebesitz statt des Seriensitzes zu erwerben. Weil Ihnen vermutlich auf die Dauer Ihre Bandscheibe und das ermüdungsfreie Sitzen wichtiger ist als ein paar hundert Mark. Bei den gebrauchten Basisfahrzeugen ist die Anschaffung eines solchen Sitzes zumindest für den Fahrer noch wichtiger als bei Neufahrzeugen (weil deren Sitze neuerdings meist schon recht brauchbar sind).

In gebrauchten Fahrzeugen ist der Sitz oft nur noch eine Ansammlung von abgewetztem Plastik und durchgesessenen Federn. Die Folge: Der Körper hat weder richtigen Sitz noch guten Seitenhalt, die Bandscheiben schmerzen nach kurzer Zeit und der ganze Organismus ermüdet rasch.

Deshalb, wenn irgendwie erschwinglich: Einen Schwingsitz für Ihr Fahrzeug erwerben und auf den Originalschienen einbauen. Für die meisten Fahrzeuge gibt es entweder passende Untergestelle am Schwingsitz daran oder Zwischenstücke, die einfach eingesetzt werden. Wenn schon kein Schwingsitz (oder Schwebesitz) (evtl. gebraucht aus einem Unfallfahrzeug?) möglich ist, sollten Sie zumindest darauf achten, einen in Höhe, Fahrtrichtung und Lehnenanstellwinkel verstellbaren Sitz zu bekommen. Gerade bei den Nutzfahrzeugen wird da gern seitens der Hersteller gespart! Notfalls sollte man sich mal bei Autoverwertern oder auf Schrottplätzen nach einem passenden Sitz umsehen! Sie können sich auch im Fall knapper Kasse mit aufschnallbaren Auflagen behelfen, die zumindest die Schenkel und die Wirbelsäule etwas stützen, wenn Sie sich schon nicht ganz von Ihrem alten Sitz trennen wollen.

Sehr praktisch sind die (meist als Sonderausstattung angebotenen) Kunstlederbezüge der Sitze, allerdings müssen sie sehr gut perforiert sein, sonst schwitzt man leicht darauf. Wenn man an einen Wiederverkauf des Fahrzeugs denkt oder einen Hund mit auf die Fahrten nimmt, sind derartige Bezüge (in Verbindung mit Schaffell-Auflagen) das Praktischste. Besonders gute Erfahrungen habe ich übrigens mit den recht preiswerten Holzkugelmatten gemacht, die auf den Sitz aufgeschnallt werden können. Selbst nach langen Fahrten fühlte ich mich lange nicht so zerschlagen wie bei Reisen ohne diese »Massagematte«. Allerdings machen sie den körpergerechten Unterbau des Sitzes keineswegs entbehrlich.

Für Ihre Sicherheit im Fahrerhaus sind auch die Kopfstützen und die Sicherheitsgurte gedacht. Auf beides sollten Sie keinesfalls verzichten, schon weil es in fast allen Ländern vorgeschrieben ist. Aber abgesehen davon, könnte ich vermutlich diese Zeilen gar nicht schreiben, wenn ich nicht in meinen Fahrzeugen auf erstklassige Dreipunkt-Automatikgurte Wert legen würde. Erst wenn es nämlich einmal richtig gekracht hat und man zum Glück angeschnallt war, weiß man den Wert dieser Dinge wirklich zu schätzen.

Auch die Umgebung des Fahrer- und Beifahrersitzes sollte so weit wie möglich unfall- und schadensmindernd sein. Für laufend benötigte Dinge wie Landkarten, Sprach- oder Reiseführer, Taschenlampe, Naschereien, Erfrischungsgetränke, Sonnenbrille, Kleingeld usw. sollten Sie sich in Griffnähe entweder passende Taschen oder Boxen anbringen oder seitlich am Fahrersitz bzw. Beifahrersitz aus Segeltuch eine Zubehörtasche anhängen, in der sich so etwas ebenfalls gut verstauen läßt. »Griffbereit« ist deshalb wichtig, weil weder der Fahrer noch Beifahrer durch umständliche Sucherei während der Fahrt abgelenkt werden dürfen.

Übrigens: Eine Möglichkeit, solche Dinge wie Landkarten usw. griffbereit unterzubringen, ist das Dach über dem Fahrersitz. Entweder werden dort Taschen angeschraubt bzw. angenäht oder breite Gummibänder angeklebt. Man kann auch eine etwas tiefer hängende gewölbte Acrylglasplatte (Plexiglas oder transparentes bzw. klares PVC-Glas) quer über das ganze Fahrerhaus an den Haltegriff-Befestigungspunkten rechts und links anschrauben, so daß die Landkarten dadurch wie auf einer Glasplatte liegen, durch die hindurch man sie sehen kann. So läßt sich jeweils die erforderliche Karte einlegen und Sie können durch kurzes Heben des Kopfes sofort die Fahrtroute verfolgen. In jedem Fall müssen derartige Dinge aber so unfallsicher wie möglich gebaut werden, denn man kann ja nie wissen ...

Weiter müssen Sie im Fahrerhaus das Bordwerkzeug (ergänzt um Spezialwerkzeuge, die Sie für Reparaturen des Fahrzeugs im Ausland oder für den Wohnteil brauchen könnten) unterbringen. Dafür gibt es praktische Werkzeugtaschen, die weder klappern noch alles durcheinander fliegen lassen und die leicht hinter oder unter dem Sitz verstaut werden können.

Dahin gehört auch das Warndreieck (Achtung: Manche Länder wie z. B. Spanien schreiben sogar 2 Warndreiecke vor!) und das Abschleppseil sowie die Warnblinkleuchte und die Box mit Ersatzbirnen. Unter dem Beifahrersitz dagegen ist meiner Ansicht nach ein guter Platz für den Verbandskasten, sofern sich nicht ein noch besserer Platz findet oder werksseitig schon etwas vorgesehen ist. Es gibt übrigens gerade für den Verbandskasten sehr praktische Plastikboxen, mit denen man den Kasten im Fußraum des Fahrerhauses anbringen kann.

Mit zu den wichtigsten Dingen im Fahrerhaus eines Campingbusses zähle ich (außer einer netten Beifahrerin) einen brauchbaren, funktionsfähigen Feuerlöscher! Hoffentlich brauchen Sie ihn nie, aber wenn Sie ihn wirklich einmal brauchen, muß er erstens funktionieren, zweitens groß genug sein (um wirklich zu löschen und nicht nur ein paar Sekunden (!) »pschschscht« zu machen). Drittens schließlich sollten Sie sich in seiner Handhabung auskennen, weil Ihnen sonst auch ein guter Feuerlöscher nicht viel nutzt. Die Mindestgröße für einen Feuerlöscher im Campingbus ist ein 2-kg-Pulverlöscher, bei größeren Fahrzeugen empfehle ich sogar ein größeres Modell! Einen 2-kg-Pulverlöscher bekommen Sie heute schon relativ preiswert in Baumärkten oder Fachgeschäften. Und etwas sollte Ihnen Ihre Sicherheit doch schon wert sein. Übrigens: Der Feuerlöscher sollte zu Ihrer eigenen Sicherheit alle zwei Jahre auf seine Funktionstüchtigkeit überprüft werden.

Wenn Sie einmal gesehen haben, wie schnell ein Feuer in einem Wohnmobil oder Caravan um sich greift, werden Sie verstehen, wie wichtig blitzschnelles Löschen ist. Wenn ein Brand im Fahrzeug nicht innerhalb der ersten Minute zu löschen geht, ist das Fahrzeug meist kaum noch zu retten! Bereits nach zwei Minuten Feuereinwirkung ist der Fahrzeuginnenraum auch bei relativ schwer entflammbarer Ausstattung so in Brand, daß Sie nur noch dafür zu sorgen haben, daß das Feuer nicht auf andere Fahrzeuge, Gebäude oder die Umgebung übergreift.

Der Löscher sollte deshalb sowohl vom Fahrer- oder Beifahrersitz als auch vom Wohnteil aus leicht und ohne Sucherei zu erreichen sein. Hier kann es um Sekunden gehen! Ein guter Platz ist in dem Fahrerhaus in der Nähe des Durchgangs nach hinten oder direkt neben einem der Ausgänge. Bei der Montage so eines schwergewichtigen Apparats achten Sie bitte unbedingt sowohl auf eine sehr solide Befestigung (sonst fliegt er beim nächsten Crash durch die Windschutzscheibe und ist weg) als auch auf eine unfall- und verletzungssichere Polsterung oder Anbringung. Wenn Sie mit dem Kopf gegen den Feuerlöscher knallen, weil Ihnen jemand in die Wagenseite kracht, nutzt Ihnen der Löscher vermutlich nicht mehr viel!

Überhaupt sind mir scharfe Kanten jeder Art im Fahrzeug ein Greuel. Nicht nur, daß man bei einem Unfall unter Umständen schwerste Verletzungen oder mehr einkassiert. Aber auch im normalen Campbetrieb bleibt man auf der relativ kleinen Bewegungsfläche leicht hängen, zerreißt sich die Sachen oder holt sich zumindest blaue Flecke. All das ist aber nicht Sinn einer Urlaubsfahrt. Im Gegenteil, man möchte bequem und angenehm reisen. Dazu zählt beispielsweise auch das Autoradio. Hier sollten Sie zu einem robusten Modell mit Kassettenteil greifen, weil es bei längeren Fahrten im Ausland doch recht ermüdend sein kann, nur noch ausführlichen Kommentaren oder Werbesprüchen in unbekannter Sprache zu lauschen.

Je trennschärfer das Gerät ist und je besser die Ausstattung, desto mehr Freude werden Sie haben, wenn man auch in ferneren Ländern heimatliche Laute hört. Daher sollten Sie auch auf ein Gerät bedacht sein, das außer UKW und Mittelwelle auch noch Kurz- und Langwellenbereiche sauber empfangen kann. Oder Sie nehmen statt eines teuren und diebstahlgefährdeten Autoradios einen der preiswerten und handlichen Weltempfänger mit auf große Fahrt. Dann können Sie selbst am Strand oder abends im Restaurant noch die neuesten Nachrichten aus der Heimat hören.

Das Radio in Ihrem Fahrzeug hat (außer den sowieso angeschlossenen Lautsprechern im Fahrerhaus) fast immer eine Anschlußmöglichkeit für einen externen Lautsprecher, bei Stereo-Radios sogar zwei Anschlußbuchsen. Bauen Sie sich einen Überblendregler (gibt es in jedem Radio-Zubehörgeschäft) oder einen Umschalter ein und legen Sie ein entsprechendes Kabel in den Wohnteil Ihres Fahrzeugs. Dann haben Sie ohne große Probleme oder Mehrkosten die Möglichkeit, hinten im Wohnbereich ein paar Lautsprecher einzubauen und Musik oder Nachrichten in noch bequemerer Umgebung zu hören.

Das entsprechende Kabel können Sie einfach vom Armaturenbrett ausgehend unter den Gummimatten im Fahrerhaus nach hinten verlegen, wo es zwischen den Blechrippen der Karosserie durchgeschoben wird bis zu der Stelle, wo es später beim Anbringen der Wandverkleidung durch eine Bohrung bis zu dem Lautsprecher geführt wird. Befestigen kann man derartige Kabel wie auch andere Elektrokabel (siehe Kapitel »Bord-Elektrik« an den Karosserie-Blechwänden ganz einfach, indem man die Kabel mit breitem Klebeband oder plastischer Karosseriedichtungsmasse festklebt. Die Klebung braucht nur solange zu halten, bis später die Wandisolierung oder die Wandverkleidung die Kabel hält und verdeckt.

Bei dieser Gelegenheit können Sie gleich noch überlegen, womöglich eine Gegensprechanlage zum Wohnteil hin zu verlegen, zumal die Kommunikationsmöglichkeit zwischen Fahrerhaus und Mitreisenden im Wohnteil sowieso vorgeschrieben ist. Für den Fall, daß sich während der Fahrt dort Kinder oder andere Mitreisende aufhalten und Sie sich mit Ihnen vom Fahrerhaus aus verständigen wollen. In dem Zusammenhang wäre auch es eine Überlegung wert, das eine oder andere Gerät mittels Fernbedienung vom Fahrerhaus aus betätigen oder kontrollieren zu können.

Ein Beispiel: Wenn Sie einen Absorberkühlschrank haben, der sowohl mit Gas als auch mit Strom (12/220 Volt) betrieben wird, könnten Sie über eine Kontrolleuchte im Fahrerhaus prüfen, ob das Gas während der Fahrt ausgeschaltet und die Stromzufuhr eingeschaltet ist.

Aber es gibt noch mehr Dinge, die im Fahrerhaus von Wichtigkeit oder doch zumindest von einer gewissen Nützlichkeit sind. Denken Sie beispielsweise einmal daran, wenn Sie Ihr Fahrerhaus bestei-

gen und Ihnen der richtige Griff zum Hochziehen oder Festhalten fehlt. Solche Griffe, die mit ein paar soliden Blechschrauben festgemacht werden, bekommen Sie für ein paar Pfennige auf jedem Autofriedhof. Sie bekommen derartige Dinge natürlich auch für mehr Geld im Zubehör- oder Autohandel. Gerade wenn man später auf schlechten Wegstrecken über Stock und Stein holpert und der Beifahrer verzweifelt nach einem festen Halt sucht, kommt einem die Nützlichkeit solcher kleinen Dinge erst zu Bewußtsein.

Auf langen geraden Straßen dagegen weiß ich als Fahrer ebenso wie die Beifahrerin eine an der Türinnenseite angebrachte Armlehne zu schätzen, wo man seinen Ellenbogen ausruhen kann. Derartige aus weichem Plastik gefertigte Armstützen, die meist auch als Türgriff mit verwendbar sind, bekommt man oft sogar vom Fahrzeughersteller auf Wunsch mitgeliefert oder man montiert sich aus einem alten Fahrzeug welche aus und schraubt sie mit ein paar Schrauben an die Türverkleidung. Aber Achtung, die Verkleidung ist meist aus kunstlederkaschierter Pappe. Es empfiehlt sich, die Verkleidung abzubauen und zur Befestigung der Armlehnen Metallschrauben mit Muttern und breiten Unterlegscheiben zu benutzen. Dann kann man beruhigt die Verkleidung wieder montieren. Zumindest die Armlehnen halten! Vor dem Anbringen sollten Sie aber unbedingt die bequemste Position für die Armlehne probieren, sonst bringt die ganze Arbeit hinterher keinen Nutzen.

Nun, da Sie schon einmal die Verkleidung Ihrer Fahrerhaustüren abhaben, sollten Sie sich auch gleich anschauen, ob sich dort noch so viel Platz findet, etwas für die Geräuschdämmung im Fahrerhaus zu tun. Lassen sich in den Türen noch Antidröhnplatten oder Schalldämpfungsmatten einkleben, ohne die Fenstermechanik zu behindern? Solche Dämmplatten bekommen Sie im Handel in selbstklebender Ausführung. Sie brauchen nur noch passend geschnitten zu werden und werden dann von innen aufs Blech geklebt. Sie können auch, was zwar nicht ganz so viel hilft, aber doch etwas nützt, Schaumstoff- oder Moosgummiplatten (am besten mit Sprühkleber oder Kontaktkleber) auf die freien Blechflächen heften.

Dasselbe empfiehlt sich auch im Motorraum, allerdings sollte man hier unbedingt die Wärmeentwicklung des Motors bedenken und spezielle Materialien oder hitzefeste aufstreichbare Antidröhnmasse einsetzen.

Ein weiteres geräuschminderndes Mittel im Fahrerhaus sind dicke Paßformmatten auf dem Fußboden oder ein mit Schaumstoffmatten unterlegter schwerer Teppichboden, der in der farblichen Abstimmung mit dem Wohnteil harmonieren sollte und zusätzlich den Vorteil aufweist, daß man nicht nur beim Fahren im Winter keine kalten Füße hat, sondern auch durch den Teppichboden wie durch eine Schmutzschleuse keinen Dreck mehr in den Wohnteil des Campingbusses schleppt.

Da jede Form von textilen oder anderen weichen, strukturierten Werkstoffen ebenfalls geräuschmindernd wirkt, sollten Sie sich noch mehr gönnen und im Fahrerhaus all die nackten, kalten Blechwände mit Polsterfolie, Textiltapete, Webpelz oder (bei geraden Flächen) auch mit Korkplatten bekleben. Desto besser ist danach die Geräuschdämmung und der Lärmpegel vom Motor und der Fahrbahn wird geringer. Außerdem wird das Fahrerhaus auch noch gemütlicher und optisch ansehnlicher.

Zum Aufkleben der einzelnen Werkstoffe kann man die speziellen Kleber verwenden, die der Handel dafür anbietet. Man kann aber diese Materialien auch sehr haltbar mit Montagekleber oder Kontaktkleber auf das Blech bringen.

Ich verwende gern Sprühkleber, weil er einen dünnen gleichmäßigen Auftrag auf Blech und Werkstoff ermöglicht.

Bei allen Kontaktklebern muß man allerdings drei Dinge beachten:

- Erstens darf der Werkstoff nicht durch den Kleber abgelöst oder gar aufgelöst werden.
- Zweitens muß man die paßgenau geschnittenen Bahnen ganz akkurat (am einfachsten durch Unterlegen von Silikonpapier) auflegen, bevor sie mit den Klebeflächen in Berührung kommen. Wo Kontaktkleber erst einmal zugepackt hat, ist keine Korrektur mehr möglich.
- Drittens schließlich ist Sprühkleber nicht gerade ein Atemspray! Man sollte deshalb beim Verarbeiten für eine gute Raumlüftung sorgen.

Das eben erwähnte Silikonpapier wird übrigens z. B. als Kaschierung von Selbstklebefolien usw. verwendet. Es bleibt übrig, wenn Sie mit solcher Folie Ihre Vorratsschränke im Bus auskleben.

Die Kanten der textilen Beläge im Fahrerhaus können Sie gegen Ausfransen (oder Abbröckeln bei Kork) leicht schützen, indem Sie entweder flache Leisten oder PVC-Streifen aufkleben (bzw. aufschrauben) oder indem Sie eine passende Borte oder Kordel verwenden, die ebenfalls einfach aufzukleben geht. Hierzu gleich noch ein Tip, weil derartige Kordeln auch im Wohnteil gut zum Abdecken von Möbelecken zu verwenden gehen: Ich klebe solche Kordeln oder auch Borte an, indem ich zuvor in der gewünschten Verlegrichtung einen dünnen Streifen dauerelastische Dichtungsmasse aus einer Kartusche auftrage. Da wird dann die Kordel sanft hinein gedrückt und haftet sofort. Kleine Korrekturen sind noch möglich, solange die Masse nicht ausgehärtet ist. Man kann die Kordel sogar an einer angehaltenen Leiste entlang ganz akkurat gerade ausrichten.

Wenn Sie Ihr Fahrerhaus nachts beispielsweise als Ablage für Gepäck oder Garderobe benutzen wollen oder wenn etwa Kinder auf einem Notbett dort schlafen, ist es angenehm, die Fenster des Fahrerhauses zuzuhängen. Derartige Vorhänge haben gerade im Fahrerhaus mit seiner Einscheiben-Verglasung eine Menge weiterer Vorteile. Sie dienen nicht nur als Sichtschutz, sondern ersetzen weitgehend auch die Isolierverglasung, wenn sie richtig ausgewählt und angebracht werden. Sie wissen selbst, was für eine Affenhitze im Fahrerhaus herrscht, wenn die Sonne stundenlang in die Fenster knallt. Noch unangenehmer ist es nachts oder wenn es draußen kühl ist, weil dann die Luftfeuchtigkeit im Fahrzeug in kurzer Zeit als Kondensat an den kalten Scheiben herunter läuft und sich früher oder später als Rostfraß oder in Form von elektrischen Störungen unangenehm bemerkbar macht.

Ein paar helle, freundliche, aber dennoch dichte Vorhänge schaffen weitgehende Abhilfe. Befestigen kann man die Vorhänge mit anschraubbaren Druckknöpfen, den sogenannten »Tenax-Knöpfen« aus dem Camping- oder Zubehörhandel. Die Unterteile dieser Knöpfe werden in vorgebohrte Löcher in den Fensterrahmen wie Blechschrauben eingedreht. Die

Oberteile der Knöpfe werden wie Druckknöpfe im Stoff befestigt und auch wie Druckknöpfe an die Unterteile angeknöpft. Wenn man rechts und links im Fahrerhaus an jedem Fenster zwei Knöpfe oben anbringt und auch noch drei für die Frontscheibe, so ist im Handumdrehen das Fahrerhaus geschützt.

Für den Fall, daß im Fahrerhaus jemand schlafen will (Kinder in Notbetten quer über den Sitzen o. ä.), so empfehle ich, den Stoff für die Vorhänge doppelt zu nehmen. Die Außenbahn sollte möglichst dunkel und lichtdicht sein, damit man auch unter einer Straßenlaterne oder gegen Morgen noch ungestört schlafen kann und das Fahrzeug »unbewohnt« wirkt. Die Innenbahn des Vorhangs kann dagegen hell und freundlich in einer Pastellfarbe gehalten werden, die der Farbgebung des Fahrerhauses angepaßt ist.

Sie sehen, was so alles bei einem Fahrerhaus bedacht sein will. Um nun aber das Fahrerhaus auch wirklich optimal nutzen zu können, ist noch etwas von außerordentlicher Bedeutung: Der Durchgang vom Fahrerhaus nach hinten in den Wohnteil.

(b) Der Durchgang

Bei manchen Lkws oder Kastenwagen ist das Fahrerhaus vom hinteren Aufbau getrennt und es ist noch nicht einmal nachträglich möglich, einen Durchgang zu schaffen und sei er noch so schmal. Dabei ist so ein Durchgang nicht nur angenehm, sondern kann in Notfällen sogar lebenswichtig werden. Natürlich ist es auch angenehm, bei schlechtem Wetter trocken und sauber aus dem Fahrersitz nach hinten klettern zu können, wo der Kaffee auf dem Tisch steht. Es ist genau so schön, wenn die Kinder von hinten mal rasch zu Muttern nach vorn krabbeln können oder wenn der Beifahrer während der Fahrt mal eine Erfrischung aus dem Kühlschrank holen muß. Oder wenn dieser Durchgang schlimmstenfalls als Notausgang benutzt werden kann.

Auch als Schmutzschleuse – sozusagen als Hausflur für den Campingbus – läßt sich das Fahrerhaus nur dann nutzen, wenn Sie von dort aus halbwegs mühelos in den Wohnteil gelangen können. Geradezu lebenswichtig aber kann so ein Durchgang dann werden, wenn Sie nachts auf seinem Parkplatz belästigt oder gar angegriffen werden und mit dem Fahrzeug schnellstens weg wollen. Nicht zuletzt ist so ein Durchgang auch ein Notausgang, wenn es im Fahrzeug zu einem Brand oder Unfall kommt.

Damit dürfte klar sein, wie wesentlich so ein Durchgang zwischen Fahrerhaus und Wohnteil für Ihren Campingbus sein kann. Die meisten Fahrzeuge weisen so einen Durchgang bereits auf oder zumindest kann man ihn bei Neufahrzeugen in vielen Modellen auf Wunsch als Extra bekommen.

Bei Gebrauchtfahrzeugen passiert es allerdings öfters, daß man einen Durchgang erst nachträglich schaffen muß. Aber keine Bange, auch das läßt sich fast immer bewerkstelligen. Zuerst sollten Sie in solchem Falle die Planung des Wohnteils entwerfen, um den möglichen Durchgang festzulegen. Dann sollten Sie im Fahrzeug prüfen, ob sich der Durchgang dort wie vorgesehen realisieren läßt (Beeinflussung der Fahrzeugfestigkeit?) oder ob beispielsweise der Beifahrersitz, eine Sitzbank oder gar der Motor im Fahrerhaus im Wege sind. Bei einem einzelnen Beifahrersitz wird sich meist ein Zugang nach hinten in der Mitte des Fahrerhauses schaffen lassen oder Sie bauen einen Klappsitz oder zumindest einen Sitz ein, dessen Rücklehne abklappbar ist.

Ist der Motor oder ein anderes Aggregat störend in Wagenmitte installiert, müssen Sie sowieso entweder einen Durchschlupf zum »Drüberklettern« schaffen oder doch hinter den Beifahrersitz ausweichen. Ein Beispiel dafür sehen Sie im Foto (Abbildung 49), wo in der Fahrzeugmitte nur notfalls ein Stolperdurchgang zu schaffen gewesen wäre und deshalb die Entscheidung fiel, hinter dem Beifahrersitz die Rückwand zwischen den Verstrebungen aufzutrennen.

Wenn eine Sitzbank im Fahrerhaus den Durchgang erschweren sollte, können Sie prüfen, ob sich die Sitzbank nicht gegen einen Einzelsitz austauschen läßt. Den können Sie sich vom Händler oder notfalls vom nächsten Autofriedhof besorgen. Damit die Sitze im Fahrerhaus auch alle gleich aussehen, werden sie mit käuflichen Schonbezügen oder mit Lammfellen überzogen.

Brauchen Sie im Fahrerhaus unbedingt einen dritten Sitz, gibt es drei Möglichkeiten:

■ Erste Möglichkeit: Sie montieren einen zweiten einzelnen Beifahrersitz samt geprüften Sicher-

Abbildung 49: Die »Trenn«-Wand. Wenn zwischen Fahrerhaus und Wohnteil ein Durchgang geschaffen werden soll, muß dafür eine geeignete Stelle gefunden werden. Im Foto fand sie sich direkt hinter dem Beifahrersitz. Nach Rücksprache mit einem Karosseriespezialisten bzw. TÜV oder DEKRA müssen erst einmal die Versteifungsrippen entfernt werden. Ein aussteifender Metallrahmen rund um die Türöffnung ersetzt dann deren Funktion.

heitsgurt-Aufhängungen, sofern passende Befestigungen im Fahrzeugboden das gestatten.

■ Zweite Möglichkeit: Sie befestigen am Beifahrersitz einen nur als Notbehelf dienenden Klappsitz, der bei Nichtgebrauch wie ein Klapptisch seitlich hochgeklappt wird. Auch hier muß für den Sicherheits-Bauchgurt eine zulässige Lösung gefunden werden!

■ Die dritte Möglichkeit schließlich ist eine gepolsterte Staukiste, die mit ein paar Flügelschrauben oder Möbelverbindern am Wagenboden befestigt wird. Ist sie im Wege, kann man sie rasch entfernen. Sonst dient sie als provisorischer dritter Sitz. Als Rückenlehne wird eine Platte gepolstert und mit ein paar Lederschlaufen oder Blechschellen rechts und links an die Seriensitze angehängt. Zur Benutzung des Durchgangs können Sie dann die Rückenlehne leicht aushängen. In jedem Fall muß aber auch für den dritten Sitz ein technisch einwandfreier Sicherheitsgurt installiert werden!

Aber weiter mit dem Thema Durchgang. Soll eine Blechwand entfernt werden, müssen Sie sich vorher vergewissern, ob die stets vorhandenen Blechverstrebungen (Abbildung 49), im Foto durch Pfeile gekennzeichnet, ohne Beeinflussung der Karosseriestabilität entfernt werden können. Irgendeine tragende oder versteifende Funktion hat jede Verrippung, sonst würde der Hersteller sie bestimmt sparen! Ihr Weg sollte deshalb auch auf jeden Fall zu dem Kfz-Händler oder zu der Vertragswerkstatt führen, die für Ihr Basisfahrzeug zuständig ist. Der dort tätige Meister oder Karosserieklempner ist der Mann, der Ihnen mit Rat und notfalls auch Tat weiterhilft. Er

sagt Ihnen zumindest, ob die Streben entfernt werden dürfen und welche Ersatzverstrebungen dafür angebracht werden müssen. Wenn Sie dort wirklich einmal keine ausreichende Auskunft bekommen, wenden Sie sich an den Fahrzeughersteller, den TÜV oder die DEKRA.

setzt werden, um nicht unnötig die Blechteile zu verformen und sich die Arbeit zu erschweren. Glatte Blechflächen lassen sich viel besser als mit Hammer und Meißel mit dem Metallsägeblatt in der Stichsäge heraustrennen, wenn man in den Eckpunkten zuvor ein Loch gebohrt hat, um das Sägeblatt dort anzusetzen. Selbstverständlich läßt es sich mit einem Trennschleifer für solche Blecharbeiten noch leichter arbeiten.

Übrigens: Beim Arbeiten mit Stichsäge und Metallsägeblättern sollten Sie unbedingt eine Schutzbrille tragen, denn winzige Metallspäne im Auge sind sehr schmerzhaft und können schlimmstenfalls das Augenlicht kosten!

Eine dritte Möglichkeit, die Blechteile (besonders Rippen) herauszutrennen, ist ein Winkelschleifer. Mit einer Trennscheibe für Metall läßt sich die Arbeit fast mühelos bewältigen, allerdings ist auch hier die Schutzbrille und evtl. sogar das Tragen von Schutzhandschuhen unbedingt anzuraten! Mit einer Blechschere zu arbeiten, ist bei so großen und relativ geraden Schnitten sehr mühevoll, für kleine Ausschnitte wie z. B. für Luken oder kleinere Fenster dagegen durchaus möglich.

In jedem Fall sollten Sie nach dem Ausschneiden des Blechfeldes (Abbildung 51) daran gehen und die scharfgratigen Kanten der stehenbleibenden Blechteile mit einer Feile grob entgraten und anschließend sofort mit Rostschutz und einem Decklack beliebiger Farbe (hier kann man Reste aufbrauchen!) gegen Rosten schützen!

Wie Sie in dem Foto (Abbildung 52) sehen, wird die verlorengegangene Stabilität durch das Einsetzen eines rundum laufenden Blech-U-Profils wieder hergestellt. Die Teile werden genau passend zugeschnitten (Abbildung 53) eingesetzt und mittels Blindnietzange (Abbildung 54) und Blindnieten am verbleibenden Blechrand befestigt. Sie können auch Rohrprofile oder einen stabilen Holzrahmen verwenden, Sie brauchen auch nicht zu nieten, sondern können die neue Versteifung mittels Schweißung (natürlich nicht bei Holz!) oder mit Blechschrauben anbringen. Wie solide und sorgfältig so etwas gemacht wird, sehen Sie im Detail (Abbildung 55). Den U-Profilrahmen wird man möglichst ebenfalls wieder, wie auch sonst jede metallisch blanke Stelle

Abbildung 50: Entfernung von Karosserieversteifungen. Die aus statischen Gründen erforderlichen Blechrippen werden (nach Klärung einer Ersatzlösung) mittels Stemmeisen oder Trennschleifer sauber heraus genommen.

Wie Sie sehen (Abbildung 50), kann man nach Klärung der Strebenprobleme mit Hammer und Stemmeisen (oder notfalls mit einem alten Stechbeitel) sowohl die Rippen als auch die Blechwand selbst herausmeißeln. Dabei sollte das Schneidwerkzeug immer unter einem möglichst spitzen Winkel ange-

im Fahrzeugblech, sofort nach Beendigung der Arbeit gegen Rost schützen.

Wie breit oder schmal so ein Durchgang wird, ist im Grunde relativ belanglos. Natürlich ist ein breiter Durchgang bequemer, man kann sich weder stoßen noch verletzen. Allerdings sollte er auch nicht so breit sein, daß dadurch im Wohnteil wichtiger Stellplatz verloren geht.

Schließlich bleibt noch eine letzte Arbeit, nachdem Sie den Durchgang gerade geschaffen haben: Sie müssen ihn wieder zumachen können! Ich sagte schon, daß die mangelhafte Isolation der Einscheibenverglasung im Fahrerhaus nicht akzeptabel ist. Deshalb und auch als Sichtschutz ist zwischen Fahrerhaus und Wohnteil zwar ein Durchgang, aber auch (aus Sicherheitsgründen) die Möglichkeit einer soliden Abtrennung der beiden Räume voneinander wichtig. Diesen Zweck kann im einfachsten Falle schon ein dicker, möglichst lichtdichter Vorhang erfüllen. Sie können auch eine leichte Falttür einbauen, um Sichtschutz und Wärmedämmung zu bekommen. Besser ist aber immer eine stabile Tür (z. B. aus versteiftem Alu- oder Stahlblech, das, mit Hartschaum und Sperrholz beklebt, Sicherheit und eine brauchbare Wärmedämmung gestattet). Eine Schiebetür aus einer simplen Tischlerplatte, die hinter dem Fahrersitz oben und unten in Schienen geführt wird, kann (geschlossen) in eine vertikale Schiene einrasten und bildet einen soliden Einbruchsschutz zwischen Fahrerhaus und Wohnteil. Auch an die Doppelnutzung einer Tür des Wohnteils (beispielsweise von der Tür des Waschraums) können Sie denken, wenn Sie den Durchgang nachts verschließen wollen. Wenn nämlich zum Beispiel die Waschraumtür rechtzeitig so geplant wird, daß sie in geöffneter Stellung den Durchgang zum Fahrerhaus verschließt, sparen Sie auf diese Weise eine gesonderte Tür am Durchgang. Wenn Sie diese doppeltgenutzte Tür oder aber auch eine Extra-Durchgangstür solide ausführen (Sperrholzplatte oder Blechtafel (mit Hartschaum beklebt) o. ä.) und mit einem vernünftigen Schloß im Durchgangsbereich (oder einem vom Wohnteil her zu betätigenden Riegel) versehen, haben Sie gleich noch einen halbwegs handfesten Einbruchsschutz.

Die normalen Kfz-Türschlösser an den Fahrzeugtüren sind ja ganz gut und schön, aber jeder geübte Auto-

Abbildung 51: Der Durchbruch. Das anschließend sauber herausgetrennte Blechfeld wird (wegen der scharfen Grate) sehr behutsam heraus genommen und dann kann der Durchgang erstmals praktisch getestet werden.

dieb bekommt sie relativ rasch auf. Sie lassen sich auch leider nicht gegen solidere Schlösser austauschen. Deshalb wähle ich lieber die oben erwähnte Möglichkeit, die Durchgangstür mit einem stabilen Sicherheitsschloß auszurüsten und die anderen Türen vom Wohnteil nach außen mit Riegeln zu sichern.

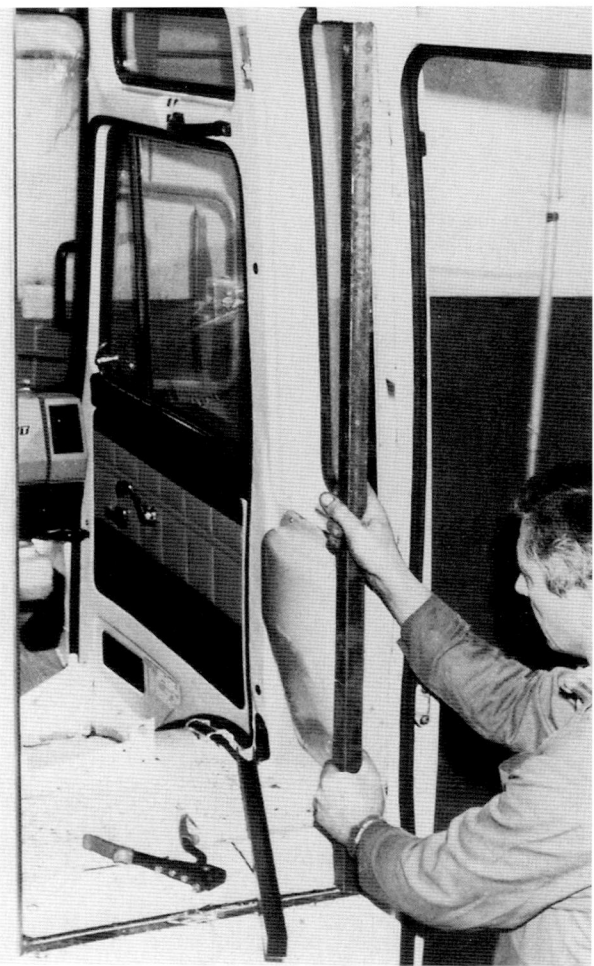

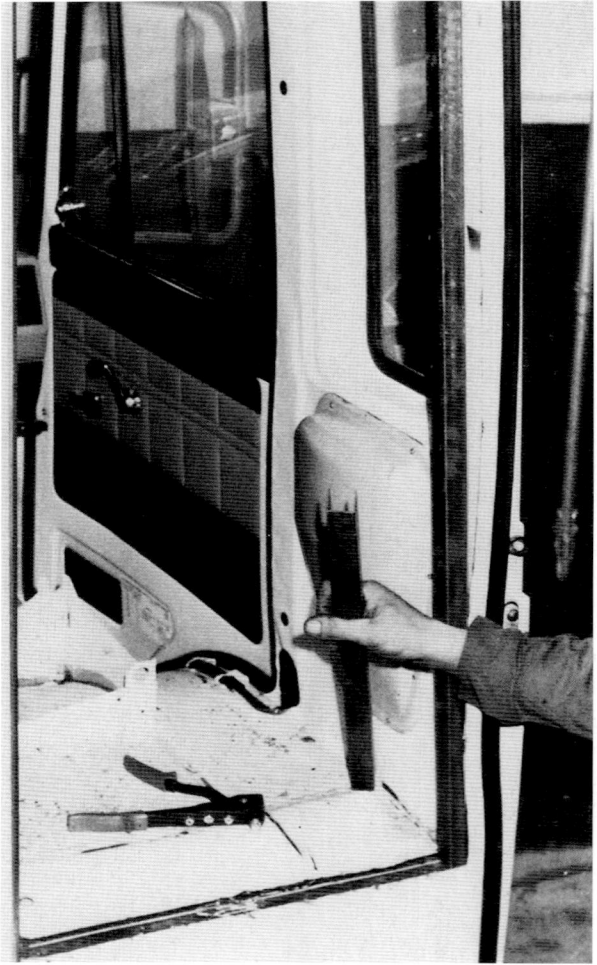

Abbildung 52: Einbau eines Profilrahmens.
Die – durch das Heraustrennen der Rippen verloren gegangene – Stabilität der Fahrzeug-Zwischenwand wird durch den Einbau eines soliden Stahl-Profilrahmens wieder hergestellt. Im Foto wird gerade ein U-Profil seitlich angepaßt.

Abbildung 53: Einbau einer Schwelle.
Auch unten kommt als Schwelle ein Stück U-Profil hin. Es wird genau so sorgfältig eingepaßt wie der übrige Rahmen.

Dann ist der Durchgang vom Fahrerhaus nach hinten der Haupteingang, der entsprechend gesichert ist. Selbst wenn ein böser Bube in das Fahrerhaus eindringt, kommt er zumindest nicht so ohne weiteres an den übrigen Inhalt des Fahrzeugs. Hiervon unabhängig sind natürlich weitere Sicherheitsmaßnahmen wie Alarmanlagen usw.

Schließlich sollten Sie noch an eine letzte, aber nicht unwichtige Arbeit im Durchgangsbereich denken, nämlich an die Unfallsicherheit für Sie. Wer erst einmal gedankenlos mit Volldampf gegen eine zu niedrige Durchgangsöffnung gerannt ist und sich anschließend eine hübsche Beule an der Stirn kühlen mußte, weiß, was ich meine. Sie sollten deshalb den

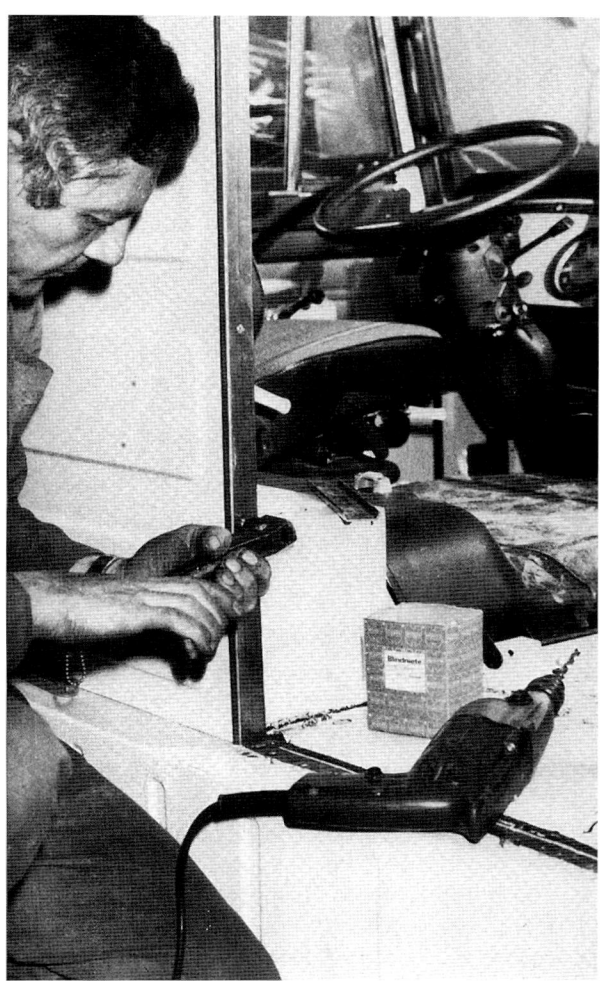

Abbildung 54: Einsatz der Blindnietzange.
Das rundum eingepaßte U-Profil wird nach dem Vorbohren der Nietlöcher mit Blindnieten am Karosserieblech befestigt. Auch Blechschrauben oder Punktschweißungen sind eine alternative Befestigungsmöglichkeit.

Abbildung 55: Der stabile Durchgang.
So solide muß eine verwindungssteife Ersatzlösung für die herausgetrennten Rippen aussehen. Schlamperei oder Pfusch gefährden die Fahrsicherheit und führen früher oder später zu aufwendigen Reparaturen an der Karosserie.

oberen Bereich des Durchgangs auf beiden Seiten, also im Fahrerhaus und im Wohnteil, mit Schaumstoff und darüber gespanntem Leder oder Stoff polstern.

Solche »Kopfschoner« lassen sich sehr einfach aus einem rechteckigen Stück Sperrholz fertigen, das mit zwei bis drei Zentimeter starkem Schaumstoff

beklebt wird. Rund um diesen Schaumstoff und das Sperrholz zieht man dann ein Stück farblich passendes, auf die Einrichtung abgestimmtes Leder, das auf der Holzrückseite mit dem Tacker befestigt wird. Diese Polsterplatte wird dann mit Montagekleber oder Klettband an der Wand über dem Durchgang befestigt. Eine noch schnellere Alternative ist ein passendes Stück leuchtend farbiger Plastikschlauch, das längs aufgeschnitten und einfach über eine Leiste oberhalb vom Türrahmen geklemmt wird.

Hat man keine feste Tür im Durchgang, sondern nur einen Vorhang, so kann man rundum den Türrahmen auch durch einen längs aufgeschnittenen Gummi- oder Plastikschlauch polstern, der (mit Stoff oder Kunstleder bezogen) einfach um den Türrahmen herum geklemmt wird.

4.03 Stehhöhe im Fahrzeug

Ein Campingbus ohne Stehhöhe – zumindest im Wohnteil – ist kein Campingbus, sondern ein Zumutung. Selbst junge Leute, die sich mit ein paar Mark einen alten Kastenwagen halbwegs wohnlich einrichten, werden spätestens für die zweite Reise irgendeine Möglichkeit schaffen wollen, sich mal im Fahrzeug, sei es zum Essenkochen oder zum Waschen oder Anziehen aufrecht hinstellen zu können.

Das Resultat solcher Überlegungen ist dann meist ein entweder urkomisch oder lebensgefährlich aussehender Dachaufbau. Manchmal wird zu dem Zweck vom Autofriedhof ein Pkw-Oberteil besorgt und auf dem Kastenwagen aufgeschweißt oder man befestigt einen kistenähnlichen Gegenstand aus Sperrholz und Polyester auf dem Dachausschnitt. Das alles sind Notbehelfe, die nicht nur dem TÜV graue Haare verursachen, sondern oft auch den Benutzern.

Infolge mangelnder Isolierung bildet sich dort schnell Kondenswasser, das munter ins Fahrzeug tropft. Oder die Konstruktion ist nicht regendicht und der Fahrtwind treibt ganze Fluten von oben ins Fahrzeug. Oder das Fahrzeug bekommt durch die strömungsungünstige Aufpfropfung ein riskantes Fahrverhalten und schlingert bei Seitenwind gefährlicher als eine Achterbahn.

Deshalb sollten Sie in jedem Falle vorher die Stehhöhe einplanen! Es gibt dafür eine ganze Reihe Möglichkeiten, die Sie der Reihe nach gegeneinander abwägen sollten:

(a) Das Hochdach

Das Hochdach ist für denjenigen, der eine genügend hohe Garage und eine ebenfalls ausreichend hohe Garagentür hat, die optimale Lösung. Man kann zwar mit einem Hochdach-Kastenwagen in kein Parkhaus mehr hereinkommen, man wird auch etwas mehr Treibstoff verbrauchen wegen der größeren Frontpartie und man wird mit etwas stärkerer Seitenwindempfindlichkeit zu kämpfen haben.

Aber das alles erscheint nebensächlich, wenn man dafür die Menge Platz im Fahrzeug sieht! Man kann nun meist bequem einen richtigen Waschraum einplanen, man kann Doppelstockbetten einbauen, Hängeschränke und vergrößerte Staufächer. Über der Koch-Spülkombination der Küche läßt sich problemlos eine Dunsthaube vorsehen und nicht zuletzt kann man sowohl im Waschraum als auch beim Kochen oder Anziehen im ganzen Fahrzeug aufrecht stehen, wenn man nicht gerade ein Riese ist. Die Stehhöhe der serienmäßig gegen Aufpreis lieferbaren Hochdachkonstruktionen aus Blech oder glasfaserarmiertem Kunststoff (GFK) liegt meist bei etwa 1,85 Meter.

Einige Karosseriefabriken und viele bekannte Campingbus-Zubehörhändler liefern Hochdächer aus eigener oder fremder Fertigung für viele Wagenmodelle, die Sie entweder dort gleich fertig montieren lassen können oder notfalls auch selbst aufbringen. Die nachträgliche Montage eines solchen geräumigen Hochdachs ist allerdings meines Erachtens bei einem Karosseriefachmann fast immer in den besseren Händen, denn nur er kann eine absolut fachgerechte Befestigung garantieren und auch gleich für den korrekten Einbau von Ersatzverstrebungen sorgen, wenn die Rippen im ursprünglichen Dach entfernt werden müssen.

Wenn dem Hochdach keine Montageanleitung beiliegt, sollten Sie vom Händler unbedingt eine entsprechende Anleitung anfordern. Erst durch die exakte Befolgung dieser Montageanleitung kommt die Garantie des Hochdach-Herstellers zum Tragen. Wenn Ihnen durch Ihre mangelhafte Befolgung der Montageanleitung oder durch mögliche Pfuscharbeit eines Tages das Hochdach undicht wird oder vielleicht sogar während der Fahrt davonfliegt, können

Abbildung 56: Ein Hochdach anpassen. So wird ein Kunststoffdach einem Fahrzeugdach angepaßt: Erst wird mit Filzstift der Dachverlauf angezeichnet (1). Dann wird der Dachausschnitt rundum (etwa 10 cm) kleiner ausgesägt (2). Mit einem untergelegten Holzleistenabschnitt wird nun die Fahrzeug-Dachwölbung exakt innen am Hochdach eingezeichnet (3). Nach dem anpassenden Zuschnitt des Hochdachs auf die Dachwölbung werden die außerhalb der späteren Klebung liegenden Bereiche mit Kreppklebeband abgedeckt (4).

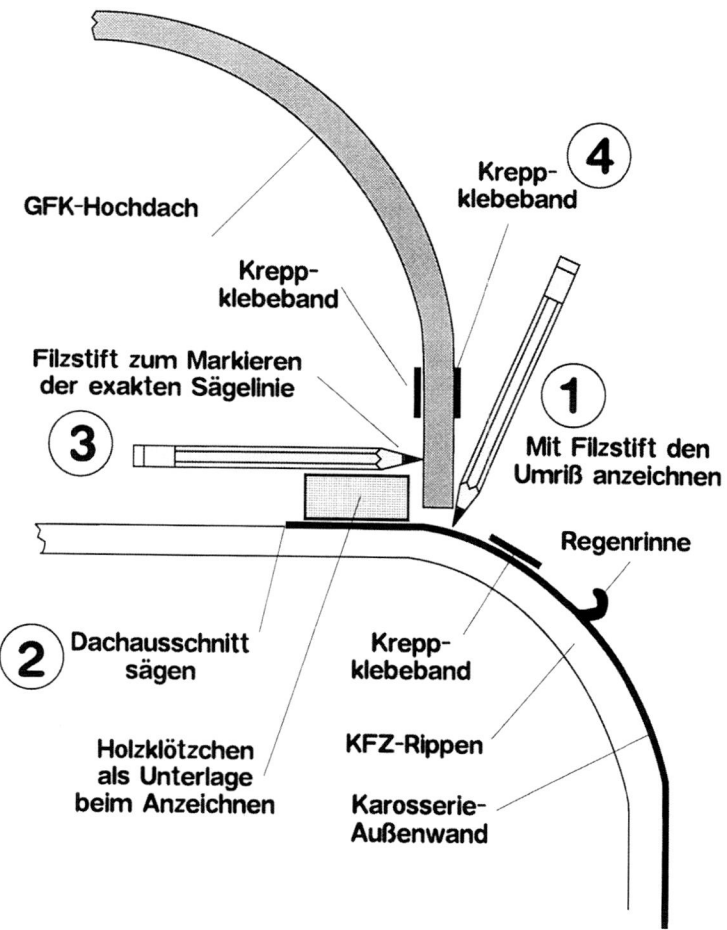

Sie nämlich ohne Garantie niemanden haftbar machen!

Wenn Sie also selbst ein Hochdach montieren wollen, sollten Sie sich möglichst ein Modell aussuchen, das zumindest seitlich rechts und links in der Regenrinne des Fahrzeugs montiert werden kann, bei dem nur das Mittelfeld des Fahrzeugs volle Stehhöhe erlaubt und die vordere und/oder hintere Partie des Kunststoff-Hochdachs als Dachgepäckwanne ausgebildet ist. Dann haben Sie eine etwas einfachere Montage und Sie können zusätzlich Gepäck (Dachlast beachten!) aufs Dach packen. Aber viel wichtiger ist dabei, daß Sie die tragenden Querverstrebungen des alten Dachs nach Möglichkeit unangetastet lassen können und nur im Mittelbereich notfalls eine Rippe herausnehmen müssen.

Die vorn und hinten im Wagendachbereich stehenbleibenden Rest-Dachflächen werden später mit Kunstleder oder anderen Materialien ausgekleidet und nach Möglichkeit als Staufächer genutzt. Große Dachausschnitte, die das Herausnehmen mehrerer Dachrippen erfordern, bedingen ein fachgerechtes Aussteifen der Karosserie durch einen mit den Fahrzeugrippen verschweißten Stahlprofilrahmen. Hierfür sollten Sie praktisch in jedem Fall eine Karosseriefirma hinzuziehen.

Den Dachausschnitt, den Sie im Mittelbereich schaffen müssen, sollten Sie jedoch entsprechend den Montageanweisungen des Hochdach-Herstellers so genau wie möglich machen. Die Herstellung so eines Dachausschnittes geht im Prinzip ähnlich vor sich wie beim Heraustrennen eines Blechfeldes im Durch-

gangsbereich beschrieben. Sie sollten aber, wenn es irgendwie geht, auf Hammer und Meißel verzichten und lieber nur mit der Stichsäge arbeiten, weil dann die Schnittkanten weder verbeulen noch unsauber werden. Schauen Sie sich in diesem Zusammenhang bitte die Bilder an, bei denen es um den Einbau einer Dachluke geht.

Beim Aufsetzen eines Hochdachs auf das vorhandene Dach sollten Sie nach Möglichkeit immer den ringsum laufenden Rand des neuen Dachteils im Bereich der seitlich verlaufenden »Regenrinne« des alten Dachs aufsetzen. Vorausgesetzt, daß das Hochdach rundum glatt aufliegt und nicht erst noch angepaßt werden muß. Was leider selten der Fall ist.

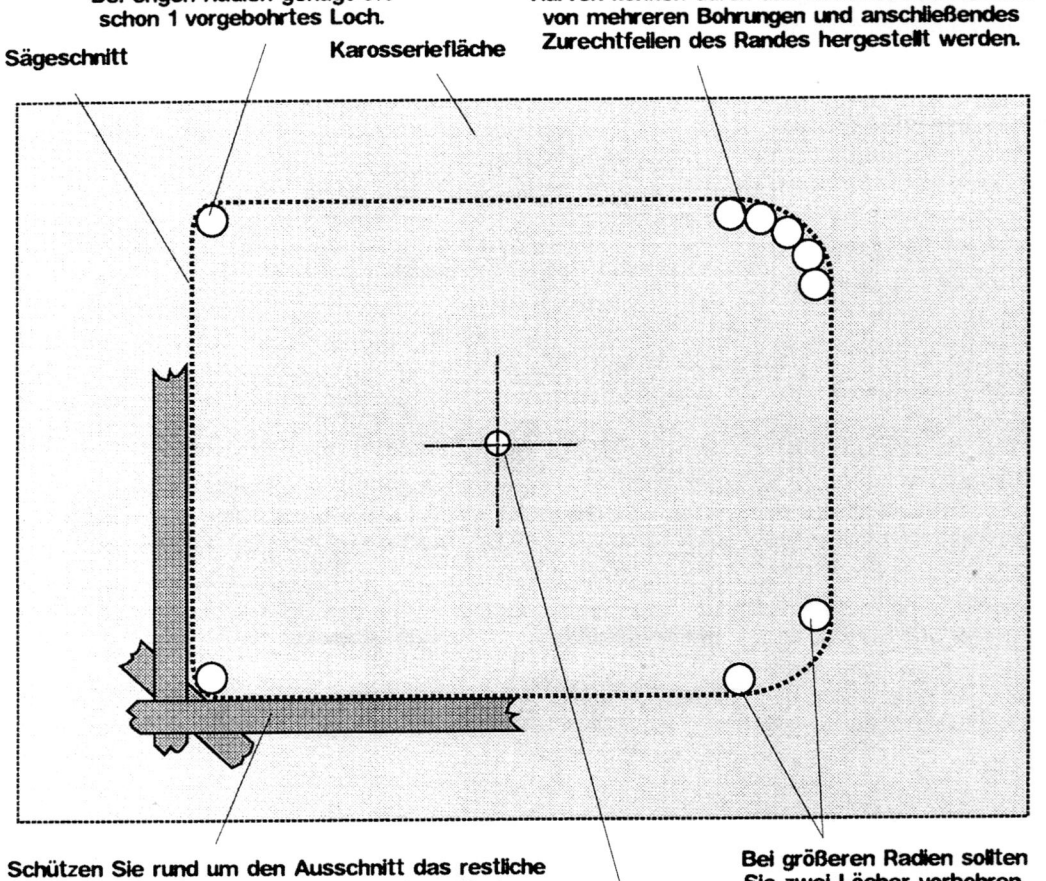

Sägeschnitt

Bei engen Radien genügt oft schon 1 vorgebohrtes Loch.

Karosseriefläche

Kurven können durch das Nebeneinandersetzen von mehreren Bohrungen und anschließendes Zurechtfeilen des Randes hergestellt werden.

Schützen Sie rund um den Ausschnitt das restliche Karosserieblech durch Kreppklebeband vor Kratzern.

Eine erste Kontrollbohrung mitten im Ausschnitt dient der Maßübertragung zwischen innen und außen.

Bei größeren Radien sollten Sie zwei Löcher vorbohren.

Abbildung 57: Vorbereitung eines Dachausschnittes. Hier sehen Sie 3 verschiedene Möglichkeiten, Ausschnitte sauber in Blechflächen zu sägen. In jedem Fall sollten Sie zuerst die Eckpunkte durch Bohrungen festlegen. So bekommen Sie an diesen Stellen saubere Rundungen. Achtung: Bohrlöcher im Blech vor dem Bohren an diesen Stellen behutsam mit einem Körner markieren, damit die Bohrmaschine nicht abrutscht! Lackflächen außerhalb des Ausschnittes mit Klebeband schützen!

Das Anpassen wird Ihnen also wohl kaum erspart bleiben, es macht jedoch keine sehr große Mühe (Abbildung 56). Zuerst müssen Sie natürlich das neue Hochdach auf den Wagen aufsetzen und den ungefähren Verlauf des Hochdachs mit Filzstift auf dem Fahrzeugdach anzeichnen (1). Nun können Sie das Dach zunächst wieder abnehmen und mit Hilfe der Stichsäge (beginnend an einigen vorgebohrten Löchern) einen (nicht zu großzügig bemessenen) Ausschnitt von außen in das Dach schneiden (2). Sägen Sie diesen Ausschnitt im Dach nach den Angaben des Hochdachherstellers rundum entsprechend dem eingezeichneten Hochdachverlauf aus

und schneiden Sie dabei vorsichtshalber den Ausschnitt rundum gut 8 bis 10 cm kleiner aus, als es das Hochdach erfordern würde. So haben Sie vor der endgültigen Montage die Möglichkeit, den Sitz des Hochdachs später noch eine Kleinigkeit korrigieren zu können. Nachsägen können Sie nämlich immer noch! Und Sie haben noch etwas Blech zur Verfügung, das Sie zum Befestigen des Hochdaches unter Umständen gut gebrauchen können.

Das Aussägen erfolgt am einfachsten von oben mit Hilfe einer Stichsäge und entsprechendem Metallsägeblatt. Zuvor sollten Sie noch in den vier (großzügig abgerundeten!) Endpunkten des Dachaus-

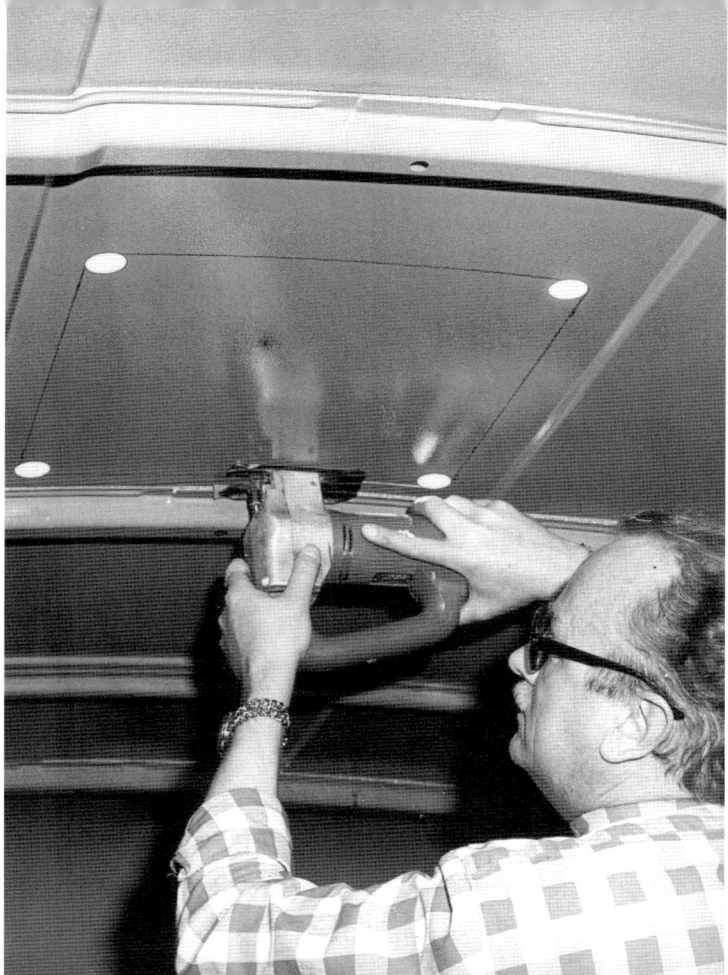

Abbildung 58: Das Sägen von Blech. An den 4 Ecken wurden großzügige Bohrungen zum Einsetzen der Stichsäge angebracht und dann (von den Eckpunkten her) wird der Ausschnitt bequem vom Innern des Fahrzeugs her sauber herausgesägt. Achtung: Schutzbrille tragen wegen der Metallspäne!

schnittes jeweils ein etwa 10 mm großes Loch (innerhalb des künftigen Ausschnittes!) in das Blechdach bohren, in denen Sie dann zum Sägen des Ausschnittes die Stichsäge ansetzen können. Die Zeichnung (Abbildung 57) zeigt Ihnen, wie Sie einen Blechausschnitt ganz exakt herstellen können. Nach dem Fertigstellen des Ausschnittes werden die scharfen Blechkanten mit einer Feile entgratet, um die Verletzungsgefahr zu verringern. Anschließend sollten Sie die metallisch blanken Blechkanten des Ausschnittes einmal mit Rostschutzfarbe überstreichen. Nachdem Sie das Hochdach nochmals korrekt aufgesetzt haben, sollten Sie nun den präzisen Verlauf des Fahrzeugdaches am unteren Rand des Hochdaches markieren. Sehr einfach geht das, wenn Sie hierzu ein Stückchen Holzleiste (nicht höher als der größte Spalt zwischen Hochdach und Dachfläche) und einen Filzstift verwenden (Abbildung 56, Detail 3). In der Zeichnung sehen Sie, wie einfach das funktioniert. Nach dem exakten Anzeichnen des Dachverlaufs wird das Hochdach noch einmal abgenommen und mit der Stichsäge und den speziellen Kunststoff-Sägeblättern genau an der markierten Linie entlang passend geschnitten. Vorsicht beim Sägen! Fehler und Ungenauigkeiten hierbei können später leicht zu einem undichten Dachanschluß führen.

Anschließend wird die Unterseite des Hochdachs an den gesägten Kanten mit einer Raspel oder groben Feile und mit Schleifpapier und Kork geglättet. Je besser das gemacht wird, desto glatter sitzt das Hochdach später auf der Dachfläche auf. Der Bereich, in dem das Hochdach montiert werden soll, muß vor dem Aufsetzen des Hochdachs ebenso gründlich

Abbildung 59: Der Dachausschnitt. So sieht der an 3 Seiten bereits ausgesägte Dachausschnitt für eine Dachluke in der Praxis aus.

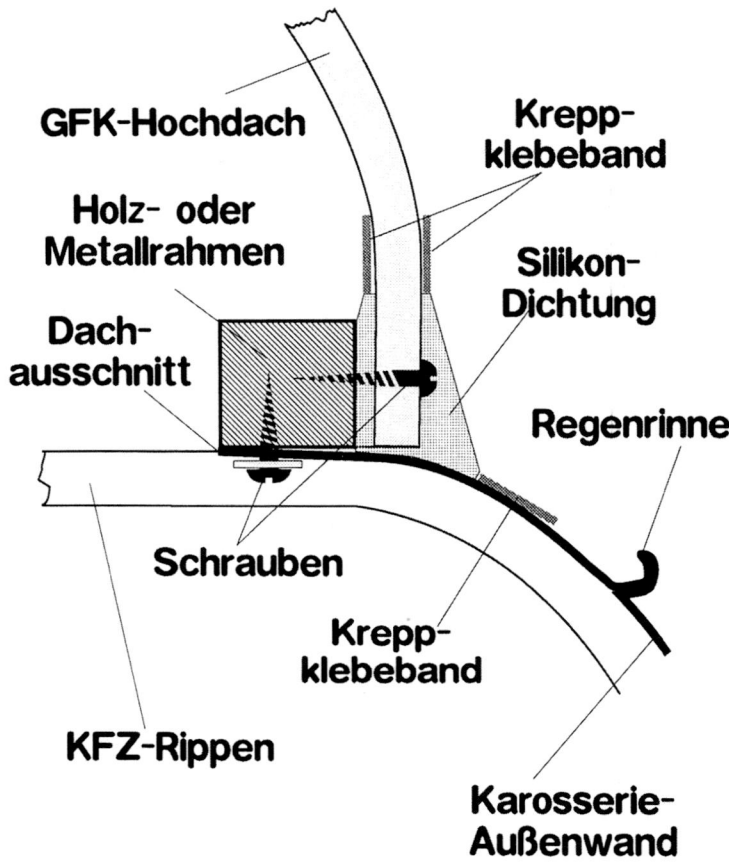

GFK-Hochdach

Holz- oder Metallrahmen

Dach-ausschnitt

Krepp-klebeband

Silikon-Dichtung

Regenrinne

Schrauben

Krepp-klebeband

KFZ-Rippen

Karosserie-Außenwand

Abbildung 60: Holzrahmen als Hochdachverbindung. Ein stabiler Hartholzrahmen ist das verbindende Element zwischen Fahrzeugdach und Hochdach. Er wird innen rund um das aufgesetzte (und mit Montagekleber befestigte) Hochdach geschraubt. Bei Schrauben auf Blech möglichst immer Unterlegscheiben zwischen Schraubenkopf und Blech verwenden, so verteilt sich der Druck besser.

gereinigt und entfettet werden wie der Klebebereich des GFK-Daches. Verwenden Sie hierfür ein besonders wirksames Lösemittel wie z. B. Nitroverdünnung oder Aceton, so sollten Sie sorgsam darauf achten, daß Sie erstens nichts davon einatmen und daß zweitens kein Tropfen Lösemittel auf den übrigen Lack Ihres Fahrzeugs gelangt! Sonst steht Ihnen

unter Umständen eine Neulackierung ins Haus! Jetzt sollten Sie das Hochdach rundum innen wie außen mittels eines Streifens Kreppklebeband (4) vor dem Bekleckern mit überflüssigem Kleber schützen und nur die Bereiche frei lassen, die wirklich geklebt werden sollen.

Auch der Dachbereich des Fahrzeugs, der mit Kleber versehen werden muß, wird rundum mit Kreppklebeband eingefaßt. Bei einer Klebung im Bereich der Regenrinne wird natürlich statt dessen die Regenrinne rechts und links vom vorgesehenen Klebebereich sorgfältig mit Kreppklebeband abgedeckt und dann kann endlich der spezielle Kleber (z. B. Sikaflex o. ä.) in den freigelassenen Feldern in einem breiten Streifen satt aufgetragen werden.

Jetzt können Sie das Hochdach behutsam, aber präzise aufsetzen. Mit ein paar kräftigen Stricken oder Gurten, die über das Hochdach gelegt und unter dem Wagen durchgezogen werden, wird das Hochdach mit mäßigem Druck so auf die Karosserie gepreßt, daß es bis zum Abbinden des Klebers nicht verrutschen kann. Anschließend wird nochmals rundum kontrolliert, ob ausreichend Kleber bzw. Dichtungsmasse in dem Spalt zwischen Hochdach und Karosseriedach für eine sichere Klebung und Abdichtung sorgt. Erforderlichenfalls müssen Sie sofort Kleber bzw. Dichtungsmasse nachspritzen.

Dann sollten Sie den Kleber rundum sorgfältig glattstreichen, bevor er eine Haut bekommt und abbindet. Sofort nach dem Glattstreichen des Klebers sollten Sie auch die Kreppklebebänder behutsam wieder abziehen. Wenn Sie damit nämlich zu lange warten, hat der Kleber womöglich schon etwas abgebunden und das Klebeband geht nicht mehr problemlos ab. Wenn die Klebung gründlich ausgehärtet ist, wird der Dachausschnitt nochmals (dieses Mal von innen) sorgfältig nachgesägt und anschließend, zum Beispiel durch ein Winkelprofil aus Holz, Kunststoff oder Metall, sorgfältig verkleidet.

Ein Tip für Sie

Manche TÜV (und auch ich) trauen der Kleberei allein nicht so recht und fordern zusätzliche mechanische Befestigungen. Aber auch wenn Sie selbst

Zweifel an der Haltbarkeit einer solchen Klebung haben oder die Montageanleitung eine zusätzliche Befestigung vorschreibt, ist so etwas jetzt noch ohne weiteres möglich. Es sollte für Sie wirklich kein Problem sein, denn mit ein paar angeschraubten Leisten oder Winkelprofilen geht das notfalls meist auch noch nach der Reklamation des TÜV zu bewerkstelligen. Wie so etwas zu machen ist, erkläre ich Ihnen in zwei Versionen gleich anschließend, wenn es darum geht, ein Hochdach ohne Klebung zu montieren.

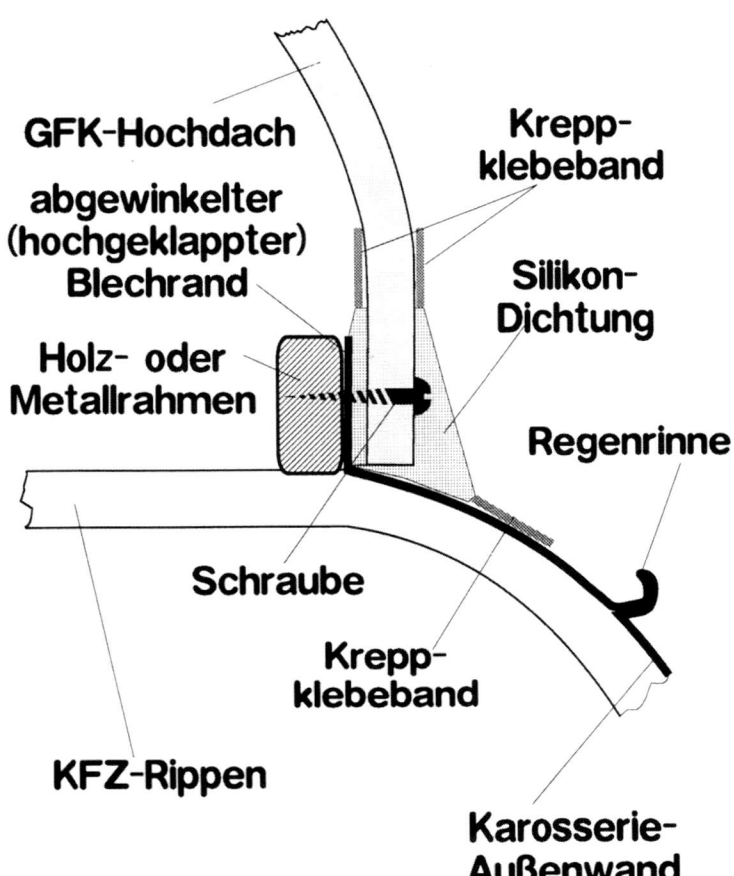

Wenn das Dach nicht nur aufgeklebt werden darf oder wenn es nur mechanisch befestigt werden muß, so müssen Sie etwas anders vorgehen. Zeichnen Sie nach dem Anpassen des Hochdachs an die Dachfläche mit Filzstift innen auf dem Fahrzeugdach im Bereich Ihres Dachausschnittes den genauen Verlauf der Hochdach-Innenkante an. Danach können Sie entweder ein paar stabile Eichen- oder Buchenholzleisten wie einen Rahmen von oben auf den Dachausschnitt setzen und von unten verschrauben (Abbildung 60). An diesen Leisten können Sie nun das Hochdach von außen mit stabilen Edelstahlschrauben (wegen der Rostgefahr!) befestigen, nachdem Sie zuvor Karosseriekleber, Montagekleber oder Silikonkautschuk von außen satt auf den Rahmen und die angepaßte Unterkante des Hochdachs aufgetragen haben. So haben Sie mit diesem Montagerahmen zugleich eine stabile Dachversteifung bekommen.
Übrigens: Sie sollten zum Abdichten Ihres Hochdachs nur richtigen Silikonkautschuk verwenden. Andere Kartuschen-Dichtungsmittel wie Acryl-Dichtungsmasse usw. können nach einiger Zeit spröde werden, reißen oder sogar durch die Karosserieschwingungen beim Fahren zerbröseln. Hieran sollte man also nicht sparen, denn das kann teurer werden.
Eine zweite Montagemöglichkeit: Sie setzen das Hochdach an der richtigen Stelle exakt auf der Karosserie auf und sägen anschließend Einschnitte im Abstand von etwa 20 cm in den verbliebenen Blechstreifen zwischen Dachausschnitt und Hochdach-Innenseite

Abbildung 61: Direkte Hochdachverschraubung. Bei dieser Montageart werden vom Dachausschnitt-Aussägen überstehende und eingesägte Blechrand-Abschnitte wie Laschen hochgeklappt und mit dem aufgesetzten Hochdach verschraubt. Ein innen eingepaßter Hartholzrahmen ermöglicht es, mit Edelstahlschrauben von außen Hochdach, Blechlaschen und Rahmen fest zu verbinden. Silikonkautschuk oder wetterfester Karosseriekleber dichtet alles gemeinsam sicher ab.

(Abbildung 61). Dann tragen Sie von innen und außen Silikonkautschuk oder Spezial-Karosseriekleber auf und dichten so den verbliebenen Spalt sorgfältig ab. Die einzelnen Blechfelder zwischen den gesägten Schlitzen klappen Sie dann, solange der

Kleber noch frisch ist, wie Blechlaschen nach oben, montieren rundum (z. B. mit Montagekleber) von innen eine stabile Holz- oder Metallleiste und verschrauben das Hochdach von außen mit Edelstahl- oder Messingschrauben durch die Blechlaschen hindurch mit der innen sitzenden Leiste.

Nach dem Befestigen des neuen Dachs (mittels Klebung und/oder Verschraubung bei Kunststoffdächern bzw. Schweißung oder Nietung bei Blechdächern) wird der Übergangsbereich ringsum nochmals, falls es erforderlich ist, sorgfältig mit einem speziellen Karosseriekleber (z. B. »Sikaflex«) oder einer dauerelastischen Dichtungsmasse (Silikonkautschuk o. ä.) aus der Kartusche abgedichtet, denn das vor der Montage aufgetragene Dichtungsmaterial wird vermutlich beim Arbeiten ein paar Schrammen abbekommen haben. Zuvor muß der Dichtungsbereich natürlich noch einmal einwandfrei entfettet und gereinigt werden. Fettspuren oder Schmutz und Feuchtigkeit verhindern nämlich sonst die unbedingt nötige sichere Haftung der Dichtungsmasse.

Ein Tip

Diese verminderte Haftfähigkeit können Sie sich beim Glätten des Silikonkautschuks oder des Klebers zunutze machen. Wenn der aufgetragene Dichtungsmasse-Strang ringsum fertig ist, wird mit einem nassen (!) Lappen oder dem mit etwas Seifenwasser (oder Wasser mit Spülmittelzusatz) angefeuchteten Finger die noch frische Dichtungsmasse sorgsam glattgestrichen. Zwischendurch sollten Sie immer wieder die Fingerkuppe naßmachen, dann bleibt nichts an den Fingern hängen und die Dichtung wird völlig gleichmäßig glatt und sauber. Wenn Sie zuvor, wie ich Ihnen weiter oben schon empfohlen habe, sowohl auf dem Fahrzeugdach als auch am Hochdach rundum einen Streifen Kreppklebeband angebracht haben, so kann die Dichtungsmasse nur zwischen diesen beiden Klebebandstreifen aufgetragen werden und nach dem Abziehen des Klebebandes (sofort nach Auftrag und Glättung der Dichtungsmasse!) haben Sie einen perfekt gleichmäßigen Dichtungsstreifen rundum.

Erst wenn das neue Hochdach fix und fertig und vor allem solide befestigt und abgedichtet ist, kann der innere Ausbau beginnen. Vor allem muß der noch sichtbare Blechrand des Dachausschnittes verkleidet werden, damit alles perfekt aussieht. Vor dem Verkleiden des Randes mittels aufgeschraubtem Holzrahmen oder aufgeklebter Weichplastikprofile wird natürlich nochmals der Rostschutz der blanken Blechränder sorgfältigst ausgeführt.

(b) Das Hubdach

Gerade bei kleineren Campingbussen ist das Hubdach sehr verbreitet, weil es erstens wenig Platz benötigt, wenn es auf dem Blechdach des Kastenwagens oder Busses aufliegt. Weil es zweitens recht preiswert ist und weil es drittens ohne allzu große Probleme von jedem halbwegs begabten Heimwerker eingebaut werden kann. Hubdächer sind diese komischen Gebilde, bei denen eine feste Plastikschale aus glasfaserverstärktem Polyester die Dachfläche bildet und die Seitenwände des angehobenen Dachs aus mehr oder weniger haltbarem Segeltuch bestehen.

Oft sind preiswerte Hubdächer so knapp bemessen, daß sie nur im Mittelfeld des Fahrzeugs aufgesetzt werden, wo meist die Küche mit Waschbecken und Gaskocher installiert ist. Sie ermöglichen dann, daß man wenigstens dort aufrecht im Fahrzeug stehen kann. Das ist nicht weiter schlimm, denn im Bereich der Sitzbänke bzw. Betten braucht man meist genau so wenig Stehhöhe wie im Fahrerhaus. Deshalb ist diese Lösung aus Preisgründen oder für Selbermacher unbedingt praktisch.

Dadurch, daß der Dachausschnitt bei den meisten nachträglich einzubauenden Hubdächern nur relativ klein ist (etwa im Bereich von 90 mal 130 cm), brauchen auch fast nie die Blechrippen im Dachbereich entfernt zu werden. Das erleichtert natürlich den Selbsteinbau erheblich und man bekommt weder Ärger mit dem TÜV noch mit einer instabilen Karosserie.

Eine ganze Reihe Zubehörfirmen oder auch Firmen, die selbst Campingbusse bauen, liefern fertig montierte Hubdächer oder Einzelteile als Bausatz. Zunächst wird dafür der Ausschnitt in der Dachfläche von innen oder von außen angezeichnet. Als Schablone dafür kann meist der mitgelieferte Verstärkungsrahmen verwendet werden. In den Ecken (je nach Rundung) werden Bezugslöcher durch das Dachblech gebohrt. Das sind Bohrungen durch das Blechdach, an denen man sich sowohl innen als auch auf dem Dach maßlich orientieren kann, solange der Blechausschnitt noch nicht erfolgte. An Hand dieser Bezugslöcher kann man dann von oben nochmals den Verstärkungsrahmen auflegen und den Dachausschnitt exakt mit Filzstift anzeichnen.

Mit einem Metallsägeblatt in der Stichsäge wird nun von oben, weil man von dort aus besser arbeiten kann, der Dachausschnitt so sauber wie möglich herausgetrennt. Hierbei sollten Sie auch an die vorgesehenen Radien denken und sicherheitshalber die angezeichneten Schnittkanten nochmals mit der mitgelieferten Gummidichtung vergleichen. Nach dem Motto: Lieber vorher prüfen als nachher jammern!

Wer beim Sägen (berechtigte) Bedenken hat, er könnte mit der Stichsäge abrutschen und den Lack zerkratzen, der kann den Schnittverlauf oben auf dem Dach vor dem Markieren und Sägen noch mit breitem Kreppklebeband abkleben. Nach dem Sägen wird dann das Klebeband natürlich wieder entfernt, der Blechrand entgratet und sorgfältig gegen Korrosion geschützt. Bei manchen Hubdächern wird zusätzlich ein Kantenschutz mitgeliefert. Wenn nicht, muß man sich entweder so ein Plastikprofil besorgen oder zumindest die Kante mit Leinen-Klebeband o. ä. umkleben, um beim Arbeiten Verletzungen auszuschließen.

Das Hubdach wird meist von sogenannten Scheren in seiner Offen-Stellung gehalten. Diese Scheren müssen zuerst am Blechdach angeschraubt werden, was je nach Hubdachausführung verschieden erfolgt. Meist werden sie gemeinsam mit dem Verstärkungsrahmen zusammengeschraubt, der von innen gegen den Rand des Dachausschnitts geschraubt werden muß. Nach Montage der Hubscheren wird dann das Hubdach selbst montiert und zum Schluß auch noch der Leinwandbalg innen am Verstärkungsrahmen befestigt.

Abschließend kommen die restlichen Beschläge zum Arretieren des offenen bzw. geschlossenen Hub-

daches und die Verkleidungsprofile dran. Wo es erforderlich ist, den Dachausschnitt im Bereich des Verstärkungs- oder Dachrahmens zusätzlich abzudichten, tritt wieder die Kartuschenpistole mit Silikonkautschuk in Aktion.

Da jeder Hersteller von Hubdächern eine andere Art der Montage für sein Modell vorschreibt und auch andere Konstruktionselemente verwendet, kann hier nur eine allgemeine Beschreibung erfolgen. Genaue Montageanleitungen bekommen Sie von dem Hubdachlieferanten selbst. So gibt es beispielsweise Hubdachkonstruktionen, die so groß und schwer sind, daß sie sich nur mit Hydraulikzylinderchen aufstellen (und schließen) lassen. Das ist zwar eine praktische, aber auch teure Sache. Andere Hubdachscheren werden durch Federkraft gehalten oder rasten nur in den Endstellungen ein. Hier sollte man sich bei den Lieferanten umschauen und sich auf Messen vorher informieren, damit man wirklich das Optimale bekommt. Bei manchen Selbsteinbau-Hubdächern muß der Einbauer z. B. erst noch die Rahmen oder die Hubdachschale der Wagendachkrümmung anpassen, bevor er alles montieren kann.

(c) Das Aufstelldach

Im Prinzip ähnlich wie das Hubdach ist auch das Aufstelldach gebaut. Nur ist es meist wesentlich größer und bietet daher auch mehr Bewegungsfreiraum im Dachbereich. Dieses Platzangebot wird bei vielen Modellen dazu genutzt, im Aufstelldach ein Doppelbett unterzubringen. Diese Aufstelldächer klappen schräg auf, eine Seite ihrer festen Dachschale ist mit dem Wagendach durch Scharniere verbunden. Die Gegenseite wird durch Federdruck aufgestellt und durch eine Scherenkonstruktion o. ä. gehalten. Die drei offenen Seiten des Aufstelldachs sind aber wie beim Hubdach durch Textilbahnen verkleidet, in denen meist auch noch Gazefenster untergebracht sind.

Werden in solchen Aufstelldächern Doppelbetten untergebracht, so ist die Raumnutzung bei warmer Witterung sicher optimal. Bei kaltem Wetter allerdings kann es den im zeltähnlichen Dachgeschoß Schlafenden passieren, daß sie mehr mit den Zähnen klappern als schlafen. Die dünne Zeltleinwand oder

Textilbahn hält nämlich problemlos die Mücken oder Fliegen ab und läßt auch Kochdünste und Wärme gut aus dem Fahrzeug entweichen, aber sie kann nicht isolierend wirken.

Und noch ein Nachteil dieser Aufstelldächer sollte erwähnt werden: Bei manchen Dachformen bzw. Fabrikaten fühlt man sich nicht nur im Dachgeschoß, sondern auch im Fahrzeug selbst bei starkem Wind mehr wie auf einer Segeljacht im Sturm als in einem Campingbus auf festem Boden. Die Windangriffsflächen sind oft sehr groß und rauben einem durch die ständige Schaukelei des Fahrzeugs den Schlaf, wenn man nicht ausgesprochen seetüchtig veranlagt ist. Aber wie gesagt ist das von Hersteller zu Hersteller verschieden und man sollte in jedem Fall, bevor man ein solches Fahrzeug mit Aufstelldach erwirbt, ein paar Nächte zur Probe schlafen !

Diese Aufstelldächer sind nämlich fast alle nur ab Wohnmobilhersteller fertig eingebaut lieferbar, weil der erforderliche große Dachausschnitt Probleme wegen der Versteifung schafft. Und wenn ein Zubehörhändler ein größeres Aufstelldach für den Selbstausbau liefert, sollte man sich unbedingt von ihm vor dem Abschluß des Kaufvertrages für das betreffende Fahrzeugmodell den zulässigen Dachausschnitt angeben lassen und ebenso die einzubauenden Ersatzstreben.

Noch ein weiteres Problem bringen derartige Aufstelldächer für den Selbstausbauer mit sich: Wer oben im Dach schlafen will, muß erst einmal da hoch kommen. Dafür braucht man entweder eine sichere Anlegeleiter oder Strickleiter oder aber man muß die Möbel im Fahrzeug bereits so bauen, daß darin Tritte eingelassen sind und man über die Möbel ins Dachgeschoß gelangt.

Allerdings ist diese Kletterei wirklich nichts für etwas gesetztere Menschen, während Kinder geradezu einen Heidenspaß haben, unter dem luftigen Dach zu hausen. Natürlich nur bei stehendem Fahrzeug, denn für die Fahrt muß das Dach wie auch jedes andere Hub- oder Klappdach selbstverständlich eingezogen werden.

Ich für meine Person halte nicht nur aus diesem Grunde nicht allzu viel von Hub- oder Aufstelldächern (die Hersteller mögen mir dies verzeihen), und zwar aus folgenden Überlegungen:

- Erstens ist so ein aufgestelltes Dach für jeden, der es sieht, ein Zeichen dafür, daß in diesem Campingbus jemand »wohnt«, während es mir persönlich schon aus Sicherheitsgründen am liebsten ist, wenn mein Campingbus außen wie ein harmloser Kastenwagen aussieht.
- Zweitens ist so eine Leinwandfläche für einen Dieb geradezu eine Herausforderung, mit dem Taschenmesser einen kurzen Schnitt zwecks Aufbesserung seiner Vermögenslage zu machen.
- Drittens ist die Schaukelei des Fahrzeugs bei ungünstiger Stellung zum Wind oder neben einer viel befahrenen Landstraße nicht jedermanns Sache.
- Viertens ist mir eine regulierbare Lüftungsöffnung wie z. B. eine Dachluke oder ein Klappfenster im Dachbereich lieber, als die große, heizkostenfressende Stoff-Fläche bei Reisen in kühleren Jahreszeiten oder in kalten Nächten.
- Fünftens kostet so ein Aufstelldach auch nicht viel weniger als ein Serienhochdach und bietet weder dessen Stauraum noch dessen Haltbarkeit.

(d) Das Klappdach

Eine gute Alternative zwischen den großen Hubdächern und den Hochdächern bieten vereinzelt Fahrzeugausbaufirmen mit der Konstruktion des Klappdachs. Das besteht aus einer festen, ebenfalls recht großen Dachschale und rundum vier festen und isolierten, aber über Scharniere klappbaren Seitenwänden. Dach und Seitenwände sind meist in Sandwichbauweise gut isoliert und bieten damit neben leichter Bauweise eine stabile Konstruktion und gute Dämmwirkung. Leider sind diese Dächer nicht für alle Fahrzeugtypen erhältlich. Außerdem sind sie weder preiswert noch einfach selbst einzubauen. Diese Klappdächer sehen außerdem meist etwas eckig und verbaut aus, was zwar die strömungsgünstige Form, aber nicht ihren praktischen Nutzen einschränkt.

(e) Das Sonderdach

Gemeint sind damit all die Möglichkeiten, sich für sein Fahrzeug eine erhöhte Dachkonstruktion selbst zu schaffen. Das setzt allerdings sowohl eine vorherige

Klärung mit dem TÜV voraus als auch eine ganze Portion Wissen beim Umgang mit Glasfasermatten, Polyesterharzen und dem Formenbau.

Da es sich in den meisten Fällen ja um eine einmalige Sonderkonstruktion handeln wird (nämlich nur für dieses eine Fahrzeug), lohnt sich der Bau einer speziellen Negativform natürlich nicht. Der einfachste Weg dürfte der sein, daß man sich aus wenigstens 10 mm starkem, wasserfest verleimtem Sperrholz einen Aufbau auf dem vorher entsprechend aufgeschnittenen Dach herstellt und diesen Aufbau besonders sorgfältig mit den aufgestülpten Blechrändern des Dachausschnitts verschraubt, nachdem zuvor Karosseriekleber als Klebe- bzw. Dichtungsmittel aufgetragen wurde. Verwenden Sie dabei aber bitte (zumindest vor Fertigstellung des Daches) keinen Silikonkautschuk, da auf diesem Material das Polyesterharz nicht haften kann. Wie im übrigen so eine Dachmontage gemacht wird, habe ich Ihnen im Zusammenhang mit der Montage eines Hochdachs weiter vorn bereits ausführlich beschrieben.

Die Eckverbindungen der Sperrholzplatten untereinander werden durch (von innen angebrachte) massive Eichen- oder Buchenholzleisten von circa 40 mm bis 50 mm Kantenlänge hergestellt, die entsprechend der Neigung der Sperrholzplatten zueinander vorher ebenfalls schräg zurechtgehobelt werden müssen, damit sie vollflächig an den Platten anliegen. Sie werden verleimt und verschraubt, bis sich eine absolut verwindungssteife Kastenform (so weit wie möglich windschlüpfig geformt) ergibt. Dann werden alle Kanten gut gerundet und mit Sandpapier geschliffen. Nach Entfernung des Schleifstaubs außen wird der gesamte Kasten auf allen Außenflächen mit einer Einkomponenten-Haftgrundierung auf Polyurethanbasis satt eingestrichen.

Nach circa 30 Minuten muß dann – innerhalb weiterer zweieinhalb Stunden – die Beschichtung des grundierten Holzkastens mit der ersten Lage Glasfaser und Polyesterharz (mit Härterzugabe nach Lieferantenvorschrift) erfolgen. Die evtl. nötigen weiteren Lagen Glasfasermatte können dann in Ruhe aufgebracht werden. Als Abschluß der Beschichtung wird das reine Polyesterharz mit Härterzugabe und einer Farbstoffbeimengung (empfehlenswert ist weiß!) aufgetragen. Wichtig ist beim Aufbringen der Glasfasermatten, daß sie immer satt mit Harz getränkt werden (Scheibenroller oder harten Pinsel zum Tupfen verwenden) und sich nicht irgendwo abspreizen. Die Ecken sollten breit überlappend durch die Matten beschichtet werden.

Nach dem Aushärten der letzten Schicht wird man sich mit Schleifkork und größeren Mengen Schleifpapier oder mit einem Schwingschleifer an die Arbeit machen müssen und die Oberfläche eben schleifen. Das ist eine unangenehme Arbeit. Leider bleibt sie einem nicht erspart, da man ja mangels Negativform nicht von vornherein eine glatte Oberfläche bekommt. Nach dem Schleifen kann man entweder nochmals eine eingefärbte Feinschicht aufrollen oder den ganzen Aufbau mit einem Zweikomponenten-Kunststofflack spritzen.

Durch diese Eigenkonstruktion hat man natürlich die Möglichkeit, den Dachaufbau ganz nach eigenen Vorstellungen zu gestalten und Dachgepäckwanne, Bootshalterung o. ä. gleich mit einzuformen. Wer sich näher mit dieser Materie befassen will, sollte sich allerdings Spezialliteratur über Arbeiten mit Polyesterharz besorgen, denn hier würde eine genaue Anleitung zu weit führen.

Der innere Ausbau dieser eigenkonstruierten Hochdachausführung erfolgt dann wie bei einer normalen Wand auch durch Aufbringen der Isolation und einer Dampfsperre sowie durch anschließendes Verkleiden mit Sperrholz oder anderen Dekorplatten. Zuvor wird man natürlich noch für eine Lüftungs- und Belichtungsmöglichkeit durch Einbau von Lüftern, Dachluken oder Klappen sorgen.

4.04 Der Fußboden

Um mit System den weiteren Ausbau des Campingbusses voranzutreiben, ist erst einmal im Wohnteil die Schaffung einer vernünftigen Ausgangsbasis erforderlich. Ich meine damit einen glatten, ebenen und bis auf den Teppichbodenbelag o. ä. fertiggestellten Zwischenboden, auf dem man bereits Maße abnehmen kann, auf dem sich die Einrichtung anzeichnen läßt, auf dem man Durchbrüche im

Fußboden markiert usw. und der für die Höhenangaben der Öffnungen und Durchbrüche in den Karosseriewänden der Ausgangspunkt ist.

(a) Der Rostschutz innen

Bei einem gebrauchten Basisfahrzeug hatten Sie bereits den Fahrzeugboden im Wohnteil mit einem Schutzanstrich versehen (s. Kapitel »Aufarbeitung gebrauchter Fahrzeuge«), und zwar auf seiner Unterseite als auch von innen. Wenn Sie stolzer Besitzer eines Neufahrzeugs sind, so wird der – meist aus Stahlblech bestehende – Fahrzeugboden im Inneren nur mit einer einfachen Lackierung versehen sein, die Rostansatz vorerst verhindert. Aber das ist nicht genug! Denn wenn so ein Zwischenboden erst einmal fest montiert ist und die Möbel darauf stehen, kommt kein Mensch mehr ohne wochenlange Demontagearbeit an die Innenseite des Fahrzeugbodens heran.

Deshalb sollten Sie diesen (meist nur aus Blech bestehenden) Fahrzeugboden auch von innen so gut wie irgend möglich gegen jeden Schaden durch Feuchtigkeit usw. schützen. Wo die Feuchtigkeit im Fahrzeug herkommen soll? Nun, beispielsweise durch Kochdünste, durch das Duschen und Waschen, durch Ihre Atemluft usw.. Feuchtigkeit ist auch bei normaler Lüftung im Fahrzeug meist mehr da, als Ihnen lieb ist. Und die setzt sich besonders gern in verwinkelten Ecken und in Ritzen zwischen den Blechteilen fest, dort, wo es kühl ist und die Luftfeuchte kondensieren kann.

Aus diesem Grunde sollten sie den gesamten Fußboden möglichst an einem warmen und trockenen Tag innen gründlich trocken reinigen, tunlichst sogar mit einem Staubsauger auch noch die letzten Krümel und Staubpartikel aus den Ecken hervorholen und anschließend mit einem mittelgroßen Pinsel und Antidröhnmasse oder Bitumenspachtelmasse (aus dem Baumarkt) die ganzen Ecken und Winkelchen im Fußbodenbereich gründlich einschmieren. Dabei schadet es auch nicht, im Gegenteil ist es sogar vorteilhaft, diese Beschichtung der Ecken und Winkel des Blechbodens bis auf eine Höhe von drei bis vier Zentimetern rundum innen an den Fahrzeug-Außenwänden hochzuziehen, weil dieser Bereich durch das anschließende Einlegen des Zwischenbodens und das Verkleiden der Wände sowieso verdeckt ist.

Durch diese »wannenähnliche« Beschichtung, die durch das Anstreichen des gesamten Fußbodenblechs mit Unterboden-Schutzmasse (auf Bitumenbasis) bzw. mit Bitumenspachtelmasse vervollständigt wird, kommt man im Wohnbereich des Fahrzeugs zu einem absolut wasserdichten Bodenschutz.

(b) Die Dämmschicht

Sobald der Bitumenanstrich angetrocknet ist, prüft man noch einmal sorgfältig, ob auch wirklich nirgends Poren oder Fehlstellen in der Anstrichschicht vorhanden sind. Wenn man absolut sicher ist, kommt als nächstes das Einlegen der Dämmschicht. Diese Schicht hat nicht nur die Aufgabe, den Fußboden gegen Temperatureinflüsse von außen zu isolieren, sondern sie dient gleichzeitig als Ausgleichsschicht für den oft mit Sicken bzw. Profilierungen versehenen Blechboden, für die auf das Blech aufgeschweißten Blechlaschen für etwaige Sitzbefestigungen und für andere Unebenheiten.

Würde man diese Dämmschicht nicht aufbringen, würde der Zwischenboden beim Auflegen die Bitumenschicht zerkratzen, der Rostschutz wäre dadurch lückenhaft und damit sinnlos. Aber die Dämmschicht soll noch mehr bewirken: Durch das Material entsteht nämlich gleichzeitig eine schalldämmende Wirkung, so daß Fahrgeräusche von der Wagenunterseite im Fahrzeug nicht so stören. Zusätzlich kann auch der Trittschall beim Laufen im Fahrzeug nicht mehr merklich nach außen dringen. Eine Menge Aufgaben für ein Material, das außerdem möglichst noch gegen Feuchtigkeit und Wärme halbwegs beständig sein soll, das einigermaßen preiswert ist und das sich auch noch gut verarbeiten läßt.

Ich verwende für diese Dämmschicht am liebsten die sogenannten Bitufilzplatten, eine circa 8 mm starke, bitumengetränkte Wollfilzplatte aus dem Baustoffhandel. Sie ist nicht ausgesprochen billig, aber erfüllt meiner Ansicht nach ihre Aufgabe sehr gut. Außerdem ist sie durch den Bitumenanteil geradezu ideal geeignet, auf den Bitumenanstrich des Fußbodens gelegt zu werden, ohne daß hier irgendwelche Haftprobleme oder chemische Zersetzungen entstehen.

Verwendet man nämlich, wie manchmal festzustellen, billige Hartschaumplatten für diesen Zweck, so passiert es, daß sich durch die Lösemittelanteile des Bitumenanstrichs die Hartschaumplatten zersetzen und außerdem im Laufe der Zeit durch die Belastung von oben (Begehen, Gewicht der Möbel und Geräte usw.) eine Verdichtung und letztlich sogar ein Zerkrümeln des Hartschaums eintritt.

Sind keine bitumengetränkten Filzmatten aufzutreiben, kann man sich im Handel nach ähnlichen Weichfasermatten (Kokosmatten, Moosgummi o. ä.) umsehen, die aber auf jeden Fall möglichst kein Wasser aufsaugen sollten oder die z. B. durch Abdecken mit Plastikfolie oder auf andere Weise gegen Feuchtigkeit geschützt werden müssen.

Eine Möglichkeit ist beispielsweise das Auslegen von sich überlappender ungesandeter Dachpappe, auf die dann eine Dämmatte (Filz, Weichfaser, notfalls Hartschaum oder fester Schaumstoff von 10 mm Stärke) aufgelegt wird. Darauf kommt dann nochmals entweder eine weitere Lage ungesandete Pappe oder eine solide Plastikfolie, um das Dämmaterial gegen Nässe von oben zu schützen.

An Stelle der eben erwähnten Werkstoffe zur Dämmung läßt sich auch recht vorteilhaft (aber etwas teuer) Kork einsetzen. Sie bekommen ihn gerollt als Meterware oder zugeschnitten in Plattenform in Baumärkten oder Geschäften für Teppichböden. Für derartige Isolierarbeiten kommt es aber überhaupt nicht auf Schönheit an, Sie können also die billigste Ausführung oder eine zweite Wahl kaufen. Die Platten sollten etwa 8 bis 10 mm dick sein. Bekommen Sie nur dünneres Material, können Sie mehrere Schichten übereinander kleben, wobei sich die Fugen möglichst durch Überlappung der einzelnen Lagen verdecken sollten. Die Korkschicht sollten Sie aufkleben (zumindest die erste), indem Sie die Platten so dicht und fugenlos wie möglich in den noch frischen Bitumenanstrich des Blechbodens einlegen oder die Fläche nochmals kurz mit Bitumenanstrich versehen. Dann können die einzelnen Platten später nicht verrutschen. Kork braucht wegen seiner geringen Wasseraufnahmefähigkeit keine abdeckende Schutzschicht vor dem Auflegen des Zwischenbodens.

Um Ihnen nun die weiteren Arbeiten etwas verständlicher zu machen, um Ihnen den Aufbau des

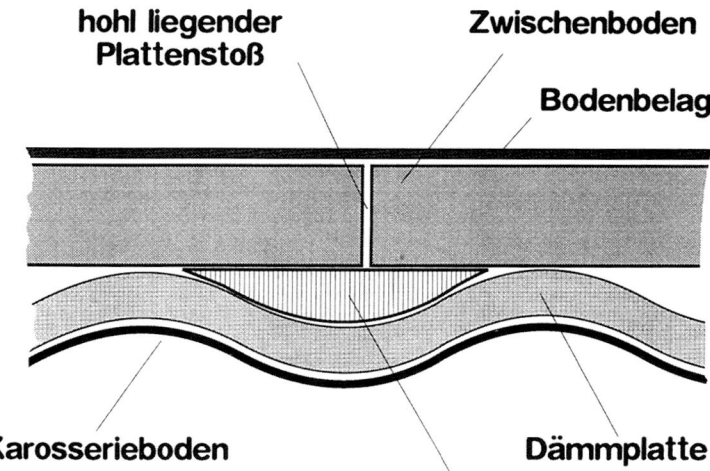

hohl liegender Plattenstoß **Zwischenboden** **Bodenbelag** **Karosserieboden** **Dämmplatte**

Abbildung 62: Der Fußboden-Aufbau. Auf den – meist profilierten bzw. mit Sicken versehenen – Fahrzeugboden wird Bitumenmasse satt aufgestrichen und diese dann mit einer Dämmplatte abgedeckt. Die solide Bodenplatte (Tischlerplatte, Sperrholz o. ä.) wird auf diese Dämmplatte aufgelegt. An den Stoßstellen (z. B. bei geteilter Bodenplatte) sollte diese Stoßstelle unterfüttert oder ausgespachtelt werden, damit es beim Betreten nicht zu Knarrgeräuschen oder Bruch kommt. Auf die Bodenplatte kommt erst am Ende der Ausbauarbeiten der endgültige Bodenbelag (Teppich, PVC o. ä.).

Fußbodens und die Anfertigung des schon mehrfach erwähnten Zwischenbodens zu erleichtern, betrachten Sie bitte noch einmal die Zeichnung (Abbildung 47). Das Bild zeigt im Schnitt eine Ecke des Fußbodens und der Fahrzeugwand. Die einzelnen Teile sind entsprechend gekennzeichnet. Der Fußbodenaufbau, um das noch einmal zusammenzufassen, besteht also aus dem Karosserieboden (aus Blech), der vom Fahrzeug-Innenraum her mit einem Bitumenanstrich versehen ist und auf dem dann die Dämmschicht (Bitumen-Filzplatte o. ä.) liegt. Die Bodenplatte aus wasserfest verleimtem Sperrholz o. ä. (siehe nachstehenden Abschnitt) wird nach dem Einpassen mit Schloßschrauben, den dazu passenden Muttern und breiten Unterlegscheiben am Fahrzeugboden festgemacht.

(c) Die Bodenplatte

Was nun die Bodenplatte (auch Zwischenboden genannt) selbst betrifft, so muß sie aus Stabilitätsgründen wenigstens 10 mm stark sein, aus möglichst wasserbeständigem, haltbarem Material bestehen, nicht zu schwer sein und sich gut bearbeiten lassen. Für solche Aufgaben hat sich entweder die Verwendung von wasserfest verleimtem Sperrholz (sogenanntes Boots-Sperrholz), von kunstharzgebundenen Spanplatten (leider sind diese Platten sehr schwer!) oder von Tischlerplatten (Mindeststärke 16 mm!) bewährt. Die Tischlerplatten bekommt man auf Wunsch auch in einer etwas wasserbeständigeren Ausführung, die normale Tischlerplattenausführung würde ich daher nicht als Material für die Bodenplatte wählen. Am besten arbeitet es sich mit wasserfestem Sperrholz, das relativ leicht ist, sich gut sägen und schrauben läßt und fast überall zu bekommen ist.

Ebenfalls gut zu verarbeiten ist die kunstharzgebundene, wasserfeste Spanplatte. Sie ist allerdings sehr schwer und auch ein ganzes Stück bruchanfälliger als Sperrholz. Das heißt, daß Schrauben leichter aus diesem Material ausreißen können, was besonders bei einem Crash unangenehme Folgen haben kann! Dennoch würde ich die wasserfeste Spanplatte verwenden, wenn kein wasserfestes Sperrholz erhältlich ist. Das hohe Gewicht ist zwar beim Hantieren hinderlich und verringert auch die Nutzlast. Aber zumindest wird die Schwerpunktlage des Fahrzeugs nicht ungünstig beeinflußt. Wegen der höheren Bruchgefahr würde ich allerdings bei Spanplatten mindestens auf 12 mm Stärke, notfalls (wenn die Nutzlast es erlaubt) sogar auf 16 mm zurückgreifen.

Ihr Fahrzeug hat im Wohnteil eine bestimmte Fläche, die mit einer Bodenplatte zu versehen ist. Eine so große Platte, wie sie hierfür erforderlich ist, läßt sich aber nur selten in einem Stück in das Fahrzeug hineinbekommen, weil meist die Fahrzeugtüren kleiner sind und die Platte noch nicht einmal schräg durch die Türen paßt. Deshalb wird die Platte zunächst waagerecht irgendwo ausgelegt. Dann werden die genauen Maße des Fußbodens aus dem Fahrzeug auf die Platte übertragen. Dabei können Sie die gemessenen Einzelmaße an den Außenseiten der Platte sogar um etwa ein bis zwei Zentimeter kleiner antragen, damit die Platte später ringsum mit etwas Luft an den Seiten im Fahrzeug aufliegt. Die Plattenränder sollten aber an den Stellen, wo im Fahrzeug Rippen bis unten zum Fahrzeugboden gehen, ausgeklinkt werden, damit der Boden auch noch bis zwischen die einzelnen Verrippungen greift.

Wenn rundum die Platte zugeschnitten ist, prüfen Sie bitte gleich einmal nach, welches Plattenmaß Sie durch die Türen in das Fahrzeuginnere bekommen. Meist werden Sie die Platte einmal teilen müssen. Diese Teilung sollten Sie möglichst quer zur Fahrtrichtung vornehmen, weil sich sonst die Trennfuge immer längs im Gang des Wohnteils befindet und sich dadurch Probleme durch die wechselnde Belastung beim Begehen ergeben könnten. Das Zuschneiden der äußeren Ränder und das Zerteilen der Platte läßt sich bequem mit der Stichsäge oder mit einer Kreissäge ausführen. Am besten arbeitet es sich dabei, wenn die Platte für den Zuschnitt auf ein paar Böcken oder einem stabilen Tisch liegt wie eine Tischplatte.

Nach dem Zuschnitt sind die Plattenränder oft etwas ausgefranst. Mit der Raspel, mit einem kleinen Hobel oder mit Sandpapier wird der Rand gebrochen. Dann wird die Platte behutsam im Fahrzeug ausgelegt und exakt ausgerichtet. Nun können Sie diese Platte entweder gleich endgültig am Boden des Fahrzeugs befestigen (nicht so empfehlenswert) oder Sie lassen sie bis nach dem Anbringen der Durchbrüche im Fahrzeugboden (siehe Kapitel »Luken, Klappen und andere Öffnungen«) erst einmal noch lose im Wagen liegen und machen sie dann später erst fest.

Wenn Sie die Platte sofort befestigen wollen, so sollten Sie die hierfür erforderlichen Bohrungen von der Fahrzeug-Unterseite her vornehmen. Das ist zwar etwas unbequem, aber sicherer. Weil Sie auf diese Weise alle Rohrleitungen und Kabel unter dem Fahrzeugboden sehen und deshalb nicht versehentlich anbohren können. Im Grunde ist es ziemlich egal, an welcher Stelle genau die Schrauben oben im Zwischenboden sitzen, die versenkten Löcher werden ja doch zugespachtelt und verschwinden außerdem entweder unter dem Bodenbelag oder unter den Möbeln. Aber unten unter dem Fahrzeugboden kann man sich so die günstigsten Stellen zum Bohren aussuchen. Beim Bohren von unten sollten Sie aber unbedingt eine Schutzbrille tragen, sonst fallen Ihnen die Bohrspäne ins Auge!

Je nach Fahrzeuggröße reicht es normalerweise, wenn Sie den Zwischenboden mit mindestens 10 bis 16 Schloßschrauben (Größe M8 bis max. M10) mit dem Fahrzeugboden verbinden. Denken Sie daran, daß diese Schrauben bei einem Crash die mit dem Zwischenboden verankerten Möbel samt Inhalt mit fest halten müssen! Mindestens vier Schrauben sollten im Mittelfeld der Platte sitzen, die anderen rundum etwa 20 Zentimeter vom Rand weg. Verwenden Sie die relativ dünnen Sperrholzplatten von 10 mm Stärke, sollten Sie möglichst ein paar mehr Befestigungsschrauben einsetzen und die Schrauben gleichmäßig über die gesamte Fläche verteilen. Außerdem können Sie in solchem Fall auch auf Schloßschrauben M 6 zurückgehen, weil dort die Köpfe flacher sind und sich noch sicher in dem (dünneren) Material des Sperrholzes unterbringen lassen. Wenn die Schloßschraubenköpfe innerhalb der Möbelteile sitzen, brauchen die Löcher für die Schraubenköpfe überhaupt nicht versenkt zu werden, die Köpfe stören dann ja nicht und die Stabilität ist höher. Bohren Sie alle diese Löcher mit einem Durchmesser, der nur etwa ½ bis 1 mm größer ist als der Schraubenschaft.

Wenn alle Löcher durch den Fahrzeugboden, die Dämmplatte und den Zwischenboden hindurch gebohrt worden sind, sollten Sie vom Fahrzeuginnern her die Löcher im Zwischenboden mit einem Fräser oder Stechbeitel so ansenken, daß die Köpfe der Schloßschrauben in diesen Ansenkungen verschwinden. Dann können Sie die Schloßschrauben von oben durch die Löcher schieben und mit einem leichten Hammerschlag im Loch festsetzen. Die jetzt noch in der Bodenplatte sichtbaren Löcher werden nach dem endgültigen Anschrauben der Bodenplatte mit Kunstharzspachtel zugespachtelt und Sie bekommen so einen vollkommen ebenen Fußboden.

Zur Befestigung der Bodenplatte noch ein Hinweis: Schloßschrauben sind deshalb vorteilhaft, weil sie einen breiten und recht flachen Kopf haben, der nach dem Versenken in der Bodenplatte dennoch guten Halt gibt. Die Mutter, die Unterlegscheibe und das Ende der Schraube selbst werden anschließend von der Wagenunterseite her dick mit Bitumenspachtelmasse oder Antidröhnmasse gegen Korrosion geschützt. Dadurch kann man auch noch nach Jahren jederzeit wieder die Schrauben lösen.

Und noch etwas: Wenn Sie die Platte aus Montagegründen teilen mußten, sollten Sie bei der Montage in dem Stoßbereich der Plattenteile unbedingt darauf achten, daß die Plattenränder nicht hohl liegen, sie würden sich sonst früher oder später dort einbiegen (Abbildung 62). In dem Fall empfiehlt es sich, entweder mit Autospachtel die Hohlräume auszuspachteln oder ein passendes Stück Sperrholz bzw. einen Streifen 2 mm dickes Alu- oder Messingblech als Druckverteilung unter den Stoß zu legen. Die Sache läßt sich aber auch ohne Unterfütterung verbessern, indem man im Stoßbereich gleich mehrere Schloßschrauben auf jeder Seite anbringt und damit die einzelnen Plattenteile fest an den Fahrzeugboden preßt.

So, jetzt haben Sie sich durch den Einbau einer stabilen Bodenplatte erst einmal eine vernünftige Ausgangsbasis für den weiteren Ausbau des Wagens geschaffen. Von hier aus lassen sich jetzt alle Höhenmaße korrekt ermitteln, alle Durchbrüche lassen sich genau anzeichnen und Sie haben eine stabile Standfläche und Arbeitsplatte.

Damit diese Standfläche auch rundherum stabil bleibt, prüfen Sie bitte abschließend noch, ob im Randbereich der Bodenplatte an den Türen oder im Durchgang nach vorn zum Fahrerhaus diese Bodenplatte fest aufliegt. Hohlräume in diesem Bereich sind nämlich unangenehm, weil sich die Platten dort beim Gehen immer durchbiegen. Deshalb sollte im Falle eines Nichtaufliegens der Bodenplatte entweder eine passende Leiste satt mit Bitumenspachtelmasse oder Antidröhnmasse eingestrichen und zwischen Blechfußboden und Bodenplatte eingeschoben werden. Durch die hart werdende Bitumenmasse verklebt sie dort und kann nicht verrutschen. Oder Sie unterspritzen den betreffenden Bereich mit Montageschaum, der sich an diesen Stellen ausdehnt und nach dem Aushärten für einen spielfreien Halt sorgt. Sie können aber auch nachträglich noch in Bereichen, wo sich die Bodenplatte durchbiegt, Abhilfe schaffen: Bohren Sie dort einfach ein paar Löcher von etwa 10 mm Durchmesser in den Zwischenboden und drücken Sie mit einer alten Kuchenspritze oder einem schmalen Spachtelmesser etwas Polyesterspachtelmasse zwischen Bodenplatte und Fahrzeugboden. Oder spritzen Sie etwas Montageschaum hinein. Aber ein warnender Hinweis: Seien Sie mit der Menge des einzuspritzenden Montageschaums vorsichtig. Er dehnt sich ungefähr auf das 20- bis 30-fache seines ursprünglichen Volumens aus und erzeugt dabei erhebliche Drücke, die unter Umständen zu einer Verformung Ihres Fußbodens führen können!

4.05 Fenster und Türen

(a) Fenster

Im Campingbus sind Fenster, in der richtigen Ausführung und an den günstigsten Stellen sachgerecht eingebaut, eine wichtige Voraussetzung für gutes Wohnklima. Und einige Fenster sind auch vom TÜV vorgeschrieben. Aber davon später im Kapitel Zulassung mehr. Fenster bringen Licht und Sicht und

Rechte Seite, oben: Abbildung 63: Alu-Fertigfenster. Ein kleines Ausstellfenster mit selbstrastendem Festesteller. Ein im Rahmen zu montierender Stift (1) schafft in Verbindung mit dem Festeller die Möglichkeit, das Fenster in Lüftungsstellung sicher zu arretieren. Der Hebel (2) gestattet festes Schließen des Fensters. Die Plastikformteile (3) ermöglichen das formschöne und sichere Verkleiden der oberen Rahmenleiste. Die rundum laufende Gummidichtung (Pfeil) ist selbstklebend.

frische Luft ins Fahrzeug, sie schaffen Helligkeit und verbessern zweifellos das Aussehen eines Campingbusses innen wie außen. Aber Fenster sollten auch mit Bedacht und Zurückhaltung eingeplant werden, denn Fenster bringen nicht nur Vorteile mit sich. Doch zunächst eine Klarstellung: Wenn von Fenstern im Zusammenhang mit Campingbussen die Rede ist, so sind immer die für den Wohnteil vorgesehenen speziellen Wohnwagen- oder Campingbusfenster mit Kunststoff-Doppelscheiben oder in Sonderfällen mit Sicherheitsglas-Doppelscheiben gemeint. Solche Campingbusfenster sind nicht allzu teuer und allemal besser als serienmäßige Einfachverglasung ab Werk.

Fenster sollten dort eingebaut werden, wo sie wirklich gebraucht werden und wo die Karosserie bzw. die geplante Einrichtung es zuläßt (Abbildung 63 und Abbildung 64). Wichtig ist in jedem Fall ein ausstellbares Fenster (oder eine ausstellbare Dachhaube) im Kochbereich, wo erstens zum Hantieren gutes Tageslicht nötig ist und wo zweitens Kochdünste usw. schnellstens abziehen können. Aus diesem Grunde wird es oftmals von Vorteil sein, den Küchenblock hinter dem Beifahrersitz aufzustellen, weil hier meist eine seitliche Tür (Schiebe- oder Klapptür) mit eingebautem Fenster sitzt, das nur

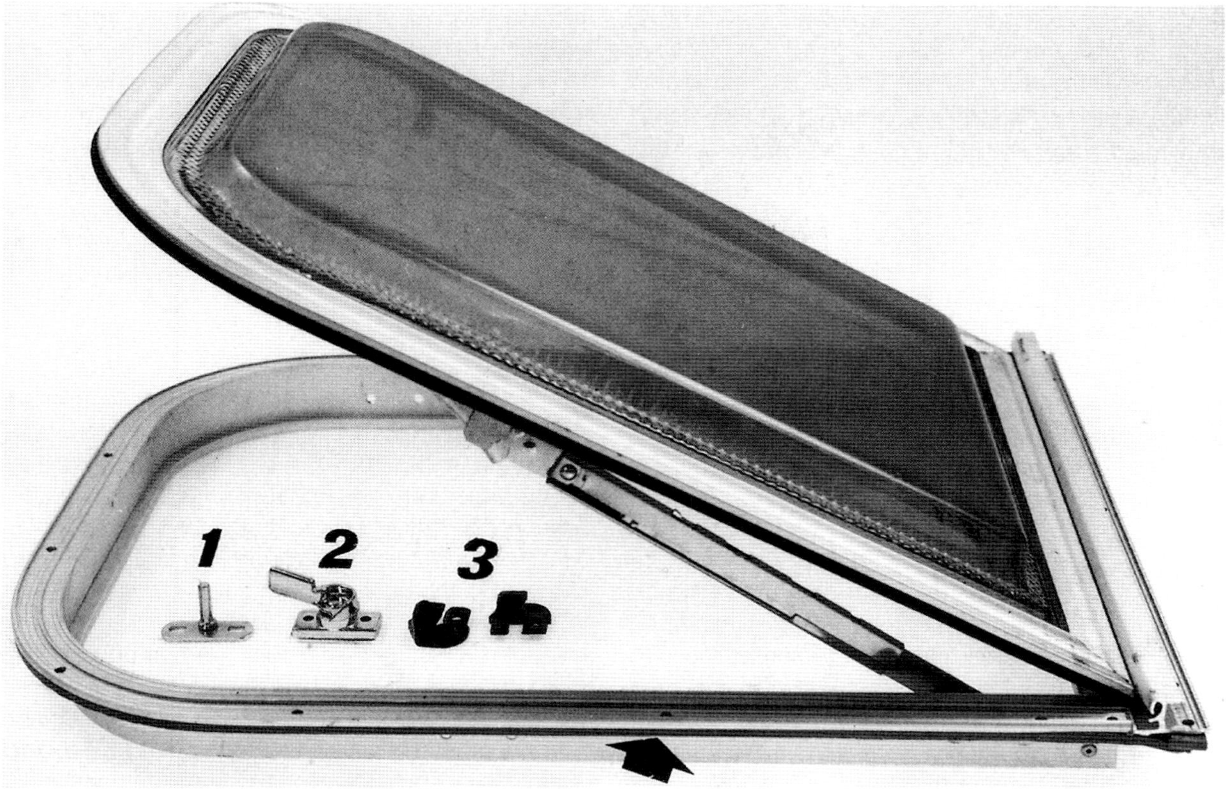

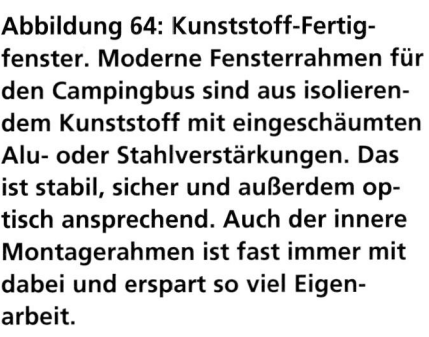

Abbildung 64: Kunststoff-Fertig-
fenster. Moderne Fensterrahmen für
den Campingbus sind aus isolieren-
dem Kunststoff mit eingeschäumten
Alu- oder Stahlverstärkungen. Das
ist stabil, sicher und außerdem optisch ansprechend. Auch der innere
Montagerahmen ist fast immer mit
dabei und erspart so viel Eigenarbeit.

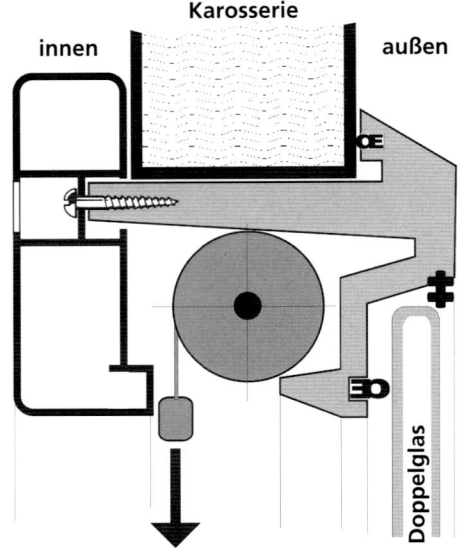

Karosserie

innen   außen

Doppelglas

Fensterrahmen innen aus Hohlkammerprofil
(Vereinfachte Darstellung)

Karosserie

innen   außen

Doppelglas

Fensterrahmen innen aus Vollkunststoff
(Vereinfachte Darstellung)

Abbildung 65: Schnitt Kunststofffenster. Die Schnitte durch 2 verschiedene Kunststofffenster zeigen, wie die inneren Gegenrahmen (jeweils links) mit dem Fensterrahmen verschraubt werden. Dabei sind unterschiedliche Wandstärken problemlos zu überbrücken. Die innen dargestellten Kreise stellen jeweils das Verdunkelungs- u. Mückenschutzrollo dar.

noch gegen ein ausstellbares Isolierfenster auszutauschen ist. Die Industrie liefert nämlich für die gebräuchlichsten Fahrzeugmodelle die Ausstell- und Isolierscheibenfenster bereits in den richtigen Größen. In jedem Fall sollte man sich deshalb vor dem Fensterkauf von der benötigten Fenstergröße die genauen Maße besorgen!

Weitere Fenster sind im Sitzbereich wichtig, weil dort Tageslicht am Eßplatz und zur Belichtung der Sitzecke wünschenswert ist. Normalerweise reicht für diesen Zweck ein Ausstellfenster entsprechender Größe. Mehrere Fenster bringen zwar mehr Licht und auch mehr Möglichkeiten, aus dem Fahrzeug nach draußen zu sehen. Zugleich aber auch die Möglichkeit, von draußen nach innen zu sehen, was wiederum nicht jedermanns Sache ist.

Wird die Sitzecke im Fahrzeugheck angeordnet, sollte man bei vorhandenen Hecktüren oder einer Heckklappe versuchen, das dort meist vorhandene Einscheiben-Fenster gegen ein Doppelscheibenfenster auszutauschen. Ein Fenster im Wagenheck ermöglicht beim Rangieren oder Rückwärtsfahren Sicht nach hinten. Zwar nicht immer für den Fahrer, weil die Fenster oft recht hoch sitzen. Aber für den Beifahrer, der zum Nachschauen nach hinten gehen kann.

Die Doppelscheiben für die Ausschnitte der Heckfenster sind leider oftmals nicht ausstellbar. Das wäre aber sehr wünschenswert, um den Wagen mittels Durchzug mal gründlich lüften oder abkühlen zu lassen. Daher wird es sich manchmal nicht vermeiden lassen, eine andere Lüftungsmöglichkeit vorzusehen. Das kann ein Ausstellfenster seitlich am Wagen sein, entweder an der Sitzgruppe oder auch im Waschraum (dort dann allerdings mit undurchsichtigen, milchglasähnlichen Scheiben). Das kann aber auch durch den Einbau einer Ausstelldachhaube erfolgen, über die im kommenden Kapitel noch zu sprechen ist. Bevor sie sich nun an den Einbau von Fenstern machen, sollten Sie nochmals über die Vor- und Nachteile solcher Fenster nachdenken. Damit wirklich nur die nötigen Fenster eingebaut werden:

- Erstens macht der Einbau dieser Fenster samt Ausschnitt in der Fahrzeugwand allerhand Arbeit.
- Zweitens kosten Fenster in isolierter Ausführung, ausstellbar, mit zusätzlichem Moskitoschutz und

Sichtschutz-Rollo und womöglich auch noch mit integriertem Rolladen eine ganz schöne Stange Geld.

- Drittens haben Fenster trotz Doppelscheiben und Kunststoffrahmen oft noch einen geringeren Isolationswert als eine gut isolierte Karosseriewand.

- Viertens können Fenster die Einbruchsgefahr erhöhen und die Stabilität des Fahrzeugs mindern.

- Fünftens, und das ist besonders ärgerlich, vermindern Fenster die sowieso schon knappen Stellflächen an den Fahrzeugwänden. Wo ein Fenster sitzt, ist weder Platz für einen Schrank noch für eine Ablage noch für sonst was. Und Stellfläche ist etwas, das im Campingbus immer recht knapp ist und mit der man sehr rationell umgehen sollte.

Aber diese Aufzählung soll Sie nun nicht abschrecken, überhaupt noch Fenster einzubauen. Für einen Campingbus, der nur für kleine Reisen innerhalb Europas gebraucht wird, können Sie aus den oben erwähnten Gründen deshalb ruhig ein oder zwei Fenster mehr einbauen als bei einem Campingbus für Fernreisen, wo Sie öfter mal mit steinwerfenden Halbstarken oder Schlimmerem rechnen müssen, wo sowieso Staub und Hitze (oder Kälte) durch jede Fuge und Ritze dringt, wo Ungeziefer eindringen kann und wo es keine Ersatzscheiben gibt, wenn mal ein Fenster zu Bruch gegangen ist.

Wenn für Sie all diese Fragen zufriedenstellend geklärt sind, geht es an den Einbau der Fenster. Über die – meist im Wege sitzenden – lästigen Blechverstrebungen habe ich ja schon mehrfach gesprochen, und auch darüber, ob und wie Sie diese entfernen können bzw. dürfen. In jedem Fall sollten Sie versuchen, möglichst wenig Verstrebungen zu entfernen! Versuchen sie lieber, eine Fenstergröße zu bekommen, die noch zwischen die Verstrebungen paßt. Das wird zwar nicht immer möglich sein, aber man kann es zumindest versuchen. Sie sparen sich dadurch nämlich eine ganze Portion Arbeit und die Stabilität und Verwindungssteifigkeit Ihres Campingbusses bleibt voll erhalten.

In jedem Fall ist es erforderlich, zunächst einmal die Fenster selbst zu beschaffen. Und zwar zugelassene Modelle mit der Wellenlinie im Glas. Diese sind von Hersteller zu Hersteller in ihrer Ausführung, ihren

Abmessungen und der Art des Einbaus oft sehr unterschiedlich. Und natürlich gibt es auch erhebliche Preisunterschiede. Deshalb kann ich hier auch keine Angaben oder Empfehlungen für ein bestimmtes Modell machen, sondern nur allgemeine Einbauhinweise geben. Genaue Angaben macht Ihnen der Händler, von dem Sie Ihre Fenster beziehen. Viele Händler haben sogar komplette Einbauanleitungen zur Hand, die Sie sich unbedingt mitgeben lassen sollten.

Aber beim Fensterkauf sind noch ein paar Dinge mehr zu beachten:

- Erstens würde ich, damit das Fahrzeug rundum gut aussieht, möglichst alle Fenster vom gleichen Hersteller verwenden. Außerdem wird dadurch der Einbau vereinfacht, weil die Arbeiten immer wieder ähnlich sind.

- Zweitens würde ich beim Händler auch gleich die innen im Fahrzeug anzubringende Rollovorrichtung (Rahmen mit eingebautem Lichtschutzrollo und Insektengaze) mitbestellen, falls er sie hat. Dann paßt nämlich (hoffentlich) alles zusammen. Manche Hersteller liefern so etwas von vornherein im Gegenrahmen mit (s. Abbildung 65).

- Drittens ist zu überlegen, ob man Fenster mit eingebautem Rolladen nimmt. Das kostet zwar etwas mehr Platz oberhalb des Fensters, aber auf der anderen Seite verbessern solche Rolladen im geschlossenen Zustand ein wenig den Einbruchsschutz.

Diese Rollos (zumindest die meisten) sind außerordentlich praktisch. Sie werden als komplette Einheit innen an die Wandverkleidung rund um das Fenster wie ein Rahmen angeschraubt. In der oberen Rahmenseite verbirgt sich ein meist aus Kunststofffolie gefertigtes Licht- und Sichtschutzrollo, das zu Verdunklungszwecken einfach herabgezogen werden kann wie ein normales Springrollo. Die Innenseite des Rollomaterials ist meist beige oder zartgrün getönt und paßt fast zu jeder Einrichtung.

Außen sind die Kunststoffrollos oft mit einer wärmereflektierenden silberfarbenen Beschichtung versehen. In der unteren Rahmenhälfte ist meist noch ein Rollo angebracht, aber diesmal aus einer feinmaschigen Insektenschutzgaze. Bei ausgestelltem Fenster kann so kein Ungeziefer eindringen, wenn dieses

Abbildung 66: Einbauschablonen. Für das exakte Aussägen der Fensterdurchbrüche sollten Sie sich passende Schablonen aus einfacher Pappe schneiden. Genaue Ausschnittmaße entnehmen Sie bitte außerdem den Einbauanleitungen der Fensterhersteller.

Rollo aufgezogen ist, während die frische Luft ungestört Zutritt hat. Sie können natürlich an Stelle dieser Rollorahmen auch andere Arten von Lichtschutz oder Insektenschutz anbringen. Auf diese Vorrichtungen möchte ich aber erst später eingehen, hier geht es zunächst immer noch erst einmal um den Einbau der Fenster selbst.

Beginnen wir mit dem Einbau eines Fensters in eine vorher geschlossene Blechwand des Fahrzeugs. Zunächst muß dort ein Ausschnitt hergestellt werden, in den man danach das Fenster einsetzen kann. Das bringt aber eine kleine Schwierigkeit mit sich: Innen im Fahrzeug können Sie prima messen, ob das Fenster an die vorgesehene Stelle paßt, aber von außen läßt sich der Ausschnitt viel leichter heraussägen.

Rechte Seite, oben: Abbildung 67: Maßkontrolle.
Eine Kontrollbohrung in der Fahrzeugwand erleichtert das genaue Maßnehmen. Für den präzisen Einbau eines Fensters ist es erforderlich, alle Maße sicherheitshalber mehrfach zu kontrollieren. So vermeiden Sie Einbauprobleme und irreparable Schäden.

Rechte Seite, unten: Abbildung 68: Durchbruch anzeichnen. Die exakt dem Fensterausschnitt entsprechende Pappschablone wird mit Klebeband auf die Karosserie geheftet. Dann kann der Ausschnitt ganz genau mit Filzstift (empfehlenswert) oder Reißnadel (kann bei Ausrutschern den Lack zerkratzen!) angezeichnet werden.

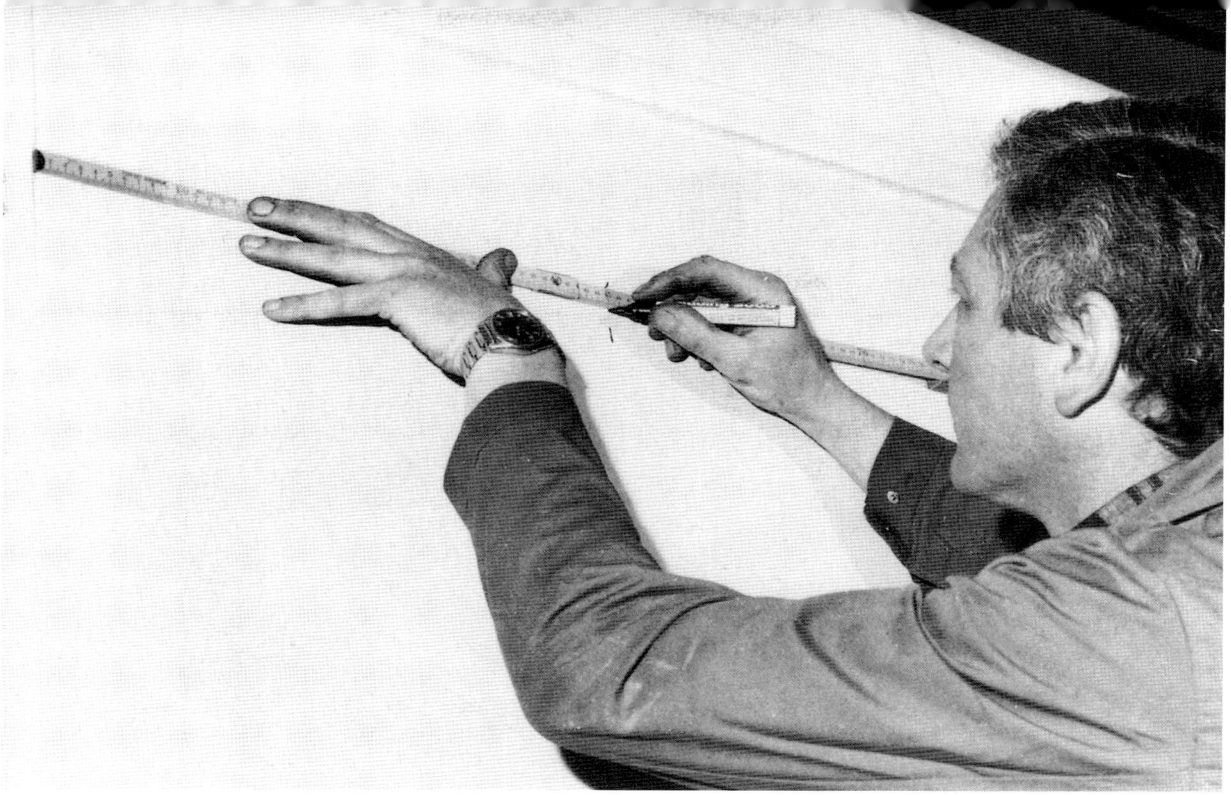

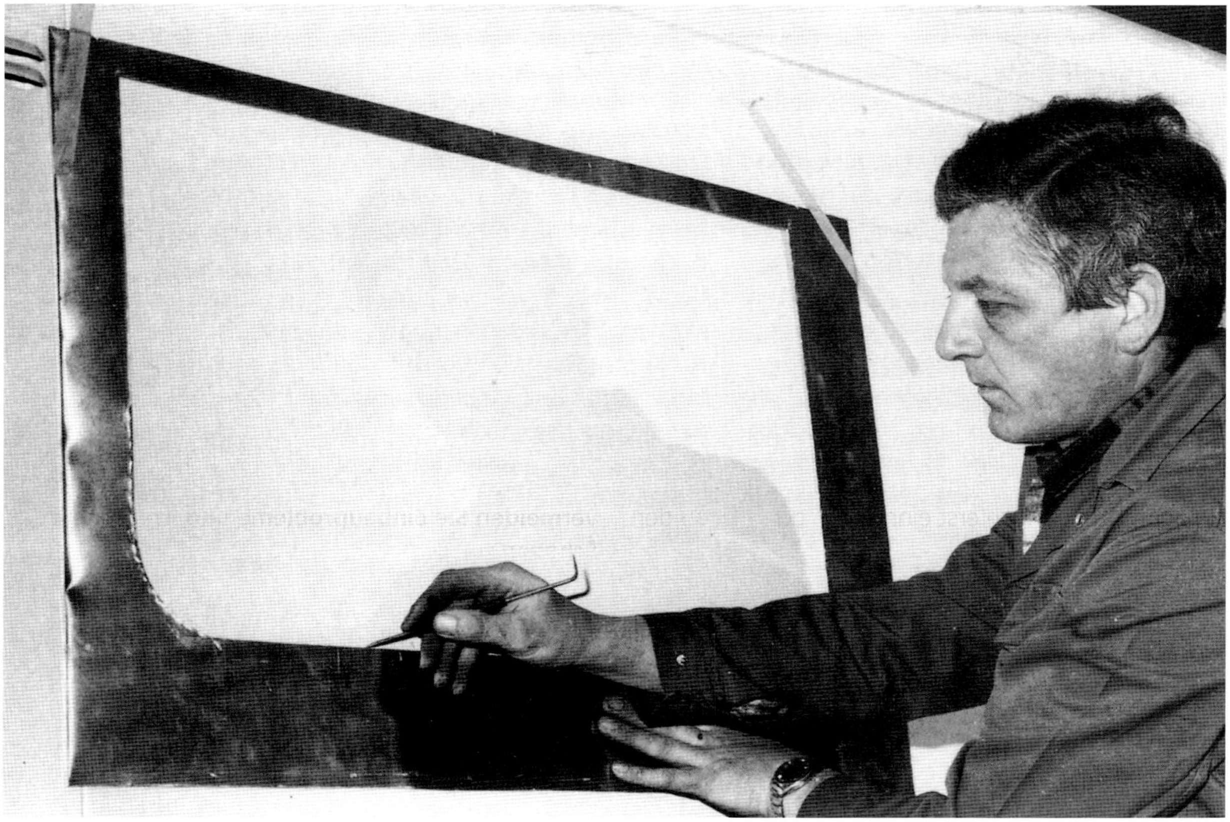

Deshalb kommt es darauf an, das genaue Maß für den Ausschnitt exakt nach außen zu übertragen. Zuerst müssen Sie innen die genaue Höhe und Breite des erforderlichen Ausschnitts anzeichnen. Das geht ganz einfach, wenn Sie sich eine genaue Schablone aus Pappe zurechtschneiden (Abbildung 66) oder den Fensterrahmen am Fenster von innen anlegen. Dann bohren Sie im Bereich des künftigen Ausschnitts mittig ein Loch durch die Pappschablone und die Karosseriewand (Spiralbohrer mit 2 bis 3 mm Durchmesser). Anschließend können Sie innen von der Lochmitte ausgehend nach oben und unten sowie nach rechts und links die Maße bis zu den Ausschnitträndern noch einmal kontrollieren (Abbildung 67).

Wenn alles stimmt, wird die Schablone dann außen, wieder von derselben Lochmitte ausgehend, seitengerecht auf dem Karosserieblech angelegt und mit ihren Kanten exakt parallel zu anderen Kanten des Fahrzeugs ausgerichtet. Schließlich soll das Fenster ja gerade sitzen.

Zum Anzeichnen der Umrisse läßt sich am besten ein nicht zu dicker Filzstift oder Faserschreiber verwenden, aber eine Reißnadel geht auch. (Abbildung 68).

Achtung! Wenn Sie, was ich ehrlich empfehlen kann, den Ausschnitt mit der Stichsäge herstellen, so hat es sich bewährt, zuvor im Sägebereich einen breiten Streifen Kreppklebeband o. ä. aufzukleben und darauf den genauen Schnittverlauf anzuzeichnen. Dann können Sie erstens auch mit Bleistift oder Kugelschreiber den Verlauf markieren und zweitens wird beim Sägen selbst bei einem gelegentlichen Ausrutscher nicht gleich das stehenbleibende Karosserieblech bzw. der Lack zerkratzt. Bei dunklen Lacken ist diese Methode des Abklebens sowieso besser, weil Sie dann die markierte Sägelinie besser auf dem hellen Klebeband erkennen können.

Abbildung 69: Arbeiten mit der Blechschere. Beim (schwierigen) Arbeiten mit einer Blechschere muß zuerst innerhalb des vorgesehenen Durchbruchs ein größeres Loch zum Ansetzen der Schere gebohrt werden. Achtung: Beim Schneiden mit der Schere werden die Schnittkanten leicht wellig! Besser, weil sauberer und einfacher, ist das Ausschneiden des Durchbruchs mit Stichsäge und Metallsägeblatt!

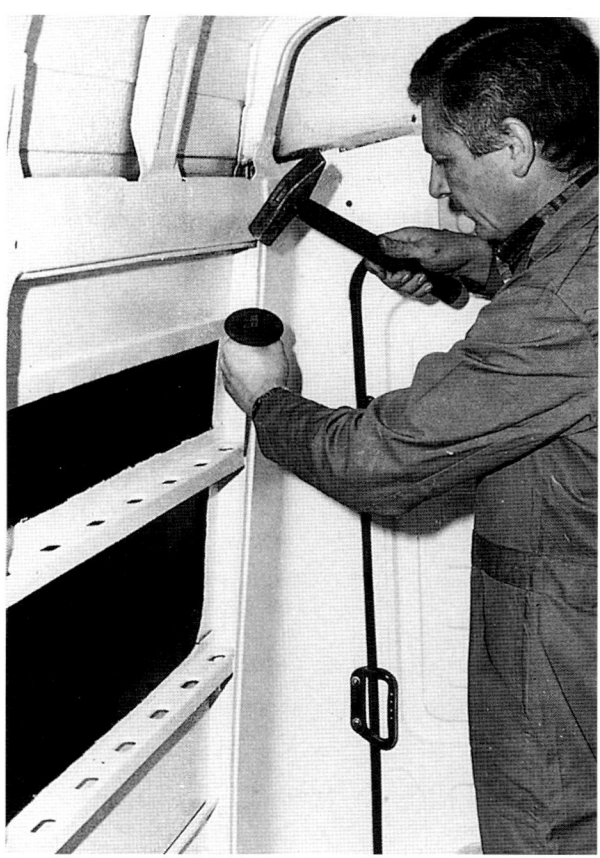

Abbildung 70: Versteifungsrippen. Versteifungs-rippen lassen sich auch vom Inneren des Fahrzeugs aus mit Hammer und Stemmeisen behutsam heraus-trennen. Besser und einfacher geht es mit einem Trennschleifer.

Abbildung 71: Stemmeisen ansetzen. Wenn schon Stemmeisen, dann sollte es so dicht wie möglich an der Schweißnaht der Versteifungsrippe angesetzt werden, um Verformungen des Karosserieblechs zu vermeiden. Außerdem würde sonst ein scharfer Grat entstehen, der beim Fenstereinbau stört.

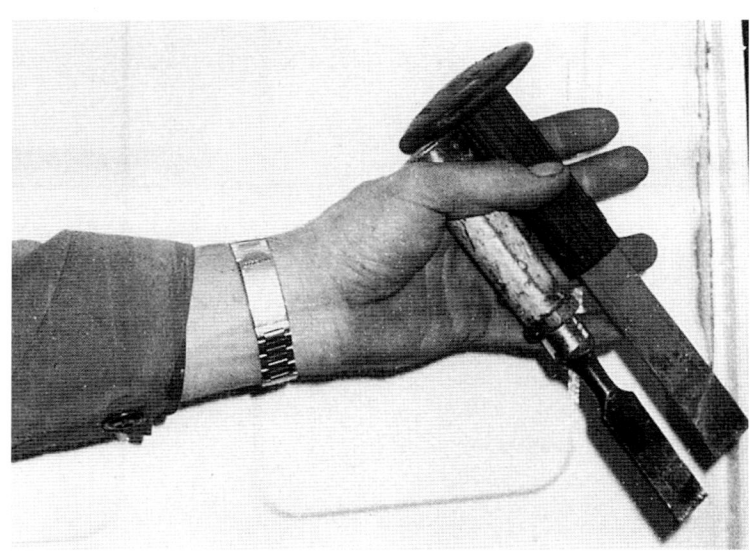

Abbildung 72: Arbeitsschutz.
Besser als ein altes Stemmeisen oder ein wackeliger Stechbeitel ist ein soli-der Spezialmeißel mit Handschutz. Die Mehrkosten spart man meist am Heft-pflaster wieder ein.

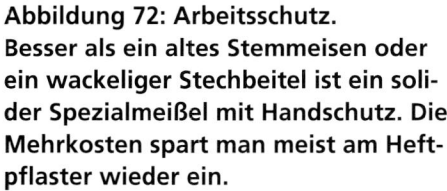

Wichtig ist dabei, daß auch der genaue Verlauf der Radien eingezeichnet und nachgeschnitten wird, damit hier später nirgends größere Spalten zwischen Fensterrahmen und Karosserieblech entstehen. Dann wird, wie auch schon beim Herstellen des Durchgangs vom Fahrerhaus beschrieben, das Blech entweder mit der Blechschere (Abbildung 69), einer Blechknabber (bequem, aber ebenfalls nicht sehr präzise), einer Stichsäge mit Metallsägeblatt (bequem und präzise, aber Sie sollten dabei unbedingt eine Schutzbrille aufsetzen!) oder notfalls entweder mit einem Einhand-Winkelschleifer oder sogar bloß mit Hammer und Meißel innerhalb der Markierungen sauber herausgetrennt.

Die Hammer-Meißelmethode würde ich aber wirklich nur anwenden, wenn keine anderen Möglichkeiten bestehen. Man kann dabei nämlich nicht nur leicht abrutschen und den Lack zerkratzen, sondern auch beim ungeübten Arbeiten das stehenbleibende Blech so einbeulen, daß man später beim Fenstereinbau Abdichtungsprobleme bekommt.

Recht bequem arbeitet es sich mit einer Blechknabber, die man auch als Vorsatzgerät für die Bohrmaschine bekommt. Allerdings werden die Schnittkanten nie so sauber wie bei dem Schnitt einer Stichsäge. Ähnlich wie auch bei dem Einsatz der Stichsäge wird dazu vor Beginn des Ausschneidens in allen vier Ecken des künftigen Fensterausschnittes

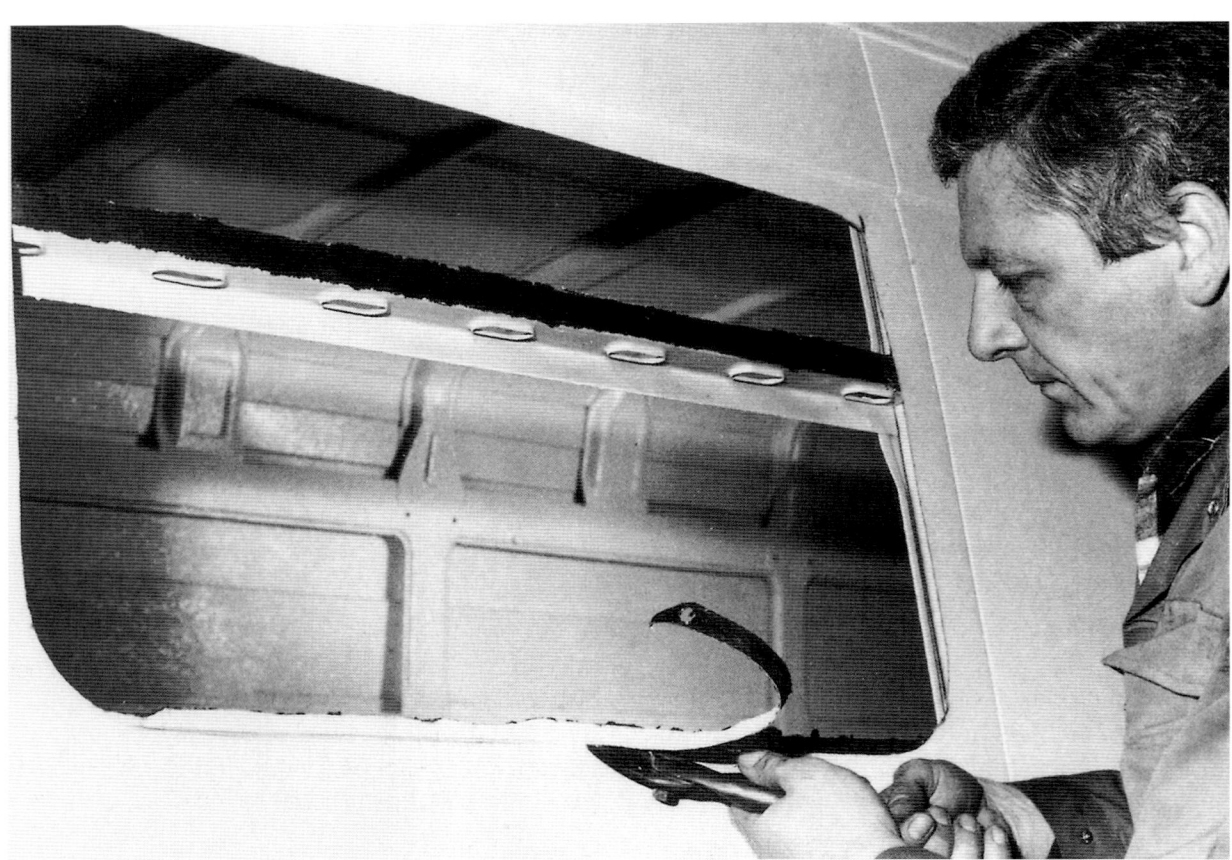

Abbildung 73: Nachschneiden. Der vorsichtshalber etwas zu klein geschnittene Durchbruch wird in einem zweiten Arbeitsgang mit der Blechschere sauber nachgeschnitten. Beim Arbeiten mit der Stichsäge ist das normalerweise nicht erforderlich!

Abbildung 74: Das Entgraten. Mit einer nicht zu groben Flachfeile wird der Rand des Durchbruchs rundum sauber entgratet. Feile schräg ansetzen, dann schwingt das Blech nicht so und läßt sich besser feilen!

jeweils ein Loch von etwa 10 mm Durchmesser gebohrt und von dort aus wird die Knabber oder Stichsäge für jeden einzelnen geraden Schnitt angesetzt.

Vorsicht beim Trenne von Blechrippen! Beim Einsatz der Stichsäge darf man keine Blechrippen an- oder gar durchsägen. Meist ist nämlich das Sägeblatt nicht lang genug, um auch ganze Verstrebungen mit durchzuschneiden. Es bricht dann leicht ab oder läßt die Säge unerwartet zurückschlagen. Da ist es dann schon bequemer, die Rippen beim Sägen zunächst auszusparen und später entweder mit einem normalen Sägeblatt (aus der Metallbügelsäge) oder mit einer Trennscheibe (Winkelschleifer) herauszunehmen.

Auch Herausmeißeln ist möglich (Abbildung 70 und Abbildung 71), wenn auch nicht empfehlenswert

wegen der unsauberen Verarbeitung und der möglichen Verletzungsgefahr.

Das Heraustrennen des Blechausschnittes selbst sollte im Randbereich so akkurat wie möglich erfolgen. Oftmals ist es deshalb besser, zunächst den Ausschnitt etwas kleiner zu halten und den Randbereich danach nochmals sauber nachzuschneiden (Abbildung 73). Einen Ausschnitt kann man nämlich immer noch größer machen, aber nie kleiner!

Wenn der Ausschnitt fertiggestellt ist und der scharfe Grat vom Sägen durch Abfeilen (Abbildung 74) oder aber auch durch Abschleifen (Abbildung 75) entfernt ist, werden lose aneinander liegende Blechteile (Rippenrand an Karosserieblech o. ä.) durch Punktschweißung (Abbildung 77), durch Hohlnietung, durch Hartlötung oder auch durch Klebung (Karosseriekleber!) miteinander verbunden.

In Einzelfällen können Sie auf gut angerauhten und entfetteten Flächen auch mit einem Karosseriekleber arbeiten, allerdings sollten anschließend der Fensterrahmen und der evtl. nötige innere Gegenrahmen aus Holz besonders gründlich miteinander verschraubt werden.

Nach Abschluß dieser Arbeiten müssen wieder wie bei jeder metallisch blanken Stelle der Karosserie die Blechrandbereiche sorgfältig mit Rostschutz (Abbildung 78) versehen werden! Das ist billiger, als wenn Ihnen später die braune Rostbrühe aus dem Fensterrahmen tropft. An solchen kleinen Dingen wird meist aus Bequemlichkeit gern gespart, weil »man es ja nicht sieht«. Zumindest im Moment noch nicht, aber später bestimmt!

Eine weitere Maßnahme zu dem Zweck, das Fenster fachgerecht einzubauen, sieht man auf dem Foto (Abbildung 79). Hier wird der Blechrand des Ausschnittes rundum mit Kautschukband beklebt. Gutes Isolierband geht natürlich auch. Das Band hat die Aufgabe, beim Einbau des Fensters den eben erst aufgetragenen Rostschutz nicht wieder abzuschrammen. Außerdem ist so ein Kantenschutz hautfreundlich, weil Sie sich beim Arbeiten die Hände an den meist immer etwas scharfen Blechkanten nicht so leicht verletzen können. Eine kleine Arbeit mit hohem Nutzen!

Jetzt geht es daran, das Fenster einzusetzen. Hier sollten Sie sich möglichst an die Montageanleitung des Fensterherstellers halten, weil die von Fabrikat zu

Abbildung 75: Winkelschleifer. Mit einem Winkelschleifer läßt sich der Sägegrat noch einfacher entfernen. Aber achten Sie darauf, daß die umherfliegenden heißen Schleiffunken weder brennbare Sachen entflammen noch Löcher in den Fahrzeuglack brennen!

Abbildung 76: Vorsicht: Schleiffunken! Nur wenn Ihnen Ihr Augenlicht nicht wichtig ist, sollten Sie bei solchen Arbeiten auf die Schutzbrille verzichten! Die umherfliegenden glühenden Schleiffunken fressen sich nämlich blitzschnell in die Augenhornhaut ein.

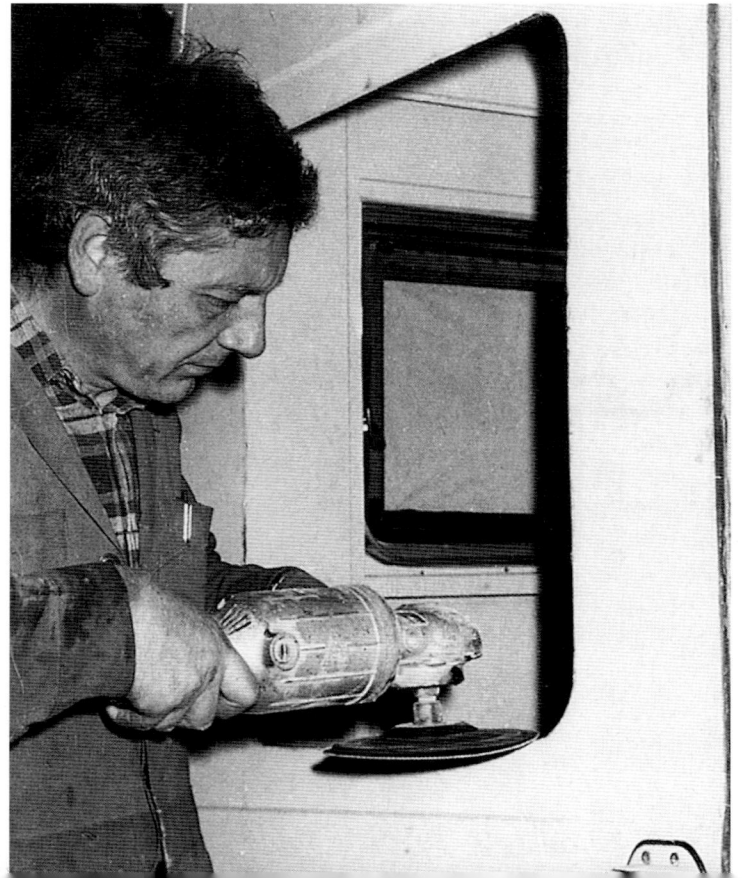

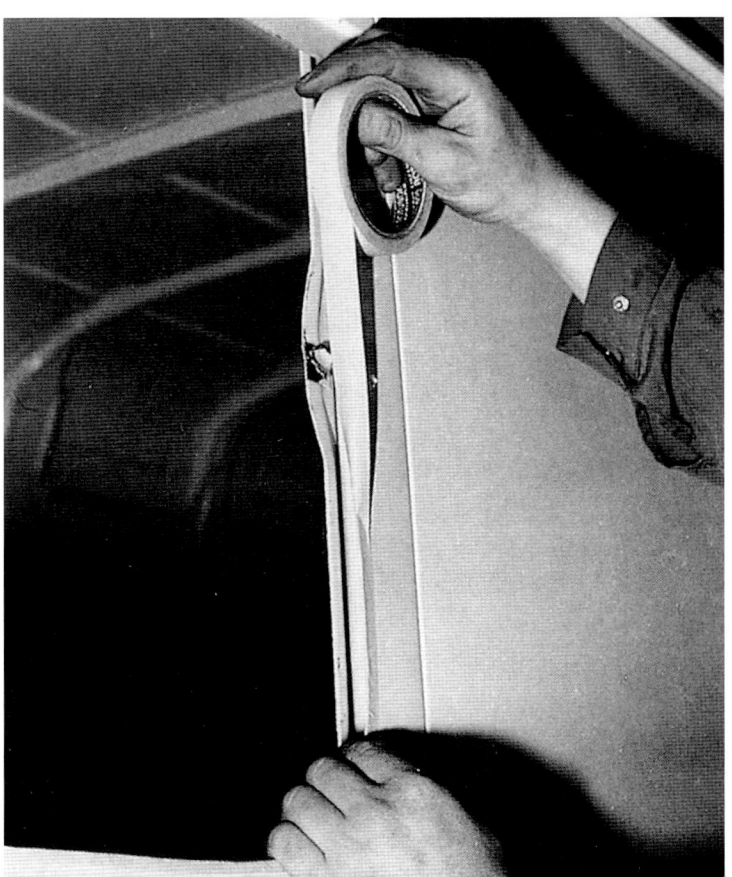

Oben: Abbildung 77: Punktschweißung.
Lose gewordene oder neu eingesetzte Versteifungen lassen sich mittels Punktschweißung (oder notfalls Blindnietung) schnell befestigen. So etwas kann jede Karosseriewerkstatt preiswert und perfekt für Sie erledigen.

Oben rechts: Abbildung 78: Rostschutz an Blechkanten. Das sorgfältige satte Aufpinseln von Rostschutzfarbe erspart Ihnen für die nächsten Jahre den Ärger mit häßlichen Roststellen im Karosseriebereich.

Rechts: Abbildung 79: Kantenschutz. Mit selbstklebendem Kautschukband (oder notfalls gutem Isolierband) werden die scharfen Blechkanten nach dem Trocknen der Rostschutzfarbe abgedeckt. So wird die Verletzungsgefahr vermindert und der Rostschutz kann beim Fenstereinbau nicht beschädigt werden.

Abbildung 80: Fenstereinbau 1. Das Fenster wird von außen behutsam eingesetzt, um den Rostschutz nicht zu beschädigen. Die Schutzfolie auf der Fensterscheibe wird erst nach dem Einbau ganz zum Schluß entfernt.

Abbildung 81: Fenstereinbau 2. Das eingesetzte Fenster wird geöffnet. Nun kann der Rahmen als »Schablone« benutzt werden, um die Schrauben- oder Nietlöcher im Karosserieblech vorzubohren. Kunststofffenster dagegen werden nur von innen, durch den Innenrahmen hindurch, mit Schrauben befestigt.

Fabrikat unterschiedlich sein kann. Wenn keine Anleitung beiliegt, so schauen Sie sich die Innenseite des Fensterrahmens einmal an. Entweder befindet sich dort eine rundum laufende Gummidichtung oder ein rundum aufgehefteter Streifen Selbstklebe-Dichtungsband. Liegt die Gummidichtung nur lose als Zubehör bei, muß sie sorgfältig um den Rahmen gelegt werden. Bei dem selbstklebenden Dichtstrei-

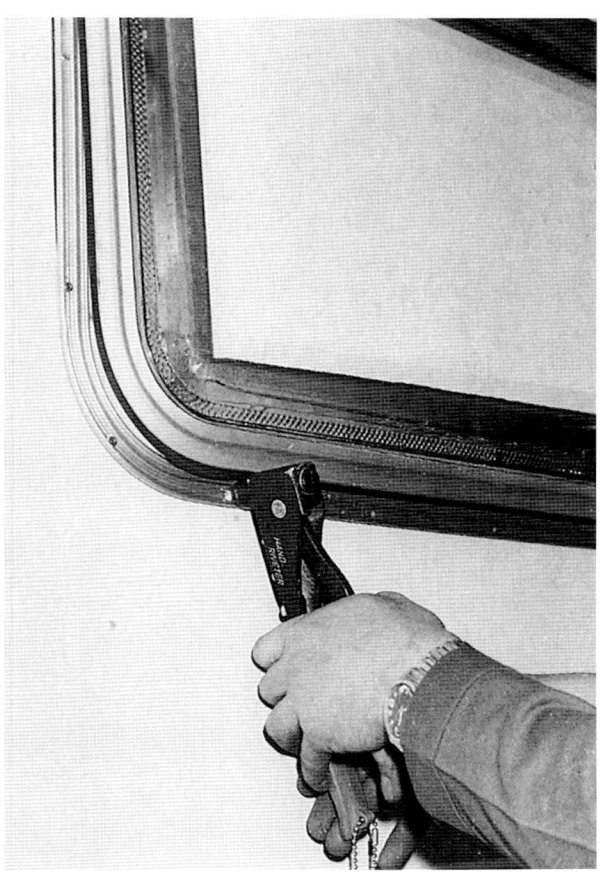

Rechts: Abbildung 82: Fenstereinbau 3. Mit der Blindnietzange befestigte Alu-Fensterrahmen lassen sich nur noch durch Ausbohren der Nieten wieder lösen. Blechschrauben sind dagegen mehrfach lösbar, solange man das Gewinde nicht überdreht.

Unten: Abbildung 83: Fenstereinbau 4. Deutlich sichtbar sind die rundum eingedrehten Blechschrauben. Sie werden bei diesem Aluprofil anschließend mit einem Kunststoffband verdeckt. Gegen unberechtigtes Abschrauben des Fensters schützen eingesetzte Stifte (s. Pfeile), die in den von innen gegengesetzten Holzrahmen greifen. Achtung: Die seitlich am Fenster sichtbaren Karosseriesicken müssen entweder in diesem Bereich flach geklopft oder mit Karosseriespachtel verschlossen werden, damit das Fenster auch an diesen Stellen dicht ist.

fen muß vor dem Einsetzen des Fensters das Schutzpapier entfernt werden, sonst kann das Dichtband nicht am Karosserieblech haften, und die Dichtung dichtet nur ungenügend.

Dann wird das Fenster von außen eingesetzt (Abbildung 80). Auf ein gleichmäßiges Anliegen der Dichtung zwischen Fensterrahmen und Karosserieblech sollten Sie aber nochmals achten. Nun können Sie durch die im Rahmen befindlichen Befestigungslöcher die Löcher (Abbildung 81) in dem Karosserieblech paßgenau bohren. Dabei kommt es darauf an, wie das Fenster befestigt werden soll. Beim Blindnieten werden die Löcher entsprechend dem Durchmesser des Nietschafts gebohrt. Will man dagegen das Fenster, wie meist üblich, mit Blechschrauben festmachen, so darf der Bohrdurchmesser nur so groß wie der Kerndurchmesser der Blechschraube sein. Auf jeden Fall also etwas dünner als das Schraubengewinde.

Kunststoffenster haben fast immer einen formschönen und exakt passenden Gegenrahmen, der einfach und ohne Bohren mit beigelegten Schrauben mit dem von außen eingesetzten Fensterrahmen verschraubt wird.

Auch die nötigen Dichtlippen sind bereits fertig im Kunststoffrahmen eingesetzt. So wird die fachgerechte Montage zum Kinderspiel.

Bei den relativ dünnen Blechwänden können Sie übrigens noch einen Trick anwenden: Wenn Sie die Blechschrauben besonders haltbar befestigen wollen, sollten Sie das Loch noch etwas kleiner (als der Kerndurchmesser) vorbohren und mit einem Körner das vorgebohrte Loch etwas nach innen hin einbeulen (Abbildung 84). So findet die Blechschraube mehr »Fleisch« zum Festkrallen und die Schraube kann nicht so leicht ausreißen.

Blechschrauben sind eine feine Sache, wenn man das Fenster eines Tages mal auswechseln muß. Aber

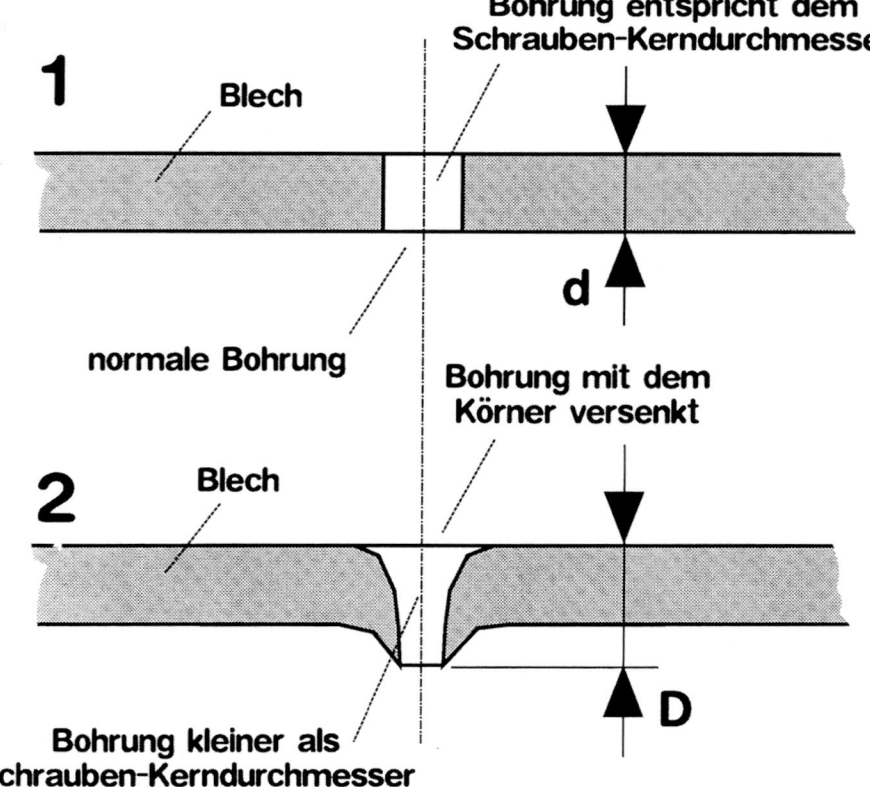

Abbildung 84: Der Blechschraubentrick. In dünnem (Karosserie-) Blech wird die Haltbarkeit von Blechschrauben durch einen simplen Trick erhöht: Bohren Sie die Schraubenlöcher nicht entsprechend dem Kerndurchmesser der Blechschraube wie in Zeichnung 1, sondern noch etwas kleiner (s. Zeichnung 2). Mit einem Körnerschlag wird diese Bohrung etwas eingebeult und schon hält die Blechschraube besser.

Abbildung 85: Fenstereinbau 5. Ein ringsum in die Befestigungsnut des Rahmens eingesetzter Plastikstreifen verdeckt die Schraubenköpfe und schützt zugleich die Bohrränder vor Feuchtigkeit.

Abbildung 86: Fenstereinbau 6. Nicht nur aus Stabilitätsgründen ist innen rings um den Fensterausschnitt ein solider Holzrahmen ratsam, sondern auch zum späteren problemlosen Anbringen der Wandverkleidung. Der Holzrahmen (je nach Fenster evtl. auch fertig mitgeliefert aus Plastik) sollte so hoch sein wie die Versteifungsrippen der Karosserie. So läßt sich die Wandverkleidung glatter montieren.

genau so einfach kann auch ein Dieb mit Geduld und Spucke das Fenster ausbauen, wenn er sonst keine Möglichkeit hat, nach innen zu kommen. Deshalb sind bei den meisten Campingbusfenstern Ausbausicherungen vorgesehen. Die sind von Fabrikat zu Fabrikat verschieden. Meist ist es so, daß nur innerhalb des Fensterrahmens (von innen zugänglich) ein paar Stifte oder Schrauben oben und unten senkrecht eingesetzt werden können, die das Herausziehen des abgeschraubten Fensters verhindern sollen (Abbildung 83).

Wird ein Fenster an Stellen in die Karosserie eingebaut, wo Blechsicken, Vertiefungen oder Ansätze die Oberfläche der Karosserie stören, so müssen im Auflagebereich des Fensterrahmens diese Sicken entweder ausgespachtelt oder ausgehämmert werden. Wie so etwas gemacht wird, ist im Abschnitt über

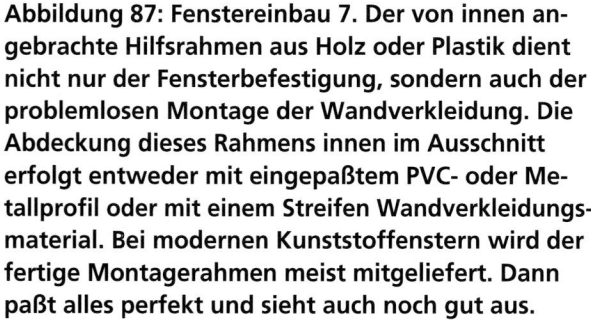

Abbildung 87: Fenstereinbau 7. Der von innen angebrachte Hilfsrahmen aus Holz oder Plastik dient nicht nur der Fensterbefestigung, sondern auch der problemlosen Montage der Wandverkleidung. Die Abdeckung dieses Rahmens innen im Ausschnitt erfolgt entweder mit eingepaßtem PVC- oder Metallprofil oder mit einem Streifen Wandverkleidungsmaterial. Bei modernen Kunststoffenstern wird der fertige Montagerahmen meist mitgeliefert. Dann paßt alles perfekt und sieht auch noch gut aus.

Abbildung 88: Fenstertausch 1. Vorhandene feststehende Einscheiben-Verglasung wird durch Einbau einer isolierenden Doppelscheibe ersetzt. Der altbewährte Schnurtrick hilft, die Gummidichtung um den Blechausschnitt der Karosserie zu ziehen.

die Dachluken genau beschrieben. Die fertige Arbeit in diesem Bereich (Fenster im »Rohbau« eingeschraubt, Schraubenköpfe noch nicht abgedeckt, Sicken nur im Rahmenbereich entfernt) zeigt das Foto (s. Abbildung 83).

Oft werden die Fensterrahmen in dem Bereich, wo die Befestigungslöcher sind, nach dem Einbau des Fensters noch mit einem einpreßbaren oder einschiebbaren Plastik- oder Gummistreifen abgedeckt, damit keine Nässe an die Befestigungslöcher kommt, damit keiner so ohne weiteres an den Fenstern rumschraubt und damit es hübscher aussieht, wenn die Löcher unsichtbar sind (Abbildung 85).
Und wie sieht die Geschichte nun innen im Fahrzeug aus? Wie man auf dem Foto (Abbildung 86) erken-

Abbildung 89: Fenstertausch 2. Nach dem Einlegen der kräftigen Schnur rundum in die Gummidichtung wird das Fenster an den Karosserieausschnitt gedrückt.

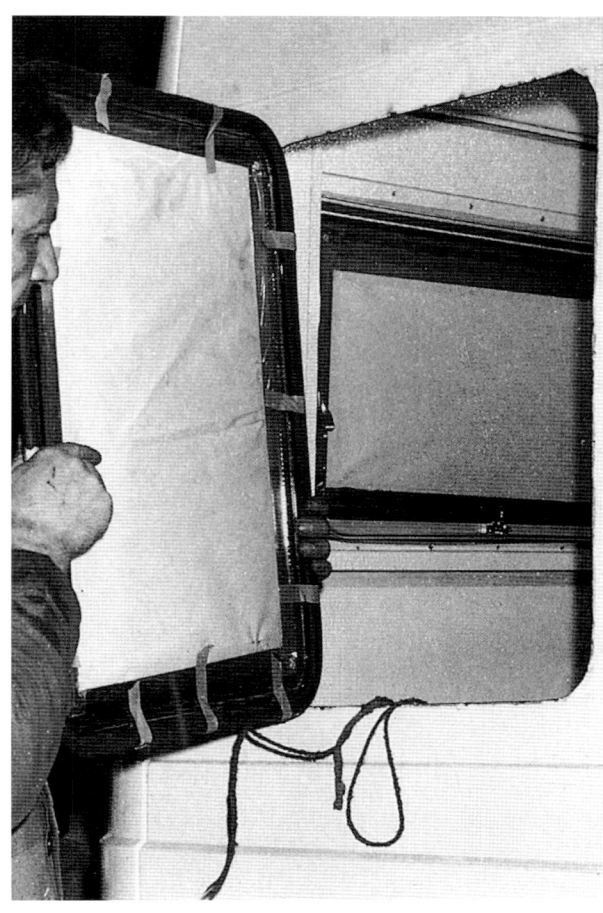

nen kann, ragt nur das Innenteil des Fensterrahmens durch den Ausschnitt. Weil aber später von innen auch noch die Wandverkleidung aufgebracht werden soll und im Bereich des Fensterrahmens befestigt werden muß, empfiehlt sich schon aus diesem Grunde der Einbau eines rund um den Fensterrahmen sitzenden Holzrahmens. Manche Hersteller liefern zu ihren Fenstern auch einen Hartschaum-Plastikrahmen mit.

Der Rahmen kann schon vor dem Einsetzen des Fensters mit nichtrostenden Senkkopf-Blechschrauben (oder Holzschrauben) von außen befestigt werden. Er läßt sich aber ebenso noch nachträglich montieren, indem er rundum durch quer in den inneren Rahmen eingedrehte Holzschrauben befestigt wird. Gegen mögliches Klappern zwischen Holz und Blech muß man zuvor noch Dichtungsband oder Karosseriedichtmasse zwischen Rahmen und Karosserieblech einlegen oder den Rahmen zusätzlich mit Montagekleber befestigen. Dieser von innen anzubringende Holzrahmen sollte so stark sein, daß er der Höhe der übrigen Blechrippen entspricht.

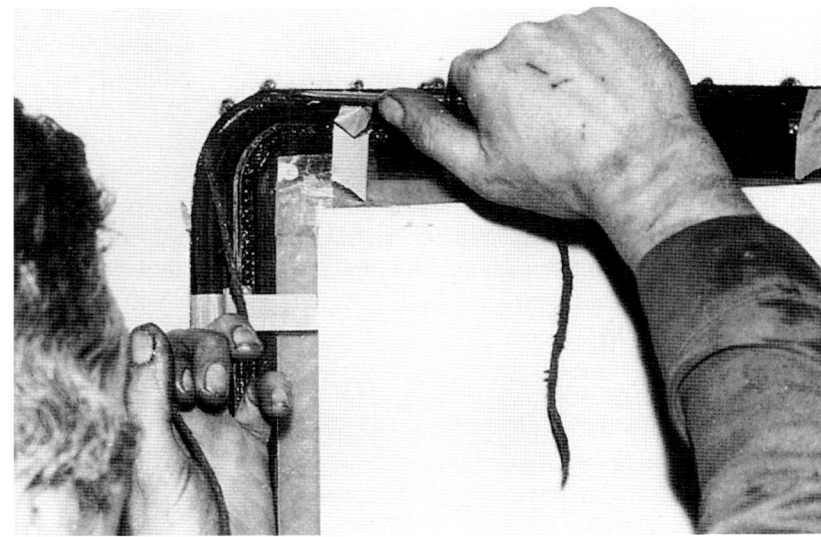

Abbildung 90: Fenstertausch 3. Von der Gegenseite her wird durch behutsames Ziehen an einem Schnurende die Gummidichtung um den Karosserieausschnitt gestülpt. Mit einem breiten eingefetteten Schraubendreher o. ä. wird die Dichtung rundum dann nochmals glatt an das Blech gezogen.

Dann erst ist es möglich, die Wandverkleidung später problemlos an ihm festzuschrauben (Abbildung 87). Nun werden noch die Beschlagteile des Fensters wie Arretierhaken, Aussteller usw. montiert und der Fenstereinbau ist vorerst fertig.

Bei den Fällen, wo Doppelscheibenverglasung statt vorhandener Einscheibenfenster eingesetzt werden soll, kommt es darauf an, die Gummidichtung des neuen Fensters in den Ausschnitt der Karosserie hineinzuziehen. Das geht recht gut mit dem bekannten Kordeltrick (Abbildung 88).

Zunächst einmal wird die alte Scheibe ausgebaut und dann die demontierte Gummidichtung um die neue Doppelscheibe gelegt, bis die Scheibe ringsum glatt in der Innen-Nut der Dichtung sitzt. Dann wird die äußere Nut der Gummidichtung, die später am Blech anliegt, gut mit Talkum (oder Babypuder) eingepudert oder aber auch mit Glyzerin eingestrichen. In diese Nut wird dann eine stabile Schnur oder Kordel rundum eingelegt. Die Schnur muß länger sein als die Nut. Sie läßt man an der Stelle, wo sich beide Schnurenden treffen, auf der Fensterinnenseite (Abbildung 89) heraushängen. Dann wird das Fenster von außen exakt gegen den Ausschnitt gedrückt und die Schnur mit den Enden langsam so nach innen gezogen, daß sich die Dichtungslippe um den Blechausschnitt stülpt (Abbildung 90).

Damit sich keine Dichtungsprobleme ergeben, können Sie anschließend noch zusätzlich mit Silikonkautschukmasse (aus einer üblichen Kartuschenpistole oder Tube) die Außen-Nut der Gummidichtung ausspritzen.

Damit ist der Einbau der Fenster abgeschlossen. Zum Schluß wird noch die Schutzfolie, welche die Scheiben vor Verkratzen bewahrt, abgezogen. Sie können diese Folie aber auch so lange dran lassen, bis das Fahrzeug komplett ausgebaut ist, dann schonen Sie die wertvollen Acrylglasscheiben noch etwas länger.

(b) Fensterzubehör

Was nun den Einbau von anderen Lichtschutz- und Sichtschutzeinrichtungen außer den vorhin bereits angesprochenen Rollos betrifft, so können Sie sich aus der reichen Palette der Möglichkeiten das aussuchen, was Sie selbst anfertigen können und was die speziellen Aufgaben am besten bewältigt. Als Sichtschutz eignen sich neben den schon erwähnten Rollos mit Kunststofffolie oder Rollostoff auch Jalousetten, Vorhänge, Blenden, Gardinen und Reflexfolien.

Jalousetten können Sie nachträglich innen an der Verkleidung der Wände oder an der Unterseite von Hängeschränken leicht montieren. Sie gestatten gute Lichtregelung, verhindern den Einblick, lassen sich aber nicht lichtdicht schließen und erzeugen auch durch ihre Lamellen bei der Fahrt unter Umständen störende Klappergeräusche.

Besser geeignet sind meiner Ansicht nach Vorhänge, die aus Stoff (Möbelstoff, Dekostoff) gefertigt werden und entweder an Vorhangschienen oder an einer Spannschnur vor das Fenster gezogen werden können. Damit die Vorhänge weder flattern noch nachts durch Berührung verschoben werden können, werden entweder Druckknöpfe (»Tenaxknöpfe«) oder kleine Magnete angebracht, die dann auf dem Karosserieblech oder einem Stück aufgeklebten Blech haften. Sie können auch an der Unterseite des Fensters eine weitere Spannschnur (plastiküberzogene Spiralfeder) anbringen, unter die dann einfach der Vorhang geklemmt wird.

Bei leichten Vorhangstoffen empfiehlt es sich, unten eine Bleischnur einzunähen, damit sie besser fallen und bei ausgestelltem Fenster auch nicht flattern können. Aber leichten Vorhangstoff würde ich gar nicht erst nehmen! Warum? Weil ich der Ansicht bin, daß ein Vorhang nicht nur gut aussehen soll, sondern vor allem seine Aufgaben erfüllen muß. Erstens soll er einfallendes Sonnenlicht möglichst gut nach draußen zurückstrahlen, damit im Sommer die Sonne das Fahrzeug nicht unnütz aufheizt. Dafür eignet sich ein heller Stoff, der (auf die Karosseriefarbe abgestimmt) in Pastelltönen sehr schick aussehen kann. Den würde ich als äußere Lage eines doppellagigen Vorhangs verwenden.

Für Innen würde ich dann einen dichten, dunklen Samtstoff wählen. Samt läßt nicht viel Licht durch. Dann kann erstens keiner abends sehen, ob in meinem Campingbus noch Licht brennt. Das ist auch ein Sicherheitsfaktor! Zweitens lasse ich mich morgens nicht allzu gern von den ersten Sonnenstrahlen wecken. Drittens schließlich sind Samtvorhänge auch recht brauchbar als wärme- bzw. kältedämmende Materialien. Die Isolierwirkung des Doppelfensters wird durch den Stoff noch beträchtlich erhöht.

Als reinen Sichtschutz dagegen kann man die dünnen, weißen Gardinen bzw. Stores betrachten, die sich zusätzlich zu anderen Vorhängen mit Hilfe von Spannschnüre oder Gardinenleisten anbringen lassen.

Wenn Sie dagegen Ihr Fahrzeug lichtdicht machen wollen (dann kann man es z. B. unterwegs auch als Dunkelkammer für Fotozwecke verwenden, denn Licht und Wasser ist sowieso vorhanden!), werden Sie lieber leichte und absolut lichtdichte Blenden

anbringen. Das kann dünnes Sperrholz sein, welches Sie außen mit Silberbronze streichen (reflektiert das Sonnenlicht) und innen schwarz anmalen oder mit dunkler Selbstklebefolie bekleben. Sie können auch dünnes Blech, Kunststoffplatten (Möbeldekorseite innen, außen Alubronze-Anstrich) oder notfalls sogar schlichte Pappe verwenden.

Die Befestigung richtet sich jeweils nach dem Material. Entweder verwenden Sie Tenaxknöpfe oder Haken oder Magnete. Bei allen Befestigungsarten müßten Sie aber darauf achten, evtl. vorhandenen Abstand zwischen Blende und Wandverkleidung mit elastischen Dichtungsstreifen abzudunkeln.

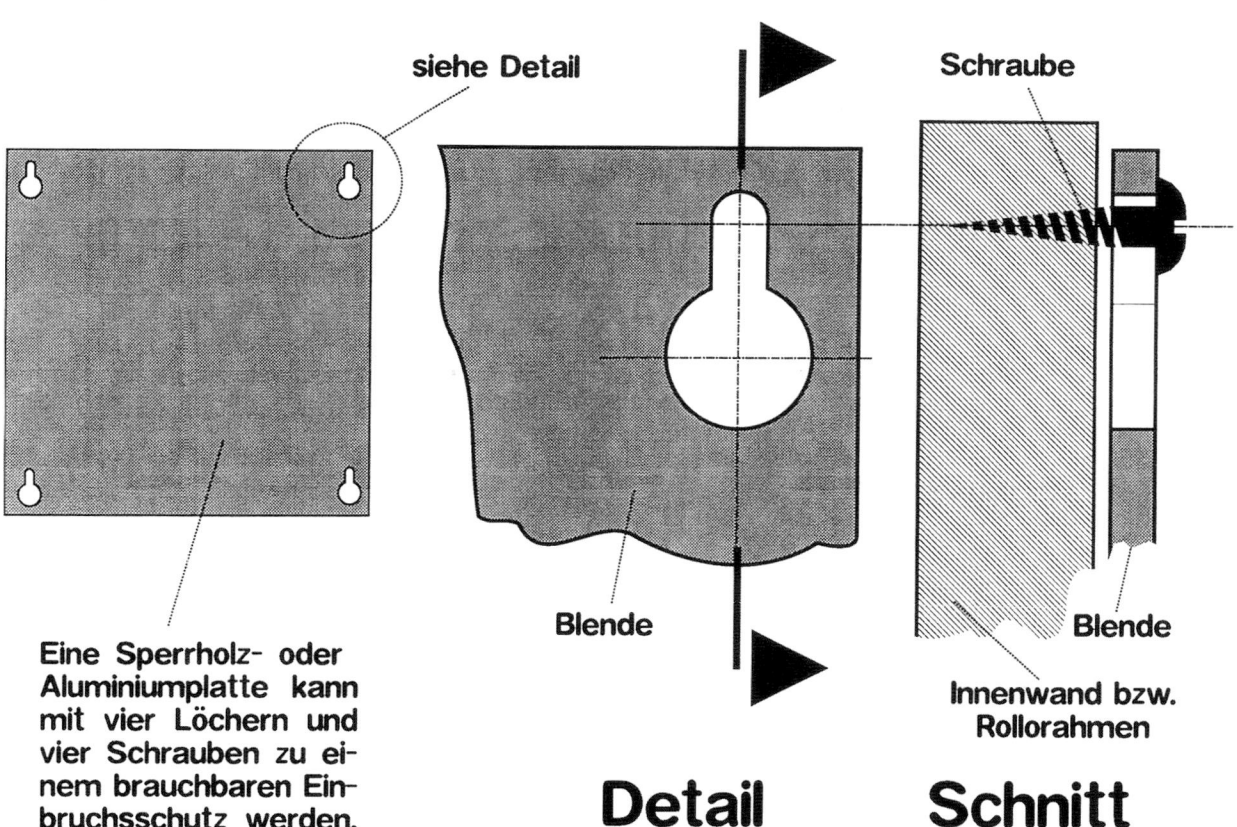

Eine Sperrholz- oder Aluminiumplatte kann mit vier Löchern und vier Schrauben zu einem brauchbaren Einbruchsschutz werden.

Detail

Schnitt

Abbildung 91: Fensterschutzblenden. Sichtblende und Einbruchsschutz aus der Hobbywerkstatt: Wenn es nur um Sichtschutz geht, reicht eine dünne Sperrholzplatte, innen am Fenster abnehmbar montiert. Zusätzlichen Einbruchsschutz bietet eine 0,5 bis 1 mm dicke Aluminiumplatte. Solche Platten werden in Sekundenschnelle über die passenden Schraubenköpfe am Fensterrahmen gestülpt und schon ist Sichtschutz und Einbruchsschutz gegeben.

In Campingbedarfs-Fachgeschäften, im Autozubehörhandel und auch in Kaufhäusern wird die bei vielen Autofahrern beliebte sogenannte »Reflexfolie« oder »Spiegelfolie« angeboten, die ganz einfach mit Wasser oder einer speziellen Kontaktlösung von innen auf Fensterscheiben aufgezogen wird. Der Erfolg dieser Sichtschutzfolien ist, daß die Einsicht von außen nach innen sehr erschwert wird und außerdem ein Großteil der Sonneneinstrahlung so reflektiert wird, daß es innen nicht zu warm wird. Achten Sie beim Erwerb dieser Folie darauf, daß Sie ein zugelassenes Fabrikat bekommen, andernfalls kann es erhebliche Ärger mit dem TÜV geben.

Derartige Folien sind für Campingbusse leider nicht überall und schon überhaupt nicht für die Scheiben des Fahrerhauses (!) erlaubt. Die unsachgemäße Verwendung solcher Folien oder das Anbringen unzulässiger Sichtschutzfolie kann bei einem Unfall womöglich auch Ärger mit der Versicherung geben. Selbst die Polizei ist gelegentlich gegen die Folie, weil das Scheinwerferlicht von anderen Pkws usw. reflektiert werden könnte und durch die mögliche Blendung anderer Verkehrsteilnehmer eine Beeinträchtigung der Verkehrssicherheit denkbar ist. Dies zur Information über eine sonst sehr gute Idee.

Für diejenigen Campingbus-Ausbauer, die ihr Fahrzeug im Fensterbereich gegen Einbruch (und natürlich zugleich gegen Einsicht von außen) schützen wollen, sind stabilere, von innen schnell zu befestigende Aluminiumblechblenden oder Sperrholzplatten (die man bei Nichtgebrauch unter die Sitze legen kann) oder auch Lochbleche aus Aluminiumblech eine gute Möglichkeit, sich zu schützen. Sichtschutzblenden aus Pappe, Sperrholz o. ä. kann man einfach mit ein paar angeschraubten »Vorreibern« oder Federklammern am Fensterrahmen anbringen.

Wenn Sie Blechtafeln als Einbruchsschutz verwenden möchten, habe ich einen guten Tip für die einfache und relativ sichere Befestigung solcher Platten für Sie: Bringen Sie an den vier Ecken oder auch zusätzlich dazwischen im Randbereich der Blenden spezielle kleine Öffnungen an, wie sie die Zeichnung (Abbildung 91) zeigt. Dann halten Sie die Blende auf die Wandverkleidung, markieren sich die Bohrungen dort und schrauben an den markierten Stellen solide Holz- oder Blechschrauben mit recht breiten Schraubenköpfen in die Wand bzw. an den Rollorahmen. Über die breiten Köpfe dieser Schrauben wird dann die Platte mit ihren Öffnungen drübergehängt, etwas nach unten gezogen und fertig ist die Absicherung. Zum Entfernen der Platte braucht sie nur von innen etwas angehoben zu werden, dann läßt sie sich bequem wieder abnehmen. Von außen kann man sie nicht anheben, da man dort keinen Halt zum Anfassen findet.

Abschließend noch etwas zum Thema Insektenschutz-Vorrichtungen. Wer je eine Nacht in der Nähe eines ruhenden Gewässers oder gar am Rande eines Sumpfgeländes verbracht hat, während blutgierige Mücken und andere Insekten unterwegs waren, weiß ein Moskitonetz zu schätzen. Bequemer geht es allerdings, wenn man bereits alle Öffnungen im Fahrzeug, also alle Durchbrüche und auch die ausstellbaren Fenster, bereits beim Ausbau mit einem Insektenschutz versieht. Bei manchen Fertigrollos ist so etwas bereits eingebaut. Andernfalls muß man aus Mücken- bzw. Fliegengaze (aus Kunststoff oder notfalls aus verzinktem Stahldraht) oder aus engmaschigem Gardinenstoff entsprechende Flächen schneiden, mit einem Rahmen oder aufgeklebten Rand (Textilklebeband) die Ränder gegen Ausfransen schützen und diese Platten mittels Klettband, doppelseitigem Klebeband (Teppichband) oder Reißzwecken am Fensterrahmen befestigen. Dabei muß aber bedacht werden, daß der Zugang zu den Bedienungsgriffen des Fensters trotzdem jederzeit möglich ist. Normale Gardinen oder Stores sind zwar auch ein gewisser Insektenschutz, liegen aber rundum meist nicht dicht an. Man kann sie jedoch durch Anbringen von Klettband oder Magnetstreifen (Büro-Organisationsmittel) ebenfalls gut abdichten.

Eine weitere Möglichkeit sind Streifen- oder Kettenvorhänge, wie sie in südlichen Ländern gern gegen Insekten verwendet werden. Man kann derartige Vorhänge im Zubehörhandel in allen möglichen Größen und Farben kaufen und innen vor Türen und Ausstellfenstern anbringen. Solche Streifenvorhänge lassen sich aber auch sehr gut (und billiger) selbst nach Maß anfertigen, und zwar aus klarer oder farbiger Plastikfolie. Mehrere Lagen davon werden übereinander auf eine Pappe oder Hartfaserplatte ausreichender Länge gelegt und oben und unten mit

Klebeband fixiert. Dann wird mit einem Universalmesser und einem Stahllineal (Tapezierschiene) die Folie in ein bis zwei Zentimeter breite Längsstreifen geschnitten. Oben und unten bleiben quer jeweils ein paar Zentimeter unzerschnitten. Oben braucht man dies, um damit den Vorhang am Fahrzeug festzumachen. Unten kann der Querstreifen nach Schneiden aller Längsstreifen abgeschnitten werden. Wieder mit Stahllineal und rechtwinklig, um alle Streifen auf die gleiche Länge zu bekommen. Diese Streifenvorhänge lassen ungehindert Frischluft ins Fahrzeug, wenn Tür oder Fenster offen sind. Insekten dagegen werden durch die im Luftzug flatternden Streifen weitgehend abgehalten.

(c) Türen

Alle Türen, die von außen in das Fahrzeuginnere, speziell in den Wohnteil führen, sind Kältebrücken ersten Grades. Sie sind innen nicht isoliert und lassen auch schlecht den Einbau einer Isolierung zu, weil sie aus Stabilitätsgründen meist stark verrippt oder sogar doppelwandig sind. Dennoch sollten Sie hier etwas unternehmen, sonst nutzt Ihnen die aufwendige Isolierung der anderen Flächen im Wohnteil überhaupt nichts. Dünnes Blech läßt nun einmal ungehindert Wärme und Kälte ebenso hindurch wie den Schall. Das gilt es zu ändern.

Da diese Türen innen meist eine Verkleidung aus Pappe oder beschichteter Hartfaser haben, muß diese zunächst abgenommen werden. Nun liegt nach Abnehmen der mit Haftkleber angehefteten Nässeschutzfolie (hoffentlich) das Türinnere offen vor Ihnen. Da die Türen hinten im »Wohnteil« meist keine Kurbelfenster aufweisen, brauchen Sie auch nicht auf deren Mechanismus wie in den Fahrerhaustüren Rücksicht zu nehmen. Aber der Mechanismus für das Türschloß selbst muß auf alle Fälle von Ihren Isoliermaßnahmen ausgenommen werden.

Am besten kleben Sie innen die Türen so weit wie zugänglich mit Weichschaumplatten von wenigstens zwei Zentimeter Stärke aus. Besser ist es, wenn Sie diese Schaumstoffplatten noch dicker nehmen können, dann isolieren sie besonders gut. Wenn die Schaumstoffplatten nicht von selber an den Verrippungen haften, müssen sie befestigt werden, damit

sie während der Fahrt nicht verrutschen können. Zum Ankleben kann man entweder Kontaktkleber bzw. Schaumstoffkleber oder – bequemer – einen Sprühkleber einsetzen. Kontaktkleber wird mit einem breiten alten Pinsel auf Blech und Schaumstoff (dünn!) aufgetragen und nach dem Ablüften der Klebstoffschicht (bei Raumtemperatur etwa 10 Minuten) werden die Schaumstoffteile auf die Blechteile aufgedrückt. Aber Achtung! Beim Arbeiten mit Kontaktkleber können Sie die aufgeklebten Teile nicht mehr verrutschen. Sie müssen sofort an der richtigen Stelle aufgeklebt werden. Mit Sprühkleber geht es etwas leichter (aber teurer), weil er sich besser auftragen läßt. Mit Montagekleber aus der Kartusche arbeitet es sich ebenfalls sehr angenehm, weil dieser Kleber noch eine ganze Weile weich bleibt und das paßgenaue Hinrutschen der Matten erlaubt.

Wenn die Türen doppelwandig sind und Sie keinen Schaumstoff einkleben können, sollten Sie entweder die Hohlräume mit Schaumstoff-Flocken (billig aus Resten oder alten Kissenfüllungen) ausstopfen oder mit einem Polyurethanschaum (Isolierschaum, z. B. aus dem Baumarkt) aus der Sprühdose ausschäumen. Der Schloßmechanismus sollte aber vorher mit Plastikfolie vor dem Schaum geschützt werden. Wo Sie schlecht rankommen, können Sie auch eine Bohrung von etwa 10 mm Durchmesser von der Innenseite her in den Blechteilen anbringen, durch die das Sprührohr der Dose gesteckt wird. Ist der Schaum ausgehärtet, wird das Loch mit Kunstharzspachtel geschlossen, geschliffen und überlackiert oder durch die später aufzubringende Wandverkleidung bzw. Türverkleidung sowieso verdeckt.

Wenn die Türen isoliert sind, kommt zunächst die Nässeschutzfolie und dann entweder die vorherige Türbekleidung wieder drauf, die man zusätzlich durch Überziehen mit Kunstleder, Teppichboden, Kork, Textiltapete oder Polsterfolie der späteren Innenraumverkleidung farblich und im Material angepaßt hat. Oder man schneidet (nach einer Pappschablone oder nach Aufmaß) aus 3 mm starkem Sperrholz (in der gleichen Holzart, wie später die Möbel sind) Abdeckungen zurecht, die so weit wie möglich alle Blechteile der Tür verdecken. Diese Sperrholzplatte kann man mit Blechschrauben und Unterlegscheiben befestigen oder aber auch mit den von der früheren Verkleidung her stammenden Clips. Notfalls auch mit Montagekleber. Ich halte Blechschrauben für besser, weil man sie da anbringen kann, wo es nötig ist und nicht nur da, wo gerade ein Clipsloch ist.

Übrigens sollten Sie beim Verkleiden von einer Schiebetür immer rechtzeitig prüfen, ob sie anschließend mit der Verkleidung zusammen überhaupt noch aufgeht. Bei manchen Türmodellen ist die Luft zwischen Tür und Karosserie im geöffneten Zustand sehr knapp.

Apropos Blechschrauben! Selbstverständlich verwenden Sie nur verkadmete oder verchromte bzw. Edelstahl-Blechschrauben. Alles andere rostet nämlich nach kurzer Zeit und versaut Ihnen dann die schöne Arbeit.

Übrigens: Vorhandene Türen vom Wohnteil nach außen sind außer einer Kältebrücke noch in einem anderen Punkt ärgerlich. Sie sind nämlich eine zusätzliche Einbruchsgefahr, der man nur durch den mühsamen Einbau eines Sicherheitsschlosses – zusätzlich zum vorhandenen Schloß – oder durch Einbau von Riegeln oder Überwurfhaken von innen begegnen kann. Eine sehr praktische Lösung bietet ein Hersteller an: Einen wegklappbaren Stahlbügel, der außen am Fahrzeug neben der Tür angeschraubt wird und im aufgeklappten Zustand als Einstiegshilfe dient. Wenn man das Fahrzeug verläßt, wird der Bügel vor die Tür geklappt und mit einem Sicherheitsschloß verschlossen. So sehen Einbrecher schon von weitem, daß sie sich eine andere Einstiegsmöglichkeit suchen müssen. Man kann auch noch eine andere Möglichkeit wählen und den meist für die Fahrzeug-Innenbeleuchtung vorhandenen Türkontakt als Kontakt einer noch einzubauenden Alarmanlage benutzen. Aber: Alarmanlagen verhindern keinen Einbruch, sie melden ihn nur. Wenn sie funktionieren. Doch davon später.

4.06 Luken, Klappen und Öffnungen

Außer Fenstern und Türen gibt es in einem Campingbus noch eine ganze Anzahl anderer Öffnungen nach draußen, die teils sichtbar und teils verborgen angebracht sind. Diese Öffnungen sind zum Teil vorgeschrieben bzw. dringend anzuraten, andere sind nur nützlich oder angenehm (Abbildung 93).

Abbildung 92: Große Klappe. So elegant kann eine zusätzlich eingebaute Serviceklappe aussehen, die von außen den bequemen Zugang zum Stauraum, zum Notstromaggregat, zum Abwassertank, zum Gasflaschenkasten usw. ermöglicht. Achtung: Serviceklappen für den Gasflaschenkasten müssen in jedem Falle abschließbar sein!

Abbildung 93: Das Klappenmobil. Bei diesem Campingbus ist so ziemlich alles über sauber eingepaßte (und hoffentlich auch verschließbare) Stauraumklappen von außen leicht zugänglich.

Fangen wir mit den vorgeschriebenen bzw. erforderlichen Öffnungen an. Für Campingbusse ist die Verwendung von Propan- oder Butan-Gasgeräten zum Kochen, Backen, Heizen, Kühlen, zur Beleuchtung und für die Warmwasserbereitung sehr verbreitet. Das liegt daran, daß Gas nicht nur eine relativ preiswerte und bequeme Energiequelle ist, sondern außerdem einigermaßen leicht zu transportieren geht, fast überall in der Welt zu haben ist, vielseitig verwendbar ist und weder Schmutz noch Abfall hinterläßt. Allerdings gibt es, aus gutem Grund, auch ein paar Vorschriften, auf die im Abschnitt »Gasversorgung« noch näher eingegangen wird.

(a) Gas-Vorratskasten

Ihre Gasflaschen (es empfiehlt sich, zwei davon mitzunehmen, damit Sie immer eine in Reserve halten können) werden Sie am besten in einem (zum Innenraum hin völlig abgekapselten) Gaskasten unterstellen. Dabei besagt die Vorschrift, daß für Gasflaschen

innerhalb des Campingbusses im Gasflaschenschrank eine unverschließbare Öffnung von wenigstens 100 cm² freiem Querschnitt im Boden oder in unmittelbarer Bodennähe nach draußen vorhanden sein muß. Das bedeutet für Sie, daß an der Stelle, wo Ihre Gasflaschen in einem nach innen abgedichteten Kasten oder Schrank aufgestellt werden sollen, im Fußboden oder in der Fahrzeugseitenwand direkt über dem Fußboden eine unverschließbare, also ständig offene Entlüftungsöffnung angebracht werden muß. Diese Öffnung muß mindestens 100 cm² groß sein, also beispielsweise eine lichte Öffnung von 10 cm Länge und 10 cm Breite aufweisen.

Der Einfachheit halber würde ich den Gasflaschenkasten so in der Einrichtung einplanen, daß die Luftöffnung seitlich in der Karosseriewand sitzt. Da brauchen Sie nur direkt über dem Zwischenboden bzw. Fußboden eine Öffnung in das Blech zu sägen, die so groß ist, daß sie noch von außen mit einem Kiemenblech aus Metall abgedeckt werden kann und trotzdem einen freien Querschnitt von wenigstens

Abbildung 94: Serviceklappen. Bei diesem Campingbus sind nicht nur die Serviceklappen für Notstromaggregat und Gasflaschenkasten sauber eingepaßt, sondern auch die beiden Kiemengitter für die Kühlschrankbelüftung. Gut sichtbar unter dem Frischluftzutritt zum Kühlschrank das (dunklere) Zuluftgitter zum Gasbrenner des Kühlschrankes.

100 cm² hat, lieber sogar etwas größer. Gegen den Eintritt von Insekten oder anderem Ungeziefer legen Sie zwischen Karosserieblech und Kiemenblech noch ein Stück passend geschnittene Drahtgaze (Fliegengittergaze) und dichten das Kiemenblech vor dem Anschrauben (mittels Blechschrauben) rundum mit elastischem Karosserie-Dichtband (gibt es als Meterware im Kfz-Zubehörhandel) ab. Dieses Dichtband wird passend geschnitten und rundum auf das Kiemenblech gelegt. Beim Anschrauben zieht es sich dann dichtend mit dem Gazegewebe zusammen hinein. Solche Kiemenbleche sehen Sie außen am Fahrzeug zum Beispiel auf dem Foto (Abbildung 94). Es gibt aber noch eine weitere Möglichkeit: Sie können nämlich anstatt der relativ kleinen Öffnung seitlich am Wagen auch eine entsprechend größere in die Außenwand schneiden. So groß, daß sich die Gasflaschen von außen in den nach innen gasdich-

ten Gasflaschenkasten hineinsetzen lassen. Die Öffnung in der Außenwand wird dann mit einer fix und fertig käuflichen Klappe verschlossen, die sowohl als Ladeluke als auch als Lüftungsöffnung dient. Eine Ladeluke brauchen Sie nämlich sowieso, denn wie wollen Sie sonst die Gasflaschen in den Gaskasten hinein- und auch wieder herausbekommen?
Natürlich können Sie in Ihrem Fahrzeug für das Auswechseln der Gasflasche auch eine gesonderte Ladeluke vorsehen, die außen mit einer (abschließbaren!) Serviceklappe versehen wird. Solche Serviceklappen bekommt man in verschiedenen Größen einschließlich Rahmen, sie werden ähnlich wie ein Fenster in die Karosseriewand eingebaut. Wenn Sie derartige Klappen für den Gasflaschenkasten nicht in belüfteter Kiemenblechausführung (Abbildung 92) bekommen und andere gesonderte Lüftungsöffnungen nicht möglich sind, müssen Sie die Klappe im unteren

Bereich mit einem Durchbruch und entsprechenden Kiemenblech zusätzlich versehen, um den Gasflaschenkasten vorschriftsmäßig zu entlüften. Da diese Kiemenbleche oft aus unlackiertem Aluminiumblech bestehen, können Sie diese nach der Montage entweder metallfarben belassen oder Sie müssen sie vor der Montage grundieren und lackieren.

Das läßt sich auf Aluminium aber nur dann haltbar machen, wenn Sie das Blech zuvor in einem Säurebad (1 Teil Salzsäure auf 8 Teile Wasser) anrauhen und nach gründlichem Nachwässern zusätzlich (mit Aceton, Waschbenzin o. ä.) entfetten. Vorsicht beim Umgang mit der Säure! Sie können das Blech vor dem Lackieren auch statt im Säurebad nur mit Waschprimer behandeln und ggfs. mit Stahlwolle etwas anrauhen.

Eine dritte Möglichkeit, die Lüftungsöffnung für den Gasflaschenkasten zu schaffen, ist eine Öffnung im Fußboden. Das ist jedoch problematisch, denn dabei ist Verschiedenes zu beachten: Unter dem Fahrzeug sitzen nicht nur Rahmenteile, Rohrleitungen, Kabel usw., sondern auch der heiße Auspuff und der Katalysator, der außen bis zu 1000 Grad heiß werden kann!

Deshalb muß immer zuerst geklärt werden, ob an der vorgesehenen Stelle ein solcher Durchbruch überhaupt Sinn macht bzw. zulässig ist. Außerdem darf sich (laut Vorschrift!) dann keine weitere Öffnung im Wagenboden befinden, durch die womöglich Gas aus dem Gasflaschenkasten (was zwar sehr unwahrscheinlich ist, weil Propangas schwerer als Luft ist) oder Abgas vom Fahrzeugauspuff wieder ins Fahrzeug gelangen könnte. Aber schon zu Ihrer eigenen Sicherheit sollten Sie sich an die Vorschriften halten! Im Zweifelsfall fragen Sie den TÜV oder einen Gasinstallateur.

Schließlich sollten Sie auch noch bedenken, daß unter dem Wagenboden beim Fahren Staub, Dreck, Nässe usw. aufgewirbelt werden, die womöglich in diese Lüftungsöffnung gelangen könnten. Gegen das Aufwirbeln von Schmutz im Öffnungsbereich können Sie sich jedoch halbwegs schützen, indem Sie ein Prallblech (aus Alu oder anderem rostfreien Material) in Fahrtrichtung vor der Öffnung anbringen oder sogar einen nur nach hinten offenbleibenden Blechkasten entsprechender Größe.

Die Lüftungsöffnung im Fußboden wird am besten erst einmal im Blech des Fahrzeugbodens hergestellt (vorbohren in den Ecken, Blech mit Stichsäge heraussägen, entgraten, Rostschutz). Im später wieder einzusetzenden Zwischenboden wird sie nach Montage dieses Bodens an Ort und Stelle ebenfalls eingebracht. Die Öffnung im Fußboden sollte jedoch um einiges größer als die vorgeschriebenen 100 cm^2 sein, weil sie rundum noch, sobald der Zwischenboden wieder drin ist, mit einer Abdeckleiste oder mit dauerelastischer Dichtungsmasse bzw. mit Unterbodenschutz gegen Nässe usw. abgedichtet wird und der effektiv offenbleibende Querschnitt mindestens 100 cm^2 aufweisen muß. Außerdem empfiehlt sich, was nochmals den Querschnitt etwas reduziert, die Anbringung eines Insektenschutzgitters oder zumindest eines Stückes engmaschigen Streckmetalls gegen Kleintiere und Ungeziefer.

(b) Gasheizung

So, wie der Gasflaschenkasten gegen den Innenraum absolut dicht sein muß, so müssen auch die anderen mit Gas betriebenen Geräte (außer Herd bzw. Kocher) mit ihren Verbrennungsräumen gegen den Innenraum absolut abgedichtet sein, damit die Abgase nicht zu einem vorschnellen Ende der Campingbus-Besatzung führen. In diesem Zusammenhang ist zunächst die Heizung besonders wichtig, weil bei den meisten gasbetriebenen Heizungen die erforderliche Verbrennungsluft unter dem Wagenboden oder unten an der Seitenwand angesaugt werden muß. Bei einigen Heizungen wird sie auch unter dem Wagen als Abluft wieder ausgeblasen, bei anderen Modellen über eine Rohrleitung zur Seite hin oder oberhalb des Wagendachs hinaus.

Deshalb sollten Sie sich rechtzeitig klar werden, welches Heizungsmodell eingebaut wird (Kapitel »Heizung-Kühlung-Lüftung«) und dementsprechend müssen Sie die Öffnungen im Fahrzeug dafür anbringen. Diese Öffnungen sind nämlich je nach Hersteller unterschiedlich, sowohl was die Größe als auch die Lage der Öffnungen betrifft. Meist wird die Brennerzuluft durch die Seitenwand angesaugt, aber die Abgase können je nach Ausführung dann durch den Wagenboden, die Seitenwand oder sogar durch das Dach abgeführt werden.

Das beste wäre deshalb, die Heizung mit bei den ersten Besorgungen einzukaufen, dann können Sie den Ausschnitt (Zuluft für den Brenner) in der Außenwand und für das Abgas im Wagenboden, in der Seitenwand oder auch im Wagendach gleich nach Maß vornehmen. Weil diese Öffnungen nämlich sehr genau gemacht werden müssen, um die Heizung mit ihrer Verbrennungskammer gegen den Wagen hin auch wirklich dicht zu bekommen. Genaue Details müssen Sie den Einbauanleitungen der Hersteller entnehmen, wenn Sie es nicht sogar vorziehen, sich diese Arbeiten von einem zugelassenen Gas-Installateur machen zu lassen.

Bei einer Öffnung im Fußboden ist deren Lage genau zu klären. Prüfen Sie deshalb erst einmal von unten, ob die Öffnung überhaupt an der gewünschten Stelle möglich ist, ob der Ansaugstutzen für die Verbrennungsluft nicht direkt am heißen Auspuff sitzt, ob die Wärme der Brennkammer oder gar die nach unten abgegebene Abluft mit ihrer Hitze irgendwelche wärmeempfindlichen Teile (Reserverad, Kabel, Rohre, Tanks usw.) in Mitleidenschaft ziehen kann und ob die Öffnung wenigstens etwa einein-halb Meter von der Sicherheitsöffnung für den Gasflaschenkasten entfernt ist. Wird die Zu- und Abluft der Heizung seitlich in die Außenwand eingebaut, so sollten Sie derartige Durchbrüche nicht direkt unter einem Aufstellfenster vorsehen, sonst ziehen womöglich doch noch Abgase der Heizung ins Wageninnere.

(c) Boiler, Kühlschrank usw.

Auch für den Warmwasserbereiter (sofern er mit Gas betrieben wird) und für die Zuluft und die heiße Abluft des Kühlschrankes sowie das Abgas des Kühlschrankbrenners sind unverschließbare Öffnungen – meist seitlich in der Karosseriewand – vorzusehen. Die Größe dieser Öffnungen und ihre Anbringung geht auch wieder nur aus den Einbauanweisungen der Gerätehersteller hervor. Deshalb ist es wichtig, sich rechtzeitig zumindest die genauen Unterlagen zu beschaffen oder derartige Geräte möglichst frühzeitig zu erwerben, sofern die Planung weitgehend abgeschlossen ist und man sich über die benötigte Gerätegröße geeinigt hat.

(d) Gasherd und Backofen

Für Herde und Kocher, wie sie in fast jedem Campingbus eingesetzt werden, müssen Lüftungsöffnungen von mindestens 150 cm² freiem Querschnitt vorhanden sein. Diese Öffnungen können aber bei Nichtgebrauch der Geräte verschlossen werden. So genügt es daher meist, das in Kochernähe befindliche Ausstellfenster oder eine spezielle Lüftungsklappe beim Kochen mit Gas zu öffnen. Wird dagegen ein Gasbackofen verwendet, so sind dessen Abgase unbedingt durch eine Rohrleitung entsprechenden Querschnitts ins Freie abzuleiten und Sie müssen hierfür rechtzeitig eine entsprechende Öffnung vorsehen!

(e) Sonstiges

Soweit erst einmal die erforderlichen Öffnungen im Fahrzeug. Sofern weitere Geräte (z. B. der Einfüllstutzen für den Frischwassertank, die Ablaßöffnung vom Abwassertank usw.) oder elektrische Installationen (z. B. die blaue CEE-Außensteckdose), die hier nicht aufgeführt sind, eingebaut werden sollen und diese eine Öffnung im Fahrzeug benötigen, sind natürlich auch hierfür die entsprechenden Durchbrüche anzubringen. In diesem Zusammenhang aber noch ein Hinweis: In der Heckpartie des Fahrzeugs würde ich nach Möglichkeit keine unverschließbaren Öffnungen anbringen, weil durch den beim Fahren entstehenden Sog am Heck immer die Gefahr besteht, daß hier Abgase, Staub, usw. in das Fahrzeuginnere gezogen werden.

(f) Lüftungsklappen

Schließlich möchte ich Ihnen noch das Thema Lüftungsklappen ans Herz legen. Weiter vorn erwähnte ich schon, daß auch Ausstellfenster ihre Nachteile haben können. Aber ohne eine gute Querlüftung kommen Sie im Fahrzeug nicht aus, weil sich die Luft schnell staut und Sie zumindest nachts beim Schlafen ständig Frischluft brauchen, wenn Sie nicht am nächsten Morgen mit einem Brummschädel oder schlimmstenfalls überhaupt nicht mehr aufwachen wollen. Da eignen sich sehr gut in der Fahrzeugaußenwand installierte Lüftungsschieber. Sie sind aus Kunststoff oder Aluminium und meist zweiteilig. Die eine Hälfte wird außen auf die ins Karosserieblech geschnittene Öffnung geschraubt (nichtrostende Blechschrauben verwenden und Dichtungsstreifen unterlegen!). Die andere Hälfte des Schiebersets wird innen auf den entsprechenden Ausschnitt innen an die Wandverkleidung geschraubt und verdeckt den Ausschnitt. Diese Lüftungsschieber haben innen einen Verstellmechanismus, der die Öffnung beliebig weit verschließt, so daß Sie sich die gewünschte Luftmenge einstellen können. Diese Schieber sind relativ einbruchsicher und außerdem leichter zu montieren als ein Ausstellfenster. Deshalb werden sie auch gern im Dachbereich montiert, weil dort:

- Erstens die verbrauchte warme Luft besser abziehen kann.
- Zweitens, weil dort oben oft auch Betten installiert sind und die dort oben Schlafenden ja auch Frischluft haben wollen.
- Drittens schließlich, weil Ganoven dann nicht so leicht durch solche Öffnungen Betäubungsgas ins Fahrzeug sprühen können.

Bringen Sie für diese Lüftungsschieber innen am Karosserieblech, genau wie bei den Ausstellfenstern, wiederum einen kleinen, aber soliden Holzrahmen an. Dessen Ausschnitt entspricht dem Durchbruch in der Blechwand oder dem Dachausschnitt. Innen wird der Rahmen dann durch die aufgeschraubte Wandverkleidung bzw. die Innenhälfte des Schiebers verdeckt.

Diese Lüftungsschieber gibt es im Handel in regengeschützter und anderer Ausführung. Nehmen Sie für außen nur die regensichere Ausführung. Die andere Ausführung ist für innen gedacht, beispielsweise für die Belüftung zwischen zwei Räumen (z. B. Toilettentür o. ä.). Achten Sie beim Kauf auf ein eingebautes Insektenschutzgitter. Andernfalls montieren Sie selbst ein solches Gewebe zwischen Innen- und Außenteil.

Alternativ zu den Lüftungsschiebern bekommen Sie im Handel gelegentlich auch sehr praktische, aus Blech oder Kunststoff geformte Dachluftklappen. Es gibt sie in mehreren Größen mit und ohne Glasfenstereinsatz. Leider gibt es diese Klappen nur selten in einer wärmegedämmten Ausführung und leider lassen sich diese Klappen auch von außen öffnen, wenn man nicht von innen eine sichere Arretierung vorsieht. Die Klappen werden senkrecht möglichst weit oben so in die Seitenwand eingebaut, daß die Scharniere der Klappe oben sitzen. Dann lassen sich die Klappen sogar bei leichtem Regen noch öffnen, ohne daß innen etwas naß wird. Manche bauen diese Klappen auch waagerecht auf dem Dach ein. Dann sollte aber das Scharnier in Fahrtrichtung sitzen, falls man mal bei schlechtem Wetter mit offener Klappe fährt und kein Regen ins Fahrzeug kommen soll. Aber ich will zugeben, daß diese Klappen nicht gerade ästhetisch gestylt sind und eine gute Dachluke mehr Luft und Licht ins Wageninnere läßt als ein halbes Dutzend Dachluftklappen.

(g) Dachluken

Besser sind, wie gesagt, für die Dachbelüftung die richtigen Dachluken, die nicht nur wärmedämmend konstruiert sind, sondern auch in großem Maße der einwandfreien Belüftung und Belichtung des Fahrzeuginnenraums dienen. Diese Oberlicht- oder Dachluken haben eine doppelwandige Acrylglashaube, die mit Scherenaufstellern oder anderen Vorrichtungen aufstellbar ist und mit einem soliden Rahmen in einem Dachausschnitt befestigt wird.

Übrigens: Andere als doppelwandige Ausführungen sollte man gar nicht erst in Erwägung ziehen, weil sonst erstens häufig Kondensat entsteht und ins Wageninnere tropft und außerdem zweitens das Fahrzeug im Sommer stark aufgeheizt bzw. im Winter enorm abgekühlt wird.

Dachluken gibt es von verschiedenen Herstellern in unterschiedlichen Größen und Ausführungen. Metallverstärkte Polyurethankonstruktionen haben sich gut bewährt, weil sie windschnittig, formstabil und voll wärmedämmend sind. Viele Ausführungen werden gleich komplett mit eingebautem Verdunkelungs- und Mückenschutzrollo geliefert. Hier spart man sich viel Tüftelei und Arbeitsaufwand.

Achtung

Manche Dachluken können bei schneller Fahrt störende Windgeräusche verursachen. Mit einem in Fahrtrichtung davor gesetzten kleinen Windspoiler läßt sich das (auch nachträglich noch) vermeiden.

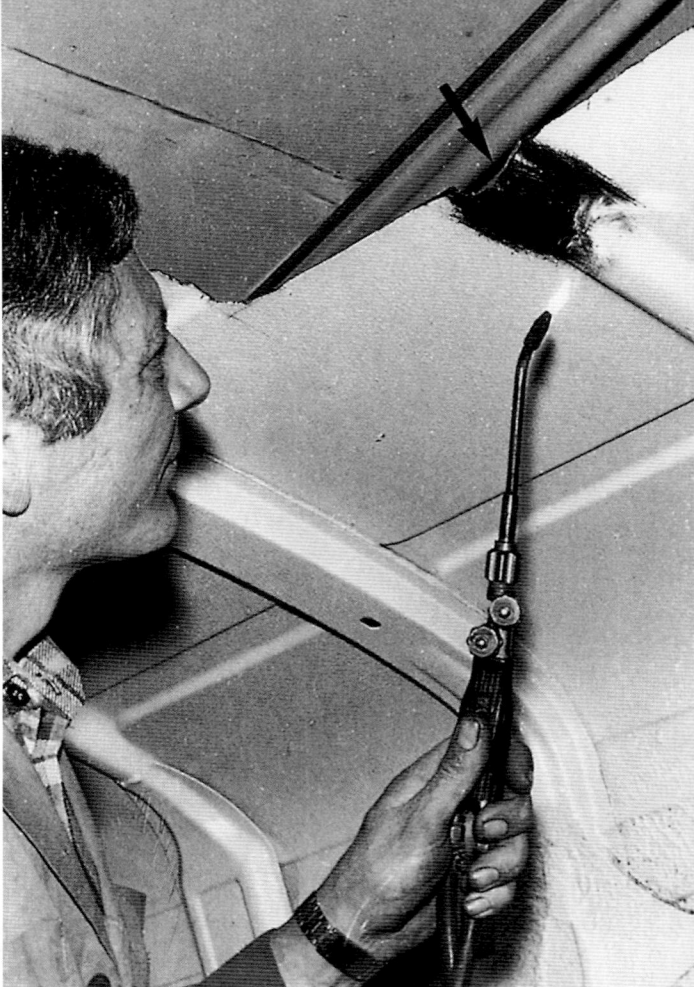

Abbildung 95: Dachausschnitt. Der Einbau von Dachluken erfordert eine Öffnung im Wagendach. Man kann sie entweder mit der Blechschere oder – besser – mit der Stichsäge und Metallsägeblättern (Abbildung 58) in das Dachblech schneiden. Bei Kunststoffdächern geht es besser mit speziellen Kunststoff-Sägeblättern in der Stichsäge.

Abbildung 96: Bearbeitung von Sicken. Sicken im Ausschnittbereich müssen dem übrigen Karosserieblech angeglichen werden. Bei Blechdächern geht das durch starkes Erhitzen und Flachklopfen, bei Kunststoffdächern nur durch Abdichten mit Kunststoff-Spachtelmasse.

Beim Einbau einer solchen Dachluke gehen Sie ähnlich vor wie beim Einbau von Ausstellfenstern. Zunächst wird die Haube samt Rahmen in einer Größe beschafft, die keine Probleme mit den im Dachbereich vorhandenen Verrippungen schafft. Dann wird Maß genommen und der Ausschnitt im Dach angebracht. Mit der Blechschere (Abbildung 95) arbeitet es sich bei Blechdächern recht gut von innen, wogegen die Arbeit mit einer Blechknabber oder der universellen Stichsäge (Metallblatt bei

Blechdach, Kunststoff-Sägeblatt bei GFK-Dächern) sich manchmal leichter von außen oben bewerkstelligen läßt.

Natürlich sollten Sie auch hier wieder zuerst ein Bezugsmaß-Loch bohren, von dem aus dann der Ausschnitt innen oder außen vermaßt und angezeichnet wird.

Achtung: Zeichnen Sie den Ausschnitt genau nach Herstellerangaben ein, weil diese Maße entscheidend sind für den dichten Sitz der Dachluke. Ist vom Her-

Abbildung 97: Plattklopfen
Die glühend gemachte
Stelle wird mit dem Hammer breitgeklopft. Als
Gegenlager dient ein Eisenklotz oder Ziegelstein, zur
Not reicht auch ein Hartholzklotz.

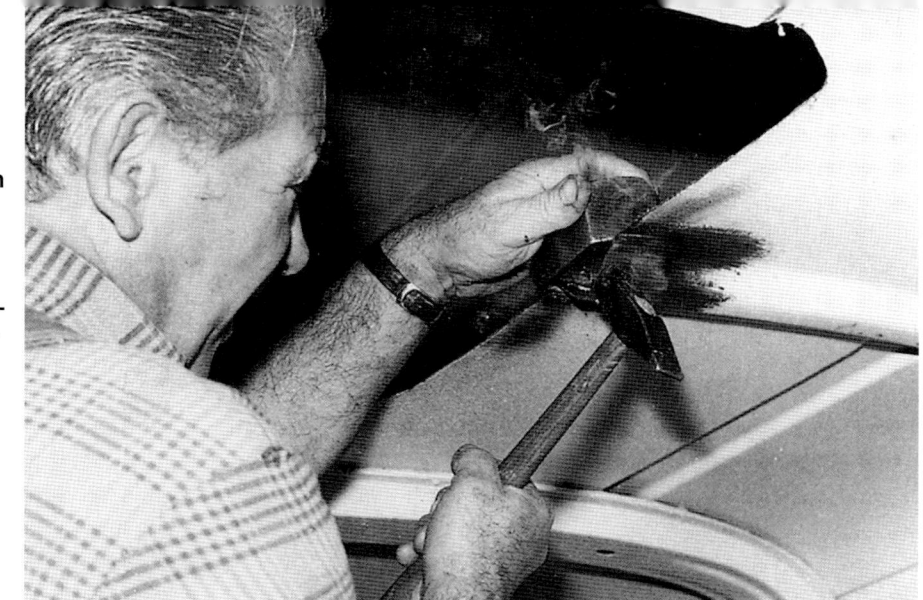

Abbildung 98: Nachglätten
Nach der groben Vorarbeit
wird das Blech von der
Gegenseite nochmals sorgfältig nachgeglättet, damit
später die Lukendichtung
satt am Blech anliegen
kann.

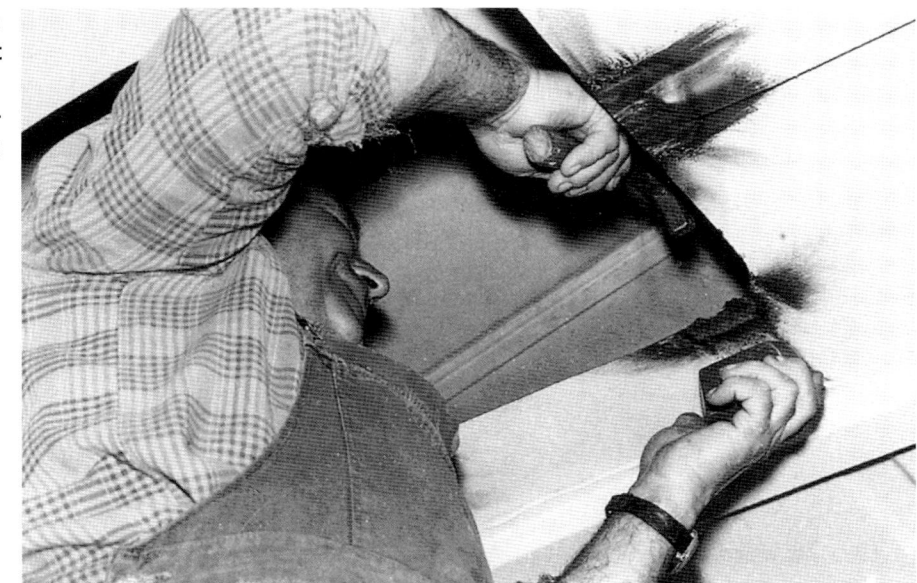

Abbildung 99: Rostschutzauftrag. Die geglätteten
Sickenbereiche werden
sorgfältig mit Stahlwolle
blank gerieben und dann
sorgt ein satter Rostschutzauftrag für Ruhe
unter der Gummidichtung.

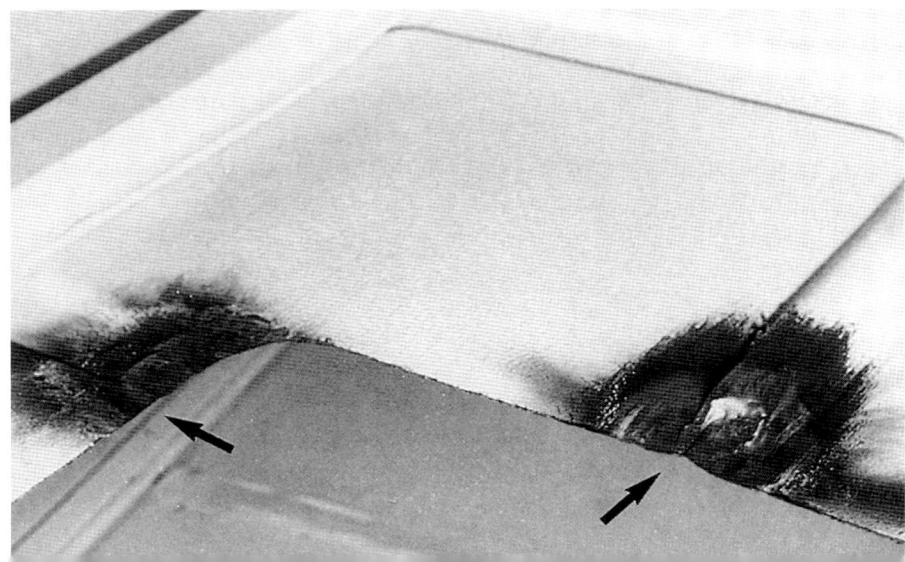

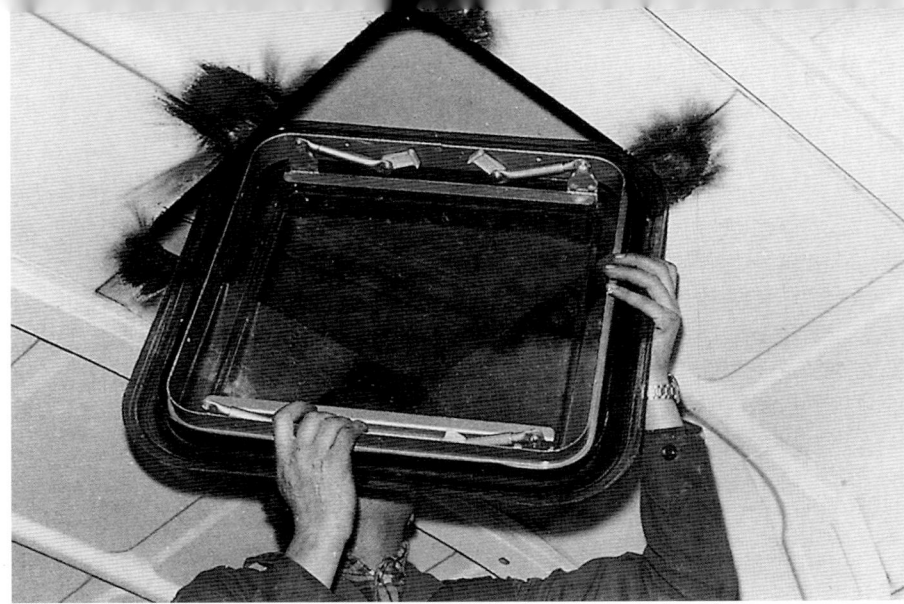

Abbildung 100: Dachluke einsetzen. Behutsam wird die Dachluke in den Dachausschnitt eingesetzt, ohne den Rostschutz zu beschädigen.

Abbildung 101: Dachluke befestigen. Die eingesetzte Dachluke wird auf das Dach gepreßt, damit die Rundum-Gummidichtung satt aufliegt. Dann wird der Lukenrahmen am Dach mit Schrauben, Blindnieten oder Clips befestigt, wie es in der Einbauanleitung zur Luke beschrieben ist. Kunststoff-Dachluken haben einen Gegenrahmen, mit dem sie verschraubt werden. Das erleichtert die Arbeit.

steller nichts angegeben oder müssen Sie die Durchbruchmaße von der Luke abmessen, dann planen Sie bitte den Ausschnitt ringsum 2 mm größer ein, damit sich die Luke exakt aufsetzen läßt und der Rostschutz an den Schnittkanten des Blechs nicht beschädigt wird.

Dann müssen Sie für das Arbeiten mit der Stichsäge oder dem Knabber in den Eckpunkten des vorgesehenen Dachausschnittes (Radien beachten!) Bohrungen anbringen zum Ansetzen der Säge bzw. des Knabbers.

Wenn Rippen oder Sicken die rundum glatte Auflage der Lukendichtung erschweren würden, müssen diese Sicken (Abbildung 96) entfernt werden. Bei Kunststoffdächern können Sie diese mit Polyesterspachtel schließen und innen den Gegenrahmen entsprechend aussparen.

Bei Blechdächern wie im Foto wird der Randbereich der Sicke mit einem Schweißbrenner oder einer Lötlampe glühend gemacht. Dann wird mit einem Hammer und einem Gegenlager (Abbildung 97) der Randbereich flach geklopft. Diese Arbeit sollte behutsam und genau erfolgen und von beiden Seiten vorgenommen werden (Abbildung 98). Die fertige Sickenbearbeitung sieht man im nächsten Foto (Abbildung 99).

Nach der unvermeidlichen Rostschutzbehandlung wird die Dachluke eingesetzt (Abbildung 100) und so weit wie möglich mit ihrer Gummidichtung auf die Dachaußenseite aufgepreßt. Nun läßt sich die Dachluke mit ihrem Rahmen entweder an einem untergesetzten Holzrahmen oder auch bloß so am Dachausschnitt mittels Blechschrauben oder Blindnieten befestigen (Abbildung 101). Die weitere Arbeit entspricht sinngemäß dem Fenstereinbau. Kunststoff-Dachluken werden wie Kunststoffenster mit Gegenrahmen geliefert und lassen sich deshalb viel leichter einbauen als Metalldachluken. Beim Einsetzen der Dachluke sollten Sie auf den Sitz der Aufstellbeschläge achten! Manche Dachluken lassen sich nämlich auch nur einseitig aufstellen, dann kann man sie sogar während der Fahrt bei schlechtem Wetter etwas geöffnet lassen.

In jedem Fall werden Sie mit einer Dachluke stets eine vorzügliche Belüftung des Fahrzeugs und eine gute Lichtquelle besitzen. Der Vorteil der Dachluken ist nämlich nicht nur gute Lichtdurchlässigkeit und Belüftungsmöglichkeit, sondern unter anderem die Tatsache, daß man Dachluken auch dann etwas geöffnet lassen kann, wenn man das Fahrzeug irgendwo abstellt und möglichst niemand seine ungebetenen Finger hineinstecken soll. Weil diese Dachhauben (außer Sie haben eine Außenleiter montiert) auf dem Dach schwer erreichbar sind, sind sie so einigermaßen sicher vor Langfingern. Sicherheitshalber sollten Sie von innen eine Öffnungssperre (notfalls Kette mit Schloß) anbringen, die das Öffnen dieser Luken von außen verhindert.

Der erforderliche Insektenschutz kann entweder durch ein unter der Luke angebrachtes Stück Gardine oder durch ein mit Klettband haftendes Stück Fliegengaze o. ä. erfolgen. Im Zubehörhandel bekommen Sie aber auch komplette Rollos für Dachluken, die sowohl zum Verdunkeln als auch zum Insektenschutz geeignet sind. Diese Rollos werden wie bei den Fenstern einfach unter die Dachlukenverkleidung geschraubt, sofern sie nicht gleich (mit der Dachluke zusammengebaut) geliefert wurden.

(h) Weitere Durchbrüche

Da Sie ja nun schon einige Übungen im Schneiden von Löchern in Ihrem Fahrzeug haben, wird es Ihnen sicher nicht schwerfallen, auch noch ein paar weitere Öffnungen anzubringen. Ich denke da zunächst einmal an die Löcher, die im Fußboden für das Ableiten des Küchen- oder Dusch-Abwassers erforderlich sind. Wie meist im Leben, gibt es auch hier 2 Möglichkeiten:

- Entweder haben Sie einen Abwassertank im Fahrzeuginnern vorgesehen und dessen (verschließbare!) Abwasserleitung muß durch die Seitenwand oder besser durch den Fußboden nach außen geführt werden.

- Oder die einzelnen Abwasserleitungen (aus festem oder besser aus gewelltem Kunststoff- oder Metallrohr) für die Küchenspüle, das Handwaschbecken, die Duschwanne usw. müssen zu einem Abwassertank unter dem Wagenboden geführt werden.

Überall da muß eine Rohrleitung oder ein Schlauch von mindestens 25 mm Durchmesser (besser größer) durch den Boden geführt werden, aber möglichst innerhalb der Möbelteile, damit er später im Fahrzeug nicht so ins Auge fällt. Denken Sie bitte auch an den Durchbruch in der Fahrzeugseitenwand für den Einfüllstutzen bei Frischwasser-Tanks!

Sie sehen, nun macht sich die gründliche Planung bezahlt. Denn Sie wissen ja jetzt bereits, wo einmal die einzelnen Möbel und deren Wände stehen werden.

Aber es gibt noch mehr Möglichkeiten, sein Fahrzeug wie einen Schweizer Käse zu durchlöchern. Da sind beispielsweise noch die Serviceklappen und Ladeluken, die man in verschiedensten Größen in Aluminium (z. T. grundiert) oder Kunststoff in seine Fahrzeugwände einbauen kann. Falls nicht Türen eine bessere Zugänglichkeit ermöglichen.

Diese Serviceklappen bieten nach ihrem Einbau beispielsweise die Möglichkeit, von außen an bestimmte Stauräume des Fahrzeugs heranzukommen. Das ist sehr praktisch, weil man damit nicht nur einen nur von außen zugänglichen Gasflaschenkasten schaffen kann, sondern beispielsweise auch einen Stauraum für das Schlauchboot oder den Außenbordmotor, das Kleinkraftrad, das Vorzelt oder die Campingmöbel für den Strand. Also für Sachen, die möglicherweise schmutzig sind und deshalb nicht durch den Innenraum geschleppt werden sollten.

Bei jeder Art von Ausschnitt im Karosseriebereich sollten Sie sich jedoch Gedanken machen, daß die Stabilität der Karosserie nicht darunter leidet und weder (beim Fahren hochgewirbelter) Schmutz noch Regenwasser von oben, unten oder von entgegenkommenden Fahrzeugen ins Innere des Wagens oder in die Wärmedämmung gelangen darf! Hier zu pfuschen kann Ihnen später die Freude am Fahrzeug völlig vermiesen und außerdem den Wert des Fahrzeugs für Campingzwecke mindern. Deshalb seien Sie auch bei der Auswahl und Anordnung der einzubauenden Klappen, Luken usw. sehr wählerisch! Sprechen Sie im Zweifelsfalle lieber einmal öfter mit einem Karosseriefachmann, z. B. in der Werkstatt Ihres Fahrzeughändlers.

4.07 Das Isoliermaterial

Das leere bzw. nicht isolierte Basisfahrzeug würde selbst mit der schönsten Einrichtung niemals einen brauchbaren Campingbus abgeben, weil das Wohnklima in der Praxis unerträglich wäre: Hitze oder Kälte würden ungehindert durch die dünnen Blechwände kriechen!

Schon bei etwas Sonne im Sommer würden Sie im Fahrzeug mehr oder weniger gegrillt. Denken Sie einmal daran, wie heiß es in einem PKW werden kann, wenn die Sonne stundenlang aufs Dach brennt. Da sind schnell 50 oder 60 Grad Hitze erreicht! Ist es dagegen draußen kühl, wird die Kälte ebenfalls sofort durch das dünne Karosserieblech spürbar und man bibbert drinnen. Außerdem schlägt sich die warme Atemluft als Kondenswasser an den kalten Fahrzeugwänden nieder und das blanke Wasser läuft munter durchs Fahrzeug auf der Suche nach Rostmöglichkeiten oder empfindlicher Elektronik!

Ohne Isolierung könnte auch jedes Geräusch von außen fast ungehindert nach innen dringen, genauso wie man draußen jeden Ton aus dem Fahrzeug zu hören bekommt. Eine vernünftige Isolierung des Dachs, der Wände und des Fußbodens im Campingbus ist daher für ein zweckmäßig gebautes Fahrzeug eine wichtige Grundvoraussetzung. Sie sollten nicht an dieser Sache »sparen« wollen, nur weil die Isolierung später nicht zu sehen ist. Bedenken Sie bitte: Eine billige Lampe, einen abgewetzten Möbelbezug, einen häßlichen Kühlschrank können Sie notfalls in kurzer Zeit auswechseln. Eine mangelhafte Isolierung dagegen nicht!

Es gibt eine ganze Reihe von Dämmstoffen. Einige sind für die Isolierung von Campingbussen brauchbar, andere weniger. Sie müssen dabei auch immer unterscheiden zwischen den Dämmstoffen für die Wärmedämmung, die möglichst leicht und porös sein sollten, und denen für die Schalldämmung, die wiederum nur durch ein hohes Gewicht und eine große Dichte schalldämmend wirken können. Schon an Hand dieser Tatsachen sehen Sie, daß die Schalldämmung wegen des erforderlichen schweren Materials aus Gewichtsgründen nur in ganz geringem Umfang im Bus anwendbar ist und Sie sich vorwiegend auf eine gute Wärmedämmung beschränken müssen. Eine gewisse Schalldämpfung bekommen Sie später noch durch die Wahl einer geeigneten Innenraumverkleidung, durch Polster und durch dicke Vorhangstoffe.

(a) Schaumstoff

Aber zunächst geht es um die Dämmstoffe zur Wärmedämmung der Karosseriewände. Als optimal hat sich hierbei trotz des hohen Preises immer wieder Schaumstoff (nicht Schaumgummi!) erwiesen, weil er neben leichter Verarbeitung und guter Anschmiegung an die Verrippung der Karosserie auch eine recht gute Wärmebeständigkeit und Formbeständigkeit aufweist. Ich möchte das kurz erläutern:

Das Schaumstoffmaterial bekommen Sie in verschiedenen Stärken, Sie sollten es also am besten in einer Stärke kaufen, die in etwa der Höhe der Blechrippen im Fahrzeug entspricht. Sie können es auch dünner wählen, als die Rippenstärke es erfordert. Bei dünnerem Material müssen Sie dann aber zwei oder mehr Lagen übereinander verkleben, das kann manchmal sogar recht zweckmäßig sein (z. B. bei der Dachisolierung), kostet jedoch Zeit und Kleber.

Aus Sparsamkeitsgründen geht es aber notfalls auch in einer dickeren Ausführung, als es die Fahrzeugrippen erfordern: Das zu starke Material, wie es zum Beispiel ausrangierte Schaumstoffmatratzen darstellen, müssen Sie dann vor dem Einkleben noch in der Stärke zumindest halbieren. Das macht sich recht gut, indem Sie die Schaumstoffmatte rundum so tief wie möglich mit einem elektrischen Küchenmesser oder einem besonders scharfen anderen Messer, ja sogar mit einer Feinsäge einschneiden. Dann hält ein Helfer die eine Seite der Matte fest auf den Boden und der andere zieht möglichst gleichmäßig die andere Mattenhälfte so ab, daß sich auch das unzerschnittene Mattenteil einigermaßen glatt von der unteren Hälfte abreißen läßt.

Mit dem erwähnten Elektromesser läßt sich auch die Schaumstoffplatte für die einzelnen Ausfachungen in der Karosserie recht gut zuschneiden, aber ein spezielles Messer in der Stichsäge schafft es ebenfalls, wenn auch nicht ganz so schnell. Das Material braucht ja nicht ganz exakt zugeschnitten werden, es ist weich und schmiegt sich leicht an die Blechverrippung an. Deshalb muß es in vielen Fällen auch nicht angeklebt werden, es haftet zwischen den Rippen fast von selbst (außer am Dach, aber darauf komme ich noch zu sprechen).

(b) Schaumgummi

Schaumgummi ist in der Anschaffung wesentlicher teurer als Schaumstoff, hat außerdem ein größeres Raumgewicht und ist auf Dauer meist nicht so alterungsbeständig wie Schaumstoff. Nach ein paar Jahren wird Schaumgummi durch Wärme meist hart und fängt an, zu zerbröseln. Deshalb ist Schaumgummi nicht so optimal wie Schaumstoff zum Isolieren geeignet, aber notfalls noch verwendbar. Keinesfalls sollte man Schaumgummi für die Dachisolierung verwenden, weil er zu schwer ist und sich am Dach nicht so haltbar befestigen läßt.

(c) Hartschaum

Die Wärmebeständigkeit des Schaumstoffes ist ebenfalls besser als beispielsweise bei den preiswerteren Hartschaumplatten (Styropor u. ä.). Das ist dann wichtig, wenn man mit seinem Fahrzeug in tropische Gegenden fährt, wo die Sonne noch ein paar Grad heißer auf das Blech knallt. Da kommen direkt unter dem Karosserieblech schon Temperaturen zusammen, die in der Nähe des Schmelzpunktes von Hartschaum (je nach Basismaterial) liegen können. Auch Schaumstoffe leiden naturgemäß unter dieser Temperatur etwas und sie altern auch, aber lange nicht in dem Maße, daß sie sich womöglich auflösen oder merklich verformen.

Die Polystyrol-Hartschaumplatten (Styropor o. ä.) eignen sich weniger für Fahrzeugisolierungen, sofern sie als Platten im Fahrzeug angebracht werden. Eben wegen der möglichen Verformung, wegen der Gefahr, Isolationslücken entstehen zu lassen oder gar ganz zu schmelzen.

Allenfalls können Sie, um Schaumstoff zu sparen, zuerst auf das Karosserieblech eine dünnere Lage (wenigstens 10 mm dick) Schaumstoff kleben und den Rest der erforderlichen Isolierung zum Wageninneren hin mit Hartschaumplatten auskleben. Allerdings sollten Sie sich auch darüber klar sein, daß bei einem Kontakt zwischen Hartschaumplatten und Blech oder Innenwandverkleidung bei der stets auftretenden Verwindung der Karosserie manchmal störende Quietsch- und Knarrgeräusche entstehen können.

(d) Glas- und Steinwolle

Glasfasermatten oder Steinwollmatten sind ebenfalls gute Isolatoren, allerdings sollten Sie nur solche Matten wählen, die durch eine Tränkung in Kunstharz oder anderen Bindemitteln in sich etwas verfestigt sind und sich nicht zusammenrütteln können. Auch die auf Folie gesteppten Isoliermatten sind verwendbar, allerdings schon nicht mehr ganz so gut wie die harzgebundenen. Die Formbeständigkeit eines Wandisoliermaterials ist nämlich für Sie ein wichtiger Gesichtspunkt! Lose Glaswolle oder Steinwolle sollten Sie allenfalls zum Ausstopfen einzelner Lücken oder sonst schlecht zugänglicher Karosseriebereiche (z. B. Fahrzeugrippen) verwenden.

Als Beispiel: Wenn Sie Ihr Fahrzeug im Wandbereich mit (nicht kunstharzgebundenen) Steinwolle- oder Glaswollmatten ausfachen würden, könnte es durch die ständigen Vibrationen beim Fahren dazu kommen, daß sich dieses Material etwas zusammenrüttelt und daß dadurch zwischen Verrippung und Isolierung Lücken in der Wärmedämmung entstehen. Schaumstoff und z. T. auch Schaumgummi dagegen bleiben praktisch dauerhaft elastisch und federn zurück.

(e) Dämmplatten

Filzmatten oder Weichfaser-Dämmplatten haben nicht ganz so hohe Dämmwerte wie die vorerwähnten Werkstoffe, sie eignen sich aber recht gut zur Isolierung des Fußbodens als Einlage zwischen Fahrzeugboden und Zwischenboden. Besonders muß in diesem Zusammenhang die sogenannte Bitumenfilzplatte erwähnt werden, die dank ihrer Bitumenbindung relativ nässebeständig ist. Achten Sie aber darauf, daß Sie für die Isolierung des Fußbodens kein Material wählen, das durch die stets im Fahrzeug vorhandene Feuchtigkeit muffeln oder schimmeln kann! Kunststoffe oder bituminierte Naturstoffe sind diesbezüglich weniger anfällig als Naturfasern oder zellulosehaltige Produkte. Filzmatten und Weichfasermatten können Sie übrigens gut zur Entdröhnung der Karosserie und für Schalldämmungsaufgaben verwenden.

Ein Hinweis

Sie bekommen die meisten Werkstoffe im Baustoffhandel oder in Baumärkten. Schaumstoffplatten bekommen Sie entweder ebenfalls in gut sortierten Baumärkten, in Kaufhäusern, Versandhäusern oder bei Fachgeschäften für Teppiche und Innendekoration sowie bei Polsterern. Hierbei sollten Sie – bei dem relativ großen Bedarf für die Isolation eines ganzen Fahrzeugs – in jedem Falle die Preise vergleichen und bei Schaumstoff für die Wärme- bzw. Kältedämmung das niedrigste Raumgewicht (also das leichteste Material) wählen, das Sie bekommen können. Für Möbelpolster (Sitzplatten, Matratzen usw.) dagegen gelten andere Voraussetzungen, da ist ein höheres Raumgewicht von Vorteil.

Übrigens: Das schon einmal erwähnte Ausschäumen von hohlen Fahrzeugstreben mit Polyurethanschaum oder Isolierschaum aus der Sprühdose bringt meiner Ansicht nach für die Isolierung im Verhältnis zu Kosten und Aufwand relativ wenig. Hierauf sollten Sie nur bei Fahrzeugen zurückgreifen, die für extreme Temperaturbereiche vorgesehen sind. Wenn es dagegen um die Aussteifung der Karosserie oder um die Verhinderung von Kondenswasserbildung in diesen Versteifungsrippen geht, dann kann das Ausschäumen durchaus Sinn machen.

4.08 Die Wände

Nachdem der Fußboden durch Einbau des isolierten Zwischenbodens bis auf den später aufzubringenden Bodenbelag fertiggestellt ist und auch das Thema Fenstereinbau, zumindest vorerst, abgeschlossen ist und nachdem schließlich auch Luken, Klappen und Öffnungen im Fahrzeug installiert sind, wird die Isolierung der Wände des Fahrzeugs als nächste Arbeit in Angriff genommen.

Auch hier hilft wieder die Schnittzeichnung weiter (Abbildung 47), aus der ein prinzipieller Wandaufbau hervorgeht. Das Fahrzeug hat momentan im Wandbereich ja nur das dünne Karosserieblech vorzuweisen, das weder gegen Kälte noch Hitze und schon gar nicht gegen Schall schützt. Im vorangegangenen Abschnitt wurden bereits die verschiedenen Dämmstoffe besprochen, hier nun sollen sie angebracht werden.

Doch zuvor noch kurz eine Überlegung: Es gibt für die verschiedenen elektrischen Geräte, die Sie in Ihrem Fahrzeug installieren wollen, beispielsweise Leselampen, Zweitlautsprecher, Wechselsprechanlagen, Digitaluhr, Kontrolleinrichtungen usw., eine ganze Menge Leitungen zu verlegen. Natürlich lassen sich diese Leitungen teilweise noch später im Bereich der Möbel verlegen oder notfalls sogar hinter zusätzlichen Blenden, aufgesetzten Leisten usw. verstecken. Aber die Leitungen, die Sie sowieso brauchen und deren Lage Sie jetzt bereits kennen, können Sie viel besser schon jetzt direkt von innen auf das Karosserieblech verlegen. Oder durch die

Karosserierippen ziehen (Abbildung 86). Oder hinter die verschiedenen Leisten und Versteifungen klemmen. Weil das nämlich im jetzigen Ausbaustadium noch gut zu machen ist.

Zur Zeit sehen Sie nämlich noch genau, wo Sie die Leitungen unter der Verrippung durchführen können oder sogar innerhalb der Blechrippen Platz für Kabel ist (Abbildung 47). Die Kabel brauchen auch nicht so akkurat verlegt und befestigt zu werden, als wenn sie innen an den Möbelwänden sichtbar bleiben. Welche Kabel Sie brauchen, wie sie verlegt werden und was dabei zu beachten ist, können Sie im Kapitel über »Bord-Elektrik« nachlesen. An dieser Stelle ist nur wichtig, daß sie möglichst noch vor dem Anbringen der Dämmstoffe verlegt werden und daß die einzelnen Kabelenden so lang bleiben, daß die

Geräte später einwandfrei anzuschließen und zu montieren sind.

Und noch eine Arbeit steht Ihnen bevor, ehe es an das Ausfachen der Wände mit Dämmstoff geht. Jetzt müssen nämlich noch die Befestigungsmöglichkeiten für die später aufzubringende Wandverkleidung geschaffen bzw. ergänzt werden. Sehen Sie sich bitte nochmals die Schnittzeichnung (Abbildung 47) und die Zeichnungen über die Montage der Möbel-Seitenwände (Abbildung 41, Abbildung 43 und Abbildung 44) und dann die Verrippung n Ihrem Fahrzeug an (Abbildung 102 und Abbildung 103).

Abbildung 103: Das Skelett 2. Der Idealfall für die Wandisolierung: Großzügig glatte Flächen und klar gegliederte Versteifungsrippen. Ein Tip: Kabel gleich in den Versteifungsrippen verlegen, solange man noch überall gut herankommt. Und ein paar Reservekabel mit verlegen. Man braucht sie bestimmt einmal. Aber Achtung: Kabelisolierung an scharfen Kanten gesondert schützen!

Abbildung 102: Das Skelett 1. Bei kleineren Fahrzeugen ist die Verrippung aus statischen Gründen oft recht kompliziert und erschwert das einwandfreie Isolieren der Wandflächen.

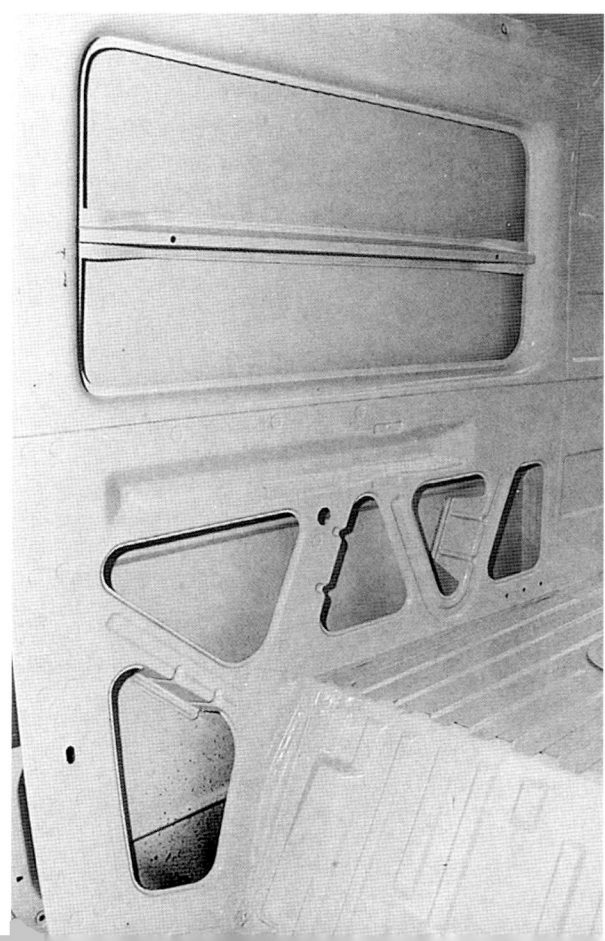

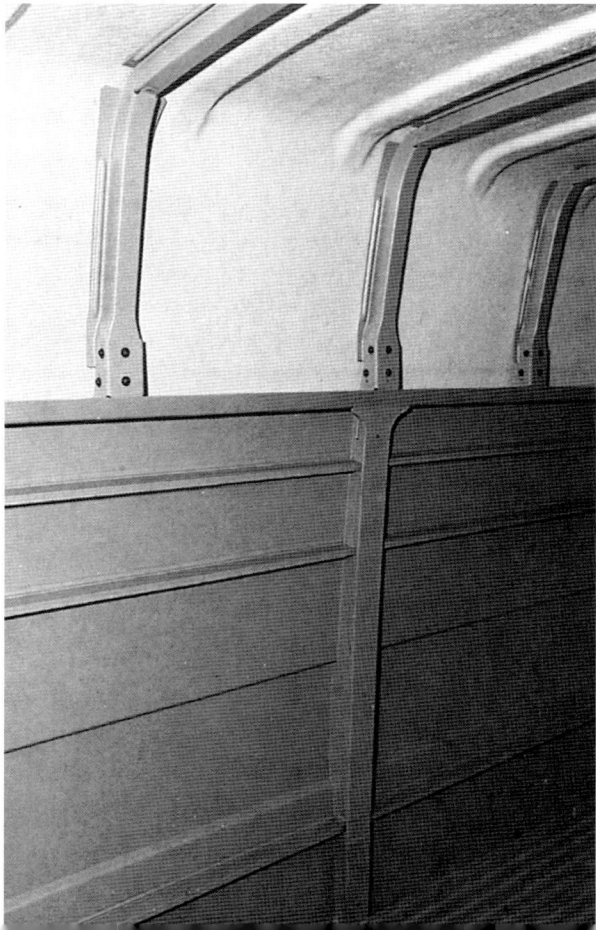

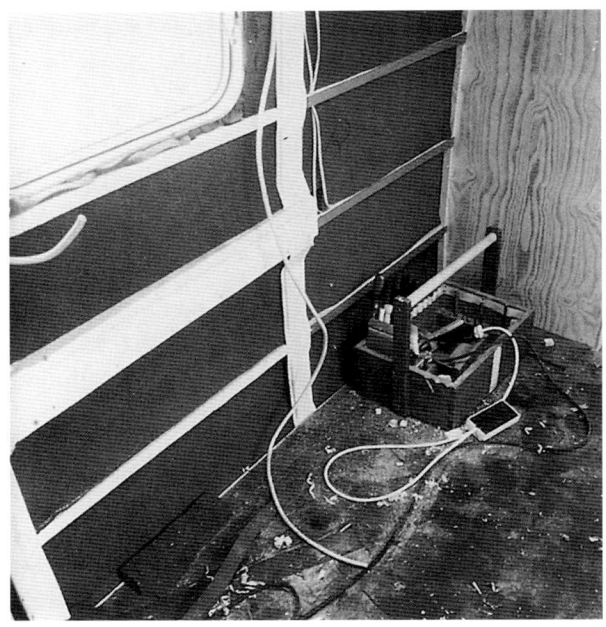

Abbildung 104: Wandisolierung. Die passend zuge-schnittenen Weichschaumplatten müssen rundum so dicht wie möglich an die Versteifungsrippen heranreichen, um Kältebrücken zu vermeiden. Größere Rippen können zusätzlich mit Schaum-stoffresten ausgestopft werden. Unzugängliche Rippen lassen sich, falls nötig, mit Isolierschaum ausspritzen.

Die noch anzubringenden Wandverkleidungen lassen sich sicher zu einem großen Teil an den Fahrzeug-rippen anschrauben. Aber was ist oben unter der Dachkrümmung und unten unmittelbar über dem eingebauten Zwischenboden? Deshalb sollten an den Stellen, wo keine natürlichen Befestigungsmög-lichkeiten für die Wandverkleidung bestehen, solide Holzleisten angeschraubt, angenagelt oder sogar angeklebt werden. Sie werden zu der Oberseite der anderen Blechrippen hin bündig angebracht, damit die Wandverkleidungsplatten nachher rundum glatt aufliegen können. Wo die Blechrippen des Fahrzeugs unterschiedlich hoch sind, werden zum Ausgleich Sperrholzstreifen oder Leistenabschnitte untergelegt bzw. jetzt schon an das Blech angeklebt. Die in der Schnittzeichnung der Fahrzeugecke dargestellten Randleisten, die als Übergang zwischen Fußboden und Wandverkleidung dienen, dürfen nicht bis innen an das Karosserieblech reichen. Sie sollen nur so stark sein, daß die Wandverkleidung später ein-wandfrei darauf festzumachen ist. Dann lassen sich sogar noch einige Elektrokabel sicher dahinter ver-stauen.

Nun endlich ist es soweit. Die Dämmplatten aus Schaumstoff oder notfalls aus anderen Isoliermate-rialien werden entsprechend den einzelnen Feldern zwischen den Blechrippen zugeschnitten (etwas

Abbildung 105: Fensterschablone. So sieht eine vernünftige Weichschaumisolierung aus! Bevor die Wandverkleidung zugeschnitten und angebracht wird, können Sie sich von den Fensterausschnitten exakte Schablonen aus Pappe anfertigen, die Sie dann zum Anzeichnen der Ausschnitte in der Wandverkleidung benützen.

größer als erforderlich, damit das Dämmaterial rundum stramm eingepreßt werden kann!) und entweder mit Sprühkleber, mit einer dünnen Kontaktkleberschicht oder auch bloß durch Klemmwirkung in den einzelnen Feldern angebracht. Ein paar Stränge Montagekleber aus der Kartusche reichen im Normalfall ebenfalls schon aus. Diese Isolation braucht ja nur solange von allein an der Karosseriewand zu haften, bis sie nachher durch die Wandverkleidung in ihrer Lage gehalten wird.

Ist allerdings die Isolation nicht so dick wie der Abstand zwischen Karosserieblech und Wandverkleidung, so ist eine sichere Klebung erforderlich. Andernfalls könnte sich das Isoliermaterial lockern und verrutschen, die Isolierwirkung wäre dahin. Wie der Schaumstoff in den einzelnen Feldern angebracht wird, zeigt das Foto (Abbildung 104). Auch wie er sich rund um die eingesetzten Fenster schmiegt, ist in dem nächsten Foto (Abbildung 105) gut sichtbar.

(a) Die Wandverkleidung

Im Kapitel über Materialfragen wurde schon geklärt, aus welchem Material Sie zweckmäßig die Wandverkleidung herstellen können. Ich ziehe meist Sperrholz in einer Stärke von 4 mm für die Wände und in 3 mm Stärke für das Dach vor, weil dieses Material eine Anzahl von Vorteilen aufweist:

- Sperrholz läßt sich sehr einfach und sauber verarbeiten.
- Sperrholz ist stabil und dennoch so flexibel, daß es sich auch (nicht zu starken) Krümmungen im Fahrzeug anpaßt.
- Sperrholz hat eine in vielen Holzarten erhältliche Naturholz-Oberfläche.
- Sperrholz hat eine gewisse Wärmedämmung und ist somit auch beim Berühren angenehm.
- Sperrholz ist leicht (kostet also wenig Nutzlast) und zum Glück noch nicht unerschwinglich teuer.

Natürlich ist Sperrholz etwas teurer als Hartfaserpappe, die man ebenfalls als Wandmaterial nehmen könnte. Die Hartfaserpappen gibt es übrigens auch in einer wasserbeständigen Ausführung (ölgehärtet) wie das Sperrholz. Die Oberfläche ist allerdings meist nicht so schön wie eine Holzfläche und sollte deshalb in den sichtbaren Flächen durch Stoff, Textiltapete, Kork, Kunstleder oder andere Materialien verkleidet werden, wenn man nicht gerade ein reines Zweckfahrzeug baut.

Sie bekommen die Hartfaserplatten aber auch mit einer kaschierten Oberfläche, entweder in weiß oder als Möbeldekor. Sie können sie außerdem, zumindest für den Dachbereich oder für die Innenverkleidung bei Schränken als weiße Lochplatten (Abbildung 110) bekommen. Auf diesem Bild sehen Sie auch noch einmal, wie die Hilfsleisten zur Anbringung der Wand- oder Deckenverkleidungen (s. Pfeile) angebracht werden.

Egal, welches Material Sie nun für die Wandverkleidung nehmen, es wird jetzt nach Maß zugeschnitten. Dabei sollten Sie, wenn irgend möglich, auf die Lage der Stöße achten: Wo zwei Wandverkleidungsplatten aneinander stoßen, sollte immer eine Befestigungsmöglichkeit für diese Plattenstöße darunter vorhanden sein (Abbildung 108) und die Stöße sollten bei den Wandverkleidungen, die später nicht durch einen Überzug kaschiert werden, nach Möglichkeit innerhalb von Möbeln liegen.

Ist das im Einzelfall nicht möglich, können Sie die Plattenstöße mit »H«-Profilen aus Kunststoff zusammenfügen. Das sind Profilleisten, die rechts und links eine Nut zur Aufnahme der Wandverkleidungsplatten haben und wo diese zusammengesteckt werden können. Leider gibt Sie können natürlich die Stöße auch sichtbar lassen, aber selbst bei noch so korrekter Arbeit wird das doch immer ein wenig als störend empfunden. Sie können sich zwar in solchen Fällen (Abbildung 113) mit einem aufgesetzten PVC-Profil oder einer flachen Leiste (einer sogenannten »Pfuschleiste«) behelfen, aber schön ist es trotzdem nicht. Durch geschickte Planung lassen sich solche Plattenstöße fast immer hinter Möbeln verstecken.

Die einzelnen Wandverkleidungsplatten werden angezeichnet und nach Maß geschnitten. Sollen die Plattenkanten noch gehobelt und geschliffen werden, müssen Sie diese Bearbeitung als Übermaß berücksichtigen und die Platten entsprechend größer zuschneiden. Damit nachher auch alles wirklich paßt, ziehe ich es vor, jede Platte nacheinander einzeln auszumessen, anzuzeichnen, zuzuschneiden und so-

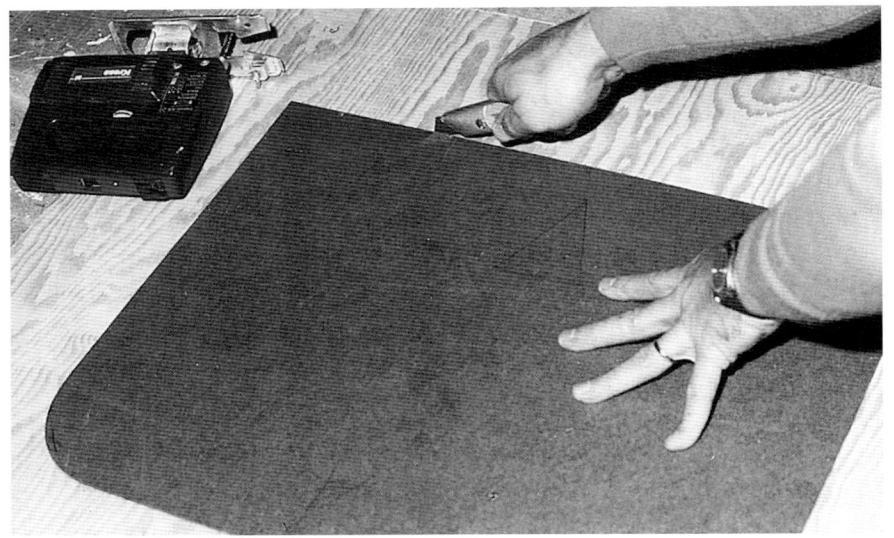

Abbildung 106: Wandverkleidung 1. Messen, messen, messen! Das ist das Wichtigste bei der Millimeterarbeit für die Wandverkleidungen. Die Schablonen für die Fensterausschnitte werden exakt (!) auf die zuvor genau angepaßten Wandverkleidungsplatten gelegt und angezeichnet. Nach dem Vor-bohren in den Eckpunkten wird dann mit der Stichsäge der Ausschnitt ganz präzise herausgeschnitten.

Abbildung 107: Wandverkleidung 2. Vor dem endgültigen Befestigen der Wandverkleidungen sollten Sie nochmals prüfen, ob nirgends Durchbrüche vergessen wurden, ob die verlegten Leitungen in Ordnung sind (Kabelbrüche?) und ob der Rostschutz der Karosserie noch einwandfrei ist.

Abbildung 108: Wandverkleidung 3. Achten Sie beim Ansetzen der nächsten Wandverkleidungsplatte darauf, möglichst nur ganz schmale Fugen zwischen den einzelnen Platten sichtbar bleiben. Ein Tip: Wenn möglich, sollten Sie solche Fugen hinter die Möbel legen, dann sind sie ganz unsichtbar.

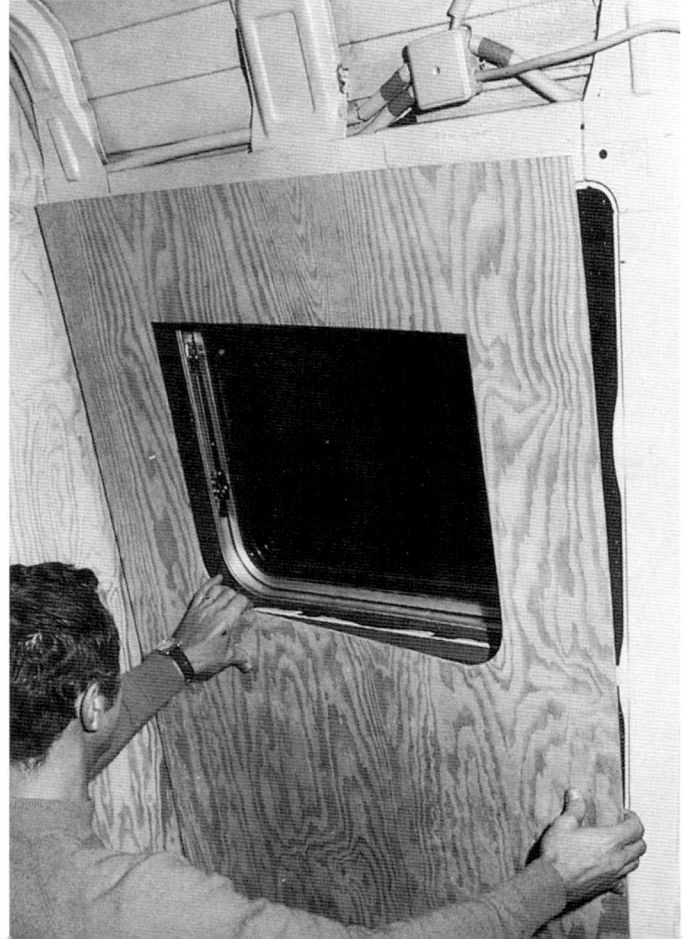

fort (zumindest provisorisch) zu montieren, bevor die nächste Platte an die Reihe kommt. Dadurch habe ich die Gewähr, daß von Platte zu Platte auch mal kleine Korrekturen möglich werden, sei es in der Breite oder in der Höhe. Besonders wichtig ist aber, daß die Ausschnitte für die Fenster usw. ganz genau passen, weil ja rund um jeden Ausschnitt die Wandverkleidung noch mit Schrauben (Blechschrauben mit Unterlegscheiben) oder anders sicher befestigt werden muß (Abbildung 109).

Wenn alle Wandflächen rundum im Wohnteil, also auch im Wagenheck und in der Trennwand zum Fahrerhaus (sofern dort eine serienmäßige Trennwand aus Blech besteht) mit Wandverkleidungen einwandfrei verblendet sind, werden für die Fensterausschnitte

der Wandverkleidung exakte Schablonen zugeschnitten (Abbildung 105), weil Sie ja nicht mehr von innen an die Fenster kämen, sobald die Wandverkleidung ohne diese Ausschnitte endgültig montiert wäre.

Diese Schablonen, die natürlich auch für alle anderen Durchbrüche und Luken erforderlich sind (dabei können Sie aber oft auch die innen aufzuschraubenden Blendenteile usw. als Schablonen nehmen), werden nun recht genau auf die einzelnen Wandplatten gelegt, die für die Wandverkleidung zugeschnitten und eingepaßt wurden. Ausgangsmaß für das Anlegen der Schablonen ist dabei immer die untere Kante der Verkleidungsplatten, die ja mit ihrer Unterkante auf dem ebenen Zwischenboden aufstehen.

Abbildung 109: Wandverkleidung befestigen. Wenn alle Platten sauber eingepaßt sind, werden sie mit kleinen Blechschrauben und Unterlegscheiben (beides in rostfreier Ausführung!) an den vorgesehenen Punkten an die Fahrzeugrippen oder an Hilfsleisten geschraubt. Achten Sie auf möglichst gleichmäßige Schraubenabstände, das sieht professioneller aus!

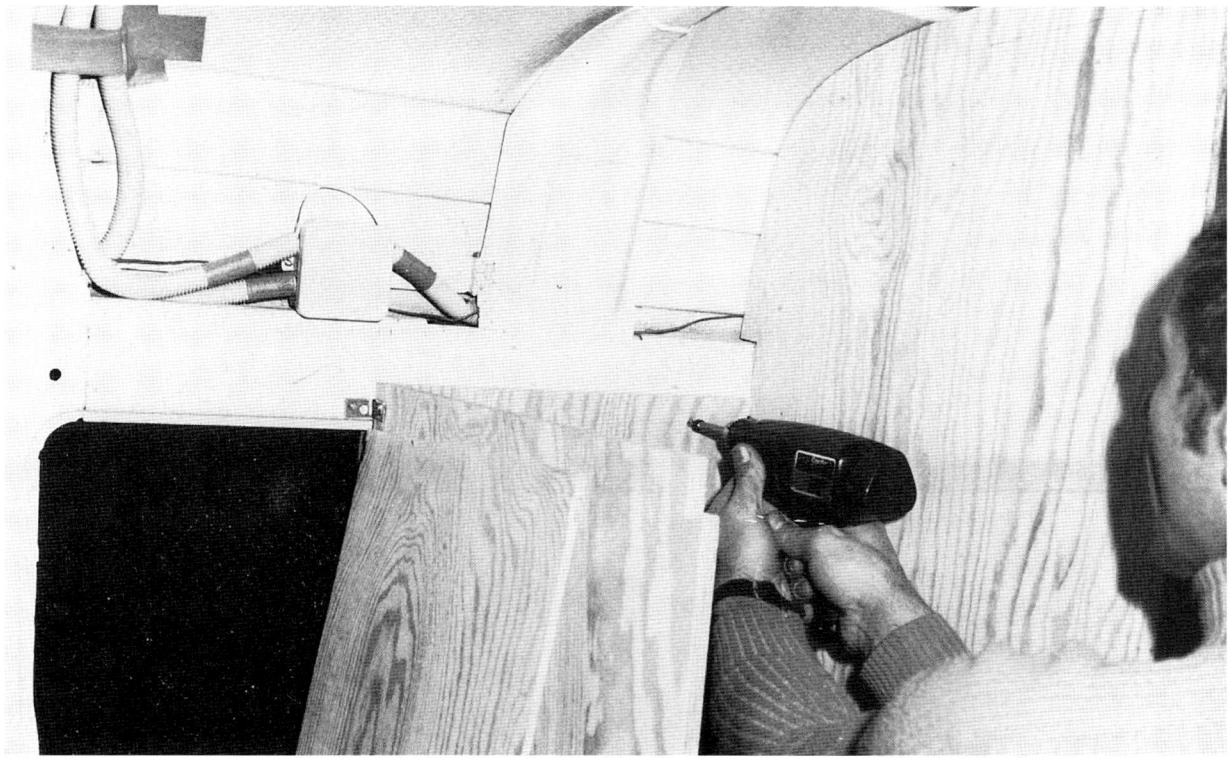

Oben: Abbildung 110: Hilfsleisten. An manchen Stellen ist es erforderlich, für die sichere Befestigung der Wand- oder Deckenverkleidungen »Hilfsleisten« anzubringen (s. Pfeile). Oftmals dann, wenn einzelne Fahrzeugrippen flacher sind als die anderen und die Differenz überbrückt werden muß. Die Hilfsleisten selbst werden entweder mit Montagekleber am Blech angeklebt oder an anderen Fahrzeugrippen mit Schrauben befestigt. Dann kann die Wandverkleidung an diesen Hilfsleisten angeschraubt werden.

Abbildung 111: Akkuschrauber. Ein kabelloser Akkuschrauber ist bei den vielen kleinen Schrauben der Wand- und Deckenverkleidungen eine wirkliche Erleichterung. Aber mit einem Schraubereinsatz in der drehzahlregulierbaren Bohrmaschine geht es fast genau so gut!

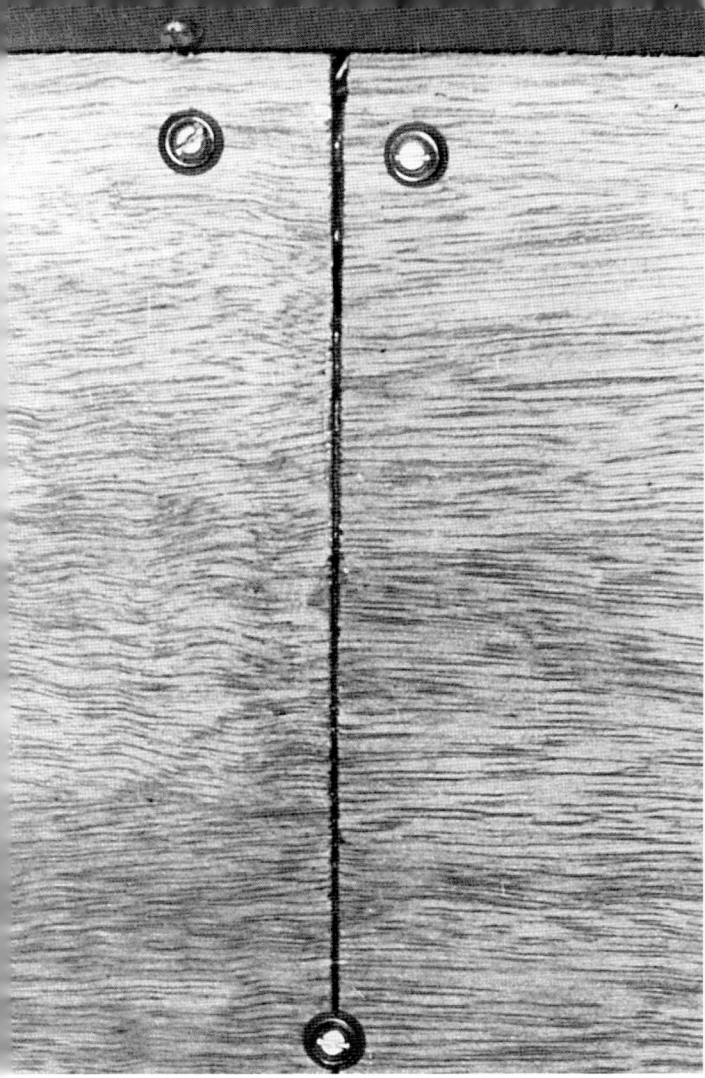

Abbildung 112: Pfusch. Plattenstöße sollten nicht so aussehen wie hier im Bild! So etwas kann man sich allenfalls leisten, wenn sich der Stoß »unsichtbar« hinter Möbelstücken befindet. Auch ungleiche Schraubenabstände sind keine Zierde!

Abbildung 113: H-Profil. Sichtbare Plattenstöße bei Wandverkleidungen sind praktisch unvermeidbar. Man sollte sie dann aber zumindest mit einem solchen »H-Profil« aus farblich passendem PVC oder mit einer flachen Holzleiste verdecken, wenn sie wirklich nicht hinter Möbelstücken versteckt werden können.

(b) Die Dampfsperre

Wenn Sie Ihrem Fahrzeug auf Dauer etwas Gutes zukommen lassen wollen und damit letztlich auch sich, so sollten Sie vor dem endgültigen Montieren der Wandverkleidungen noch über die gesamten Wandflächen eine sogenannte Dampfsperre (Abbildung 47) spannen. Das ist eine simple Klarsichtfolie oder Plastikfolie, die verhindert, daß die Feuchtigkeit im Fahrzeuginneren (durch Atemluft, Kochdämpfe, nasse Garderobe, verdunstendes Waschwasser usw.) durch die Wandverkleidung hindurch in die Isolierung wandert und diese Dämmschicht allmählich durchfeuchtet. Das geht natürlich nicht von heute auf morgen, bis die Isolierung feucht wird. Aber im Laufe einiger Monate kann diese Durchfeuchtung

Abbildung 114: Einpaßarbeiten. Der Fensteraus-schnitt in der Wandverkleidung sollte möglichst genau passen, damit die Verkleidung für den Zwischenraum (Pfeil) keine Probleme bereitet. Notfalls den Ausschnitt lieber etwas kleiner als nötig aussägen und dann an Ort und Stelle genau einpassen. Übrigens: Bei Kunststoffenstern mit fertigen Gegenrahmen gibt es solche Probleme nicht mehr.

Dachpappe) nehmen, die überlappend mit Kreppklebeband, Sprühkleber oder anders an der Wand fixiert werden, bis sie schließlich durch die danach angeschraubten Wandverkleidungen dauerhaft gehalten werden. Beim Anbringen der Dampfsperre werden die einzelnen Bahnen quer über die senkrecht aufsteigenden Blechrippen gespannt. Sie sollten mit der ersten Bahn unten beginnen und jede weitere Bahn wenigstens 10 Zentimeter breit über die vorhergehende legen. Diese Verlegeart hat den Vorteil, daß nach unten laufendes Kondensat nicht zwischen die einzelnen Folienbahnen kommt, eventuell vorhandene Feuchtigkeit in der Isolierung aber dennoch durch Verdunsten nach innen ins Fahrzeug entweichen kann.

Nun werden die Wandverkleidungsplatten Stück für Stück endgültig montiert und dabei werden exakt an den erforderlichen Stellen die Löcher für die Kabel und Anschlüsse angebracht. Den Verlauf der Befestigungsrippen, der zusätzlichen Holzleisten und andere womöglich wichtige Details sollten Sie außen dünn mit Bleistift auf der Wandverkleidung anzeichnen. Das ist sehr wichtig, weil diese Angaben später für die Befestigung der Möbelteile unbedingt gebraucht werden. Deshalb sollten Sie auch nicht bloß den Verlauf der Rippen andeuten, sondern möglichst sogar ihre nutzbare Breite, um später bei der Möbelmontage etwas Spielraum zu haben.

Ein Tip

Wenn Sie durch ein »H« die Holzleisten und durch ein »B« die Blechrippen kennzeichnen, wissen Sie später sofort, welche Schraubensorte Sie hier für die Befestigung benötigen.

doch zu einem merklichen Abfall des Wärmedämmvermögens führen. Außerdem wird durch das Wasser in der Isolierung das Fahrzeuggewicht erhöht, was ja auch nicht im Sinne des Wohnmobilbesitzers ist und zu Lasten der Nutzlast geht.

Sie können statt der einfachen Folie für die Dampfsperre auch Luftpolsterfolie (Noppenfolie), Ölpapier oder ähnliche Werkstoffe (notfalls sogar ungesandete

Nach Abschluß dieser Arbeiten sieht Ihr Campingbus innen schon viel freundlicher aus und Sie bekommen dadurch schnell wieder neuen Schwung für die weitere Arbeit. Das Finish, also die Schlußbehandlung der Holzflächen oder das Beziehen mit Kunstleder o. ä. heben Sie jedoch bis zum Abschluß der Möbelmontage auf.

4.09 Das Dach

Hierbei geht es nicht so sehr um das Dach selbst, denn das ist ja bereits vorhanden. Vielmehr handelt es sich nun darum, auch den Deckenbereich im Wohnteil zu isolieren und zu verkleiden. Das bringt allerdings eine Reihe von Problemen mit sich und ist etwas komplizierter, als es auf den ersten Blick erscheint.

Die Dachflächen, egal ob es sich um ein Normal- oder ein Hochdach, ein Blechdach oder eine Glasfaser-Kunststoffausführung handelt, sind nämlich räumlich meist stark gekrümmt. Diese Krümmungen lassen sich kaum durch die typischen Verkleidungsplatten wie Sperrholz o. ä. nachgestalten, weil diese Platten meist nur in einer Richtung biegsam sind (und auch das noch nicht einmal so stark, wie es oft erforderlich wäre). Deshalb muß zur Verkleidung dieser Wölbungen oftmals eine andere praktikable Lösung gefunden werden.

Ein zweites Problem ist die Frage, woran Sie die Dachverkleidungsplatten festmachen können, damit sie nicht durchhängen, damit die Stöße sauber aneinander sitzen und damit die Platten nicht bei den Fahrvibrationen eines Tages von selbst herunter kommen.

Für das erste Problem, die Verkleidung gewölbter Flächen, gibt es eine recht praktische Lösung. Doch zuvor noch eine Klärung der Frage, welche Wölbungen verkleidet werden sollen. Meist ist es doch so, daß der Fahrerhausbereich nicht zu verkleiden ist, weil dort entweder eine Trennwand zwischen Fahrerhaus und Wohnteil sitzt oder weil die Deckenfläche über dem Fahrerhaus schon ab Werk mit einem Dachhimmel verkleidet ist. Deshalb wird es sich vorwiegend um die Decke und die Heckpartie des Wohnteils handeln, deren gekrümmte Dachbereiche verdeckt werden sollen.

(a) Problemzonen

Der mittlere Bereich der Wohnraumdecke ist in den meisten Fällen kaum gekrümmt. Anders sieht es dagegen häufig im seitlichen Übergangsbereich zwischen Decke und Wand aus. Hier sind starke Krüm-

Abbildung 115: Deckenverkleidung 1. Aus dickem Sperrholz ausgesägte Hilfsleisten ermöglichen die einfache und saubere Befestigung der Verkleidung im problematischen Übergangsbereich zwischen Wand und Dach.

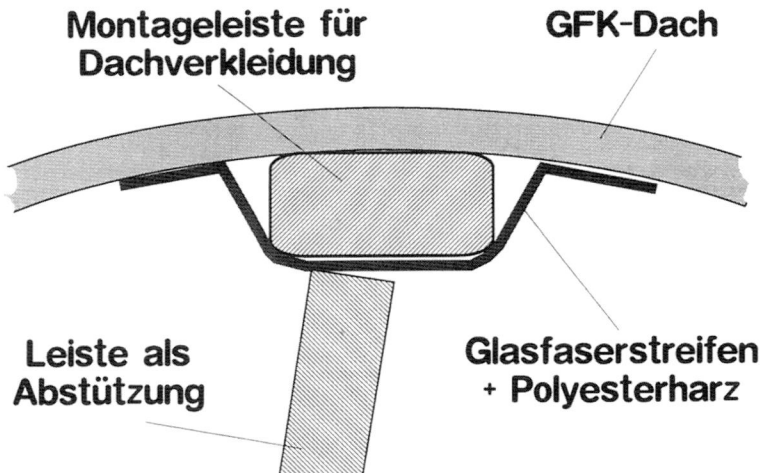

Montageleiste für Dachverkleidung

GFK-Dach

Leiste als Abstützung

Glasfaserstreifen + Polyesterharz

Abbildung 116: Deckenverkleidung 2. Wo für Hilfsleisten im Dachbereich keine andere Befestigung möglich ist, lassen sich diese Leisten bei Kunststoffdächern mit Glasfaserstreifen und Polyesterharz plus Härter regelrecht antapezieren. Bis zum Aushärten der Klebestreifen werden die Leisten stabil abgestützt. Bei Blechdächern reicht oft das Ankleben der Leisten mit Karosserie- oder Montagekleber.

Unten: Abbildung 117: Deckenverkleidung 3. Hängeschränke oder Hochschränke werden innen im Rundungsbereich zwischen Wand und Dach am einfachsten mit Lochplatten oder dünnem Sperrholz ausgekleidet. Durchbrüche für Abzweigdosen oder Elektroanschlüsse werden vor dem Befestigen der Verkleidungen exakt ausgeschnitten (s. Pfeil).

mungen, die verkleidet werden müssen. Auch im Übergangsbereich zwischen Decke und Heckpartie des Fahrzeugs ist eine solche starke Krümmung vorhanden.

Für diese Problembereiche gibt es einen raffinierten Trick: Die eben erwähnte praktische Lösung besteht nämlich einfach darin, die stark gewölbten Flächen

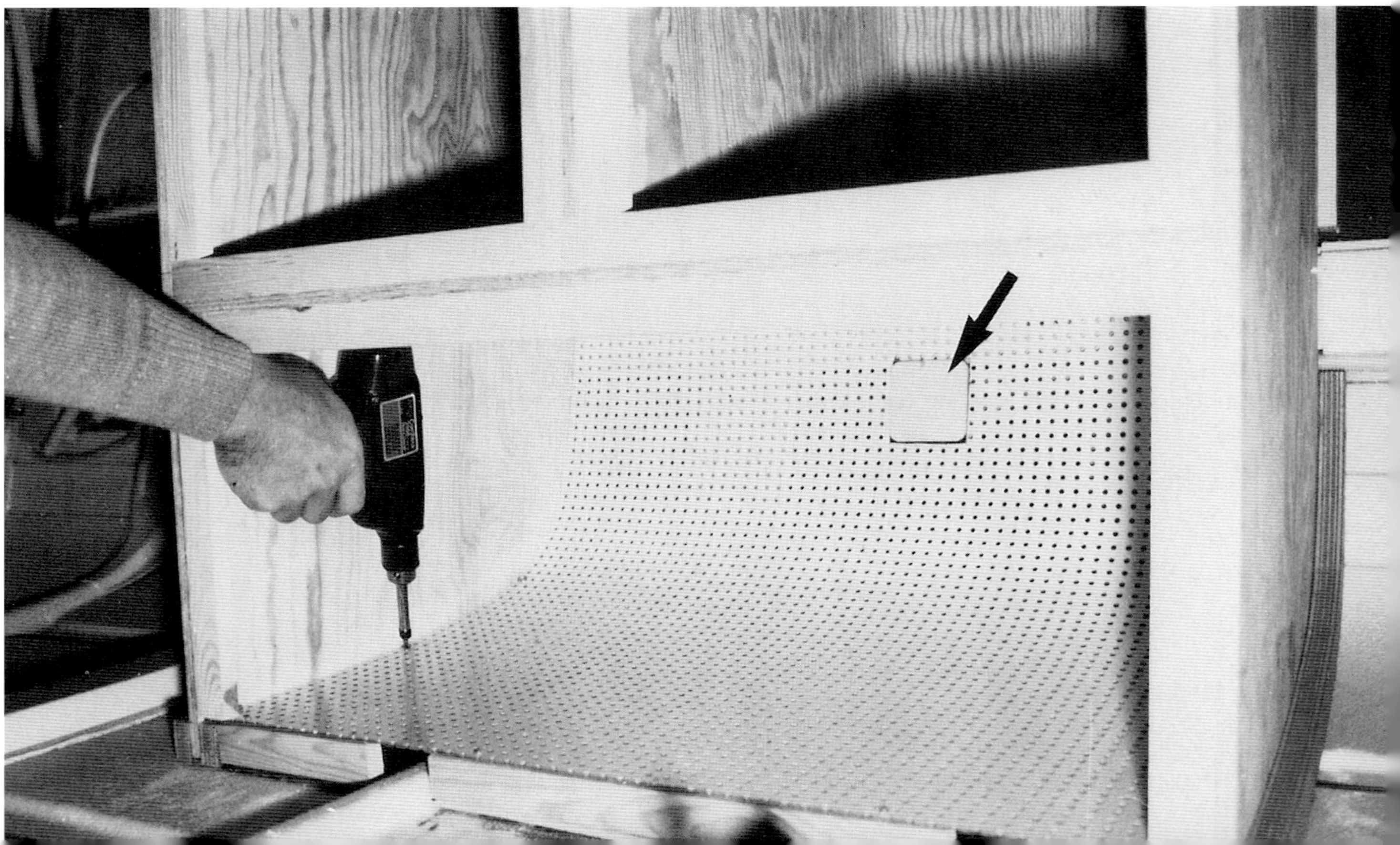

Rechts: Abbildung 118: Hängeschränke. Hängeschränke über der Sitzgruppe sollten (z. B. durch
schräge Türfronten) so konstruiert sein, daß man
sich beim Aufstehen nicht den Kopf stoßen kann.
Einfache Regale wie hier im Wagenheck sind bei
scharfem Bremsen oder bei einem Crash lebensgefährlich: Die eingelagerten Gegenstände fliegen
wie Geschosse durch das Wageninnere.

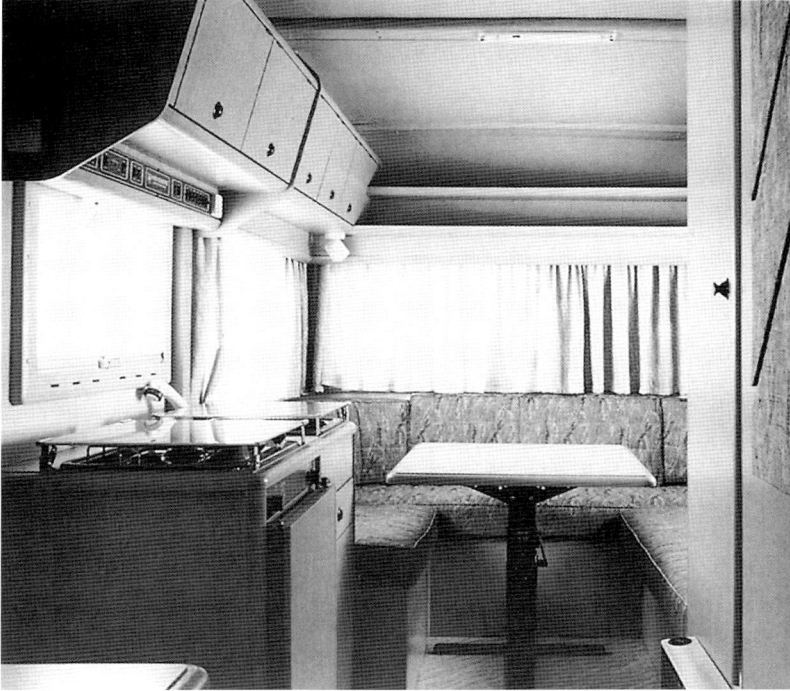

überhaupt nicht als solche zu verkleiden, sondern
durch das Anbringen von kleinen Hängeschränken
seitlich oben im Wagen und auch hinten oben quer
im Wagenheck die Rundungen regelrecht verschwinden zu lassen. Dadurch sparen Sie nicht nur das
problematische Verkleiden räumlich gekrümmter
Flächen, sondern Sie gewinnen noch wichtigen Stauraum in Bereichen, die Sie für das aufrechte Stehen
und Gehen sowieso nicht benötigen. Wie so etwas
in der Praxis aussehen kann, sehen Sie in den Fotos
(Abbildung 115 und Abbildung 117).
Wenn Sie über der Sitzgruppe Hängeschränke anbringen wollen, gehen Sie wie folgt vor: Zuerst werden die seitlichen Hängeschränke montiert, wobei
Sie als Abstützung dafür entweder den innen als
Blechkante vorhandenen Dachansatz oder aber
raumhohe Möbelwände (Kleiderschrank, Vorratsschrank oder Waschraumwände) nutzen können.
Allerdings ist es bei der Anfertigung dieser kleinen
Hängeschränke wichtig, die Kopffreiheit bei darunter
befindlichen Sitzen zu beachten. Sonst kann es
jedesmal beim Aufstehen eine Beule am Kopf geben.
Wenn es die Kopffreiheit erfordert, können Sie sich
vielleicht dadurch helfen, daß Sie die Hängeschränke
im Sitzbereich nicht so tief ausführen. Sie stehen ja
aus dem Sitz nie senkrecht auf, sondern immer
etwas nach vorn gebeugt. Darum muß hier die
Schranktiefe so gewählt werden (evtl. durch eine
abgeschrägte Türfront der Hängeschränke, Abbildung
118), daß die untere Schrankvorderkante sich nicht
mehr im »Gefahrenbereich« des Kopfes befindet.

(b) Die Isolierung

Bevor die Hängeschränke montiert werden, sind die
gewölbten Dachinnenflächen noch gut zu isolieren.

Das kann am einfachsten wieder mit Schaumstoff
von wenigstens zwei Zentimetern Stärke erfolgen,
der passend zugeschnitten und sorgfältig eingeklebt
wird. Je besser dieser Bereich isoliert wird, desto
weniger werden die Hängeschränke von außen im
Sommer aufgeheizt. Als Klebstoff für den Schaumstoff kann wieder Sprühkleber, Kontaktkleber oder
ein anderer spezieller Kleber eingesetzt werden.
Als Dampfsperre kann z. B. ein passend geschnitte-
nes Stück Kunstleder (notfalls Plastikfolie o. ä.) verwendet werden, das mit dem gleichen Kleber auf
den Schaumstoff aufgeklebt wird. Durch die Verwendung von Kunstleder als Dampfsperre haben Sie
gleich mehrere Fliegen mit einer Klappe geschlagen:
- Erstens ist es als Dampfsperre bestens geeignet
  und wesentlich flexibler als eine simple Plastikfolie.
- Zweitens sieht es gut aus, zumal wenn es in passendem Braunton zum Holz der Hängeschränke
  paßt.
- Drittens ist es abwaschbar und kann demzufolge
  leichter gesäubert werden als die relativ rauhe,
  schmutzempfindliche Schaumstoffoberfläche.

Als Abschluß im Wagenheck wird dann ebenfalls ein genau zwischen die seitlichen Schränke passender Hängeschrank montiert, nachdem auch dort natürlich zuvor die Dachfläche ausreichend isoliert wurde. Sie können an Stelle des Heck-Hängeschranks auch einfach nur ein Regal (Abbildung 118), eine Ablage oder auch eine flache Tafel anbringen, in der Sie die gesamten Kontrolleinrichtungen für den Technikbereich des Wohnteils wie in einer Schalttafel zusammenfassen. Auch Lautsprecher usw. lassen sich in diesem Bereich recht praktisch unterbringen.

Damit die Hängeschränke sich genau der Wölbung des Daches anpassen lassen, werden sie an Hand von Pappschablonen, die Sie sich vorher entsprechend der Dachwölbung zurechtschneiden, exakt zugeschnitten. Damit die Weichschaumisolierung beim Öffnen der Schränke nicht sichtbar wird, können Sie die Rückseite der Schränke ebenfalls mit Lochplatten (wie in den Fotos) oder mit Kunststoffplatten o. ä. (und mit dahinter befestigter Plastikfolie als Dampfsperre) verschließen, bevor sie montiert werden.

Sie können statt dessen auch, wie schon weiter oben erwähnt, die auf die Dachinnenfläche geklebten Schaumstoffplatten abschließend mit Kunstleder bekleben, dann haben Sie Dampfsperre und Verkleidung in einem und die Hängeschränke brauchen noch nicht einmal eine Rückwand. Außerdem können Sie sich ein ganz genaues Anpassen ersparen, weil die Schrankseitenwände sich ja noch etwas in die weichen Schaummatten und das Kunstleder einpressen lassen.

Wenn Sie keine seitlichen Hängeschränke montieren möchten, sollten Sie zumindest die Wagenheckpartie mit einem Hängeschrank oder einer schon erwähnten Ablage oder Kontrolltafel ausstatten. Dadurch bekommen Sie zumindest die problematische Dachkrümmung im Heck weg und können die seitlichen Dachkrümmungen durch biegsame Platten, wie beispielsweise durch dünnes Sperrholz, durch angefeuchtete Hartfaserplatten oder auch durch auf der Rückseite längs angeritzte Lochplatten (dann lassen sie sich leichter biegen) oder durch kunstlederkaschierte Hartfaserplatten verkleiden.

Eine andere Möglichkeit der Deckenverkleidung, die auch engere Radien bewältigt, ist die Verwendung schmaler Nut-Feder-Bretter, die in der Längsachse des Fahrzeugs unter das Wagendach an die Holme (und ggfs. zusätzliche Befestigungspunkte) angeschraubt werden.

Ebenfalls sehr gut können Sie für die Verkleidung der seitlichen Dachkrümmung die Kunststoff-Hohlprofile von Jalousien verwenden, wie sie für normale Fenster eingesetzt werden. Solche Rolladenprofile kosten nicht die Welt. Sie bekommen die Profile in jeder gewünschten Länge und in mehreren Breiten, sie sind gegen Nässe beständig, in verschiedenen Uni- oder Holztönen zu haben und sie wirken durch ihr Hohlprofil auch gleich noch isolierend. Sie können statt dessen natürlich auch schmale Holzleisten verwenden, die möglichst dicht aneinander gelegt (geleimt) werden. Zur verbesserten Haltbarkeit trägt bei, wenn Sie die Leisten rückseitig mit stabilem Leinen oder mit Stoff bekleben, bevor sie montiert werden.

Ehe die Dachverkleidungen aber montiert werden, ist erst noch das zweite Problem, nämlich die Frage zu klären, woran Sie denn die Dachverkleidungsplatten oder Leisten festmachen können. Die Erschütterungen während des Fahrens belasten nämlich die Dachverkleidung besonders stark. Um so mehr, je schwerer das Verkleidungsmaterial ist.

(c) Befestigung der Dachverkleidung

Sie können für die gesamte Dach-Innenverkleidung zwei verschiedene Möglichkeiten der Montage und Befestigung wählen. Beide Möglichkeiten haben ihre Vor- und Nachteile, die gegeneinander abzuwägen jeder selbst entscheiden muß:

- Erstens können Sie die Dachverkleidung vor der Montage der Möbel (oder zumindest der Hauptmöbelwände) über die gesamte Fläche hinweg vornehmen.
- Zweitens können Sie die Dachverkleidung auch erst nach der Montage der Möbel ausführen.

Solange noch keine Möbel im Fahrzeug stehen und die Montage der Dachverkleidung behindern, läßt es sich großzügiger und leichter arbeiten. Deshalb bevorzuge ich diese Methode. Das Problem dabei ist nur, daß man die Dachverkleidung dann nur an den Dachholmen, die quer unter dem Dach verlaufen, sowie vorn an der Trennwand zum Fahrerhaus und hinten an dem quer angebrachten Hängeschrank oder einer entsprechenden Stützplatte befestigen kann.

Weitere Befestigungsmöglichkeiten wären an einem Holzrahmen der Dachluke (sofern vorhanden) oder durch zusätzlich aufgebrachte Befestigungsleisten zu schaffen. Diese Befestigungsleisten müßten natürlich auch erst einmal irgendwo befestigt werden.

Sie können sich zu dem Zweck entsprechende Befestigungsmöglichkeiten selbst schaffen. Zum Beispiel, indem Sie mehrere Streifen Sperrholz, die quer unter der Dachhaut von Dachkante zu Dachkante stramm einsetzen und miteinander verleimen. Oder aber, indem Sie sich aus hochkant genommenem dickem Sperrholz nach Maß Holme zurechtsägen, die dann rechts und links am Dachansatz in die Blechkante gepreßt und durch Klebung oder zusätzliche Schrauben fixiert werden (Abbildung 115).

Nach Maß zurechtgesägte Holme aus Eichen- oder Buchenholz lassen sich notfalls auch mit ein paar rostfreien Schrauben (und untergelegten Dichtringen!) von außen durch das Blechdach hindurch befestigen. Selbst die Verwendung nach Maß gebogener und an Ort und Stelle eingeschweißter Rechteckrohre oder Blechprofile ist denkbar.

Bei Dächern aus Glasfaser-Kunststoff gibt es eine noch bessere und einfachere Methode: Es werden kurze Leistenstücke oder angepaßte Holzholme dort, wo Befestigungspunkte erforderlich sind, mit Hilfe »übertapezierter« Glasfasermatten am Dach befestigt (Abbildung 116). Das muß vielleicht kurz erläutert werden: Sie besorgen sich (als Kfz-Reparaturpackung oder auch als einzelne Materialien in Hobbygeschäften erhältlich) ein Stück Glasfasermatte oder Rovinggewebe (grob gewebte Glasfaser) sowie etwas Polyesterharz und den dazu gehörenden Härter.

Vor der Klebeaktion empfiehlt es sich unbedingt, die zu klebenden Bereiche am Dach mit einem Lösemittel (z. B. Terpentinersatz, Aceton o. ä.) von Trennwachs, Staub und Fett zu befreien. Harz und Härter werden anschließend nach Vorschrift (erst kurz vor der Anwendung!) zusammengemischt. Dann wird innerhalb der Topfzeit, in der das Harzgemisch verarbeitbar ist, ein Stück Glasfasermatte oder Rovinggewebe satt mit der Mischung getränkt. Diese durchtränkte

Matte wird nun schnellstens um die an den Befestigungspunkt gehaltene Leiste gelegt und allseitig angedrückt (und notfalls mit Klebeband fixiert). Bis zum Aushärten des Harzgemischs muß die Leiste und die drübertapezierte Matte mit einen paar Leisten o. ä. abgestützt werden, damit die Leiste auch wirklich glatt innen am Dach anliegt. Die Harzmatte sollte rund um die Leiste wenigstens 5 cm breit an der Dachfläche antapeziert werden, dann sitzt später der Befestigungspunkt auch wirklich bombenfest.

Weitere Befestigungsmöglichkeiten für die Dachverkleidung lassen sich durch Anschrauben von quer verlaufenden Leisten an der Trennwand zum Fahrerhaus (Abbildung 115) und an der Platte bzw. dem Hängeschrank im Wagenheck schaffen. Vor der Anbringung der Dachverkleidung sollten noch evtl. benötigte Leitungen für Deckenleuchten und auch die Befestigungsmöglichkeiten für solche Lampen angebracht werden.

Wenn alle Befestigungsmöglichkeiten für die Dachverkleidung vorhanden sind, kommt die Isolierung an die Reihe, wobei ich wegen der Dachkrümmung und auch wegen der unter dem Dach möglichen hohen Temperaturen dringend zu leichten Schaumstoffmatten raten möchte. Damit gerade in diesem wichtigen Dachbereich keine Isolationsfugen entstehen, würde ich zwei Lagen Schaumstoffmatten überlappend kleben. Jede Matte sollte wenigstens 1 bis 2 Zentimeter dick sein, um unter dem Dach eine halbwegs brauchbare Isolierung zu bekommen.

Sobald beide Lagen Schaumstoff mit Kontaktkleber, Sprühkleber oder einem anderen Kleber angebracht sind (dabei werden Sie vermutlich auch wieder die quer verlaufenden Dachholme aussparen müssen), wird als Abschluß nochmals unter die gesamte Dachfläche eine dünne Matte Schaumstoff, Bitumenfilz oder ein anderes Dämmaterial geklebt, um so auch die Holme etwas mit zu isolieren.

Sie können die Dachholme, sofern es sich dabei um Blechrippen handelt, auch mit Einkomponenten-Sprühschaum aus der Dose ausschäumen. Allerdings ist das nicht nur eine recht teure Sache, sondern auch mit viel Schmutz verbunden, weil die Holme meist nicht überall dicht am Dach anliegen und der Schaum dann an verschiedenen Stellen doch hervorquillt, sofern er nicht bereits vor dem Aufschäumen

157

aus den seitlich offenen Holmen herauskleckert. Es empfiehlt sich deshalb, beim Ausschäumen den Innenraum des Fahrzeugs rechtzeitig mit Abdeckfolie oder festem Papier abzudecken und Lücken zwischen Holm und Dach vor Beginn des Ausschäumens möglichst fest mit Stoffstreifen oder Schaumstoffresten, Papier, Watte o. ä. zuzustopfen. Wenn der Schaum einmal ausgehärtet ist, läßt er sich aber sehr einfach mit einem normalen Messer zurechtschneiden.

Nach der Anbringung der Isolierung wird nunmehr endgültig die Dachverkleidung montiert. Wenn möglich, sollten Sie die Verkleidungsplatten in einem oder höchstens zwei Stücken montieren, denn jede Stoßfuge im Deckenbereich macht unnütze Arbeit und sieht nicht gerade schick aus. Die Verkleidungsplatten sollten in der Breite so bemessen werden, daß sie sich beim Hochdrücken gegen das Dach rechts und links in die Dachansätze der Karosserie oder entsprechende Leisten einschnappen lassen.

Deshalb ist es wichtig, die genaue Verkleidungsbreite durch Abmessen mit einem flexiblen Stahlbandmaß oder einem passend geschnittenen Streifen Hartfaserplatte vorher zu ermitteln. Ein Metermaß wäre sicher zu steif hierfür und könnte die Dachrundung nicht präzise genug erfassen.

Das Einsetzen der Dachverkleidung, sofern es sich um größere Platten handelt, sollten Sie zweckmäßigerweise mit ein bis zwei Hilfskräften ausführen. Es klappt nämlich besser, wenn Helfer die Verkleidung hochheben und Sie können derweil die wichtige Befestigungsarbeit übernehmen.

Übrigens, was die Befestigung der Dachverkleidung betrifft, wenn man sie zunächst ohne Möbel einbaut: Auch dann dienen Ihnen später die bis unter die Dachverkleidung reichenden Möbelwände als zusätzliche Abstützung der Dachverkleidungsplatten und Sie können zusätzlich mit ein paar kleinen Winkeln oder Leisten (z. B. Dreikantleisten), die an oder in den Möbeln oben angebracht werden, die Dachverkleidung zusätzlich sichern.

Die zweite Methode der Dachverkleidung, also das Anbringen der Platten nach Montage der Möbel vor-

zunehmen hat den Vorteil, daß Sie seitlich auch an den Möbelwänden formgesägte Befestigungsleisten (Abbildung 115) anbringen können und die Dachverkleidungsplatten sich daran besser befestigen lassen. Der Nachteil ist aber der, daß Sie die Verkleidungsplatten wesentlich genauer abmessen, zuschneiden und einpassen müssen, weil sie ja rechts und links exakt um die Möbel herum passen sollen. Oder aber Sie fertigen die Dachverkleidung aus mehreren Stücken, dann bekommen Sie jedoch wieder mehrere Stoßfugen.

Achten Sie bereits beim Zuschneiden der Dachverkleidung wiederum auf erforderliche Aussparungen für Dachluken, Durchbrüche für die TV-Antenne, für Lampenanschlüsse usw.

Wenn Sie eine helle Dachverkleidung gewählt haben, beispielsweise helles Sperrholz oder weiße Lochplatte, so sparen Sie im Fahrzeug viel Beleuchtung, weil eine helle Decke den ganzen Innenraum aufzuhellen hilft. Sie können selbstverständlich auch eine dunkle Verkleidung wählen oder sogar Teppichboden, Langflorbelag oder Webpelz, dann bekommt Ihr Campingbus nicht nur einen gemütlichen, höhlenähnlichen Wohnraumcharakter, sondern bei textilem Deckenbelag zugleich eine verbesserte Schall- und Wärmedämmung.

Zum Schluß noch ein kleiner Tip: Im Bereich einer eventuell vorhandenen Dachluke oder eines Oberlichts sollten Sie rundum auf die Dachverkleidung einen flachen Holzrahmen oder ein Kunststoffprofil aufsetzen. Dadurch werden die Übergänge zwischen Dachlukenrahmen und Dachverkleidung überbrückt und Sie können an dem Abdeckrahmen zugleich noch Vorrichtungen für die Verdunkelung der Dachluke oder für den Mückenschutz installieren.

Wenn die Dachverkleidung fertig montiert ist, wird auch noch der Übergangsbereich zwischen Dachverkleidung und Wandverkleidungen mittels aufgesetzter Holzleisten, Kordelschnur oder durch davor gesetzte flache Holzblenden (z. B. aus Sperrholz) verdeckt. Diese Arbeit läßt sich jedoch meist besser erst dann machen, wenn die Möbel bereits montiert sind.

DIE INSTALLATIONEN

5.01 Rohrleitungen und Kabel

Wie bei jedem anderen Haus erfordert auch der Campingbus für das Funktionieren der technischen Einrichtung eine ganze Anzahl von Leitungen, Rohren, Kabeln und Schläuchen. Und wie bei einem Haus muß auch die Verlegung dieser Teile schon vor Beginn der Installationsarbeit zumindest grob vorgeplant werden. Sonst stehen Sie nachher hilflos vor einem Gewirr einzelner Leitungen und kommen überhaupt nicht mehr klar. Das ist besonders häufig bei der Bordelektrik der Fall, weil kaum ein Mensch die Vielzahl der einzelnen Leitungen, ihre Verwendung und ihren Verlauf im Kopf behalten kann.

(a) Leitungsplanung

Ausgangspunkt all dieser Überlegungen und der Vorplanung der Versorgungsleitungen ist daher der Einrichtungsplan für den Campingbus, den Sie ja bereits vor einiger Zeit gezeichnet hatten. Da sind nämlich schon die einzelnen Verbraucher wie z. B. Kühlschrank, Gasherd, Warmwasserbereiter, Lampen, Lautsprecher usw., um nur einige zu nennen, eingezeichnet.

Wenn das noch nicht geschehen ist, sollten sie es gleich nachholen. Dabei merken Sie dann zugleich sehr schnell, was alles vergessen wurde. Im Einrichtungsplan sind auch die einzelnen Versorgungsquellen verzeichnet (oder Sie zeichnen sie jetzt noch ein) wie beispielsweise der Platz für den Gasflaschenkasten,

für die Frischwasserbehälter, den Abwassertank, die Zweitbatterie usw.

Wenn Sie in den folgenden Kapiteln über die einzelnen Installationsbereiche wie Bordelektrik, Gasversorgung, Wasserversorgung usw. genügend Informationen gesammelt und sich auch mit den erforderlichen Sicherheitsvorschriften vertraut gemacht haben, so nehmen Sie sich eine Fotokopie von Ihrem Einrichtungsplan zur Hand und zeichnen dort mit Buntstiften oder farbigen Filzstiften alle vorgesehenen Leitungen (Rohre, Schläuche, Schwach- und Starkstromkabel, Lautsprecherleitungen usw.) in ihrer Größe ein (z. B. Cu-Rohr 25 mm Durchmesser oder Kabel 3 x 1,5 mm^2 oder 6-adrige Klingelleitung usw.).

Zeichnen Sie auch möglichst genau ein, wo sie verlegt werden (in Möbeln, in den Fahrzeugwänden, unter dem Fahrzeugboden usw.) Die Erläuterungen in den einzelnen Abschnitten dieses Kapitels und die Schaltpläne der zu installierenden Geräte sind ein weiteres Hilfsmittel für Sie, die erforderlichen Leitungspläne zusammenzustellen. Beim Eintragen der einzelnen Leitungen, Kabel, Rohre und Schläuche gehen Sie bitte etwas systematisch vor, damit Sie sich später aus dem Liniengewirr leichter herausfinden. Geben Sie deshalb jeder Leitungsart grundsätzlich eine bestimmte Grundfarbe. Das kann Ihnen niemand vorschreiben, aber es vereinfacht Ihre Arbeit. Ein Beispiel:

- Alle elektrischen 12 Volt-Leitungen können Sie schwarz einzeichnen.
- Alle 220 Volt-Leitungen werden rot gezeichnet.
- Alle Radio- oder Fernsehleitungen sowie Sprechanlagenkabel können gelb gezeichnet werden.

- Wasserleitungen für Frischwasser werden blau dargestellt.
- Leitungen für Abwasser zeichnen Sie sinngemäß braun.
- Gasleitungen werden dann beispielsweise grün eingetragen usw.

Noch ein paar Tips für Ihren persönlichen Leitungsplan:

- Wo Leitungen im Wagen-Inneren verlegt werden, sollten die bunten Linien glatt durchgezogen werden.
- Wo Leitungen in den Wänden oder unter dem Fahrzeugboden liegen sollen, sollten Sie die Linien gestrichelt zeichnen, dann kann es nicht zu Verwechslungen oder zum Vergessen einzelner Leitungen kommen, denn gestrichelte Leitungen müssen tunlichst vor dem Montieren der Möbel bzw. Wandverkleidungen usw. verlegt werden.
- Werden mehrere Kabel oder Leitungen nebeneinander verlegt, so wird die Leitungs- oder Aderanzahl durch eine entsprechende Anzahl kurzer Querstriche auf den Linien markiert.
- Abzweigungen von Leitungen, egal ob es sich nun um ein T-Stück bei Rohrleitungen oder um eine Abzweigdose bei Kabeln handelt, werden als dicker »Knotenpunkt« dargestellt.

Und noch ein Tip

Wenn Ihnen das Leitungsschema auf diese Weise zu unübersichtlich wird, so können Sie die Angelegenheit ganz einfach entwirren, indem Sie von Ihrem Einrichtungsplan ein paar Fotokopien ziehen und jede Kopie für das Einzeichnen einer bestimmten Leitungsart verwenden. Dann haben Sie später einen Wasserplan, einen Gasplan, einen Elektroplan usw. und die Angelegenheit wird noch leichter überschaubar.

Natürlich sind das noch keine »richtigen« Schaltpläne, sondern nur erst einmal Verlegskizzen, die einen ersten Überblick über die einzelnen Leitungsführungen ergeben sollen. Aber für Ihre Zwecke reicht diese Darstellung zunächst vermutlich vollkommen aus.

Dabei wird dann auch gleich klar, wo sich Schwierigkeiten bei der Leitungsführung ergeben können. Wo beispielsweise Schläuche oder Rohre im Wagen quer über den Gang verlegt werden müßten und eine entsprechende Abdeckung dafür geschaffen werden muß. Oder wo Abwasserleitungen oder Frischwasserschläuche ohne Gefälle verlegt werden müssen, obwohl das nötig wäre usw.

Und noch etwas sehr wichtiges kann an Hand der eingezeichneten Leitungsführung geklärt werden: Abzweigungen oder Verbindungsstellen von Kabeln, Rohren, Schläuchen usw. sollten immer (!) so installiert werden, daß sie auch später jederzeit zugänglich bleiben oder bequem erreicht werden können! Wie leicht ergibt sich mal ein Wackelkontakt, eine Undichtigkeit oder eine Verstopfung im Leitungsnetz. Und dann sollten Sie an jeden Punkt, an jede Abzweigung problemlos herankommen, ohne erst die halbe Einrichtung zerlegen zu müssen!

Überhaupt sollte bei allen Installationen auf größtmögliche Wartungsfreiheit Wert gelegt werden. Verwenden Sie also nach Möglichkeit nur Materialien, die keinem Verschleiß bzw. keiner Korrosion unterliegen und verarbeiten Sie dieses Material dann auch fachgerecht. Ein paar warnende Beispiele:

- Kabelabzweigungen, bei der die einzelnen Kupferleitungen mit Stahlschrauben in den Klemmen befestigt werden, führen mit Sicherheit nach einiger Zeit zu Elektrokorrosion und damit früher oder später zu Störungen im Kabelnetz.
- Wasserschläuche, die ohne Gefälle oder sogar mit einem durchhängenden Bauch verlegt werden, sammeln an den tiefer liegenden Stellen Feststoffe, Bakterien usw. an und verstopfen früher oder später.
- Und noch ein letztes, schreckliches Beispiel: Wenn Sie die verzinkten Stahlrohrleitungen für die Gasinstallation statt mit den vorgeschriebenen gummigelagerten Schellen mit einfachen Metallschellen befestigen (was nicht gestattet ist!), so führt das nicht nur bei den ständigen Fahrzeugbewegungen zu einer Beschädigung der schützenden Zinkschicht (und damit zu Rost), sondern auch hier kann die Elektrokorrosion (es bildet sich ein galvanisches Element infolge leitender Feuchtigkeit zwischen zwei verschiedenen

Metallen) zu einer gefährlichen Zersetzung des Rohrmantels und damit zu einer undichten Gasleitung mit allen ihren schlimmen Folgen führen!

Aus diesen Gründen ist es dringend zu empfehlen, spezielle Installationen wie Bordelektrik, Gasversorgung usw. nur dann selbst auszuführen, wenn Sie sich in der Materie genügend auskennen. Im Falle der geringsten Unsicherheit sollten Sie zumindest einen Fachmann um Rat fragen, besser sogar diese Arbeiten überhaupt einem zugelassenen Handwerker übertragen, der dann auch die Verantwortung (und die Garantie!) für die Ausführung übernimmt.

Einige weitere Hinweise zu diesem Thema finden Sie zusätzlich noch in den folgenden Abschnitten. Fassen Sie das aber bitte nicht als Mißtrauen Ihren Kenntnissen gegenüber oder als Abwertung Ihrer Arbeit auf. Jedoch ist die Sicherheit meiner Ansicht nach ein außerordentlich wichtiger Gesichtspunkt bei allen Arbeiten im Zusammenhang mit Kraftfahrzeugen. Und ich meine, Vorsicht ist besser und billiger als – schlimmstenfalls – ein vorzeitiges Ende des Camperlebens.

5.02 Bordelektrik

Im Rahmen eines Abschnittes kann ich leider weder einen Kurzlehrgang über Elektrotechnik noch die für dieses Gebiet in Frage kommenden Vorschriften unterbringen. Deshalb ist es für Sie unerläßlich, für die vorkommenden Arbeiten gewisse Grundkenntnisse mitzubringen (oder sich an Hand von spezieller Literatur über Kfz-Elektrik anzueignen) und außerdem sich über die jeweils neueste Fassung der in Frage kommenden VDE-Vorschriften (bzw. der vorläufigen Richtlinien) zu informieren! Bitte beachten Sie auch den betreffenden Unterabschnitt im Kapitel »Campingbus und TÜV«.

Achtung: Bei falschem oder nachlässigem Einbau elektrischer Installationen in Campingbusse, bei Verwendung ungeeigneter Teile und Materialien, bei fehlerhaftem Anschluß stromführender Teile usw.

kann es nicht nur zu störenden Pannen und Defekten im Fahrzeug kommen, sondern in vielen Fällen auch zu Brand und sogar Totalverlust des Fahrzeugs! Deshalb sollte die Bordelektrik keinesfalls auf die leichte Schulter genommen werden! Gründlichkeit und Grundwissen zahlt sich hierbei besonders aus.

Wer daher über keinerlei Vorkenntnisse verfügt, ist gut beraten, wenn er sich für ein paar Mark von einem Fachmann die erforderlichen Installationen einbauen läßt! Und wer Vorkenntnisse mitbringt, sollte sich trotzdem bei jedem Handgriff klarmachen, daß die Beanspruchung der Elektrik im Fahrzeug durch die ständigen Erschütterungen beim Fahren, durch die Verwindung der Karosserie, durch die scharfen Kanten der Blechkarosserie und die Leitfähigkeit der Karosserie, durch die Temperaturunterschiede zwischen Innen und Außen und durch viele andere Faktoren wesentlich höher ist, als bei einer normalen Installation im Wohnhaus.

(a) Allgemeines

Die Elektrik im Campingbus wird der Übersichtlichkeit halber in verschiedene Bereiche aufgegliedert:
- Einmal in die bereits vorhandene (12- oder 24-Volt-Gleichstrom-) Autoelektrik, die mit dem Betrieb des Fahrzeugs an sich sowie mit der Außenbeleuchtung (Scheinwerfer, Blinker usw.) zu tun hat und die hier fast gar nicht interessiert.
- Zum anderen in die Bordelektrik für den Wohnteil des Campingbusses, die sich in die Bereiche Kleinspannungsanlagen und Starkstromanlagen aufteilt.

Die Kleinspannungs- oder Schwachstromanlagen betreffen alle Energiequellen, Leitungen und Verbraucher im Campingbus, die mit Gleichspannungen bis zu 24 Volt arbeiten (normal 12 Volt Gleichstrom) arbeiten.

Starkstromanlagen dagegen sind die Bereiche bis zu 1000 Volt. Sie betreffen daher Campingbusse nur insofern, als diese mit einem Außenanschluß und mit Installationen für 220 Volt Wechselstrom ausgerüstet werden. Sofern sich die Bereiche teilweise überschneiden, wird im Text darauf hingewiesen, falls dies erforderlich erscheint.

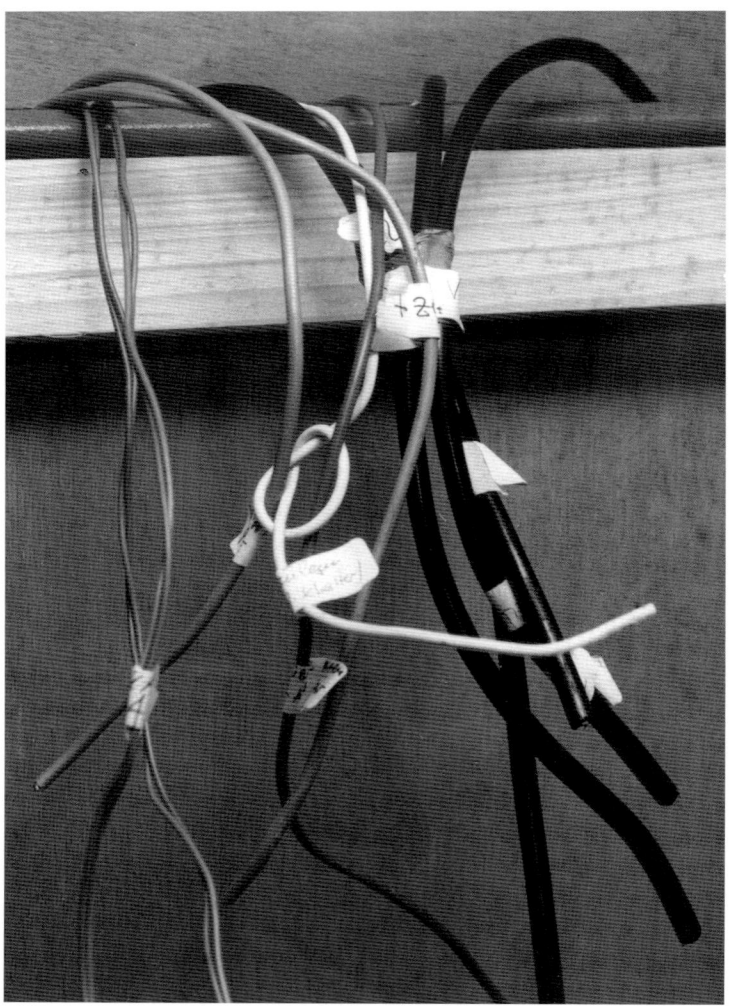

Abbildung 119: Kabelsalat. Wer nicht rechtzeitig seine Kabelenden sofort nach dem Einziehen auf beiden Seiten mit Klebeetiketten korrekt beschriftet, bekommt spätestens beim Anklemmen Probleme.

(b) Autoelektrik

Die elektrische Installation des Basisfahrzeugs sollte aus verschiedenen Gründen von der Installation des Bordnetzes für den Wohnteil weitgehend getrennt bleiben. Lediglich im Bereich der Lichtmaschine und der Fahrzeugbatterie kommt es zu Überschneidungen,

auf die weiter unten noch eingegangen wird. Eine strikte Trennung der Bereiche Autoelektrik und Bordnetz des Wohnteils empfiehlt sich schon deshalb, damit selbst bei Störungen oder Pannen oder gar bei einem Kurzschluß im Wohnteil die volle Betriebsfähigkeit des Basisfahrzeugs erhalten bleibt.

Zunächst ist aber erst einmal wichtig, die Autoelektrik und das Bordnetz für den Wohnteil aufeinander abzustimmen. Sie können an Hand der Fahrzeugbatterie (oder aus der Bedienungsanleitung) erkennen, mit welcher Gleichspannung das Fahrzeug betrieben wird. Meist werden es 12 Volt sein.

Ebenfalls ist es wichtig zu wissen, ob beim Basisfahrzeug »Minus an Masse« liegt. Das erkennen Sie an dem flachen Kupfergeflechtband, das von der Fahrzeugkarosserie zur Starterbatterie führt. Liegt es dort an der Batterie am Minuspol an, ist alles in Ordnung, das Fahrzeug hat wie die meisten Fahrzeuge heutzutage »Minus an Masse«. Um es einmal laienhaft verständlich auszudrücken: Der Stromkreis verläuft im Fahrzeug von dem Pluspol der Batterie über entsprechende Sicherungen und Schalter zum Verbraucher und von dort weiter über die »Masse« des Karosserieblechs als Rückleitung bis an den Minuspol der Batterie zurück. So sparen die Fahrzeughersteller die an sich erforderliche zweite Leitung, indem sie zu diesem Zweck die Karosserie verwenden, sofern sie aus Blech besteht. Deshalb müssen Sie bei Karosserieteilen aus (elektrisch nicht leitendem) GFK-Material beizeiten daran denken, eine entsprechende zweite Leitung vom Verbraucher bis zu dem nächstgelegenen metallischen Karosserieteil bzw. bis zum Minuspol Ihrer Batterie zu ziehen!

5.03 Die Schwachstromanlage

Verständlicher wäre es vielleicht, den Begriff Schwachstromanlage zu vermeiden und diesen Abschnitt richtiger »Kleinspannungsanlage« zu betiteln, denn schwache Ströme fließen innerhalb der 12-Volt-Anlage eines Campingbusses wirklich nicht, wenn Sie sich einmal die benötigten Kabelquerschnitte ansehen. Dennoch habe ich den Begriff so gewählt, um Ihnen

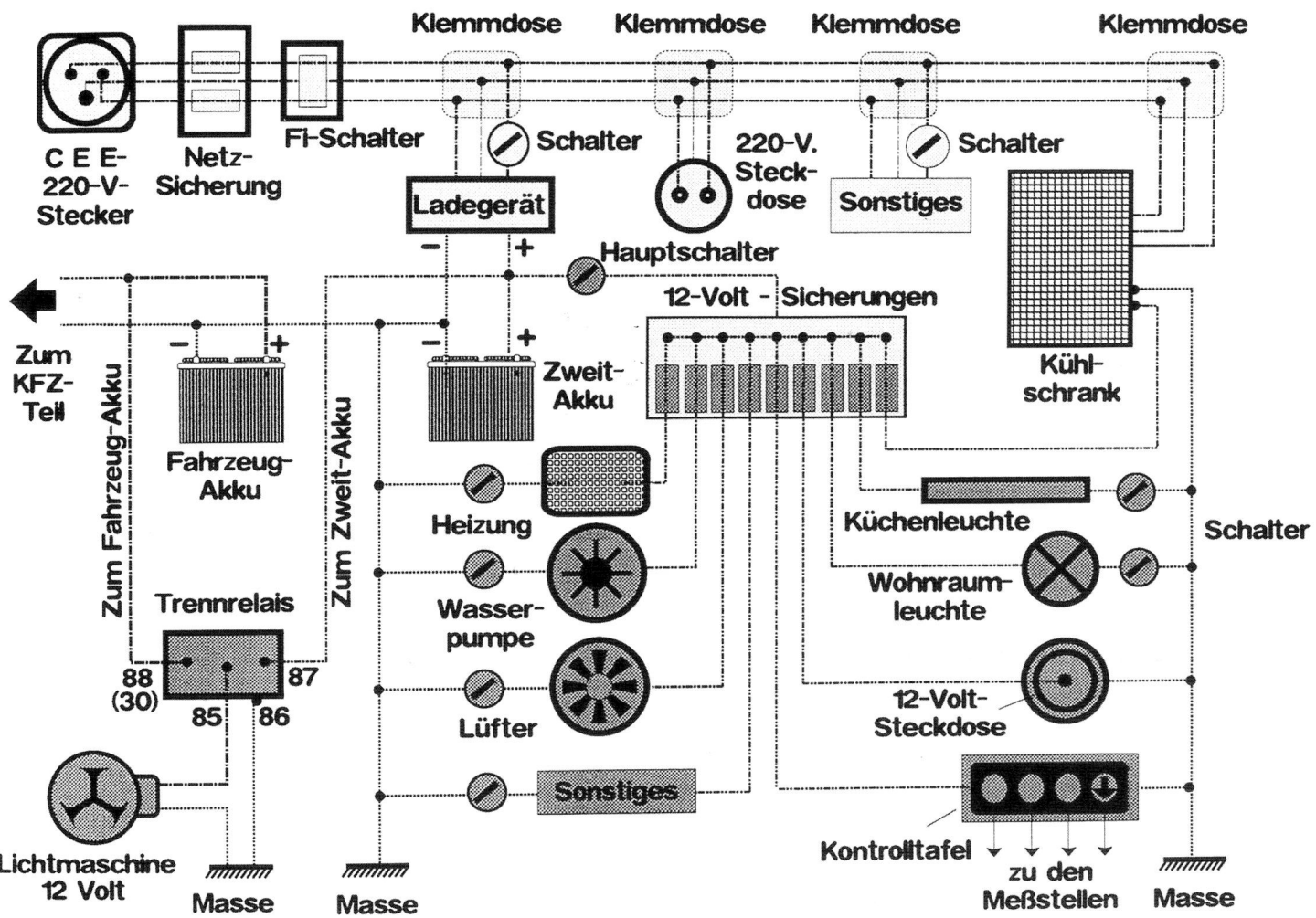

Abbildung 120: Bordelektrik. Der unverbindliche Entwurf eines Schaltplanes für den Wohnteil im Campingbus. So verschafft man sich einen einfachen Überblick, welche Geräte (Stromverbraucher) angeschlossen werden müssen, wo dies erfolgt usw.. Die Stromversorgung des Wohnteils erfolgt entweder per 220-V-Kabel über die CEE-Anschlußdose (oben links) oder von der Lichtmaschine des Fahrzeugs (unten links) über ein Trennrelais und den Zweitakku. Achten Sie unbedingt darauf, daß 220-V-Leitungen und 12-V-Leitungen streng voneinander getrennt verlegt werden müssen!

den Unterschied zu der Starkstromanlage (dem 220-Volt-Netz) zu verdeutlichen. Um die Lichtmaschine und die Fahrzeugbatterie in die Bordinstallation für den Wohnteil (wenn auch nur begrenzt) mit einzubeziehen, sollten Sie sich mit der Bordnetzspannung und der Frage, ob »Minus an Masse« liegt, nach Ihrem Basisfahrzeug richten. Andernfalls gibt es Feuerwerk und nichts geht mehr! Die Kleinspannung von 12 Volt wird deshalb auch die meist übliche Ausgangsbasis für die weitere Installation im Wohnteil des Fahrzeugs sein. Wenn außerdem voraussetzt wird, daß der Minuspol der Batterie an Masse liegt, so ergibt sich eine relativ einfache Schaltung für das zu schaffende Bordnetz, wie die Schaltskizze (Abbildung 120) zeigt.

Um die ganze Geschichte für Sie noch etwas übersichtlicher zu gestalten, möchte ich die Installation (zumindest hier auf dem Papier) in die Bereiche Stromversorgung, Stromverteilung und Stromverbraucher aufgliedern.

(a) Die Stromversorgung

Die im Basisfahrzeug vorhandene Fahrzeugbatterie, kurz Akku genannt, wird von der Lichtmaschine geladen und kann nur eine bestimmte Menge elektrischer Leistung speichern. Diese Leistung wird zum Starten des Fahrzeugs, für die Fahrzeugbeleuchtung sowie für das evtl. vorhandene Autoradio und andere normale Verbraucher benötigt. Wollten Sie daher auch noch die ganzen Stromverbraucher aus dem Wohnteil des Campingbusses an diese Batterie hängen, wäre die Leistung der Batterie womöglich so rasch erschöpft, daß deren Kapazität nicht mehr zum Starten des Motors ausreicht. Das wäre ein Teufelskreis, denn wenn der Motor sich nicht mehr starten läßt, kann auch die Batterie nicht mehr geladen werden.

Deshalb ist es meiner Ansicht nach unerläßlich, für das Wohnteil-Bordnetz eine zweite Batterie (Zweit-Akku) zu installieren, um so die für den Wohnteil des Fahrzeugs erforderliche Mehrleistung unabhängig von der Fahrzeugbatterie zu speichern. Auf die Zweitbatterie kann man allenfalls bei Vans oder Kleinfahrzeugen verzichten, wenn große Stromfresser wie Kühlschrank oder elektronische Heizung gar nicht erst eingebaut werden.

Diese Zweitbatterie muß allerdings erst einmal geladen werden. Das besorgt im Normalfall die Lichtmaschine. Sofern es sich dabei um eine moderne Drehstrom-Lichtmaschine handelt, besteht kaum die Gefahr einer Überlastung der Lichtmaschine. Allerdings sollten Sie bei der Bestellung eines Neufahrzeuges unter Umständen lieber gleich eine verstärkte Lichtmaschine ordern, dann gehen Sie kein Risiko ein.

Anders bei Gleichstrom-Lichtmaschinen, wie sie gelegentlich noch vorkommen. Hier kann anstatt des meist vorhandenen Zwei-Elementreglers ein Drei-Elementregler eingebaut werden, der die mögliche Überlastung verhindert.

Zurück zur Zweitbatterie: Man kann diesen Zweit-Akku zur Fahrzeugbatterie einfach parallel schalten (über entsprechend starke Kabel werden die Pluspole der beiden Batterien miteinander verbunden und die Minuspole beide über die Massebänder an die Karosserie angeschlossen), aber diese Schaltung hat einen großen Nachteil! Zwar ist die Kapazität der Batterien jetzt insgesamt gesehen größer. Aber wenn Sie beispielsweise einen starken Stromverbraucher wie den Kühlschrank mehrere Stunden nur über Batteriestrom betreiben, kann es Ihnen durchaus passieren, daß dann beide Batterien gleichzeitig schon so schwach sind, daß es nicht mehr zum Anlassen des Motors reicht!

Deshalb sollte unbedingt ein sogenanntes Trennrelais eingebaut werden (s. Schaltung). So ein Trennrelais hat die Aufgabe, während der Fahrt des Wagens über die Lichtmaschine beide Batterien mit Strom zu versorgen. Sobald jedoch die Zündung ausgeschaltet wird, sind beide Batterien elektrisch voneinander getrennt. Die Fahrzeugbatterie steht dann mit ihrer Kapazität voll für das Starten oder die Beleuchtung des eigentlichen Fahrzeugs zur Verfügung, die Zweitbatterie dagegen ist für die Stromversorgung des Wohnteils zuständig. Ist die Zweitbatterie nach einiger Zeit leer, können Sie also immer noch starten oder das Außenlicht, die Warnblinkanlage, das Radio, das Autotelefon usw. betätigen. Nach einer längeren

Fahrzeit sind dann beide Batterien wieder voll geladen, weil beim Betätigen der Zündung auch die Zweitbatterie wieder zugeschaltet wird und vom Ladestrom der Lichtmaschine profitiert.

Zunächst aber sollte eine Zweitbatterie überhaupt beschafft und installiert werden. Sie beschaffen sich am besten eine Batterie, die ungefähr der Leistung der Fahrzeugbatterie entspricht.

Damit bei Ihren Anschlußarbeiten nichts passiert, sollten Sie zuerst einmal von der Fahrzeugbatterie das Masseband (Minus) abklemmen und anschließend auch die Plusleitung.

Dann erst montieren sie die Zweitbatterie sehr solide (!) am Fahrzeugboden oder im Motorraum möglichst in der Nähe der Fahrzeugbatterie an. Zum Befestigen können Sie die speziellen Klemmbleche verwenden, die es dafür im Kfz-Handel gibt. In jedem Fall muß die schwere Batterie so stabil am Fahrzeug festgemacht werden, daß sie auch bei einem eventuellen Crash nicht aus der Verankerung gerissen oder durch die ständigen Fahrerschütterungen gelöst wird! Sie sollten bei der Montage der Zweitbatterie auch an die gute Zugänglichkeit zur Batterie denken, denn selbst eine »wartungsfreie« Batterie braucht manchmal Pflege.

Nach dem Aufstellen der Zweitbatterie wird ein Trennrelais montiert. Je nach Platz im Fahrzeug entweder in Batterienähe oder in der Umgebung der Lichtmaschine. Je nachdem, welches Trennrelais Sie verwenden, werden die Anschlußbezeichnungen etwas unterschiedlich sein. Bei Trennrelais aus deutscher Fertigung sollten normalerweise die Klemmenbezeichnungen der Norm entsprechen. Die Klemme des Trennrelais, an die das Kabel vom Regler der Lichtmaschine angeschlossen wird, sollte danach die Ziffer (85) tragen, die Klemme für das Kabel zur Fahrzeugbatterie die Ziffer (88) bzw. (30). Die Klemme am Trennrelais, die zum Anschluß der Zweitbatterie dient, sollte nach Norm mit der Ziffer (87) versehen sein. Und an die Klemme mit der Ziffer (86) wird ein Kabel angeklemmt, das direkt an Masse (Karosserieblech) gelegt wird.

Um es noch einmal deutlicher zu sagen: Das vom Regler der Lichtmaschine kommende und zum Pluspol der Fahrzeugbatterie führende Kabel wird direkt an der Batterie abgeklemmt und an der Klemme (85) des Trennrelais angeschlossen. Von der Klemme (88) des Trennrelais wird dann ein ebenso starkes Kabel bis zur Fahrzeugbatterie geführt und dort solide befestigt. Schließlich wird noch ein weiteres gleich starkes Kabel von der Klemme (87) des Trennrelais zum Pluspol der Zweitbatterie geführt. Zu guter Letzt sollten Sie auch noch ein Kabel von Klemme (86) Ihres Trennrelais zu dem nächstgelegenen Massekontakt (Karosserieblech) legen.

Übrigens: Wenn Sie das Verbindungskabel von Klemme (87) zum Pluspol noch etwas stärker als die anderen beiden Kabel wählen, können Sie sogar eine entsprechend dimensionierte Abzweigleitung von diesem Kabel aus zu einem gesonderten 12-Volt-Sicherungskasten legen, an dem Sie später die verschiedenen Verbrauchsstellen im Wohnteil anschließen. Ist das Kabel nicht stark genug oder nicht gut zugänglich, wird der Sicherungskasten über eine Extraleitung direkt am Pluspol der Zweitbatterie angeklemmt.

Auf den Sicherungskasten und was es dabei zu beachten gibt, komme ich gleich noch einmal zurück. Zuvor jedoch erst ein paar Worte zu den Trennrelais. Es gibt verschiedene Hersteller für solche Geräte. Das beschrieben Modell ist nur ein Beispiel für verschiedene Geräte, die im Handel für Campingbedarf erhältlich sind. Achten Sie aber unbedingt darauf, daß entweder ein Anschlußplan dem Gerät beiliegt oder die Klemmenbezeichnung keine Fragen mehr offenläßt. Eine bewährte Ausführung des Trennrelais kommt von der Firma Bosch. Ein genauer Anschlußplan für dieses Gerät ist auf dem Gehäuse angebracht. Bei letzterem Modell sollten Sie beachten, daß der Anschluß für Gleichstrom- und Drehstromlichtmaschinen unterschiedlich gehandhabt werden muß! Diese preiswert erhältlichen Trennrelais sind eine unbedingt empfehlenswerte Investition und in jedem Falle besser als eine leere Starterbatterie mitten in der Wüste oder bei einem nächtlichen Notfall.

Nach dem Anschluß des Trennrelais werden nun auch die beiden Batterien, sofern noch nicht erfolgt, wieder angeschlossen. Für die Zweitbatterie verwenden Sie als Masseanschluß ein ebenso starkes Masseband (flexibles Kupfergeflechtband) wie bei der Fahrzeugbatterie. Diese Bänder bekommen Sie in verschiedenen Längen fertig im Kfz-Handel oder in Baumärkten. Wichtig ist dabei, daß beim Anschließen des Massebandes an die Karosserie das Bohrloch für die Anbringung der Befestigungsschraube rundum wirklich sorgfältig metallisch blank gemacht und mit Kontaktfett bestrichen wird, damit eine einwandfreie Masseverbindung hergestellt wird. Die Gegenmutter für die Befestigungsschraube des Massebandes wird mit einer Zahnscheibe gesichert und nach dem Festziehen mit Unterbodenschutz o. ä. gegen Rost geschützt. Wegen der möglichen Rostgefahr sollte auch die Befestigungsschraube selbst möglichst aus Edelstahl oder zumindest in verkadmeter Ausführung gewählt werden.

Damit wäre für den Kleinspannungsbereich zumindest die Frage der Stromversorgung erst einmal geklärt. Es steht also jetzt für die Bordnetzanlage des Wohnteils lediglich die Kapazität der Zweitbatterie zur Verfügung, die allerdings durch jede Inbetriebsetzung des Fahrzeugs mittels Lichtmaschine laufend ergänzt wird.

(b) Stromverteilung

Die nächste Aufgabe ist es nun, die aus der Zweitbatterie verfügbare elektrische Energie zu den einzelnen Verbrauchsstellen hinzubringen, also den Strom zu verteilen. Das erfolgt durch entsprechend dimensionierte Elektroleitungen, die natürlich isoliert sein müssen. Wenn ich von entsprechend dimensionierten Leitungen schreibe, so fassen Sie das bitte nicht als Ausweichen vor konkreten Querschnitts-Angaben auf. Aber die Angabe exakt bemessener Leitungsquerschnitte hängt von einer ganzen Reihe von Faktoren ab, die in jedem Fall einzeln betrachtet werden müssen, ehe Sie den endgültigen Querschnitt für einen bestimmten Verbraucher in einem bestimmten Abstand von der Stromquelle festlegen können.

Um Sie jedoch weder mit Formeln noch mit grauer Theorie zu langweilen, kann man als Richtwert sagen: Je länger eine Leitung (zwischen Stromquelle und Verbraucher) und je höher die Wattzahl des angeschlossenen Stromverbrauchers ist, desto größer muß der Leitungsquerschnitt genommen werden. Ein Beispiel: Eine kleine Kontrolleuchte mit 5 Watt

braucht, wenn sie in der Nähe der Batterie installiert ist, nur einen Leitungsquerschnitt von etwa 0,5 mm². Ein stromfressender Kühlschrank dagegen mit 125 Watt benötigt schon einen Leitungsquerschnitt von etwa 2,5 mm², also den fünffachen Querschnitt! Noch dazu, wenn er ein paar Meter von der Batterie entfernt aufgestellt wird.

Damit Sie nun aber nicht für jeden einzelnen Verbraucher überlegen müssen, welcher Querschnitt der beste wäre, halte ich es für sinnvoll, sich auf einige wenige verschiedene Querschnitte zu beschränken. Unverbindliche Richtwerte sind:

- Beispielsweise für die Leitungen zwischen Lichtmaschinenregler und Trennrelais bzw. Batterien mindestens 6, besser 10 bis 25 mm² Querschnitt, je nach Ladeleistung der Lichtmaschine (Kabeltype FLL).
- Für die Verbindung vom Pluspol der Zweitbatterie über den Hauptschalter bis zum Sicherungskasten würde ich ein Kabel von wenigstens 10 mm² oder mehr nehmen.
- Vom Sicherungskasten zu den einzelnen Verbrauchern würde ich Querschnitte von 2,5 mm² verlegen,
- Für Großverbraucher wie den Kühlschrank oder ähnliche Sachen sollte der Querschnitt sogar 4 mm² betragen.
- Für Kontrolleuchten, kleinere Leselampen usw. genügt in den meisten Fällen ein Querschnitt von 1 bis 1,5 mm².

Kleinere Querschnitte würde ich in keinem Fall verwenden, denn der geringe Mehrpreis für den größeren Querschnitt zahlt sich durch geringere Spannungsabfälle in den Leitungen aus. Und gerade bei der Kabelauswahl kann ein etwas größerer Querschnitt nie verkehrt sein. Auch bei einem Kabelbruch haben Sie so immer noch die Alternative, ein reichlich bemessenes, anderes Kabel mit zu benutzen. Außerdem haben Sie durch die etwas stärkeren Leitungsquerschnitte noch Reserven innerhalb des Bordnetzes. Wissen Sie denn jetzt schon verbindlich, welches elektrische Gerät Sie vielleicht in den nächsten Jahren noch zusätzlich installieren möchten? Und später noch neue Leitungen nachträglich verlegen zu müssen ist nicht nur unbequem, sondern oft sogar unmöglich!

sehen. Antennen innerhalb des Fahrzeugs sind dagegen kaum geeignet, einen einwandfreien Empfang zu gewährleisten. Schon gar nicht in Farbe, weil die Blechkarosserie die Wellen quasi wie ein Käfig abschirmt. Eine Ausnahme bilden nur Fahrzeuge mit GFK-Hochdach. Dort läßt sich die Antenne zur Not direkt unter dem Dach fest installieren. Allerdings ist der Empfang lange nicht so gut wie bei einer richtigen Hochantenne oder einer außen montierbaren Satellitenschüssel, die mit dem Schiebemast auf eine Höhe über Boden bis zu 5 m gebracht und exakt zum Sender bzw. zum Satelliten hin ausgerichtet werden kann.

Für den Rundfunkempfang dagegen können Sie außer den üblichen Pkw-Antennen (versenkbare Antennen sind wegen der größeren Sicherheit gegen Beschädigung eine Überlegung wert!) auch eine entsprechend bemessene Dipol-Antenne direkt unter das Kunststoffhochdach kleben, bevor Sie es isolieren. Und da gerade die Rede von »Leitungen ankleben« ist, sollten Sie in diesem Zusammenhang auch noch an die vielen Leitungen denken, die von den einzelnen Geräten zur Kontrolltafel verlaufen und der Kontrolle des Frischwasserstandes, des Abwassertanks, des Ladezustandes der Batterien usw. dienen.

Dafür können Sie relativ schwache Leitungen von etwa 0,5 mm² Querschnitt verwenden, allerdings in jedem Falle mindestens zweipolig. Gut geeignet für solche Kontrolleitungen ist kunststoffisolierter Klingeldraht. Sie sollten ihn mehrpolig (weil er recht preiswert ist) von jedem Gerät zum Kontrollpaneel hin verlegen, egal ob Sie die Leitungen sofort benötigen oder nicht. Bei solchen preiswerten Leitungen sollten Sie auch ganz bewußt ein paar Adern mehr verlegen als Sie momentan zu brauchen glauben. Erstens kann immer mal eine Ader defekt sein oder durch Fahrzeugvibrationen brechen. Zweitens wissen Sie heute vermutlich noch nicht, welche Geräte oder Instrumente Sie in ein paar Jahren zusätzlich installieren wollen. Anschließen können Sie solche Leitungen später immer noch, das nachträgliche Verlegen hingegen wird oft sehr problematisch.

Allerdings sollten Sie eines auf keinen Fall vergessen, wenn Sie solche Reserveleitungen installieren: Kennzeichnen Sie bitte sofort an jedem Ende der Leitung,

welchen Zweck sie hat und wo sie hinführt. Das macht sich mit den bereits erwähnten kleinen Klebeetiketten sehr gut, die Sie am besten mit wasserfestem Filzstift oder mit der Schreibmaschine beschriften. Auch helles Isolierband, das Sie mit unlöslichem Filzstift beschriften, ist eine praxisbewährte Kennzeichnungsmethode. In ein oder zwei Jahren, wenn Sie die Leitungen vielleicht benötigen, wissen Sie sonst bestimmt nicht mehr, wie sie verlaufen und welchen Zweck sie haben. Mir ist es schon passiert, daß ich mühsam die einzelnen Kabel »durchklingeln« mußte, um ihren Verlauf zu recherchieren. Da schafft nur entweder eine präzise Beschriftung oder ein präziser Schaltplan Abhilfe, den man sich unbedingt zu den mitgeführten Fahrzeugunterlagen packen sollte.

Zu guter Letzt noch ein Rat, der Ihnen vielleicht einmal viel Arbeit ersparen hilft: Merken oder markieren Sie sich, zumindest bis zum Abschluß der Ausbauarbeiten, wo Sie Leitungen verlegt haben. Sonst passiert es Ihnen womöglich, daß Sie beim Bohren eines Befestigungslochs oder beim Anschrauben einer Wandverkleidungsplatte oder auch bei anderen Arbeiten im Handumdrehen eine Leitung beschädigt oder zerschnitten haben. Der Ärger ist dann besonders groß, wenn man solche Schäden erst später beim Probelauf bemerkt!

5.06 Gasversorgung

Gas als Energiequelle im Campingbus hat viele Vorteile, weil es leicht zu speichern und zu transportieren geht und im Einsatz außerordentlich vielseitig ist. Mit Gas, und zwar sowohl mit Propangas als auch mit Butangas, können Sie im Campingbus kochen und backen, heizen und kühlen, Duschwasser erwärmen und vieles mehr. Leider (oder Gottseidank?) hat die Sache aber auch einen Haken! Gasversorgungen in Fahrzeugen unterliegen strengen Sicherheitsbestimmungen. Das mag auf den ersten Blick stören, aber im Grunde kommt es dem Benutzer der Gasanlage sogar zuerst zu Gute. Denn diese Sicherheitsbestimmungen dienen ja zunächst einmal dem Benutzer der Gasanlage, indem sie sein Leben und seine Gesundheit schützen. Deshalb sollten Sie auch nicht versuchen, irgendwo und irgendwie diese Bestimmungen zu umgehen:

■ Erstens schaden Sie sich mit solchen Tricks letztes Endes selber, weil sie Ihr Leben aufs Spiel setzen.

■ Zweitens kommt Ihr Trick doch raus, weil nämlich jede Anlage nach ihrer Fertigstellung durch einen zugelassenen Fachmann abgenommen und geprüft werden muß.

■ Bitte beachten Sie auch den betreffenden Unterabschnitt im Kapitel »Campingbus und TÜV«.

Die entsprechende Bescheinigung über die erfolgreiche Abnahme der Gasanlage muß dem TÜV bei der technischen Abnahme des Fahrzeugs vorgelegt werden. Außerdem ist diese Prüfung (schon im eigenen Interesse!) alle zwei Jahre zu wiederholen. Aber nun zuerst einmal zur Gasversorgungs-Anlage selbst.

(a) Die Bestimmungen

Die Gasversorgung in einem Campingbus besteht aus drei Hauptgruppen (Schema s. Abbildung 124), nämlich erstens aus der Gasbevorratung und -Regelung, zweitens aus der Gasverteilung und schließlich drittens aus den Gasverbrauchern (z. B. Gaskocher, Backofen, Kühlschrank, Heizung, Warmwasserbereiter usw.). Für jede einzelne Gruppe gibt es bestimmte Auflagen und Bestimmungen zu beachten. So dürfen z. B. nur solche zusätzlichen Heizungen eingebaut werden, die nach § 22a StVZO bauartgenehmigt und mit Prüfzeichen versehen sind.

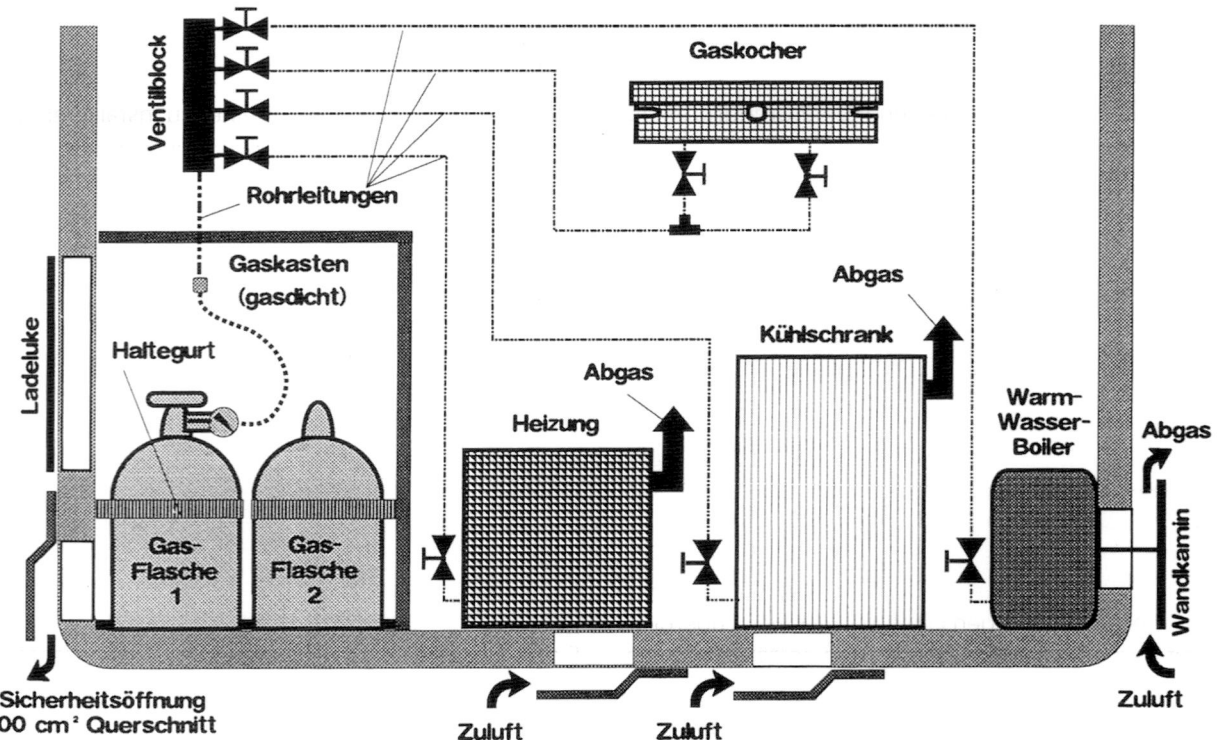

Abbildung 124: Schema Gasversorgung. Diese unverbindliche Prinzip-Skizze einer einfachen Gasversorgung im Campingbus zeigt, wie das Gas aus der Vorratsflasche (1), (in einem zum Innenraum hermetisch abgedichteten Gasflaschenkasten) über die Druckregelarmatur (auf der Gasflasche) zum Ventilblock und von dort aus weiter zu den einzelnen Gasverbrauchern geleitet wird. Die Absperrhähne an den Verbrauchsstellen gehören zu den einzelnen Geräten selbst und müssen nicht zusätzlich beschafft werden.

Nach der Querschnittsfrage ist noch zu klären, was für Leitungsmaterial denn nun verwandt werden soll. Die elektrischen Leitungen, wie sie in den Wänden eines Hauses verwendet werden, können nicht für Fahrzeuge eingesetzt werden. Diese Leitungen haben nämlich, weil sie weder Erschütterungen noch anderen Einflüssen ausgesetzt sind, nur jeweils einen massiven Kupferdraht als Leiter. Für die Fahrzeuginstallation aber müssen Sie Kabel verwenden, bei denen jeder einzelne Leiter aus mehreren feinen Kupferdrähten besteht, die miteinander verdrillt sind. Das sind die flexiblen, isolierten Kupferlitzen, die Sie im Kfz-Handel in vielen Querschnitten und allen möglichen Farben als ein- oder zweipolige Meterware (Type FLK oder FLKK) bekommen.

Diese Leitungen sind mit einer öl- und benzinfesten Kunststoffisolierung versehen, die auch eine gute mechanische Festigkeit (z. B. bei versehentlicher Verlegung an scharfen Blechkanten entlang!) aufweist. Die öl- und benzinfeste Isolierung brauchen Sie zwar im Wohnteil kaum, aber die vielen bunten Farben der Isolierung sollten Sie nutzen! Durch die Wahl möglichst vieler unterschiedlicher Farben (entsprechend Ihrem Verlegplan) für die einzelnen Leitungen kann es nicht so leicht zu Verwechslungen kommen! Das ist ein sehr wesentlicher Vorteil. Verwenden Sie nämlich nur eine oder wenige Farben, passiert es Ihnen leicht einmal, daß Sie später beim Anschließen der Leitungen ins Knobeln kommen, welche Leitung wohin gehört.

Aber auch für solche Fälle gibt es ein probates Mittel, das ich Ihnen unbedingt empfehle: Besorgen Sie sich im nächsten Schreibwarengeschäft kleine selbstklebende Etiketten und beschriften Sie diese mit dem Einsatzzweck jeder einzelnen Leitung. Auf jedes Ende der Leitung kleben Sie dann sofort beim Verlegen ein solches beschriftetes Etikett, dann gibt es später garantiert keine Sucherei! Wenn Sie noch nicht genau den Zweck des Kabels kennen, dann beschriften Sie, so lange Sie noch an die Kabel können, jeweils beide Enden der gleichen Leitung mit einer Zahl. Dann brauchen Sie im Zweifelsfall nur danach zu suchen, wo sich das Kabelende mit der gleichen Zahl befindet.

Und noch etwas hierzu: Prüfen Sie mit einer 12-Volt-Prüflampe (Kfz-Handel) oder mit einem Ohm-Meter sofort nach dem Verlegen jeder Leitung nach, ob die Leitung wirklich einwandfrei funktioniert. Und zwar nicht nur, ob die Leitung elektrischen Durchgang hat, sondern auch, ob die Leitung gegen Masse (Karosserie) einwandfrei isoliert ist. Mir ist es schon einmal passiert, daß eine Leitung an einer scharfen Blechkante entlanggezogen wurde, die Isolierung kaputt ging und ich später nur noch mit viel List und Tücke eine Ersatzleitung einziehen konnte. Dabei hatte ich noch Glück, daß überhaupt die Möglichkeit bestand, eine neue Leitung nachzuziehen. Wenn erst die Wandverkleidung montiert ist und die Möbel stehen, ist das oft nahezu unmöglich.

Kabel vom Fahrerhaus zum Wohnteil: Damit Sie nicht fliegenden Kabelsalat unter der Fußmatte im Fahrerhaus bekommen, sollten Sie solche Kabel lieber ordnungsgemäß verlegen! Das geht meist recht einfach, indem Sie die Plastikabdeckung am Türschweller im Fahrerhaus abnehmen (sie sind meist geschraubt oder geclipst). Dann schieben Sie behutsam einen langen festen Draht in dem nun sichtbaren Kabelkanal nach hinten bis zum Wohnteil und ziehen an diesem (an einem Ende zur Öse gebogenen) Draht die zusätzlichen Kabel bis zur gewünschten Stelle. Anschließend wird der Türschweller wieder befestigt und die neuen Kabel sind geschützt verlegt.

Noch ein Tip zum Verlegen von Leitungen: Im Fahrzeug gibt es noch viele andere hohle Blechprofile und Verrippungen, in denen Sie Ihre Leitungen bequem verlegen können. Das sollten Sie nutzen. Wo Leitungen direkt auf Blechflächen befestigt werden sollen, die später durch die Wand- oder Deckenverkleidung verdeckt sind, genügt eine provisorische Befestigung der Leitungen, entweder mit Hilfe von Klebeband, selbstklebenden Schellen oder durch Eindrücken der Leitungen in kleine Klümpchen Knetmasse oder Karosseriedichtmasse. Wo dies nicht möglich ist, sollten Sie die einzelnen Leitungen (für 12 Volt) in Schläuchen oder Kunststoffrohren zusammenfassen und diese mit Schellen o. ä. an der Karosserie oder innen an den Möbeln befestigen.

Hierzu etwas sehr Wichtiges

Sie dürfen niemals Leitungen für Kleinspannungen (also in diesem Falle 12-Volt-Leitungen) mit Starkstromleitungen (für 220 Volt) zusammen verlegen!

Das ist eine von vielen Vorschriften, die es auf diesem Gebiet gibt, und die zur Sicherheit des Benutzers auch wirklich berechtigt ist. So besteht andernfalls beispielsweise die Gefahr, daß trotz oder auch gerade wegen der Verwendung der vorgeschriebenen Kennfarben für die einzelnen Leitungen leicht verwechselt werden kann, welche Leitung zum Kleinspannungsbereich und welche zum Starkstrombereich gehört. Ein Beispiel: Im Kleinspannungsbereich ist die Masseleitung (Minus) mit einem braunen Isoliermantel als Kennfarbe vorgesehen, im Starkstromnetz dagegen ist die Phasenleitung braun gekennzeichnet. Ein Irrtum hierbei kann schwerwiegende Folgen haben! Wenn Sie hierzu Näheres erfahren möchten, sollten Sie sich mit den einschlägigen Vorschriften bzw. Empfehlungen des VDE vertraut machen.

Nun besteht aber die Stromverteilung ja nicht nur aus den Leitungen selbst, sondern auch aus den anderen Zutaten wie Sicherungen, Schaltern, Abzweig- bzw. Klemmdosen, Steckdosen usw.

Wie Sie im Prinzip-Schaltplan (Abbildung 120) sehen, führt vom Pluspol der Zweitbatterie eine Leitung zu einem (unbedingt empfehlenswerten!) Hauptschalter und erst von da zu dem 12-Volt-Sicherungskasten, bei dem die einzelnen Sicherungen die Absicherung der verschiedenen Verbraucherstromkreise übernehmen. Hierzu ein paar erklärende Worte: Ein Kleinspannungs-Hauptschalter ist deshalb zu empfehlen, weil Sie dadurch in der Lage sind, zum Beispiel bei einem Kurzschluß oder beim Schmoren einer Leitung oder eines Gerätes mit einem Handgriff das gesamte 12-Volt-Netz für den Wohnteil stromlos zu machen. Vorausgesetzt, Sie haben diesen Hauptschalter an gut zugänglicher Stelle installiert. Aber auch die Absicherung jedes einzelnen Stromkreises im 12-Volt-Netz ist unbedingt anzuraten, da andernfalls bei einem (z. B. nachts) unbemerkten Kurzschluß erhöhte Brandgefahr besteht!

Die Sicherungen der einzelnen Stromkreise sollten Sie am besten in so einem kleinen Sicherungskasten zusammenfassen, der in Batterienähe oder in einer Verteilerdose gut zugänglich angebracht wird. Solche Kästen bekommen Sie im Kfz-Zubehörhandel.

Sie können aber auch sogenannte »fliegende« Sicherungen verwenden, die in die einzelnen Leitungen an gut zugänglicher Stelle eingesetzt werden. Allerdings halte ich schon aus Gründen der Übersichtlichkeit die Sicherungskästen für die bessere Lösung. Fliegende Sicherungen können Sie dann vorsehen, wenn nachträglich noch ein einzelner Verbraucher abgesichert werden muß.

Von diesen Sicherungen kommen für Sie die Ausführungen für 8 und für 16 Ampere in Betracht. Sie bekommen sie als Schmelzsicherungs-Einsätze, wie sie auch im Auto selbst verwendet werden. Für Leuchten und andere kleinere Stromverbraucher werden die 8-A-Einsätze verwendet, die für Leistungen von etwa 60 bis 75 Watt ausreichen. Höhere Wattzahlen erfordern dann die 16-Ampere-Schmelzeinsätze, die bis zu etwa 150 Watt vertragen. Es gibt noch höher belastbare Sicherungen, die aber spezielle Halterungen erfordern und auch entsprechend starke Kabel voraussetzen. Für Ihre Zwecke werden sie nur selten in Betracht kommen, weil die meisten Stromverbraucher nicht so hohe Absicherungen erfordern. Mit Ausnahme besonders stromfressender Verbraucher wie z. B. ältere Kühlschrankmodelle o. ä.

Von den einzelnen Sicherungen ausgehend werden nun die Leitungen bis zu den Verbrauchern geführt. Sofern die anzuschließenden Verbraucher wie z. B. Kühlschrank, Leuchten, Lüfter usw. bereits einen eigenen Schalter eingebaut haben, brauchen Sie natürlich keinen gesonderten Schalter vorzusehen. Ansonsten sollten Sie entweder vor oder hinter den einzelnen Verbrauchern einen Schalter einbauen. Derartige kleine Einbauschalter (Kfz-Zubehörhandel oder Radiogeschäfte usw.) lohnen sich dann, wenn Sie bestimmte Geräte von einer gut zugänglichen Stelle aus betätigen wollen (z. B. die Heizung, die Küchenleuchte, die einzelnen Leuchten im Wohnteil oder andere Dinge). Sie könne aber auch eine zentrale, gut einsehbare Schalttafel im Wohnraum installieren, von wo aus sich das Meiste steuern läßt. Einen Sonderfall stellen solche Dinge wie Wasserpumpen dar. Weil hierfür nämlich der Schalter bei den einfachen Wasserversorgungsanlagen im Wasserhahn eingebaut ist und die Pumpe erst beim Betätigen des Wasserhahnes (und damit des Schalters) ihren Strom bekommt.

Von jedem einzelnen Verbraucher aus wird dann – als zweite Leitung – ein entsprechendes Kabel an die nächstgelegene (metallische) Karosseriestelle verlegt

Leuchten, bei denen ein Schalter eingebaut und das Gehäuse oder Glas drehbar ist. Durch eine Drehung an der Lampe sorgt diese selbst für die Schalterbetätigung. Wenn Sie besonders helles Licht im Fahrzeug haben wollen (was allerdings nicht immer gemütlich wirkt), so besorgen Sie sich 12-Volt-Halogenleuchten, die es auch als flexible Kabelleuchten gibt.

Weitere wichtige Stromverbraucher sind die elektrischen Wasserpumpen (s. Abschnitt »Wasser und Abwasser«), die Ventilatoren für die Umwälzung der Heizungsluft und für die Absaugung von Küchendünsten (s. Abschnitt »Heizung – Kühlung – Lüftung«). Ferner ist ein großer Stromverbraucher der mit mehreren Energiearten betriebene Kühlschrank (s. Abschnitt »Heizung – Kühlung – Lüftung«), der als Kompressorkühlschrank mit 12 oder 220 Volt und als Absorberkühlschrank auch noch mit Gas betrieben werden kann. Camping-Geschirrspülmaschinen sind wahre Energieschlucker, aber sie sind meist nur in einer 220-V-Ausführung für große Campingbusse zweckmäßig. Ein großer 12-V-Stromfresser ist jedoch die Klimaanlage, die je nach Ausführung nicht nur Strom, sondern auch (einwandfreies, möglichst kalkfreies!) Wasser benötigt.

Andere elektrische Verbraucher, an die oft bei der Auslegung der Installation nicht gleich gedacht wird, sind die über die Steckdosen flexibel anzuschließenden Geräte wie Notebooks, Fernseher, Kofferradio, Tonband, Rasierapparat, Handstaubsauger, Kleinkompressor (zum Reifenfüllen oder zum Aufblasen des Schlauchboots), Kaffeemaschine und andere Küchenkleingeräte. Auch Geräte wie Batterieladegeräte (Handy!), Homecomputer, Vergrößerungsapparate (für Fotofans), Funkgeräte usw. müssen unter Umständen ebenfalls mit Strom versorgt werden.

Bei so viel elektrischen Verbrauchern (und es kommen sicher noch ein paar weitere dazu) fragen Sie sich natürlich, wie das die eine normale Zusatzbatterie alles schaffen soll. Nun, dazu kann gesagt werden, daß erstens nicht alle Geräte gleichzeitig laufen müssen und zweitens die Batterie bei jeder Fahrt wieder mit aufgeladen wird. Wenn Sie allerdings einmal längere Zeit mit Ihrem Campingbus auf einem Platz stehen und nicht über einen Zusatzanschluß an das Lichtnetz (220 Volt) angeschlossen werden kön-

nen, sollten Sie sich doch über den Stromverbrauch der Geräte rechtzeitig ein paar Gedanken machen. Das ist gar nicht so schwer: Auf Ihrer Zweitbatterie ist die Kapazität der Batterie angegeben. Angenommen, sie beträgt bei 12 Volt 48 Ah, das sind 48 Amperestunden. Danach ergibt sich eine einfache Rechnung: 12 x 48 Ah = 576 Wattstunden. Da Sie nie von einer hundertprozentig geladenen Batterie ausgehen können und die Batterie auch nicht bis auf den letzten Rest ausnutzen können, dürfen Sie nur von höchstens 2/3 der Kapazität ausgehen. Bei dieser Berechnung ergeben also 2/3 von 576 rund 380 Wattstunden.

Wenn Ihr Kühlschrank also zum Beispiel 125 Watt hat, kann er (380 : 125 = 3,04) nur rund 3 Stunden elektrisch betrieben werden, dann ist die Batterie leer. Bei einer Lampe mit nur 15 Watt dagegen ergibt sich (380 : 15) eine ungefähre Betriebsdauer von rund 25 Stunden. Wenn mehrere Geräte gleichzeitig laufen sollen, werden deren Wattzahlen natürlich addiert. Nach obenstehender Rechnung ergibt sich dann die überschlägige Berechnung der Betriebsdauer.

Sie sehen also, daß die Leistung der Batterie doch bestimmte Überlegungen nötig machen kann und Sie sich gegebenenfalls zum Einbau einer größeren Batterie entschließen sollten, sofern die Lichtmaschine ausreichend dimensioniert ist und das Fahrzeug durch die zusätzliche Belastung (Blei-Batterien sind schwer!) nicht zu stark in seiner Nutzlast eingeschränkt wird. Ganz abgesehen von der Tatsache natürlich, daß größere Batterien relativ teuer sind und alle paar Jahre ihren Geist aufgeben. Ich habe die Erfahrung gemacht, daß eine Batterie in etwa gleicher Größe wie die Fahrzeugbatterie für die meisten Fälle ausreicht, wenn man beim Stromverbrauch bewußt spart.

(d) Zusätzliche Energiequellen

Falls für Ihren Campingbus die Kapazität einer Zweitbatterie allein nicht ausreicht und Sie keine Möglichkeiten haben, den Wagen häufig an ein externes Lichtnetz anschließen zu können, sollten Sie zusätzliche Energiequellen in Erwägung ziehen. Das kann entweder eine Solarzellen-Anlage sein, die auf dem Fahrzeugdach montiert wird und nicht nur bei Sonnenschein, sondern auch bei Tageslicht in gewissem

Umfang Strom produziert. Derartige Anlagen erhalten Sie komplett einschließlich zugehörigem Regler und speziellen Batterietypen im Versandhandel für Campingbedarf oder auch bei den Händlern für Elektronikartikel.

Allerdings sollten Sie sich über die Leistungsfähigkeit solcher Anlagen nicht irgendwelchen Illusionen hingeben. Als Zusatz-Stromlieferant gut und schön, so lange die Sonne scheint. Aber immer nur für Geräte, die keine Stromfresser sind. Ganz abgesehen von der Tatsache, daß die erforderlichen schweren Batterien (Abbildung 122) die mögliche Nutzlast weiter einschränken.

Eine andere und weitaus bessere Möglichkeit bieten Notstromaggregate, die es in verschiedenen Größen und von mehreren Herstellern gibt. Leider sind auch diese praktischen kleinen Helfer nicht ganz billig. Die Geräte werden mit einem eingebauten Benzin- oder Dieselmotor betrieben und liefern recht ordentliche

Energiemengen. Leider sind sie auf Grund des Antriebs trotz herstellerseitiger Schalldämmung noch recht laut. Wenn man sie in einem von außen zugänglichen, gut belüfteten Staukasten unterbringt, wird man also um zusätzliche Geräuschdämmung zum Innenraum hin kaum herumkommen. Und ausgesprochen umweltfreundlich sind die Abgase dieser Geräte in den meisten Fällen auch nicht.

Die Anschaffung solches Notstromaggregats kann dennoch trotz des recht hohen Preises und der stinkenden Abgase zweckmäßig sein, weil Sie damit von anderen Stromquellen unabhängig sind. Zum Beispiel, wenn unterwegs Ihre Starterbatterie leer geworden ist. Oder beispielsweise auch dann, wenn zu Hause einmal der Strom ausfällt und die Tiefkühltruhe aufzutauen beginnt. Die Notstromaggregate liefern nämlich auch 220 Volt Wechselstrom und lassen sich somit sehr vielseitig einsetzen.

Abbildung 122: Zusatz-Akkus. Blei-Akkus verringern sehr stark die Nutzlast für Ihren Campingbus. Allerdings liefern sie in Verbindung mit Hochleistungs-Solarzellen auch an abgelegenen Orten wertvolle zusätzliche Energie.

5.04 Starkstromanlagen

Selbst wenn Sie praktisch nie auf einen Campingplatz fahren und so unterwegs kaum Gelegenheit haben, das Fahrzeug an das Lichtnetz anzuschließen, sollten Sie zumindest eine minimale 220-Volt-Installation im Campingbus vorsehen:

- Erstens gibt es doch ein paar Kleingeräte, die sich nur an das 220-Volt-Netz anschließen lassen oder die bequemer über Starkstrom betrieben werden können, wenn dazu Gelegenheit besteht.
- Zweitens können Sie dann auch gleich ein entsprechendes Ladegerät fest installieren, das bei längerem festem Aufenthalt die ständige oder zumindest regelmäßige Aufladung der Batterien (Abbildung 120) übernimmt.

(a) Die Minimalanlage

Die minimale 220-Volt-Elektroinstallation für den Campingbus, die ich vorsehen würde, besteht aus einem außen in die Karosserie eingesetzten Spezialanschluß, dem sogenannten CEE-Einspeisestecker, ferner aus einer Netzsicherung (Automat) und einem Fi-Schalter bzw. einer Personenschutz-Automatik. Außerdem aus einer im Wohnteil installierten Einzel- oder Mehrfachsteckdose und dem dazwischen vorschriftsmäßig verlegten dreiadrigen Spezialkabel von 3 x 2,5 mm² Querschnitt. Auch der Kühlschrank sollte eine Netzanschlußmöglichkeit bekommen, denn mit 220 Volt betreiben Sie ihn natürlich wirtschaftlicher und sicherer als über den Umweg einer 12-Volt-Batterie mit ihren ganzen Verlusten.

Den blauen CEE-Einspeisestecker bekommen Sie preiswert im Campingbedarf. Er hat einen wasserdichten Klappdeckel und ist dadurch gegen Regen und Spritzwasser geschützt. Für die Montage des Einspeisesteckers ist es (je nach Modell) erforderlich, an einer geschützten Stelle der Karosseriewand (also nicht im Bereich eines Abgasstutzens oder des Wassereinfüllstutzens) ein Loch von etwa 90 mm in das Blech zu schneiden. Es gibt auch noch andere Steckermodelle, die einen größeren oder kleineren Ausschnitt erfordern. Hier sollten Sie sich also rechtzeitig über das in Frage kommende Modell informieren. Nach der üblichen Behandlung solcher Ausschnitte (entgraten, Rostschutz usw.) wird der Stecker mit der dazugehörenden Dichtung sauber eingesetzt und befestigt. Die im Innenraum zu installierende Sicherungsautomatik (z. B. Netzmatik) gibt es als Einbaumodell in verschiedenen Ausführungen. Lassen Sie sich im Fachhandel über das für Ihre Zwecke bestgeeignete Gerät ebenso beraten wie über den sehr empfehlenswerten Fi-Schalter, der Stromunfälle vermeiden hilft.

Die Schuko-Mehrfachsteckdose im Wohnteil würde ich als Aufputzmodell nehmen, weil Unterputzsteckdosen beim Einbau in Möbel, Staukästen usw. eine zusätzliche innere Abdeckung erfordern und damit Sicherheitsprobleme schaffen. Reisen kleine Kinder mit, sollten Sie bei 220-V-Steckdosen immer auf eine entsprechende Kindersicherung achten oder käufliche Schutzeinsätze verwenden.

(b) Stromverteilung

Als Verbindungsleitung zwischen dem Außenanschluß und der Sicherungsautomatik bzw. der innen angebrachten Mehrfachsteckdose wie auch als Starkstromleitung zu anderen 220-Volt-Verbrauchern wird entweder schwere Gummischlauchleitung (NSHöu) oder andere gleichwertige Leitung mit mindestens 3 Adern und einem Nennquerschnitt von 2,5 mm² verwendet, sofern mechanische Beschädigungen (Abrieb, Schäden durch scharfkantige Teile usw.) ausgeschlossen werden können.

Für die übrige Starkstrominstallation können Kunststoff-Aderleitungen (NYAF oder NYA) in Isolierrohr vorschriftsmäßig verlegt werden. Sie sollten in dieser Hinsicht mit einem erfahrenen Elektroinstallateur Kontakt aufnehmen, weil die bei solchen Installationen in Fahrzeugen zu beachtenden Vorschriften recht unübersichtlich sind.

In jedem Fall aber müssen nicht nur die Kabelquerschnitte, Kennfarben und die Anzahl der Leiter im Kabel beachtet werden, sondern es muß sich um mehrdrahtige Leiter (Litze) und um vorschriftsmäßige Isolierung (!) dieser Leiter handeln. Glauben Sie mir, es ist immer billiger, sich die entsprechenden vorgeschriebenen Teile zu beschaffen, als bei der technischen Zulassung Ärger zu bekommen oder – noch schlimmer – sich später wegen eines Unfalls Vorwürfe machen zu müssen. Denken Sie beim Anklemmen der Steckdosen und evtl. anderer Elektrogeräte auch stets daran, daß nicht nur Phase und Null, sondern auch die wichtigen Schutzkontakte ordnungsgemäß angeschlossen werden müssen. Wer sich hierbei nicht auskennt, sollte auf jeden Fall einen Fachmann zu Hilfe nehmen und keinesfalls selber herumprobieren! Das kann lebensgefährlich sein, Arbeiten um jeden Preis selbst machen zu wollen, die mit Starkstrom zu tun haben!

Wer nun seine minimale Starkstromanlage erweitern will, damit beispielsweise auch 220-Volt-Leuchten, Ladegeräte usw. angeschlossen werden, der braucht unter Umständen schon einen regelrechten kleinen Schaltplan, um vor dem Beginn der Arbeiten die genaue Installation zu klären. Dabei ist wiederum wichtig, die vorgeschriebenen Kennfarben des von dem Einspeisestecker kommenden Kabels auch für die weitere Installation beizubehalten. Bei Starkstromanlagen (220 V) wird die Phasenleitung braun isoliert, die Null-Leitung blau und der Schutzleiter immer gelbgrün. Diese Kennfarben werden für die Starkstromanlage im gesamten Fahrzeug beibehalten. Hierbei besteht bei Unachtsamkeit natürlich die große Gefahr, daß die Kennfarben der 220-Volt-Leitungen mit denen des 12-Volt-Netzes verwechselt werden. Schon aus diesem Grunde ist eines von eminenter Wichtigkeit für Ihre eigene Sicherheit: Halten Sie in jedem Falle die Leitungen für das 220-Volt-Netz von den Kleinspannungsleitungen (12-Volt-Netz) absolut getrennt! Denken Sie einmal an die Folgen, die bei fahrlässiger Installation entstehen können!

Für die 220-Volt-Installation werden Sie bei einer Erweiterung der minimalen Anlage nicht umhin kommen, Abzweig- bzw. Klemmdosen zu verwenden. Benutzen Sie dann immer nur eine wasserdichte Ausführung, die noch dazu an möglichst geschützter Stelle möglichst weit oben (falls z. B. mal ein Wassertank undicht wird) im Wohnraum montiert werden sollte. Entsprechende Abzweigdosen bekommen Sie in Elektro-Fachgeschäften.

Beim Anklemmen der einzelnen Adern sollte wiederum unbedingt auf die Kennfarben und auf rüttelfestes Anziehen der Klemmschrauben (wegen der Fahrterschütterungen besteht sonst die Gefahr von Wackelkontakten) geachtet werden. Verwenden Sie auch für die übrige Installation bis hin zu den einzelnen Geräten für die 220-Volt-Anlage nur das vorgeschriebene Kabel und achten Sie sorgsam darauf, daß nirgends die Isolierung beschädigt wird. Das kann nämlich besonders leicht geschehen, wenn das Kabel um irgendwelche scharfen Ecken gelegt wird oder durch Bohrungen der Karosserieverstrebung gesteckt wird, die nicht entgratet und mit einer Gummitülle geschützt wurden.

Wenn Sie das Kabel (NSHöu) oder die Isolierrohre für die Leitungen (NYAF oder NYA) in Möbeln oder auf den Fahrzeugwänden verlegen, sollten Sie zur Befestigung möglichst nur Kunststoffschellen im Abstand von höchstens 20 cm verwenden. Wird das Kabel vor dem Anbringen der Wandverkleidungen zwischen Isolierung und Karosserieblech verlegt, ist besonders sorgfältig jede Scheuermöglichkeit auszuschließen. Bei der Durchführung durch die Wandverkleidung darf das Kabel weder scharf abgeknickt noch durch zu enge Bohrungen in der Verkleidung hindurchgezerrt werden.

Außerdem sollten Sie bedenken, daß das Fahrzeug im Betrieb sich immer etwas verwindet, daß also Bewegungen auftreten können, die zu straff verlegte Kabel glatt abreißen oder zumindest beschädigen können. Aus diesem Grund sollten alle Kabel und Leitungen immer mit etwas Spielraum verlegt werden, damit sie sich so den möglichen Beanspruchungen besser anpassen können. Daß bei den zu verlegenden Starkstromleitungen natürlich wieder die erforderlichen Querschnitte zu beachten sind, versteht sich von selbst. Allerdings werden Sie im Normalfall mit Querschnitten von 1,5 bis 2,5 mm² je Ader auskommen und nur bei starken Stromverbrauchern auf einen höheren Querschnitt ausweichen müssen.

(c) Geräteanschluß

Wichtig ist, daß die anzuschließenden Geräte auch ordnungsgemäß mit den Gehäuseteilen am Schutzleiter angeschlossen werden, um Unfälle auszuschließen. Ein Problemfall sind in diesem Zusammenhang Leuchten und andere Geräte, die sowohl mit 12 als auch mit 220 Volt betrieben werden können. Hier ist besonders sorgfältig auf den richtigen Anschluß zu achten und Vorsorge zu treffen, daß weder die Kabel noch andere Teile, die Strom führen können, vertauscht oder verwechselt werden könnten!

Beachten Sie in diesem Zusammenhang unbedingt die meist den Geräten beigefügten Anschluß-Schaltbilder und Hinweise. Und scheuen Sie sich auch nicht, im Zweifelsfalle lieber mal einen Fachmann zu fragen. Das ist billiger, als wenn durch einen Fehler das Gerät beschädigt wird, der Wagen abbrennt oder sogar Menschen zu Schaden kommen können. Beachten Sie bitte auch, daß beim Anschluß der Geräte (aber auch bei Abzweigdosen, Steckdosen usw.) immer die Abisolierung der einzelnen Adern nicht zu einer Verletzung der einzelnen feinen Leiterdrähte führt und daß die Isolierung sowohl der einzelnen Adern als auch des Kabels selbst bis in das Gerät bzw. die Abzweigdose, Steckdose usw. mit hineinreichen muß und dort gegen mechanischen Zug gesichert wird.

Sofern die elektrischen Geräte selbst nicht bereits mit Ausschaltern versehen sind, müssen entsprechende Ausschalter vor die Geräte gesetzt werden. Handelt es sich dabei um einpolige Schalter, so ist jeweils die braun isolierte Leitung durch den Schalter abschaltbar anzuklemmen, also die ständig stromführende Phase. Derartige Schalter sollten Sie vorwiegend beispielsweise vor das Ladegerät, vor Leuchten, vor Kontrollampen und evtl. auch vor Steckdosen anbringen. Bei letzteren gibt es übrigens sehr praktische Kombinationen aus Schalter und Steckdose! Der Kühlschrank dagegen verfügt meist über einen geräteeigenen Kippschalter, der das Umschalten zwischen 12-Volt- und 220-Volt-Anschluß ermöglicht.

Wenn die Installation der Starkstromanlage abgeschlossen ist, sollten Sie zur eigenen Sicherheit ein paar Mark mehr investieren und die Anlage von einem zugelassenen Elektroinstallateur prüfen lassen. Er hat die geeigneten Meßinstrumente, um sofort Isolationsfehler, Wackelkontakte usw. aufzuspüren und die Richtigkeit Ihrer gesamten Schaltung nachzuprüfen. Eine derartige Prüfung wird zur Zeit noch nicht vorgeschrieben, aber ich halte sie für angebracht, wenn die Installation von einem Laien ausgeführt wurde.

(d) Zusätzliche Energiequellen

Wer mit seiner 220-Volt-Installation ortsunabhängig und frei von jeder Kabelzuleitung sein will, kann sich im Fahrzeug auch seinen Wechselstrom selbst erzeu-

Abbildung 123: Wechselrichter. So wird aus 12 Volt Gleichspannung 220 Volt Wechselspannung: Für Rasierapparat, Handy-Ladegerät oder Notebook reicht die 220-V-Leistung, die so ein Spannungswandler aus der Zweitbatterie herausholt.

gen. Das geht auf verschiedene Weise. Eine Methode, nämlich die über ein Notstromaggregat, wurde bereits erwähnt. Solche Notstromaggregate liefern nicht nur 12 Volt Gleichstrom (etwa 100 Watt Abgabeleistung), sondern auch 220 Volt Wechselstrom mit Leistungen zwischen etwa 250 und 1500 Watt je nach Gerätegröße.

Sie können aber auch direkt aus der Batterie Wechselstrom von 220 Volt erzeugen, allerdings dürfen Sie dabei weder Wunder an Leistung erwarten noch glauben, damit die Batteriekapazität zu erhöhen. Mehr als in einer vollgeladenen Batterie drin ist, läßt sich nicht herausholen, im Gegenteil, auch so ein Wandler (Abbildung 123), der aus Gleichstrom Wechselstrom macht, hat nur einen bestimmten Wirkungsgrad. Derartige Wandler verschiedener Hersteller gibt es mit Abgabeleistungen an der 220-Volt-Steckdose zwischen 30 und 400 Watt, was also selbst für einen winzigen Föhn noch nicht ausreichend sein dürfte. Andere Geräte wie kleine Fernseher, Rasierapparate, Computer usw. lassen sich dagegen meist problemlos mit den besser ausgerüsteten Wandlern betreiben. Andererseits haben neuere Elektrogeräte auch oft bereits einen Anschluß für 12 Volt, so daß ein Wechselrichter hierfür nicht erforderlich ist. Und nur um den gewohnten Rasierer anzuschließen, lohnt sich die Anschaffung eines relativ teuren und schweren Spannungswandlers kaum, meine ich.

Etwas anderes dagegen sind die Bordgeneratoren. Sie liefern entweder aus Benzin oder Diesel oder, bei anderen Modellen, nur aus dem 12-Volt-Akku 220 Volt Wechselstrom mit recht ordentlicher Ausgangsleistung. Allerdings sind das schon rechte Schwergewichte (um ca. 15 kg wird Ihre Nutzlast dadurch verringert) und auch nicht eben billig.

5.05 Elektronik

Das Gebiet der Elektronik wächst so rasch, daß es im Rahmen eines kleinen Kapitels unmöglich ist, auch nur annähernd die Möglichkeiten anzudeuten oder aufzuführen, die dem Heimwerker und Camper für einen Einbau in Campingbusse angeboten werden.

Hier muß jeder selbst entscheiden, was er für nötig erachtet und welche Einbaumöglichkeiten dafür erforderlich sind. Die Kataloge des Handels bieten Jahr für Jahr neuen Schnickschnack, und jeder muß selbst entscheiden, was davon »unentbehrlich« ist.

Nur um ein paar Hinweise zu geben: Fast schon zur Grundausstattung eines Fahrzeugs gehört heute ein vernünftiges Autoradio mit mehreren Wellenbereichen und eingebautem Kassettenabspielgerät oder CD-Player, so daß unterwegs immer für Unterhaltung gesorgt werden kann. Selbst dann, wenn kein heimatlicher Sender mehr zu erhaschen ist. Allerdings müßten Sie das Gerät, da es ja meist im Armaturenbrett eingebaut wird, auf volle Lautstärke drehen, um im Wohnteil noch etwas von der Sendung zu hören. Diese Radios haben aber fast alle einen Außenanschluß für Zweitlautsprecher. Ein zweipoliges Kabel mit einem Querschnitt von rund 1,0 mm² wird von diesem Anschluß (passenden Stecker besorgen, falls kein Klemmanschluß vorhanden ist!) möglichst verdeckt nach hinten in den Wohnteil gelegt und dort an einem Zweitlautsprecher angeschlossen. Bei Stereoanlagen sind natürlich vierpolige Leitungen erforderlich. Wenn Sie sich die Lautsprecher und Kabel im Kfz-Zubehörhandel oder in Radiogeschäften besorgen, bekommen Sie meist noch ein paar entsprechende Installationstips mit.

Damit beim Radiobetrieb für den Wohnteil nicht der Lautsprecher im Fahrerhaus unnötig mitlaufen muß, kann ein sogenannter Überblendregler oder aber auch ein simpler mehrpoliger Aus- oder Umschalter zum Abschalten des vorderen Lautsprechersystems eingebaut werden.

Übrigens, wenn Sie schon einmal dabei sind, vom Fahrerhaus nach hinten Leitungen zu verlegen, sollten Sie gleich ein Kabel mit noch mehr Adern verwenden, denn früher oder später wollen Sie vielleicht auch eine Wechselsprechanlage, eine Alarmanlage oder andere Dinge installieren. Dann kommen Ihnen diese freien Leitungen gerade recht.

Für das Fernsehgerät, das fast immer mitgeführt wird, gibt es zum Einbau in Campingbusse im Zubehörhandel ein reiches Angebot an (versenkbaren) Einbau-Antennenmasten, Antennen, Satellitenschüsseln, Receivern usw.. Dort erhalten Sie auch abgeschirmte Spezialkabel für Rundfunk und Fern-

Bevor Sie sich deshalb in die Materie und in Unkosten stürzen, sollten Sie als deutscher Campingbus-Ausbauer einmal bei dem für Sie in Frage kommenden Propangashändler vorbeischauen und sich von ihm unter anderem einen Auszug aus den neuesten Vorschriften für Flüssiggasanlagen (DVGW-Arbeitsblatt G 607 »Flüssiggasanlagen in Fahrzeugen«) geben lassen. Ein paar weitere Hinweise zu den komplizierten Vorschriften finden Sie hier:

■ Sämtliche Geräte und Einzelkomponenten einer Flüssiggasanlage haben diesem Arbeitsblatt G 607 zu entsprechen und außerdem der DIN 3381 bzw. gleichwertigen Normen.

■ Bei fest eingebauten Flüssiggastanks sind von den Technischen Regeln Flüssiggas (TRF) besonders die Vorschriften TRG 380 zu beachten.

■ Sinngemäß sind auch die speziellen Anforderungen an Autogasanlagen (VdTÜV-Merkblatt 750) zu berücksichtigen.

■ Beim Einbau von Flüssiggas-Druckbehältern ist außerdem die Druckbehälterverordnung maßgebend.

■ Die Prüfbescheinigung muß alle 2 Jahre erneut beschafft werden.

In der jeweils neuesten Fassung können Sie die meisten dieser Vorschriften aber auch bei vielen Heizungsfirmen oder Gas- u. Wasserinstallateuren einsehen und sich ggfs. dort sogar fotokopieren lassen. Ich habe hier bewußt darauf verzichtet, sie im Wortlaut abzudrucken, weil sich in der Zeit zwischen Drucklegung und dem Lesen des Buches einzelne Bestimmungen geändert haben können.

Um diese Vorschriften kommen Sie nicht herum, wenn Sie sich die Anlage selbst installieren wollen, denn die ordnungsgemäße Installation und Dichtheit der Flüssiggasanlage muß von einem hierfür anerkannten Sachkundigen (TÜV, TÜH, DVGW) überprüft und durch eine Prüfbescheinigung bestätigt werden. Diese Prüfbescheinigungen erhalten Sie aber auch (nach vorheriger Rücksprache) bei vielen größeren Prüfstellen des TÜV direkt.

Es gibt für Sie drei Möglichkeiten, Ihre Gasanlage zu installieren:

■ Erstens: Sie besorgen sich die Bestimmungen und befolgen Sie beim Kauf und Einbau der Einzelteile ganz präzise.

■ Zweitens: Sie lassen sich von einem zugelassenen Installateur genau erklären bzw. zeigen, wie die Installation zu erfolgen hat und worauf es ankommt.

■ Drittens: Sie lassen im Zweifelsfalle besser gleich die Gasversorgung von einem zugelassenen Installateur ausführen.

Das ist insofern noch nicht einmal der schlechteste Weg, weil Sie ja das erforderliche Zubehör, die Gasflaschen, die Armaturen, die Verbrauchseinrichtungen wie Gaskocher, Kühlschrank, Heizung usw. sowieso irgendwoher beschaffen müssen. Kaufen Sie diese Sachen bei diesem Installateur, so kann es zwar möglicherweise (aber das ist noch nicht einmal sicher) ein paar Mark teurer werden als im Kaufhaus oder vom Versandhandel. Aber der Installateur kann Ihnen dann für ein paar Mark mehr auch gleich noch die paar Meter Gasleitung verlegen und anschließen. Wie gesagt, das ist nur eine Anregung. Wenn Sie aber nun doch wild entschlossen sind, die Anlage oder zumindest Teile davon selber zu installieren und wenn Sie sich mit all den Bestimmungen für Flüssiggasgeräte und -Feuerstätten in Fahrzeugen vertraut gemacht haben, dann sollten Sie sich einmal die einzelnen Gruppen in den nachfolgenden Abschnitten näher anschauen.

(b) Die Gasbevorratung

Das für Campingbusse geeignetere oder problemlosere Gas ist meines Erachtens Propangas, weil das preiswertere Butangas (obwohl im Ausland viel verwendet) etwas höhere Lufttemperaturen verlangt, um einwandfrei arbeiten zu können. Bei den hierzulande häufig anzutreffenden niedrigen Temperaturen bleibt Butangas oftmals flüssig und damit wirkungslos.

Sie bekommen Propangas vorwiegend in Gasflaschen zu 5 kg oder 11 kg Inhalt. Diese Flaschen müssen der Druckgasverordnung entsprechen und ein Sicherheitsventil besitzen. Sie dürfen nur dann im Fahrzeuginnenraum (in einem zum Innenraum abgedichteten Flaschenkasten oder Flaschenschrank) aufgestellt werden, wenn nicht mehr als eine Gebrauchs- und eine Vorratsflasche bis zu je 15 kg Inhalt verwendet werden. Das bedeutet, daß Sie in der Praxis höchstens zwei Gasflaschen mitführen können, also bestenfalls 2 x 11 kg. Das ist aber schon eine ganze Menge, mit der eine vierköpfige Familie gut und gerne vier bis sechs Wochen kochen, kühlen und (außer im Winter) auch mal gelegentlich etwas heizen kann.

Das können Sie selbst für Ihren Bedarf überschlagen, wenn Sie einmal annehmen, daß ein Kühlschrank von 60 Ltr. Inhalt ungefähr 200 Gramm Gas in 24 Stunden verbraucht (diese Angabe hängt natürlich auch unter anderem von der Außentemperatur ab), eine Gasheizung mittlerer Leistung stündlich rund 150 Gramm Gas und für Kocher und Warmwasserbereiter für jede Betriebsstunde auch in etwa 50 bis 300 Gramm Gas verbraucht werden. Weiter hängt das selbstverständlich auch sehr stark von den persönlichen Ansprüchen, der Belüftung des Fahrzeugs und nicht zuletzt von der Fahrzeugisolierung ab.

Die Gasflaschen müssen in einem gegen den Innenraum gasdicht abgeschlossenen Flaschenkasten senkrecht aufgestellt werden. Damit die Flaschen weder verrutschen noch umfallen oder wackeln können, sind wenigstens zwei Halterungen je Flasche in diesem Kasten zu installieren und mit dem Fahrzeug fest zu verbinden. Dieser Flaschenkasten muß in jedem Falle unverschließbare Öffnungen in oder unmittelbar über dem Boden von wenigstens 100 cm² freiem Querschnitt aufweisen. Das ist deshalb wichtig, damit notfalls ausströmendes Gas, das ja schwerer als Luft ist, frei nach draußen abfließen kann. Außerdem soll der Gasflaschenkasten auch noch gegen Strahlungs- und Heizungswärme geschützt sein, damit die Gasflaschen nicht heiß werden können.

Das hört sich alles recht kompliziert an, ist es aber nicht. Meist wird man einen solchen Gasflaschenkasten direkt über dem Wagenboden (oder sogar etwas im Wagenboden versenkt) unten im Kleiderschrank oder im Küchenblock vorsehen. Für eine 5-kg-Flasche benötigen Sie eine Stellfläche von etwa 28 x 28 cm, für die Flaschenhöhe inkl. Absperrventil brauchen Sie etwa 60 cm, lieber sogar etwas mehr, damit Sie das Absperrventil noch gut bedienen und den Druckregler anschließen können. Für die wirtschaftlichere 11-kg-Flasche brauchen Sie rund 35 x 35 cm Stellfläche und eine lichte Kastenhöhe von wenigstens 70 cm.

Wenn Sie den Flaschenkasten bereits beim Bauen vollkommen gasdicht gegen den Innenraum abschirmen und auch die Möbelwände und Isolierungen zur Karosserie hin zusätzlich mit Silikonkautschukmasse o. ä. abdichten, so können Sie als Zugang zum Gasflaschenkasten eine Serviceklappe o. ä. außen in die Karosserie einsetzen und von dort aus die Gasflaschen handhaben bzw. austauschen. Diese Serviceklappe bekommt einen Ausschnitt von mindestens 100 cm² dicht über dem Boden des Gasflaschenkastens, sofern sie nicht bereits serienmäßig mit einem Lüftungsgitter ausgerüstet ist. Die Maße des Ausschnittes richten sich dabei nach dem zu montierenden Kiemenblech. Dieser Ausschnitt wird zweckmäßigerweise innen (oder außen unter dem Kiemenblech) mit einem Insektengitter (Fliegengaze) und außen mit einem stabilen Kiemenblech abgedeckt, wobei aber sichergestellt sein muß, daß der unverschließbare Lüftungsquerschnitt immer noch die erwähnten 100 cm² beträgt. Deshalb sollten Sie hier auch nicht kleinlich sein und den Ausschnitt lieber von vornherein etwas größer als vorgeschrieben vorsehen. Die Serviceklappe oder Gaskastenklappe muß dann auch noch mit einem Sicherheitsschloß versehen werden, damit kein Unbefugter an Ihren Gasvorrat kommt.

Der Lüftungsausschnitt kann entweder in der Fahrzeugaußenwand sitzen oder aber im Fahrzeugboden. Die letztere Möglichkeit halte ich aber nicht für so günstig, weil dabei eine Reihe weitere Probleme auftauchen können. Erstens muß dann nämlich sichergestellt sein, daß sich keine weitere Öffnung im Wagenboden befindet (und wer kann das schon garantieren bei einem Campingbus?) und zweitens bekommen Sie durch so eine Bodenöffnung während der Fahrt eine ganze Menge Schmutz in den Flaschenkasten gewirbelt.

Was nun die Ausstattung des Gasflaschenkastens betrifft, so würde ich, sofern ich keine fertigen Halterungen auftreiben kann, als Halterungen für die Gasflaschen folgendes vorsehen:

- ▪ Erstens unten auf den Kastenboden ein wenigstens 16 mm dickes Brett schrauben, das für jede Gasflasche einen genau passenden runden Ausschnitt aufweist und so nach dem Einsetzen der Gasflaschen diese unten gegen Verrutschen sichert.

Abbildung 125: Doppelanschluß. Beide Gasflaschen gleichzeitig angeschlossen erspart Ihnen unter Umständen in einer kalten Winternacht das Umwechseln des Anschlusses. Andererseits: Sind beide Flaschen gleichzeitig leer, haben Sie keine Gasreserve mehr an Bord, wenn Sie nicht des öfteren Ihren Vorrat kontrollieren.

▪ Zweitens würde ich als Halterung gegen Verdrehen der Flaschen ein Spannband oder einen Gürtel in etwas über halber Flaschenhöhe befestigen, mit dem dann die Flaschen nach dem Einstellen festgezurrt werden. Dieses Spannband muß aber auf der zur Flasche zeigenden Seite mit rutschfester Beschichtung versehen sein, sonst verdreht sich die Gasflasche durch die Fahrzeugerschütterungen womöglich doch.

Wenn Sie kein rutschfestes, sondern nur normales Gurtband (z. B. Jalousiegurt) bekommen, so können Sie sich trotzdem mit einem Trick helfen, indem Sie die Spannbänder durch einen oder sogar beide Griffe der Gasflaschen hindurchziehen und so ein Verdrehen der Flaschen verhindern. Sie können auch selbst eine halbwegs rutschfeste Gurtbeschichtung aufbringen, indem Sie beispielsweise den Gurt satt mit Kontaktkleber einstreichen und den Auftrag an der Luft antrocknen lassen. Oder Sie können den Gurt innen mit einem Moosgummistreifen bekleben. Natürlich können Sie statt der Gurte auch eine andere mechanische Befestigung vorsehen, indem Sie z. B. eine Art Halteklappe aus Holz oder Blech konstruieren, die nach dem Hineinstellen der Gasflaschen herunterklappt oder über die Flaschen gestülpt wird und die Griffe in ihrer Lage fixiert.

Rechts: Abbildung 126: Gasversorgung 1. Mit solchen Druckreglern wird der Gasdruck der Flasche auf das vorgeschriebene Maß herunter geregelt.

Den Gasflaschenkasten würde ich außerdem, nachdem ich die Ecken innen satt mit Silikonkautschuk aus der Kartusche abgedichtet habe, innen mit zwei bis drei Zentimeter dickem Hartschaum oder Schaumstoff als Schutz gegen Wärmeeinstrahlung versehen. Natürlich muß die unverschließbare Lüftungsöffnung (die berühmten 100 cm²) davon ausgespart bleiben! Und auch sonst ist vermutlich klar, daß Sie einen solchen Gasflaschenkasten nicht unmittelbar neben der Heizung oder dem Warmwasserbereiter installieren und auch nicht direkt neben dem Kühlschrank oder anderen »Wärmespendern«. Damit bei der Planung des Gasflaschenkastens nichts schief läuft, würde ich empfehlen, daß Sie sich sowohl die entsprechenden Gasflaschen als auch den vorschriftsmäßigen Druckregler mit Sicherheitsventil schon vor dem Bau des Kastens zu beschaffen.

Übrigens

Der Gasflaschenkasten ist kein »zusätzlicher Stauraum« und auch keine Rumpelkammer! Vermeiden Sie unbedingt, dort andere Dinge unterzubringen als nur die Gasflaschen selbst und die dazugehörigen Armaturen. Lose im Gasflaschenkasten herumfliegende Teile können zur Beschädigung der Armaturen, der Gasschläuche usw. führen und damit zu einer akuten Gefährdung!

Der Druckregler (Abbildung 126), der von Hersteller zu Hersteller etwas andere Abmessungen hat, wird nämlich an die Gasflasche innerhalb des Gasflaschenkastens angeschraubt. Er reduziert den Innendruck der Gasflasche auf einen Betriebsdruck im Rohrnetz von etwa 50 mbar. Das Sicherheitsventil (meist im Druckregler eingebaut) hat die Aufgabe, beim Versagen des Reglers den Druck abzulassen, sobald er mehr als 100 bis 120 mbar beträgt. Deshalb muß der Druckregler samt Sicherheitsventil auch im Gasflaschenkasten sitzen, damit beim Ansprechen des Ventils das ausströmende Gas ungehindert (über die Lüftungsöffnung) ins Freie strömt. Auf dem Foto (Abbildung 126) erkennen Sie auch, daß dieser Druckregler zusätzlich mit einem Mano-

Rechte Seite, oben: Abbildung 127: Gasversorgung 2. Beispiel für einen Ventilanschluß: Mit einem Rohrabschneider (2) wird das Präzisionsstahlrohr (3) auf das erforderliche Maß auf die erforderliche Länge geschnitten. Die Überwurfmutter (6) und danach der Schneidring (5) werden auf das Rohr geschoben und dieses dann an den Ventileingang (4) gedrückt. Durch Anziehen der Überwurfmutter ergibt sich eine jederzeit wieder lösbare, gasdichte Verbindung. Mit einer Biegezange (1) kann ein Fachmann das Präzisionsstahlrohr – statt mit Winkelstücken zu arbeiten – auch in jedem gewünschten Winkel biegen.

Rechte Seite, unten: Abbildung 128: Gasversorgung 3. Einige Verbindungsstücke für das bequeme Verlegen von 8mm-Gasrohr: Das Kreuzstück (Kr8), das T-Stück (T8), das Winkelstück (W8) und das gerade Verbindungsstück (G8). Verschiedene Verbindungsstücke bekommt man auch als Reduzierstücke, um von einem großen auf einen kleineren Rohrdurchmesser wechseln zu können. Bei den Schlauchanschlüssen (rechts im Foto) wird eine Mutter mit Linksgewinde (!) durch Kerben in der Mutter (s. Pfeil) gekennzeichnet.

meter ausgestattet ist, welches nicht nur eine laufende Druckkontrolle ermöglicht, sondern auch eine Dichtigkeitsprüfung zuläßt. Außerdem ist dieser Druckregler mit einem kleinen Zusatz ausstattbar, dem »Eis-Ex«, also einem kleinen Heizkörper für 12 Volt, der bei Winterbetrieb das sonst mögliche Vereisen des Reglers verhindert.

Vom Druckregler aus führt eine kurze (max. 40 cm lange) Schlauchleitung (aus geprüftem Spezialwerkstoff und mit Spezialanschlüssen ausgestattet!) innerhalb des Gasflaschenkastens zu einem entsprechenden Rohranschluß (s. nächsten Abschnitt), der dann zum Verteilerblock führt. Die eben erwähnten Schlauchleitungen bekommen Sie in der zugelassenen Ausführung im Fachhandel oder bei Versandfirmen für Campingzubehör. Sie sollten aber darauf achten, daß Sie die jeweils erforderlichen passenden Gewindeschraubanschlüsse ebenfalls bekommen.

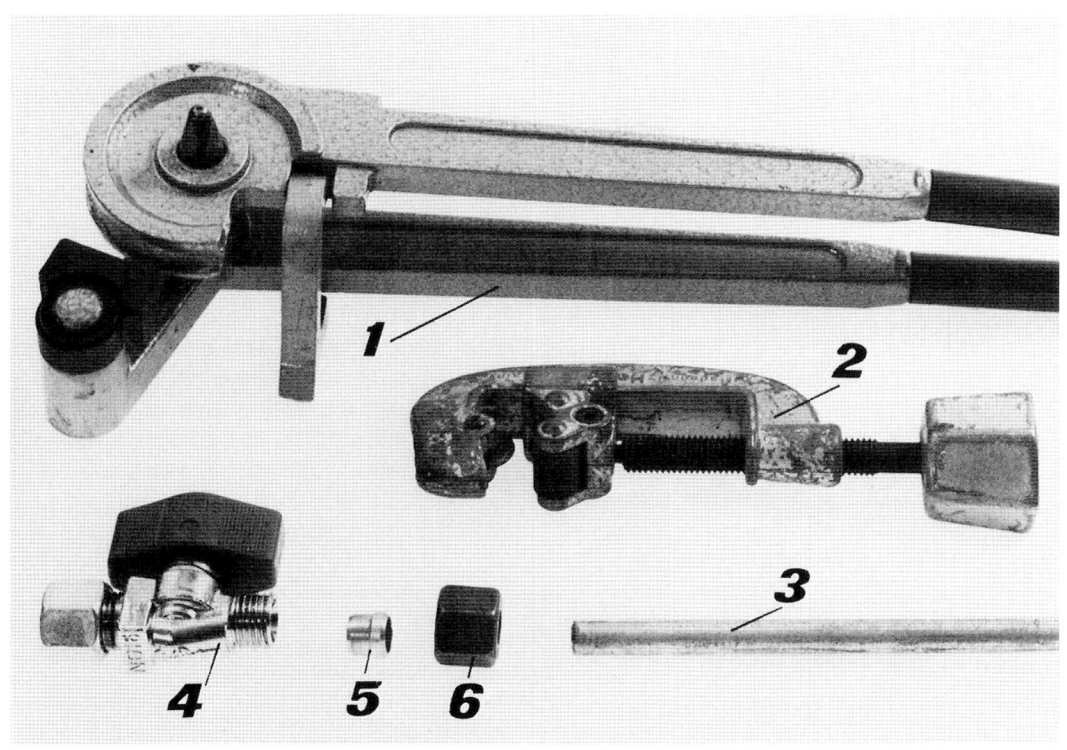

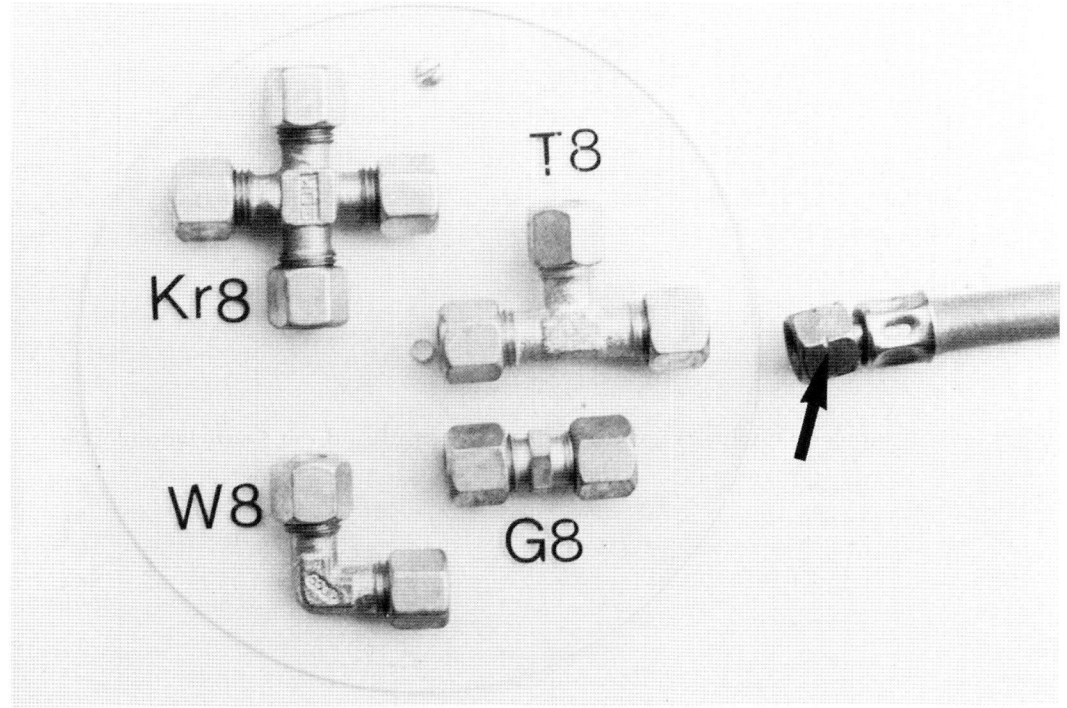

Als letztes zum Thema Gasflaschenkasten noch ein wichtiger Hinweis: Innerhalb des Gasflaschenkastens dürfen keinerlei elektrische Teile (außer dem erwähnten bauartgeprüften Enteiser), Schaltelemente, Zündquellen oder andere funkenbildende Vorrichtungen vorhanden sein. Aber das versteht sich wohl von selbst, oder?

(c) Die Gasverteilung

Die Verteilung des Gases zwischen dem Druckregler der Betriebs-Gasflasche und den einzelnen Verbrauchern erfolgt über fest installierte Rohrleitungen, wobei zwischen dem Regler und jedem einzelnen Verbraucher jeweils eine Absperrvorrichtung angeordnet sein muß.

Für die Rohrleitungen muß als Material nahtloses Präzisionsstahlrohr (DIN 2391 Teil 1 und 2) oder geschweißtes Präzisionsstahlrohr (DIN 2393 Teil 1 und 2) verwendet werden, das bis zu 12 mm Außendurchmesser eine Mindestwandstärke von 1 mm aufweisen muß. Dieses Material bekommen Sie bei Fachgeschäften für Sanitär- und Heizungsbedarf oder notfalls auch im Versandhandel. Im allgemeinen wird für die Gasinstallation im Campingbus nahtloses Stahlrohr von 8 mm Außendurchmesser verwendet (Abbildung 127 Pos. 3).

Zugelassene Installateure dürfen auch Kupferrohr (DIN 1786) verwenden, das an den Anschlußstellen fachgerecht hartzulöten ist. Für den Heimwerker

dagegen ist nur das oben erwähnte Stahlrohr zugelassen. Dafür haben Sie aber den Vorteil, statt der komplizierten Löterei als Verbindungsmaterial Schneidringverschraubungen (Abbildung 128) einsetzen zu können, die Sie je nach Bedarf als Verbindungsstücke, Reduzierstücke (z. B. NW 8 auf NW 6), Winkelstücke, T-Stücke oder Kreuzstücke bekommen. Auch die Absperr-Organe wie z. B. der Verteilerblock (Abbildung 129) oder ein einzelnes Schnellschlußventil (Abbildung 127 Pos. 4) sind mit diesen Verschraubungen ausgerüstet.

Die Rohrleitungen selbst sind folgendermaßen zu verlegen: Sie sind im Abstand von jeweils max. 1 Meter (bei Stahlrohr) bzw. max. 0,5 Meter (bei Kupferrohr) durch ausreichende Halterungen (z. B. gummigelagerte Schellen) sicher zu befestigen und an Befestigungs- und Durchtrittsstellen durch geeignete Schutzmittel (wie z. B. weiche Einlagen, Gummitüllen, Schottverschraubungen o. ä.) gegen Durchscheuern zu schützen. Sie dürfen nicht durch die Fahrbeanspruchungen (Erschütterungen, Temperaturunterschiede, Karosserieverwindungen usw.) beschädigt oder undicht werden können. Auch Abzweigungen müssen gegen Vibrationen geschützt verlegt werden.

An Stellen, wo mit Korrosion zu rechnen ist, insbesondere unter dem Fahrzeugboden und an Durchbrüchen nach unten, sollten Sie die Rohrleitungen entweder mit einem Bitumenschutzanstrich versehen oder durch Überziehen mit einem Plastikschlauch o. ä. schützen. Die Verzinkung der Rohrleitung allein

Abbildung 129: Gasversorgung 4. Ein Verteilerblock in der Nähe des Gasflaschenkastens ermöglicht das rationelle Installieren der Gasrohre zu den einzelnen Gasverbrauchsstellen. Dadurch kann jede einzelne Gasleitung geöffnet oder geschlossen werden. Verteilerblöcke gibt es in verschiedenen Größen. Vorschrift ist, daß die jeweilige Stellung (»auf« oder »zu«) klar gekennzeichnet sein muß. Auch der jeweils angeschlossene Verbraucher muß am Verteiler zu ersehen sein, um Verwechslungen zu vermeiden.

genügt nicht als Korrosionsschutz! Wo Rohrleitungen direkt an die Verbraucher angeschlossen werden (und das ist ja praktisch immer der Fall), ist der Rohranschluß spannungsfrei vorzunehmen. Das heißt, Sie sollten die Rohrleitung stets mit einem sanften Bogen, mit etwas Spielraum im Gasrohrnetz oder mit einem Dehnungsausgleich bis an den Verbraucher führen, damit Wärmespannungen oder Erschütterungen, Karosserieverwindungen und dergleichen nicht zu einem Abreißen oder Undichtwerden der Leitung führen können.

Wenn Sie die Rohrleitungen im Fahrzeug verlegen, sollten Sie diese nur mit gummigelagerten Schellen befestigen, weil andere Schellen entweder nicht zugelassen sind oder zu Beschädigungen der Rohrwandung führen können. Aus dem gleichen Grund sollte auch jede Rohrleitung, die im Gehbereich verlegt ist, durch Abdecken mit einer Leiste oder durch ein solides Kunststoffprofil gegen Beschädigungen jeder Art geschützt werden.

Zur Verlegung selbst: Im Gasflaschenkasten wird ein Stück Rohrleitung auf einem Ende mit dem Gegenstück für den Schraubanschluß des Schlauchs versehen und mit dem anderen Ende durch eine möglichst enge Bohrung des Flaschenkastens nach innen ins Fahrzeug geführt. Diese Rohrleitung wird dort an gut erreichbarer Stelle mit dem Ventil- oder Verteilerblock auf der Eingangsseite verbunden. Dieser Ventilblock hat eine ähnliche Funktion wie der Hauptschalter im 12-Volt-Netz, das heißt, er dient zum Zu-oder Aufsperren der Gaszufuhr zu den einzelnen Rohrleitungen. Die Rohrleitung im Gasflaschenkasten wird mit Kunststoffschellen sicher an der Kastenwand befestigt und dann wird der Durchbruch für die Rohrleitung nach innen sorgfältigst mit Silikonkautschuk abgedichtet.

Den Verteilerblock, den Sie in verschiedenen Ausführungen (je nach Verbraucheranzahl) bekommen oder den Sie auch zu mehreren Blocks verbinden können (z. B. wenn mehr Verbrauchsstellen angeschlossen werden), sollten Sie gut zugänglich möglichst so anbringen, daß Sie die jeweilige Stellung der einzelnen Ventile klar erkennen können (»Offen« oder »Geschlossen«).

Von diesem Verteilerblock aus werden nun die weiteren Rohrleitungen in der vorgeschriebenen Ausführung zu den einzelnen Verbrauchern wie z. B. zu der Gasheizung, zu dem mehrflammigen Gaskocher, zum Backofen, zum Absorberkühlschrank, zu dem Warmwasserboiler usw. verlegt.

Damit Sie die Rohrleitungen, die es als Meterware gibt, auf die genau benötigten Längen zuschneiden können, verwenden Sie am zweckmäßigsten einen preiswerten Rohrabschneider (Abbildung 127 Pos. 2). Die Stahlrohre für die Gasleitungen (und andere Rohre natürlich auch) werden damit präzise winklig und ohne Spanabfall geschnitten. Mit dem Entgrater, der sich hinten in der Glocke des Abschneiders befindet, wird danach der Rohrabschnitt innen wieder auf volle Nennweite gebracht. Dann wird für den Schneidringanschluß (Abbildung 127 Pos. 5) zuerst die Überwurfmutter (6) auf das Rohr (3) aufgeschoben, danach der Schneidring (5) selbst und schließlich der Geräteanschluß oder (wie hier im Foto) das Schnellschlußventil (4). Mit einem passenden Schraubenschlüssel ziehen Sie die Mutter fest, aber mit Gefühl an, während Sie das Ventil dabei festhalten.

Sie können mit dieser Methode der Rohrverlegung aber immer nur gerade Enden Rohr verlegen und müssen bei allen Abwinkelungen entsprechende Winkelstücke oder andere Paßteile verwenden. Fachleute haben außerdem die Möglichkeit, die Rohrleitung selbst in die gewünschte Richtung zu biegen. Achtung: Jede Verschraubung birgt die Gefahr in sich, undicht zu sein oder undicht zu werden! Eine durchgehende Rohrleitung dagegen bleibt dicht, wenn beim Rohrbiegen nicht gepfuscht wurde! Deshalb sollten Sie, wo immer es geht, das Rohr fachgerecht (!) passend zurechtbiegen lassen, um so die gewünschte Leitungsführung zu erhalten.

Zum Biegen verwendet der Fachmann eine passende Rohrbiegezange (Abbildung 127 Pos. 1), die man für verschiedene Rohrdurchmesser bekommt. Für die meisten Zwecke ist eine Zange für 8 bis 10 mm Rohrdurchmesser richtig. Das Biegen der Rohrleitung von Hand würde fast immer zum Abknicken des Rohrmaterials und damit zu einer Gefahrenquelle erster Ordnung führen! Selbst eine Radienschablone aus Holz oder andere primitive Rohrbiegehilfen führen nur in seltenen Fällen zu dem gewünschten Ergebnis. Versuchen Sie das Abschneiden dieser relativ dünnwandigen Rohre niemals mit anderen Werkzeugen als den speziell dafür vorgesehenen. Das Ablängen der Rohre mit einer Metallsäge beispielsweise würde unweigerlich zu einer Verformung am Rohrende führen und mit großer Wahrscheinlichkeit die Dichtheit der Schneidringverschraubung in Frage stellen. Die paar Mark für vernünftiges Werkzeug sollten Sie deshalb wirklich aufwenden oder sich die Werkzeuge notfalls für kurze Zeit bei einem Installateur oder Baumarkt leihen.

(d) Gasverbraucher

Gasverbraucher im Campingbus, ich erwähnte es ja schon, gibt es eine ganze Menge. Allen gemeinsam ist, daß sie nur in zündgesicherter Ausführung verwendet werden dürfen, also im Falle des Verlöschens der Flamme selbsttätig die Gaszufuhr absperren.

Das wichtigste Gasgerät im Campingbus ist meiner Ansicht nach der Kocher, der meist als zwei- oder dreiflammiger Gaskocher (auch mit einem Gasgrill oder einem Backofen kombiniert) und mit der Spüle gemeinsam in einer Edelstahlausführung zusammengebaut ist. Zweiflammkocher mit Spüle gibt's schon relativ sehr preiswert, aber man sollte hier auf die Qualität schauen.

Achten Sie beim Einbau eines Gaskochers unbedingt darauf, daß der Anschluß der Gasleitung wirklich dicht ist und nicht durch Strahlungswärme vom Kocher oder Backofen erhitzt werden kann. Auch die rund um den Kocher angeordneten Einrichtungsteile müssen so beschaffen sein, daß sie nicht durch die Hitze der Gasflammen verschmoren oder gar entflammen können. Das betrifft auch solche Teile wie z. B. Kunststoffenster, Gardinen usw.!

Es passiert schneller, als Sie glauben, daß die Kocherflamme zum Beispiel in das erhitzte Fett der Bratpfanne schlägt und im Nu Ihr Fahrzeug in Brand setzt! Deshalb mein ernstgemeinter Rat: Eine hübsche Küche ist gut und schön. Aber eine zweckmäßige und sichere Küche ist auf alle Fälle besser.

Für den Betrieb von Herden oder Kochern müssen Lüftungsöffnungen von mindestens 150 cm² freiem Querschnitt vorhanden sein, die aber bei Nichtbetrieb des Kochers verschließbar sein dürfen. In den meisten Fällen genügt deshalb bereits das großzügige Öffnen eines dicht dabei befindlichen Ausstellfensters oder einer Dachluke im Küchenbereich. Das dient dazu, um die Sauerstoffzufuhr im Fahrzeug sicherzustellen. Es hat zugleich den Vorteil, daß die Kochdünste, der Wasserdampf usw. schnellstens aus dem Fahrzeug kommen. Übrigens, wenn Sie einen Gasbackofen einbauen, so müssen dessen Abgase natürlich auch ins Freie abgeleitet werden.

Achtung: Kocher und andere offene Brennstellen dürfen keinesfalls zur Raumheizung verwendet werden! Auf diese Vorschriften muß durch ein Schild über dem Kocher (das Sie selber machen können) hingewiesen werden. Folgender Text ist zweckmäßig: »Achtung! Bei Benutzung von Gasgeräten müssen die verschließbaren Belüftungsöffnungen (Dachluke u. ä.) offen sein. Offene Brennstellen dürfen nicht zum Heizen benutzt werden«. Und da wir schon mal von Vorschriften sprechen, noch ein Hinweis: Verwenden Sie nur Gasgeräte, die in ihrer Bauart vom DVGW anerkannt sind. Lassen Sie sich vorsichtshalber gleich vom Händler des Geräts eine Prüfbescheinigung über die ordnungsgemäße Bauausführung vorlegen und prüfen Sie, ob Ihr Gasgerät eine DVGW-Registriernummer besitzt.

Die zweitwichtigsten Gasgeräte im Campingbus sind vermutlich die Gasheizungen. Es gibt sehr viele unterschiedliche Modelle und Bauweisen (s. Kapitel »Heizung-Kühlung-Lüftung«). Allen gemeinsam ist aber, daß die Verbrennungskammer, die Luftzuführung und die Abgasabführung gegen den Wohnraum hin vollkommen abgedichtet sein müssen, damit keine Abgase ins Fahrzeug gelangen können. Deshalb ist es auch sehr wichtig, möglichst keine Bodenöffnungen im Fahrzeug zu haben, weil durch solche Öffnungen Abgase in das Wageninnere eindringen könnten. Wenn Sie bedenken, daß eine Gasheizung je nach Modell und Witterung etwa zwischen 2000 und 7500 Gramm pro Tag an Gas verbrennt, können Sie sich leicht vorstellen, welche Abgasmengen da abgeführt werden müssen.

Das Anschließen der Gasheizungen erfolgt wiederum über die normalen Gasrohrleitungen mit der bewährten Schneidringverschraubung. Ein paar Besonderheiten sollten aber erwähnt werden.

- Erstens sollten Sie beachten, daß die Heizung beim Betrieb nirgends Gegenstände oder Einrichtungsteile mehr als zulässig erwärmen kann.

- Zweitens sollten Sie auch später im Betrieb darauf achten, daß weder Vorhänge, Gardinen oder andere leicht entflammbare Materialien mit Heizungen, Gasleuchten oder anderen heiß werdenden Geräten (!) in Kontakt kommen können.

- Drittens: Wenn Sie Ihre Campingbus-Heizung in Betrieb nehmen, lesen Sie zuvor gründlich die Gebrauchsanweisung durch und beachten Sie vor allem die mögliche Verpuffungsgefahr solcher Heizungen, wenn nicht nach jedem Zünden bis zum Nachzünden wenigstens zwei Minuten gewartet wird.

Gasheizungen erfordern je nach Modell und Hersteller zusätzlich einen entsprechenden Stromanschluß für die Zündung bzw. elektronische Steuerung. Deshalb sollten Sie sich vor der Installation entsprechende Informationen über das vorgesehene Gerät beschaffen!

Ein weiteres Gerät, das auch und vorwiegend bei längeren Standzeiten zweckmäßigerweise mit Gas betrieben wird, ist der Absorberkühlschrank. Diese Kühlschränke sind meist für drei verschiedene Energiequellen vorgesehen. Sie können also sowohl mit Gas als auch mit 12 Volt und 220 Volt betrieben werden (s. Kapitel »Heizung – Kühlung – Lüftung«). Natürlich nicht gleichzeitig. Wichtig im Zusammenhang mit gasbetriebenen Kühlschränken ist, daß sie für die einwandfreie Abgasführung gegen den Wohnraum hin abgedichtet werden müssen (Abbildung 124).

Zu dem Zweck sollten Sie vor der Montage des Kühlschranks, der ja meist in ein Möbelstück eingebaut wird, im Kühlschrankbereich unten und oben je eine Öffnung (von je etwa 250 cm^2) in die Außenwand des Fahrzeugs schneiden und diese Öffnungen mit Fliegengaze und entsprechend großen Kiemenblechen bzw. mit den zum Kühlschrank gehörenden Außenabdeckungen verkleiden. Versuchen Sie bitte nicht, an der Größe dieser Öffnungen zu sparen: Absorberkühlschränke brauchen viel frische (kühle) Luft, um wirkungsvoll arbeiten zu können.

Die untere Öffnung in der Wagenaußenwand bringt die kühle Zuluft zum Gasbrenner, oben muß das heiße und feuchte Abgas wieder ins Freie entweichen können. Dieser Abgasstutzen des Brenners (meist ein Alu-Rohr oder ein flexibler Metallschlauch) ist ansteigend durch die Außenwand nach draußen zu verlegen und außen mit der (meist mitgelieferten) Kiemenklappe zu versehen.

Sie können, wie es die Abbildung zeigt, diesen Abgasstutzen in Ausnahmefällen auch direkt hinter dem oberen Kiemenblech enden lassen, falls kein spezieller Abgaskamin mitgeliefert wurde. Dann allerdings muß das Wärmeleitblech, das ebenfalls meist beim Kauf des Kühlschrankes mitgeliefert wird, oberhalb des Abgasrohres so montiert werden, daß keine Abgase in den Wagen dringen können und außerdem die aufsteigende feuchte Wärme keinen Schaden an den Möbeln bzw. an der Abdeckplatte über dem Kühlschrank anrichten kann. Die Möbelwände, die den Kühlschrank umschließen, werden dann zusätzlich nach dem Aufstellen des Kühlschranks rundum und auch zur Karosserie hin mit elastischen Dichtungsstreifen oder mit Silikonkautschuk sauber abgedichtet.

Weil die Kühlschränke oft auf kleinen Füßen stehen, sollten Sie die untere Kühlschrankseite zusätzlich mit einer Holzleiste verkleiden. Diese Leiste verhindert gleichzeitig, daß sich der Kühlschrank durch die Erschütterungen beim Fahren selbständig macht. Die Leiste wird nur mit 2 Schrauben fixiert und dann rundum etwas abgedichtet, damit Sie im Reparaturfall den Kühlschrank rasch wieder herausnehmen können.

Wenn Sie Ihren Absorberkühlschrank mit dem normalerweise zum Lieferumfang gehörenden Abgaskamin so montieren, daß keine Abgase ins Wageninnere gelangen können, haben Sie die Möglichkeit (Abbildung 204), die beim Kühlen entstehende Abwärme zur Raumheizung mit zu benutzen. Das geht ganz einfach, indem Sie das Wärmeleitblech weglassen und unterhalb (als Zuluft) und oberhalb des Kühlschrankes (als Warmluftaustritt) zentimeterdicke Spalten offenlassen, durch welche die Luft hinter dem Kühlschrank vorbeistreichen und sich so erwärmen kann.

Sie können auch statt des oberen Luftspaltes die Arbeitsplatte mit Luftaustrittsöffnungen versehen, dann strömt dort ebenfalls Warmluft heraus. Zusätzlich ist in jedem Falle noch ein Zuluftanschluß von außen erforderlich, der dann eventuell etwas kleiner gehalten werden kann.

Allerdings hat die Sache ein paar Haken:

- Erstens reicht die austretende Warmluft nicht alleine aus, um den Campingbus im Winter auf mollige Temperaturen zu bringen.

- Zweitens müssen Sie sich darüber klar sein, daß die austretende Warmluft auch im Sommer den Wagen mitheizt, wo es vielleicht gar nicht so erwünscht ist. Dann müssen Sie (durch entsprechende Blenden) den Warmluftaustritt schließen und, was sehr wichtig ist, rechtzeitig eine ausreichend große Abluftöffnung im oberen Kühlschrankbereich nach außen vorgesehen haben! Andernfalls arbeitet der Kühlschrank nämlich nicht mehr!

Nur wenn sichergestellt wird, daß genügend Frischluft an die Kühlschrankrückseite gelangt und die entstehende Warmluft möglichst ungehindert nach oben irgendwohin entweichen kann, ist ein relativ problemloses Funktionieren sichergestellt. Relativ problemlos deshalb, weil Absorberkühlschränke im Gegensatz zu Kompressorkühlschränken bei höheren Lufttemperaturen nicht mehr mit genügend Effektivität arbeiten können. Auf Deutsch gesagt, wenn es zu heiß wird, stellen sie (je nach Modell) unter Umständen ihre Arbeit ein. Zumindest solange, bis es wieder kühler wird.

Hierfür ein Tip

Notfalls kann der zusätzliche Einbau eines kleinen 12-Volt-Ventilators helfen, indem er für eine merkliche Verbesserung der Frischluftzufuhr sorgt. Er wird hinter dem Kühlschrank so eingebaut, daß er entweder die Frischluft ansaugt oder die warme Abluft aus dem Fahrzeug pustet.

Auf jeden Fall muß auch der Kühlschrank wie alle im Fahrzeug fest installierten Gasverbraucher mit einer Gasrohrleitung angeschlossen werden. Der Gasverbrauch eines Absorberkühlschrankes liegt je nach Modell etwa zwischen 150 und 500 g/Tag.

Die ebenfalls sehr oft eingesetzten Warmwasserbereiter, egal ob Durchlauferhitzer oder Wärmetauscher, müssen ebenfalls so angebracht werden, daß

keine Abgase von diesen Geräten ins Fahrzeuginnere gelangen können. Sie sollten sie deshalb schon von vornherein immer an einer Außenwand installieren. Bei dem im Foto (Abbildung 146) dargestellten Warmwasserboiler, der mit Gas (und auf Wunsch zusätzlich auch mit 220 Volt Wechselstrom) betrieben wird, ist die Verbrennungskammer so konstruiert, daß Zuluft- und Abgasführung durch einen gemeinsamen Anschluß (Wandkamin) in der Fahrzeugaußenwand erfolgen.

Der Gasverbrauch bei diesem Gerät liegt bei etwa 120 g/h. Dieser Boiler muß ebenfalls mit Stahlrohr (8 í x 1) fest angeschlossen werden und benötigt außer dem Gasanschluß natürlich noch Wasseranschlüsse (Kaltwasser-Zulauf und Warmwasser-Ausgang) sowie den elektrischen Anschluß für die Steuerung bzw. – bei elektrischer Heizung – den 220-V-Anschluß. Hinweisen möchte ich auch noch auf die Notwendigkeit, daß so ein Boiler ein Sicherheits- und Ablaßventil hat, das bei Überdruck oder zum Entleeren des Boilers in Funktion tritt. Dieses Ventil braucht eine entsprechende Bodenöffnung, durch die der Boilerinhalt abgelassen werden kann.

Es gibt auch Warmwasserboiler, die mit Strom aufgeheizt werden und entweder 220 V Wechselstrom oder, in einer Sonderausführung, auch nur mit 12 Volt Gleichspannung betrieben werden können. Immer vorausgesetzt, daß ausreichend Strom zur Verfügung steht. Auf Campingplätzen ist das aber meist der Fall und deshalb sind diese Boiler immer dann recht praktisch, wenn man auf Gasbetrieb verzichten kann und häufig auf solchen Plätzen übernachtet. Eine andere Ausführung des Boilers ermöglicht den zusätzlichen Anschluß an das Kühlsystem des Fahrzeugs: Fährt man, heizt das Motorkühlwasser den Boiler. Steht man, kann man über Strom warmes Wasser bereiten.

Eine andere Möglichkeit der Warmwasserbereitung stellen Thermen dar, die entweder direkt mit Gas oder aber mit durchströmender Warmluft aus der Heizung betrieben werden. Sie liefern in letzterem Falle allerdings nur dann warmes Wasser, wenn auch die Heizung in Betrieb ist. Regelrechte Gasthermen, wie sie früher oft in Campingbussen an der Wand installiert zu finden waren, sind dagegen heutzutage nicht mehr zu empfehlen.

(e) Prüfung der Installation

Hat ein Fachmann die Anlage installiert und geprüft, ist alles für Sie in Ordnung. Haben Sie die Gasinstallation aber selbst ausgeführt, kommen Sie an der Prüfung durch einen zugelassenen Fachmann dennoch nicht vorbei. Er muß Ihnen eine Bescheinigung über die erfolgte Prüfung zur Vorlage beim TÜV ausstellen.

Aber bevor Sie zu diesem Fachmann gehen, können Sie selbst schon einmal in gewissen Grenzen kontrollieren, ob die Installation überall dicht ausgeführt ist: Nachdem alle Gasgeräte angeschlossen sind und Sie sich noch einmal vom richtigen Verlauf der Gasleitungen und der korrekten Montage der Verschraubungen überzeugt haben, gehen Sie wie folgt vor:

- Erstens: Schließen Sie zunächst alle Absperrvorrichtungen direkt vor den Verbrauchsstellen, also an der Heizung, am Kocher usw..
- Zweitens: Drehen Sie alle möglichen Zündquellen usw. ab und öffnen Sie alle Wagentüren und auch den äußeren Zugang zum Gasflaschenkasten, um eine Brandgefahr von vornherein weitgehend auszuschließen.
- Drittens: Drehen Sie nun alle Schnellschlußventile am Verteilerblock in die Stellung »Offen«.
- Viertens: Öffnen Sie dann das Hauptabsperrventil an der Gasflasche und beobachten Sie auf dem Manometer am Druckregler, wie sich der Druck im Rohrnetz einpendelt. Wenn kein Manometer vorhanden ist, müssen Sie eben das Ventil so ungefähr 10 Minuten geöffnet lassen, damit sich genügend Gas aus der Betriebsgasflasche im Rohrnetz verteilen kann.
- Fünftens: Schließen Sie das Ventil an der Gasflasche wieder und beobachten weitere 10 Minuten lang, ob der Druck am Manometer sinkt. Das würde nämlich auf eine Undichtigkeit im Rohrnetz hindeuten.
  Ist kein Manometer eingebaut, können Sie möglichen Undichtigkeiten dadurch auf die Spur kommen, daß Sie die gesamten Rohrleitungen und sämtliche (!) Verbindungsstellen mit einer starken Seifenwasserlösung einpinseln und beobachten, ob sich dort irgendwo Luftblasen bilden. Für diese

Kontrolle gibt es im Zubehörhandel auch spezielle Lecksuchersprays, mit denen das gesamte Rohrnetz zu einer solchen Kontrolle eingesprüht werden kann. Hilft im Falle einer Undichtigkeit das Nachziehen der betreffenden Schraubverbindungen nicht, müssen Sie notfalls ganze Rohrenden auswechseln und nochmals sorgfältigst verschrauben.

- Sechstens: Ist wirklich alles dicht, werden die Geräte einzeln zugeschaltet und die Anlage per Druck von der Gasflasche her nochmals bei jedem Gerät einzeln (!) geprüft.
- Siebtens: Wenn sich die vollkommene Dichtheit der Anlage bestätigt hat, können Sie die einzelnen Geräte probeweise in Betrieb nehmen und sorgsam die dabei auftretende Wärmeentwicklung an den Geräten und ihrer Umgebung beobachten.
  Denken Sie aber immer daran, wie leicht ein Brand entstehen kann und welche katastrophalen Folgen so etwas in einem Fahrzeug hat. Deshalb sollte auch während des Probebetriebs immer ein ausreichend großer Feuerlöscher in Reichweite sein!

Ist alles in Ordnung, können Sie beruhigt zum Gas-Fachmann fahren und die Prüfung vornehmen lassen. Dann haben Sie die Gewißheit, daß Sie auch nachts bei Gasbetrieb (halbwegs) ruhig schlafen können. Wenn Ihnen der nächtliche Betrieb der Gasanlage etwas unheimlich vorkommt: Es gibt relativ preiswerte batteriebetriebene Gaswarngeräte, die jede Undichtheit lautstark melden!

Übrigens noch ein Hinweis

Die Prüfung der Gasanlage erfolgt vorschriftsmäßig (!) alle zwei Jahre und der dabei zur Dichtigkeitsprüfung eingesetzte Überdruck im gesamten Gasnetz ist drei mal so hoch wie der Normaldruck. Das sollten Sie wissen, bevor Sie an die (fachgerechte) Installation Ihrer Gasanlage gehen.

5.07 Heizung – Kühlung – Lüftung

(a) Die Heizung

Ein Campingbus ohne Heizung ist praktisch kaum noch vorstellbar. Selbst bei Fahrzeugen, die nur in den Sommermonaten oder in der Übergangzeit benutzt werden, sollten Sie nicht auf eine zweckmäßige Heizmöglichkeit verzichten. Allerdings muß so eine Heizung für den Betrieb in geschlossenen Räumen (also auch im Campingbus) zugelassen sein! Gas-Heizstrahler, die auf eine Gasflasche geschraubt werden, können Sie aus Sicherheitsgründen ebenso rasch vergessen wie die Wunderheizungen, die immer mal wieder auf Messen auftauchen und angeblich weder Sauerstoff brauchen noch Abgase erzeugen. Auch elektrische Heizungen sind problematisch, denn wann haben Sie schon einen Netzaußenanschluß mit dafür ausreichender Leistung zur Verfügung? Während der Ausbauzeit können Sie sich zwar recht gut mit einem elektrischen Heizlüfter behelfen, der über ein Verlängerungskabel Strom bekommt. Für den Fahrbetrieb sollten Sie aber doch eine brauchbarere Lösung einsetzen. Abgesehen von einigen Ausnahmen stehen Ihnen vorwiegend drei Möglichkeiten zur Auswahl:

- Erstens gibt es die – mit Benzin oder Dieselkraftstoff betriebene – Standheizung, die außer Kraftstoffanschluß, Zuluft- und Abgasanschlüssen auch noch einen elektrischen Anschluß (12 Volt) für das Gebläse braucht (Abbildung 130). Diese Heizungsart ist für den Pkw oder Lkw recht gut geeignet, weil sie meist tagsüber für den Betrieb während Wartezeiten usw. eingesetzt wird. Für den Campingbus ist jedoch zu bedenken: Erstens stört gelegentlich das leichte Brennergeräusch im Schlaf. Zweitens sollte die Heizung von der Kfz-Werkstatt im Motorraum installiert werden, weil Heimwerker mit solchen Arbeiten meist überfordert sind.

- Zweitens gibt es (aber immer seltener) die Ölheizung, die wie in einem Wohnhaus mit Heizöl funktioniert. Die ölbetriebene Heizung erfordert bei einer mittleren Heizleistung von etwa 2500 bis 3500 kcal eine Ölmenge von cirka 0,1 bis 0,5 l/h. Das ist nicht viel und man hat als Dieselfahrer den

Rechte Seite, oben links: Abbildung 130: Standheizung. Solche kompakten, mit Kraftstoff betriebenen Standheizungen sollten zweckmäßig von Ihrer Kfz-Werkstatt eingebaut werden. Sie liefern ausreichende Wärme und nehmen keinen zusätzlichen Platz weg, da sie meist im Motorraum installiert werden können.

Rechte Seite, oben rechts: Abbildung 131: Gasheizung 1. Einfache Gasheizungen arbeiten nach dem Konvektionsprinzip: Die Innenraumluft erwärmt sich am Heizkörper, steigt nach oben, kühlt sich dort ab und sinkt wieder zu Boden, wo sie erneut zum Heizkörper strömt. Deshalb ist die richtige Standortwahl für die gleichmäßige Erwärmung des Innenraumes entscheidend. Frischluftzufuhr und Abgasabführung erfolgen bei solchen Heizungen im Normalfall durch die Fahrzeug-Seitenwand.

Vorteil, statt des sonst extra mitzuführenden Heizöls notfalls den normalen (aber teureren) Dieselkraftstoff verbrennen zu können. Was mich persönlich an Ölheizungen etwas stört: Ich muß für den Heizbetrieb eine andere Energieart mitschleppen als für den Kocher, den Warmwasserbereiter, den Kühlschrank usw., für die Gas verwendet wird. Wer kein Dieselfahrzeug hat, muß daher außer dem Sprit für das Fahrzeug noch Heizöl und Gas an Bord nehmen. Außerdem braucht das Gebläse eine ganze Menge Batteriestrom, und der ist bekanntlich recht knapp in einem stehenden Campingbus.

- Deshalb bevorzuge ich aus all diesen Überlegungen heraus die bewährte Gasheizung. Sie arbeitet fast geräuschlos, ist sauber, gibt rasch Wärme ab und das Gas für ihren Betrieb habe ich sowieso an Bord. Allerdings muß berücksichtigt werden, daß man dabei mehr Gas mitschleppen muß, als es für den Kocher und die Warmwasserbereitung erforderlich wäre. Es sprechen jedoch noch eine ganze Reihe weiterer Argumente für die Gasheizung, und da diese Heizart fast so etwas wie Standard ist, soll auch vorwiegend darauf eingegangen werden.

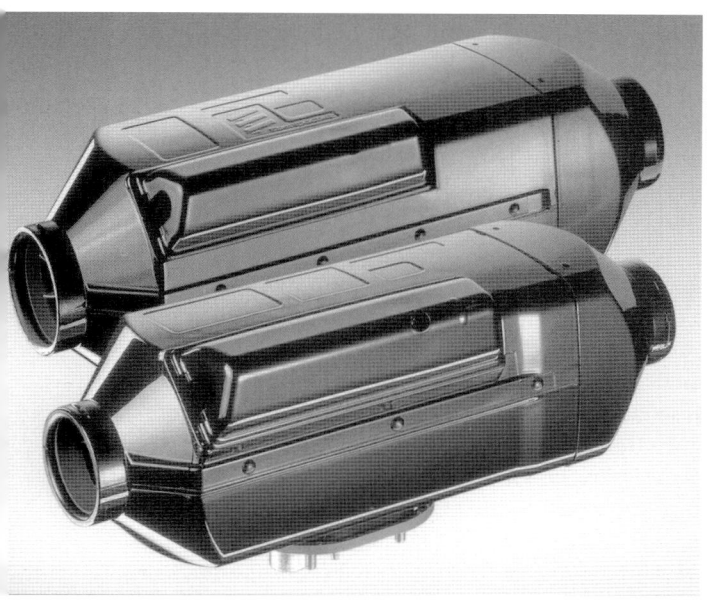

Abbildung 132: Gasheizung 2. Oft ist im unteren Kleiderschrankbereich oder in der Trennwand zum Waschraum ein strömungsgünstig gelegener Platz für die Heizungsinstallation zu finden. Im letzteren Falle läßt sich dann der Waschraum problemlos mit heizen. Die Heizungsregelung erfolgt über ein separat eingebautes Paneel (s. rechts im Schrank).

Eine sehr interessante Variante der Gasheizung ist die Combi-Heizung eines bekannten deutschen Herstellers. Bei diesem Gerät ist die Gasheizung mit einem Warmwasserboiler kombiniert in einem Gehäuse zusammengefaßt. Dadurch spart man nicht nur Stauraum, sondern auch eine ganze Menge Tüftelei und Montagearbeit.

Allein von den deutschen Herstellern gibt es schon eine so große Auswahl an Geräten und Bauweisen, daß nur stichwortartig ein paar Fakten genannt werden können. Für die Auswahl der richtigen Heizung für Ihr Fahrzeug würde ich empfehlen, daß Sie sich von verschiedenen Herstellern oder Händlern Informationsunterlagen besorgen. Zu viele Momente wie Platzbedarf, Installationsmöglichkeiten, Aussehen, Preis, Erweiterungsmöglichkeiten, Service usw. bestimmen hier die Entscheidung.

Achten Sie aber unbedingt darauf, daß Sie eine bauartgenehmigte Ausführung bekommen! Andere Ausführungen dürfen in Campingbussen nicht eingebaut werden.

Gasheizungen gibt es erstens als reine Warmluft-Konvektionsgeräte. Die in einer abgedichteten Brenn-

Rechte Seite, oben: Abbildung 134: Gasheizung 4. Das Schema zeigt, wie bei Wohnwagen oder Campingbussen die Warmluft im Wohnteil über Rohrsysteme problemlos verteilt werden kann.

kammer erzeugte Wärme wird über ein metallisches Wärmetauschergehäuse an die Luft im Fahrzeug abgegeben. Diese Luft erwärmt sich, steigt am Gerät hoch und verteilt sich so gut wie möglich im Fahrzeug. Diese problemlosen Heizungen gibt es als preiswerte Standgeräte (Abbildung 131 und Abbildung 132). Die Frischluft wird bei modernen Gasheizungen seitlich durch einen (oft regelbaren) Stutzen in der Karosseriewand angesaugt, das Abgas wird durch einen (gemeinsamen) Wandanschluß oder über das Dach abgeleitet. Der Nachteil all dieser Heizungen ist die etwas ungleichmäßige Wärmeverteilung im Fahrzeug. Meist staut sich unter dem Dach die ganze Wärme und in Bodennähe bekommen Sie leicht kalte Füße.

Abbildung 133: Gasheizung 3. Umluft-Gasheizungen werden in verschiedenen Größen und Ausführungen angeboten. Sie lassen sich in fast jeder Position in den Möbeln oder Staukästen installieren, da die Warmluftführung über flexible Rohre erfolgt und das Gehäuse außen nur handwarm wird.

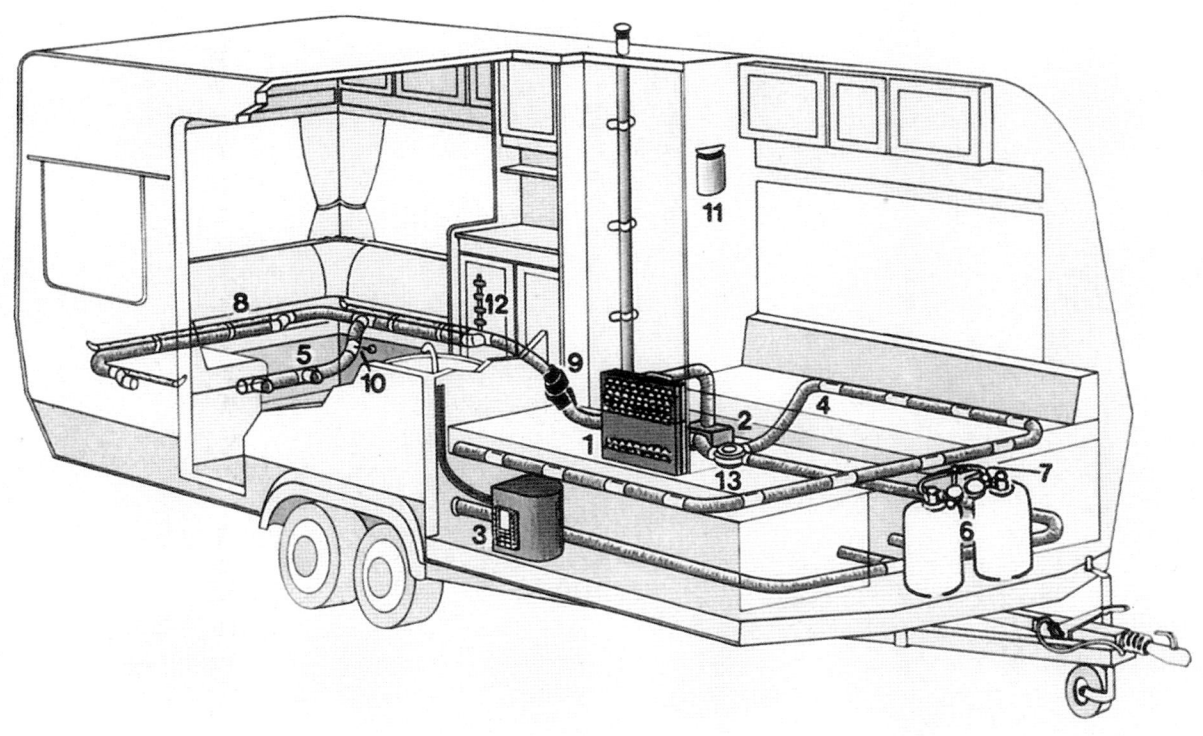

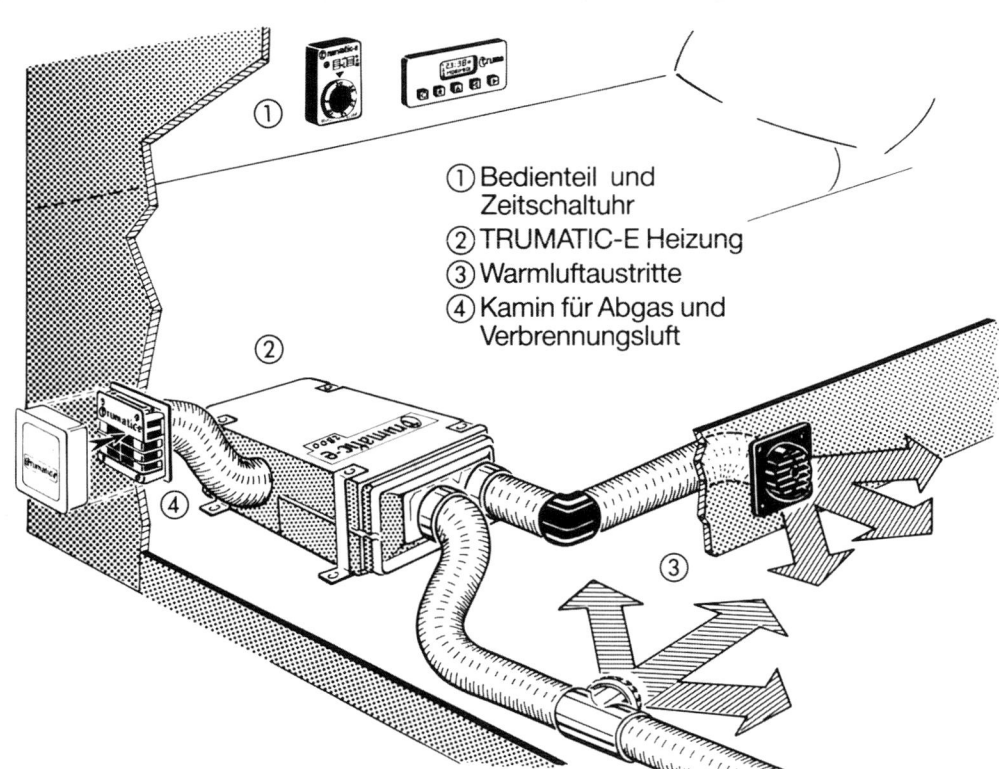

**Abbildung 135:
Gasheizung 5.**
In dieser Prinzipskizze ist gut zu erkennen, wie die Warmluft von der Einbauheizung bis zu den einzelnen Warmluft-Austrittsöffnungen durch flexible Rohre geführt wird. Statt der Rohre lassen sich auch spezielle starre Kanäle einsetzen.

① Bedienteil und Zeitschaltuhr
② TRUMATIC-E Heizung
③ Warmluftaustritte
④ Kamin für Abgas und Verbrennungsluft

Deshalb ist die zweite Gruppe der Gasheizungen, nämlich die der Warmluft-Umluftgeräte, auch die verbreitetste. Hierbei wird die vom Wärmetauschergehäuse erwärmte Luft im Fahrzeug mittels Ventilator umgewälzt und über Rohre oder Kanäle bis in die hinterste Ecke des Campingbusses gepustet. Sie können sogar Rohrsysteme bekommen, bei denen Sie auch die Bereiche hinter den Rückenlehnenpolstern erwärmen. Durch entsprechende Absperrorgane lassen sich die Warmluftmengen auch recht genau regeln. Sie können also beispielsweise den Waschraum wärmer halten als die Küche, den Wohnraum oder das Fahrerhaus. (Abbildung 133 und Abbildung 134).

Bei den (besonders für Eigenbau-Camper geeigneten) elektronisch geregelten Einbauheizungen (Abbildung 133) ist die Einbaulage ebenso egal wie die Frischluft-/Abluftführung (Abbildung 135). Außerdem können Sie das Gerät in Möbel einbauen, weil es außen praktisch nicht spürbar warm wird. Innen in der Heizung ist der Ventilator gleich mit eingebaut. Die Bedienung erfolgt über ein zentrales Schaltzentrum, das unter anderem den Raumthermostaten zur Temperaturregelung und evtl. auch noch eine Schaltuhr für den zeitgesteuerten Automatikbetrieb enthält.

Die dritte Gruppe Gasheizungen schließlich sind gasbeheizte Warmwasserheizungen. Hierbei wird das Wasser erwärmt und mit einer Umwälzpumpe über ein Rohrnetz zu den einzelnen Konvektoren transportiert. Allerdings sind Warmwasserheizungen aus der Mode gekommen, seit der Camper mit jedem Kilogramm Nutzlast geizen muß. Da die Anlagen ständig das Wasser im Rohrnetz umwälzen, kann der Wasserkreislauf geschlossen sein. Das bedeutet, Sie können dem Heizwasser beispielsweise ein Frostschutzmittel beifügen, damit die Heizung im Winter bei ausgeschalteter Anlage nicht einfriert. Außerdem können Sie an das System auch sowohl Solarwärmetauscher (auf dem Dach montiert) als auch das Motorkühlsystem anschließen.

Abgesehen einmal von den Solarwärmetauschern, die im Verhältnis zu Aufwand und Kosten relativ wenig Nutzen bieten, hat der Anschluß des Motorwärmekreislaufs unbedingt seine Vorteile: Solange der Motor noch kalt ist, können Sie das Motorkühlwasser zur Motorschonung schon einmal mit Gas vorheizen. Ist dann der Motor in Betrieb, kann die Abwärme des Motors zur Wohnraumheizung im Campingbus mitgenutzt werden. Und zwar so lange, wie das Motorkühlwasser noch wärmer ist als die Wohnraumtemperatur.

Geschickte Bastler können die Warmluftführung des Basisfahrzeugs mit einer Warmluft-Umwälzanlage im Wohnteil direkt koppeln, dann kann sowohl das kalte Fahrerhaus vor Fahrtbeginn mitgeheizt werden wie auch durch die Motorwärme später beim Fahren (und noch lange danach, bis das Motorkühlwasser zu kalt ist) der Wohnteil mitgeheizt wird. Wohnraumheizung während der Fahrt können Sie aber auch billiger haben, indem Sie nur die Fahrzeugheizung während der Fahrt voll aufdrehen und die Wärme nach hinten in den Wohnteil strömen lassen.

Abbildung 136: Gasheizung 6. Eine preiswerte Schlauchbrücke hilft bei der Installation eines längeren Abgasschlauches, einen »Wassersack« (das Durchhängen dieses Abgasschlauches) zu vermeiden. Andernfalls kann sich bei solchen Abgasschläuchen Kondenswasser absetzen und die Heizungsfunktion behindern.

Grundsätzlich ist beim Einbau der Heizungen noch einiges zu beachten, egal nach welchem Modell Sie streben:

Heizungen, die eine Umwälzpumpe oder einen Umluftventilator erfordern, brauchen elektrischen Strom (12 Volt) zum Betrieb der Pumpe bzw. des Ventilators. Dabei kann der Stromverbrauch von Hersteller zu Hersteller sehr unterschiedlich ausfallen. Sie sollten sich deshalb auch in dieser Hinsicht informieren, weil beispielsweise bei Winterbetrieb und längerem Aufenthalt so eine Umwälzpumpe oder ein überdimensionierter Ventilator ganz schön an der Batteriekapazität knabbern kann!

Ganz wesentlich ist die Abgasführung bei Gasheizungen! Das Abgasrohr muß auf der gesamten Länge, vom Gerät beginnend bis zum Austritt ins Freie, ansteigend montiert werden, damit sich nirgends ein »Wassersack« bilden kann, der den freien Abzug der Abgase verhindert. Um diese Rohrführung zu erleichtern, können Sie sich eine passende Schlauchbrücke (Abbildung 136) kaufen oder (preiswerter) basteln, die am Abgasaustritt der Heizung das Durchhängen des Abgasschlauchs (bzw. des flexiblen Abgasrohrs) verhindert. Sie sollten unbedingt nicht nur die gesamten Warmluftrohre, sondern auch das Abgasrohr mit mehreren Schellen befes-

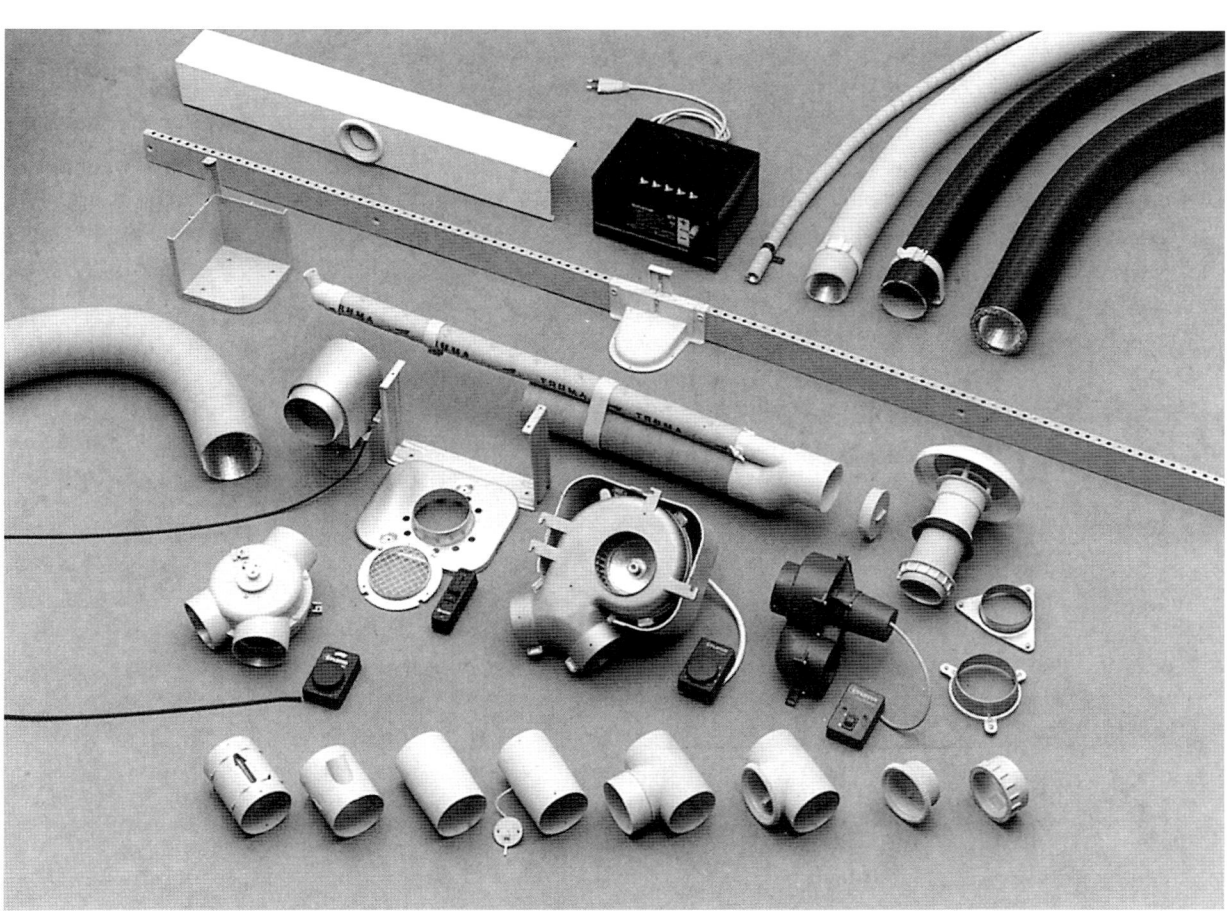

Abbildung 137: Gasheizung 7. Vorgefertigte steckbare Rohrsysteme (rund und flexibel oder rechteckig und starr) für Warm- oder Frischluft mit Verteilerstücken, Ausströmkästen, Reglern usw. machen die Heizungsinstallation leicht. Zusatzventilatoren (für lange Strecken) sind ebenso erhältlich wie viele andere Teile.

tigen, um die Rohre auf ihrer ganzen Länge zu fixieren.

Sowohl bei der Abgasführung seitlich aus dem Fahrzeug wie auch bei Überdach-Austritt ist ferner wichtig, das Abgasrohr so geschützt zu verlegen, daß es später nicht mechanisch beschädigt werden kann. Gerade in Stauräumen und Schränken verlegte Abgasrohre sind hier besonders gefährdet. Man sollte sie, genau wie bei einer Rohrführung unter dem Wagenboden, mit einem entsprechenden »Dükerrohr« oder einer anderen Schutz-Abdeckung vor jeder Beschädigung schützen und dabei auch an die Wärmeentwicklung dieses Abgasrohres denken!

Wird die Luftzuführung und Abgasführung seitlich am Wagen vorgesehen, wie dies besonders bei dem Einbaumodell (Abbildung 135) sehr praktisch zu lösen ist, so muß natürlich der Wanddurchbruch von außen mit einem (meist im Lieferumfang enthaltenen) Kiemenblech verkleidet werden, ohne daß hierdurch die Abgasströmung behindert wird.

Was die Aufstellung der Heizung im Wohnraum betrifft, so werden Sie natürlich eine Konvektionsheizung so zentral wie möglich plazieren, damit sich die aufsteigende Warmluft wenigstens einigermaßen gleichmäßig im Wagen verteilen kann.

Recht brauchbar ist die Lösung, die Installation so einer Heizung im Kleiderschrank-Unterteil vorzusehen (Abbildung 132), weil die Garderobe ja oben im Schulterbereich meist mehr Platz braucht als unten. Eine andere günstige Möglichkeit ist im Küchenblock gegeben, den Sie ja sowieso mit allen möglichen technischen Geräten vollstopfen müssen. Allerdings sollten Sie dabei nicht nur an Platzausnutzung und Wärmestrahlung, sondern auch an die gute Zugänglichkeit der Bedienungselemente der Heizung denken und die Heizung nicht gerade im hintersten Winkel montieren.

Wichtig ist, daß bei diesen Konvektionsheizungen über dem Heizkörper keine Griffe, Metallteile o. ä. installiert werden, weil Sie sich daran höllisch verbrennen können, wenn die Heizung eine Weile in Betrieb war. Ich hab's ausprobiert!

Optimal sind, nach meiner persönlichen Meinung, die Warmluft-Umluftheizungen, weil Sie bei derartigen Geräten kaum Aufstellprobleme bekommen. Sie montieren so eine Heizung einfach in irgend-

einem Staukasten möglichst dicht an der Fahrzeug-Außenwand, um die Abgasführung kurz zu halten. Sie erhalten solche Heizungen in verschiedenen Größen und Leistungsstufen und ganz nach Wunsch mit einer Frischluft-/Abgasführung seitlich zum Fahrzeug hin oder aber auch über Dach.

Viele Einbaumodelle können sogar in jeder Lage irgendwo in einem Schrank oder Staukasten eingebaut werden, werden außen kaum spürbar warm und lassen sich stehend, liegend oder sogar hochkant montieren. Sie haben auch nur einen relativ geringen Platzbedarf und sind anschlußfertig komplett einschließlich eingebautem Ventilator zur Luftumwälzung ausgestattet. Leider ist so viel Luxus nicht ganz billig.

Diese Umluftheizungen erfordern etwas mehr Installation als einfache Konvektorheizungen. Sie brauchen nämlich zum Verteilen der warmen Luft ein Rohrsystem, durch das die erwärmte Raumluft zu den einzelnen Warmluft-Austritten befördert wird. Die Rohre für diese Warmluftverteilung im Fahrzeug werden am besten innerhalb der Möbel verlegt und dort mit passenden Schellen befestigt. Dabei sollte beachtet werden, daß weder die Biegeradien der flexiblen Schläuche zu eng sind (Knickgefahr) noch daß die Rohre durch Gepäck usw. beschädigt werden können.

Ein paar Rohrsorten, Anschlußteile usw. eines Herstellers zeigt das Foto (Abbildung 137), andere Firmen haben ähnliche Teile in ihrem Programm. Es gibt auch aus Kunststoff gefertigte Rohr- oder Kanalsysteme, die weniger druckempfindlich sind als manche Warmluftrohre und die ebenfalls mit passenden Winkel- oder Abzweigstücken einfach zu dem gewünschten Rohrverlauf zusammengesteckt werden.

Für praktisch alle Verlegprobleme wie Abzweigungen, regelbare Luftaustritte, Möbelhinterlüftungen usw. gibt es genügend Teile und das Angebot wird laufend modernisiert und erweitert. Schutzrohr (»Dükerrohr«) sollten Sie immer dann zusätzlich über eine Warmluftleitung legen, wenn die Rohre unter dem Wagenboden oder in Staukisten entlang führen. Sie können statt dessen natürlich auch ebensogut Heißwasser-Abflußrohre (HT-Rohr) o. ä. aus dem Sanitärbereich einsetzen, sofern diese nicht bei der

Unterbodenmontage durch die Auspuffwärme in Mitleidenschaft gezogen werden. Sie müssen dabei immer bedenken, daß moderne Abgaskatalysatoren unter dem Fahrzeug bis zu 1000 Grad Celsius heiß werden können.

Was den Wärmebedarf in Campingbussen betrifft, so kann ich hier nur Anhaltswerte geben, weil jeder Campingbus anders isoliert, belüftet, eingerichtet und ausgestattet ist. Als Anhaltspunkt würde ich sagen, daß kleinere Fahrzeuge noch mit etwa 2000 kcal ausreichend zu beheizen sind, größere mit etwa 3500 kcal, mittlere Isolierwerte und nicht zu große Fensterflächen vorausgesetzt und unter der Annahme, daß es nicht gerade in arktische Gefilde geht. Das muß aber jeder selbst entscheiden und notfalls entweder die Heizung oder die Isolierung etwas reichlicher auslegen.

(b) Die Kühlung

Um keine Mißverständnisse aufkommen zu lassen, muß zwischen der Raumkühlung durch Klimaanlagen und der Lebensmittelkühlung in Kühlschränken unterschieden werden.

Fangen wir mit der Raumkühlung an: Da besteht zum einen die Möglichkeit, wenn Sie eine zusätzliche Kühlung zur Verbesserung des Raumklimas in den Sommermonaten einbauen wollen, eine der im Zubehörhandel erhältlichen Klimaanlagen einzubauen:

- Erstens gibt es moderne Klimageräte, die (ähnlich wie ein Warmwasserboiler) im Bodenbereich in der Nähe der Außenwand montiert werden. Das hat den Vorteil, daß solche Anlagen den Schwerpunkt nicht verändern und somit das Fahrverhalten des Fahrzeugs erhalten bleibt. Außerdem wird der Luftwiderstand des Fahrzeugs nicht durch Dachaufbauten erhöht.

- Zweitens kann man Klimageräte auf das Wagendach setzen. Diese Geräte benötigen einen entsprechend großen Ausschnitt im Dach und erfordern außerdem durch ihr beträchtliches Gewicht (zwischen etwa 10 und 60 kg je nach Modell) auch entsprechende Versteifungen des Dachs. Das bedeutet, daß Sie zwischen zwei Dachrippen die erforderliche Öffnung herausschneiden müssen und von der Dachunterseite her entweder einen Stahlrahmen oder zumindest einen soliden Holzrahmen unterschrauben, der dann seitlich an

Abbildung 138: Einbau einer Klimaanlage. Der nachträgliche Einbau einer modernen Klimaanlage im Bodenbereich verändert weder das Fahrverhalten des Fahrzeugs noch den Luftwiderstand.

den beiden Dachrippen stabil befestigt wird. Der Vorteil solcher Geräte liegt darin, daß sie im Wageninneren keinen Platz beanspruchen. Sie sollten aber bedenken, daß Dach-Klimaanlagen die Fahrzeughöhe je nach Modell um weitere 15 bis 30 cm vergrößern (paßt der Bus noch in die Garageneinfahrt?) und auch innen die Stehhöhe geringfügig verringern.

Klimageräte, die leider nicht ganz billig sind, erbringen je nach Außentemperatur und Luftfeuchte Kühlleistungen zwischen 1500 und 3000 kcal. Und, das darf nicht verschwiegen werden: Preiswerte Modelle arbeiten keineswegs vollkommen geräuschlos. Manchen stört der Betrieb so, daß er nachts die Anlage abschalten muß, um eine Mütze voll Schlaf zu kriegen.

Klimageräte erfordern immer einen Stromanschluß (12 Volt) sowie je nach Modell weitere Anschlüsse. Der Stromverbrauch für Klimageräte darf auch nicht unberücksichtigt bleiben, weil sie im Standbetrieb die Batteriekapazität nicht unerheblich belasten. Bei normalen Zweit-Batterie würde das bedeuten, daß diese nach längstens 5 bis 8 Stunden leer wäre, wenn kein anderer Stromverbraucher zugeschaltet ist und wenn nicht zwischendurch gefahren wird. Mit manchen Geräten können Sie die Luft im Fahrzeug auch noch entfeuchten, Kochdünste absaugen oder auch – ohne Kühlvorgang – die Anlage einfach nur zur Lüftung verwenden. Je nach Modell kann man mit der Klimaanlage sogar auch heizen.

Eine andere Möglichkeit der Kühlung stellt der Einbau einer Klimaanlage dar, wie sie beispielsweise in den Motorraum oder das Fahrerhaus von Pkw oder Lkw eingebaut werden. Bei Neufahrzeugen sollten Sie rechtzeitig mit Ihrem Autohändler reden, weil viele Nutzfahrzeughersteller für ihre Modelle speziell konstruierte Klimaanlagen serienmäßig gegen Aufpreis parat halten. Bei Neuwagen liegen die Mehrkosten für die Anschaffung durchaus im akzeptablen Bereich, wenn man die Vorteile einer Klimaanlage zu schätzen weiß: Frisch und entspannt (und dadurch sicherer) zu reisen.

Bei kleinem Geldbeutel und /oder bei einem älteren Gebrauchtfahrzeug sollten Sie bei Interesse an einer Klimaanlage einmal bei einer größeren Schrottverwertung vorbeischauen, wo auch Pkw oder Lkw ausgeschlachtet werden. Dort läßt sich möglicherweise

so eine Anlage relativ preiswert abstauben und mit etwas Geschick im eigenen Campingbus installieren. Für alle die, die sich kein solches Gerät leisten können oder wollen, hier zwei Tips:

- Erstens: Eine vernünftige Raumbelüftung durch etwas ausgestellte Fenster und vom Ventilator unterstützt bringt in den meisten Fällen auch schon recht brauchbare Kühlung.
- Zweitens: Wenn Sie im Fahrzeug ein paar nasse Handtücher oder Wäschestücke in den Durchzug oder in den Luftstrom eines Ventilators hängen, sorgt die dabei entstehende Verdunstungskälte ebenfalls für eine merkliche Absenkung der Raumtemperatur.

Das zweite, meist sogar eher in Angriff genommene Kühlproblem betrifft die Lagerung wärmeempfindlicher Dinge wie Lebensmittel, Getränke, Farbfilme usw. Von dem Billig-Kühlverfahren (nasse Lappen um die Lebensmittel wickeln und in den Durchzug hängen) einmal abgesehen kommen zum Einbau hauptsächlich Kühlschränke oder Kühlboxen zum Einsatz. Dabei muß grundsätzlich unterschieden werden zwischen dem Absorberverfahren und der Kompressorkühlung. Auf die einzelnen Verfahren einzugehen, ist hier nicht der Raum, aber auf die unterschiedlichen Energiequellen und die Vor- und Nachteile der einzelnen Geräte soll zumindest kurz hingewiesen werden, sofern das nicht schon aus den weiter vorne gemachten Erläuterungen hervorging.

Absorbergeräte können mit 12 Volt, 220 Volt und Gas betrieben werden, Kompressorgeräte nur mit 12 Volt und 220 Volt. Absorbergeräte sind im Betrieb lautlos, sie sind etwas preiswerter in der Anschaffung und problemloser im Betrieb, da Gas als Energiequelle sowieso meist vorhanden ist. Allerdings haben Absorbergeräte zwei wesentliche Nachteile:

- Erstens sind sie, wie ich bereits erwähnte, in ihrer Kühlwirkung bei hohen Außentemperaturen begrenzt. Es kann also passieren, daß bei sommerlichen Temperaturen und starker Sonneneinstrahlung auf die Wagenseite mit dem Kühlschrank der Kühlschrank einfach nicht mehr kühlt.
- Zweitens sind Absorbergeräte lageempfindlich. Wenn das Fahrzeug also beim Parken etwas schräg steht, kann es ebenfalls passieren, daß die Kühlleistung zu wünschen übrig läßt.

Bei Absorbergeräten ist nicht nur (neben dem Stromanschluß für 12 Volt und für 220 Volt) der Gasanschluß herzustellen, sondern es ist auch ein Abgasrohr nach außen zu führen und die Be- und Entlüftung der Kühlschrankrückseite durch unten und oben in der Fahrzeugwand angebrachte Lüftungsöffnungen sicherzustellen. Außerdem muß der Absorberkühlschrank auch noch gegen den Innenraum so abgedichtet werden, daß keine Abgase ins Fahrzeug gelangen können. Sie sehen schon: Eine Menge Arbeit für ein Gläschen kühles Bier...

Der Kompressorkühlschrank kennt solche Sorgen kaum, er ist mit je einem Stromanschluß für 12 Volt und für 220 Volt zufrieden. Dafür hat man dann weder Sorgen mit zu geringer Kühlleistung bei hohen Temperaturen (selbst tropische Temperaturen werden notfalls verkraftet) noch mit waagerechter Aufstellung (Schräglagen werden ebenfalls gut vertragen). Die Nachteile bei Kompressorkühlanlagen sind der relativ hohe Preis, das manchmal störende Kompressorgeräusch und die Gefahr der knappen Energieversorgung aus der Zweitbatterie. Aus dieser Batterie muß ja noch mehr gespeist werden als nur der Kühlschrank, und so ein Kompressorkühlschrank braucht zwischen 10 und 25 Watt je Stunde. Andererseits ist das recht wenig, wenn man bedenkt, daß ein Absorbergerät bei 12-Volt-Stromanschluß bis 125 Watt/h verbrauchen kann! Was die Geräteform betrifft, so gibt es drei Möglichkeiten, nämlich erstens den normalen Kühlschrank (mit oder ohne eingebautes Gefrierfach), zweitens die Kühlbox und drittens die Kühl-Einbauaggregate.

Der normale Kühlschrank sollte so installiert werden, daß die Tür einwandfrei zu öffnen geht, daß Sie ohne Verrenkungen die Schaltknöpfe betätigen (und bei Absorbergeräten die Zündflamme kontrollieren) können und daß die Tür bei scharfem Bremsen nicht von alleine aufliegt. Letzteres ist wichtig, weil manchmal vergessen wird, die Türverriegelung einzustellen. Beim nächsten scharfen Abbremsen fliegt dann der ganze Kühlschrankinhalt durchs Fahrzeug.

Beim Einbau von Kühlschränken sollten Sie sich immer genau an die Einbauanleitung des Herstellers halten, damit weder etwas falsch montiert wird noch die Garantie verloren geht.

Kühlschränke, das soll nicht verschwiegen werden, haben einen Nachteil: Wenn man die Tür öffnet, fällt einem manchmal nicht nur der ganze Kühlschrankinhalt entgegen, sondern vor allem fließt jedesmal ein großer Teil der Kälte aus dem Schrank heraus. Kalte Luft sinkt bekanntlich nach unten. Zu Hause mag das nicht störend sein, weil genug Energie aus der Steckdose vorhanden ist. Im Campingbus dagegen kann das schon ins Gewicht fallen, weil die Kälte jedesmal neu aus dem Batteriestrom erzeugt werden muß.

Deshalb sind Kühlboxen eine beachtenswerte Alternative. Wenn Sie dort den Deckel abheben, geht zwar unter Umständen eine mächtige Kramerei los (das können Sie aber mit passenden Drahtkörben in Grenzen halten), jedoch die Kälte bleibt unten in der Box drin. Der Nachteil der Boxen ist, daß immer etwas Stellfläche verloren geht, weil der Boxendeckel nach oben abgenommen oder aufgeklappt werden muß. Sie können sich zwar helfen, indem Sie entweder den Deckel gleich als Arbeitsplatte für die Küche ausbilden oder die Box z. B. in die Sitzbank o. ä. einbauen und dann jedesmal die Polster mit anheben, wenn Sie an die Kühlbox heran wollen. Aber letztlich müssen Sie selbst entscheiden, welche dieser Lösungen Sie verwirklichen wollen oder ob Sie eine noch bessere Alternative finden.

Für diejenigen, die weder das eine noch das andere Prinzip mögen, gibt es Kompressor-Einbauaggregate, bei denen Sie sich selbst einen isolierten Kühlraum gewünschter Größe und Abmessung (bis ca. 200 Liter Inhalt) schaffen können. Das Kühlaggregat kann bis zu zwei Meter entfernt vom Kühlraum aufgestellt werden, nur der bereits fertig angeschlossene Verdampfer kommt in den dick mit Hartschaumplatten verkleideten Kühlraum, den Sie nach Belieben als Box, als Kühlfach mit Tür oder auch anders gestalten können.

Ein Tip

Informieren Sie sich an Hand von Hersteller- oder Händlerkatalogen über die verschiedenen Modelle und deren Preise sowie über den Energiebedarf auf Grund der eben beschriebenen Überlegungen. Einen Kühlschrank für den Campingbus kann man nämlich nicht so ohne weiteres auswechseln, wenn er erst einmal eingebaut ist.

(c) Die Lüftung

Jede Wohnmobillüftung dient dazu, verbrauchte Luft aus dem Fahrzeug nach draußen und frische Luft hinein zu bringen. Wir unterscheiden im Campingbus zwei Lüftungsarten:

- Erstens die zwangsweise durch Geräte (Gaskocher usw.) bedingte Dauerlüftung.
- Zweitens die für das Raumklima erforderliche regelbare Innenlüftung (Atemluft, Wrasen der Küchenspüle usw.).

Nur die zweite Lüftung (Innenlüftung) interessiert hier. Die für Geräte vorgeschriebenen Zwangslüftungen sind gesondert bei den Gerätebeschreibungen aufgeführt.

Die Lüftung des Fahrzeuginneren kann auf verschiedene Weise erfolgen:

- Erstens durch natürlichen Durchzug, indem Sie Fenster und Türen öffnen.
- Zweitens, indem Sie einen mechanischen Dachentlüfter installieren, der schon beim Fahren die verbrauchte Luft aus dem Fahrzeug saugt.

- Drittens durch künstlich erzeugte Lüftung, indem die Luft mittels elektrisch betriebener Ventilatoren umgewälzt bzw. ausgetauscht wird.

Während es für den natürlichen Luftaustausch allgemein genügt, an entgegengesetzten Stellen des Fahrzeugs ausstellbare Fenster oder Klappen anzubringen (wie dies vom TÜV gefordert wird) und diese mit entsprechenden Schutzvorrichtungen (Fliegengaze, Einbruchsschutz, Verdunklung usw.) zu versehen, ist für die künstliche Luftbewegung etwas mehr Aufwand erforderlich.

Eine gute Voraussetzung ist dann gegeben, wenn Sie eine Heizung mit Luftumwälzung einbauen. Die meisten derartigen Heizungen haben nämlich bereits Vorrichtungen (als Zubehör erhältlich), um bei abgeschalteter Heizung den Umwälzventilator so zu betreiben, daß in regelbarer Menge Frischluft zugesetzt werden kann. Sie können durch entsprechendes Einstellen selbst entscheiden, ob Sie viel oder weniger Frischluft zuführen oder auch nur die Raumluft umwälzen möchten. Für den Winterbetrieb ist dabei von Vorteil, daß Sie natürlich auch bei eingeschalteter Heizung in bestimmter Menge Frischluft

Abbildung 139: Dunstabzugshaube. Was der Hausfrau zu Hause Recht ist, läßt sich auch im Campingbus installieren: Eine Abzugshaube (12 V) saugt nicht nur die Küchendünste ab, sondern kann auch sonst zur Raumentlüftung benutzt werden.

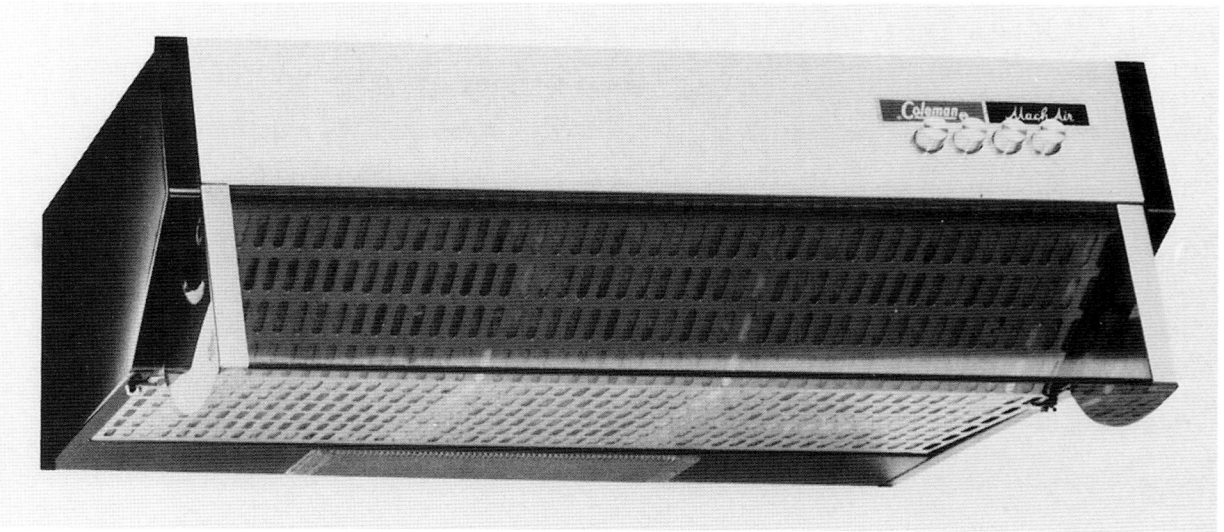

zumischen können. So bekommen Sie durch Ergänzung Ihrer Heizungsanlage schon fast so etwas wie eine kleine »Klimaanlage«. Führend auf diesem Gebiet ist m. E. eine Münchner Firma, die rund um das Gebiet Gasheizungen, Warmwasserbereitung usw. eine Menge nützlicher Dinge im Programm hat. Aber auch andere Firmen sind recht aktiv auf dem Gebiet.

Weitere Lüftungsmöglichkeiten sind gegeben, wenn Sie beispielsweise im Küchenbereich oberhalb des Kochers einen speziellen Küchenlüfter (12 Volt) einbauen, der die Kochdünste nach draußen transportiert. So ein Küchenlüfter oder eine Absaughaube (Abbildung 139) wird direkt an der Außenwand oder am Küchenhängeschrank festgemacht, hat einen Durchbruch durch das Karosserieblech nötig und läßt sich natürlich nicht nur zum Absaugen der Kochdünste, sondern auch sonst zum Absaugen verbrauchter Luft einsetzen. Den gleichen Zweck, nämlich das Absaugen verbrauchter Luft (aber nicht für feuchte Küchendünste geeignet!) erfüllt auch ein handelsüblicher PKW-Ventilator, wie es ihn in verschiedener Ausführung zu kaufen gibt. Oder ein (leider nicht so leistungsstarker) Minilüfter, wie er in Computergehäusen verwendet wird und wie Sie ihn in Elektronikläden oder Computergeschäften preiswert zu kaufen bekommen.

Wenn Sie einen preiswerten 12-Volt-Lüfter direkt innen an einen Wanddurchbruch setzen, der außen mit einem Kiemenblech und innen mit einem verschiebbaren Verschluß ausgestattet ist, haben Sie eine recht brauchbare Raumentlüftung. Die PKW-Ventilatoren haben meist sogar eine stufenlose Drehzahlregelung. Sie sollten sich aber vor dem Kauf das Gerät vorführen lassen. Manche Lüfter sind nämlich so laut, daß man sie nachts nicht zur Fahrzeuglüftung einsetzen kann, ohne um den Schlaf gebracht zu werden. Die meisten Computerlüfter sind dagegen von der Lautstärke her recht empfehlenswert.

Bei allen Lüftern, die Luft aus dem Fahrzeuginneren absaugen, sollten Sie aber auch an eine entsprechende Luftzuführung denken! Sie sollten also ein Fenster oder eine Klappe nach draußen öffnen, damit kein spürbarer Unterdruck im Wagen entstehen kann und so möglicherweise Abgase von der Heizung oder anderen Geräten angesaugt werden.

Abbildung 140: Einbau-Entlüfter. Schon der kleinste Lufthauch genügt, um so einen Einbauentlüfter in Gang zu setzen. Auch ohne Stromanschluß. Mit 12-V-Stromanschluß eine vollwertige Raumentlüftung. Aber: Ein etwas ausgestelltes Fenster im stehenden Fahrzeug erfüllt fast den gleichen Zweck, ohne zusätzliche Löcher ins Dach schneiden zu müssen.

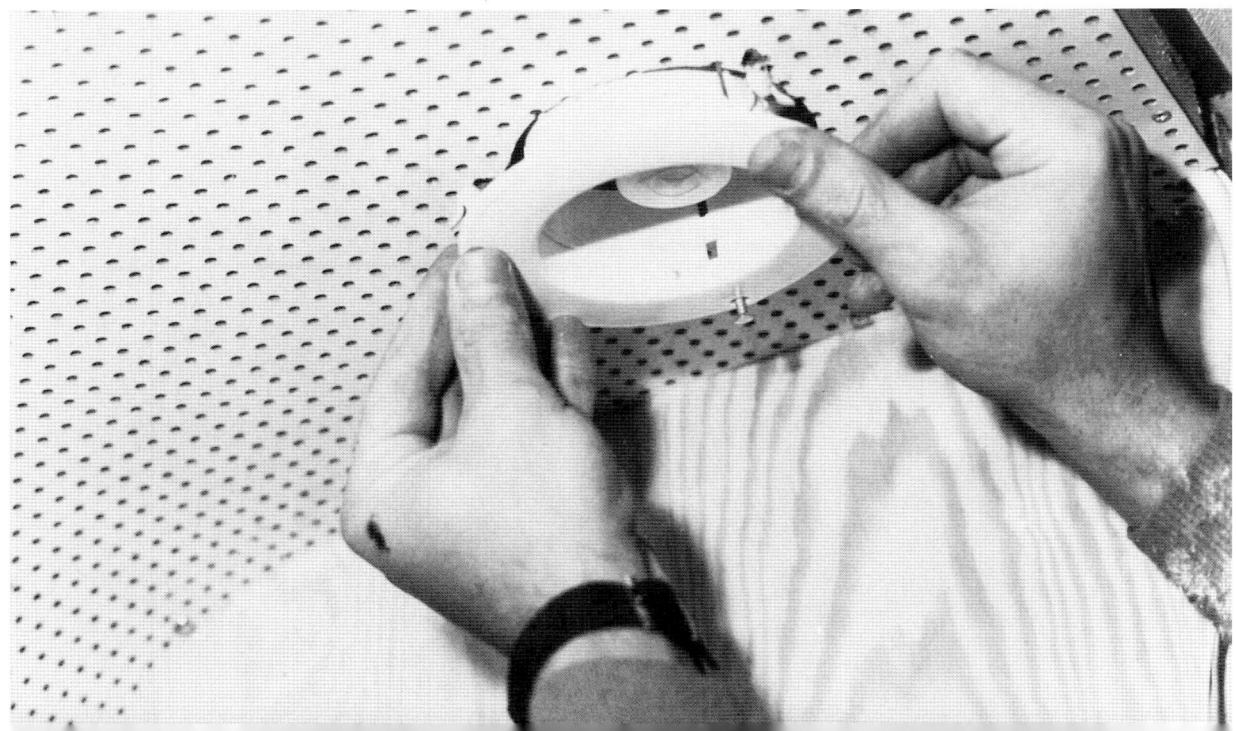

In diesem Zusammenhang noch ein wichtiger Hinweis: Öffnen Sie nie ein Fenster, das direkt neben oder über dem Abgasstutzen einer Gasheizung, eines Kühlschranks oder ähnlicher Gasgeräte liegt, wenn diese in Betrieb sind. Die Abgase würden sich mit Vorliebe einen Weg suchen, der Ihnen den gesunden Aufenthalt im Fahrzeug unmöglich macht.

Eine andere Möglichkeit der Raumbelüftung stellen noch die Pilzlüfter dar, die als fest eingebaute Dauerlüftung im Wagendach montiert werden können und entweder nur durch den Fahrtwind oder je nach Modell auch durch einen elektrisch betriebenen Ventilator die Raumentlüftung übernehmen. Das ist insofern sehr praktisch, als ja die verbrauchte warme Luft nach oben steigt und dort dann abgesaugt wird. Sie können diese Pilzlüfter auch beispielsweise im Waschraum einsetzen, wo ein Ausstellfenster vielleicht nicht immer genug Platz hätte. Sie sind so konstruiert, daß kein Regen eindringen kann. Innen wird eine mitgelieferte Verkleidung (Kunststoffgitter) auf den Deckenausschnitt gesetzt, die für verschiedene Dachstärken einstellbar ist, so daß also auch dort keine Verkleidungsprobleme auftauchen können. Einbauentlüfter sind eine preiswerte Alternative zu anderen Lüftungsmöglichkeiten, allerdings kein vollwertiger Ersatz für Ausstellfenster oder ähnliches (Abbildung 140).

5.08 Wasser und Abwasser

Die Wasserversorgung im Campingbus ist heute schon selbstverständliche Grundausstattung. Aber ist sie auch immer optimal gelöst? Der Laie, der sich eine Wasserversorgung installieren will, steht doch oft etwas hilflos vor dem Angebot an unterschiedlichem Zubehör und weiß nicht so recht, für was er sich entscheiden soll.

Deshalb hier zunächst ein paar erklärende Worte zu den einzelnen Bereichen der Wasserversorgung. Ich habe sie der Übersichtlichkeit halber in folgende Gruppen aufgeteilt: Wasserbevorratung, Fördereinrichtungen, Leitungen, Armaturen, Sanitärobjekte, Warmwasserbereitung und Abwasseranlagen.

(a) Wasserbevorratung

Das Wasser, das im Campingbus zum Waschen, Kochen, Trinken usw. benötigt wird, muß mitgeführt werden, muß also irgendwo im Fahrzeug gespeichert werden. Dieser Wasservorrat muß so groß sein, daß er für die Versorgung von wenigstens zwei bis drei Tagen ausreicht. Bei schlechten Nachfüllgelegenheiten wie z. B. Wüstendurchquerungen, Fahrten in wasserarme Regionen usw. muß der Vorrat entsprechend größer sein. Solch Problem läßt sich dann aber von Fall zu Fall auch mit zusätzlichen Kanistern oder faltbaren Wassersäcken ergänzen.

Dabei taucht zunächst die Frage auf, wieviel Wasser denn überhaupt erforderlich ist? Als Faustregel können Sie davon ausgehen, daß bei nicht zu heißem Klima pro Person und Tag etwa 8 bis 10 Liter Wasser für mittlere Ansprüche ausreichen. Wenn Sie allerdings im Fahrzeug die Dusche, die Waschmaschine, die Klimaanlage und andere Wasserschlucker benutzen wollen, wird mit diesen Minimalmengen nicht auszukommen sein. Allein ein Duschvorgang von ein bis zwei Minuten Dauer verschlingt mühelos 15 bis 25 Liter Wasser!

Für einen mittelgroßen Campingbus halte ich für Reisen in Europa einen Frischwasservorrat von etwa 60 bis 100 Liter für ausreichend, weil sich hier ja praktisch an jeder Tankstelle, jedem Trinkwasserbrunnen usw. gute Nachfüllmöglichkeiten ergeben. Für Reisen in wasserarme Gebiete dagegen würde ich den Wasservorratsbehälter auch nicht größer einplanen, dafür aber lieber einige Zusatzbehälter (Falttanks, Schlauchbehälter, Kanister o. ä.) mitnehmen, die bei Nichtbedarf wenig Platz beanspruchen. Sie müssen nämlich bei der Bemessung des Wasservorrats immer auch an das Gewicht des Wassers denken (1 Liter wiegt rund 1 kg) und damit an die sowieso nicht allzu üppig bemessene Nutzlast Ihres Fahrzeugs!

Welche Möglichkeiten gibt es also nun, einen Wasservorrat von angenommen 60 bis 100 Liter im Fahrzeug zu speichern? Grundsätzlich kommen 3 Möglichkeiten in Betracht:

- Erstens in fest installierten Wassertanks, die im Fahrzeuginnenraum montiert werden.
- Zweitens in fest installierten Wassertanks, die unter dem Wagenboden montiert werden.

■ Drittens in lose im Fahrzeug untergebrachten Wasserkanistern.

In jedem Fall, um das von vornherein zu sagen, muß Trinkwasser in hygienisch einwandfreien, für Trinkwasser zugelassenen Behältern gespeichert werden. Es wird Ihnen zwar kein Mensch etwas vorschreiben, wenn Sie es anders machen, aber es dient schließlich Ihrer eigenen Gesundheit, auf solche Sachen Wert zu legen.

Zu den Methoden Nummer 1 und 2, den fest installierten Wassertanks: Sie bekommen aus verschiedenen, lebensmitteltechnisch unbedenklichen Werkstoffen gefertigte, hygienisch einwandfreie Wassertanks als Unterflurtanks und als Überflurtanks in vielen verschiedenen Größen und Formen. Die Unterflurtanks sind, wie der Name schon erkennen läßt, für die Montage unter dem Fahrzeugboden gedacht.

Aber schauen Sie sich mal als Beispiel das Foto (Abbildung 33) einer Transporter-Unterseite an (andere Fahrzeuge sind ähnlich verschachtelt). Wo wollen Sie da noch einen Unterflur-Wassertank anbringen, ohne mit der Heizung, dem erforderlichen Abwassertank, dem Reserverad, dem heißen Auspuff usw. in Konflikt zu kommen und trotzdem auch noch den Tank so zu montieren, daß die Bodenfreiheit nicht eingeschränkt wird?

Die Bodenfreiheit ist nämlich eines der wichtigsten Argumente, den Wassertank in das Fahrzeuginnere zu verlegen. Andernfalls können Sie auf einer schlechten Wegstrecke, an einem Bordstein, einem vorstehenden kleinen Fels oder anderen neckischen Dingen sehr schnell Ihren Wassertank leckschlagen und sitzen dann ohne Trinkwasser da. Bei dem immer (oder besser: möglichst immer) unter dem Wagenboden anzubringenden Abwassertank ist das nicht ganz so tragisch. Wenn er wirklich mal leck ist, kann nur das Abwasser ablaufen. Das ist zwar weder umweltfreundlich noch angenehm, aber auch nicht direkt tragisch.

Deshalb empfehle ich, den Frischwasservorrat im Fahrzeug unterzubringen, wo weder Steinschlag noch Frost dem Wasservorrat zu Leibe rücken können. Da Wasser ja recht gewichtig ist, sollten Sie den Wasservorrat dennoch so tief wie irgend möglich im Fahrzeug speichern, damit die Schwerpunktlage nicht

noch verschlechtert wird. Also unten im Küchenblock, im Kleiderschrank oder am besten unten in einer der Staukisten, die als Sitzbänke dienen.

Die für diese Zwecke vorgesehenen, fest zu installierenden Innenraum-Tanks sind auch aus hygienisch einwandfreiem Kunststoff, aber lange nicht so dickwandig und schwer wie die robusten Unterflurtanks. Das brauchen sie auch nicht zu sein, denn sie sind ja in irgendwelchen Möbeln geschützt eingebaut. Sie bekommen die Tanks in so vielen verschiedenen Abmessungen, daß es für fast jede Einrichtung ein maßlich passendes Modell gibt. Oder Sie installieren mehrere kleine Tanks zu einer Einheit zusammen. Das hat Vor- aber auch Nachteile:

■ Vorteilhaft ist, daß man sich so den Möbelmaßen und Platzverhältnissen besser anpassen kann.

■ Nachteilhaft ist, daß man zum Reinigen an mehrere Tanks heran muß und daß mehrere kleine Tanks teurer sind als 1 großer.

Wie schon gesagt, ich würde in meinen Bus einen fest installierten Frischwassertank an der Stelle einbauen, wo:

■ Erstens die Achslast das Tank- und Wassergewicht noch verträgt.

■ Zweitens der Stauraum nicht so häufig gebraucht wird bzw. schlechter zugänglich ist (dem Wasser ist das egal, es wird ja gepumpt).

■ Drittens die Wasserleitungen zu den einzelnen Zapfstellen noch einigermaßen kurz bleiben und gut zu verlegen sind.

■ Viertens der Wasservorrat wieder bequem aufgefüllt werden kann.

Das Auffüllen ist nämlich auch so ein Problem, das einem auf Reisen zu schaffen machen kann. Zu Hause geht das mit einem sauberen Trinkwasserschlauch direkt in den Tank vielleicht noch ganz gut. Aber unterwegs paßt oft der mitgenommene Schlauch nicht an den fremden Wasserhahn oder die Schlauchleitung ist nicht lang genug. Dann müssen Sie das Wasser mühsam in Kanistern heranschleppen und von Hand in die oft recht hoch sitzende Einfüllöffnung gießen.

Zum Befüllen des Tanks wird in die Fahrzeug-Außenwand ein spezieller Einfüllstutzen eingebaut. Solche Anschlußstutzen bekommen Sie in mehreren Ausführungen:

- Als (druckmindernden) Stadtwasser-Regler. Der Anschluß ähnelt den bekannten Gartenschlauch-Stecksystemen und kann per Schlauch an jeden Wasserhahn angeschlossen werden.
- Als verschraubbaren Rohrstutzen zum direkten Eingießen z. B. mit einem Trichter oder der Gießkanne.

Den Durchbruch hierfür sollten Sie bereits beim Grundausbau rechtzeitig anbringen. Dieser Stutzen hat eine verschließbare Klappe, damit er weder mit dem Benzinstutzen verwechselt wird noch zu dummen Streichen Veranlassung geben kann. Der außen in die Fahrzeugwand eingelassene Einfüllstutzen muß über der obersten Stelle des Wassertanks sitzen, aber auch wieder nicht so hoch, daß man ihn von außen nur mit einer Leiter erreichen kann! Der Einfüllstutzen wird durch einen klaren, trinkwassergeeigneten PVC-Schlauch fest mit dem Zulaufstutzen des Tanks verbunden. Hierfür sollten Sie stabile Schlauchschellen verwenden und diese stramm anziehen, damit Ihnen nicht während der Fahrt plötzlich das Trinkwasser durch die Staukästen schwappt!

Was die Ausführung des Wassertanks selbst betrifft, so sind Sie hierbei von der Entscheidung abhängig, mit welcher Fördereinrichtung das Wasser transportiert werden soll. Ob also eine Saugpumpe, eine Tauchpumpe oder eine andere Pumpe eingesetzt wird. Unabhängig davon sollten Sie sich aber bei der Beschaffung des Wassertanks noch von ein paar weiteren Überlegungen leiten lassen:

- Erstens muß der Tank natürlich in die geplanten Möbelzwischenräume hineinpassen (für Problemfälle gibt es auch flexible Tanks aus gummiertem Leinen o. ä., die sich dem Stauraum anpassen und bei nur teilweiser Füllung mehr Stauplatz bieten als starre Tanks).
- Zweitens muß der Tank jederzeit innen leicht zu säubern sein, er muß also eine entsprechend große (oben liegende) Verschraubung aufweisen.
- Drittens soll der Tank vielleicht den Anschluß für eine wasserdichte UV-Lampe (zur Entkeimung) oder einen Schraubstutzen für die chemische Wasseraufbereitung an leicht zugänglicher Stelle bekommen.
- Viertens muß der Tank an der tiefsten Stelle einen absperrbaren Restentleerungsstutzen aufweisen,

damit Sie den Tank vor dem Einmotten des Fahrzeugs völlig entleeren können.
- Fünftens muß der Tank an eine Entlüftungsleitung angeschlossen werden, wenn es sich nicht um einen Drucktank handelt und sofern die Entlüftung nicht bereits in der Einfülleitung eingebaut ist.
- Sechstens schließlich sollten Sie auch bedenken, daß Sie häufig auf irgendeine Weise den jeweiligen Füllgrad des Tanks ablesen möchten. Andernfalls taucht laufend die Frage auf, wie voll der Tank noch ist.

Für die Füllstandskontrolle der Tanks gibt es eine ganze Reihe elektronischer Meßeinrichtungen für den nachträglichen Einbau. Nur für einen Schwimmer-Anzeiger brauchen Sie einen zusätzlichen Stutzen. Über die genauen Anschlußmöglichkeiten an Ihren Wassertank informiert Sie Ihr Zubehörhändler, Sie sollten jedoch für solche Kontrolleinrichtungen die entsprechenden Kabel rechtzeitig verlegen.

Unterflurtanks müssen mit soliden (rostfreien!) Halterungen oder durch rundum angebrachte Schrauben besonders stabil am versteiften Fahrzeugboden befestigt werden, sonst sind Sie so einen schwergewichtigen Behälter unterwegs schneller wieder los, als Sie ihn montiert hatten.

Überflurtanks dagegen, die in Möbeln installiert werden, brauchen praktisch kaum befestigt zu werden, sie können ja nicht weg. Wenn Befestigungsmaterial beiliegt, dann sollten Sie es natürlich verwenden oder die Tanks mit einem Leistenrahmen rundum am Boden eingrenzen, damit sie nicht wegrutschen können. Ich würde lediglich zwischen Tankunterseite und Fußboden eine etwa 20 mm starke Hartschaum- oder Filzplatte und eine Zwischenfolie glatt auflegen, damit der Tank satt aufliegt und zusätzlich gegen Bodenkälte geschützt ist. Auch seitlich sollten Sie die Lücken zwischen Tank und Möbelwänden noch mit Schaumstoff o. ä. ausstopfen als Schutz gegen Verrutschen, Kälte, Fahrerschütterungen usw., aber erst, nachdem alle Leitungen am Tank angeschlossen wurden.

Methode Nummer 3, nämlich einzelne lose Wasserkanister als Vorratsbehälter einzusetzen, hat nur dann Vorteile, wenn Sie Ihren Campingbus möglichst preiswert und ohne großen technischen Aufwand

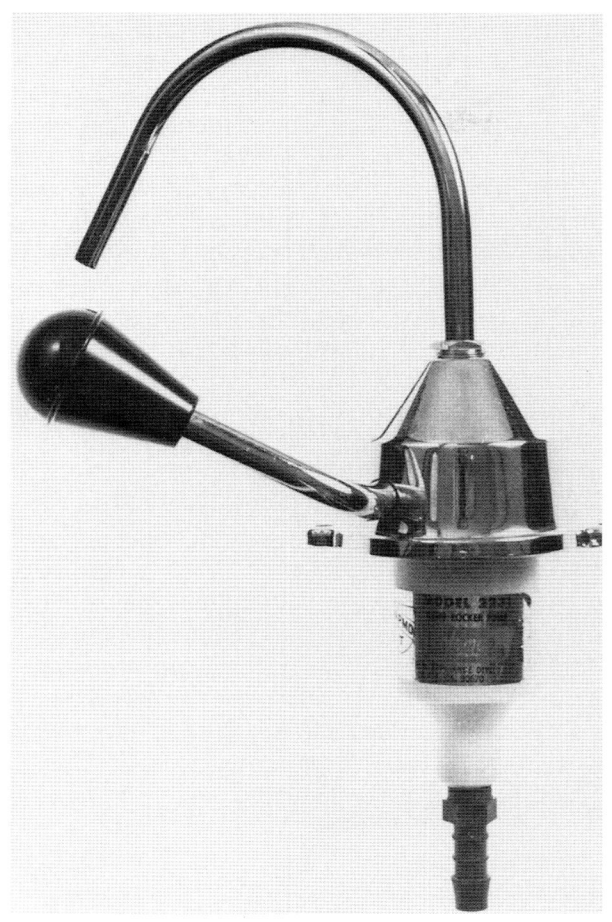

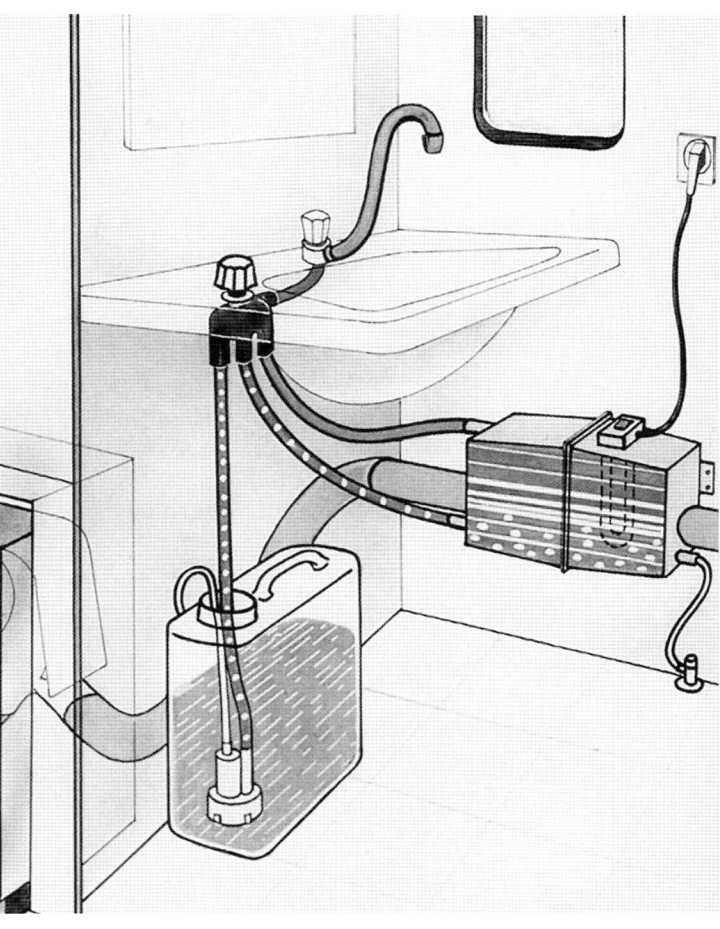

Abbildung 141: Handpumpe. Solche altmodischen handbetätigten Saugpumpen mit Auslaufhahn kann man verwenden, wenn man keinen 12-V-Anschluß zur Verfügung hat oder die Wohneinrichtung rasch zu demontieren sein muß (bei Wechselnutzung des Fahrzeugs!). Komfortabler aber sind immer die 12-V-Motorpumpen.

Abbildung 142: Tauchpumpe. Mit 12 Volt betriebene Tauchpumpen sind preiswert und einfach zu installieren. Sie sind ideal, wenn man unter jeder Zapfstelle (Waschbecken, Küchenspüle) jeweils nur einen Wasserkanister hat. Zur Warmwasserversorgung aber sind sie nicht geeignet.

einrichten wollen. Die einzelnen Kanister (in Größen zwischen etwa 8 und 20 Liter erhältlich) gibt es in vielen Abmessungen. Sie können aus Platzgründen so vorgehen, daß Sie nur jeweils unter jeder Zapfstelle (also z. B. am Wasserhahn der Küche und im Waschraum) einen Kunststoffkanister in den Möbeln

unterbringen und den restlichen Wasservorrat in weiteren Kanistern oder Falttanks lose im Stauraum. So ein Kanister geht rasch zu wechseln, wenn er leer ist. Er läßt sich auch zum Füllen leicht bis zur Wasserstelle transportieren (notfalls mit einem kleinen Transportwägelchen). Er muß allerdings sowohl an der Verbrauchsstelle als auch im Stauraum so sicher aufgestellt werden, daß er nicht umfallen kann.

Die losen Kanister bekommen Sie mit normaler oder mit Weithalsverschraubung. Ich würde wegen der empfehlenswerten Tauchpumpen und wegen leichterer Reinigung der Kanister immer eine Weithalsverschraubung vorziehen. Die Tauchpumpe (s. Fördereinrichtungen) wird mit ihrem Kabel durch eine Bohrung im Schraubdeckel geführt und das Kabel an einer 12-Volt-Klemme angeschlossen. Der volle (und schwere!) Kanister muß dann jeweils an seinen Standort gehievt, die Pumpe eingesetzt und der Deckel aufgeschraubt werden. Da es hierbei oft zu etwas Panscherei kommt, sollten Sie die Möbel in diesem Bereich durch einen Lackanstrich, durch Folienauskleidung o. ä. gut gegen Nässe schützen! Vorteilhaft ist es, wenn Sie sich für die Kanister eine zweite Verschraubung beschaffen können. Dann bleibt die eine Verschraubung mit dem eingedichteten Pumpenschlauch und dem Kabel im Möbelstück zurück, während Sie mit dem Kanister und der zweiten, normalen Verschraubung auf Wassersuche gehen. Sie sparen sich so die jeweilige Umbastelei und es gibt weniger verschüttetes Wasser im Fahrzeug.

Da die Wasserkanister meist aus transparentem Material bestehen, benötigen Sie hierfür keine zusätzliche Wasserstandsanzeige. Die Füllhöhe läßt sich jederzeit optisch kontrollieren.

(b) Fördereinrichtungen

Die früher einmal als Primitivmethode übliche Wasserförderung durch Schwerkraft mittels hochstehender Wasserbehälter können Sie heute getrost als überholt ansehen. Die einfachste Form der heute üblichen Wasserpumpen stellt die Handpumpe (Abbildung 141) dar. Sie wird am Beckenrand montiert. Ein trinkwassergeeigneter Schlauch wird vom Wasserbehälter bis zum Anschlußstutzen der Pumpe geführt und nach ein paar Pumpbewegungen am Handhebel fließt Wasser. Einfach und robust, aber unzweckmäßig, wenn Sie sich mal mit beiden Händen zugleich waschen wollen. Vorteilhaft wiederum dann, wenn Sie eine leicht herausnehmbare Einrichtung haben und nicht jedesmal erst eine elektrische Pumpe abklemmen wollen.

Bequemer sind elektrische Tauchpumpen, wie sie hauptsächlich bei Wasserversorgungen dann eingesetzt werden, wenn als Vorratsbehälter Kanister benutzt werden (Abbildung 142, im Kanister). Tauchpumpen sind preiswert, liefern zwischen 4 und 15 Liter/min Wasser über mehrere Meter Entfernung hinweg und bis zu etwa 2 Meter Förderhöhe. Sie werden nur mit einem Wasserschlauch und dem 12-Volt-Kabel in den Kanister eingehängt. Strom zur Pumpenbetätigung bekommen sie nämlich über ein wasserdicht angeschlossenes zweiadriges Kabel (12 Volt).

Ein Tip hierzu

Bei manchen Modellen muß das (Gleichstrom-) Kabel so angeschlossen werden, daß die Drehrichtung der Pumpe stimmt! Ein kurzer Probelauf klärt, welche der beiden Leitungen über den Betätigungsschalter (am Automatikhahn oder einem gesonderten Taster bzw. Klingelknopf) an den Pluspol der Zweitbatterie angeschlossen werden muß. Die zweite Leitung wird dann – wie gehabt – mit der Karosseriemasse (= Minuspol) verbunden. Die Tauchpumpe läuft so lange, wie sie Strom bekommt. Sie sollten sie aber nach Möglichkeit niemals trocken (also nie ohne Wasser im Kanister) laufen lassen. Für jeden Wasserhahn ist bei diesem System eine gesonderte Tauchpumpe erforderlich, da die hierfür verwendeten (Automatik-)Hähne nichts weiter als Durchlaufrohre sind, bei denen der Griff einen kleinen Elektro-Schalter enthält zur Einschaltung der Tauchpumpe.

Für den Einsatz bei fest installierten Tanks sind sogenannte Zentrifugalpumpen (Abbildung 143) weitaus besser als die (im Tank selbst sitzenden) Tauchpumpen geeignet, weil sie recht leistungsstark sind und außerhalb des Tanks montiert werden können. Sie erfordern jedoch einen Wasserzulauf, da sie das Wasser nicht selbst ansaugen können. Das bedeutet in der Praxis, daß sie auf gleicher Höhe wie der Wassertank oder möglichst noch etwas tiefer sitzen sollten und daß der Tank den Pumpenstutzen eben-

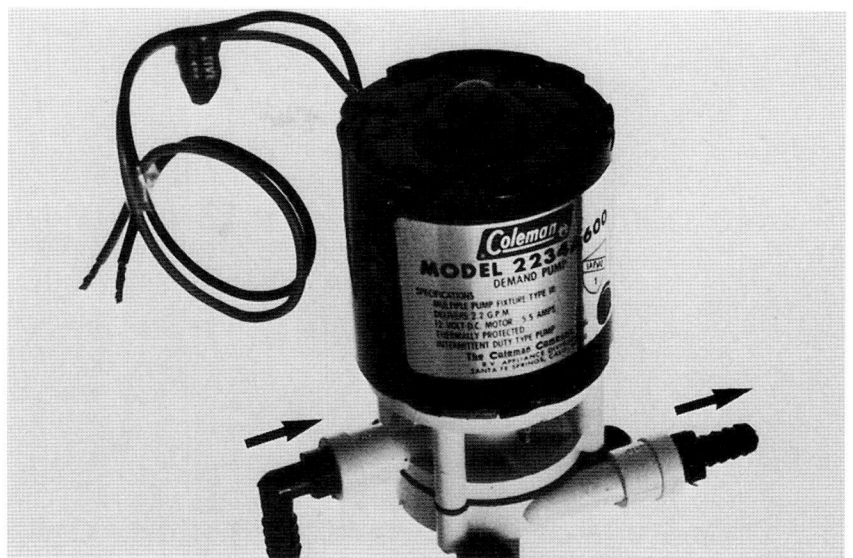

Abbildung 143: Zentrifugalpumpe. Solche Pumpe ist das geeignete Gerät, um eine automatische Wasserversorgung im Campingbus zu installieren. Auch der Warmwasserboiler kann mit versorgt werden. Es gibt diese Pumpen von verschiedenen Herstellern in unterschiedlichen Größen und Ausführungen. Tip: Achten Sie darauf, daß Sie ein relativ leistungsstarkes und langlebiges Modell bekommen.

Abbildung 144: Automatikpumpe. Druckschalter, Rückschlagventil und Thermoschutzschalter sind bei modernen selbstansaugenden Wasserpumpen gleich mit eingebaut. Das spart Arbeit und verhindert mögliche Dichtungsprobleme.

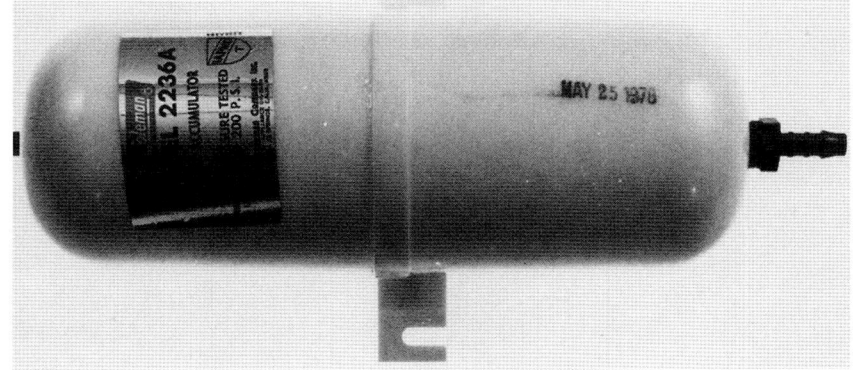

Abbildung 145: Druckausgleichsbehälter. Diese (im Prinzip auch von Zentralheizungen in Kugelform bekannten) Behälter (auch in anderen Ausführungen erhältlich) halten den Wasserdruck im System konstant und vermeiden so das häufige Ein- und Abschalten der Wasserpumpe.

falls in Bodennähe haben muß. Solche Zentrifugalpumpen für 12 Volt Stromanschluß leisten zwischen 9 und 15 Liter/min.

Optimal für den Einsatz bei der Wasserversorgung im Campingbus sind selbstansaugende Automatikpumpen (Abbildung 144). Mit solchen Pumpen, die es ähnlich auch von anderen Herstellern gibt, können Sie nicht nur mehrere Zapfstellen gleichzeitig mit Wasser versorgen, sondern auch Warmwasserbereiter, Gas-Durchlauferhitzer usw. in das Wasserversorgungsnetz mit einbeziehen. Natürlich müssen Sie bei solchen Pumpen mit einem etwas höheren Preis als bei simplen Tauchpumpen rechnen. Diese Pumpen besitzen meist ein eingebautes Rückschlagventil, oft auch wie hier das Modell einen werkseitig eingestellten und fertig montierten Druckschalter. Dieser Druckschalter setzt die Pumpe immer dann in Tätigkeit, wenn der Wasserdruck im Leitungsnetz unter einen bestimmten Wert absinkt. Das erfordert natürlich die Verwendung absperrbarer Wasserhähne, dafür brauchen es dann aber auch keine Automatikhähne zu sein.

Die Pumpen brauchen nur noch mit entsprechend druckfesten Wasserschläuchen versehen und an 12 Volt angeklemmt werden. Sie sind selbstansaugend und können daher sogar dann Wasser aus oben im Tank angebrachten Wasserstutzen saugen (s. Betriebsanleitung der Pumpe!), wenn sie unten neben dem Tank installiert werden. Der Wasserschlauch zwischen Tank und Pumpe sollte immer etwas größeren Durchmesser haben als die Schlauchleitung von der Pumpe zu den Verbrauchern (z. B. 1/2" Schlauch und 3/8" Schlauch), dann fällt der Wasserdruck nicht so sehr ab, wenn mehrere Zapfstellen gleichzeitig benutzt werden.

Der 12-Volt-Anschluß der Pumpe sollte mit 2,5 mm² Leitungsquerschnitt angeschlossen und mit einer 10-A-Sicherung abgesichert werden. Damit derartige druckwassergesteuerte Pumpen nicht bei jedem winzigen Druckabfall im Leitungsnetz ständig schalten müssen, empfiehlt sich der Einbau eines Druckausgleichsbehälters (Abbildung 145), der aus leichtem Kunststoff besteht und lediglich mit einem Stück Schlauch über ein T-Stück an die Druckwasserleitung angeschlossen wird.

Noch ein Tip

Damit Sie nicht vor einer mittleren Überschwemmung stehen, wenn während Ihrer Abwesenheit vom Fahrzeug eine Wasserleitung undicht wird oder gar platzt, bauen Sie in die Plusleitung zur Pumpe noch einen Pumpenhauptschalter ein, mit dem Sie die Stromzufuhr zur Pumpe für die Dauer Ihrer Abwesenheit unterbrechen können. So ein Pumpenhauptschalter gehört natürlich in den Sichtbereich (und nicht irgendwo versteckt), am besten sogar mit in die Kontrolltafel für die gesamte Technik eingebaut.

(c) Wasserleitungen

Trinkwasserleitungen in Campingbussen können aus verschiedenen Materialien bestehen:

- Das gebräuchlichste (aber nicht das sicherste) System sind Schlauchleitungen aus gewebeverstärktem, hygienisch unbedenklichem PVC-Schlauch (heißwasserfest). Hierzu gibt es viele Ergänzungsteile wie z. B. Verteiler, Absperrhähne usw. im Campingversandhandel.
- Sehr schnell und sauber zu verlegen sind Rohrsysteme aus lebensmittelechten Kunststoffrohren, die mit Schnellkupplungen oder Steckverschraubungen verbunden werden und für die es ebenfalls umfangreiches Spezial-Zubehör gibt.
- Eine weitere Möglichkeit ist auch das wärmebeständige Polypropylen-Rohr, das mit Steckfittings (z. B. aus dem Sanitärprogramm von Firmen für Fußbodenheizungen) schnell zu verlegen ist.
- Kupferrohrleitungen (mit Lötfittings) sind eine heute kaum noch angewandte, aber dennoch sehr robuste und bewährte Technik. Die Gefahr hierbei ist, daß solche starren Metalleitungen bei Frost leicht platzen, wenn das Wasser nicht rechtzeitig abgelassen oder das Fahrzeug nicht geheizt wird.

Die Wasserleitungen sollten (schon wegen möglicher Frostgefahr) am besten innerhalb der Möbel und möglichst nicht zu dicht an den Fahrzeugaußenwänden verlegt werden. So bekommen sie im Winter noch Wohnraumwärme mit und sind dennoch »unsichtbar«, aber leicht zugänglich untergebracht.

Bei Schlauchsystemen müssen alle Schlauchanschlüsse mit soliden Schellen sorgfältig gesichert werden, damit die Schläuche nicht durch den im System herrschenden Wasserdruck abrutschen können! Abzweigungen werden mit dem passenden T- oder Y-förmigen Schlauchverbinder aus Hartplastik hergestellt. Schlauchverlängerungen erfolgen mit Hilfe von geraden Schlauchverbindern, Übergänge von Schläuchen unterschiedlicher Durchmesser werden mit Übergangsstücken bewältigt.

Ein Praxistip

Ein Problem, das immer wieder mal auftaucht, ist die Frage, wie man PVC- oder andere Kunststoffschläuche auf einen Stutzen draufbekommt, der einen etwas größeren Außendurchmesser hat, als der Schlauch innen groß ist. Hierfür gibt es einen simplen Trick: Halten Sie das Schlauchende einfach ein paar Minuten in kochend heißes Wasser und schieben Sie es dann schnell auf den Stutzen. Wenn es dann immer noch nicht klappen will, schmieren Sie den Stutzen vor einem neuen Versuch satt mit flüssiger Seife oder Shampoo ein. Dann müßte es eigentlich flutschen!

Für Abwasserleitungen brauchen Sie natürlich nicht die teuren Trinkwasserschläuche oder Leitungsrohre zu nehmen, hier reicht billiger Industrieschlauch allemal. An Stellen, wo Sie über eine längere Strecke Wasserleitungen verlegen müssen oder wo die Wasserleitungen durch mechanische Einwirkungen beschädigt werden könnten (im Gehbereich oder unter dem Fahrzeugboden usw.), nehmen Sie statt des Schlauchmaterials lieber Kunststoffrohre oder auch Kupferrohr. Das ist zwar etwas teurer und muß an den Verbindungsstellen mit Fittings verbunden werden, aber es ist solider und es kann vor allem bei längeren Strecken nicht durchhängen, auch wenn es nur an ein paar Stellen befestigt wird. Bei der Unterflurverlegung müssen Sie das Abwasserrohr aber gut isolieren, damit es Ihnen nicht einfriert!

Das ist nämlich auch so eine Sache mit der Leitungsführung: Ob Schlauch oder Rohr, beides sollte ohne jede »Wassersackbildung« so gleichmäßig wie möglich verlegt werden und dabei möglichst ein (wenn auch noch so kleines) Gefälle zu einer am tiefsten Punkt gelegenen Entleerungsstelle oder zu dem Wassertank hin aufweisen. Bei den Anlagen, wo die selbstansaugende Wasserpumpe unten neben dem Wassertank steht, können Sie aber auch direkt hinter dem Druckstutzen der Pumpe einen Entleerungshahn anbringen und dort bei Stillegung des Fahrzeugs oder bei Frostgefahr die gesamte Wasserleitung nach draußen entleeren. Das ist auch dann von Zeit zu Zeit angebracht, wenn Sie die Tanks und Leitungen von möglichen Ablagerungen, Bakterien usw. reinigen wollen.

Abgesehen von dieser Leitungsverlegung mit Gefälle und Entleerungshahn sollten Sie generell darauf achten, möglichst kurze Wasserleitungen zu bekommen und diese innerhalb der Möbel so zu verlegen, daß sie jederzeit (durch das klare PVC-Material hindurch) auf ihren hygienisch einwandfreien, sauberen Zustand kontrolliert werden können. Außerdem können Sie leicht zugängliche Leitungen auch bequem mal auswechseln, wenn dies nötig wird.

Kupferrohre als Leitungsmaterial sind eine praktische und fast unverwüstliche Sache, aber nicht jeder Laie ist in der Lage, das Material sachgerecht zu löten. Wie Sie weiter vorn im Buch über das Ablängen der Stahlrohre für die Gasversorgung gelesen haben, wird für einen sauberen rechtwinkligen Schnitt solcher Rohre ein sogenannter Rohrabschneider empfohlen. Bei Kupferrohren ist dieses Werkzeug noch wichtiger, denn das weiche Kupfer darf sich beim Abschneiden noch viel weniger verformen. Sie stellen nämlich hierbei die Abzweigungen, Bögen und Anschlüsse mit Kupfer-Fittings und Messingteilen her, die exakt auf den jeweiligen Rohr-Außendurchmesser abgestimmt sind.

Das Weichlöten solcher Verbindungen geht sehr einfach vonstatten, wenn Sie vor dem Zusammenstecken der Rohre und Fittings zuerst einmal die Rohrenden außen mit feiner Stahlwolle blank reiben und anschließend beide Kontaktflächen (Rohrende und Fitting-Innenfläche) mit zinnhaltiger Lötpaste (aus dem Sanitärfachhandel!) einstreichen. Dann brauchen Sie nur noch die Teile zusammenzustecken und mit einer Lötlampe gleichmäßig so lange zu erhitzen, bis das silberhell schimmernde Zinn der Lötpaste sichtbar wird. In diesem Moment halten Sie noch etwas Lötzinn (Stangenmaterial) an die Nahtstelle und warten, bis das flüssig werdende Lötzinn um die Fittingöffnung herumgelaufen ist. Achten Sie unbedingt darauf, daß vom Moment des Erhitzens bis zum Auskühlen der Lötstelle weder das Fittingteil noch das Rohr bewegt oder gegeneinander verdreht werden!

Achtung

Die dickflüssige Lötpaste ist nicht ungefährlich, da sie eine aggressive Säure enthält!

Das Verlegen der Leitungen erfolgt mit passenden Kunststoffschellen, die an die Möbelwände geschraubt werden (nicht nageln, sonst sind die Leitungen nicht auswechselbar!). Außerdem sollten Sie darauf achten, Wasserleitungen niemals an den Außenwänden entlang zu legen wegen der möglichen Gefahr des Einfrierens im Winter. Werden Wasserleitungen parallel entlang von Heizungsrohren verlegt, werden sie zwar nicht einfrieren, solange die Heizung in Betrieb ist, aber Sie haben immer das Wasser lauwarm. Wie Sie Warmwasser aber zweckmäßiger erzeugen, wird Ihnen ausführlich im Abschnitt »Warmwasserbereitung« erläutert. Wenden wir uns deshalb zunächst den Armaturen zu.

(d) Armaturen

Hauptsächlich versteht man darunter die verschiedenen Wasserhähne, Absperrventile usw., die zur Betätigung der Wasserversorgung nötig sind. Bei den Wasserhähnen, die am Wasch- oder Spülbecken montiert werden, unterscheidet man erstens nach der Art der Montage nach Standarmaturen und Wandarmaturen. Standarmaturen sind beispielsweise alle Hähne, die oben auf dem Beckenrand stehend montiert werden, während Wandarmaturen sowohl an der Wand über dem Waschbecken als auch in dem Waschbecken seitlich montiert werden können.

Diese Anbringung im Becken ist immer dann erforderlich, wenn das Becken nach Gebrauch mit einer Platte abgedeckt werden soll und die einschwenkbaren Wasserhähne dabei nicht hindern dürfen.

Im allgemeinen aber werden Standarmaturen bevorzugt verwendet, weil man sie griffgerecht am Rand des Wasch- oder Spülbeckens montieren kann und es dabei auch kaum Abdichtprobleme gibt. Außerdem unterscheidet man bei Hähnen noch je nach Funktion nach Auslaufrohren, Automatikhähnen und einfachen Wasserhähnen.

Auslaufrohre oder Auslaufhähne sind im Grunde nichts weiter als metallische Verlängerungen der Wasserleitung, die das Wasser ohne jede Absperrung frei ins Becken laufen lassen. Sie werden dann angewendet, wenn die Pumpe zur Wasserförderung über einen gesonderten Schalter oder Taster (Klingelknopf) eingeschaltet wird. Vorzugsweise werden sie bei Tauchpumpen eingesetzt, wenn man aus Wassersparründen die Pumpe nicht über einen Automatikhahn betreiben will.

Automatikhähne sind Wasserhähne, bei denen beim Betätigen des eingebauten Griffs ein ebenfalls eingebauter elektrischer Schalter geschlossen wird. Allen Automatikhähnen gemeinsam ist entweder ein zweipoliges Kabel, das vom Schalter herkommt, oder ein angebauter Schalter mit AMP-Steckanschlüssen. Automatikhähne werden dann eingesetzt, wenn durch Öffnen des Hahns zugleich ein elektrischer 12-V-Kontakt geschlossen werden soll, über den der Pluspol des Bordnetzes die Wasserpumpe mit Strom versorgt und damit in Betrieb setzt. Mit dem Schließen des Automatikhahnes wird dieser Kontakt ebenfalls unterbrochen und die Pumpe fördert kein Wasser mehr.

Diese Anordnung hat dann einen kleinen Nachteil, wenn Sie Wasser sparen wollen: Sie öffnen den Wasserhahn, die Pumpe fördert, Sie waschen sich, trocknen sich die Hände ab und schließen den Hahn wieder, damit die Pumpe ebenfalls abschaltet. In der Zwischenzeit ist aber schon viel Wasser nutzlos abgeflossen. Besser ist zu diesem Zweck die Verwendung eines einfachen Auslaufrohrs und eines Fußschalters oder eines in Kniehöhe angebrachten Klingelknopfes, durch dessen Betätigung die Pumpe nur so lange Wasser fördert, wie Sie es wirklich brauchen.

Natürlich geht das nur bei relativ einfachen Wasserversorgungen. Bei den Druckwasseranlagen, wie sie eigentlich erst den richtigen Komfort im Fahrzeug ermöglichen, werden statt der vorher aufgezählten Armaturen normale Wasserhähne verwendet, wie Sie die auch von zu Hause her bereits kennen. Das sind im Grunde auch nur Auslaufrohre, aber mit einer Absperrung, einem Ventil dazwischen.

Da ja die neueren Wasserversorgungsanlagen, zumal wenn auch noch Warmwasser dazu kommt, fast alle als Druckwasseranlagen ausgeführt werden (s. Abschnitt Fördereinrichtungen), genügt das Öffnen eines Absperrventils (also des Wasserhahns), um den Druck im Leitungsnetz absinken zu lassen und damit die druckgesteuerte Pumpe einzuschalten. Sobald der Hahn wieder zugedreht wird, staut sich der Druck im Leitungsnetz so stark, daß die Pumpe schließlich mittels Drucksensor abschaltet und der Druck sich normalisiert.

Wasserhähne, ob nun als Automatikhähne (mit Schalter) oder als einfache Absperrhähne gibt es als Einzelhähne oder als sogenannte Mischbatterien. Mischbatterien verwenden Sie dann, wenn Sie einen Kaltwasseranschluß und einen Warmwasseranschluß an einer Zapfstelle zusammenführen wollen. Allerdings haben Sie dabei einen Nachteil. Sie müssen bei jedem Öffnen der Hähne die Mischtemperatur aus warmem und kaltem Wasser neu einregulieren.

Deshalb ist die modernere Lösung der Einsatz eines sogenannten Vormischers, bei dem Warm- und Kaltwasser an je einem Stutzen angeschlossen werden und die am Knebel einstellbare gewünschte Temperatur an dem dritten Stutzen entnommen bzw. von dort aus zu einem einfachen Wasserhahn oder dem Duschhahn usw. geführt wird. Die eingestellte Temperatur bleibt dann stets gleichmäßig, sofern die Wassertemperaturen selbst sich nicht ändern.

Für den Einsatz in der Dusche gibt es ebenfalls spezielle Armaturen als Mischbatterien oder Einzelhähne (bei Verwendung eines Vormischers). Es wird dann lediglich ein Duschkopf mittels eines wärmebeständigen Schlauches an der Armatur angeschraubt. Sie können aber der Einfachheit halber auch bloß jedesmal einen Schlauch auf den normalen Wasserhahn schieben, wenn Sie duschen wollen. Unbedingt sollte beim Kauf von Hähnen die griffige Ausführung des Knebels beachtet werden. Sonst haben Sie später einen Wasserhahn, den Sie mit nassen Händen nicht mehr zudrehen können.

(e) Sanitärobjekte

Das Spülbecken in der Küche des Campingbusses besteht zumeist aus Edelstahl. Das hat mehrere Gründe. Erstens sind die Koch-Spül-Kombinationen, die im Handel erhältlich sind, fast ausschließlich aus Edelstahl. Zweitens ist Edelstahl ein zweckmäßiges Material, es ist weitgehend kratzfest, wärmebeständig, pflegeleicht, kaum kaputtzukriegen und sehr preiswert bei Serienmodellen.

Wer es noch billiger haben will, besorgt sich eine große runde Edelstahlschüssel und baut die dann als Waschbecken oder Küchenspüle ein. Solche Rundbecken gibt es aber auch schon serienmäßig genau wie einzelne Edelstahlabdeckungen für Gaskocher. Wer sich farblich mit der Spüle besser der Einrichtung des Fahrzeugs anpassen möchte, kann auch auf Spülbecken aus Keramik, Kunststoff oder emailliertem Blech ausweichen, die aber m. E. alle nicht so zweckmäßig sind wie der robuste Edelstahl.

Wer sich aus einer großen Schüssel ein Wasch- oder Spülbecken selbst baut, muß auf die sachgerechte Ablaufausführung achten. Eine Schüssel hat einen glatten Boden. Wird das Ablaufventil (wo der Stöpsel reinkommt) nur einfach in eine Bohrung im Schüsselboden eingebaut, bleibt rundum immer etwas Spülwasser stehen und bildet Bakterienherde! Deshalb muß darauf geachtet werden, die Ablaufbohrung notfalls mit einem Hammer etwas nach unten zu treiben, also den Blechboden dort etwas zu vertiefen, wo das Ablaufventil montiert wird. Bei emaillierten Becken geht so etwas natürlich nicht und Sie sollten schon aus diesem Grunde auf die Verwendung von Emailleschüsseln verzichten.

Ob man unter der Spüle einen Geruchsverschluß montieren soll, ist von Fall zu Fall zu entscheiden. Manchmal fehlt es dort an Platz für den »Traps«, selbst wenn es eine besonders handliche Ausführung ist. Auch wird der Abwassertank meist nie so lange gefüllt bleiben, daß es zu größerer Geruchsbelästigung kommt, denn keiner schleppt lange spritfressendes Ballastwasser mit. Und nicht zuletzt haben

Sie ja schließlich einen Waschbeckenstöpsel, den Sie nach dem Spülen in den Ablauf stecken und ihn damit verschließen können.

Das Waschbecken im Waschraum wird fast immer in Kunststoff-Ausführung genommen. Auch hier sind wieder sowohl praktische als auch modische Gründe maßgebend. Praktische insofern, als im Handwaschbecken normalerweise weder kratzende noch scheuernde Arbeiten verrichtet werden und man deshalb auch ein relativ weiches Material wie Kunststoff verwenden kann. Außerdem ist Kunststoff ein leichtes Material und reduziert damit das Gesamtgewicht der Einrichtung. Modische Gründe gibt es insofern, als sich Kunststoff in allen Farbtönen einfärben läßt und Sie sich bei dem reichen Angebot an Handwaschbecken das passendste Modell sowohl in maßlicher als auch farblicher Hinsicht aussuchen können.

Handwaschbecken gibt es in sehr vielen Formen, als gerade oder geschwungene Wandbecken, als Eckbecken für rechte oder linke Eckinstallation, als Klappwaschbecken (wenn der Raum knapp ist), als Minibecken und als großes Wand-zu-Wand-Becken, das sich genau auf Maß zurechtsägen läßt. Viele Hersteller bieten dazu noch die übrige Waschraumausstattung wie Ablage, Spiegel, Spiegelschrank, Brausetasse, WC-Papierhalter usw. im gleichen Material und Farbton an. Dadurch haben Sie die Möglichkeit, bei rechtzeitiger Einplanung Ihren Waschraum komplett mit einem aufeinander abgestimmten Programm einzurichten. Mehr zu diesem Thema finden Sie im nächsten Kapitel unter dem Abschnitt »Dusche, Waschraum und WC«.

Bei der Montage der Kunststoffbecken gibt es ein paar Dinge, die beachtet werden sollten. Die meisten Waschbecken haben zwar rundum einen verstärkten Rand, aber größeren Belastungen ist der auch nicht immer auf Dauer gewachsen. Deshalb sollten Sie so ein Becken entweder auf einen Leistenrahmen oder auf einen kompletten Unterbau montieren, in dem Sie auch noch weitere Dinge (WC, Schubladen o. ä.) unterbringen können. Befestigt werden die Handwaschbecken meist mit verchromten oder zumindest mit rostfreien Holzschrauben, die durch die Bohrungen am Waschbeckenrand hindurch in die rundum befestigten Leisten greifen. Als sauberen Abschluß des Bereichs zwischen Waschbecken und zuvor angebrachter Wandverkleidung sollten Sie mit der Kartuschenpistole einen glatten Streifen farblich passenden Silikonkautschuks auftragen (Kontaktflächen vorher entfetten und trocknen!). Damit dieser Auftrag nicht so unsauber aussieht, heften Sie am besten zuvor rundum (sowohl an der Wand als auch am Waschbecken) einen möglichst geraden Streifen Klebeband an (auf gleichmäßigen Abstand der beiden Streifen achten!), tragen dann die Dichtungsmasse auf, verstreichen sie mit einem nassen Lappen oder dem angefeuchteten Finger gleichmäßig und ziehen schließlich behutsam die Klebstreifen noch vor dem Abbinden des Dichtungsmaterials wieder ab. Nach 24 Stunden ist die Dichtungsmasse so weit fest, daß Sie das Becken benutzen können.

(f) Warmwasserbereitung

Warmes Wasser im Campingbus ist ein angenehmes Stückchen Komfort. Manche abgehärteten (oder sparsamen?) Camper lachen nur kurz und verächtlich, aber ich gehöre zu den Menschen, die sich gern mit warmem Wasser die Zähne putzen, die sich gern mit warmem Wasser duschen und die auch zum Haarwaschen nicht gerade eiskaltes Wasser bevorzugen. Wem es ebenso geht, der wird sich früher oder später eine Warmwasserbereitung im Bus installieren, denn die ewige Fummelei mit Wasserkessel und Gaskocher für ein bißchen Warmwasser ist ja doch nicht das Wahre.

Um im Campingbus warmes Wasser zu erhalten, gibt es mehrere Möglichkeiten. Eine recht einfache Möglichkeit bietet der Warmwasserboiler eines bekannten deutschen Herstellers (Abbildung 146). Dank kompakter Abmessungen und durch den praktischen Außenwandkamin (für Zuluft und Abgas) läßt sich der Boiler fast in jedem Staukasten leicht im Bereich einer Außenwand montieren. Der voll gekapselte Propangasbrenner (oder auf Wunsch ein Zusatz-220 Volt-Heizelement) sorgt für warmes Wasser, die elektronische Zündung und Regelung ist für den nötigen Komfort zuständig. Auf Wunsch bekommen Sie auch noch ein Frostschutzsystem für den Frischwassertank. Leider ist so ein nützliches Gerät – wie alles Gute im Leben – nicht ganz billig. Eine andere Möglichkeit sind Durchlauferhitzer. Die nicht mehr ganz modernen Gasdurchlauferhitzer erfordern außer den Anschlüssen für Gas und Kalt- bzw. Heißwasser noch einen Frischluftstutzen und einen Abgaskamin. Deshalb müssen derartige Geräte oberhalb der Spüle möglichst an einer Außenwand installiert werden, um die Anschlußwege kurz zu halten. Der Gasverbrauch liegt bei etwa 800 Gramm/Stunde. Gasdurchlauferhitzer liefern etwa 2 bis 5 l/min Heißwasser von 35 bis 70 Grad Celsius. Der Mindestwasserdruck der Wasserversorgung muß 0,5 bar betragen, schwächere Pumpen wie Tauchpumpen o. ä. kommen also hierfür nicht in Frage.

Einen Nachteil, den ich besonders beim Einsatz im Campingbus empfinde: Ein Gasdurchlauferhitzer läßt von dem knappen Wasservorrat an Bord beim Einschalten erst mal ein paar Liter kalt weglaufen, ehe das erste warme Wasser kommt, denn er muß ja selbst erst einmal innen heiß werden, ehe er das Wasser erwärmt. Auch bei einem Heißwasserboiler wird natürlich das in der Leitung zwischen Boiler und Zapfstelle stehende Wasser kalt abfließen, aber lange nicht in dem Maße. Außerdem hat man es in der Hand, die Warmwasserleitungen so kurz wie möglich zu halten.

Eine weitere Möglichkeit, sich im Campingbus warmes Wasser zu beschaffen, besteht aus ein paar Meter Kupferrohr, die spiralförmig in einen wärmeisolierten, hitzebeständigen Zusatztank eingebaut werden und mit dem Wassersystem des Wohnteils verbunden sind. Der Zusatztank wird über ein paar Heißwasserschläuche als Nebenanschluß an den Kühlwasserkreislauf des Motors angehängt und der Kühlwasservorrat entsprechend ergänzt. Nach einigen Kilometern Fahrt, sobald der Motor ausreichend Wärme an sein Kühlsystem abgegeben hat, ist dann auch heißes Wasser im Wohnteil verfügbar. Allerdings sollte bei solchen Anlagen auch an die erforderlichen Absperrventile, eine Restentleerungsmöglichkeit usw. gedacht werden.

Eine letzte Möglichkeit für die Heißwasserbereitung liefert Ihnen die Sonne mehr oder weniger umsonst. Allerdings nur im Sommer. Ein im Fahrzeug wärmegedämmt aufgestellter Warmwasserbehälter wird über eine Rohrleitung oder notfalls auch eine Schlauchleitung und eine Pumpe an ein industriell hergestelltes Solarpaneel angeschlossen. Dieser wirkungsvolle

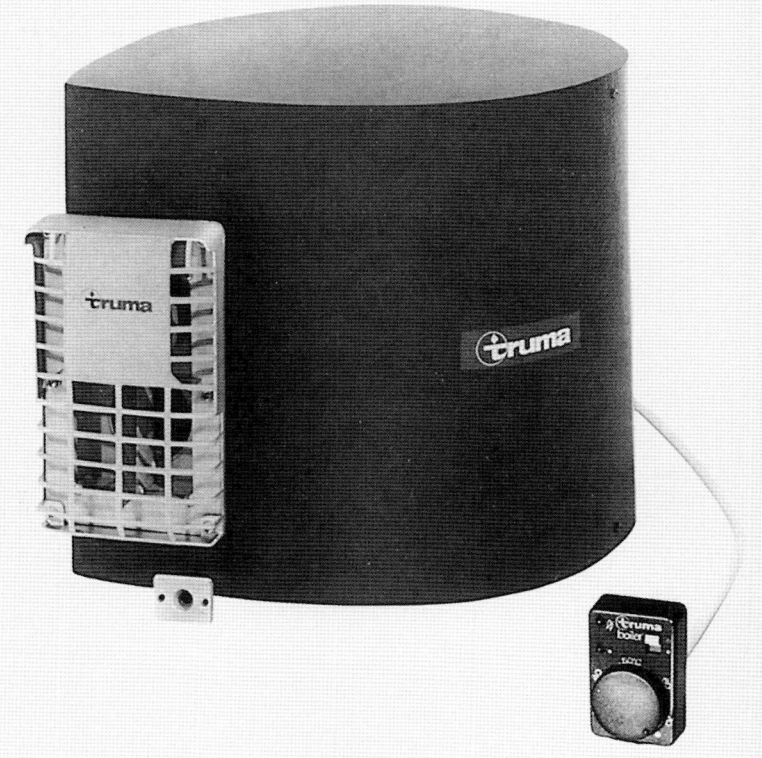

Abbildung 146: Warmwasserboiler. Einbaufertige Boiler wie z. B. so ein Modell finden in fast jedem Campingbus ein Plätzchen in den Staukästen. Der Einbau ist (bis auf den Zu-/Abluftstutzen in der Fahrzeugwand) sehr einfach. Der Boiler benötigt Wasser- und Gasanschluß sowie je nach Hersteller unterschiedliche Steuer- und Stromkabel.

Wärmetauscher wird auf dem Wagendach (z. B. am Gepäckträger o. ä.) befestigt und mit dem zweiten Rohr- bzw. Schlauchanschluß wieder zum Behälter zurückgeführt. Bei kräftiger Sonneneinstrahlung können Sie nach einiger Pumpenlaufzeit recht warmes Wasser dem Wassernetz entnehmen. Es geht natürlich auch preiswerter, wenn Sie statt des Paneels ein paar Meter dunklen Gummischlauch, ein matt geschwärztes Kupferrohrsystem oder einen flachen geschwärzten Metallbehälter auf dem Wagendach fest installieren und die Zuleitungen sinngemäß verlegen.

(g) Abwasseranlagen

Abwassertanks gehören praktisch zur Grundausstattung von Campingbussen. Das ist auch richtig so, weil Sie es als praktizierten Umweltschutz betrachten können. Und es wird vom TÜV vorgeschrieben, daß kein Abwasser frei ablaufen darf. Außerdem ist es angenehmer, nicht immer gleich vor der eigenen Campingbus-Tür in Abwasserpfützen zu treten. Und nicht zuletzt kann es ganz schön peinlich sein, wenn mitten auf einem Parkplatz oder Campingplatz unten aus Ihrem Fahrzeug ein Wasserschwall plätschert, als hätte im Wagen ein Elefant Blasenkatarrh. Und das nur, weil die Reisegefährtin das Abwaschwasser endlich los sein wollte.

Abwassertanks gibt es in stabiler Kunststoffausführung in vielen unterschiedlichen Abmessungen im Handel. Sie werden zweckmäßigerweise möglichst unter dem Fahrzeugboden fest installiert und, um sie dort stabil aufhängen zu können, bekommt man im Handel auch noch passende stabile Montagesets zu kaufen. Abwassertanks sind entweder nur mit einem Ablaßhahn (mit Schlauchstutzen) oder auch mit einer kompletten Abwasser-Schlauchgarnitur ausgestattet. Zusätzlich sind sie auch fast immer mit einer Entlüftungsleitung versehen.

Wenn kein Stutzen für die Entlüftung vorhanden ist, können Sie es zunächst einmal ohne sie probieren. Notfalls müssen Sie ihn nachträglich oben am Tank montieren. Das geht am einfachsten mit einem Stück Kunststoffrohr, das auf eine Bohrung des Tankes aufgeschweißt oder aufgeklebt wird. Auch Gewinderohr von etwa 8 bis 10 mm lichtem Durchmesser ist bei dickwandigen Tanks geeignet, wenn Sie es mit seinem Außengewinde in eine etwas kleinere Tankbohrung hineindrehen und mit einer Dichtung, einer Unterlegscheibe und einer passenden Mutter von außen kontern. Oder Sie sichern es durch ein paar Tropfen Zweikomponentenkleber.

Was die Abwasseranlage betrifft, so habe ich noch ein paar Tips für Sie: Wichtig ist, daß möglichst klarer PVC-Schlauch als Abwasserleitung (zumindest in einem kleinen Bereich) vor dem Tankeinlaufstutzen verwendet wird, damit Sie bei Verstopfungen der Abwasserleitung prüfen können, ob sich der Stutzen zugesetzt hat. Eine Reinigungsöffnung im Tank ist normalerweise nicht unbedingt erforderlich. Das Hauptaugenmerk bei der Beschaffung eines in die Fahrzeug-Unterseite einzubauenden Abwassertanks muß auf ausreichende Bodenfreiheit gerichtet werden! Ein Abwassertank mag noch so schön oder noch so preiswert sein. Wenn er zu tief unter dem Fahrzeug vorragt, haben Sie ihn sowieso nicht allzu lange, denn der nächste schlechte Weg oder ein herumliegender Felsbrocken reißt ihn bestimmt leck oder weg.

In diesem Zusammenhang ist auch die Frage nach der Tankgröße interessant. Ich halte einen Abwassertank in etwa halber Größe des Frischwassertanks für ausreichend. Er sollte also etwa 20 bis 40 Liter bei mittelgroßen Fahrzeugen als Mindestgröße haben. Nun gibt es auch Campingbusse, die so klein oder unten so verbaut sind, daß sich kein fester Abwassertank darunter montieren läßt. Dann könnten Sie beispielsweise einen Abwasserkanister in den Möbeln unter dem Waschbecken bzw. unter der Spüle aufstellen, ein schlauchförmiges Abwasserrohrsystem unter dem Wagenboden montieren, oder Sie verwenden im Stand einen simplen Abwassersack.

Abwassersäcke sind innen gummierte, flexible Behälter, die mit einem Schlauch am Abwasserstutzen unter dem Wagenboden angeschlossen werden und nach ausreichender Füllung abgeklemmt und in die Kanalisation entleert werden. Zur Not tut auch ein alter Plastikeimer dieselben Dienste, allerdings sieht das erstens nicht gut aus und zweitens lockt Spülwasser (mit Seife drin) geradezu magisch Mücken an. Wenn sich weder unter dem Wagenboden noch innen im Fahrzeug ein geeigneter Platz für den Abwassertank findet, so gibt es noch eine praktikable Möglichkeit, nämlich den transportablen Abwassertank. So ein handlicher Behälter wird bei Bedarf unter den aus dem Wagenboden ragenden Abwasserschlauch angeklemmt und weist ein paar Rollen auf, mit denen er, wenn er voll ist, zum Entleeren weggefahren werden kann.

(h) Zweckmäßige Wasserversorgung

Jeder Camper wird für den Eigenbau seines Campingbusses auch betreffs seiner Wasserversorgung bestimmte Vorstellungen haben, was er einbauen

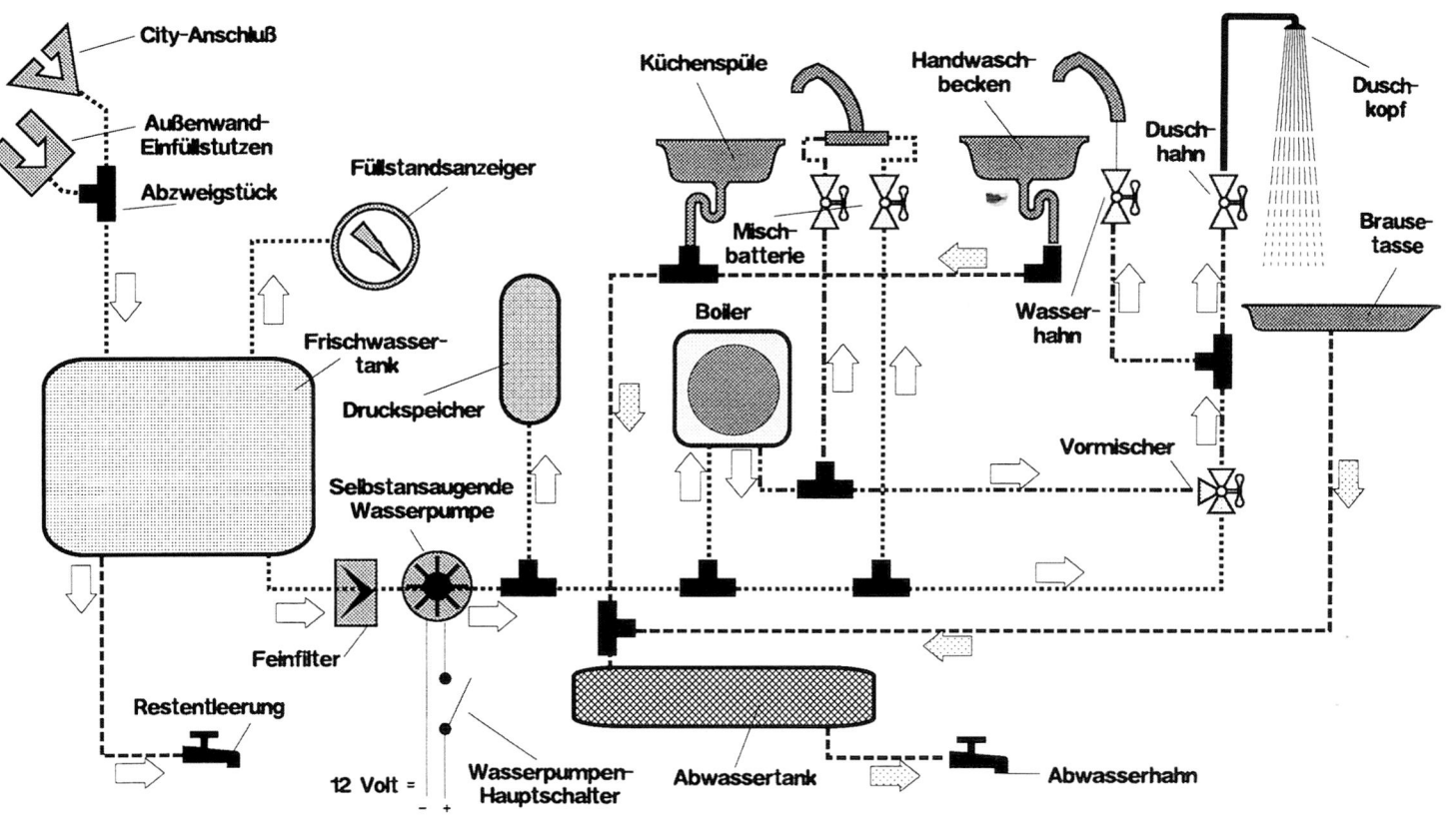

Abbildung 147: Schaltplan Wasserversorgung. So wie in dieser unverbindlichen Prinzipskizze dargestellt könnte eine Wasserversorgung im Campingbus aussehen. Bitte beachten Sie die Erläuterungen im Text.

will oder nicht und was schließlich die ideale Wasserversorgung sein könnte. Um mich dabei nicht auszuschließen, möchte ich an Hand eines schematischen Wasserschaltplanes (Abbildung 147) auch meine Vorstellungen erläutern: Im Grundriß würde ich einen Überflur-Frischwassertank mit etwa 60 bis 80 Liter Fassungsvermögen unter den Sitzen in einer der Staukisten montieren. Ebenfalls in einem dieser Staukästen oder im Vorratsschrank, ja sogar im Küchenblock (sofern keine Schiebetür vorhanden ist) kann ein Warmwasserboiler installiert werden. Das ist deshalb empfehlenswert, weil für den häufigen Bedarf an Warmwasser in der Küchenspüle möglichst kurze Leitungswege wichtig sind. Für die nicht so häufig benutzte Dusche kann die wärmeisolierte Rohrleitung dann notfalls quer unter dem Wagenboden entlang geführt werden. Die Spül-/Kochkombination des Küchenblocks bekommt am Beckenrand eine

Mischbatterie installiert. Im Waschraum wird am Rand des Kunststoff-Handwaschbeckens ein Vormischer sowie ein normaler Wasserhahn installiert, evtl. für die Dusche ein Duschhahn. Im Bereich des Waschraums müßte dann natürlich der Boden mit einer Kunststoff-Brausetasse geschützt werden.

In die Außenwand im Bereich des Vorratsschranks wird ein Außenwand-Einfüllstutzen für das Frischwasser eingesetzt und evtl. zusätzlich ein »City-Anschluß«. Dieser City-Anschluß dient dazu, bei Vorhandensein eines Wasserschlauchs über das normale Stadtwassernetz den Tank füllen zu können. Da der Druck im Stadtwassernetz meist recht hoch ist (bis 10 bar), ist im City-Anschluß ein Druckminderer eingebaut, der den Druck auf etwa 1 bar reduziert. Die selbstansaugende Wasserpumpe für die Druckwasserversorgung im Fahrzeug würde ich ebenfalls entweder in einer Sitzkiste, im Vorratsschrank oder

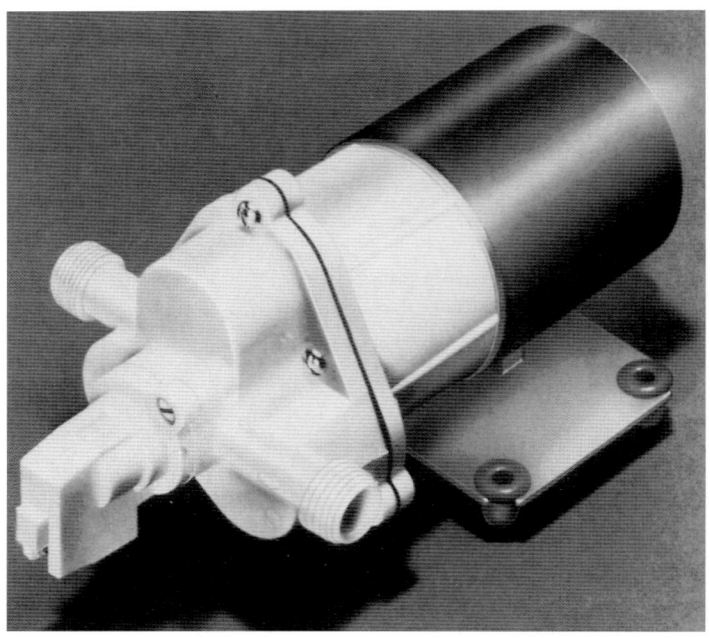

Abbildung 148: Wasserpumpe 2.
Eine kleine, selbstansaugende Automatik-
Wasserpumpe mit nervenschonender
schwingungsgedämpfter Lagerung.

Abbildung 149: Wasserpumpe 3.
Auch bei dieser selbstansaugenden automatischen Wasser-
pumpe sind Gummifüße für die schwingungsgedämpfte
Lagerung vorhanden.

im Küchenblock unterbringen, genau wie den kleinen Druckspeicher.

Zur Montage der Wasserpumpe noch ein Tip: Achten Sie beim Kauf darauf, daß die Pumpe möglichst mit schwingungsdämpfenden Füßen ausgestattet ist. Andernfalls sollten Sie bei der Montage unter jeden Befestigungspunkt der Pumpe eine Weichgummischeibe legen, weil das nervtötende Arbeitsgeräusch der Pumpen besonders nachts recht störend sein kann. Durch die weiche Unterlage aber wird das Geräusch nicht so stark auf das Fahrzeug übertragen. Aber zurück zur Wasserinstallation selbst: Im Schaltplan sieht das dann so aus, daß vom Außenwand-Einfüllstutzen aus eine (trinkwassergeeignete bzw. lebensmittelechte) Schlauchleitung (am besten aus klarem PVC-Material) zum Frischwassertank gelegt wird. Wird zusätzlich ein City-Anschluß gewünscht, so wird auch er über eine gleichgroße Leitung und ein Abzweigstück mit angeschlossen. Vom Frischwassertank aus führt die Restentleerungsleitung mittels Absperrhahn ins Freie unter dem Wagenboden, gegebenenfalls kann diese Leitung aber auch bis in den Abwassertank geführt werden. Vom Frischwassertank aus wird eine Leitung (z. B. aus klarem PVC-Schlauch) zur selbstansaugenden Wasserpumpe geführt. Dabei sollte möglichst noch ein Feinfilter in die Leitung eingesetzt werden, das zur Schonung der Pumpe dient. Die Pumpe selbst wird über einen Pumpenhauptschalter an das 12-Volt-Bordnetz angeschlossen.

Am Druckstutzen der Pumpe wird ein gewebeverstärkter (!) PVC-Schlauch fest angeklemmt, der zu einem Abzweigstück führt. Gewebeverstärkt sollte der Schlauch deshalb sein, weil hinter dem Druckstutzen der Pumpe und auch im gesamten Wassernetz ein gewisser Überdruck herrscht. Von diesem Abzweig aus wird ein Stück Schlauch bis zum Anschlußstutzen des Druckspeichers gelegt, der stehend montiert wird (Stutzen nach unten) und der für einen halbwegs gleichmäßigen Wasserdruck im Bordsystem sorgt.

Von dem zweiten Abgang des T-Stücks führt die Schlauchleitung weiter bis zu einem anderen T-Stück. Statt der beiden letzten T-Stücke kann ein Kreuzstück verwendet werden, das hängt von den örtlichen Gegebenheiten ab. Von einem T-Anschluß wird ein Schlauch bis zu dem Kaltwasseranschluß des Boilers verlegt. Der andere Anschluß führt als Schlauchleitung weiter bis zu noch einem T-Stück, das im Küchenblock installiert wird. Von hier aus wird ein Schlauch direkt an den Stutzen der Mischbatterie angeschlossen. Vom zweiten Abgang des T-Stücks im Küchenblock wird die Schlauchleitung im oder unter dem Fußboden isoliert weitergeführt bis zum Kaltwassereingang vom Vormischer, der im Waschraum sitzt.

Nun wird auch die Warmwasserleitung vom Heißwasserausgang des Warmwasserbereiters über ein T-Stück zur Mischbatterie in der Küche verlegt. Hierbei wird natürlich wieder wärmebeständiger Plastik- oder Gummischlauch verwendet, es geht aber genau so gut auch mit Kupferrohr. Vom Warmwasser-T-Stück aus geht die zweite (wärmebeständige) Schlauchleitung zum Vormischer, wo sie am Heißwasser-Eingang befestigt wird. Der 3. Stutzen am Vormischer (Mischwasser-Ausgang) wird durch einen Schlauch bis zu einem weiteren T-Stück geführt und von da aus geht je ein Schlauch zum Wasserhahn am Handwaschbecken sowie zum Anschluß des Duschhahns, der dann von dort zur Dusche weitergeführt wird.

Das Abwasser der Dusche wird mit einer Abwasserleitung zu einem T-Stück transportiert. Auch die Abwässer aus der Küchenspüle und aus dem Handwaschbecken des Waschraums werden über Abwasserleitungen aus klarem PVC über das T-Stücke (oder auch direkt) zum Einlaufstutzen des Abwassertanks geführt, der unter dem Wagenboden sitzt. An der tiefsten Stelle bekommt dieser Abwassertank einen Ablaßhahn, um das Abwasser möglichst bei jeder Gelegenheit entfernen zu können. Schließlich ist Abwasser ein unnötiger Ballast! Um den Abwassertank einfacher und hygienischer entleeren zu können, sollten Sie auf diesen Abwasserhahn noch ein paar Meter Schlauch vor dem Ablassen des Abwassers aufstecken. So kommen Sie leichter an die Abwassergrube und brauchen Ihr Fahrzeug nicht mühsam über den Einlauf zu dirigieren. Nicht vergessen sollten Sie bei der Installation, für den Frischwassertank einen

Füllstandsanzeiger zu installieren. Wer geschickt ist, kann diesen Füllstandsanzeiger über einen Umschalter und ein zweites Kontaktpaar auch zum Ablesen des Füllungsgrades beim Abwassertank einsetzen. Ein Tip: Oftmals ist dieser Umschalter zur Füllstandsanzeige bereits im Kontrollpaneel enthalten, dann sollten Sie die Installation dementsprechend ausführen.

Abschließend zum Thema Wasserversorgung noch ein Hinweis: Sie können auch statt der selbstansaugenden Wasserpumpe einen 12-Volt-Kompressor und statt des Frischwassertanks einen Druckwassertank einsetzen. In Zusammenhang mit den zum Drucktank gehörenden Spezialteilen erfolgt dann die Wasserförderung so, daß oben im Drucktank ein Luftpolster aufgepumpt wird durch den Kompressor. Wird ein Wasserhahn geöffnet, drückt dieses Luftpolster das Wasser aus dem Drucktank durch die Leitungen zur Zapfstelle. Der abfallende Druck wird sofort durch den wieder anlaufenden Kompressor ausgeglichen, bis ein bestimmter Wert erreicht ist und den Kompressor abschaltet.

Bei beiden Anlagen aber sollten Sie darauf achten, daß alle Schlauchleitungen absolut dicht und solide an den Stutzen mit vernünftigen Schlauchschellen befestigt werden. Andernfalls haben Sie unter Umständen mal unfreiwillig einen Campingbus mit »Swimmingpool«. Bei beiden Anlagen sollten Sie auch immer daran denken, am tiefstgelegenen Punkt der Frischwasserleitungen zwischen Wassertank und Zapfstellen eine Entleerungsmöglichkeit vorzusehen. Das kann ein Absperrhahn mit einem Stückchen Schlauch nach draußen oder an eine Abwasserleitung sein, Sie können sich aber auch behelfen, indem Sie an der tiefsten Leitungsstelle ein T-Stück einbauen, dessen freibleibender Ausgang mit einer lösbaren Verschraubung geschlossen ist. Damit das aber auch alles klappt, muß natürlich die gesamte Leitungsführung so erfolgen, daß von überall her etwas Gefälle vorhanden ist und sich nirgends Wassersäcke bilden können. Eine derartige durchhängende Leitungsführung führt nicht nur zu gelegentlichen Betriebsstörungen, sondern kann auch gesundheitsschädlich sein. Weil sich an den tiefgelegenen »Wassersäcken« Ablagerungen, Schlamm und Bakterien absetzen können.

6 DIE EINRICHTUNG

6.01 Möbelbau im Campingbus

Jeder Heimwerker hat schon mal mit Holz oder Holzwerkstoffen zu tun gehabt und kennt die Vor- und Nachteile dieser Materialien. Fast jeder hat auch schon mal ein mehr oder weniger aufwendiges Teil selbst gebaut und sich dabei mit den Problemen von Holzbearbeitung, Holzverbindungen, Oberflächenbehandlung usw. auseinandergesetzt. Einen großen Teil dieser wertvollen Erfahrungen können Sie auch beim Möbelbau für den Campingbus einsetzen, wenn Sie sich die speziellen Anforderungen für dieses Gebiet des Möbelbaues dabei immer vor Augen halten. Wenn Sie im Kapitel »Aufmaß und Entwurf« die Abschnitte über die Körpermaße und über eine zweckmäßige Möbelanordnung in Ihre Planung einbezogen haben und wenn Sie außerdem die Anforderungen an das Material aus dem Kapitel »Materialfragen« einigermaßen beherzigen, dürfte eigentlich dem perfekten Ausbau Ihres Campingbusses nichts mehr im Wege stehen. Damit Ihnen aber nicht doch noch zu guter Letzt ein paar kleine Fehlerchen die Freude an Ihrer Arbeit vermiesen, sollten Sie sich noch kurz mit den Problemen beschäftigen, die speziell bei Möbeln im Campingbus gegeben sind.

(a) Die Werkstoffe

Von den im Möbelbau gebräuchlichen Werkstoffen wie Spanplatte (furniert, folienkaschiert oder roh), Tischlerplatte, Leimholz, Sperrholz- und Hartfaser-platten sollte für Campingbusmöbel nur Tischlerplatte und Sperrholz, in Einzelfällen auch Leimholz oder Hartfaserplatte verwendet werden. Der entscheidende Grund liegt darin, daß eine Spanplatte sehr schwergewichtig ist und das mindert die Nutzlast und die Beschleunigung des Fahrzeugs. Außerdem läßt sie sich an den Verbindungsstellen nur schwierig so haltbar verbinden, wie dies bei den Vibrationen im fahrenden Fahrzeug auf Dauer nötig ist. Schließlich lassen sich die Kanten von Spanplatten nicht besonders gut furnieren oder mit Umleimern bzw. Plastikprofilen versehen, weil die Schnittkanten recht rauh und porös sind.

Auch die Hartfaserplatte macht Probleme im Campingbus-Einsatz, weil sie relativ leicht bricht, empfindlich gegen Feuchtigkeit und schwierig in der Oberflächenbehandlung ist und weil sie an den Kanten schnell ausfasert. Natürlich könnten Sie gegen all diese Probleme irgendwelche Mittelchen anwenden, aber der hohe Aufwand steht in keinem vernünftigen Verhältnis zum Nutzen. Es stehen doch mit Sperrholz und vor allem Tischlerplatte vorzügliche Werkstoffe zur Verfügung, wenn zunächst einmal von der auch noch denkbaren Alternative Massivholz (Leimholz) abgesehen wird.

Ich gebe zu, daß vernünftige Tischlerplatten von 13 oder 16 mm Stärke einen respektablen Preis haben. Auch wasserfest verleimtes Sperrholz reißt ein ganz schönes Loch ins Portemonnaie. Aber andererseits: Wollen Sie denn den Campingbus bloß für einen Sommer bauen? Schließlich stecken Sie in den Ausbau, in die technische Ausrüstung und in das Basis-

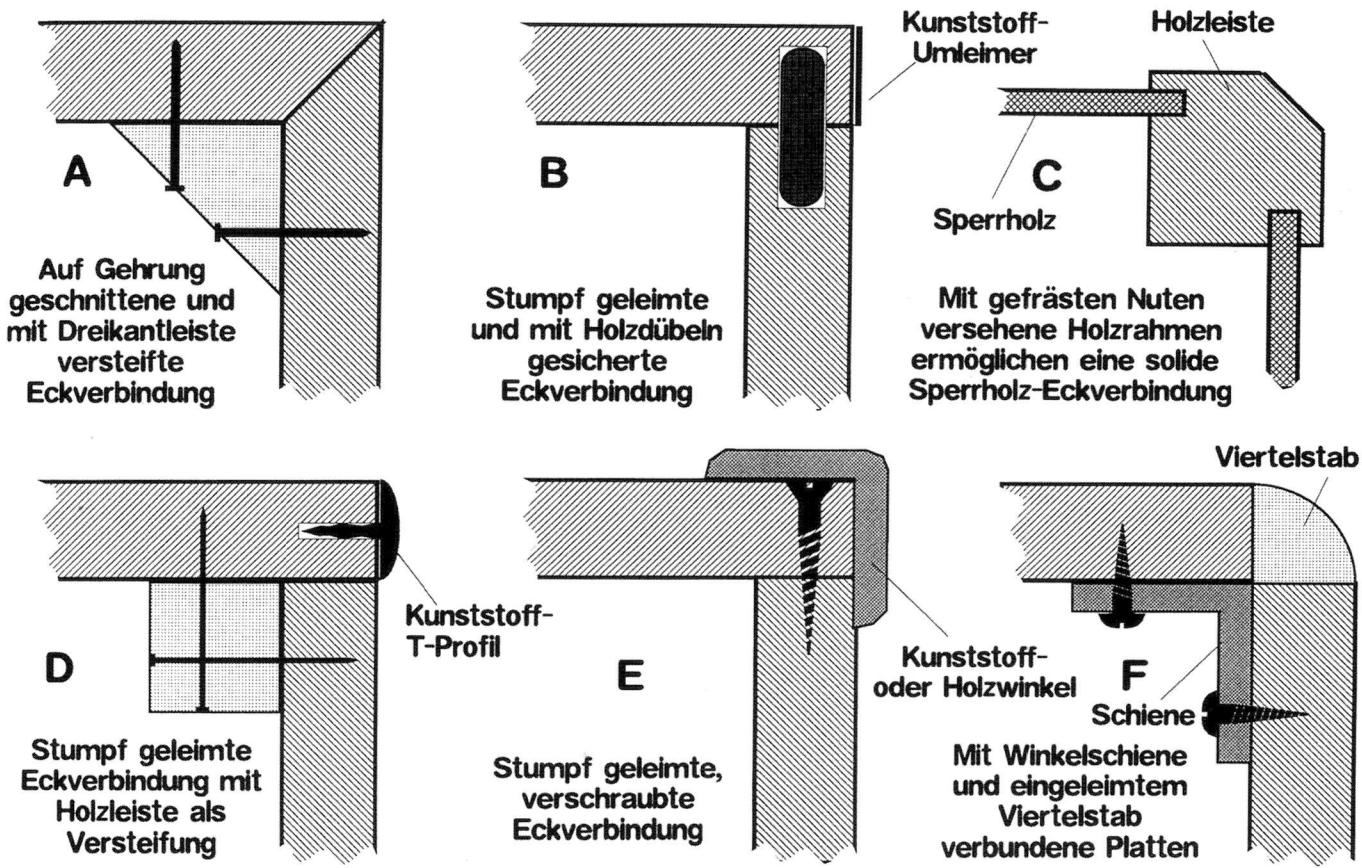

A Auf Gehrung geschnittene und mit Dreikantleiste versteifte Eckverbindung

B Stumpf geleimte und mit Holzdübeln gesicherte Eckverbindung

C Kunststoff-Umleimer · Holzleiste · Sperrholz
Mit gefrästen Nuten versehene Holzrahmen ermöglichen eine solide Sperrholz-Eckverbindung

D Kunststoff-T-Profil
Stumpf geleimte Eckverbindung mit Holzleiste als Versteifung

E Stumpf geleimte, verschraubte Eckverbindung

F Kunststoff- oder Holzwinkel · Viertelstab · Schiene
Mit Winkelschiene und eingeleimtem Viertelstab verbundene Platten

Abbildung 150: Möbelbau 1. Möbelplatten miteinander zu verbinden ist auf viele Arten möglich. Hier ein paar Vorschläge.

fahrzeug eine ganze Menge Geld und Zeit, da sollten Sie nicht ausgerechnet beim Werkstoff für die Möbel zu knausern anfangen. Denn erstens arbeitet es sich mit vernünftigem Material leichter und schneller, zweitens sieht die Einrichtung am Ende dementsprechend besser aus und drittens läßt sich das Fahrzeug eines Tages folglich besser weiterverkaufen. In der Zwischenzeit aber haben Sie einen Campingbus mit schöner, anheimelnder Möblierung, die nicht bei jeder Kurvenfahrt zu quietschen oder zu knarren anfängt (außer, wenn gepfuscht wurde). Und damit sind wir nun auch schon bei einem wichtigen Thema, nämlich bei dem einfachen und zweckmäßigen Möbelbau.

(b) Eckverbindungen

Das größte Problem, das bei der Herstellung eigener Möbel oder Zwischenwände immer wieder auftaucht, ist die fachgerechte Ausbildung einer Eckverbindung. Also der Bereich eines Möbels, wo zwei Möbelplatten (oder Zwischenwände) aneinanderstoßen. Diese Eckverbindungen müssen einerseits so solide ausgeführt werden, daß sich die Platten trotz der Rüttelei beim Fahren später nicht lösen können. Andererseits sollte die Eckverbindung aber auch noch ansprechend aussehen, damit nicht jeder sofort merkt, daß die Teile von einem Laien zusammengebaut wurden.

Holzverarbeitende Heimwerker werden sicher die eine oder andere eigene Methode haben, Möbel zu bauen und die Ecken zweier Möbelplatten fachgerecht zu verbinden. Aber für denjenigen Heimwerker, der noch nicht so viel mit Holzverbindungen zu tun hatte, hier in den Schnittzeichnungen (Abbildung 150) ein paar Lösungsvorschläge, wie eine Möbeleckverbindung oder ein T-Stoß auf einfache und dennoch gut aussehende Weise herzustellen ist. Schnitt (A) zeigt, wie eine Frontplatte und eine Seitenwand auf Gehrung zusammengeleimt werden. Als Verstärkung wird eine Dreikantleiste innen gegengeleimt und mit Stahlstiften zusätzlich angeheftet. Derartige Verbindungen sind dann sinnvoll, wenn Sie Tischlerplatten mit gutem Holzfurnier so verarbeiten wollen, daß keine störende Unterbrechung der Holzoberfläche sichtbar wird. Allerdings bringt diese Lösung (A) zwei Probleme: Erstens benötigen Sie zur Herstellung solch langer Gehrungsschnitte eine sehr gute Heimwerkerausrüstung, wenn das hinterher sauber aussehen soll. Zweitens ergibt diese Eckverbindung sehr scharfkantige Ecken, die nicht allzu lange gerade bleiben und an denen Sie sich im Fahrzeug leicht verletzen könnten.

Schnitt (B) zeigt eine Eckverbindung, die besonders einfach ist und die sich genau so gut auch als T-Verbindung ausführen läßt. Allerdings läßt sie sich nur bei dickeren Massivholz- oder Tischlerplatten (ab 16 mm) sicher anwenden. Die beiden stumpf aneinander zu leimenden Platten bekommen nämlich vor dem Zusammensetzen als Verstärkung im Abstand von etwa 20 bis 30 cm auf die gesamte Stoßfläche Holzdübel eingesetzt, die ebenfalls eingeleimt werden.

Mit einem normalen Spiral- oder Holzbohrer bohren Sie zuerst exakt in der Mitte der Seiten- oder Zwischenwand die Dübellöcher, die knapp den gleichen Durchmesser wie die Holzdübel haben sollten und etwa 2/3 ihrer Länge tief sind. Dann setzen Sie in die Dübellöcher Markierspitzen (s. Zeichnung) ein, die Sie in Bastelgeschäften oder Baumärkten kaufen können. Beim provisorischen Zusammensetzen der Platten markieren sich die Spitzen dieser Einsätze in der angedrückten Frontplatte und nach dem Abnehmen derselben können Sie ganz exakt an den markierten Stellen die passenden Dübellöcher anbringen.

Aber natürlich nur so tief, daß die Löcher auf der Dekorseite nicht sichtbar werden! Wenn Sie jetzt zuerst die Dübel in den Seiten- oder Zwischenwänden einleimen und auch die Stirnseite und die daraus hervorstehenden Dübel mit Leim bestreichen, brauchen Sie nur noch die Plattenteile sinngemäß zusammenzusetzen und durch ein paar leichte Schläge mit dem Gummihammer zu verbinden. Nach dem Trocknen der Leimverbindung (also nach etwa 12 Stunden) kann dann bei Tischlerplatten noch ein Kunststoffumleimer (oder eine schmale Holzleiste) zum Verdecken der Plattenkante angebracht werden.

Schnitt (C) ist eine haltbare Eckverbindung für den Fall, daß Sie Ihre Möbel oder Zwischenwände aus Sperrholz oder notfalls auch aus Hartfaserplatten zaubern möchten. Sie brauchen dazu weiter nichts, als alle Ecken und Verbindungsbereiche aus massiven Holzleisten zu fertigen und diese Leisten an den Anschlußstellen mit Nuten zu versehen, die etwa 10 mm tief gefräst werden und in ihrer Breite der Stärke der Platten entsprechen. Mit Weißleim werden dann die Nuten eingepinselt, die Platten eingeschoben und noch vor dem Aushärten des Leims werden die zusammengefügten Teile sorgfältig winkelgerecht ausgerichtet. Ein Gummihammer, ein Stahlwinkel und eventuell auch eine Wasserwaage sind dabei sehr nützliche Hilfsmittel.

Schnitt (D) zeigt eine sehr verbreitete Eckverbindung: Die Frontplatte wird ringsum mit einer etwa 12 mm tiefen und ein bis drei Millimeter breiten Nut versehen (z. B. mit einem Nutfräser in der Bohrmaschine). Dann wird die Frontplatte mit Weißleim oder anderem Holzleim (möglichst wasserbeständigen Leim) stumpf an die Seitenplatte geleimt und mit ein paar Drahtstiften (Köpfe versenken und mit Holzkitt zuspachteln) fixiert. Statt der Drahtstifte können Sie auch solide Messingschrauben oder verchromte Holzschrauben verwenden und die Schraubenköpfe (Halbrundkopfschrauben) sichtbar lassen. Oder Sie leimen eine Holzleiste dahinter und fixieren diese zusätzlich mit ein paar Drahtstiften, wie dies in der Zeichnung dargestellt ist. Dann können Sie sich sogar die sonst sichtbaren Nägel oder Schrauben von der Frontseite her sparen. Zum Schluß wird dann etwas Weißleim oder anderer Holzleim in die Nut gedrückt und ein passender Kunststoff-T-Umleimer, den es in verschiedenen Farben und Breiten (passend zu den Plattenstärken) gibt, wird in die Nut eingedrückt bzw. mit einem Gummihammer eingetrieben. An den Stellen, wo (bei einem Verzicht auf die verstärkende Holzleiste) Schrauben oder Drahtstifte vom Festmachen der Frontplatte her durch die Nut verlaufen, muß der Kunststoffsteg des T-Profils (z. B. mit einer Nagelschere oder dem Seitenschneider) ein wenig ausgeschnitten werden. An den Stellen, wo das Umleimer-T-Profil um die Ecke einer Platte herumgezogen werden muß (also z. B. bei Türen, die rundum an den Kanten so verkleidet werden), wird genau im Biegebereich der in die Nut eingreifende Steg des Kunststoffprofils wie bei einem Gehrungsschnitt herausgeschnitten, ohne dabei die außen sichtbare Profilfläche zu verletzen. Zum Schluß wird die gesamte Länge des Umleimerprofils mit Gummihammer und einer zwischengelegten Holzleiste mit leichten Schlägen sorgfältig geglättet.

Sie können an Stelle derartiger Kunststoff-T-Profile auch normale Furnierstreifen aus Holz oder passend gemasertem Plastik aufkleben. Als Kleber empfiehlt sich bei selbstgeschnittenen Furnierstreifen ein Kontaktkleber wie Pattex, Uhu-Kontakt usw., der beidseitig (auf Holz und Umleimer) aufgetragen wird. Nach dem Ablüften (etwa 5 bis 10 Minuten) wird dann der Umleimer abrollend aufgelegt und mit einem Hammerstiel angerieben. Fertig gekaufte Umleimer, egal ob aus Holzfurnierstreifen oder aus Plastik, haben fast immer einen Schmelzkleberauftrag auf der Unterseite. Mit einem Bügeleisen werden solche Kantenverkleidungen ganz einfach aufgebügelt.

Nach dem Aufkleben noch überstehende Kanten werden mit einer Feile oder mit Sandpapier (um den Schleifkork legen!) unter einem Winkel von etwa 45 Grad von der Umleimerseite her weggeschliffen. Steht der Umleimer weit über, können Sie ihn auch zuerst mit einem scharfen Universalmesser oder einem speziellen Kantenschneider (für ein paar Mark im Kaufhaus zu haben) bis an die Plattenfläche hin vorschneiden und dann erst zurechtschleifen. Ich selbst verwende lieber im Holzton passende, aufbügelbare Umleimer.

Schnitt (E) zeigt eine sehr schnell und praktisch ausführbare Eckverbindung. Die beiden Platten werden stumpf aneinandergeleimt und mit Holz-

schrauben (Senkkopfschrauben!) oder Drahtstiften fest verbunden. Die scharfe Außenkante der Frontplatte wird mit einem Hobel oder mit grobem Sandpapier leicht gebrochen. Auf Schönheit kommt es dabei weder beim Brechen der Kante noch beim Sägen der Plattenkante an. In Heimwerkergeschäften oder Holzhandlungen besorgen Sie sich dann winkelförmige Holz-Profilleisten, die es dort in verschiedenen Breiten und Holzarten gibt. Sie können natürlich genau so gut auch Kunststoffwinkel verwenden, die ebenfalls als Stangen oder als Meterware in vielen Baumärkten zu haben sind. Holzleisten werden sauber auf Maß geschnitten und mit Leim und ein paar Drahtstiften an den Möbelecken angebracht. Aber möglichst erst, wenn der Möbelbau und die Einrichtung fast fertig sind, damit die Leisten nicht beim Arbeiten beschädigt werden. Dafür sehen sie dann auch später im Fahrzeug um so besser aus und sind durch ihre abgerundeten Kanten zugleich recht sicherheitsfreundlich.

Sie können, wie gesagt, an Stelle der Holzwinkel auch solche aus Kunststoff verwenden, die dann mit Kontaktkleber festgemacht werden. Allerdings passen solche braunen oder grauen Kunststoffteile oftmals nicht so ganz zu einer edlen Holzoberfläche. Aber hierfür ein Tip: Überziehen Sie doch die Kunststoffwinkel vor dem Anbringen einfach mit passendem Möbelstoff, mit Kunstleder oder Polsterfolie. Dann haben Sie das gute Aussehen und die weiche, unfallmindernde Kantenausbildung gleichzeitig erreicht. Wenn Sie für das Befestigen des Polstermaterials am Kunststoffwinkel einen Sprüh- oder Kontaktkleber verwenden, schlagen Sie am besten die etwas breiter gelassenen Polsterstreifen nach innen so um, daß sie beim Anbringen der Winkelleiste zwischen Holzplatten und Winkelleiste verschwinden.

Schnitt (F) zeigt schließlich eine Lösung für diejenigen, die eine angenehm gerundete Kante aus Holz haben wollen und dennoch Tischlerplatten als Möbelmaterial einsetzen möchten. Hierbei werden die Frontplatte und die Seitenplatte nur mit den inneren Kanten aneinandergesetzt und durch einen von innen montierten Winkel oder eine Dreikantleiste zusammengehalten. In den Winkel zwischen beiden Platten wird dann von außen ein passender Viertelstab (aus gleichem Holz wie die Plattenoberfläche)

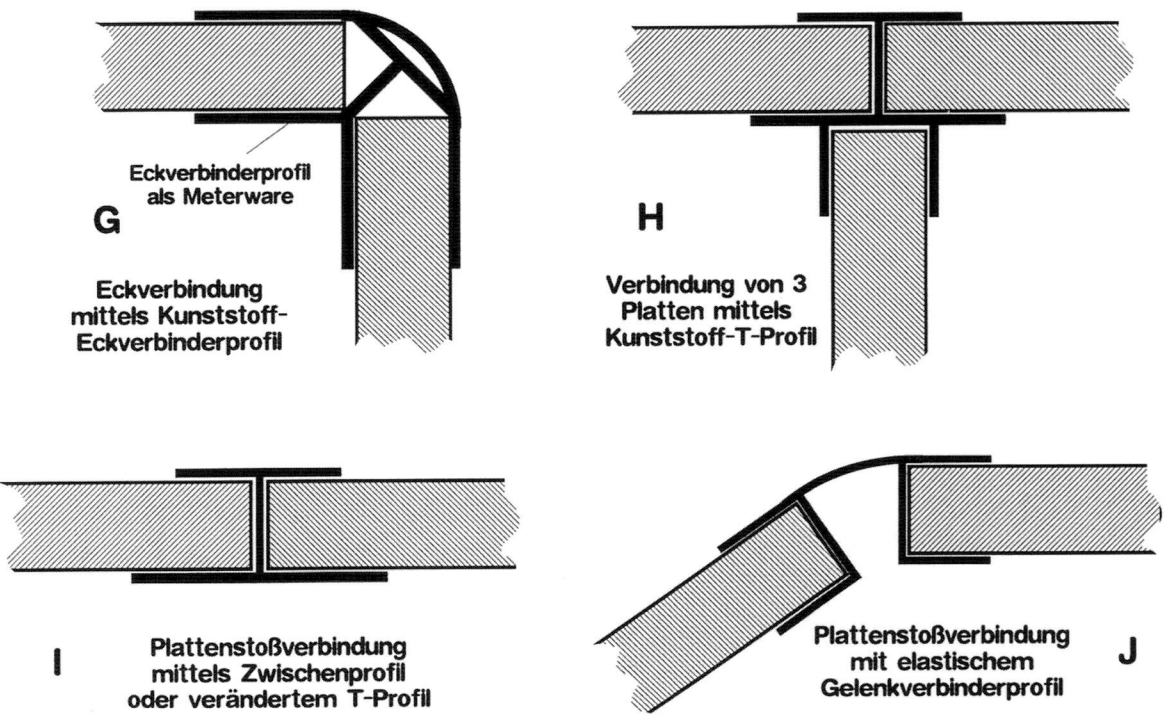

Abbildung 151: Möbelbau 2. Viele Eck- und Plattenverbindungen sind mit Hilfe praktischer Kunststoff-profile selbst für handwerklich weniger Begabte leicht herzustellen.

akkurat eingeleimt und nach dem Abbinden des Leims mit Sandpapier genau passend geschliffen. Eine sehr attraktive Lösung können Sie alternativ dann erzielen, wenn Sie Platten und Viertelstäbe aus unterschiedlich getöntem Holz nehmen.

In der Zeichnung (Abbildung 151) sehen Sie eine Reihe weiterer, sehr praktischer Eckverbindungen. Diese werden allerdings nicht mühsam nach Maß gefertigt, sondern können ganz rasch und ohne Aufwand aus den zugeschnittenen Platten und entsprechenden Kunststoff-Eckverbinderprofilen zusammengesteckt werden. Dennoch sind diese Verbindungen außerordentlich haltbar. Über die Schönheit allerdings kann man streiten, denn es gibt sie nur in ein paar Standard-Farbtönen.

Schnitt (G) zeigt eine gebräuchliche Eckverbindung, bei der die Front- und die Zwischenwand in ein Winkelprofil aus mittelhartem Kunststoff eingeschoben werden, dessen Aussenkante angenehm und somit unfallmindernd abgerundet ist. Damit sich die Platten in diesem (als Meterware erhältlichen) Eckverbinderprofil nicht verschieben können, sollten Sie (möglichst von der Innenseite her) ein paar Messing- oder Edelstahlschrauben mit Halbrundkopf durch das Eckverbinderprofil hindurch in die Platten einschrauben.

Schnitt (H) demonstriert Ihnen die Möglichkeit, mit einem speziellen T-Profil aus Kunststoff drei Platten in einem gemeinsamen Punkt zu verbinden. Auch hierbei sind ein paar (möglichst unsichtbar angebrachte) Schrauben zur sicheren Verbindung der Platten angebracht.

Schnitt (I) zeigt, wie Plattenstöße mit einem speziellen Zwischenprofil sauber zu verbinden sind. Sie können, falls Sie dieses Profil nicht bekommen, auch das in Schnitt (H) gezeigte Profil verwenden und zuvor die beiden überflüssigen T-Stege abschneiden oder weghobeln.

Schnitt (J) zeigt den Sonderfall, wenn ein Plattenstoß vorkommt, bei dem die beiden Platten unter einem schiefen Winkel zusammengefügt werden müssen. Dieses Gelenkverbinderprofil aus elastischem Kunststoff läßt sich nach dem Einschieben beider Platten in praktisch fast jedem gewünschten Winkel biegen. Allerdings ist bei diesem Profil die Stabilität des Plattenstoßes trotz Verschraubens beider Platten nicht ganz so groß wie bei winkelgerechten Verbindungen.

(c) Türen und Klappen

Unabhängig von der Frage, welche Eckverbindung Sie für Ihre Möbel oder Raum-Zwischenwände einsetzen, sollten Sie sich grundsätzlich darüber klar sein, daß stets möglichst wenig Kanten sichtbar wer-

den sollten. Durch etwas Überlegung vor Beginn der Arbeiten können Sie sich so häufig viel Mühe und Kosten ersparen. Überhaupt ist es meiner Ansicht nach immer sinnvoll, sich vor Beginn der Tischlerarbeiten mal ein paar Minuten mit Papier und Bleistift in eine ruhige Ecke zu verziehen und sich ein paar Konstruktionsskizzen zu machen, wie bestimmte Details an den Möbeln ausgeführt werden sollen.

Ein Beispiel: Türen oder Klappen bei Möbeln können Sie so ausführen, daß sie genau in den entsprechenden Ausschnitt hineinpassen (Abbildung 152, A und B). Das macht aber eine Menge Arbeit, sie so genau zu fertigen und einzupassen. Außerdem ist die Anbringung der Scharniere und Verschlüsse nicht immer ganz einfach. Und Sie müssen in jedem Falle eine Anschlagmöglichkeit für die Tür schaffen, sonst pendelt sie haltlos in der Türöffnung hin und her.

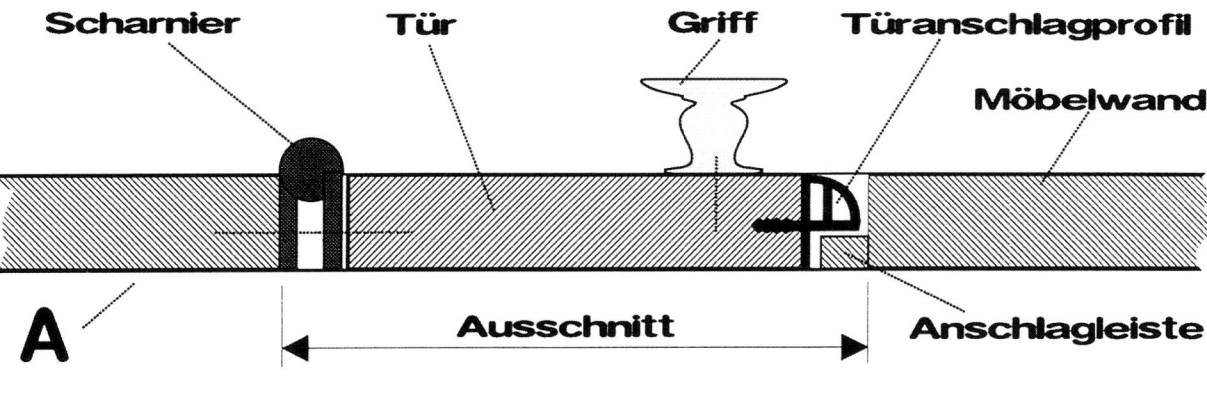

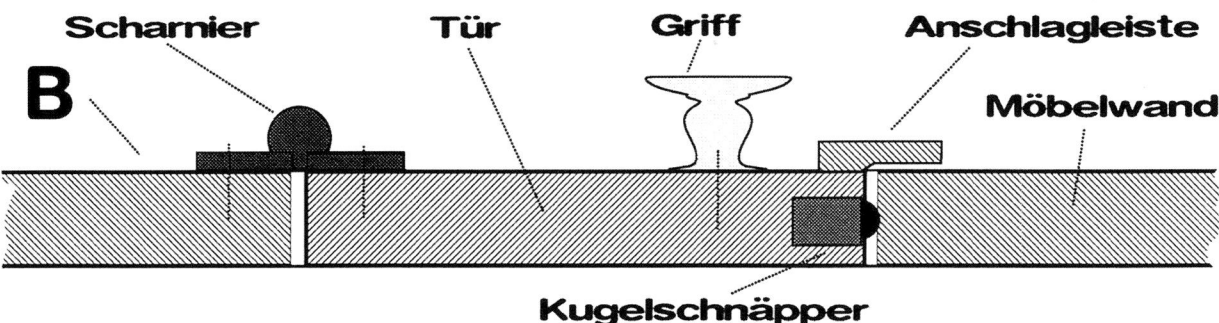

Abbildung 152: Möbelbau 3. Türen bündig mit der Möbeloberfläche anzubringen erfordert einen erheblichen Aufwand und sehr genaue Paßarbeit.

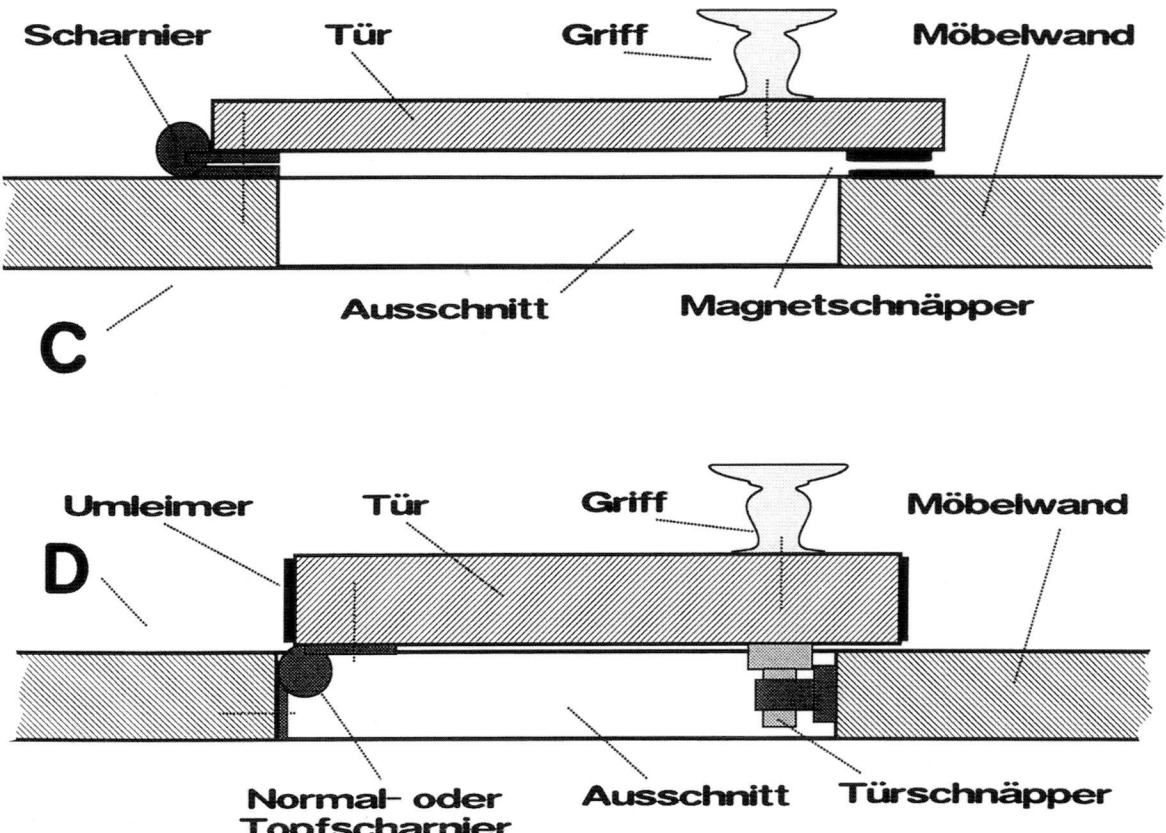

Abbildung 153: Möbelbau 4. Auf- bzw. vorgesetzte Türen und Klappen sind wesentlich einfacher zu fertigen und zu montieren.

In der oberen Zeichnung (A) habe ich deshalb einmal angedeutet, wie die Tür mit einem als Meterware erhältlichen Türanschlagprofil ausgerüstet werden kann. Aber diese Lösung erfordert nicht nur einen gefrästen (oder gesägten) Schlitz in der Tür zur Aufnahme des Profils, sondern auch noch eine in der Türöffnung angebrachte Anschlagleiste. Unabhängig davon ist aber immer noch ein passendes Türschloß zu montieren, um die Tür geschlossen zu halten. In der unteren Zeichnung (B) sehen Sie, wie ein (in eine Bohrung in der Tür) eingelassener Kugelschnäpper die Tür geschlossen hält, weil seine federnd gelagerte Kugel in eine Öffnung in dem Türausschnitt der Möbelwand eingreift.

Einfacher geht es, wenn die Türen und Klappen etwas größer sind als die Ausschnitte und einfach mit Scharnieren oder Klavierband von außen auf die Möbelteile aufgesetzt werden (Abbildung 153, C und D). Das kostet zwar unter Umständen etwas mehr Material, weil Sie ja das ausgeschnittene Material an dieser Stelle nicht mehr als Tür verwenden können und weil die Tür zusätzlich (zumindest bei Tischlerplatten) rundum mit einem Kantenumleimer oder einer Leiste verkleidet werden muß. Aber diese Technik spart letzten Endes nicht nur Zeit, sondern der Vorteil liegt meiner Ansicht nach bei den aufgesetzten Türen vor allem darin, daß Sie die Türen und Klappen nicht so exakt zuschneiden und einpassen müssen, daß sich die Türen außerdem beim Befestigen der Scharniere besser ausrichten und notfalls später leichter nachkorrigieren lassen.

Die obere Zeichnung (C) zeigt eine (z. B. aus Sperrholz gefertigte) Tür, die mit einem Klavierband als Scharnier und mit einem Magnetschnäpper als Verschluß sehr einfach zu fertigen ist. Allerdings haben manche (schwächeren) Magnetverschlüsse die Neigung, bei der Rüttelei des fahrenden Campingbusses des öfteren einmal aufzuspringen. Besser geeignet als Türverschlüsse sind dagegen die aus Kunststoff gefertigten Türschnäpper in der unteren Zeichnung (D). Für große Türen, also beispielsweise eine Tür zum Waschraum oder eine Kleiderschranktür verwenden Sie aus Stabilitätsgründen natürlich erstens sowieso Tischlerplatte als Türmaterial und zweitens spezielle, rostfreie Türschlösser (im Kunststoffgehäuse) mit Schnapp- oder Riegelschloß. Das aus Tischlerplatte

gefertigte Türblatt erfordert (aus ästhetischen Gründen) das Aufbringen eines Umleimers als Kantenabschluß. Sie können bei rechtwinklig zugeschnittenen Türblättern aber auch ein U-förmiges Abschlußprofil verwenden, das auf Gehrung geschnitten wie ein Rahmen die Türkanten verkleidet.

Bei diesen »aufgesetzten« Türen aus Tischlerplatte oder Massivholz haben Sie die Möglichkeit, die bewährten »Topfscharniere« anstatt der immer etwas billig wirkenden Klavierbänder zu verwenden. Die Montage dieser Spezialscharniere, die es in vielen Ausführungen im Handel gibt, erfordert jedoch den Einsatz eines speziellen Bohrkopfes für Topfscharniere. Was die Frage der Scharniere betrifft, so habe ich Ihnen in den Schnittzeichnungen ja schon ein paar Anregungen für die richtige Auswahl gegeben.

Bei Verwendung von 16 mm starken oder dickeren Tischlerplatten für den Möbelbau würde ich bei

Abbildung 154: Komplettausstattung. Sorgfalt beim Möbelbau zahlt sich aus. Man hat mehr Freude an einer perfekten Einrichtung und später ist ein Wiederverkauf leichter und lohnender. Eine Falt- oder Schiebetür hält Küchendünste vom Sitz- bzw. Schlafbereich fern.

mittelgroßen und großen Türen immer zu Topfscharnieren greifen, wie sie auch im professionellen Möbelbau seit vielen Jahren erfolgreich eingesetzt werden. Sie sind zwar etwas aufwendiger zu montieren und auch etwas teurer als das (besonders bei kleinen Klappen) bewährte Klavierband oder als einfache Plastik- oder Metallscharniere, aber sie haben den enormen Vorteil, daß Sie diese jederzeit akkurat auf richtigen Sitz einstellen können. Das ist für Sie nämlich sehr wichtig, weil durch die ständige Rüttelei des Fahrzeugs preiswerte Scharniere oftmals etwas nachgeben und dann die Türen und Klappen schief vor den Möbeln herumhängen. Es gibt diese Topfscharniere sowohl in normaler als auch in Weitwinkel-Ausführung. Letztere würde ich beispielsweise für die Waschraumtür empfehlen, wenn diese nicht immer

mitten im Raum stehen soll, sobald sie geöffnet wird. Lassen Sie sich aber keine Topfscharniere aufschwatzen, bei denen die Gelenke oder andere wichtige Teile aus Plastik bestehen! Solche Scharniere sind oft schneller kaputt als sie montiert sind.

Topfscharniere erfordern, wie schon gesagt, in der Tür jeweils eine entsprechende Bohrung, in der sie eingesetzt und durch Schrauben fixiert werden. Den passenden Bohrer hierfür sollten Sie gleich in dem Geschäft kaufen, wo Sie die Scharniere erwerben. Dann bekommen Sie den richtigen Durchmesser des Bohrers und es gibt später keine Probleme. Aber letztlich muß jeder für sich selbst entscheiden, welche Konstruktion er wählt und wieviel Zeit, Geduld und Geld er investieren will. Sie können sogar zu so aufwendigen Türlösungen kommen, wie auf dem

Abbildung 155: Möbelbau 5. Türen von Oberschränken, die nach oben klappbar sind, können weder im Weg stehen noch stößt man sich daran. Allerdings müssen die Türverschlüsse so solide sein, daß trotz scharfer Kurvenfahrt die Klappen zu bleiben.

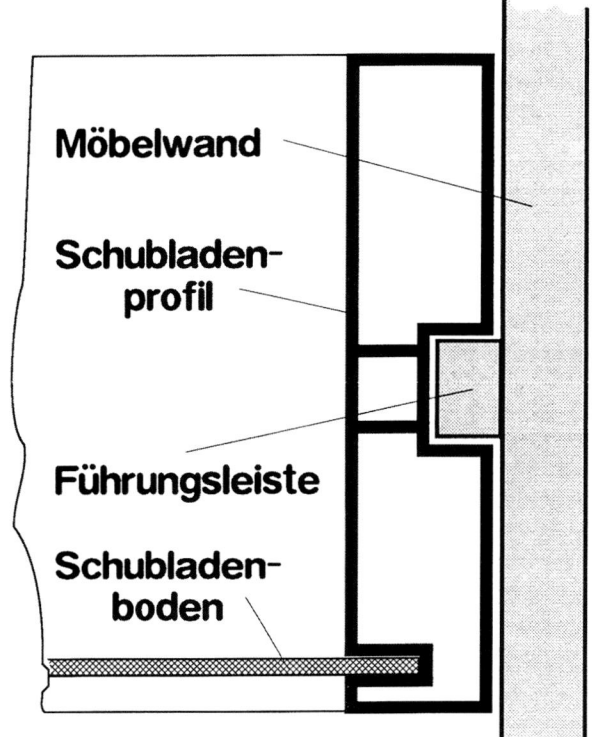

Abbildung 156: Möbelbau 6. Solche oder ähnliche (schwarz gezeichneten) Spezialprofile gibt es im Heimwerkerbedarf oder Campingzubehörhandel. Sie ermöglichen den schnellen und einfachen Schubladenbau mit Hilfe spezieller Eckverbinder.

Rechts: Abbildung 157: Möbelbau 7. In dieser Draufsicht erkennen Sie, wie Schubladen aus 4 Profilabschnitten und 4 Eckverbindern zu einem Rahmen zusammengesetzt werden. Vor dem endgültigen Zusammenbau muß noch der Boden (aus Sperrholz oder Hartfaserplatte) in die umlaufende Nut eingeschoben werden.

Foto (Abbildung 154) ersichtlich ist, wenn Sie es wollen. Im nächsten Foto (Abbildung 155) sehen Sie eine sehr praktische Lösung für Türen von Oberschränken: Die Türen werden zum Öffnen nach oben geklappt und bleiben dank des eingebauten Feststellers in dieser Position offen. So verhindern Sie auf einfache Weise manchen blauen Fleck.

(d) Schubladen

Schubladen nach Maß sind auch so ein Problem, das den unerfahrenen Möbelbastler unter Umständen viel Zeit kosten kann. Es gibt für dieses Problem grundsätzlich drei Möglichkeiten. Erstens können Sie massiv aus Tischlerplatten, Leisten und Sperrholz normale Schubladenkästen zusammenbauen. Die zweite Möglichkeit wäre die Verwendung von flachen Kunststoffkästen oder Fotoschalen, die mit

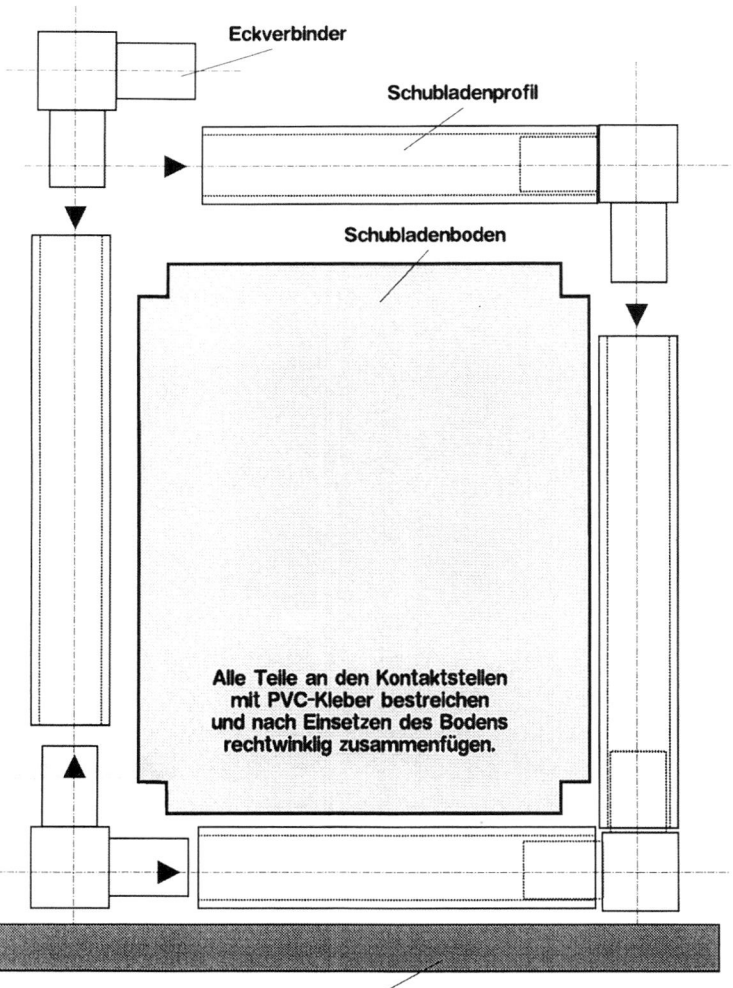

Alle Teile an den Kontaktstellen mit PVC-Kleber bestreichen und nach Einsetzen des Bodens rechtwinklig zusammenfügen.

Schubladenblende (mit Schrauben von innen her) an dem vorderen Schubladenprofil befestigen.

einer Holzblende versehen werden. Ich gehe da den dritten, noch einfacheren Weg und verwende ein spezielles Schubladenprofil (Abbildung 156), das als Meterware aus Kunststoff von verschiedenen Herstellern im Zubehörhandel erhältlich ist. Das in der Zeichnung dargestellte Profil wird einfach rechtwinklig abgelängt und an den Enden durch spezielle Eckverbinder zu einem Rahmen zusammengesetzt.

Es gibt auch aus Kunststoff gefertigte Schubladenprofile, die an den Enden (mit einer unter 45 Grad eingestellten Kreissäge oder einem Fuchsschwanz und der Gehrungslade) auf Gehrung zugeschnitten und dann mit Spezial-Metallklammern zu einem Schubladenrahmen verbunden werden.

Bevor die vierte Seite des Rahmens eingesetzt wird, wird noch eine passend geschnittene, 3 bis 4 mm starke Sperrholz- oder Hartfaserplatte als Schubladenboden in die hierfür vorgesehene Nut eingeschoben.

Achten Sie darauf, daß die Bodenplatte so groß zugeschnitten wird, daß sie nach dem Zusammenbau in den dafür vorgesehenen Nuten der Schubladenprofile sicheren Halt findet. Bei Verwendung der Schubladen-Eckverbinder (Abbildung 157) müssen außerdem noch die vier Ecken des Bodens (s. Zeichnung) etwas ausgeklinkt werden, damit der Zusammenbau problemlos klappt. Eine aus Möbelholz gefertigte und vor den Kasten geschraubte Blende paßt die Schublade dann schließlich Ihren Möbeln perfekt an. Der Schubladengriff wird anschließend auf dieser Frontplatte befestigt (oder mit langen Schrauben und Muttern sogar bis in die Lade hinein), sofern Sie es nicht vorziehen, eine Greiföffnung oder eine flache Griffleiste an der Blende anzubringen.

Das Prinzip dieser Schubladen stammt übrigens aus der Fertigung von Küchenmöbeln. Deshalb kann es für Sie durchaus lehrreich sein, sich einmal verschiedene Küchenmöbel auf ihre Konstruktion hin anzusehen! Wichtig ist bei Schubladen jeder Art im Campingbus, daß sie durch irgendeine Vorrichtung gegen unfreiwilliges Herausrutschen gesichert werden. Sonst fliegt Ihnen in jeder Kurve der Ladeninhalt durch das Fahrzeug. Was Sie an Verschlüssen verwenden, ist Ihnen überlassen. Das kann ein Vorreiber

sein, ein eingeklebter Schaumstoffstreifen, ein Schnäpper, eine Magnethalterung oder etwas anderes. Nur stabil und narrensicher sollte der Schubladenverschluß sein.

(e) Schlösser und Verschlüsse

Auch eine weitere wichtige Frage sollte vor Arbeitsbeginn geklärt sein, nämlich die Frage, welche Türschlösser und Griffe Sie für die übrigen Möbel in Ihrem Campingbus verwenden wollen. Davon kann nämlich die Lösung bestimmter Details abhängen. Betreffs dieser Griffe und Schlösser möchte ich bewußt keine bestimmten Vorschläge unterbreiten, weil das Angebot am Markt sehr vielseitig ist, täglich neue Produkte auftauchen und Sie vermutlich die vorgeschlagene Marke »Sowieso« dann doch nicht bekommen. Aber Sie sollten sich vor dem Kauf der Beschlagteile von den Anforderungen für Schlösser, Griffe usw. eine Vorstellung machen. Sonst haben Sie später den Ärger und die blauen Flecke, wenn Sie die falschen Teile beschafft haben.

Erstens sollten Türschlösser verhindern, daß Türen oder Klappen bei einer Notbremsung, beim Verwinden der Karosserie- oder Möbelteile aufspringen können. Zweitens sollten die mit den Schlössern verbundenen Griffe so geformt sein, daß jede Verletzungsgefahr ausgeschlossen ist. Das schaffen am besten elastische Griffe aus Kunststoff, vorausgesetzt, daß sie keine scharfen Kanten aufweisen und nicht unnötig weit hervorstehen. Das geht aber auch recht gut mit Metallgriffen, wenn sie ähnlich zweckmäßig geformt sind wie der Griff im Foto (Abbildung 158).

Besonders praktisch sind solide Drucktasten-Schnappverschlüsse aus Kunststoff. Sie verhindern zuverlässig das ungewollte Aufspringen von Türen, lassen sich aber doch jederzeit leicht öffnen. Sie bekommen sie in verschiedenen Bauarten und sie sind (je nach Fabrikat) für Wandstärken zwischen 10 mm und 25 mm verwendbar. In den Fällen, wo Sie kein Schloß einsetzen wollen oder das technisch nicht machbar ist, lassen sich auch aus Plastik oder Metall bestehende Schubriegel, Magnetschnäpper oder Kunststoffverschlüsse, in Einzelfällen sogar Klettbandstreifen vorteilhaft einsetzen.

Abbildung 158: Möbelbau 8. Solide und funktionssichere Beschläge sind im Campingbusbau unverzichtbar. Die Belastung aller Teile ist durch die Rüttelei beim Fahren wesentlich höher als in einem Wohnhaus. Wichtig ist ferner, daß Beschläge (besonders Griffe) bei Unfällen weder zu blauen Flecken noch Verletzungen führen dürfen und daß man im engen Campingbus nicht ständig daran hängenbleibt. Moderne Türschnäpper aus Kunststoff sind sogar versenkbar, erfordern aber dadurch mehr Arbeit.

(f) Möbellüfter

Damit Ihre Möbel (und besonders die Staukästen) nicht mit der Zeit innen muffig oder stockig duften, sollten Sie für eine brauchbare Luftzirkulation in den einzelnen Möbelteilen sorgen.

Das geht am einfachsten, indem oben und unten bei jedem abgeschlossenen Möbelteil jeweils ein Möbellüfter (Abbildung 159) in die Seiten- oder Vorderwand eingelassen wird. Diese Lüfter gibt es in den unterschiedlichsten Formen und Farben, in Kunststoff oder Metall, mit Dauerlüftung oder verschließbar. Wenn Sie in Gegenden mit viel Staub oder auch mit vielen Insekten usw. fahren wollen, empfiehlt es sich, innen beim Einsetzen des Möbellüfters gleich entweder eine feinmaschige Fliegengaze (gegen Insekten) oder eine feingewebte Stoffbahn (gegen groben Staub) mit einzusetzen. Das hat natürlich nur dann Sinn, wenn das Möbelteil auch sonst rundherum dicht ist. Möbellüfter können Sie sich aber dann sparen, wenn die Türen der Möbel sowieso nicht dicht schließen.

Abbildung 159: Möbellüfter.
Solche preiswerten Plastik-
Möbellüfter (in verschiedenen
zum Holz passenden Farben)
verhindern das Stocken und
Muffeln in Campingbusmö-
beln. Diese Rosetten werden
in entsprechende Bohrungen
in den Möbelwänden einge-
setzt bzw. eingeklebt.

(g) Sonstiges

Bei allen Teilen, die Sie im Campingbus in Form von Beschlägen, Lüftereinsätzen, Scharnieren, Schrauben usw. verwenden, sollten Sie immer nur Material verwenden, das den Beanspruchungen im Fahrzeug durch Feuchtigkeit (Luftfeuchte, nasse Kleidung usw.), Erschütterungen, Verwindung, Verschleiß usw. auf Dauer gewachsen ist. Wie schon beim Möbelholz erwähnt, sollten Sie hier nicht auf ein paar Mark Mehrkosten achten. Das ist letztlich billiger, als wenn Sie nach einem halben Jahr die Schrankscharniere, die Verbindungsschrauben, die Griffe oder ähnliches abschrauben und wegschmeißen müssen, nur weil sie rostig sind.

Ein kleines Beispiel für unzweckmäßige Lösungen sehen Sie im nächsten Foto (Abbildung 160): Die Zwischenböden des Schrankes wurden auf einfachen, preiswerten Regalbodenhaltern aufgelegt. Das ist prinzipiell nicht verkehrt, wenn Sie dann darauf achten, daß der Regalboden sich nicht verschieben

Links: Abbildung 160: Möbelbau 9. Regalböden
können herausrutschen, wenn sie nur auf einfachen
Regalbodenhaltern (Pfeil) liegen. Ein kleiner Nagel
vor dem Bodenbrett oder ein davor geschraubter
weiterer Regalbodenhalter kann das verhindern.
Klavierbänder für Möbeltüren sind zwar robust,
aber sie lassen später keinerlei Korrektur des Tür-
sitzes mehr zu.

kann. Ein kleiner Nagel vor der Stirnseite des Brettes verhindert das Verrutschen sogar dann, wenn unterwegs einmal die Schranktür aufspringen sollte. Und noch etwas erkennen Sie in diesem Foto: Die Schranktür ist mit Klavierband (aus Plastik oder Metall) angeschlagen. Das quietscht zwar nicht und kann auch kaum rosten. Aber es läßt sich nie richtig einstellen, wenn die Tür doch einmal etwas schief sitzen oder hängen sollte.

6.02 Schränke und Staufächer

Im Rahmen der bisherigen Ausbauarbeiten wurde der Grundausbau des Fahrzeugs, also der Einbau von Fenstern, Luken und Durchbrüchen im Außenwandbereich, die Isolierung und Verkleidung der Wände, des Fußbodens und des Dachs abgeschlossen. Auch die wichtigsten Kabel, Leitungen und Rohre, sofern sie in den Fahrzeugwänden usw. verlegt werden müssen, sind bereits installiert. Zumindest soweit, wie das bisher ohne Möbel im Fahrzeug möglich war.

Jetzt geht es darum, die Haupt-Möbelwände im Fahrzeug einzubauen. Also beispielsweise die Seitenwände des Waschraums, des Kleiderschranks, des Vorratsschranks usw.. Auf alle Fälle sämtliche Möbelseitenwände, die vom Boden bis unters Dach Ihres Campingbusses reichen. Wenn diese Wände erst einmal stehen, können Sie fast problemlos die restlichen Möbelteile dazwischen anbringen.

Doch zuvor eine Frage: Haben Sie inzwischen die sperrigen technischen Ausrüstungsteile wie z. B. die Edelstahl-Koch-Spülkombination, die Brausetasse, den Kühlschrank, den Warmwasserbereiter, die Heizung usw. beschafft? Von den genauen Abmessungen dieser Teile sind Sie nämlich bei der Ausführung Ihrer Baupläne wesentlich abhängiger als Sie es vielleicht glauben. Wenn Sie sich auf die Maßangaben in Prospekten verlassen, so geht es in etwa 90 Prozent der Fälle zwar gut, selbst wenn Sie mal ein paar Millimeter Differenz zwischen Prospektmaß und Realität durch eine Abdeckleiste kaschieren müssen nach dem Motto: Wenn es nicht paßt, kommt 'ne Leiste

drüber! Aber was passiert, wenn Sie sich bei Ihrer Planung auf Prospektangaben verlassen und bekommen aus irgendwelchen Gründen dann das eingeplante Teil nicht mehr zu kaufen? Deshalb halte ich im jetzigen Ausbaustadium die Beschaffung der wesentlichsten Teile für erforderlich, besser sogar noch bereits im Planungsstadium.

Die sperrigen Teile, die ich eben erwähnte, sollten Sie einmal probehalber im Fahrzeug auf dem Boden an den Stellen hinlegen, wo sie später auch angebracht werden sollen. Dadurch bekommen Sie nicht nur einen besseren Eindruck von der Raumaufteilung, sondern Sie können auch gleich kontrollieren, ob die Anordnung so richtig ist, ob etwas wichtiges vergessen wurde und ob die Planung maßlich stimmt.

(a) Die Zwischenwände

Der nächste Schritt ist nun, die genaue Stellung der einzelnen Möbelseitenwände mit Bleistift akkurat am Zwischenboden des Fahrzeugs anzuzeichnen mit exakter Markierung der Wandstärken der einzelnen Platten, mit präziser Angabe der Plattentiefe (also der Breite der Seitenwände), mit Anzeichnung der Befestigungsart (Winkel, Holzleisten, Möbelverbinder usw.) und mit Angabe oder Kennzeichnung wichtiger Bodendurchbrüche, vorhandener Rohr- oder Kabelverläufe usw.

Wenn der Zwischenboden im Fahrzeug mittlerweile so verschmutzt ist, daß sich Ihre Bleistiftstriche oder Filzschreibermarkierungen nicht mehr einwandfrei erkennen lassen, können Sie entweder den ganzen Fußboden kurz entschlossen mit einem hellen Anstrich versehen, der zugleich auch noch wasserdichtend wirkt. Dazu eignen sich vorzüglich die alten, halbverbrauchten Lackreste, die Sie immer noch aufgehoben hatten! Oder aber Sie markieren den Verlauf der Seitenwände durch entsprechend breite Klebebandstreifen (Isolierband, Kreppklebeband) auf dem Fußboden.

Nachdem Sie jetzt fast auf den Millimeter genau wissen, an welcher Stelle welche Wand in welcher Wandstärke und Tiefe (Länge) aufgestellt werden soll, geht es nun an das Maßnehmen für den Zuschnitt dieser Möbelseitenwände. Dafür gibt es zwei bewährte Methoden, die unterschiedlichen Wand-

und Dachkrümmungen möglichst genau abzunehmen und auf die Holzplatten zu übertragen, aus denen dann die Zwischenwände oder Möbel zugeschnitten werden.

(b) Die Schablonenmethode

Methode 1 arbeitet mit einfachen Schablonen. Das sind große Pappen oder Hartschaumplatten (notfalls müssen Sie vorher mehrere davon zusammenkleben), die quasi stellvertretend für die Möbelwände im Bus aufgestellt (Abbildung 161) und entweder mit Filzstift und einer Hilfsleiste oder direkt mit einer großen Schere oder einem Universalmesser an Ort und Stelle an die Wand- und Dachkrümmungen angepaßt werden. Das Übertragen der Wandkrümmung auf eine Schablone geht ganz einfach, wenn Sie eine entsprechend große Karton- oder Hartschaumtafel lotrecht im Fahrzeug an der Stelle hinstellen, an der später die Zwischenwand stehen soll. Natürlich geht eine so große Schablonenplatte nicht direkt bis an die Außenwand zu schieben, weil die Krümmung der Außenwand das verhindert (s. Zeichnung). Deshalb sollten Sie die Platte auch nur so weit zur Innenverkleidung hinschieben, wie dies ohne Probleme möglich ist.

Den Zwischenraum zwischen der Innenseite der Karosseriewand und der Schablone überbrücken Sie dann mit einer Hilfsleiste passender Länge. Das geht ganz simpel, wenn Sie sich ein Stück Holzleiste in passender Länge nehmen (Abbildung 162), sie an einer Seite entweder mit einer Kerbe oder einem Loch für den Filzstift versehen und mit dem anderen Ende der Leiste die Wandkrümmung quasi »abtasten«.

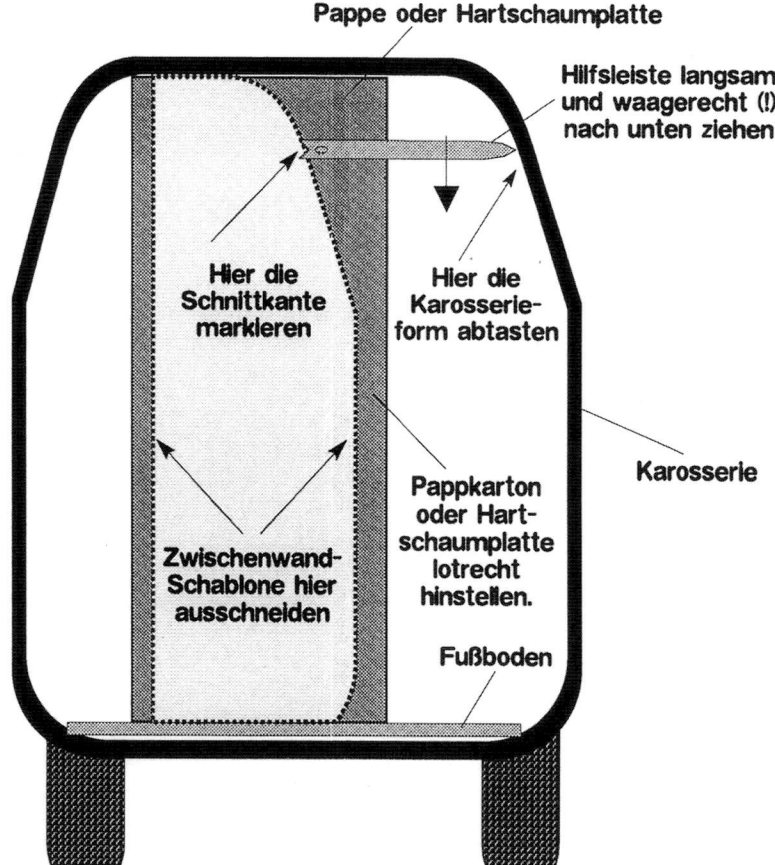

Pappe oder Hartschaumplatte

Hilfsleiste langsam und waagerecht (!) nach unten ziehen

Hier die Schnittkante markieren

Hier die Karosserieform abtasten

Zwischenwand-Schablone hier ausschneiden

Pappkarton oder Hartschaumplatte lotrecht hinstellen.

Karosserie

Fußboden

Abbildung 161: Zwischenwände 1. Eine ausreichend große Pappe oder Hartschaumplatte (Baumarkt) wird lotrecht im Fahrzeug aufgestellt. Durch Abtasten mit einer Hilfsleiste entlang der Fahrzeug-Innenwand läßt sich die Form der Wandkrümmung exakt mit einem Bleistift auf der Papptafel anzeichnen.

Holzleiste

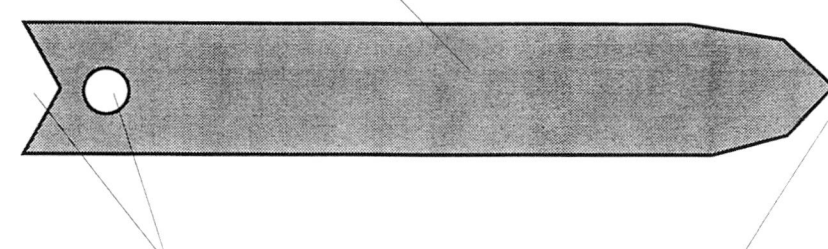

Abbildung 162: Hilfs-leiste. Eine simple Latte oder Holzleiste wird an einer Seite schräg zuge-schnitten oder ange-spitzt, um damit bequem alle Ecken der Karosse-rie abtasten zu können. Eine Kerbe auf der an-deren Seite der Leiste oder ein Loch dicht am Leistenende dient als Führung für Bleistift oder Filzschreiber.

Kerbe oder Loch zum präzisen Führen des Markierungsstiftes

Abflachung zum bequemen Abtasten der Karosserieform

Bei diesem »Maßnehmen« mit der Hilfsleiste sollten Sie darauf achten, daß dieses Stück Holzleiste beim Anhalten und Anzeichnen immer möglichst waage-recht gehalten wird, sonst gibt es maßliche Differen-zen.

Das Zuschneiden der Schablone ohne Vorzeichnen, also nur mit Schere oder Cuttermesser erfordert dagegen schon etwas mehr Augenmaß. Auch hier-bei wird die Schablonenplatte lotrecht im Fahrzeug an die passende Stelle gestellt und dann wird mit Schere oder Cuttermesser Stückchen für Stückchen die Schablone zurechtgeschnitten, bis sie sich schließ-lich exakt an die Innenseite der Karosserie schieben läßt. Allerdings, wenn bei diesem allmählichen Anpassen wirklich einmal etwas verschnippelt wird, ist der Schaden auch nicht allzu groß, denn ein Stück Pappe läßt sich jederzeit wieder ankleben und erneut anpassen. Dieses Anprobierspiel können Sie so lange betreiben, bis die Schablone wirklich glatt an den Anschlußwänden bzw. an der Innenraumverkleidung anliegt.

Abbildung 163: Paßkontrolle. Jede Schablone muß vor dem Zuschneiden der entsprechenden Möbel-platte nochmals an der Karosseriewand auf genau-en Sitz überprüft werden. Vielleicht hat man sich ja mal vermessen.

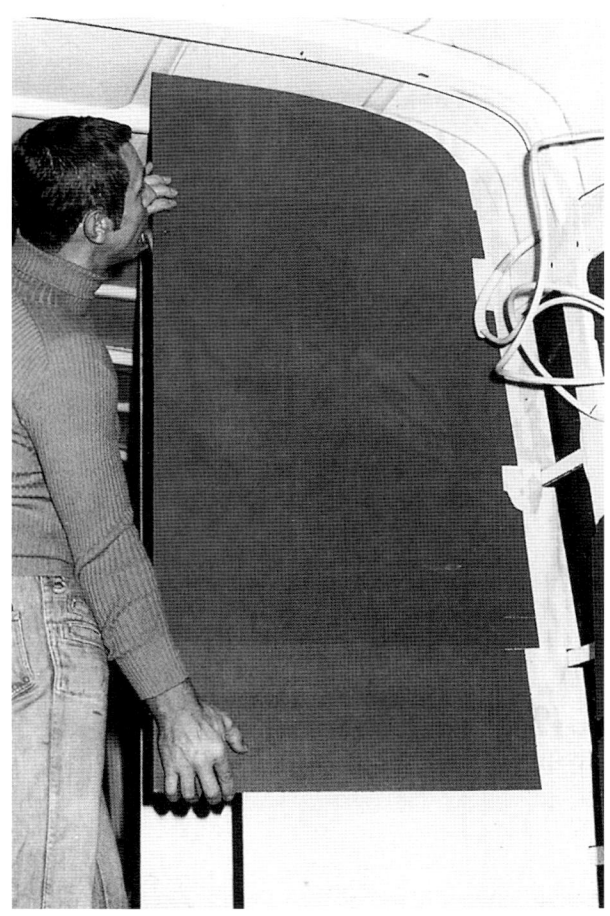

Wichtig ist bei dieser Schablonenarbeit zweierlei: Erstens müssen Sie beim Anhalten der Schablone an die Wand immer mit der Wasserwaage kontrollieren, ob die Schablone dabei auch wirklich senkrecht gehalten wird, damit kein falsches Maß entsteht. Zweitens muß für jede der Hauptmöbelwände (auch der Waschraumwände usw.) eine neue Schablone angefertigt werden, weil ich noch keine Fahrzeugwand gefunden habe, die überall eine gleichmäßige

Krümmung aufweist. Dasselbe trifft auch für den Dachbereich zu. Eine Schablone, die an einer Stelle über die ganze Wagenhöhe gut an der Wand anliegt, kann an einer anderen Wandstelle zwar auch noch gut passen, aber die Höhe ist unterschiedlich. Deshalb mein Rat, mit Schablonen nicht zu sparen. Die einzige Sparweise wäre, zuerst die größte Möbelwand zu messen, diese Schablone maßlich auf das Holz zu übertragen, dann die Schablone für die

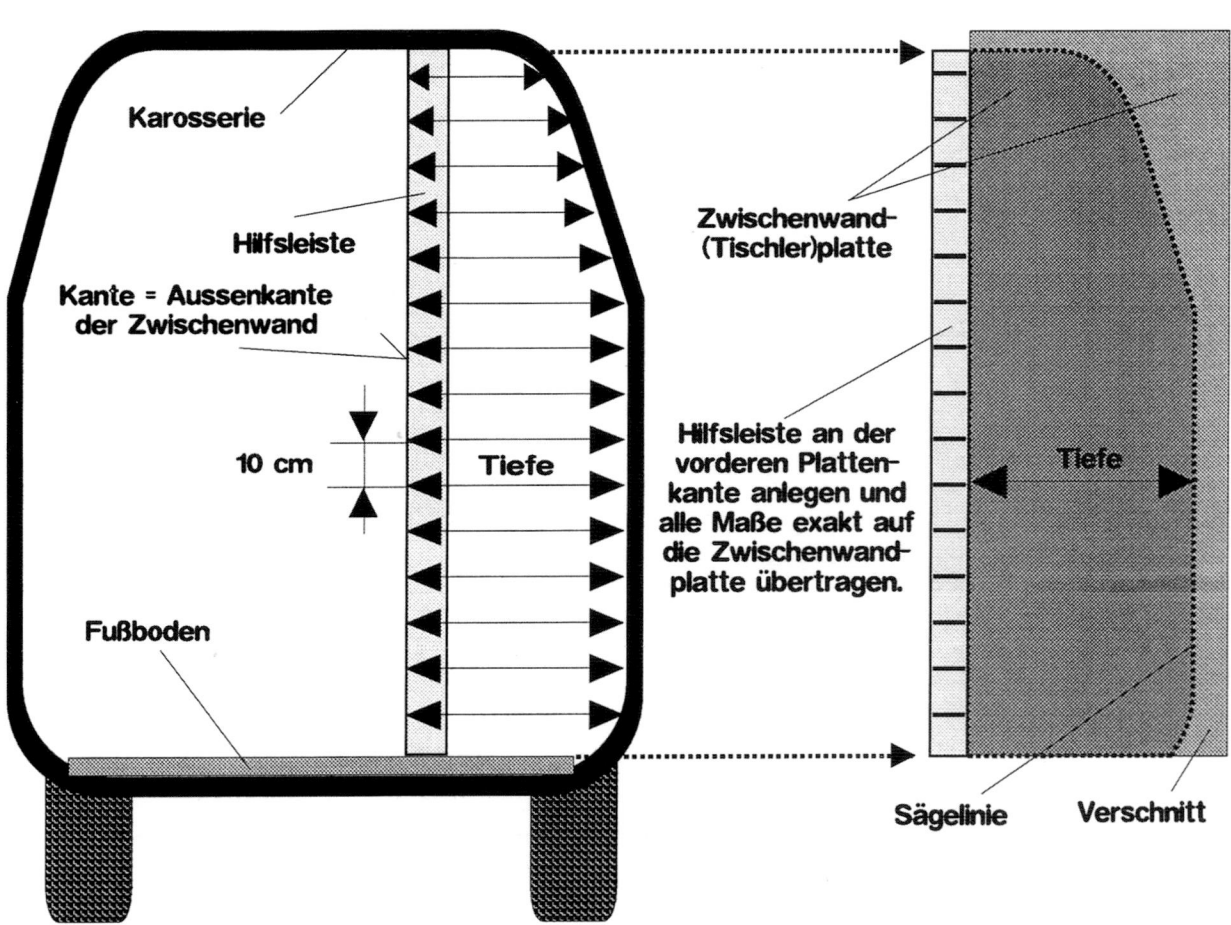

Abbildung 164: Zwischenwände 2. Alle 10 cm Höhe wird der Abstand zwischen der lotrecht (statt der gewünschten Zwischenwand) stehenden Hilfsleiste und der Fahrzeugwand gemessen und an der Hilfsleiste angeschrieben. Dann wird die Hilfsleiste an die zuzuschneidende Zwischenwand angelegt und die Maße an der Zwischenwand angezeichnet. So ergibt sich die recht paßgenaue Sägelinie, die der Innenform der Fahrzeugwand entspricht.

234

Abbildung 165: Zwischenwände 3. Jede einzelne Zwischenwand wird sorgfältig und solide an der Fahrzeugwand befestigt. Entweder, wenn die Rippen noch sichtbar sind, an diesen Rippen. Oder (durch die auf der Wandverkleidung markierten Linien des Rippenverlaufs hindurch) an den Rippen oder Hilfsleisten hinter der Wandverkleidung.

nächstkleinere Wand weiter zu verwenden, neu anzuzeichnen wieder zuzuschneiden, usw.. Die Schablonenmethode kann natürlich auch für Bereiche eingesetzt werden, wo noch keine Wandverkleidung angebracht ist (wo also auch noch die Verrippung beachtet werden muß). Zwischendurch muß natürlich jede Schablone an Ort und Stelle im Fahrzeug auf ihre Paßform hin kontrolliert werden (Abbildung 163). Allerdings ist hierbei kein so präzises Anpassen erforderlich, da die zuzuschneidende Kante der späteren Zwischenwand ja später durch die einzelnen Wandverkleidungsplatten verdeckt wird (Abbildung 165).

(c) Die Rastermethode

Methode Nummer 2 arbeitet nach dem Rastersystem (Abbildung 164). Dabei werden keine zugeschnittenen Schablonen benötigt und das Maßnehmen geht

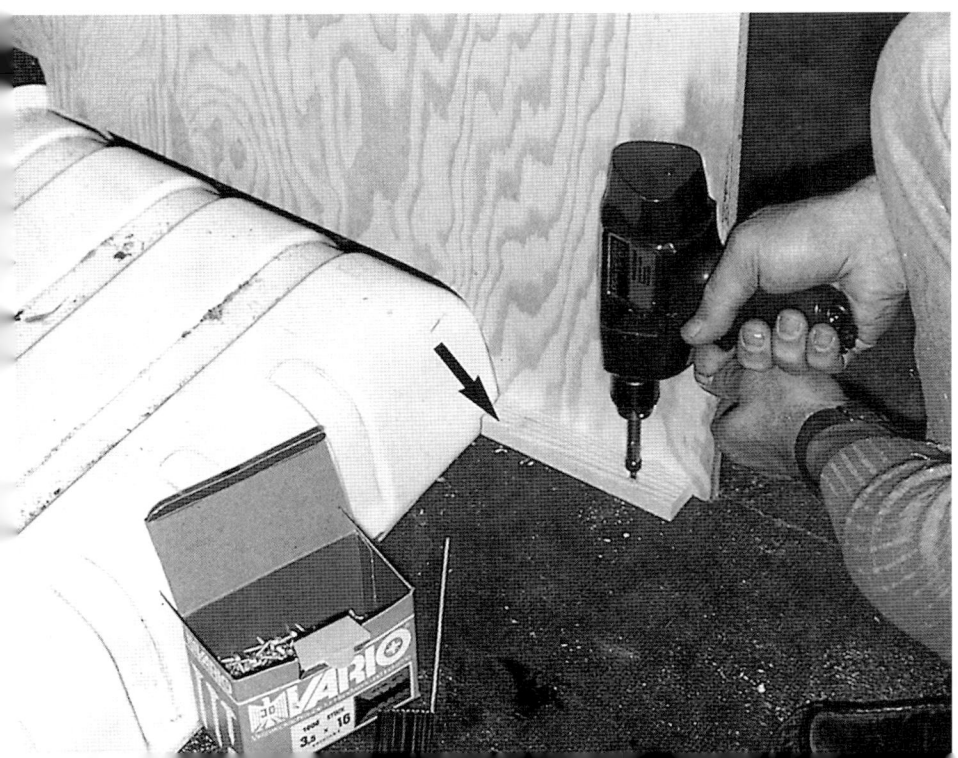

Abbildung 166: Zwischenwände 4. Auch mit dem Fahrzeugboden bzw. der Bodenplatte wird jede Zwischenwand oder Möbelseitenwand (mittels Winkeln oder Leistenabschnitten) verschraubt oder mit Möbelverbindern verankert. Achtung: Immer vorher auf Kabel oder Rohre unter der Bodenplatte achten!

etwas schneller, aber dafür ist die Methode auch nicht ganz so genau wie die erste.

Ein schmales Brett oder eine stabile Leiste wird als Hilfsleiste auf eine Länge zugeschnitten, die der größten Höhe der Möbelseitenwand entspricht. Meist wird das im Mittelteil des Wagens im Gangbereich das Maximalmaß zwischen Dach und Boden innen sein. Die so zugeschnittene Hilfsleiste wird zwischen Dachverkleidung und Bodenplatte lotrecht (Wasserwaage zur Hilfe nehmen und waagerechte Aufstellung des Fahrzeugs ebenfalls kontrollieren!) so eingeklemmt, daß sie in ihrer Stellung der herzustellenden Möbelseitenwand entspricht (die Vorderkante der Hilfsleiste entspricht dabei der Vorderkante der späteren Zwischenwand).

Vom Fußboden her beginnend wird die Hilfsleiste nun alle 10 Zentimeter höher (über die gesamte Höhe hinweg) mit je einer Bleistiftmarkierung versehen. Sie können den Abstand der Markierungen auch kleiner als 10 Zentimeter, also beispielsweise 5 Zentimeter groß nehmen. Größer als 10 Zentimeter würde ich ihn allerdings nicht wählen, weil sonst die Form der Karosserie-Innenseite bzw. der Innenraumverkleidung nicht präzise genug abgemessen werden kann. Nun wird von jeder Markierung ausgehend nach der Fahrzeugwand hin der jeweilige genaue Abstand zwischen Wand und Hilfsleisten-Vorderkante gemessen und aufnotiert. Dabei kommt es darauf an, den Zollstock (oder das Bandmaß) ebenfalls so waagerecht wie möglich zu halten, um Fehlmessungen zu verhindern.

Die jeweils um 10 Zentimeter in der Höhe steigenden verschiedenen Maße ergeben, wenn sie im selben Raster sinngemäß auf die Holzplatte der künftigen Möbelseitenwand übertragen werden (Abbildung 164, rechte Seite), eine Anzahl von Punkten auf dem Holz, die dann, durch flüssige Linienführung miteinander verbunden, ein recht genaues Abbild der Fahrzeuginnenwand ergeben. An diesen markierten Punkten entlang wird die Zwischenwand anschließend sauber ausgesägt.

Für jede Möbelwand wird vermutlich wieder ein neues Maßnehmen erforderlich sein, weil fast jede Karosseriewandstelle anders gekrümmt ist. Die Meßlatte (Hilfsleiste) muß dabei immer in der Höhe passend geschnitten werden (deshalb sollten Sie auch mit der höchsten Möbelwand anfangen, um die Leiste jeweils für die nächste Messung etwas kürzer schneiden zu können), weil die Höhe der Hilfsleiste das Ausgangsmaß für die Höhe der zuzuschneidenden Tischlerplatte ergibt.

Nach welcher Methode auch gemessen wird, die auf die Möbelplatte übertragenen Maße werden sauber angezeichnet und mit der Stichsäge ausgeschnitten. Für lange gerade Schnitte können Sie statt der Stichsäge auch eine Handkreissäge verwenden, die an einem (mit Schraubzwingen) aufgeklemmten Brett entlanggeführt saubere Kanten ergibt. Beim Bemessen der einzelnen Platten sollten Sie an die spätere Eckausbildung, an die saubere Kantenausführung usw. denken und auch daran, den Zuschnitt zunächst lieber noch ein paar Millimeter größer zu halten und die Kanten dann anschließend auf Maß zu hobeln oder zu raspeln.

(d) Zuschnitt und Montage

Wenn die Platten für die einzelnen Möbelseitenwände zugeschnitten sind, werden sie an Ort und Stelle eingepaßt (Abbildung 165) und mit Winkeln oder Leistenenden an den Blechrippen des Fahrzeugs (durch die Verkleidung hindurch, sofern die Verkleidung bereits montiert ist und die Rippen angezeichnet sind) angeschraubt. Beispiele für die Befestigung der Zwischenwände oder Möbel finden Sie weiter vorn im Buch in den Zeichnungen »Möbelmontage 1 bis 3«. Damit die Teile auch am Boden und am Dach festsitzen, werden dort (Abbildung 166) ebenfalls Leisten, Metallwinkel oder Möbelverbinder mit rostfreien Schrauben befestigt und mit den Möbelseitenwänden fest verbunden. Dabei sollte immer daran gedacht werden, welche Belastungen (Vollbremsung, Erschütterungen usw.) im Fahrbetrieb auftreten können. Entsprechend solide muß die Befestigung werden!

Sofern Sie beim Ausbau zunächst noch nicht die Wand- und Dachverkleidung montieren wollen, sondern zuerst die Möbelseitenwände (Abbildung 165), so müssen die Möbelseitenwände natürlich so bemessen sein, daß sie bis fast an die Außenhaut des Fahrzeugs heranreichen können. Die Blechrippen werden dementsprechend durch Ausschnitte in der

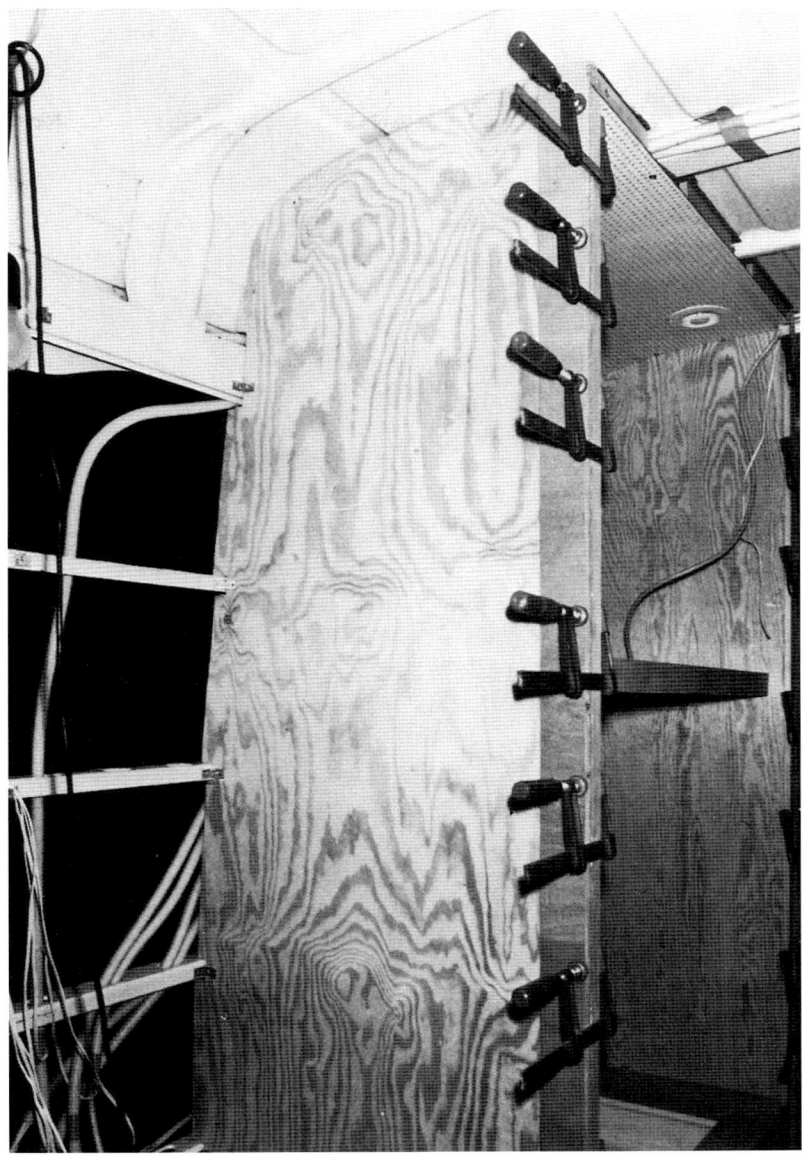

Abbildung 167: Möbelfronten 1. Damit große Zwischenwände aus Sperrholz sich nicht verziehen und die Scharniere sicherer halten, werden im Scharnierbereich Verstärkungsleisten aufgeleimt.

Holzplatte berücksichtigt. Dann können Sie die Möbelseitenwände mit langen Blechschrauben oder durchgehenden Gewindeschrauben direkt an die Blechrippen des Fahrzeugs schrauben, sofern dort halbwegs gerade Rippen sitzen. Da meist gerade dort keine Blechrippen sind, wo sie gebraucht werden, müssen Sie dazwischen entweder Zusatzstreben (Hilfsleisten) aus Holz einziehen oder zu der bequemeren Methode

(erst Wandverkleidung, dann Möbelwände) zurückkehren.

Wenn alle Möbelseitenwände bzw. Zwischenwände befestigt sind, werden auch die kleineren Möbelstücke wie Staukästen, Sitztruhen (siehe Kapitel »Sitz- und Liegemöbel«), Hängeschränke usw. zurechtgeschnitten und eingepaßt. Dabei sollten Sie aber immer darauf achten, wie bei den Tischlerplatten der

Abbildung 168: Möbelfronten 2. Wenn Türen eingelassen werden sollen, muß die Möbelfront die entsprechenden Ausschnitte aufweisen. Das ist eine sehr teure Bauweise, weil nicht immer die Ausschnitte als Türen zu verwenden sind und die Türen dann paßgenau aus anderen Platten zugeschnitten werden müssen.

Abbildung 169: Möbelfronten 3. Zusätzlich zur Verleimung geben ein paar von innen montierte Holzschrauben der Möbelkonstruktion zusätzliche Stabilität.

Leistenverlauf in ihrem Innern ist! Tischlerplatten bestehen innen nämlich aus mehr oder weniger schmalen, zusammengeleimten Leisten, die mit ihren äußeren Furnierschichten zusammen der Platte ihre Stabilität geben. Bei Belastungen (z. B. bei Sitzplatten) müssen Sie auf die zweckmäßigste Stabrichtung

achten, da Tischlerplatten in der Längsrichtung der innen verlaufenden Holzleisten höher belastbar (biegesteifer) sind als quer dazu.

Bei Sperrholzplatten ist dieses Problem weniger groß, allerdings hat man dafür bei ihnen oft Sorgen mit der naturbedingten Plattenkrümmung. Das macht sich besonders unangenehm bei den Türen bemerkbar. Man kann sich in diesem Fall dadurch helfen, daß man für Türen aus Sperrholz zwei dünnere Sperr-

Abbildung 170: Möbel-fronten 4. Der »Rohbau« der Sanitärzelle ist fertig. Achten Sie aber unbedingt darauf, in dieser Tür eine Türschwelle anzubringen bzw. stehen zu lassen, damit die Tür oder der Duschvorhang abdichtet und kein Duschwasser in den Wohnbereich laufen kann.

holzplatten mit den gekrümmten Hohlflächen anein-ander leimt. Dadurch heben sich die Spannungen gegenseitig auf, aber die Platte selbst wird dadurch auch nicht eben leichter.

Nach der Montage aller Möbelwände werden nun auch die Frontplatten zugeschnitten und montiert (Abbildung 167, Abbildung 168, Abbildung 169 und Abbildung 170). Sie können dabei solche Rahmen wie im Foto (Abbildung 168 und Abbildung 169) ersichtlich montieren, Sie können aber auch nur Türen in einer solchen Größe anbringen, daß die Möbel-seitenwände davon vollkommen verdeckt werden.

Beim Waschraum sollten Sie daran denken, daß die Tür so konstruiert werden muß, daß kein Spritzwas-ser an Holzkanten gelangen kann. Sonst »arbeitet« das Holz und die Tür verzieht sich hoffnungslos! Des-halb sollten Sie nach Möglichkeit entweder innen im Waschraum an der Tür eine Kunststoffleiste anbrin-gen, die das an der Türfläche herablaufende Wasser von der unteren Türkante fernhält. Oder Sie sollten innen vor dem Türausschnitt einen Dusch- bzw. Plastikvorhang anbringen, der den Türausschnitt völ-lig verdeckt.

Übrigens, beim Stichwort Türausschnitt (Abbildung 170) achten Sie bitte darauf, daß Sie zum Wasch-raum hin in der Kabinenwand eine Art Türschwelle stehen lassen, damit Spritzwasser vom Waschen oder Duschen nicht in den Wohnraum laufen kann.

Abbildung 171: Hängeschränke 1. Oberschränke werden erst fix und fertig (evtl. bis auf die Rückwand) zusammengebaut, bevor sie im Fahrzeug montiert werden. Auf der Werkbank läßt sich besser arbeiten als im engen Campingbus.

Abbildung 172: Hängeschränke 2. Für die »eingelassenen« Türen wurden extra Leisten als Türanschläge rundum hinter den Türausschnitten montiert.

Wie Hängeschränke konstruiert sind, geht aus den Abbildungen (Abbildung 171, Abbildung 172 und Abbildung 173) klar hervor. An Stelle der Klappen oder Türen vor Hängeschränken können Sie auch nur einfache abgerundete Grifföffnungen lassen. Falls Sie den Inhalt der Hängeschränke nicht sehen lassen wollen, sollten Sie innen vor der Grifföffnung einen kleinen Vorhang anbringen, der zugleich das

Abbildung 173: Hängeschränke 3. Die fertigen Oberschränke werden montiert. Nur die Schranktür wird während der Einbauarbeiten nochmals abgenommen, weil sie beim Arbeiten stört. Übrigens: Am stabilsten werden Oberschränke befestigt, wenn sie seitlich an anderen Möbelwänden oder Zwischenwänden angeschraubt werden.

Herausfallen des Schrankinhalts zuverlässig verhindert.

Zwischenborde oder Regalbretter in den Schränken werden alle entweder bereits beim Zusammenbau der Möbel fest mit den Seitenwänden verschraubt (dann können Sie die später aber nicht mehr in der Höhe verändern) oder sie werden mit Regalbodenhaltern (Abbildung 160) angebracht. Gegen das störende Klappern der Borde hilft ein strammes Einpassen oder das Einsetzen kleiner Holz- bzw. Kunststoffkeile. Was die konstruktiv wichtigen Sitzbänke betrifft, die ja auch mit den anderen Möbeln zusammengeschraubt werden, so lesen Sie hierüber bitte

Abbildung 174: Hängeschränke 4. Ganz zum Schluß wird der im Wagenheck vorgesehene Oberschrank montiert. Er wird rechst und links mit den anderen Oberschränken zusammengeschraubt.

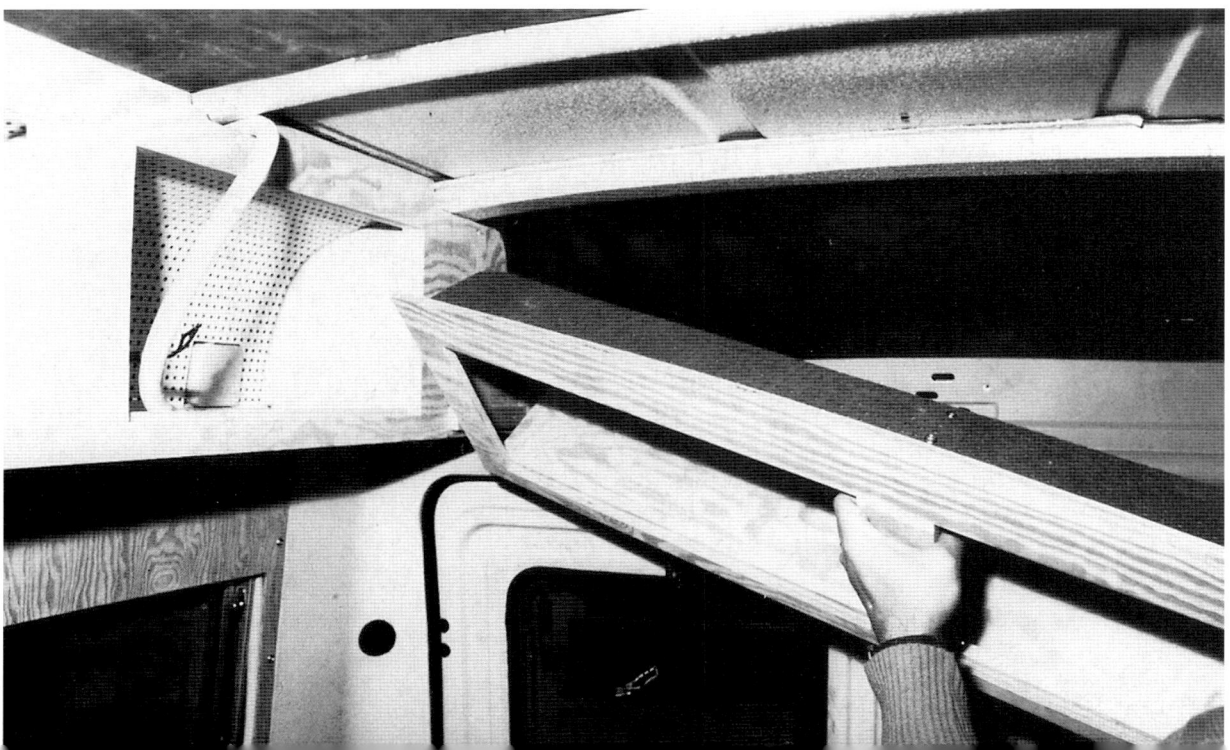

Abbildung 175: Hängeschränke 5. So sehen die im Wagenheck montierten Oberschränke im Rohzustand aus. Jetzt findet die Deckenverkleidung rundum (zusätzliche) Befestigungsmöglichkeiten.

im folgenden Abschnitt nach, weil dieses Thema doch etwas näher behandelt werden muß.

Zum Einbau der Schränke und Staufächer allgemein jedoch zuvor noch ein paar wichtige Hinweise: Wenn Sie die Einrichtung Ihres Campingbusses flexibel, also herausnehmbar machen wollen, so muß die ganze Konstruktion dieser Einrichtung darauf abgestimmt werden. Die Möbel werden dann jeweils einzeln so gefertigt, daß sie als stabile, für sich getrennte Einzelelemente mit eigener Rückwand usw. im Fahrzeug aufgestellt werden können. Die Befestigung der einzelnen Möbelstücke untereinander kann durch Schloßschrauben und Flügelmuttern erfolgen, die durch gemeinsame Bohrungen der Möbelseitenwände gesteckt werden (Abbildung 43).

Die Befestigung dieser herausnehmbaren Möbel am Fahrzeugboden (bzw. Zwischenboden) erfolgt am besten so, daß an den Möbelwänden unten die eine Hälfte stabiler Möbelverbinder (nicht die billigen Plastik- oder Blechverbinder aus dem Baumarkt verwenden, sie halten den Fahrzeugschwingungen nicht stand!) montiert wird und am Zwischenboden

das jeweils passende Gegenstück dieser Möbelverbinder, wie dies auch aus der Zeichnung ersichtlich ist. Dann brauch Sie nur jeweils eine Schraube zu lösen und schon ist das Möbelstück dort abnehmbar. Es können aber auch noch solider und einfacher: Stabile Stahlwinkel oder Winkelschienen werden seitlich unten an den Möbelwänden angeschraubt. Die zum Fußboden hin gelegenen Bohrungen in diesen Winkeln werden am Boden markiert. Dann wird der Zwischenboden noch einmal herausgenommen, die markierten Stellen werden gebohrt und von der Unterseite des Zwischenbodens werden sodann sogenannte Einschlagmuttern (Blechmuttern mit breitem Hut und Krallen) in die Bohrungen eingeschlagen.

Nach dem Befestigen des Zwischenbodens am Fahrzeugboden haben Sie so stabile Gewindeeinsätze im Boden und einen glatten Boden ohne Stolperstellen. Mit Flügelschrauben oder Sechskantschrauben werden dann die Möbelwinkel am Boden befestigt. Wenn nach dem Ausbau der Möbel die Gefahr besteht, daß sich die Gewindelöcher mit Schmutz voll setzen, müssen dort kurze Blindschrauben oder Plastikstöpsel eingesetzt werden, solange keine Möbel montiert sind.

Da wir gerade bei anderen Möbel-Einbaumethoden sind, vielleicht auch noch ein Hinweis zu einer ausgesprochenen Leichtbauweise, nämlich der Skelettbauweise. Hierbei wird die gesamte Möblierung aus Blechprofilwinkeln oder Holzleisten im Fahrzeug aufgebaut und anschließend durch dünne Sperrholzplatten oder Kunststoffdekorplatten bzw. Hartfaserplatten nach außen hin verkleidet. Sie können auch die Sperrholzplatten für die Möbelwände in Nuten der Holzrahmen einsetzen, wie dies in der Zeichnung (Abbildung 150, Detail C) dargestellt ist. Bei dieser Bauweise müssen Sie natürlich ebenfalls an die Belastungen denken, die im praktischen Betrieb auftreten können. Also beispielsweise muß die Skelettkonstruktion und die Abdeckung aus Sperrholz für die Sitzbank auch wirklich das Gewicht von zwei bis drei Menschen aushalten usw.

Es gibt aber auch noch einen Gewichtsspar-Trick: Sie können leicht und dennoch stabil bauen, wenn Sie die Sandwichplattenbauweise anwenden (Abbildung 177). Bei dieser raffinierten Technik werden Holzrahmenkonstruktionen in den einzelnen Fächern vollkommen mit Hartschaumplatten ausgefüllt und dann werden diese Rahmen von beiden Seiten fest mit dünnem Sperrholz, mit Paneelplatten, Kunststofftafeln oder auch mit Alublech beklebt oder mit Drahtstiften befestigt. Dabei können Sie entweder, wie dies links in der Zeichnung zu sehen ist, auf die Holzrahmen Hilfsleisten nageln, an denen sich dann später die Innenraumverkleidung befestigen läßt. Oder Sie fräsen (bzw. sägen) aus den Holzrahmen vor dem Zusammenbau Ecken aus, in denen dann die Innenraumverkleidung angebracht wird. Die rechte Zeichnung zeigt diese Technik. Die Wände insgesamt gesehen werden durch die Sandwich-Methode zwar etwas dicker, als dies bei Verwendung der üblichen Tischlerplatten der Fall ist, aber dennoch ist die Sandwich-Wand meist etwas leichter.

Für besonders stabile Konstruktionen eignet sich die Rohrprofil-Leichtbauweise (Abbildung 178). Hier wird anstatt eines Holzskelettes eine geschweißte oder geschraubte Rahmenkonstruktion aus quadratischen oder rechteckigen Stahl- oder Aluminiumrohren verwendet, die dann nach dem Einbringen der Isolierplatten ebenfalls beidseitig mit leichten Platten verblendet wird.

Vielleicht entschließen Sie sich sogar, beide Bautechniken, nämlich die Massivbauweise und die Leichtbauweise, miteinander zu verbinden. Indem Sie zum

Abbildung 176: Ablagen. Hat Ihr Fahrzeug nur ein flaches Dach? Dann können solche Netzablagen an Stelle von Oberschränken zusätzlichen Stauraum schaffen.

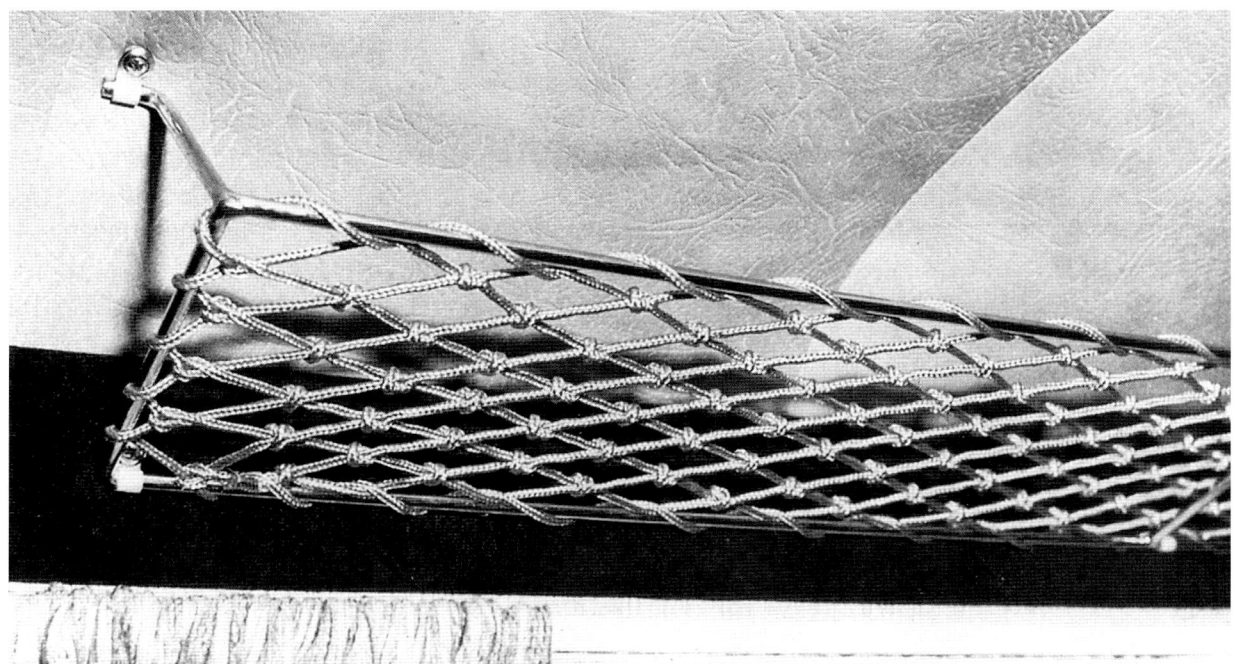

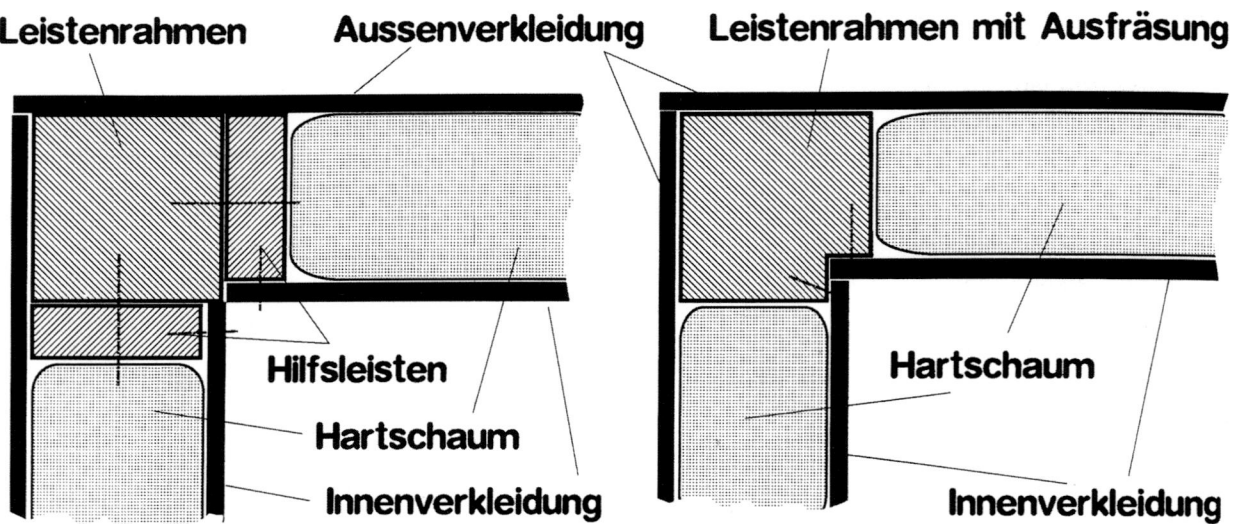

Leistenrahmen **Aussenverkleidung** **Leistenrahmen mit Ausfräsung**

Hilfsleisten

Hartschaum

Innenverkleidung

Hartschaum

Innenverkleidung

Oben: Abbildung 177: Leichtbau 1. 2 Vorschläge, um mit Holzrahmen und dünnen Sperrholzplatten stabile und dennoch leichte Zwischenwände oder sogar Möbel zu bauen: In der Schnittzeichnung links dienen zusätzlich aufgebrachte Leisten zur Befestigung des Sperrholzes. Rechts ist ein Falz in die Eckleiste eingefräst, um das Sperrholz sauber befestigen zu können. Isolierplatten zwischen den Sperrholzplatten dienen der Aussteifung und Isolierung der Zwischenwände.

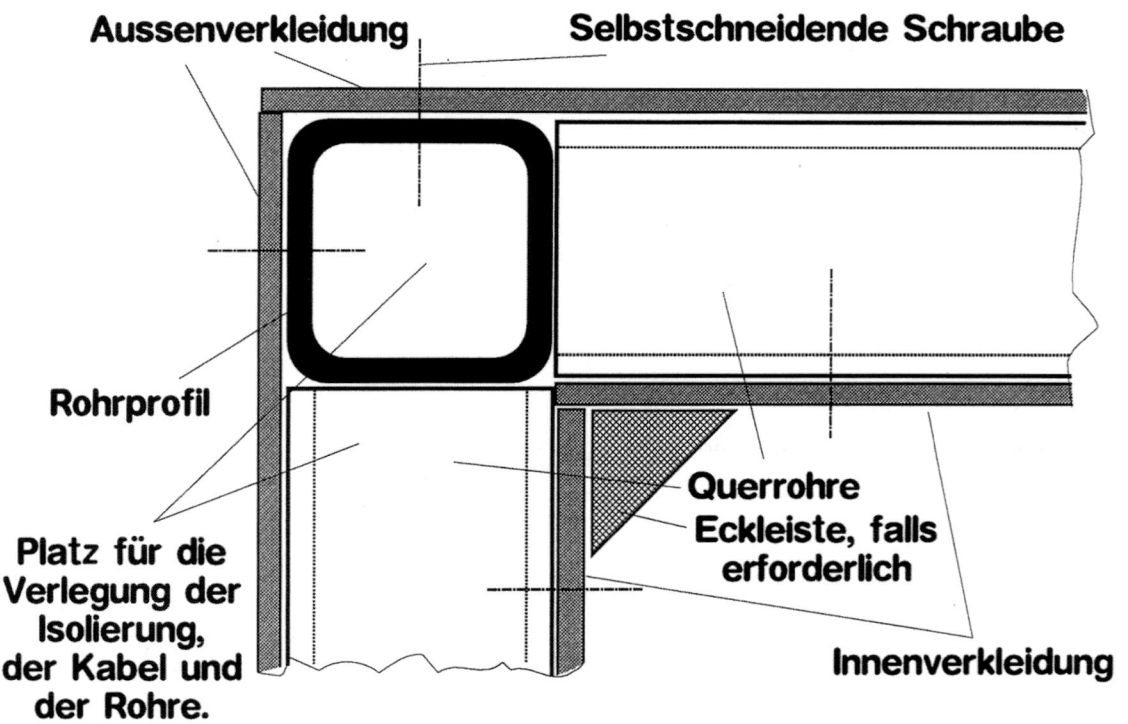

Aussenverkleidung **Selbstschneidende Schraube**

Rohrprofil

Querrohre
Eckleiste, falls erforderlich

Platz für die Verlegung der Isolierung, der Kabel und der Rohre.

Innenverkleidung

Beispiel die raumhohen Zwischenwände aus Leichtbau-Sandwichplatten herstellen und die vielen kleinen Möbelwände, Türen usw. aus Tischlerplatten gleicher Holzoberfläche. Sie müssen dabei nur darauf achten, daß bereits beim Bau der Sandwichplatten überall da Holzleisten eingearbeitet werden müssen, wo später andere Möbelteile an der Wand befestigt werden sollen.

Übrigens

In den Sandwichplatten lassen sich – rechtzeitig eingeplant – sehr vorteilhaft viele Elektrokabel unsichtbar verlegen!

Wenn alle Schränke, Staufächer usw. fertiggestellt sind, werden sie abschließend einer Oberflächenbehandlung unterzogen, sofern der Werkstoff dies erfordert. Bei Kunststoff-Oberflächen wird keine Nachbehandlung nötig sein. Bei Tischlerplatten mit Limba- oder Macoré-Furnier dagegen sollte vor dem Montieren von Beschlägen usw. ein Überzug mit Mattlack (farblos wegen des schönen Holzes) oder mit Ballenmattine vorgenommen werden. Wird Limba als Furnierholz verwendet und der helle Holzton erscheint Ihnen zu nüchtern, so kann durch Beizen jede gewünschte Tönung erzielt werden. Praktische Spiritus- oder Wasserbeizen bekommen Sie hierfür in Ihrer Farbenhandlung genau so wie die Materialien zur abschließenden Oberflächenversiegelung. Was-

serlösliche Holzbeizen sind allerdings nicht ganz so empfehlenswert, weil sie unnötig Feuchtigkeit ins Holz bringen.

Werden Ihre Möbel jedoch mit anderen Werkstoffen, also beispielsweise mit Leder oder Kunstleder, mit Stoff, mit Kunstpelz, Kork oder anderen Materialien überzogen, so würde ich diese Arbeiten erst ganz am Ende der Ausbauarbeiten vornehmen, damit die empfindlichen Oberflächen möglichst nicht vor Ablauf der übrigen Arbeiten noch versehentlich beschädigt werden können.

Links: Abbildung 180: Praxistip 2. Aus der Not eine Tugend machen: Wo kein Platz für eingelassene Scharniere oder Klavierband ist, können aufgesetzte Zierscharniere die Lösung sein: Einfach zu montieren und dekorativ. Rechts sehen Sie übrigens einen eingelassenen Möbellüfter.

Links unten: Abbildung 181: Praxistip 3. Unsaubere Übergänge (Pfeile) oder zu große Spalten lassen sich mit »dekorativen« Leisten (»Pfuschleisten«) oder aufgeklebter Möbelkordel kaschieren. Möbelkordel im passenden Farbton montieren: Einen Strang Silikonkautschuk am Möbelstück auftragen und Kordel einfach hineindrücken.

6.03 Sitz- und Liegemöbel

Möbel zum Sitzen und Liegen sind im Campingbus diejenigen Möbelstücke, die darüber entscheiden, ob man sich in seinem Fahrzeug dauerhaft wohl fühlt oder nicht.

Achtung

Bei Sitzmöbeln, die während der Fahrt von Mitreisenden benutzt werden, sind in jedem Falle die Vorschriften des TÜV betreffs Sicherheitsmaßnahmen (Sicherheitsgurte, vorschriftsmäßige Verankerung derselben usw.) zu beachten. Ein paar Hinweise zu diesem für Sie wichtigen Thema finden Sie im Unterkapitel »Campingbus und TÜV«.

(a) Die Sitzhöhe

Bei vielen Tests serienmäßiger Wohnmobile habe ich teilweise Sitz- und Liegemöbel angetroffen, bei denen der Konstrukteur garantiert nie eine Sitzprobe oder gar eine Liegeprobe gemacht hat. Betten von knapp 170 Zentimeter Länge, Polsterdicken von 5 cm Stärke usw. zeugen nicht gerade von Verständnis für

Bequemlichkeit, ebenso wenig, wie kerzengerade stehende Rückenlehnen oder senkrechte Vorderseiten von Sitzkisten. Ich will Ihnen damit verständlich machen, daß es viele Dinge gibt, die Sie bei Sitz- und Liegemöbeln falsch machen könnten, wenn Sie gedankenlos drauflos basteln würden. Sie haben es jetzt noch in der Hand, die Möbel so bequem und behaglich zu bauen, wie es für Ihren Campingbus wirklich erforderlich ist.

Bei Sitzbänken, die nachts zu Bettflächen umgewandelt werden, handelt es sich entweder um zwei sich gegenüberstehende Sitzreihen, eine Rundsitzecke oder (bei Einzelbetten) um zwei sich gegenüberstehende Sitze, die durch Absenken der dazwischen gestellten Tischplatte bis auf Sitzhöhe zu einer großen Liegefläche werden (Abbildung 21 und Abbildung 22).

Wie so etwas im Schnitt aussieht, zeigen Ihnen die schematischen Zeichnungen. Einmal für die normale Möbelanordnung tagsüber (Abbildung 182) und dann für die Nachtstellung (Abbildung 183), bei der die Tischplatte so weit abgesenkt wurde, daß sich eine großzügige Liegefläche ergibt.

Bei der Konstruktion der Sitzecke gibt es ein paar Dinge, die beachtet werden sollten. Zuerst einmal das bequeme Sitzen. Je nach Körpergröße der Benutzer muß die Sitzhöhe optimal ausgebildet sein. Die effektive Höhe der Sitzbank selbst ist abhängig von der Stärke und Festigkeit des Polsters, von der Dicke der hölzernen Sitzplatte, von der Höhe der in der Bank untergebrachten Teile (z. B. Wassertank o. ä.) und von den Ansprüchen des Benutzers. Eine recht brauchbare mittlere Sitzhöhe (einschließlich Polster)

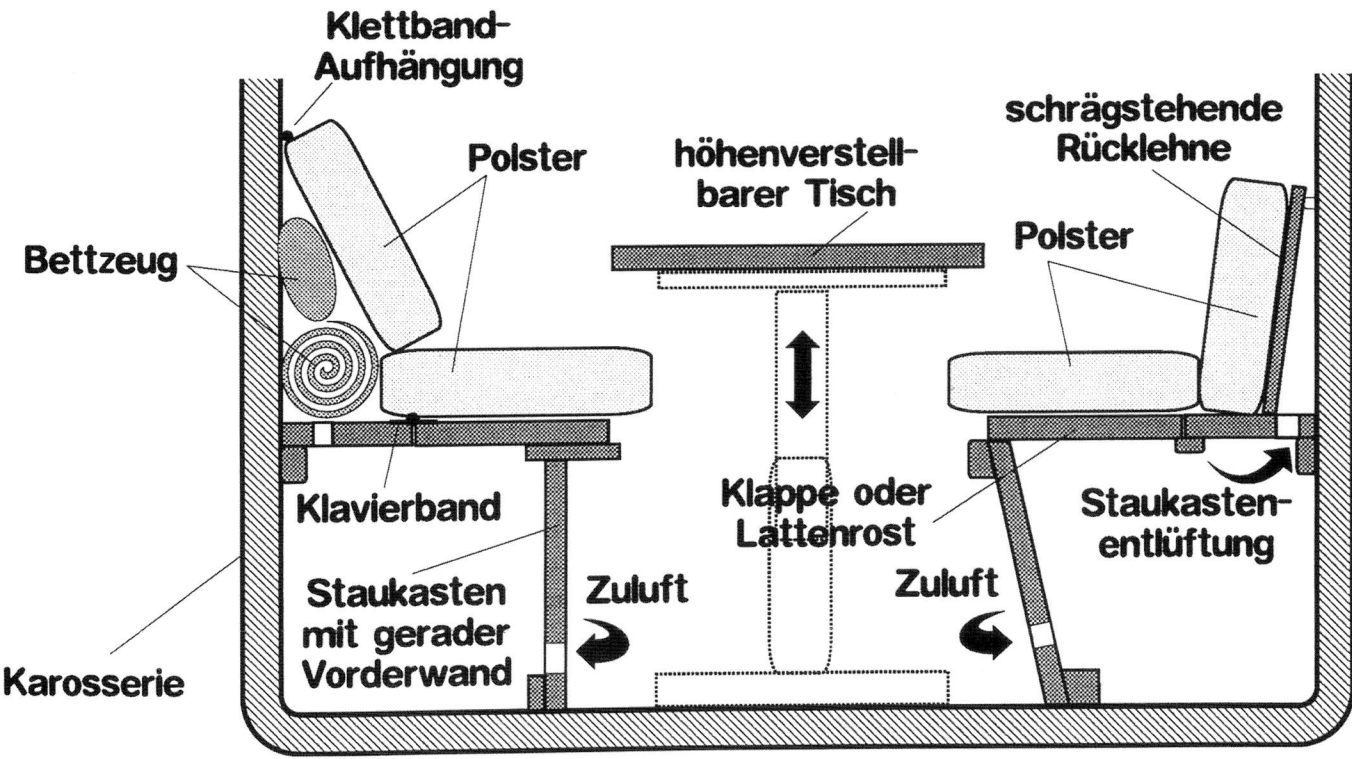

Abbildung 182: Sitzmöbel 1. Die »Tagstellung« der Sitzecke: Sitztruhen mit gerader Front (links) sind einfacher zu bauen, aber für die Füße unbequemer. An abgeschrägten Truhenfronten (rechts) sitzt man bequemer. Wichtig ist die ausreichende Belüftung der Sitztruhen und Polsterrückseiten. Rechts sehen Sie eine »hinterlüftete« Rückenlehne.

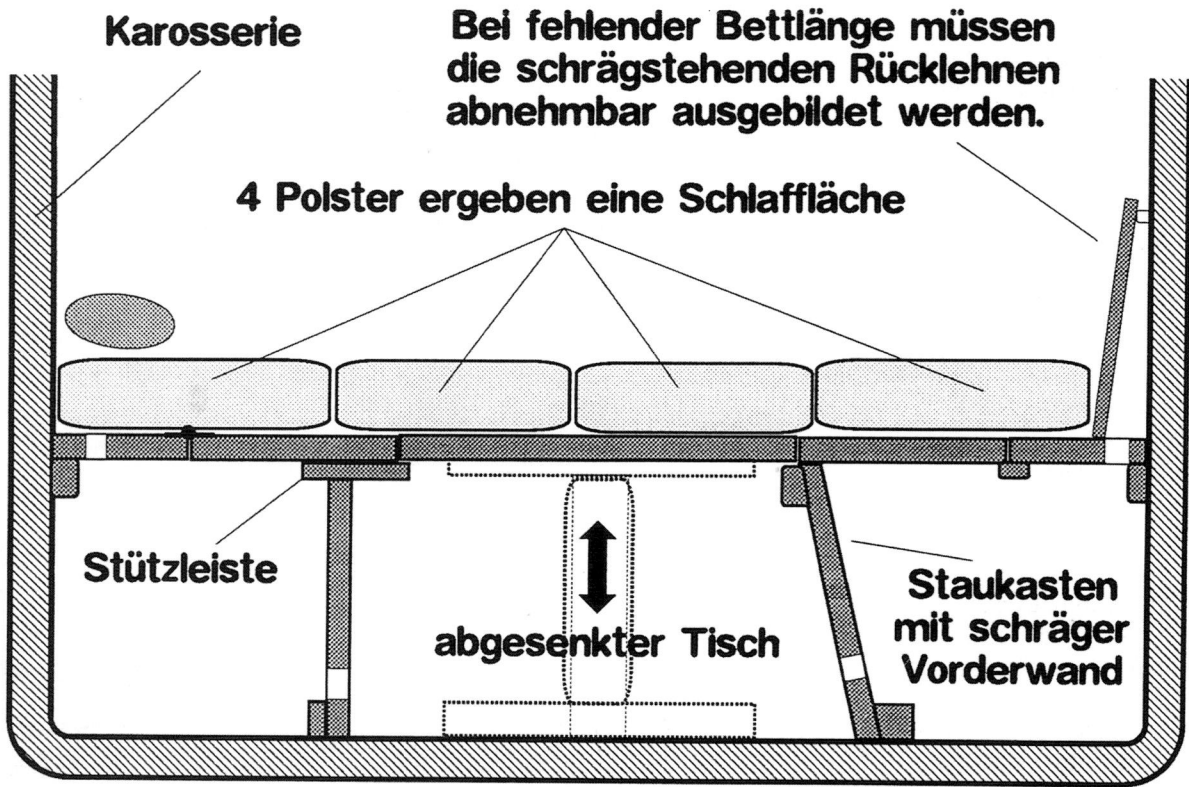

Karosserie

Bei fehlender Bettlänge müssen die schrägstehenden Rücklehnen abnehmbar ausgebildet werden.

4 Polster ergeben eine Schlaffläche

Stützleiste

abgesenkter Tisch

Staukasten mit schräger Vorderwand

Abbildung 183: Sitzmöbel 2. Die »Nachtstellung« der Sitzecke: Die Tischplatte muß so bemessen sein, daß sie auf den Auflagen rechts und links an den Sitztruhen aufliegt. So ergibt sich eine große durchgehende Liegefläche. Auch die Polster werden so zugeschnitten, daß sie als Matratzen verwendet werden können.

beträgt etwa 45 cm. Bei einer empfehlenswerten Polsterdicke von rund 10 cm ergibt das eine Konstruktionshöhe der Holzkiste von rund 35 cm. Bei einer Stärke der Tischlerplatte von etwa 1,6 cm ergibt sich nach Abzug dieser Sitzplattenstärke eine lichte Höhe in der Sitzbank von rund 33 cm. Das ist genug für die meisten handelsüblichen Wassertanks, wenn Sie solche Tanks in der Sitzbank unterzubringen gedenken. Für besonders große oder kleine Benutzer kann dieses Mittelmaß natürlich sinngemäß abgeändert werden. Allerdings sollten Sie daran denken, daß spätere Besitzer Ihres Fahrzeuges vielleicht andere Körpermaße aufweisen.

Die Sitztiefe, also die in Richtung Rückenlehne gemessene Polsterfläche, die für eine bequeme Schenkelauflage ausschlaggebend ist, wird meist mit etwa 50 cm (ohne Rücklehnendicke) ausreichend sein. Wenn davon ausgegangen wird, daß auch hierbei 10 cm dicker Schaumstoff für die Rückenlehne verwendet wird, so sollte die Sitzbank oben eine Gesamttiefe von rund 60 cm aufweisen. Unten dagegen im Fußbereich sollten Sie die Sitzbank nicht ganz so tief bauen. Das bedeutet, daß die zur Mitte hin gelegene Frontplatte der Sitzbank etwas schräg verläuft (Abbildung 182 rechts), damit Sie die Füße beim Sitzen bequem hinstellen können. In der Darstellung der linken Sitzbank ist extra demonstriert, daß eine gerade Vorderwand zwar etwas mehr Stauraum bietet, aber zum Sitzen nicht eben vorteilhaft ist.

Rechts: Abbildung 184: Sitzmöbel 3. Schnitt durch eine Sitzbank: Gut sichtbar ist die Auflageleiste für die Tischplatte in Nachtstellung (oben links) und die darunter stehende schräg gestellte Truhenfront.

(b) Konstruktive Einzelheiten

Auf den Zeichnungen (Abbildung 182 und Abbildung 183) und auch auf den Fotos (Abbildung 184 und Abbildung 185) sehen Sie noch etwas wichtiges, nämlich oben quer auf der schrägen Frontplatte eine schmale Leiste, auf der die Sitzplatte aufliegt. Diese Leiste steht deshalb etwas über, damit hier beim Umbau zur Liegefläche die Tischplatte aufgelegt werden kann, um so eine durchgehende glatte Schlaffläche zu schaffen. Die Leiste wird unter den hochklappbaren Deckel der Sitztruhe geschraubt, um so einen Teil der erheblichen Belastung durch die (in Schlafstellung abgesenkte) Tischplatte aufzufangen. Sie können diese Auflageleiste jedoch auch so anbringen, daß sie als massive Auflageleiste von vorn an die Frontplatte geschraubt wird, wie dies die rechte Sitzbankzeichnung erkennen läßt.

Bei der Sitzplatte ist es übrigens besonders wichtig, bei der Verwendung von Tischlerplatten den richtigen Leistenverlauf zu beachten. Die in den Platten befindlichen Leisten sollten quer zur Sitztiefe verlaufen.

Betreffs der Sitzplatte, auf die dann die Polster gelegt werden, gibt es noch etwas zu beachten: Die beste Polsteranordnung ist die, daß zuerst das Rücklehnenpolster senkrecht (bzw. schräg nach vorn geneigt) auf die Sitzbank gestellt wird und dann das Sitzpolster davor gelegt und (mit Druckknöpfen o. Klettband) befestigt wird. Wird das Rücklehnenpolster

Rechts: Abbildung 185: Sitzmöbel 4. In diesem Detail der Sitzbank sehen Sie links den hochgeklappten Deckel und rechts den nächsten, noch geschlossenen Deckel der Sitztruhe mit der daran angeschraubten Tischaufnahmeleiste. Gut sichtbar ist auch die Truhentrennwand, die mit Verstärkungsleisten rechts und links als Auflage der Truhendeckel dient.

Abbildung 186: Sitzmöbel 5. Störende Verrippungen (Pfeil oben) oder vorspringende Karosseriedetails (Pfeil unten) sollten möglichst innerhalb der Möbel »verschwinden«.

dagegen wie bei dem links dargestellten Sitz auf das Sitzkissen gestellt, muß es oben mittels Klettband oder mit Haken und Ösen an der Wand festgemacht werden, damit es nicht dauernd vorrutscht.

Auch die Sitzpolster selbst müssen befestigt werden, damit sie während des Gebrauchs und natürlich auch während der Fahrt nicht von den glatten Sitzplatten rutschen können. Die Befestigung der Sitzpolster kann beispielsweise durch an die Sitzplatte angeschraubte Druckknöpfe (»Tenaxknöpfe«) (Gegenstück unter das Sitzpolster nähen) erfolgen. Oder durch Bänder, die an den Rücklehnenpolster angebracht werden. Aber auch Klettbandstreifen sind eine praktische Befestigungsmethode, sofern der Polsterstoff dies zuläßt.

Damit Sie beim Öffnen der Sitzkiste nun nicht jedesmal alle Polster entfernen müssen und damit der Stauraum leichter zugänglich wird, hat es sich als praktisch erwiesen, die Sitzplatte in der Tiefe zu teilen, mit einem Griffloch zu versehen und mit einem Scharnier aufklappbar zu machen (Abbildung 182 links). Sie können den hochklappbaren Vorderteil der Sitzplatte auch nur mittels einiger Holzleisten in dem Ausschnitt des Staukastens arretieren (Abbildung 182, rechter Staukasten) oder eine andere Befestigung wählen.

An dem Beispiel zweier Sitze, die für die Nacht zu einem Einzelbett umzubauen sind (ähnlich »Grundriß 5«) möchte ich Ihnen die weitere Konstruktion der Sitzbänke demonstrieren. Die Fotos (Abbildung 186 bis Abbildung 193) zeigen genau die einzelnen Arbeitsgänge.

Abbildung 187: Sitzmöbel 6. Um Sitztruhen problemlos und stabil im Fahrzeug zu befestigen, werden Leistenrahmen am Zwischenboden und den Wänden angeschraubt.

Rechts oben: Abbildung 188: Sitzmöbel 7.
Mit rostfreien Schrauben werden dann die Seiten-
und Stirnwände rüttelsicher an den Leistenrahmen
befestigt.

Zuerst wird ein Leistenrahmen am Boden und an den umliegenden Wänden angeschraubt (Abbildung 186 und Abbildung 187). Dann werden Seitenwand und Frontplatte (Abbildung 188) montiert. Die hintere (lehnenseitige) Hälfte der Sitzplatte (und eine schmale Seitenhälfte, die zur Auflage des Truhendeckels dient) (Abbildung 189 bis Abbildung 191) werden sorgfältig angeschraubt. Mit Klavierband wird die aufklappbare Sitzplatte (Abbildung 192) befestigt, die zum besseren Öffnen ein Griffloch erhält. Wenn beide Sitzbänke fertig sind, wird die dazwischen einzufügende Tischplatte exakt eingepaßt (Abbildung 193). Diese Tischplatte wird entweder auf einem absenkbaren Gestell, einem Schwenktischgestell oder einem klappbaren Tischbein in Zusammenhang mit einer Tischaufnahmeleiste (Abbildung 194) montiert.

Wer seinen Campingbus mit besonders raffinierten und bequemen Sitzen ausstatten möchte, kann zusätzlich tief in die Trickkiste greifen. Betrachten Sie in diesem Zusammenhang noch einmal die Zeichnungen. Sie stellen einen Schnitt durch die Sitzgruppe in Tagstellung (Sitzen) und in Nachtstellung (Liegen) dar. Bekanntlich sitzt man auf Sesseln dann besonders bequem, wenn die Rücklehne etwas schräg stehend ausgeführt ist. Andernfalls sitzt man wie ein alter Preußengeneral kerzengerade und das Kreuz schmerzt nach kurzer Zeit. Das Schrägstellen der Rückenlehne läßt sich im Campingbus natürlich

Rechts Mitte: Abbildung 189: Sitzmöbel 8.
Anschließend wird die hintere und seitliche Truhen-
abdeckung fest mit den Wänden und Halteleisten
verschraubt.

Rechts unten: Abbildung 190: Sitzmöbel 9.
So sieht eine fertige Sitztruhe ohne Deckel aus.
Für die Deckelauflage sind rundum Halteleisten
befestigt worden.

Oben: Abbildung 191: Sitzmöbel 10. So stehen die beiden Sitztruhen im Fahrzeug sich gegenüber. Aus der Fahrzeug-Innenverkleidung ragen die Kabel für Licht und Satellitenfernsehen anschlußfertig hervor.

Abbildung 193: Sitzmöbel 12. Die künftige Tischplatte wird vor der Montage auf einem Tischgestell erst einmal exakt zwischen den beiden Sitztruhen eingepaßt. So ergibt sich eine bequeme Liegefläche.

genau so schnell realisieren, indem Sie einfach hinter die Rücklehnenpolster eine schräg nach hinten geneigte Platte montieren (Abbildung 182 rechts). Dadurch ergibt sich hinter dieser Platte ein kleiner Hohlraum, den Sie sehr vorteilhaft zur Entlüftung Ihrer Staukästen und/oder auch zur Umwälzung der Heizungsluft verwenden können. Eine Entlüftung der Staukästen können Sie natürlich auch anders vornehmen, indem sie diese beispielsweise an das

Linke Seite, unten: Abbildung 192: Sitzmöbel 11. Die Truhendeckel werden entweder lose eingelegt oder klappbar mit Klavierband bzw. Scharnieren befestigt. Das praktische Griffloch im Deckel erleichtert den Zugang zum Staukasten. Der Pfeil zeigt noch einmal die Aufnahmeleiste für die Tischplatte beim Bettenbau.

Umluftverteilungs-System Ihrer Heizung anschließen. In der linken Sitzbank ist das schrägstehende Rücklehnenpolster zur Demonstration ohne geneigte Rücklehne dargestellt. Da dieses Rücklehnenpolster oben angehängt wurde, kann man hinter dem Polster recht praktisch sein zusammengerolltes Bettzeug verstauen. Auf diese einfache Weise wird nicht nur Material (und damit Gewicht) gespart, sondern Sie gewinnen auch Bettlänge. Wenn Sie die Rücklehnen wie auf der rechten Staukiste gezeigt ausführen, geht entweder der Platz hinter den Rücklehnen für die Bettlänge verloren. Oder Sie müssen die Rücklehnen abnehmbar ausbilden, dann können Sie die jeden Abend vor dem Bettenbau abhängen. Welche Lösung in Ihrem Fall die bessere ist, müssen Sie selbst entscheiden. Denn das hängt vor allem von der lichten Breite Ihres Fahrzeugs ab und von der Anordnung der Betten (entweder längs (in Fahrtrichtung) oder quer dazu.

Abbildung 194: Komplette Sitzecke. Die Tischplatte liegt auf der einen Seite auf einer Tischaufnahmeleiste abrutschsicher (1) auf. Dazu genügt schon eine simple Holzleiste an der Wand und unter der Tischplatte eine hervorstehende Metallschraube, die in ein Loch der Leiste eingehakt wird. Ein Klappbein stützt den Tisch auf der Gangseite. Statt dessen kann natürlich auch nur ein (höhenverstellbares) Tischgestell oder eine Schwenksäule montiert werden.

Die Kunst beim Bau von Sitzen, die zu Liegeflächen umwandelbar sind, ist die Ermittlung der richtigen Maße der einzelnen Teile zueinander. Schließlich muß ja der Tisch mit den beiden Bänken zusammen den Unterbau für das Bett abgeben. Und die Polster der beiden Bänke ergeben zusammen mit den Lehnenpolstern die Matratze. Da ist dann schon etwas Rechnerei nötig.

Denken Sie bitte in diesem Zusammenhang an die Körpermaße der Mitreisenden und bauen Sie die Betten nicht nur für sich, sondern auch für einen eventuellen späteren Besitzer, der unter Umständen

ein paar Zentimeter größer ist. Für die Bettlänge halte ich 185 bis 190 cm für ein in den meisten Fällen ausreichendes Maß.

Wenn das Fahrzeug dieses lichte Maß in der Breite nicht aufweist, sollten Sie immer versuchen, die Betten längs anzuordnen. Das hat auch noch einen weiteren Vorteil: Meist können Sie dann im Fußbereich zwischen den Betten noch eine Art kleinen Gang freilassen, der Ihnen ein leichteres Aufstehen vom Bett ermöglicht.

Bei Querbetten, die als Doppelbett gebaut sind, muß nämlich immer der hintere über den vorderen Schläfer drüberklettern, wenn er zwischendurch mal raus will.

Ein besonderes Problem schaffen Fahrzeuge, bei denen der Motor oder ein großer Stauraum im Wagenheck angeordnet ist. Für diese Fälle sollten Sie sich spezielle Bettbeschläge (Snapcouch-Beschläge) beschaffen und damit ausgerüstet die Sitzbank (Abbildung 32) durch Vorziehen und Umklappen der Rücklehne zu einem Längsdoppelbett umwandeln können. Sie können in diesem Fahrzeugtyp auch auf die Beschaffung der Spezialbeschläge verzichten und die Sitzplatte rechts und links am Fahrzeug auf Leisten ausziehbar gleiten lassen. Im Mittelbereich muß dann ein ausklappbares Stützbein die Last des Doppelbetts mit tragen helfen.

Um den Komfort in den Campingbussen zu erhöhen, können Sie an Stelle der in den Fotos ersichtlichen massiven Sitzplatten aus festem Sperrholz oder aus Tischlerplatte auch praktische Holzroste verwenden, die entweder auf Gurte genagelte einzelne (Buchenholz-) Leisten (aufrollbar) oder starre Holzrostrahmen sein können. Der Vorteil von Holzrosten liegt darin, daß erstens die Leisten etwas besser federn als starre Bretter und daß zweitens von unten her Luft an die Polster kommt. Das ist besonders in der feuchtkühlen Jahreszeit sehr wichtig! Polster, die auf einer Seite keine Lüftungsmöglichkeit haben, neigen nämlich dazu, dort zu stocken und klamm zu werden.

Sie können sich also entweder mit den Holzrosten helfen oder durch das Auflegen von Luftpolsterfolie, Gittergewebe o. ä. auf die massiven Sitzplatten der Staukästen. Oder aber durch Anbringen von mehreren Lüftungsbohrungen in jeder einzelnen Sitzplatte. Besonders die Rücklehnenpolster, die an Außenwänden lehnen, sind in Bezug auf Feuchtigkeit und Stocken sehr gefährdet. Hierfür gibt es im Campingbedarf eine mit besonders dicken Noppen versehene Polsterfolie, die Sie großflächig hinter den Polstern an die Wände kleben können. Auch normale Luftpolsterfolie oder ein aus ein paar Leisten zusammengesetzter Holzrost (statt der massiven Rücklehne) helfen.

Am besten aber ist, das Klammwerden der Polster und ähnliche Probleme durch die (zusätzliche) Verwendung spezieller Hinterlüftungssysteme, wie sie von einigen Heizungsfirmen angeboten werden, zu vermeiden. Bei diesen Systemen werden gelochte Rohre oder Kunststoffprofile unter den Lehnen an der Wand angebracht. Sie sind mit dem Warmluftsystem der Heizung verbunden. Wenn das Heizgebläse Luft umwälzt, strömt ein Teil davon auch hinter die Lehnen und wärmt bzw. belüftet sie mit. Das geht natürlich nur, wenn rechtzeitig Maßnahmen getroffen wurden, damit auch zwischen Lehnenpolster und Wand etwas Luft hindurchstreichen kann.

(c) Zusatz-Bettenbau

Wer weitere Schlafplätze in seinem Fahrzeug schaffen will, muß sich nach dem erforderlichen Platz hierfür rechtzeitig umsehen. Meist wird er Platz vor allem im oberen Wagenbereich des Wohnteils oder auch im Fahrerhaus finden, wo sich mit etwas Geschick (und soliden Beschlägen) recht gut weitere ein bis zwei Klappbetten (Abbildung 195) anbringen lassen. Solche Betten werden bei Nichtgebrauch tagsüber unters Dach geklappt und mit Schubriegeln o. ä. dort arretiert. Auch wenn nicht so viele Betten benötigt werden, sollte zumindest ein zusätzliches Klappbett mit eingebaut werden. An Stelle der Matratze und der Betten können Sie dann die Klappbettkonstruktion mit dem Bettzeug der unteren Betten füllen und sie so als »Staufach« verwenden, bis mal eines Tages ein Bett mehr gebraucht wird (Abbildung 196).

Wenn Ihr Fahrzeug mit einem Hochdach ausgerüstet ist, läßt sich bei zusätzlichem Bettenbedarf aber auch, entweder in Eigenbau oder ab Werk (z. B. durch einen Wohnmobilfabrikanten), ein praktisches, zusammenschiebbares Hochbett (Abbildung 197) einbauen. Über Tag wird die Stehhöhe im Fahrzeug nicht eingeengt, und nachts ist mit einem Handgriff ein breites Doppelbett im ersten Stock zur Stelle.

Vorwiegend werden mitreisende Kinder diejenigen sein, die zusätzlich Betten brauchen. Für diesen Fall können Sie natürlich auch eine etwas weniger aufwendige Bettenkonstruktion vorsehen (Abbildung 198). Hierbei wird statt einer normalen, schräggestellten Rückenlehne eine stabile Tischler- oder Sperrholzplatte verwendet, die mit einer Seite über solide Scharniere und ein Rechteck-Stahlrohr an der

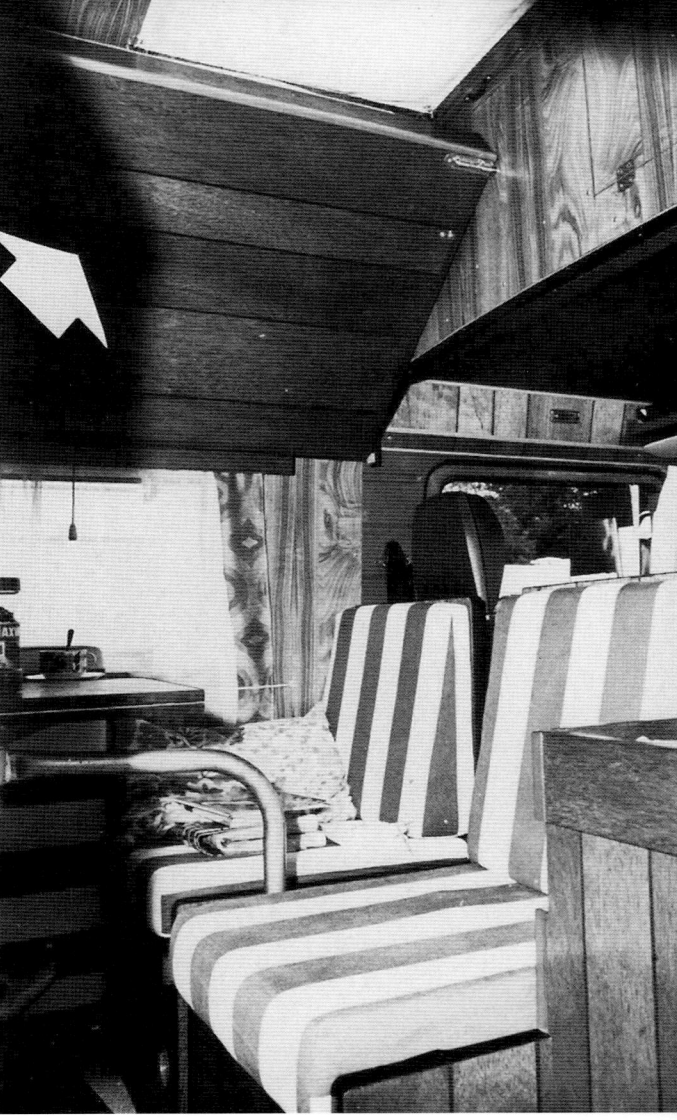

Abbildung 195: Zusatzbett. Spezialbeschläge oder stabile Ketten halten so ein Zusatzbett im Dachbereich. Bei Bedarf wird es herunter geklappt.

Abbildung 196: Klappbett. Über der Sitzgruppe stört das Klappbett kaum. Tagsüber verschwindet sogar das ganze Bettzeug dahinter. Und an den Anblick gewöhnt man sich angesichts des praktischen Nutzens.

Wand befestigt wird. Auf der anderen Seite ist die Platte durch ein untergeschraubtes, weiteres stabiles Rechteck-Stahlrohr versteift. Die Polsterung dieser »Rückenlehne« ist an der Platte festgemacht. Im Bedarfsfall (s. Zeichnung, rechte Hälfte) wird die gepolsterte Fläche einfach nach oben geschwenkt und an zwei massiven Ketten oder Stahlseilen an der Dachkonstruktion aufgehängt. Wenn Sie das Zusatzhängebett nicht als Rückenlehne verwenden möch-

ten, schwenken Sie es einfach tagsüber noch etwas höher und machen es an den Ketten entsprechend fest. So haben Sie zusätzlich eine praktische Ablagefläche.

Zwischen den Ketten sollten Sie noch ein wenigstens 30 Zentimeter hohes festes Netz anbringen, das als (vorgeschriebene) Absturzsicherung dient. Andernfalls finden Sie Ihre Kinder in der Nacht sonst in den unteren Betten wieder. Eine einfache, aus ein paar

Abbildung 197: Hochbett. Serienmäßig oder als Extra liefern manche Hersteller solche Einschubbetten, die tagsüber wenig stören und abends mit einem Handgriff einsatzbereit zu machen sind.

soliden Leisten und Rundhölzern gezimmerte Leiter ermöglicht den Kindern den ungehinderten Zugang zu ihren »Himmelbetten«. Die gesamte Konstruktion sollten Sie unbedingt so solide auslegen, daß dieses Bett auch bei einem gelegentlichen Herumtoben der lieben Kleinen nicht von alleine herunterkommt. Apropos Sicherheit: Sollte im Bereich eines Hochbettes ein Schiebe- oder Ausstellfenster sein, sollten Sie auch bei diesem Fenster eine entsprechende Siche-

rung vorsehen. Entweder in Form einer kindersicheren Verriegelung oder durch eine zweckmäßige Absturzsicherung.

Für das Problem, Kinder nur für ein paar Jahre im Campingbus mit auf Urlaub zu nehmen, lohnt sich oftmals nicht der feste Einbau von Extrabetten. Nach ein paar Jahren wollen Kinder meist doch eigene Wege gehen (außer wenn sie noch sehr klein sind). In diesen Fällen empfiehlt sich der Einbau von sogenannten Notbetten. Das sind zwei solide Alu- oder Stahlrohre, die mit einer stabilen Zeltleinwand bezogen eine Liege ergeben. Die Stahlrohre werden an

Abbildung 198: Hängebett. Wo nur vorübergehend mehrere Zusatzbetten erforderlich sind können bei ausreichender Dachhöhe solche Eigenbau-Hängebetten auf Wandleisten (abrutschsicher verankert!) aufgelegt und von Ketten hochgehalten werden. Tagsüber finden die Betten als Rückenlehne (links) oder hochgeklappt (rechts, Kette kurz hängen!) als zusätzlicher Stauraum Verwendung.

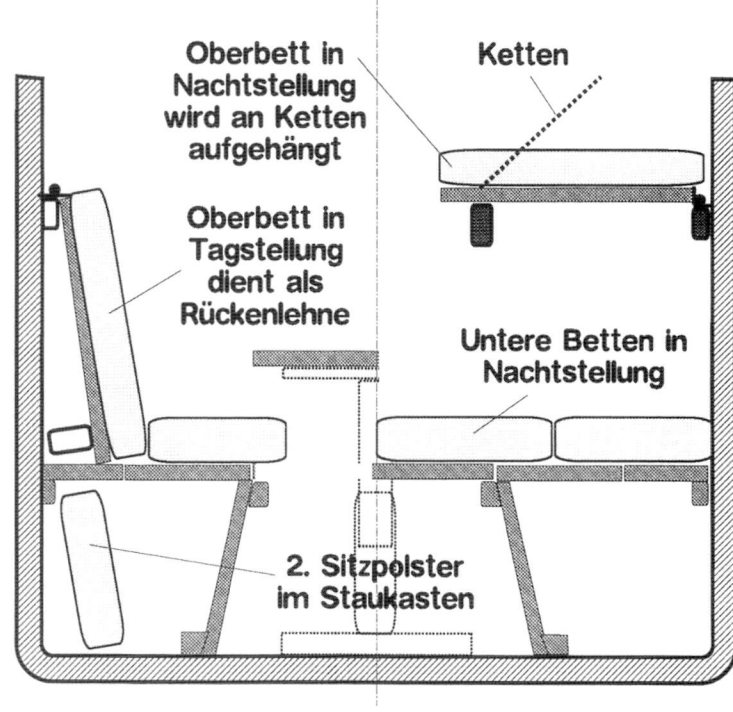

ihren Enden in sogenannte »Notbettlager« einge-hängt.

Notbettlager bekommt man ebenso wie komplette Notbetten in Geschäften für Campingbedarf. Not-bettlager sind gegossene Alu- oder Plastikhalbscha-len, die an geeigneter Stelle an die Holme der Fahr-zeugwände geschraubt werden und die Rohrenden der Notbetten aufnehmen. Ein beliebter Platz für Kinderbetten in Notbettkonstruktion ist entweder das Fahrerhaus, wo das Bett quer angeordnet wird. Oder im Wohnteil der Mittelgang, in dem das Notbett abends schnell eingehängt werden kann. Als Aufnahme für die Notbettlager dienen hierbei dann die Waschraum- oder Zwischenwände. Noch ein Tip zum Thema Notbett: An Stelle der Segeltuchkon-struktion läßt sich auch ein aufrollbarer Holzrost verwenden, der mit passend gebogenen Stahlhaken,

Ösen oder Gurtschlaufen an den Tragrohren befe-stigt wird.

Wenn Ihre Familie sehr groß ist oder Sie aus anderen Gründen viele Mitreisende haben sollten, so können Sie in Ihrem Fahrzeug auch gleich richtige Doppel-stockbetten oder sogar Dreistockbetten fest im Fahr-zeug einbauen, die bei Nichtgebrauch tagsüber ent-weder mit einem Vorhang verdeckt als Gepäckablage oder Schrankersatz dienen. Für solche Konstruktionen sind zusammensteck- oder schraubbare Rohrenden recht praktisch, zwischen denen dann entweder ein-gespannte Segeltuchbahnen oder aufgelegte Latten-roste als Bettunterlage dienen.

Der Normalfall für die Schaffung von Betten (außer dem standardmäßigen Sitzgruppenumbau), die auch für Erwachsene geeignet sind, ist der Einbau von Klapp-, Auszieh- oder Schwebebetten oder auch von

Abbildung 199: Alkoven. In solchen Alkoven oberhalb des Fahrerhauses finden Kinder ein ideales Doppel-bett, das auch tagsüber nicht stört. Wichtig dort oben in luftiger Höhe: Eine Dachluke oder Frischluftklappe zum Atmen, ein stabiles Fenster für den Ausblick, eine solide Hochbettleiter zum Besteigen des Bettes und das vorgeschriebene Sicherheitsnetz gegen Herausfallen.

fest montierten Bettkonstruktionen im Aufstelldach oder Hochdach. Dort läßt sich in einem entsprechend großen Dachbereich mühelos ein Doppelbett für jung gebliebene Erwachsene oder für zwei bis drei Kinder unterbringen. Derartige Konstruktionen erfordern aber spezielle Beschläge oder technisch aufwendige Unterkonstruktionen, die meist über die Möglichkeiten eines normalen Heimwerkers hinausgehen. Im Einzelfall können Sie aber natürlich versuchen, eine Bezugsquelle für derartige Spezial-Bettbeschläge zu finden oder für Ihren Campingbus eine einfachere Lösung auszutüfteln.

Weitere Bettlösungen gibt es je nach Fahrzeug unter Umständen im Überbau (Alkoven) oberhalb des Fahrerhauses (Abbildung 199). Oder notfalls sogar in einem Klappzelt, das wie ein Gepäckträger auf dem Wagendach installiert wird. Es gibt in dieser Hinsicht schon sehr praktische und preiswerte Lösungen im allgemeinen Campingbedarf. Schauen Sie sich um, was für Ihr Fahrzeug die optimalste Lösung ist.

6.04 Tische

Haben Sie sich schon mal Gedanken gemacht, welche Tischkonstruktion für Ihren Campingbus die richtige ist? Ich kenne Leute, die haben noch den ersten Campingbus, aber schon den vierten Tisch! Und es gibt Leute, die bereits mehrere Fahrzeuge hatten, aber jedesmal die gleiche bewährte Tischkonstruktion. Es reicht nämlich nicht, als Tisch bloß einfach eine Platte auf Beinen ins Fahrzeug zu stellen.

Bevor Sie an die Auswahl des für Ihre Zwecke optimalen Tisches herangehen, machen Sie sich eine Liste mit all den Forderungen, die Ihr Tisch im Campingbus erfüllen soll. Er soll beispielsweise als nicht zu hoher Couchtisch in der Sitzecke stehen. Damit Sie bequem in die Sitzecke kommen, sollte er möglichst wenig störende Beine aufweisen. Er sollte auch keine scharfen Tischkanten haben, an denen Sie sich beim Setzen stoßen könnten. Der Tisch sollte auch so stabil sein, daß Sie sich beim Setzen etwas darauf abstützen können. Wenn die Sitzecke so ausgebildet wurde, daß Sie zwischen den Sitzbänken hindurch-

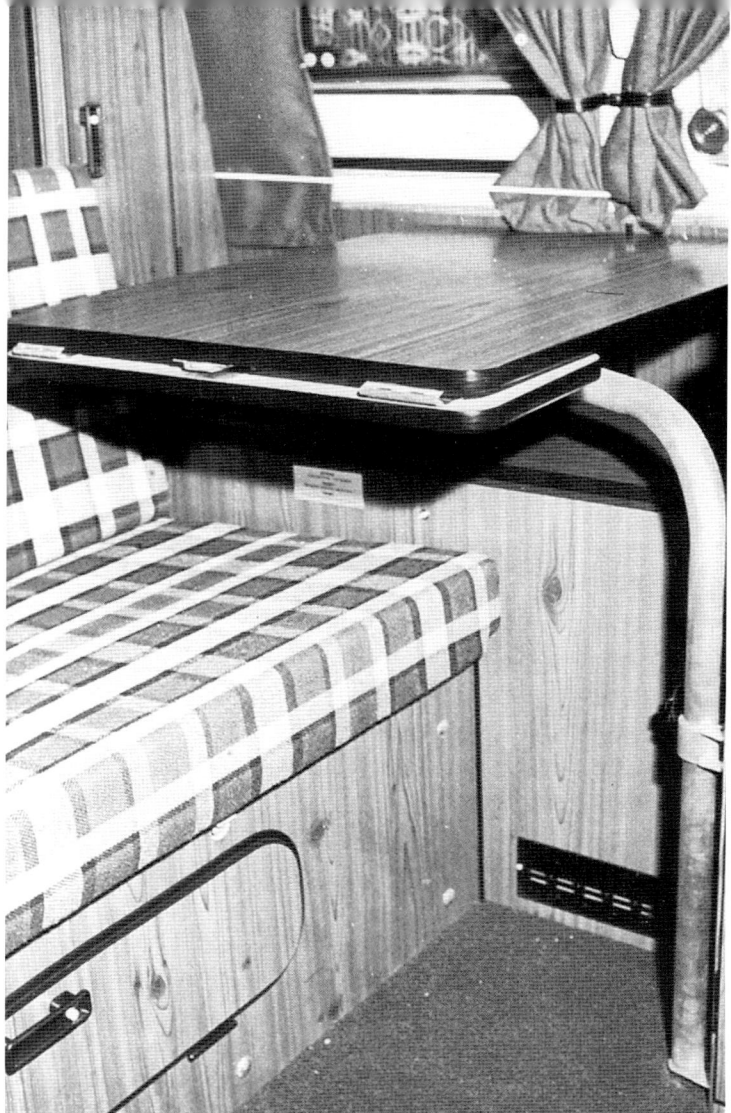

Abbildung 200: Schwenktisch. So ein gebogenes Tischbein aus Stahlrohr ermöglicht das bequeme Wegschwenken der Tischplatte in engen Bussen.

Abbildung 201: Aufnahmeleiste. Soll die Tischplatte verschiebbar und abnehmbar an der Wand befestigt werden, wird an der Wand (W) eine stabile Leiste (A) angeschraubt. Die Gegenleiste (B) kommt unter die Tischplatte.

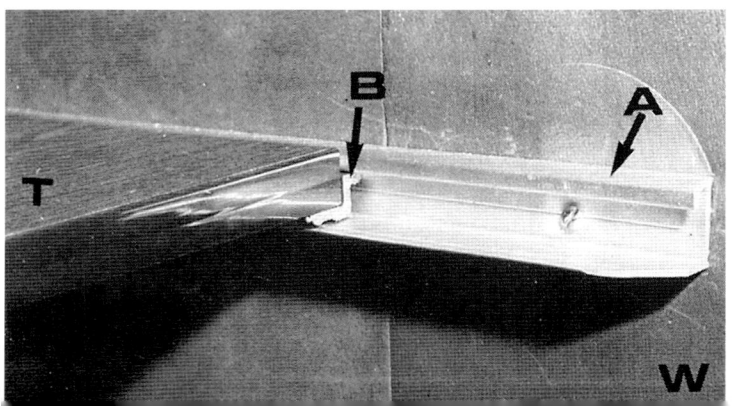

gehen können, sollte der Tisch sich entweder leicht an die Seite rücken oder zumindest wegschwenken lassen.

Der Tisch soll zugleich auch als bequemer Eßtisch benutzt werden. Dann muß er eine andere Höhe haben als ein Couchtisch, er muß also höhenverstellbar sein. Er muß als Eßtisch so stabil sein, daß Speisen beim Gegenstoßen nicht herunterfallen können. Der Tisch muß als Eßtisch auch eine pflegeleichte, saubere und schöne Oberfläche haben und einen schmalen Rand drum herum, damit nichts so leicht von der Tischplatte herunterrollt.

Da Sie zum Bettenbau vermutlich die Tischplatte als Zwischenboden in der Gangmitte brauchen, muß das Tischgestell so weit abzusenken sein, daß die Tischplatte bis auf Sitzplattentiefe kommt (Abbildung 198). Da die Tischplatte auf den seitlichen Randleisten aufliegen soll, wenn sie als Bettboden benutzt wird, muß die Tischplatte auch genau die entsprechenden Abmessungen haben. Die Tischplatte muß außerdem so stabil sein, daß sie den Belastungen durch das Draufliegen gewachsen ist.

Ein Tisch im Campingbus sollte ferner nicht zu schwer sein, da ja jedes Gewicht die Nutzlast Ihres Fahrzeuges mindert. Weiterhin sollte ein Tisch sich möglicherweise auch einmal im Freien verwenden lassen, wenn Sie bei schönem Wetter draußen vor dem Fahrzeug am Tisch sitzen wollen. Und nicht zuletzt sollte so ein Vielzwecktisch auch noch einigermaßen erschwinglich sein. Eine ganze Menge Forderungen für eine so simple Sache wie einen Tisch, meinen Sie nicht auch?

Wo bekommen Sie nun den optimalen Tisch her? Die Antwort auf diese knifflige Frage kann ich Ihnen leider nicht geben, da ich weder Ihr Fahrzeug noch Ihre Ansprüche an einen Tisch kenne. Ich kann nur dazu raten, möglichst viele Kataloge von einschlägigen Versandfirmen durchzuarbeiten und sich außerdem auf Messen oder bei Campingbedarfshändlern genau umzuschauen. Selbermachen? Das ist in dem Fall eine etwas zweischneidige Sache. So preiswert, wie viele Tischgestelle im Handel zu haben sind, können Sie selbst als geübter Heimwerker eine ähnliche Konstruktion meist gar nicht herstellen. Basteln würde ich zumindest das Untergestell nur in der Not, denn der Handel bietet wirklich eine reiche Auswahl an

praktischen und nicht allzu teuren Tischgestellen. Da gibt es Scherentischgestelle, Hubtischgestelle, Kurbeltischgestelle, Schwenktischgestelle, diverse Tischfüße als Mittelrohrsäule, Schwenkrohrsäule, Klappstützfuß, Gelenkstützfuß, klappbares Tischbein, festes Tischbein und so weiter.

Tischbeinpreise reichen von »sehr preiswert« bis »noch erschwinglich« je nach Konstruktion. Deshalb meine Empfehlung, sich unbedingt erst in Ruhe die Auswahl anzusehen und die vorhin erwähnten Probleme gegeneinander abzuwägen. Dann werden Sie sehr schnell feststellen, welche Tischkonstruktion gerade für Ihr Fahrzeug die optimale Lösung sein könnte.

In den Preisen der Händler, um auch das noch klarzustellen, ist nicht immer die Tischplatte selbst mit drin. Da Sie sich diese Platte jedoch in den meisten Fällen selbst paßgenau anfertigen müssen, sollten Sie sich den Preis für eine fertige Tischplatte getrost sparen. Ein Stück Tischlerplatte (Stabrichtung beachten wegen der Belastung!) wird passend zugeschnitten, die Oberfläche wird geschliffen und versiegelt (Parkettversiegelung o. ä.), mit Stahlwolle fein abgezogen und mit einem Kunststoffumleimer oder einer Holzleiste eingerahmt. Es geht auch aufwendiger, indem Sie die Platte vor dem Aufmontieren des Kantenschutzes noch mit Leder, Resopal, Kacheln oder ähnlichem verkleiden.

Und noch ein Tip

Damit die Tischplatte bei der Benutzung möglichst wenig blaue Flecken verursacht, sollten Sie die Ecken der Platte rundum entweder sanft abrunden oder zumindest abschrägen, bevor der Umleimer montiert wird.

Dann wird die Platte mit dicken kurzen Holzschrauben möglichst solide am Tischgestell befestigt. Um die Bequemlichkeit zu erhöhen, können Sie die Tischplatte mit einem Schiebebeschlag versehen. Dann brauchen Sie den Tisch nicht bei jedem Setzen wegzuschieben, sondern nur die Platte. So einen Beschlag können Sie im Fachhandel kaufen, Sie können ihn aber auch leicht selbst machen. Er sollte dann so gebaut werden, daß er sich in jeder Stellung mit einer Klemmschraube (Rändel- oder Flügelschraube) arretieren läßt und in der Mittelstellung wenn möglich einrastet (das kann z.B. mit einem angebauten Schnäpper geschehen).

Wenn im Fahrzeug wenig Platz ist, läßt sich die Tischplatte auch abklappbar (Abbildung 200) gestalten. Zwei Leisten, unter der Platte verschiebbar angebracht, halten dann die aufgeklappte Platte gerade. Sie sehen auf diesem Foto auch das oft (bei knappem Platz) eingesetzte schwenkbare Rohrgestell. Eine andere praktische Lösung sind (an der Fahrzeugwand stabil angeschraubte) Tischaufnahmeleisten (Abbildung 201). Sie können dann den Tisch mit einem klappbaren Tischbein versehen und sowohl im Fahrzeug an der Wand (verschiebbar) anbringen als auch mit Hilfe einer zweiten Aufnahmeleiste draußen am Fahrzeug, wenn Sie den Tisch außerhalb des Wagens benutzen möchten. So eine Aufnahmeleiste stört nämlich außen am Fahrzeug kaum.

6.05 Die Küche

Es gibt vorzügliche Köche und es gibt vorzügliche Heimwerker, sowohl männliche als auch weibliche. Aber die Kombination aus gutem Koch und gutem Heimwerker ist sehr selten, weil Kochen eine Kunst ist und Heimwerken eine Arbeit. Deshalb sollten Sie auch nicht versäumen, vor Beginn der Arbeiten mit dem für das Kochen zuständigen Reisegefährten die Konstruktion der Küche durchzusprechen. Wenn hierbei nämlich alles so griffgünstig und arbeitsgerecht angeordnet wird, wie der kochende Teil der Mannschaft das gern hat, dann wird der heimwerkende Teil das in Form schmackhafter Speisen zu spüren kriegen. Andernfalls werden Sie wohl mehr auf Restaurants zurückgreifen müssen. Aber da Sie ja schließlich nicht eine teure Küche bauen, um doch ständig essen gehen zu müssen, sollte lieber vorher alles geklärt werden.

Ein kleines Beispiel hierzu: Die sehr oft verwendeten Koch-Spülkombinationen aus Edelstahl gibt es entweder mit Spüle links und Kocher rechts oder auch

Abbildung 202: Raumsparküche. Ein Musterbeispiel für gute Raumnutzung bietet diese Küche am Wagenheck. Rechts der Sanitärraum. Die kontrastfarbenen aufgesetzten Schranktüren beleben die Einrichtung.

in umgekehrter Anordnung. Wenn Sie nicht gerade wegen der Lüftungsmöglichkeiten oder wegen Brandgefahr (Kocherflammen in Nähe brennbarer Teile)

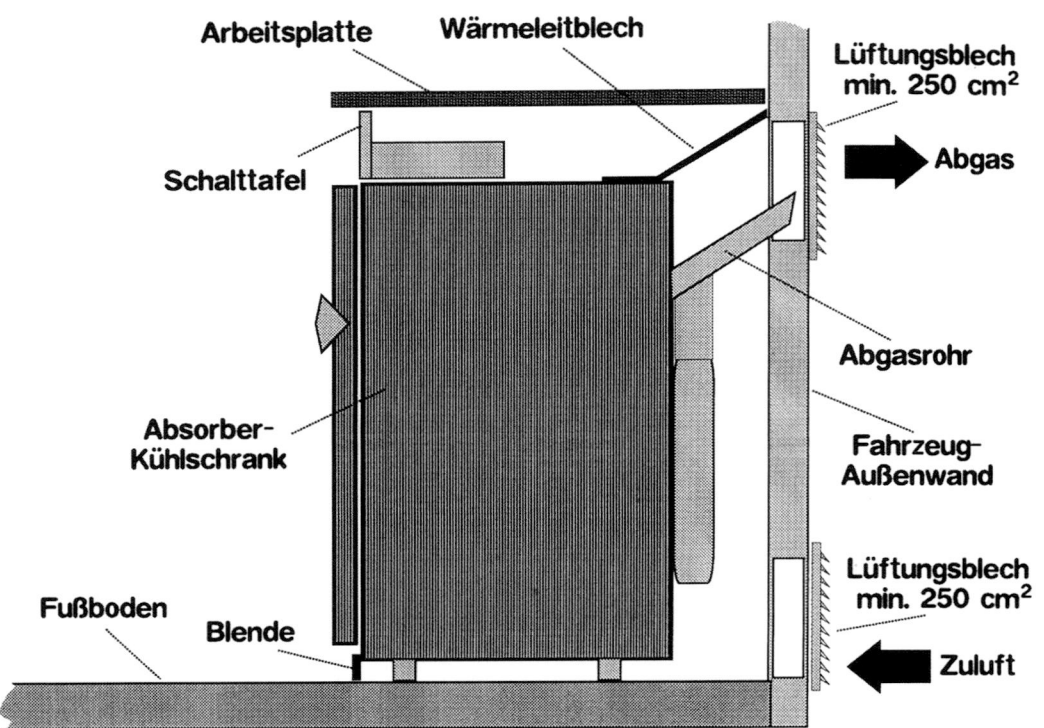

Arbeitsplatte   Wärmeleitblech

Lüftungsblech min. 250 cm²

Abgas

Schalttafel

Abgasrohr

Absorber-Kühlschrank

Fahrzeug-Außenwand

Lüftungsblech min. 250 cm²

Zuluft

Fußboden   Blende

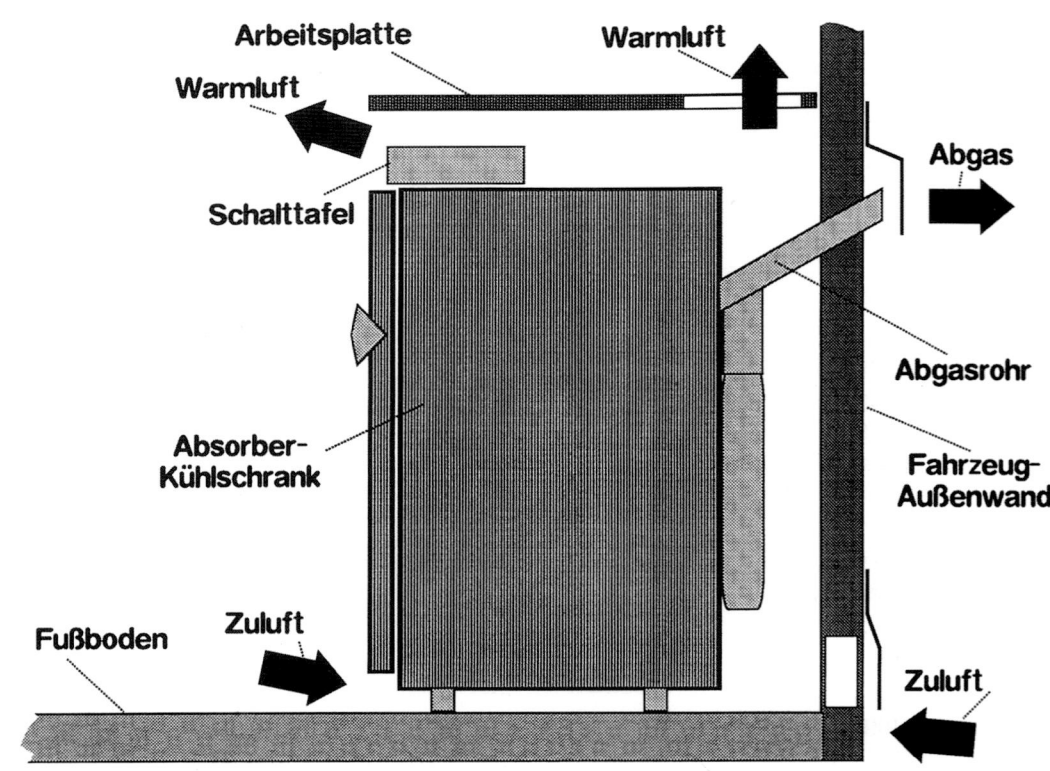

Arbeitsplatte   Warmluft

Warmluft

Abgas

Schalttafel

Abgasrohr

Absorber-Kühlschrank

Fahrzeug-Außenwand

Fußboden   Zuluft

Zuluft

den Kocher an einer bestimmten Stelle haben müssen, können Sie sich doch ohne weiteres auch nach den Gewohnheiten des für die Küche zuständigen Reisepartners richten, oder nicht? Es gibt hierfür sogar umfangreiche Studien, welche Anordnung die bessere ist (z. B. für Rechtshänder: Kocher rechts, Spüle links).

(a) Praxismaße

Aber das nur zur Einleitung. Es gibt nämlich noch eine ganze Menge mehr zu beachten: Wichtig ist neben der griffgünstigen Anordnung von Kocher, Spüle, Wasserhähnen, Kühlschranktür, Hängeschranktüren, Beleuchtung usw. auch die optimale Arbeitshöhe. Also die Höhe, in der die Arbeitsfläche des Küchenblocks installiert wird. Normalerweise üblich sind 85 bis 90 cm. Bei der Konstruktion des Küchenblocks sollten Sie auch daran denken, daß beim Hantieren am Küchenblock dicht an die Arbeitsfläche herangetreten werden muß. Deshalb muß im Fußbereich der Küchenblock etwas zurückgesetzt sein, damit man bequem daran arbeiten kann.

Am leichtesten läßt sich das so lösen, daß unten am Küchenblock wie auch an anderen Schrankteilen ein etwa 5 bis 10 cm hoher Rahmen etwas zurückgesetzt wird und auf diesem dann erst der eigentliche Küchenblock installiert werden kann. Das kostet

zwar etwas Platz und es muß dabei natürlich auch darauf geachtet werden, daß z. B. der Kühlschrank (sofern dort vorgesehen) noch bequem einzubauen geht und auch noch über dem Kühlschrank ausreichend Platz für die Belüftung desselben bleibt gemäß der Einbau-Anweisung des Kühlschrankherstellers. Sie sollten sich hierzu einmal die Zeichnungsdetails anschauen (s. Abb. Nr. 199 und Nr. 200). Meist werden etwa 4 bis 5 cm Platz über dem Kühlschrank für eine ausreichende Wärmeabfuhr reichen.

Im Küchenblock sollte möglichst auch noch die Besteckschublade (herausfallsicher) untergebracht

Linke Seite, oben: Abbildung 203: Kühlschrank 1. Eingebaute Kühlschränke brauchen Luft, um die auftretende Wärme abführen zu können. Auch das Abgas muß nach draußen geführt werden. In der Schnittzeichnung wird gezeigt, wie Frischluft von außen zugeführt und warme Abluft sowie Abgas nach draußen geleitet werden.

Linke Seite, unten: Abbildung 204: Kühlschrank 2. Eine (problematische) Alternative: Ein Teil der Frischluft wird aus dem Wohnraum zugeführt (Mischluft) und die Kühlschrankwärme zur Raumheizung genutzt. Im Sommer ganz das aber problematisch werden, wenn die Zuluft / Abluft nicht nach außen umgeschaltet werden kann. Das Abgas muß in jedem Fall ins Freie geleitet werden.

Abbildung 205: Küchenblock. Kompakte Küchenblocks sind ideal für kleine Campingbusse. Spüle, Zweiflammkocher, Kühlschrank und Besteckfach sind in einem Möbelstück zusammengefaßt in verschiedenen Ausführungen im Handel.

werden. Und an einen Zugang zur Montage des Wasserhahns (Mischbatterie) und zu anderen technischen Einbauten (Wasserpumpe, Warmwasserbereiter, Wassertank o.ä.) muß ebenfalls unbedingt gedacht werden. Meist wird der Küchenblock sowieso schon zu einem technischen Zentrum ausgebaut, weil hier die meisten Arbeiten durchgeführt werden müssen, weil Strom, Gas, Wasser usw. benötigt werden und weil Sie auf diese Weise zu günstigen kurzen Leitungswegen kommen.

Besonders raffiniert ist das bei den kompletten Küchenblocks gelöst (Abbildung 205), die es im Handel fix und fertig installiert (bis auf die Anschlüsse) zu kaufen gibt und die nur noch im Fahrzeug anzuschließen sind. Diese Kompaktküchen stellen auch für den technisch nicht so versierten Heimwerker eine praktikable Lösung der erheblichen technischen Probleme dar, weil er hier alles aus einer (allerdings relativ teuren) Hand bekommt. Solche Kompaktküchen einschließlich Kühlschrank kosten eine ganze Menge, aber sie ersparen auch viel Tüftelei und Bastelarbeit. Ohne Spüle, Kocher und Kühlschrank, also nur als nacktes Holzmöbel, sind sie gelegentlich

preiswert erhältlich und man erspart sich dann zumindest die Holzarbeiten.

Angesichts happiger Preise lohnt es sich durchaus, selbst zu Säge und Hammer zu greifen und den Küchenblock in Eigenarbeit zu zimmern. Dann haben Sie ihn wenigstens so, wie er sein soll.

(b) Das Umfeld

Die Frontpartie des Küchenblocks sollte möglichst in einer pflegeleichten, abwaschbaren Oberfläche gehalten werden, weil beim Kochen doch schon mal etwas daneben kleckert. Auch die unmittelbare Umgebung der Arbeitsfläche sollte sowohl gegen Nässe, Spritzer vom Kochen oder Braten als auch gegen die Hitze der Gasflammen wirkungsvoll geschützt werden. Es wäre schade, wenn sich die teuren (Acryl-) Fensterscheiben Ihres ausstellbaren Küchenfensters schon nach der ersten Mahlzeit durch die Hitze der Gasflammen verziehen würden. Deshalb sollten Sie – wie auf den Fotos – die Umgebung des Gaskochers zum Beispiel mit aufklappbaren oder anhängbaren Blech- oder Kunststoffplat-

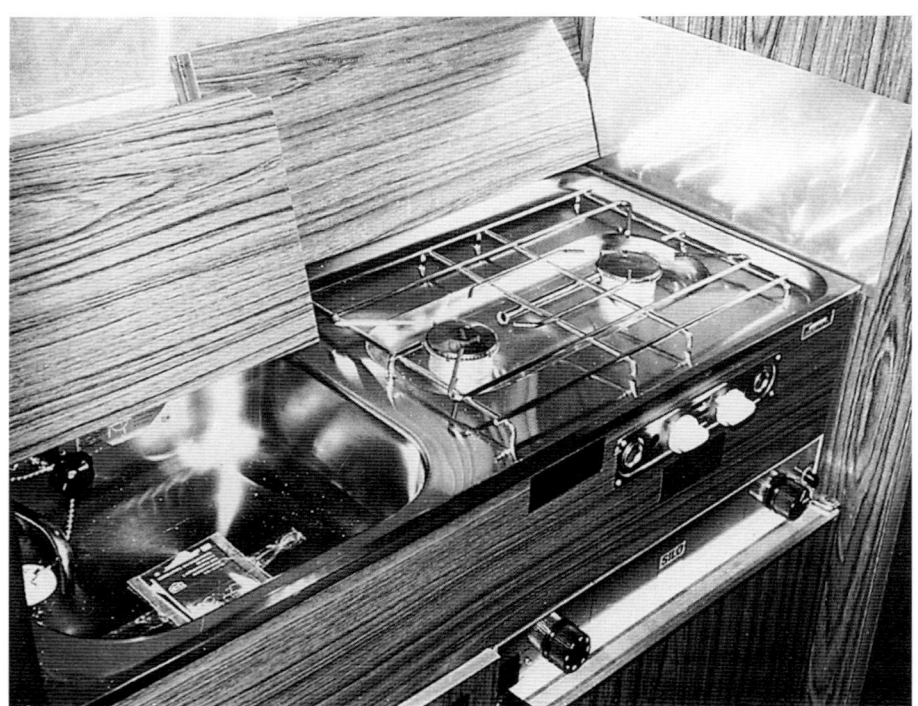

Abbildung 206: Einbauküche. Hier wurde die Abdeckplatte nicht nur längs, sondern auch noch quer geteilt. So läßt sie sich zum Arbeiten optimal auf- oder zuklappen.

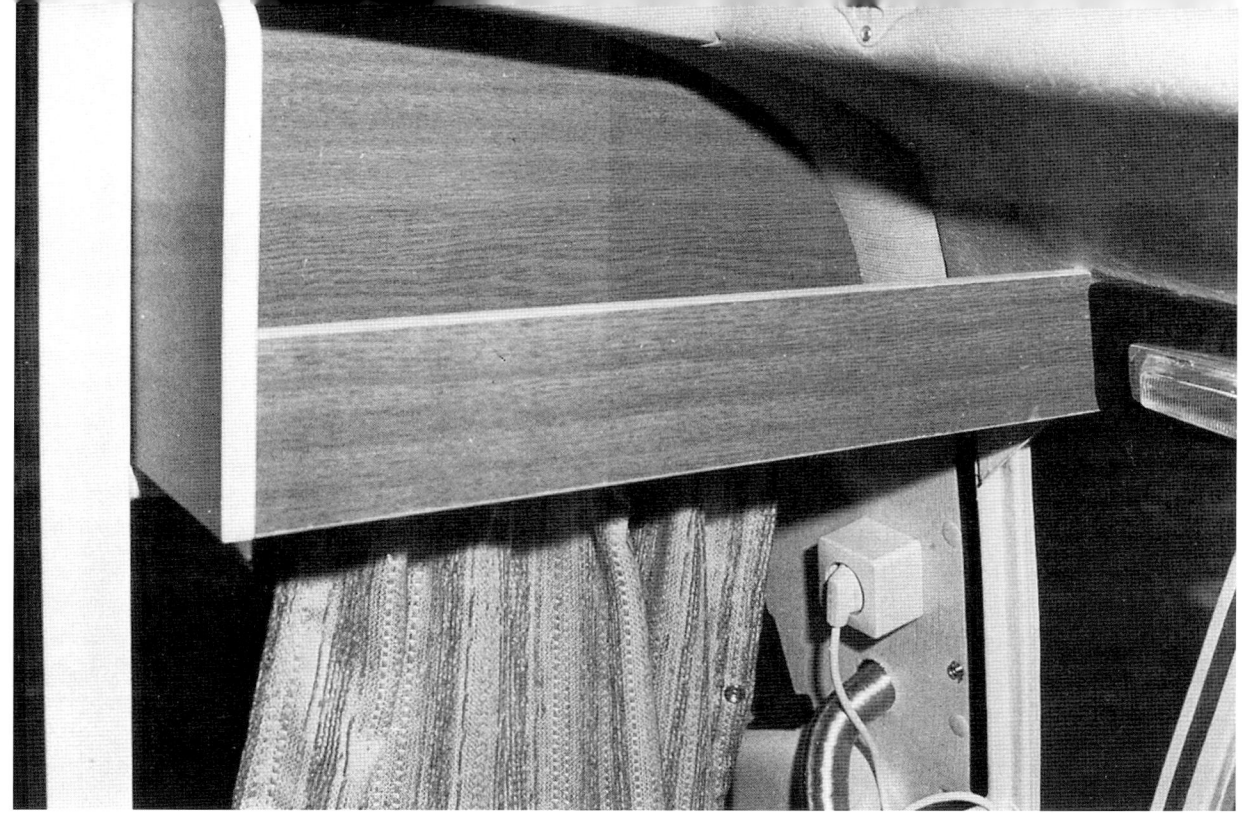

Abbildung 207: Fehlkonstruktion. Ein abschreckendes Beispiel: Die scharfe Ecke des Ablagefaches stellt eine Verletzungsgefahr dar, die simple Schuko-Steckdose direkt über dem heißen Abgasrohr ist durch die aufsteigende Hitze gefährdet und die flatternde Gardine unmittelbar am Gasherd ist ein enormes Brandrisiko.

ten schützen. Wenn Sie dabei die Abdeckplatte wie auf dem Bild (Abbildung 206) nicht nur längs teilen, sondern auch noch quer, haben Sie das Optimum erreicht. Durch die Teilung in zwei getrennte Abdeckplatten können Sie nämlich z. B. beim Kochen den Spülenbereich abdecken und als Arbeitsfläche nutzen und umgekehrt. Durch die Scharniere, mit denen in diesem Beispiel jede Platte nochmals geteilt wird, erreichen Sie beim Hochklappen der Platten, daß nicht gleich das ganze Küchenfenster verdeckt wird, sondern nur der untere, gefährdete Teil. Die aufklappbare Metallplatte rechts im Bild dient nicht nur als strapazierfähiger Spritzschutz, sondern hält vor allem die Hitze vom Holz des Schranks fern.

Denken Sie bitte auch bei der Anordnung der übrigen Küchenteile (wie z. B. Hängeschrank, Küchenlüfter, Fensterrollo usw.) immer an die vom Herd aufsteigende Wärme und Feuchtigkeit (Kochdämpfe, Dunst vom Abwaschbecken, Wasserspritzer). Aus diesem

Grunde sollten Sie auch die Installation der Küchenleuchte (Neon) so vornehmen, daß sie zwar einwandfreies Licht auf die Arbeitsfläche wirft, selbst aber weitgehend geschützt und blendfrei angebracht ist.

Was den Küchen-Hängeschrank und die daran oder darin installierte Küchenleuchte betrifft, sollten Sie an die nötige Kopffreiheit denken. Können diese Teile nicht weit genug zurückgesetzt werden, besteht die Gefahr, daß Sie ständig beim Hantieren in der Küche mit dem Kopf dagegen stoßen. Aus diesem Grunde sollte, wenn nötig, der Hängeschrank im Gefahrenbereich eine Polsterung (Schaumstoff aufkleben, mit Leder oder Kunstleder beziehen) bekommen und die Leuchte möglichst keine scharfen Ecken aufweisen oder so eingebaut werden, daß nichts passieren kann.

Als abschreckendes Beispiel kann das Foto (Abbildung 207) gelten. Der sicher gut gemeinte kleine Staukasten hat oben, wo kein Mensch rankommt,

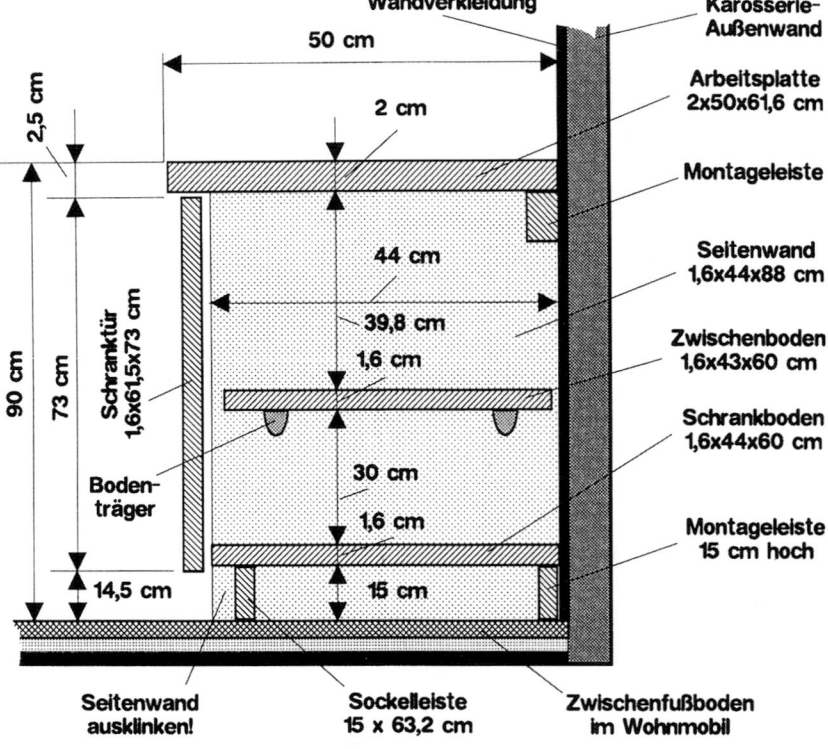

Abbildung 208: Unterschrank 1.
Dieser Schnitt zeigt, wie man
einen Unterschrank mit wenigen Maßen genau planen
kann.

Labels (Abbildung 208):

Wandverkleidung

Karosserie-Außenwand

50 cm

2,5 cm

2 cm

Arbeitsplatte 2x50x61,6 cm

Montageleiste

44 cm

Seitenwand 1,6x44x88 cm

39,8 cm

90 cm

73 cm

Schranktür 1,6x61,5x73 cm

1,6 cm

Zwischenboden 1,6x43x60 cm

Schrankboden 1,6x44x60 cm

30 cm

Bodenträger

1,6 cm

Montageleiste 15 cm hoch

14,5 cm

15 cm

Seitenwand ausklinken!

Sockelleiste 15 x 63,2 cm

Zwischenfußboden im Wohnmobil

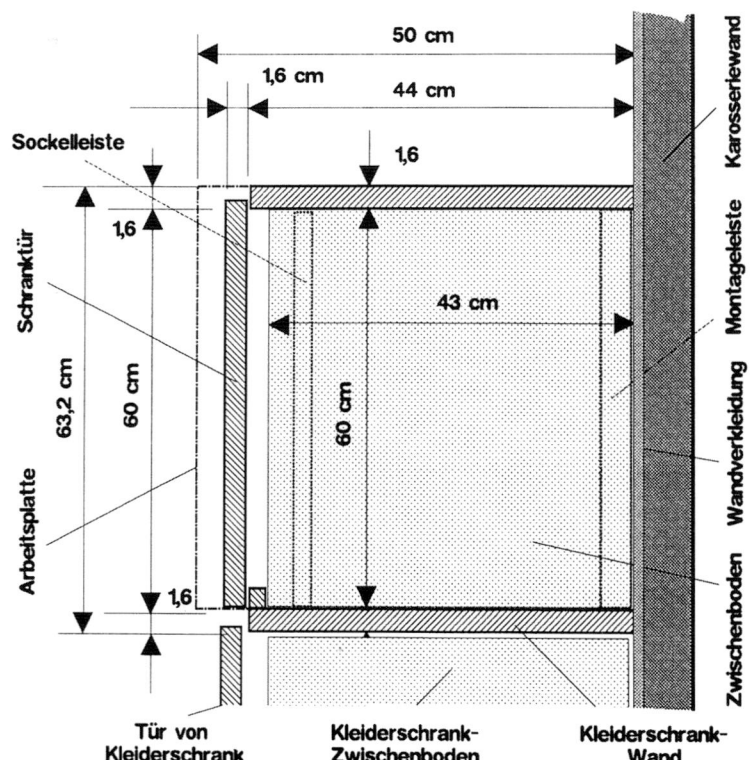

Labels (Abbildung 209):

50 cm

1,6 cm

44 cm

Karosseriewand

Sockelleiste

1,6

Montageleiste

Schranktür

1,6

43 cm

63,2 cm

60 cm

60 cm

Wandverkleidung

Arbeitsplatte

1,6

Zwischenboden

Tür von Kleiderschrank

Kleiderschrank-Zwischenboden

Kleiderschrank-Wand

Abbildung 209: Unterschrank 2.
Draufsicht auf den Unterschrank mit
abgenommener Arbeitsplatte. An die
rechte Seite des Unterschrankes (unten
im Bild) könnte sich z. B. ein Kleiderschrank o. ä. anschließen. Sehr wichtig: Türbreiten sind von der Art ihrer
Scharniere abhängig!

eine gerundete Kante. Unten im Kopfbereich dagegen wartet die scharfe Ecke direkt auf den nächsten Zusammenstoß. Auch die im Bild sichtbare Gardine im Kocherbereich, die nicht geschützte 220-Volt-Steckdose über dem heißen Abgasschlauch des Kühlschranks, das alles sind Sachen, die wirklich nicht vorbildlich gelöst sind! Denken Sie daran, daß es ja Ihr eigener Campingbus ist, den Sie sich selber ausbauen. Da sollten Sie solche oder ähnliche Fehler besser vermeiden.

Ich möchte Ihnen einmal an Hand einiger Zeichnungen zeigen, wie einfache Handskizzen mit ein paar eingetragenen Maßen genügen, um ein Möbelstück exakt zu planen. Bei diesem Schnitt durch einen Unterschrank (Abbildung 208) sehen Sie sämtliche Holzteile mit Ausnahme der beiden (gepunktet dargestellten) Seitenwände. So ein paar Maße genügen vollkommen, um danach den Zuschnitt und die Montage vornehmen zu können.

Die zweite Zeichnung (Abbildung 209) stellt eine Draufsicht auf den Unterschrank mit abgenommener Arbeitsplatte dar. Jetzt erkennen Sie auch die Breitenmaße, die für die Bestimmung der Arbeitsplatte usw. wichtig sind. Vergessen Sie bei Ihren Zeichnungen nie, die Materialstärken der einzelnen Platten zu berücksichtigen!

Die schicken Küchenarbeitsplatten, wie sie in Baumärkten usw. für normale Einbauküchen erhältlich sind, verringern leider die Nutzlast des Fahrzeugs unnötig, weil sie sehr massiv ausgeführt sind. Was die Ausführung der Küchenarbeitsplatte im Campingbus betrifft, so können Sie natürlich andere Wege gehen und auf die übliche und an sich sehr praktische Edelstahlabdeckung verzichten. Wenn beispielsweise eine Arbeitsfläche mit Keramikfliesen belegt wird, (mit Kontaktkleber aufkleben, Spezialfugenmasse verwenden oder der Fugenmasse wasserfeste Bindemittel zusetzen), müssen Sie darauf achten, daß sich nirgends Ritzen zeigen, die mit der Zeit zu gefährlichen Bakterienherden werden können. Wenn Sie auch den Kochbereich mit in Ihre Fliesenabdeckung einbeziehen wollen, so muß der unmittelbare Bereich des Gasbrenners nach dem Verfugen noch mit einer passend gearbeiteten Blechplatte (aus Alu oder Messing) abgedeckt und die Platte angeschraubt werden.

Abbildung 210: Staufächer. Sehr zweckmäßig ist hier der Platz unter dem Kühlschrank für eine Schublade ausgenutzt worden. Konservendosen und andere schwere Dinge finden hier ihren Platz, ohne die Schwerpunktlage des Fahrzeugs zu verschlechtern.

Sie können auch, was vielleicht etwas einfacher ist, die Arbeitsfläche mit Kunststoff (Resopal o. ä.) bekleben oder Sie bespannen sie mit Kunstleder. Ich habe auch schon eine Arbeitsfläche gesehen, bei der

Kiesel und kleine Muscheln in Polyesterharz einge-
gossen waren. Wie gesagt, dem nicht immer praxis-
gerechten Spieltrieb sind manchmal keine Grenzen
gesetzt.

Toben Sie einen eventuellen Spieltrieb lieber dahin-
gehend aus, indem Sie nützliche Details für Ihre
Küchenplanung entwickeln. Beispielsweise durch die
Suche nach ungenutzten Eckchen und Stauräumen
(Abbildung 210).

Die perfekte Küche zu bauen erfordert, wie Sie sicher
bemerkt haben, eine ganze Menge Überlegungen.
Ohne die genauen Maße von Abdeckplatte, Kühlschrank und anderen technischen Teilen würde ich
auch gar nicht erst zu bauen anfangen. Wenn
schließlich alles montiert ist, muß noch die Abdeckplatte aus Edelstahl (oder anderem Material) mit ein
paar nichtrostenden Schrauben rundum befestigt
werden. Anschließend sollte entweder noch eine
schmale Deckleiste an den Seiten und hinten angebracht werden oder zumindest jede Ritze zwischen
Platte und angrenzenden Möbelteilen mit Silikonkautschuk geschlossen werden.

6.06 Dusche, Waschraum und WC

Nur noch sehr kleine, einfach ausgestattete Campingbusse besitzen lediglich ein einziges Waschbecken,
das zugleich als Küchenspüle und Waschbecken ausreichen muß. Die Vorstellung, in ein- und demselben
Becken sowohl die Füße als auch den Salat waschen
zu müssen, hat meiner Ansicht nach nicht sehr viel
für sich. Deshalb haben zumindest mittelgroße Campingbusse ein zweites Waschbecken aufzuweisen,
das – je nach Platzverhältnissen oder Möbelplanung
– entweder in einem Waschschrank, einem Waschraum, einer Dusche oder in einer Sanitärzelle mit
Dusche und WC untergebracht ist.

**Abbildung 211: Waschschrank. Ein kleiner Wasch-
schrank, der durch Aufklappen der Tür (links) und
Hervorziehen einer Schiebetür (rechts) im Nu zu
einer abgetrennten Sanitärzelle wird.**

(a) Der Waschschrank

Wenn der Platz für einen richtigen kleinen Waschraum im Fahrzeug wirklich nirgends abzuknapsen ist,
sollten Sie das Handwaschbecken zumindest in einem
speziell hierfür vorgesehenen Waschschrank installieren. Wenn Sie die Einrichtung dieses Schranks
geschickt durchdenken, läßt sich vielleicht aus dem
Schrank sogar eine Art Mini-Sanitärzelle machen. Ein
kleines Beispiel (Abbildung 211) zeigt, wie so etwas
aussehen kann. In der Mitte befindet sich das großzügige Waschbecken, das rundum durch kunststof-
furnierte Platten (spritzwassergeschützt) gehalten
wird. Darüber ist eine Ablage für Zahnputzbecher
und Kleinkram untergebracht, seitlich sind die Haken
für Handtücher, Waschlappen usw.. Oben ist hinter

der Leuchte ein geräumiger Hängeschrank für Kleinkram. Unter dem Waschbecken ist unter einer Zwischenablage ausreichend Platz für ein hervorziehbares Chemikal-WC, daneben ist ein Kanister mit Frischwasser und Tauchpumpe für das Handwaschbecken in einem kleinen Schränkchen untergestellt. Natürlich läßt sich der Platz bei einer Druckwasserversorgung noch rationeller nutzen. Aber etwas läßt sich, wie hier im Bild ersichtlich, bei fast jedem Waschschrank machen: Die Türen lassen sich nämlich so geschickt einplanen, daß die offene Waschschranktür und die offene Kleiderschranktür (oder eine andere Tür) den Waschbereich wie einen kleinen Waschraum vom übrigen Raum abtrennen und es daher gestatten, daß man sich unbeobachtet (und ohne die Fenster durch Rollos zu verdecken) waschen oder die Toilette benutzen kann. Natürlich ist das nicht die optimale Lösung in einem Campingbus. Die bekommen Sie erst durch einen kleinen, aber voll abgetrennten Waschraum.

(b) Der Waschraum

Er braucht kaum größer zu sein als ein begehbarer Schrank, aber er hat doch erheblich mehr Vorteile zu bieten als ein noch so gut eingerichteter Waschschrank. Die absolute Mindestgröße für so ein Kabinett sollte bei etwa 65 x 100 cm liegen. Unter dem ist nichts zu machen, sonst können Sie sich in dem Räumchen weder umdrehen noch bewegen. Sie müssen ja bedenken, daß in diesem Minimalraum noch die Installationen (Waschbecken usw.) installiert werden müssen.

Einen solchen »richtigen« Waschraum müssen Sie innen derart spritzwassergeschützt ausbauen, daß Sie darin eine gründliche Körperwäsche vornehmen können ohne Angst vor den Folgen der Nässe für das Fahrzeug. Sie können dann auch jederzeit im Waschraum sowohl die regennasse Kleidung als auch die kleine Wäsche unterwegs tropfnaß zum Trocknen aufhängen. Die Skischuhe voller Schnee, das nasse Schlauchboot, all das und noch viel mehr ist ideal im »wasserdichten« Waschraum zu verstauen. Vor allem aber hat der Waschraum dann Vorteile, wenn Sie ihn zwecks menschlicher Bedürfnisse als Toilettenraum durch Unterbringung einer Spültoilette nutzen kön-

nen. So ein stilles Örtchen können Sie notfalls selbst dann benutzen, wenn sich Gäste im Wohnteil aufhalten.

Der Waschraum wird im Grunde ebenso aufgebaut wie ein geräumiger Schrank. Die Seitenwände werden so dicht wie möglich an die Außenwand angesetzt. Die zur Fahrzeugmitte hin angeordnete Frontfläche bekommt einen großen Ausschnitt als Durchgangsöffnung und eine entweder eingesetzte oder davor gesetzte solide Tür. Dabei sollte im Fußbereich unbedingt eine Schwelle vorgesehen werden, die gelegentliche Wasserspritzer oder sogar eine kleine Überschwemmung vom Teppichboden im Wohnraum fernhält. Die Tür sollte ebenfalls so konstruiert werden, daß Wasserspritzer nicht gleich nach außen laufen können. Also müssen Sie entweder entsprechende Dichtungen rundum montieren oder einen Spritzschutz (Duschvorhang) von innen. Besonders wichtig ist der Spritzschutz, wenn Sie den Waschraumboden in Form einer Brausetasse ausbilden.

Vor der Installation des Handwaschbeckens (bei kleinen Waschräumen läßt sich sehr vorteilhaft ein Klappbecken einbauen) und der anderen Einrichtungsteile wird der gesamte Innenbereich gegen Feuchtigkeit geschützt. Zweckmäßig ist hierfür eine vorangehende Verspachtelung aller Waschraumecken mit Antidröhnmasse oder mit Polyester-Spachtelmasse sowie ein ein- bis zweimaliger Anstrich aller Wände, der Decke und des Fußbodens entweder mit dünnflüssigem Unterbodenschutz oder mit einer Chlorkautschukfarbe. Auch ein mehrmaliger satter Anstrich mit Ölfarbe bringt schon eine gewisse Schutzwirkung, er ist allerdings unter Umständen den Karosserieverwindungen auf die Dauer nicht so gewachsen wie eine elastische Beschichtung. Oder Sie kleiden, was natürlich noch viel besser ist, den ganzen Waschraum praktisch nahtlos mit Polyesterharz und Glasfasermatten aus. Dann haben Sie die absolute Gewißheit, daß dieser Raum nicht mehr undicht wird.

Anschließend an den Feuchtigkeitsschutz wird die Decke und der Fußboden des Waschraums mit Kunststoffbelag (naßfeste Ausführung) vollflächig ausgeklebt. Dabei sollte darauf geachtet werden, den Fußbodenbelag so zuzuschneiden, daß er rundum noch etwa 10 cm hoch an den Wänden hochgezogen und dort ebenfalls verklebt wird. So bekommen Sie eine Art wasserdichte Bodenwanne, die zwar keinen Ablauf hat und auch nicht für Duschzwecke geeignet ist, die aber immerhin verhindert, daß Wasserspritzer sich im Fahrzeug ausbreiten können.

Danach können auch die Wände mit gleichem oder ähnlichem Material bezogen werden. Sie können aber auch für Wände und Decke eine naßfeste kunststoffbeschichtete Tapete oder eine Verbundfolie verwenden, ja selbst Kunstleder oder (nicht zu klein-

karierte) fliesengemusterte Kunststoffbeläge sind eine brauchbare Möglichkeit (Abbildung 212 und Abbildung 213).

In diese Gruppe der praktischen Wandbeläge gehören auch die pflegeleichten und zusätzlich noch wärmedämmenden PVC-Weichschaumbeläge, die Sie ebenfalls mit flexiblem Fliesenkleber (Zahnspachtel) oder besser mit einem speziellen Weichschaumkleber auftapezieren können. Hierzu jedoch ein Hinweis: Achten Sie beim anschließenden Schneiden der

Abbildung 212: Sanitärzelle 1. Mit wasserfest aufgeklebten PVC-Fliesenbahnen wird eine Sanitärzelle rasch und preiswert zu einem ansehnlichen und unempfindlichen Naßraum. Aber: Je bunter und karierter die Wandverkleidung, desto kleiner wirkt der Raum. Helle großzügige Flächen weiten ihn.

Abbildung 213: Sanitärzelle 2. Um eine komplette Sanitärzelle mit Duschwanne, Waschbecken, Spültoilette und Stauraum zweckmäßig auf kleinstem Raum einzurichten, muß man schon ganz schön tüfteln.

Abbildung 214: Sanitärzelle 3. Unter dem preiswerten Kunst-stoff-Handwaschbecken ist hinter einem Vorhang oder Rollo das Chemie-WC untergebracht. Der Brauseschlauch am Becken ist Wasserhahn, Haarwaschdusche und ggfs. sogar Toilettenspülung in einem.

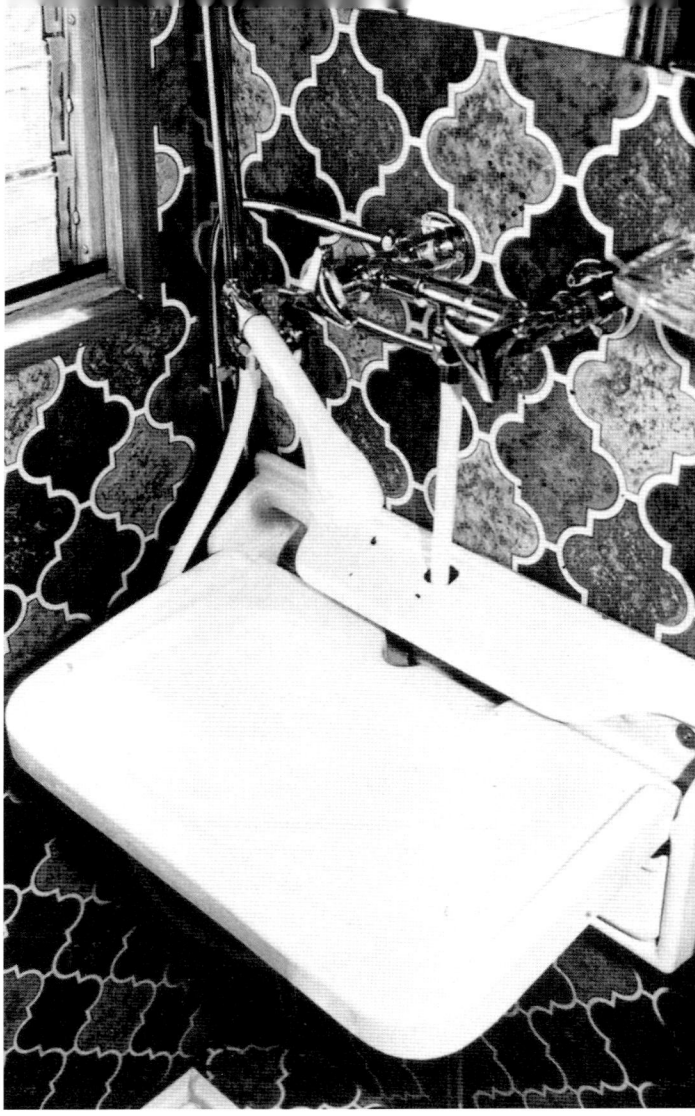

Abbildung 215: Sanitärzelle 4. Klapp-waschbecken sind bei ganz kleinen Sanitärzellen eine brauchbare Lösung.

Stöße für die einzelnen Bahnen unbedingt darauf, daß das Messer nicht die darunter liegende Feuch-tigkeitssperre beschädigt! Wird auch die Tür-Innen-seite mit wasserfestem Material beklebt, so wirkt der rundum etwas überstehende, elastische Türbelag fast wie eine spezielle Dichtung, die sich an den Türausschnitt schmiegt. Dann brauchen nur noch die umlaufenden Kanten des Türausschnitts mit einem satt aufgeklebten, nach innen etwas überstehenden

Umleimer gegen Nässe geschützt zu werden und schon ist der Waschraum bis auf die Einrichtung fertig.

Als unverzichtbare Lüftungsmöglichkeit sollten Sie entweder in der oberen Kabinenhälfte ein ausstell-bares kleines Fenster oder eine Lüftungsklappe (mit eingebautem Glas, damit Tageslicht hereinkommt) einbauen oder im Dach eine aufstellbare zweischa-lige Dachluke. Als weitere Arbeit müssen Sie jetzt

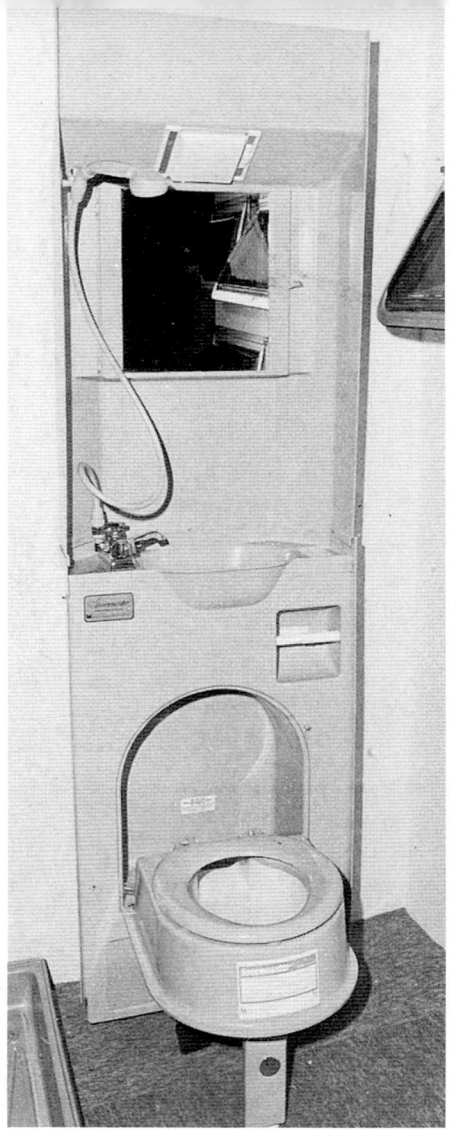

Abbildung 216: Sanitärzelle 5. Verschiedene Hersteller bieten einbaufertige Komplettlösungen an. Dann paßt alles zusammen, kann aber nicht verändert werden. Auch bei der Ersatzteilfrage kann es zu Problemen kommen.

Farbabplatzungen, Schimmel, Aufquellerscheinungen, Kältebrücken usw. wären die fatale Folge.

Aus diesem Grunde sollte auch an den Stellen, wo die Wandverkleidung, die Decken- oder Fußbodenverkleidung Nahtstellen ergeben, mit farblich passendem oder farblosem Silikonkautschuk peinlich genau alles abgedichtet werden! Achtung, bei PVC-Weichschaum und ähnlichen Produkten muß vorher der betreffende Bereich noch gründlich entfettet bzw. entwachst werden! (Das sollten Sie jedoch zuvor an einem Abfallstück üben, um den geeigneten Entfetter bzw. das richtige Wachslösemittel zu finden.)

Nun wird das Handwaschbecken montiert. Wie das geschieht, wurde ja schon im Kapitel »Wasser und Abwasser« unter dem Abschnitt – Sanitärobjekte – erläutert. Statt des normalen Wasserhahns können Sie auch, sofern nicht bereits eine Duschmöglichkeit im Raum installiert ist, eine (über einen Schlauch angeschlossene) Handbrause installieren (Abbildung 214), die sich außerdem im Waschraum zum Haarwaschen usw. gut bewährt und einen Wasserhahn völlig ersetzen kann. Bei den praktischen und platzsparenden Klappwaschbecken wird das Schmutzwasser nicht direkt unten aus dem Waschbecken abgeleitet, sondern durch die Kippbewegung des Beckens in eine Auffangvorrichtung (die zugleich Wandhalterung ist) gekippt. Dort erst ist dann der Abwasserschlauch anzubringen (Abbildung 215).

Wenn Sie sich die Installation eines Waschraums nicht auf Anhieb so perfekt zutrauen, können Sie sich auch (mit etwas höherem Kostenaufwand) eine komplette Sanitäreinrichtung (Abbildung 216) aus Kunststoff installieren. Da ist meist sogar der Wandspiegel und die Beleuchtung schon enthalten, die Sie bei dem Eigenbau-Waschraum erst noch installieren müßten. Allerdings ist bei so einer kompletten Sanitärwand ein gewisser Nachteil zu verzeichnen: Der Preis steht im umgekehrten Verhältnis zur Größe des Handwaschbeckens. Im Handwaschbecken, das bei dem abgebildeten Modell meiner Ansicht nach wirklich sehr klein ist, können Sie sich wirklich nur die Hände waschen. Demgegenüber sind normale Handwaschbecken aus Kunststoff bereits sehr preiswert erhältlich, Wasserhähne (je nach Ausführung) ebenfalls und eine einfache Handbrause aus dem Baumarkt ist gleichfalls für wenig Geld zu haben.

noch den Ausschnitt in der aufgeklebten Waschraumverkleidung exakt zurechtschneiden und eine spezielle Fensterdichtung oder eine winkelförmige Kantendichtung (L-Profil) aus Kunststoff mit Kontakt- oder Montagekleber um den Fensterbereich ankleben. Damit keine Nässe zwischen Fenster und Wandverkleidung in die Außenwand gelangt, wird zu guter Letzt rund um das Fenster alles noch sorgfältig mit transparentem oder farblich passendem Silikonkautschuk aus der Kartusche abgedichtet. Es ist sowohl im Waschraum als auch erst recht im Duschraum von allergrößter Wichtigkeit, daß sich nirgends Feuchtigkeit oder Wasserdampf in die Wandisolierung oder in das Möbelholz verkriechen kann! Rost,

(c) Die Duscheinrichtung

Sie können, sofern Sie es wollen und sich gründlich überlegt haben, den Waschraum auch gleich so einrichten, daß er als Dusche genutzt werden kann. Allerdings sollten Sie sich über die Probleme einer Dusche im Campingbus im klaren sein.

Das Problem Nummer 1 im Fahrzeug ist der Wasservorrat, der ja nicht nur für so ein Duschbad mitgeführt werden muß. Immerhin kann der Wasserverbrauch bei einem kurzen Duschvorgang von ein bis zwei Minuten bequem bis zu 25 Liter Warmwasser betragen. Das ist eine ganze Menge Wasser (und rund 25 Kilo Gewicht!), das da durch die Brause in den Abfluß zischt. Da Sie vermutlich meist zu zwei oder mehr Personen unterwegs sind, ergibt das bei nur zwei Duschvorgängen täglich rund 50 Liter Wasser, die gebraucht werden. Und die müssen Sie unterwegs immer erst mal beschaffen, in die Tanks bekommen und auf die richtige Temperatur aufheizen! Ganz abgesehen davon ist auch die Tatsache, mit Wasser derart im Fahrzeug herum zu plantschen, etwas unangenehm. Vor allem, wenn Sie an die Rostempfindlichkeit der Basisfahrzeuge denken und an die vielen elektrischen Installationen, die ebenfalls nicht gerade feuchtigkeitsliebend sind.

Abbildung 217: Duschzelle 1. Acryl-Brausetassen werden einfach auf dem wasserdicht isolierten Untergrund spannungsfrei (!) mit rostfreien Schrauben befestigt.

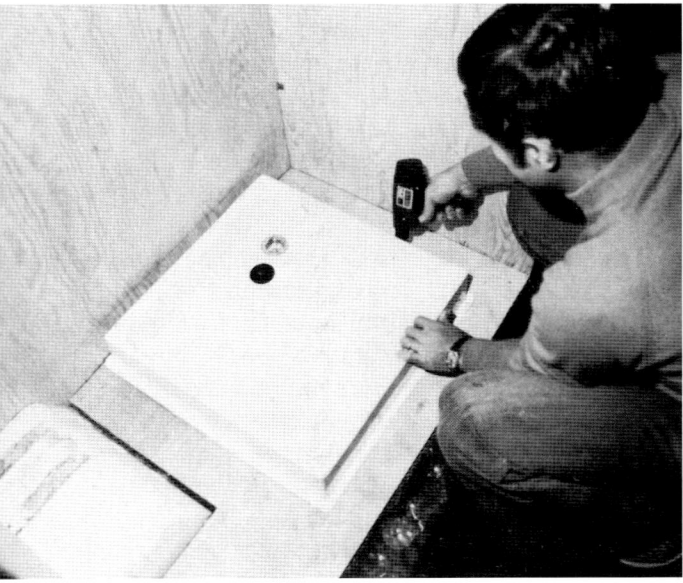

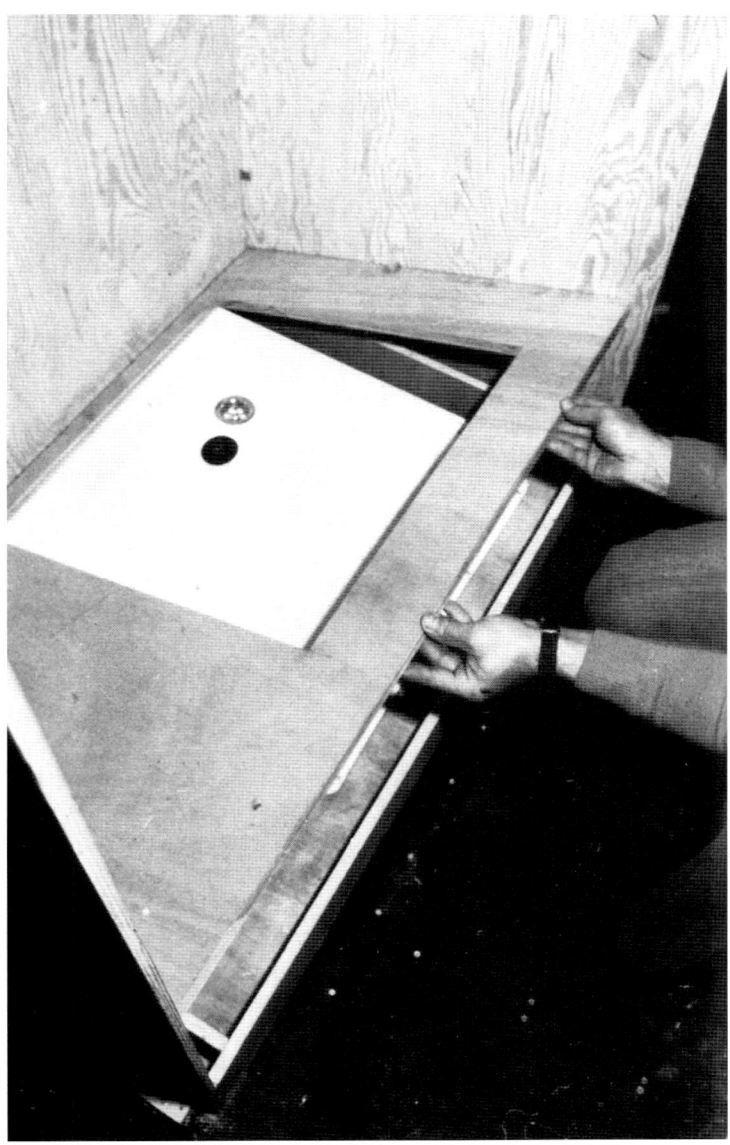

Rechts: Abbildung 218: Duschzelle 2. Eine Abdeckung aus wasserfestem Bootssperrholz oder Kunststoff verdeckt die Installationen und ermöglicht dennoch jederzeit leichten Zugang bei Reparaturen.

Wer dies alles nicht scheut, hat mehrere Möglichkeiten einer Duscheinrichtung. Erstens können Sie im Waschraum eine Brausetasse (aus leichtem Acrylmaterial) einbauen und mit einem Bodenauslauf durch den Fahrzeugboden hindurch am Abwassertank anschließen. Die Bilder (Abbildung 217 und Abbildung 218) zeigen, wie eine Brausetasse (spannungsfrei wegen Rißgefahr im Acrylmaterial) am Boden befestigt und mit einer wasserdichten (!) Abdeckplatte versehen wird. Derartige Einbauarbeiten im Waschraum wird man natürlich vornehmen, bevor die Frontplatte des Waschraums montiert wird. Nach dem Einbau der Abdeckplatte an der Brausetasse wird naturgemäß eine sorgfältige Beschichtung oder Beklebung der (für Reparaturen möglichst abnehmbaren) Platte sowie das wasserdichte Abdichten der Plattenränder zu den Wänden hin erforderlich.

Wem dieser sicher recht beträchtliche Arbeitsaufwand zu hoch ist, der kann zu einer anderen Lösung greifen, die allerdings nur für sommerliche Außentemperaturen geeignet ist. Ich meine damit den Einbau einer (sehr praktischen) Außendusche. Es gibt mehrere Möglichkeiten dafür. Einmal können Sie sich eine komplette kleine Außendusche von außen in die Fahrzeugwand einbauen. Das ist ein handliches Kunststoffschränkchen, das in die Außenwand eingelassen wird, innen mit der Wasserversorgung verbunden werden muß und sowohl Vormischer als auch Automatikhahn und Handbrause enthält. Eine gut verschließbare Kunststofftür oder neutrale Serviceklappe verschließt die ganze Geschichte. Allerdings würde ich zuvor den TÜV fragen, ob der etwas gegen den Einbau an der vorgesehenen Stelle einzuwenden hat, obwohl eine mögliche Verletzungsgefahr für Passanten durch die Tür meiner Ansicht nach nicht besteht.

Eine zweite Möglichkeit des Duscheinbaus besteht in einer Duscharmatur mit Handbrause innerhalb der aufklappbaren Heckklappe, wie sie manche Transporter und viele Kombis haben. Wird die Heckklappe geöffnet, hängt die Brause oben unter der Klappe und Sie können hinter dem Wagen unter der Klappe duschen. Allerdings empfehle ich, an der Heckklappe gleich noch einen Duschvorhang zu installieren, damit kein Spritzwasser in das Fahrzeug gelangt.

Übrigens geht es auch noch viel billiger, wenn Sie den im Waschraum angebrachten längeren Brauseschlauch aus dem Fenster des Waschraums nach draußen halten und außen neben dem Fahrzeug duschen. Zumindest ist das besser als gar keine Dusche. Eine ganz andere Möglichkeit ist der völlige Verzicht auf die eigene Campingdusche. Wozu hat schließlich fast jeder Campingplatz eine aufwendige Duschanlage?

(d) Das Toilettenproblem

Während Sie bei Fahrten durch Gottes freie Natur oder über die Autobahn mit ihren aufwendigen Raststätten relativ wenig Sorgen mit gewissen menschlichen Bedürfnissen haben, kann Sie diese Frage auf einem Großstadt-Parkplatz doch ganz schön ins Schwitzen bringen. Aber keine Bange, die hierfür angebotenen Problemlösungen in Form von transportablen Campingtoiletten sind weder teuer noch unpraktisch. Die findige Industrie hat Chemikal- und Spültoiletten entwickelt, die kaum noch Wünsche offenlassen und fast genauso komfortabel sind wie das WC daheim. Und auch fast genau so umweltfreundlich.

Die transportablen Toiletten, die es in den verschiedensten Größen und vielen Arten im Handel gibt, werden meistens im Waschraum unter dem Waschbecken aufgestellt und für die Benutzung lediglich hervorgezogen. Man unterscheidet vorwiegend zwei Arten von Campingtoiletten, nämlich die Chemikaltoilette und die Spültoilette. Außerdem gibt es noch Trockentoiletten, die ohne Wasser und ohne Chemie auskommen und wo die Fäkalien in einem Wegwerf-Plastikbeutel entsorgt werden.

Die einfache Chemikaltoilette ist im Grunde nichts weiter als ein verkleideter Plastikeimer mit wasserdichtem Deckel und WC-Sitz. Die Verkleidung ist so ausgebildet, daß der Eimer eingesetzt und eine an dem Behälter angebrachte WC-Brille herabgeklappt werden kann, wenn der Eimerdeckel abgenommen wurde (Abbildung 219). Im Toiletteneimer selbst wird lediglich eine mehr oder weniger umweltschädliche Chemikalie auf den Boden gegossen, die (mit nicht immer befriedigendem Erfolg) den Eimerinhalt geruchlos halten, zersetzen und desinfizieren soll.

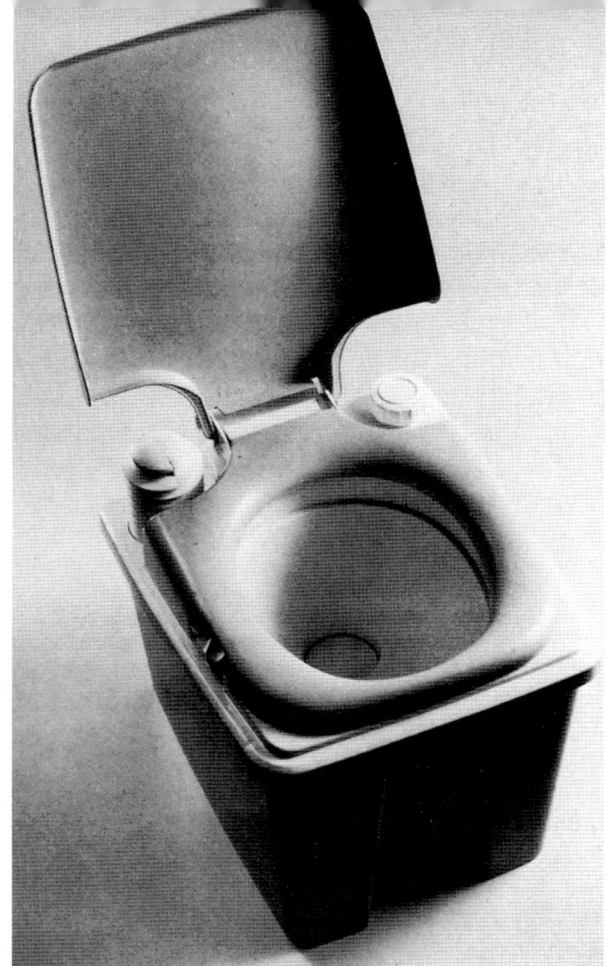

Oben links: Abbildung 219: Toilette 1. Ganz simple und preiswerte Chemikaltoiletten (Toiletteneimer) gibt es in verschiedenen Ausführungen. Speziell für kleine Campingbusse sind sie aus Platzgründen empfehlenswert.

Oben rechts: Abbildung 220: Toilette 2. Spültoiletten sind von einfach bis komfortabel im Angebot. Entscheidend ist neben dem Preis die Haltbarkeit der Ausführung und die Handlichkeit beim Entleeren des Fäkaltanks. Hier eine einteilige Spültoilette.

Rechts: Abbildung 221: Toilette 3. Zweiteilige Spültoiletten sind praktischer als einteilige. Zum Entleeren wird nur der untere, geruchsdicht verschlossene Fäkaltank abgenommen.

Derartige, an »Plumpsklosetts« erinnernde einfache Chemikaltoiletten, die je nach Einzelmenge zwischen 20 und 50 Benutzungen zulassen, bevor sie entleert und gereinigt werden müssen, bekommen Sie im Campingbedarf schon sehr preiswert. Die Sanitärflüssigkeit kostet natürlich extra.

Wesentlich komfortabler und angenehmer im Gebrauch sind dagegen die Frischwasser-Spültoiletten (Abbildung 220 und Abbildung 221 als Beispiele). Sie bekommen sie im Handel in vielen Größen, Ausführungen und Farben zu unterschiedlichen Preisen je nach Komfort und Hersteller. Das Prinzip ist einfach und zweckmäßig: Rund um die Toilettenschüssel unterhalb der Brille ist ein Frischwassertank angeordnet. Unterhalb dieses Tanks ist ein zweiter Behälter als Auffangbehälter angebracht, der von der Toilettenschüssel durch einen Schieber getrennt ist.

Nach Gebrauch wird die im Frischwassertank eingebaute Handpumpe betätigt und über eine Düse spült Frischwasser die Schüssel sauber. Dann wird der Schieber wieder geschlossen und damit ist die Sache, wesentlich hygienischer als bei reinen Chemikaltoiletten, vorerst erledigt. Auch bei den Spültoiletten wird natürlich gegen Geruchsbildung und zum Zersetzen des gesammelten Inhalts Chemikalie in Form von Sanitärflüssigkeit oder Desinfektionskonzentrat zugesetzt, je nach Modell in der Spülflüssigkeit oder im Abwasserbehälter der Toilette.

Das etwas unappetitliche Entleeren des Auffangbehälters sollte in jedem Falle in eine dafür vorgesehene, dem Umweltschutz gerecht werdende Entsorgungsanlage erfolgen. Wer seinen Unrat und den Toiletteninhalt gedankenlos einfach in das nächste Gebüsch kippt, sollte selbst einmal barfuß in so ein »Depot« treten müssen.

Aber zurück zur Installation einer Spültoilette: Geschickte Heimwerker können sich natürlich das jeweilige Füllen des Frischwasserbehälters der Toilette sparen, indem sie die Spüldüse über einen Hahn und einen flexiblen Schlauch direkt an die Wasserversorgungsanlage ihres Fahrzeugs anschließen. Denn auch zum Füllen des Spülwassertanks müssen Sie sonst jedesmal die Toilette unter dem Handwaschbecken hervorziehen und mit der (hoffentlich angebrachten) Handbrause den Vorrat ergänzen.

Es gibt auch noch ein paar andere Toilettensysteme im Handel und Sie können bei manchen Luxus-Modellen eine Menge Geld investieren. Sie sollten sich daher die verschiedenen Fabrikate auf einer Campingmesse oder bei Ihrem Händler genau ansehen.

Allerdings haben die meisten Campingtoiletten einen Nachteil, der hier angeschnitten werden muß: Sie sind aus Bequemlichkeitsgründen oft relativ hoch gebaut und haben dabei nur eine ziemlich kleine Standfläche.

Gerade bei Spültoiletten kann es daher passieren, daß sie bei vollem Frischwasserbehälter und leerem Abwassertank in jeder Kurve oder bei einer leichten Bremsung umkippen oder zumindest in der Sanitärzelle herumpoltern. Deshalb sollten Sie entweder einen käuflichen Toilettenschlitten verwenden, der es zugleich gestattet, die Toiletten zur Benutzung leichter unter dem Handwaschbecken hervorzuziehen. Oder Sie verwenden als Halterung für die Toilette ein Spannband oder einen Gurt aus Gummi (oder auch einfach nur ein Stück Jalousiegurt), den Sie hinter der Toilette an der Wand festmachen und um die Toilette herumziehen, ähnlich wie das mit der Flaschenhalterung im Gaskasten erfolgt. Bei Bedarf läßt sich so ein Gurt rasch lösen.

6.07 Abschlußarbeiten

Nachdem alle Möbel eingebaut sind und noch bevor die Innenausstattung mit Polstern, Teppichen, Gardinen usw. beginnt, muß die technische Einrichtung weitgehend fertiggestellt werden. Dazu gehört beispielsweise, daß die noch fehlenden Rohre, Schläuche und Kabel innerhalb der Möbel verlegt werden. Dazu gehört auch der Einbau aller technischen Geräte wie Kühlschrank, Gasheizung, Warmwasserbereiter usw., sofern dies bisher nicht schon im Laufe der Ausbauarbeit erfolgt ist. Auch die kleinen technischen Details wie die Sprechanlage zum Fahrerhaus, die Zweitlautsprecher, die Alarmanlage, die Kontrolleinrichtungen usw. müssen nun fertiggestellt werden.

Den Abschluß dieser technischen Ausrüstungstätigkeit stellt ein Probelauf aller Einrichtungen dar. Dabei zeigt sich schnell, wo noch etwas mangelhaft oder unvollständig ist. Wenn Sie Glück haben und alles einwandfrei funktioniert, sollten Sie sich noch eine letzte Arbeit machen, die sich später bestimmt auszahlt: Fertigen Sie jetzt, in diesem Ausbaustadium, einen möglichst genauen Schaltplan aller technischen Einrichtungen, machen Sie sich auch Notizen über Leitungsführungen und Besonderheiten und legen Sie schließlich diese Notizen und Schaltpläne zusammen mit allen Bedienungsanleitungen in eine solide Plastiktasche oder Mappe.

Diese Unterlagen werden Ihnen später bestimmt helfen, wenn im Laufe der Zeit mal etwas nicht funktioniert oder wenn zusätzliche Teile eingebaut oder

Abbildung 222: Der Innenraum. Ein wohnlicher Innenraum macht jede Urlaubsreise zur Erholung. Man fühlt sich stets »zu Hause«, selbst wenn es draußen regnet oder stürmt.

Abbildung 223: Schmutzbremse. Eine naßfest verkleidete Eintrittsstufe verhindert, daß allzu viel Dreck an den Schuhsohlen in das Fahrzeug hinein geschleppt wird.

angeschlossen werden sollen. Diese für Sie unentbehrlichen Unterlagen sollten Sie gut verschlossen (damit nichts wegkommt) griffbereit an der Stelle im Fahrzeug deponieren, wo Sie jederzeit drankommen. Ich habe für diese Zwecke ein Extrafach am Fahrersitz, wo nicht nur Landkarten und Sprachführer zu finden sind, sondern die Wagenpapiere, die Betriebsanleitung des Wagens samt Schaltplan, Wartungshinweisen und der Liste von Vertragswerkstätten. So ist zumindest alles Wesentliche mit einem Griff zur Hand. Wenn innen im Wagen anschließend die Möbelteile, sofern das Holz sichtbar bleibt, geschliffen, gebeizt und lasiert sind (Abbildung 222), folgt die Komplettierung der Einrichtung mit Gardinen, Polsterstoffen, Teppichboden usw., bis Ihr neuer Campingbus innen richtig wohnlich wirkt. Damit Ihr Campingbus auch

längere Zeit so wohnlich bleibt, sollten Sie von Anfang an darauf achten, daß nicht mehr Schmutz als unvermeidlich in das Fahrzeug getragen werden kann. Eine gute Schmutzbremse ist beispielsweise diese Einstiegstufe (Abbildung 223), die mit einer robusten Profilgummimatte ausgeklebt wurde. Hier kann man sich bequem die Füße abtreten und der Schmutz ist schnell wieder hinausgekehrt.

Übrigens ein Tip zum Möbellack

Nehmen Sie dafür möglichst Matt- oder Seidenmattlack bester Qualität und keinen hochglänzenden Klarlack, denn das Mobiliar glänzt sonst unangenehm speckig und Sie sehen jeden Fingerabdruck!

Wenn diese Arbeiten abgeschlossen sind, dann wird auch die Außenseite des Fahrzeugs (zumindest bei Gebraucht-Basisfahrzeugen) einer optischen Auffrischung unterzogen.

Wer es perfekt haben will, kann natürlich sein Fahrzeug in einer Fachwerkstatt neu lackieren lassen. Aber selbst wenn Sie kein perfekter Autolackierer sind, können Sie heutzutage bei gebrauchten Fahrzeugen die Außenhaut sehr einfach selbst verschönen. Die Fachhandlungen für Farben und Lacke bieten in ihrem umfangreichen Sortiment heute schon Lacke an, die mit einem Lammfellroller oder Schaumstoffroller aufgetragen werden und fast wie gespritzte Lackflächen aussehen. Sie müssen also keineswegs mehr zur Spritzpistole greifen, obwohl dies zweifellos der professionellere Weg ist.

Wichtig bei der ganzen Verschönerung ist nur, daß Sie vor Beginn der »Malerarbeit« sämtliche Fenster samt Gummiprofil gut mit Zeitungspapier und Kreppklebeband abdecken, daß Zierleisten und Beschläge ebenfalls abgedeckt oder demontiert werden und daß Sie auch den Rädern und anderen Teilen wie Lampen usw. eine entsprechende Schutzverkleidung zukommen lassen.

Dann wird der alte Lack mit einem umweltverträglichen Verdünner sorgfältig gereinigt und entfettet. Nach dem gründlichen Reinigen aller Blechteile wird dann, vom Dach her beginnend, der neue Lack tropfenfrei aufgetragen. Wenn er so weit trocken ist, werden die Abdeckungen behutsam entfernt und einzelne Lacktröpfchen, die sich doch noch unter das Schutzpapier gemogelt haben, werden mit einem Lappeneckchen und etwas Lösungsmittel behutsam abgewischt. Nach dem Montieren der Zierleisten und anderen Beschlagteile ist die Außenseite des Fahrzeugs jetzt einsatzfertig.

Vielleicht sollte aber noch etwas gesagt werden zur Farbwahl für den Außenlack. Helle Farbtöne wie weiß, beige oder silbern reflektieren die Sonnenstrahlen besonders gut. Dadurch wird die Aufheizung des Innenraums einigermaßen in Grenzen gehalten. Andererseits sind helle Farben relativ schmutzempfindlich und auch auffallender, was das ungestörte Parken des Fahrzeugs im Gelände betrifft. Ein Kompromiß könnte meiner Ansicht nach daher darin bestehen, entweder eine Zweifarbenlackierung (Dach-

fläche hell, Wände außen unauffällig dunkel, z. B. moosgrün, braun, grau, oliv o. ä.) oder eine schmutzunempfindliche Mischfarbe für das ganze Fahrzeug (z. B. staubgrau, mittelbeige, helles graugrün o. ä.) zu wählen.

Wer für seinen Campingbus aber lieber eine fröhliche Farbgestaltung bevorzugt, kann nach einem hellen Grundanstrich sein Fahrzeug außen auch in lustigen Popfarben halten oder zu einem rollenden Gemäldesalon werden lassen, indem er es mit Phantasiebildern, Disneyfiguren oder Landschaftsmotiven bemalt oder mit Stickern aufpeppt.

Fernreisende dagegen können, wie das häufig geschieht, z. B. ihre größten Reiserouten außen anzeichnen oder safarigerechte Zebrastreifen, einen Tarnanstrich oder andere Vorlagen auf das Fahrzeug pinseln. Der Phantasie und dem Geschmack sind hier keine Grenzen gesetzt, schließlich kann ein Freizeitfahrzeug ja auch außen durchaus einmal zeigen, was für fröhliche Leute darin durch die Welt reisen.

6.08 Polster, Teppiche und Gardinen

Nach dem Abschluß der technischen Ausstattung und der Fertigstellung der Außenfronten des Fahrzeugs geht es nunmehr darum, auch den Innenraum mit Polstern, textilen Wand- und Bodenbelägen, Gardinen usw. wohnlich und zweckmäßig zu gestalten.

(a) Polster

Für die Polsterung der Sitzbänke, die ja zumeist auch als Betten mitverwendet werden, sollten Sie im allgemeinen einen mittelharten Schaumstoff von wenigstens 8 cm Stärke verwenden. Die Aufteilung und Bemaßung der einzelnen Polster für die Sitz- und Lehnenteile ist ja inzwischen geklärt und die Zuschnittgrößen der einzelnen Polsterteile stehen somit fest.

Für das exakte Zuschneiden des Schaumstoffmaterials gibt es zwei Möglichkeiten:

- Die einfachere Möglichkeit ist, vom Polsterer oder von dem Bastlerbedarf, wo Sie den Schaumstoff kaufen, auch gleich die Teile zentimetergenau auf einer Bandsäge zuschneiden zu lassen. Das ist zwar ein bißchen teurer als der Kauf unzerschnittener Platten. Aber es ist auch genauer, falls Sie sich den Zuschnitt selbst nicht zutrauen.
- Die zweite Möglichkeit ist der eigene Zuschnitt. Dabei sollten Sie versuchen, möglichst wenig Verschnitt zu erhalten, also die Schaumstoffplatten bereits ab Lieferant in möglichst günstigen Abmessungen zu bekommen. Andernfalls kommen Sie nämlich – trotz Eigenzuschnitts – dabei unter Umständen sogar teurer weg.

Wenn Sie sparen wollen: Eine Quelle für preiswerten Schaumstoff kann gegebenenfalls das eigene Schlafzimmer sein. Wenn die Matratzen dort bereits einige Jahre ihren Dienst getan haben, sollten Sie die vielleicht durch neue, bessere ersetzen und die alten Schaumstoffmatratzen als Polsterteile zurechtschneiden und im Campingbus einsetzen.

Noch ein Tip zum Sparen: Größere Abschnitte des Schaumstoffs kann man mit Sprüh- oder Kontaktkleber mühelos zusammenkleben und weiter verarbeiten. So kann man aber auch kompliziertere Schaumstoffkonstruktionen fertigen oder z. B. zurechtgeschnittene Lendenstützen auf die Rückenlehnen kleben, bevor diese mit Stoff überzogen werden.

Der Zuschnitt erfolgt am besten so, daß Sie die Schaumstoffplatte auf einem Tapeziertisch oder anderen großen Tisch auslegen und als erstes mit einem dicken Filzstift und einem großen Winkel (zur Not tut es auch ein rechteckiger Bogen Kartonpapier!) die Einzelstücke so genau wie möglich anzeichnen. Dann können Sie die Teile mit einem guten, feinzahnigen Fuchsschwanz an einem geraden Brett entlang zuschneiden. Sie können auch statt des Fuchsschwanzes bzw. statt einer Feinsäge mit sehr gutem Erfolg eines der Elektromesser verwenden, wie sie in der Küche üblich sind.

Mit so einem Messer läßt sich Schaumstoff auch dann recht ordentlich zerteilen, wenn die einzelnen Platten zu dick sind und daher in der Stärke halbiert werden müssen. Dabei wird die Platte auf den Boden gelegt und mit dem Elektromesser rundum waagerecht so tief wie möglich eingeschnitten, ohne das Messer

dabei zu verkanten oder schief zu halten. Dann greifen Sie mit beiden Händen die Schmalseite der oberen Plattenhälfte an den Ecken und ziehen sie behutsam in Plattenlängsrichtung ab, während eine Hilfsperson die untere Plattenhälfte am Boden festhält. Dieser Abschälvorgang bringt zwar in Plattenmitte keine exakt glatte Trennung, aber dennoch meist recht brauchbare Ergebnisse. Noch besser wird das Ergebnis, wenn beim Abschälen ein Dritter mit dem Elektromesser zugleich laufend die Schällinie nachschneidet. Ähnlich lassen sich auch keilförmige Polsterteile zuschneiden. Kurvenformen usw. lassen sich dagegen vorteilhafter mit einer Bandsäge (möglichst kein Sägeblatt, sondern ein Bandmesser verwenden!) schneiden. Auch eine Stichsäge mit eingesetztem Messerblatt ist eine machbare Lösung, wenn das dabei verwendete Messerblatt lang genug ist.

> ### Übrigens
>
> Kleinere Schnitte lassen sich recht schnell mit einem Universal- oder Cuttermesser schneiden, wenn Sie die Klinge zuvor kurz ins Wasser getaucht haben.

Das Polstern der Möbel kann nach zwei Gesichtspunkten erfolgen:
- Entweder werden die einzelnen Polsterteile lose auf die Bänke usw. aufgelegt und mit Druckknöpfen o. ä. befestigt, nachdem die Polsterung rundum mit Möbelstoff bezogen wurde.
- Oder aber die Polsterteile werden auf Sperrholzplatten oder auf den Möbelteilen selbst einseitig angeklebt und dann (gemeinsam mit dem Holz) mit Möbelstoff überspannt.

Methode 1 setzt voraus, daß Sie nicht nur gut nähen können und eine stabile Nähmaschine für den festen Möbelstoff haben, sondern daß Sie auch das nötige Geschick für diese Arbeit mitbringen. Deshalb würde ich mangels ausreichender Erfahrung diese Bezugsarbeit lieber einem Polsterer überlassen, der so etwas für ein paar Mark besser und schneller erledigt. Das Ergebnis wird in den meisten Fällen perfekter aussehen als das aus der Heimwerkstatt.

Wer es jedoch selbst machen will, kann sich zuerst ein billiges Muster und anschließend entsprechende

Bezüge aus Möbelstoff nähen, die dann straff über die Schaumstoffteile gezogen und hinten mit Druckknöpfen oder Reißverschluß geschlossen werden. Damit sich der Möbelstoff leichter über die Polster ziehen läßt, sollte zuvor das Schaumstoffteil mit Nesselstoff überzogen werden. Dann krumpelt auch später im Gebrauch der Möbelstoff nicht mehr.

Die zweite Methode, nämlich Zwischenplatten aus 4 mm Sperrholz (oder die Möbelplatten selbst) als Unterbau der Polsterung zu verwenden, hat einen großen Nachteil: Das Polster kann jetzt nur noch mit seiner Vorderseite nach außen verwendet werden. Es läßt sich nicht mehr umdrehen, wenn eines Tages die Vorderseite verschlissen oder verschmutzt ist. Der Vorteil dieser zweiten Methode liegt dagegen in der unkomplizierteren Anfertigung: In der Größe des Schaumstoffteils (besser sogar rundum etwa 1 cm kleiner) wird eine Sperrholzplatte zugeschnitten. Diese Platte wird auf die Unterseite des Schaumstoffs mit Kontaktkleber oder Sprühkleber aufgeklebt. Dann wird der Möbelstoff (besser sogar zuerst ein Stück Nessel) über den Schaumstoff gelegt. Und zwar so, daß er rundum noch mindestens 10 cm breit übersteht. Anschließend wird der Möbelstoff um die Schaumstoffkanten und das Holz herumgezogen und auf der Unterseite entweder mit einem Tacker oder mit Kontaktkleber so straff befestigt, daß sich auf der Polstervorderseite nirgends Falten, lose Stellen oder Dellen von zu straffem Spannen zeigen. Damit ist die Bezieherei auch schon erledigt und lediglich an den Polsterecken sollten Sie mit einem passenden Faden noch die umgefalteten Stoffkanten etwas zusammennähen.

Beim Beziehen von Schaumstoffteilen, egal nach welcher Methode, sollte berücksichtigt werden, daß sich Schaumstoff im Gebrauch noch etwas zusammendrücken kann. Deshalb sollte der Stoff immer relativ straff aufgezogen und nicht zu großzügig bemessen werden.

Wenn Sie den Stoff in einem gedeckten Ton und in gemustertem Dessin wählen, wird er es Ihnen durch ziemlich große Unempfindlichkeit gegen Flecken danken. Bei hellen Uni-Stoffen sieht man nämlich sofort jeden Fleck. Verwenden Sie deshalb auch nur pflegeleichte, waschbare und robuste Materialien für die Polsterstoffe, ein Campingbus ist ja kein Salon für

Staatsempfänge, sondern ein Freizeitfahrzeug, das Spaß machen soll. Wer es in seinem Fahrzeug besonders lustig und dennoch robust haben will, kann als Bezugsstoff auch Jeansmaterial oder leichten Teppichbodenbelag nehmen. Den Jeansstoff können Sie übrigens, statt ihn zu nähen, auch nur mit Druckknöpfen oder Nieten befestigen. Den Teppichboden können Sie dagegen mit Kontaktkleber direkt auf dem Schaumstoff befestigen. Die Kanten werden entweder sorgfältig nachgeklebt oder aber nur sauber gekettelt.

(b) Teppiche und Bodenbeläge

Auf Ausstellungen sieht man immer in den Fahrzeugen dicke langhaarige Zottelteppiche oder Felle am Boden liegen. Ich gebe zu, daß so etwas schick und urwüchsig aussieht. Aber ist es auch praktisch? Haben Sie oder Ihr Reisepartner schon mal mit dem kleinen Autostaubsauger versucht, aus solchem Teppich den Sand vom Badestrand rauszubekommen? Da lobe ich mir doch kurzflorige Kunststoff-Teppichfliesen, naßfeste Badezimmer-Teppichfliesen und auch einzelne, flachgewebte Teppiche, die man notfalls jederzeit hochnehmen und draußen ausschütteln kann.

Wenn ich Ihnen raten darf: Als Bodenbelag im Campingbus sollten Sie einen möglichst robusten und strapazierfähigen Belag wählen. Ich würde sogar am liebsten zwei verschiedene Beläge verwenden. In der Küche bzw. im Küchenbereich würde ein abwaschbarer, gemusterter Kunststoffbelag (aus trittfestem Vinylschaum oder PVC mit Dekorfliesenmuster o. ä.) auf den Unterboden geklebt werden. Falls mal die Suppe überkocht oder Wasser verschüttet wird. Im Wohnbereich dagegen würde ich immer einen Belag aus einzelnen Teppichfliesen (am besten aus unverwüstlichem Polypropylen, selbsthaftend oder mit Doppelklebeband befestigt) verwenden.

Die Auswahl an Teppichfliesen ist heute so groß, daß sich für jeden Geschmack etwas findet. Sie könnten natürlich auch Zuschnittware nehmen und fest verlegen, aber was machen Sie, wenn dann mal ein großer Fleck im Belag ist oder mit der Zeit ein abgetretener Bereich sichtbar wird. Teppichfliesen, von denen Sie grundsätzlich ein paar mehr als benötigt kaufen sollten, können Sie jederzeit einzeln auswechseln. Ein kleines Loch im Teppichboden läßt sich aber auch preiswert durch Ausstanzen und Austausch gegen ein anderes Stanzteilchen ausbessern. Schon aus diesem Grunde sollten Sie nach dem Verlegen des Bodenbelags immer ein paar Abschnittreste oder Teppichfliesen als eiserne Reserve aufheben.

Als Anschluß zwischen dem Bodenbelag und den Möbeln wird nach dem Verlegen des Bodenbelags rundum eine Scheuerleiste aus Holz oder Kunststoff angeschraubt oder angeklebt. Sie stellt den sauberen Übergang her und verhindert zugleich, daß jede unvorsichtige Fußbewegung schwarze Scheuermarken unten an den Möbeln hinterläßt.

(c) Wandbeläge

Nicht nur aus Gründen des besseren Aussehens empfiehlt es sich, die Fahrzeuginnenwände mit einem geeigneten Wandbelag zu versehen. Wesentlich ist auch die Erhöhung der Behaglichkeit und die wesentliche Verbesserung der Schalldämmung, sowohl was das Eindringen von Außengeräuschen als auch die angenehmere Akustik im Wageninneren betrifft. Zusätzlicher Effekt einer textilen oder anderen Wandbespannung ist außerdem noch eine verbesserte Wärmedämmung.

Als Wandbelag können Sie eine ganze Reihe von Werkstoffen verwenden. Bewährt hat sich beispielsweise Kork (als Plattenmaterial), der mit einem speziellen Kork-Dispersionskleber aufgebracht wird und nach dem Trocknen des Klebers mit dem Schwingschleifer geglättet werden kann. Einzelne Fehlstellen im Kork werden entweder mit abgetönter Spachtelmasse oder mit eingeklebten Korkstückchen verschlossen. Kork ist bekanntlich weitgehend wasserabweisend. Deshalb läßt er sich auch gut als warmer, hautsympathischer Wandbelag im Waschraum verwenden. Andere geeignete Beläge sind z. B. Kunstleder (gut im Bereich der Fensterrahmen zum Bekleben der Blechflächen geeignet), ferner Textiltapeten, Vinylschaumbahnen oder PVC-Weichschaum, Möbelstoff, leichter Teppichboden usw.

Ein vorzüglicher Wandbelag ist eventuell der gleiche Teppichboden, den Sie für den Bodenbelag verwenden: Weil er nicht nur farblich harmoniert und dem Wohnteil ein großzügiges Aussehen gibt, sondern auch weil er robust und warm ist. Allerdings würde ich bei Wandbelägen keine Teppichfliesen verwenden, weil sich mit der Zeit doch durch alterungsbedingte Schrumpfung des Materials sichtbare Fugen zwischen den einzelnen Fliesen bilden können. Auf dem Fußboden tritt dieser Effekt nicht in Erscheinung, weil als Ausgleich durch das Begehen die Fliesen immer etwas breitgedrückt werden.

Ein ebenfalls recht praktisches Wandbekleidungsmaterial ist Kunst- oder Webpelz (Teddy), der in den verschiedensten Sorten, Farben und Florlängen zu haben ist. Natürlich ist das eine Geschmacksfrage, aber Kunstpelz hat eine Menge Vorteile: Er läßt sich problemlos verarbeiten, er ist relativ preiswert, er überdeckt problemlos fast alle Unebenheiten der Wandoberfläche, er besitzt eine hautsympathische Oberfläche und ist zudem außerordentlich pflegeleicht und schalldämmend. Da er als Wandbelag verwendet wird, wird er auch nicht so strapaziert wie ein Bodenbelag und bleibt dementsprechend länger ansehnlich. Sie müssen bei einem eventuellen Kauf nur darauf achten, ob das Material schwer entflammbar (ausgerüstet) ist oder ob Sie sich da womöglich eine Brandbombe an die Wand heften. Ein kleiner Abschnitt des Materials – draußen im Freien mit einem Streichholz getestet – gibt Ihnen schnell darüber Auskunft.

Aber welchen Wandbelag Sie auch einsetzen: Größere Probleme beim Anbringen der Wandbeläge treten eigentlich nicht auf, wenn Sie sich an die Verarbeitungshinweise des Belag- bzw. Klebstoffherstellers halten. Zumeist wird mit einem nicht zu groben Zahnspachtel der Dispersionskleber großflächig und gleichmäßig auf die Wand aufgetragen. Dann wird der reichlich bemessene Wandbelag behutsam aufgelegt und von der Mitte her beginnend sorgsam nach allen Seiten hin ausgestrichen. Dabei werden auch gleich alle Luftblasen usw. entfernt, die sich gebildet haben.

Bei dünnwandigen Belägen muß darauf geachtet werden, daß nirgends Staubkörnchen, Schrauben- oder Nagelköpfe oder Fugen sichtbar werden. Durch die dünnen Materialien zeichnet sich nämlich sonst jedes Detail ab. In den Eckbereichen wird dann der

Wandbelag mit einem Spachtel oder einem Löffel sauber bis in die Ecken gedrückt und mit einem Tapetenmesser oder Universalmesser (Cuttermesser) exakt zugeschnitten. Sie können den Belag im Eckbereich auch noch einmal etwas abheben und den Knickbereich mit einer Schere schneiden, sofern der Kleber das zuläßt.

Wichtig ist, daß der Übergang zwischen dem Wandbelag und den Möbelteilen sorgfältig abgedeckt wird, weil dieser Übergang gelegentlich doch nicht so akkurat ausfällt, wie man sich das wünscht. Hier läßt sich – praktisch als »Pfuschleiste« – beispielsweise eine Viertelstableiste oder ein passendes Kunststoffprofil aufkleben. Gute Erfahrungen wurden auch mit Möbelkordel gemacht, die in der passenden Farbe als Meterware erhältlich ist und in die Ecken und Ritzen geklebt wird. Als Klebstoff nimmt man dafür farblosen Silikonkautschuk aus der Kartusche, der in einem langen Strang entlang der Ecke aufgetragen wird. Dann braucht man nur noch die Kordel in den Klebstoffstrang einzudrücken und zu warten, bis die Masse ausvulkanisiert ist.

(d) Gardinen, Vorhänge usw.

In dem Kapitel »Grundausbau« habe ich schon eine Reihe von Hinweisen (im Abschnitt Fenster und Türen) betreffs der zweckmäßigen Verkleidung von Fenstern und Luken gegeben. Ergänzend zu den dortigen Ausführungen möchte ich jedoch noch ein paar Tips geben und wichtige Details der einzelnen (z. T. käuflichen) Fensterverkleidungen erwähnen.

Jalousetten, die Sie in vielen Größen und verschiedenen Lamellenfarben bekommen, können Sie entweder unter einem Hängeschrank, an einer Gardinenleiste oder aber auch direkt an der Wand befestigen. Die meiner Ansicht nach bessere Lösung sind aber Kombinationsrollos, bei denen sowohl der Licht- und Sichtschutz als auch ein Fliegenschutz in einem Rahmen zusammengefaßt sind. Sie erhalten sie ebenfalls in einer Vielzahl von Größen und Preisen. Einfache Sichtschutzrollos dagegen, die ja bei nicht ausstellbaren Fenstern genügen, sind noch preiswerter erhältlich.

Winterschutz-Isoliermatten aus Luftpolsterfolie, die mit Druckknöpfen (Tenaxknöpfen) oder Magneten außen am Fahrzeug bei Winterbetrieb den Wohnbereich zusätzlich schützen, sind eine praktische Sache für Dauercamper.

Die dunkelgetönten Reflexfolien, die Sie (evtl. nach vorheriger Rücksprache mit dem TÜV) in zugelassener Ausführung als Sonnen- und Sichtschutz von innen an verschiedenen Fenstern im Wohnteil anbringen können, bekommen Sie im Autozubehörhandel oder in Kaufhäusern als Rollenware in verschiedenen Breiten.

(e) Ein wichtiger Hinweis

Im Zusammenhang mit allen Materialien beim Campingbusausbau, insbesondere aber mit allen textilen oder Kunststoff-Produkten sollten Sie im eigenen Interesse grundsätzlich darauf achten, möglichst unbrennbare oder zumindest nur schwerentflammbare Werkstoffe zu verwenden und diese außerdem vor Wärmeeinwirkung so weit als möglich zu schützen! Das betrifft sowohl die Auswahl von Gardinen und Vorhängen als natürlich auch die Wahl geeigneter Wand- und Bodenbeläge, den Einsatz von Isolierwerkstoffen, Baumaterialien, Lacken usw.. Und noch etwas: Denken Sie bei der Auswahl der verwendeten Dinge immer auch an die gesundheitliche Verträglichkeit der eingesetzten Produkte. Es gibt heutzutage schon viele Produkte, die frei von schädlichen Stoffen und Allergieauslösern sind. Leider gibt es aber immer noch eine ganze Menge Materialien, die zu Schädigungen führen können. Hier sollten Sie besonders auf der Hut sein.

7 DIE ZULASSUNG

7.01 Campingbus und TÜV

Vor der Zulassung zum Straßenverkehr muß Ihr zum Campingbus umgebautes Fahrzeug einer technischen Überprüfung durch einen für die Kontrolle von Kraftfahrzeugen zugelassenen, amtlich anerkannten Sachverständigen (z. B. TÜV, DEKRA o. ä.) unterzogen werden. Diese TÜV-Hauptuntersuchung nach § 29 StVZO wird alle 2 Jahre wiederholt. Fahrzeuge mit einem zul. Gesamtgewicht zwischen 3,5 und 7,5 t müssen sogar jährlich zur Hauptuntersuchung. Das ist Gesetz und läßt sich nicht umgehen, weil durch den Umbau zum Wohnmobil die Betriebserlaubnis erloschen ist. Um so wichtiger ist es, daß Sie sich rechtzeitig mit den dabei möglichen Problemen beschäftigen, um diese Hürden so gut wie möglich zu nehmen (Abbildung 224).

Grundlagen einer Zulassung entsprechend den Anforderungen an »Sonstiges Fahrzeug Wohnmobil« (VdTÜV-Merkblatt 740) – herausgegeben vom Verband der Technischen Überwachungsvereine in Essen – sind:

- Die allgemein anerkannten Regeln der Technik
- Die Straßenverkehrs-Zulassungs-Ordnung (StVZO)
- Die Ratsrichtlinien der EU (früher EG)

Alle Unterlagen sind in der jeweils gültigen Fassung zu beachten. Dieses Merkblatt dient als Arbeitsunterlage für den TÜV nach §§ 19, 20 und 21 StVZO.

Abbildung 224: Schreckgespenst TÜV? Natürlich rutscht selbst einem erfahrenen Campingbus-Bastler angesichts der vielen Gesetze, Vorschriften und Kontrollen erst einmal das Herz in die Hose. Andererseits: Die meisten Vorschriften dienen nur einem Zweck: Sie und andere zu schützen und Ihr Fahrzeug verkehrssicher zu machen!

Grundsätzlich gilt: Bei bestimmten Änderungen am Fahrzeug, zum Beispiel bei einem Umbau zum Campingbus, aber auch bei Änderungen an der Karosserie oder am Fahrwerk, bei der Montage einer Reserveradhalterung außen am Fahrzeug, bei dem Anbringen von Front- oder Heckspoilern, bei Veränderungen am Motor und an Kraftübertragungsteilen, bei der Montage einer anderen Reifengröße, bei Umbau der Auspuffanlage, bei Montage einer Anhängerkupplung und sogar beim Auswechseln des Lenkrades oder anderer wesentlicher technischer Teile sowie bei einer ganzen Reihe anderer Veränderungen erlischt die Betriebserlaubnis! Allerdings nur dann, wenn die ausgewechselten oder montierten Teile nicht eine ABE (allgemeine Betriebserlaubnis) aufweisen oder anderweitig für Ihr Fahrzeug zugelassen sind.

Ein Beispiel hierfür: In den Kfz-Papieren sind oftmals mehrere Reifengrößen für Ihr Fahrzeug aufgeführt. Diese Reifengrößen können Sie verwenden, ohne daß die Betriebserlaubnis erlischt. Eine einmal erloschene Betriebserlaubnis kann aber nur durch die Kfz-Zulassungsstelle auf Grund des Gutachtens eines dafür zugelassenen Prüfers wiedererlangt werden.

Der TÜV (und ähnlich die DEKRA) geht bei der Beurteilung bzw. Begutachtung Ihres Fahrzeugs im Normalfall nach folgenden Kriterien vor:

(a) Fahrzeug- und Aufbauart

Da es sich in Ihrem Fall um ein zu Wohnzwecken umgebautes Fahrzeug handelt, das vorher als LKW, PKW oder anderes Kraftfahrzeug in den Kfz-papieren eingetragen war und eine gültige Betriebserlaubnis besaß, muß (bis auf eine Ausnahme) eine Neuklassifizierung der Fahrzeug- und Aufbauart erfolgen. Auch die übrigen Daten wie die Anzahl der Sitzplätze, die Gesamtabmessungen (Länge, Breite und Höhe), das Leergewicht, die Nutz- oder Aufliegelast usw. können sich je nach Umfang der Ausbauarbeiten geändert haben. Deshalb gilt folgende Regelung:

- Das Fahrzeug wird dann, wenn eine fest eingebaute Wohneinrichtung installiert wurde, in den Papieren als »So. Kfz. Wohnwagen«, also als »Sonder-Kraftfahrzeug Wohnwagen« eingetragen.
- Bei Fahrzeugen mit herausnehmbarer Wohneinrichtung (Wechselnutzung) bleibt die ursprüngliche Fahrzeugart erhalten! Es wird lediglich in den Papieren die wahlweise Nutzung vermerkt. Dann kann in den Papieren die ursprüngliche Nutzungsart als Lkw oder ähnliches erhalten bleiben und an gesonderter Stelle in den Papieren erfolgt der Zusatz »wahlweise So. Kfz. Wohnwagen«, verbunden mit den geänderten Fahrzeugdaten.
- Fahrzeuge mit geringerer Mindestausstattung als für Wohnmobile vorgeschrieben, also z. B. Kombifahrzeuge nur mit einfacher Schlaf- und / oder Kocheinrichtung, fallen nicht unter die Richtlinien des TÜV für So.-Kfz-Wohnwagen.
- Fahrzeuge mit Wechselaufbauten sind Sonderfälle, die nur bei Lastkraftwagen oder Anhängern in Frage kommen und auf die hier nicht näher eingegangen werden soll. Auskunft darüber bekommen Sie bei den Außenstellen des TÜV bzw. in oben erwähntem Merkblatt.

(b) Gesamtfahrzeug

- Bezüglich der Anforderungen gemäß StVZO (z. B. betreffs Abgas, Geräuschverhalten, Bremsen, Rückspiegel) gelten für Wohnmobile die gleichen Anforderungen, wie sie auch an das normale Basisfahrzeug gestellt werden.

- Zulässiges Gesamtgewicht und zulässige Achslasten richten sich nach den Daten des Herstellers des Basisfahrzeugs.
- Zum Leergewicht gehören alle fest eingebauten Einrichtungsteile. Tanks für Frischwasser, Abwasser und Flüssiggas werden ohne Inhalt berücksichtigt. Zusätzliche festeingebaute Kraftstoffbehälter oder Treibgastanks für das Fahrzeug werden mit Inhalt berücksichtigt.
- Als Mindestzuladung wird für jeden Sitzplatz, der während der Fahrt besetzt werden darf, jeweils rd. 75 kg angerechnet.

(c) Festigkeit von Wohnaufbauten

Bei geringfügigen Änderungen am Aufbau von selbsttragenden Karosserien (Kastenwagen, Kleinbusse) wie z. B. Einbau von Dachluken und Fenstern oder Änderungen an nichttragenden Verkleidungsblechen ist in der Regel kein Festigkeitsnachweis erforderlich. Bei erheblichen Änderungen am Fahrzeugaufbau und bei Eingriffen in die tragende Struktur wie z. B. das Heraustrennen von Trennwänden, das Durchtrennen von Holmen, Streben, Knotenblechen usw. oder der Einbau von Hubdächern, Hochdächern, Türen usw. erfordern eine Beurteilung der Festigkeit. Auch auf ausreichende Festigkeit von Gurtverankerungen, wenn in der Nähe Teile des Aufbaus verändert oder entfernt wurden, ist besonders zu achten. Bei separaten Wohnaufbauten auf Fahrgestellen mit Fahrerhaus (Aufsetzkabinen) sind betreffs Festigkeit und Verbindung zum Fahrgestell bzw. Rahmen die Aufbau-Richtlinien des Basisfahrzeugherstellers zu beachten. Insbesondere ist auf eine ausreichend elastische Verbindung, die entsprechende Verwindungen und Bewegungen zuläßt, zu achten. Starre Verbindungen sind nur bei homogener Verbindung zwischen Fahrerhaus und Fahrgestell sowie zwischen Wohnaufbau und Fahrgestell bei ausreichender Festigkeit des Fahrerhauses zulässig.

(d) Werkstoff für Aufbauten

Achtung bei Hochdachmontage oder Aufbau einer Kunststoffkabine: Grundsätzlich gilt für Außenteile des Aufbaus: Es sind nur schwer entflammbare und splittersichere Werkstoffe zu verwenden entsprechend den Anforderungen von TA Nr. 29, DIN 53438, Teil 3 oder äquivalenter Normen. Für die Bewertung von Kunststoffteilen gelten die Kriterien des »TÜV-Merkblattes zur Beurteilung von Bauteilen aus Kunststoffen«.

(e) Kommunikation zum Fahrerhaus

Vom Wohnteil aus muß eine direkte akustische Verständigungsmöglichkeit mit dem Fahrzeugführer gegeben sein, wenn im Wohnteil Sitzplätze für Mitreisende vorhanden sind. Eine Gegensprechanlage z. B. oder ähnliches ist als direkte akustische Verständigungsmöglichkeit zugelassen. Reine Signalanlagen (Licht- oder Klingelzeichen usw.) gelten nicht als ausreichend.

(f) Zugänge / Einstiege

Alle Zugänge müssen gefahrlos benutzt werden können. Eine separate Einstiegstür zum Wohnteil sollte vorzugsweise an der rechten Fahrzeugseite angebracht sein. Bei zweiflügeligen Türen muß der in Fahrtrichtung vorn liegende Türflügel den hinteren überlappen. Wenn bei Fahrzeugen mit integrierten Wohnaufbauten kein direkter Zugang für das Fahrerhaus besteht, muß es vom Wohnteil aus sicher und leicht zu erreichen sein. Bei Sitzen für Mitreisende im Wohnteil muß ebenfalls ein sicherer Zugang von außen oder vom Fahrerhaus aus vorhanden sein. Die unterste Trittstufe von Einstiegen darf nicht höher als 50 cm über Terrain liegen.

(g) Fluchtwege / Notausstiege

Vom Wohnteil des Campingbusses müssen Fluchtmöglichkeiten über zwei voneinander unabhängige Fluchtwege vorhanden sein, die nicht auf derselben Fahrzeugseite liegen dürfen. Notausgänge (Türen) und Notausstiege (Fenster, Luken, Klappen) müssen als solche gekennzeichnet sein. Notausgänge müssen sich in jedem Fall von innen öffnen lassen, sich nach außen öffnen oder seitlich aufschieben lassen und folgende Mindestmaße einhalten: Mindestöffnung 0,65 m², Mindestbreite 0,5 m, Mindesthöhe 1 m.

Innentüren müssen von innen und außen betätigt werden können. Mindestmaße für Notausstiege: Mindestöffnung 0,25 m², Mindestbreite und Mindesthöhe jeweils 0,4 m.

(h) Fenster

Sind Sitze für Mitreisende im Wohnteil angeordnet, müssen Fenster an mindestens 2 Fahrzeugseiten, davon mindestens 1 Fenster im Wohnbereich, vorhanden sein.

- Ist der Wohnteil mit dem Fahrerhaus mit einem Durchgang verbunden, genügt ein Fenster in der Rückwand oder ein Fenster seitlich im Wohnbereich.
- Ist der Wohnteil vom Fahrerhaus getrennt, ist je 1 Fenster seitlich im Wohnbereich oder – 1 Fenster seitlich im Wohnbereich und 1 Fenster in der Rückwand erforderlich.

Sind ausreichende Beleuchtungseinrichtungen oder ein lichtdurchlässiges Dachteil vorhanden, sind Abweichungen möglich.

(i) Scheiben

Alle Scheiben müssen bauartgenehmigt sein. Kunststoffscheiben sind zulässig, wenn ihre Eignung nach TA Nr. 29 durch eine Allgemeine Bauartgenehmigung (ABG) bzw. durch ein entsprechendes Prüfungszeugnis des Staatlichen Materialprüfungsamtes Nordrhein-Westfalen nachgewiesen ist oder für die betreffende Scheibe eine europäische Bauartgenehmigung vorliegt. Die zulässige Einbauposition der Kunststoffscheibe ist der Bauartgenehmigung bzw. dem Prüfungszeugnis zu entnehmen. Jede einzelne Kunststoffscheibe muß entsprechend Bauartgenehmigung bzw. Prüfungszeugnis gekennzeichnet sein.

(j) Mindestausstattung für den Wohnteil

Für »Sonstige Kfz Wohnmobil« müssen folgende Mindestausstattungen für den Wohnteil vorhanden sein:

- Sitzgelegenheit mit Tisch
- Schlafplätze (auch Sitzgelegenheiten, die zu Schlafplätzen umbaubar sind, werden zugelassen)

- Küche bzw. Kocheinrichtung und Wasservorrat
- Schrank bzw. Stauraum

Einrichtungen müssen fest eingebaut sein. Abwasser darf nicht frei ablaufen können. Hierfür muß eine Auffangvorrichtung vorhanden sein, z. B. ein Abwassertank o. ä. Der Wohnteil muß den größeren Teil des Fahrzeugs einnehmen und für Wohnzwecke geeignet erscheinen. Eine volle Stehhöhe im gesamten Wohnteil ist nicht erforderlich.

(k) Verletzungsrisiko

Die Einrichtung des Wohnteils muß so gestaltet sein, daß auch bei einem Unfall Verletzungsgefahren möglichst gering gehalten werden. Insbesondere gilt dies für Sitzplätze im Wohnteil. Auf formschlüssige Verriegelungen von Schranktüren, Schubladen o. ä. ist zu achten. Scharfkantige Teile sind im möglichen Aufprallbereich von Mitreisenden nicht zulässig.

(l) Sitze

Im Fahrzeugbrief wird nur die Anzahl der Sitzplätze angegeben, die während der Fahrt besetzt werden dürfen. Andere Sitzplätze sind entsprechend zu kennzeichnen. Alle Sitzplätze für Mitreisende im Wohnteil müssen den Vorschriften des §35a StVZO entsprechen. Sitze im Wohnteil sollten eine Mindestbreite von 45 cm und eine Mindestsitztiefe von 40 cm aufweisen. Sämtliche Sitzkissen- und Rückenlehnenpolster sind gegen Verrutschen zu sichern.

(m) Sicherheitsgurte und Verankerungen

Für Wohnmobile gelten die Vorschriften des §35a StVZO und folgende Anforderungen:

- Für alle in Fahrtrichtung angeordneten Sitzplätze müssen geprüfte Verankerungspunkte und bauartgenehmigte Sicherheitsgurte vorhanden sein.
- Für alle sonstigen für während der Fahrt im Wohnteil Mitreisende zugelassenen Sitzplätze müssen entweder geeignete gepolsterte Abstützmöglichkeiten oder Sicherheitsgurte mit entsprechenden Verankerungen und – bei entgegen der Fahrtrichtung angeordneten Sitzen – auch noch Kopfstützen angebracht sein. Bei der Prüfung dieser Gurt-

verankerungen sind zusätzliche Belastungen z. B. bei Staukästen o. ä. durch eingebaute Wassertanks usw. zu berücksichtigen, wenn sich die Verankerungen am Sitz bzw. am Staukasten befinden.

Bei der Prüfung der Gurtverankerungen für Sitzplätze im Wohnteil sind die Anforderungen hinsichtlich ihrer Festigkeit für Fahrzeuge der Kategorie Ml sinngemäß anzuwenden.

(n) Fußbodenbelag

Es ist darauf zu achten, daß der Fußbodenbelag des Fahrzeugs auch im Wohnteil ausreichend rutschsicher ist.

(o) Belüftung im Fahrzeug

Wohnmobil und Fahrerhaus müssen ausreichend be- und entlüftet werden können. Ist der Fahrerplatz in den Wohnteil einbezogen, ist hierauf besonders zu achten. Die Beeinflussung der Be- und Entlüftung durch die Auspuffanlage des Fahrzeuges, durch die Standheizung oder eine Gasanlage muß ausgeschlossen sein.

(p) Stand- und Zusatzheizungen

Bei zusätzlichen Heizungen, (nach §22a StVZO bauartgenehmigungspflichtig und mit Prüfzeichen versehen) wird der vorschriftsmäßige Einbau entsprechend jeweiliger Einbauanweisungen und TA Nr.27 überprüft. Bei Flüssiggas-Heizungen ist außerdem die Vorlage einer Sachkundigen-Prüfbescheinigung erforderlich.

(q) Flüssiggasanlagen

Alle Teile der Flüssiggasanlage müssen DVGW-Arbeitsblatt G 607 (»Flüssiggasanlagen in Fahrzeugen«) sowie DIN 3381 (»Sicherheitseinrichtungen für Gasversorgungsanlagen mit Betriebsdrücken bis 100 bar«) oder gleichwertigen Normen entsprechen. Die Prüfung der Vorschriftsmäßigkeit der Gesamtanlage entsprechend DVGW-Arbeitsblatt G 607 muß durch einen Sachkundigen bzw. durch die Vorlage einer entsprechenden Prüfbescheinigung nachgewiesen werden. Flüssiggasanlagen sind alle 2 Jahre erneut von einem Sachkundigen zu überprüfen.

Bei Flüssiggas-Druckbehältern ist die Druckbehälterverordnung anzuwenden. Fest eingebaute Flüssiggastanks müssen den Technischen Regeln Flüssiggas (insbesondere TRG 380) entsprechen. Das VdTÜV-Merkblatt 750 (»Anforderungen an Autogasanlagen«) gilt bei Flüssiggastanks sinngemäß.

(r) Elektrische Installation

Die einschlägigen VDE-Vorschriften zur Vermeidung von Bränden durch Kurzschlüsse und Überlastungen müssen in der jeweils gültigen Fassung beachtet werden. Insbesondere ist auf die Einhaltung der Vorschriften bei der Installation von 220 V-Anlagen zu achten. 220-V-Leitungen dürfen nicht zusammen mit Niederspannungsleitungen verlegt werden.

Fehlerstromschutzschalter (Fi-Schalter) im Wohnmobil sind nicht vorgeschrieben, aber empfohlen. Der Anschluß an 220 V-Netze darf nur über die zugelassenen (blauen) CEE-Kragensteckdosen erfolgen.

(s) Besonderheiten

Campingbusse bis zu 2,8 zul. Gesamtgewicht werden nicht nur steuerlich, sondern auch betreffs Abgas- und Geräuschnormen wie ein PKW behandelt, über 2,8 t wie ein LKW. Dadurch kann es im Einzelfall passieren, daß bereits auf Grund der Abgas- oder Geräuschnormen eine Auf- oder Ablastung der zulässigen Gesamtgewichte nicht möglich ist.

Vorschriften könne sich sehr schnell ändern, aber selten zum Vorteil des Selbstausbauers. Es gibt auch noch eine Reihe weiterer Vorschriften für bestimmte Sonderfälle, weshalb es für Sie am sichersten ist, sich vor geplanten Fahrzeugkäufen oder Umbauten mit einer Prüfstelle in Verbindung zu setzen.

Sonstiges:

Benötigen werden Sie, wenn Sie bei der Prüfungsstelle (TÜV) vorfahren, außer den erforderlichen Fahrzeugpapieren noch eine (amtliche!) Wiegekarte, aus der das neue Leergewicht des betriebsfertigen Fahrzeugs hervorgeht. Außerdem brauchen Sie (bis auf wenige Ausnahmen) auch noch die Prüfbescheinigung eines Sachkundigen der Flüssiggas-Versorgungsunternehmen bzw. eines Gas- u. Wasserinstallateurs oder eines vom VFG anerkannten Sachkundigen über die – nach den Richtlinien der Technischen Regeln G 607 – erfolgte Abnahme der Flüssiggasanlage in Ihrem Fahrzeug, sofern Ihr Fahrzeug mit einer Gasversorgung ausgerüstet ist.

War Ihr Fahrzeug (Gebrauchtfahrzeug) länger als ein Jahr abgemeldet, so ist eine Abnahme gemäß § 21 StVZO erforderlich, im anderen Falle nach § 19 StVZO. Der Unterschied liegt darin, daß im ersten Fall ein neuer Kfz-Brief ausgestellt wird, im zweiten Fall erfolgt nur die Berichtigung der Papiere.

Beachten Sie immer, daß jede Änderung außen am Fahrzeug TÜV-pflichtig sein kann (am besten sollten Sie diese Fragen vorher abklären) und bei Nichtabnahme zum Erlöschen der Betriebserlaubnis führt. So ist beispielsweise ein nachträglicher Einbau eines Hubdachs in jedem Falle TÜV-pflichtig, selbst wenn für das Hubdach ein Mustergutachten o. ä. existiert. Der Grund: Bei manchen Fahrzeugen ist der Einbau von Hubdächern nur an ganz bestimmten Stellen zulässig. Deshalb sollten Sie sich entweder vom Hubdachlieferanten eine verbindliche Erklärung geben lassen oder eine Bestätigung des Basisfahrzeug-Herstellers anfordern, daß der Hubdacheinbau an der vorgesehenen Stelle zulässig ist. Eine letzte Möglichkeit wäre schließlich, den vorgesehenen Einbau vorher mit dem maßgeblichen Prüfer abzuklären.

Deshalb ein gutgemeinter Rat: Es gibt bestimmt in mancher Hinsicht Probleme, die sich besser vorher durch ein kurzes Gespräch mit den Leuten vom TÜV aus der Welt schaffen lassen. Das ist stets billiger als nachher der Ärger, irgendein teures Zubehörteil oder eine Sonderkonstruktion abzuändern oder gar ganz entfernen zu müssen. Es kann im übrigen nicht schaden, mit den TÜV-Prüfern auf netter Basis rechtzeitig zusammen zu sprechen, denn erstens sind das auch bloß Menschen wie Sie und ich und zweitens gibt es nur ziemlich allgemein gehaltene Richtlinien betreffs Sonderkraftfahrzeugen mit Wohneinrichtung. Das bedeutet, daß manches vom guten (oder bösen) Willen des Prüfers abhängen kann. Sie sind also in vielen Fragen auf den Ermessensspielraum und die Zugänglichkeit des TÜV-Prüfers angewiesen.

Ein wichtiger Hinweis: Grundsätzlich sollten Sie sich vor dem Ausbau Ihres Fahrzeugs ausführlich über die jeweils neuesten gesetzlichen Regelungen betreffs Campingbus-Ausbau informieren, weil dieses im Rahmen eines Buchs erstens aus Gründen der Aktualität nicht möglich sein kann und weil zweitens auch die schon bestehenden Gesetze und Verordnungen, Durchführungsbestimmungen, Kommentare, Normen und Vorschriften auf den für den Ausbau in Betracht kommenden Gebieten bereits solchen Umfang aufweisen, daß hierfür in einem Buch einfach kein Platz ist. Im Falle eines Falles: Wenn ein Prüfer vom TÜV oder einer anderen zugelassenen Prüfstelle bei der abschließenden Begutachtung Ihres Campingbusses (trotz Beachtung aller Vorschriften durch Sie) zu dem Ergebnis kommt, Ihr Fahrzeug kann so nicht zugelassen werden, so gibt es für Sie mehrere Möglichkeiten:

- Entweder Sie ändern die beanstandeten Dinge ordnungsgemäß ab. Das ist der Weg des geringsten Widerstandes.
- Oder Sie versuchen, den Prüfer in aller Ruhe und durch sachliche Argumente zu überzeugen. Das ist nicht immer einfach, denn schließlich müssen Sie gegen die (nicht immer berechtigten) Argumente eines Prüfers ankommen.
- Schließlich bleibt Ihnen noch eine dritte Möglichkeit: Sie fahren einfach zu einer anderen zugelassenen Prüfstelle (z. B. in einem anderen Bundesland) und versuchen dort Ihr Glück noch einmal. Vielleicht stoßen Sie dort auf einen zugänglicheren Prüfer oder zumindest auf einen, der diesen Tag nicht mit dem linken Fuß zuerst aufgestanden ist. Wenn aber auch dieser Prüfer Ihre Konstruktion beanstandet, sollten Sie doch einmal in sich gehen und nachdenken, ob Ihre Super-Sonder-Spezialkonstruktion nicht tatsächlich ein wenig zu gewagt ist?

Übrigens

Wenn Sie dann nach zwei Jahren wieder beim TÜV zur Prüfung vorfahren, dürfte es normalerweise schneller gehen als beim ersten Mal. Es sei denn, Sie haben in der Zwischenzeit erhebliche Änderungen am Fahrzeug oder an der Einrichtung vorgenommen.

Zum guten Schluß: Sie werden sicher Verständnis dafür aufbringen, daß es bei einer so umfangreichen und komplizierten Materie wie dem Ausbau eines Kraftfahrzeugs zu Wohnzwecken einfach nicht möglich ist, innerhalb eines Buches alle Fehlerquellen und Unfallmöglichkeiten, alle Pannen und möglichen Mißverständnisse auszuschließen. Aus diesem Grunde muß jede Haftung abgelehnt werden. Autor und Verlag weisen hiermit ausdrücklich darauf hin, daß für die in diesem Buch gemachten Angaben oder für mögliche Folgen auf Grund von Arbeitsanleitungen oder Arbeiten nach diesem Buch keinerlei Haftung übernommen wird. Alle im Buch gemachten Angaben erfolgen nach bestem Wissen und Gewissen ohne Gewähr für die Richtigkeit, Vollständigkeit oder Zulässigkeit. Die Verantwortung für jede aus diesem Buch hergeleitete Tätigkeit und ihre möglichen Folgen hat jeder selbst zu übernehmen.

Aber ich bin der Ansicht, daß Sie nicht allzu viel falsch machen können, wenn Sie sich vor Beginn der Arbeiten umfassend informieren, wenn Sie sich auch schon vorher mit dem Technischen Überwachungs-Verein (TÜV, TÜH, DEKRA) in Verbindung gesetzt und dort die Probleme abgeklärt haben, wenn Sie sich entweder die Installationen usw. von einem Fachmann ausführen lassen oder zumindest selbst für fachgerechte Ausführung aller Arbeiten sorgen, wenn Sie die erforderlichen Prüfungen gewissenhaft ausführen lassen und wenn Sie schließlich den gesunden Menschenverstand beim Ausbau seines eigenen Campingbusses mitwirken lassen. Dann sollte der neue, individuell ausgebaute und eingerichtete Campingbus eigentlich ohne allzu große Probleme durch den TÜV und anschließend durch die ganze (mehr oder weniger zivilisierte) Welt kommen.

7.02 Campingbus und Versicherung

Ist Ihr Campingbus vom TÜV (oder einer anderen zugelassenen Prüfstelle) abgenommen und als »Sonderkraftfahrzeug Wohnwagen« in die Fahrzeugpapiere eingetragen, so ist das Fahrzeug auch als solches zu versichern. Es hat also keinen Zweck, in dieser Hinsicht irgend etwas der Versicherung gegenüber schummeln zu wollen, im Schadensfalle sind Sie der Dumme.

Wenn es um die Versicherung Ihres Campingbusses geht, haben Sie die freie Wahl, welchem Unternehmen Sie sich anvertrauen wollen. Diese Wahlmöglichkeit ist durchaus interessant für Sie, denn es gibt heute Unterschiede in der Haftpflicht-Prämienhöhe zwischen den einzelnen Versicherungsgesellschaften, die durchaus zu spüren sind. Bei vergleichbarer Leistung und bei jedermann zugänglichen Versicherungen. Es gibt auch Versicherungen, die sich auf Campingbusse und Reisemobile spezialisiert haben. Auskunft geben die Gelben Seiten des Branchentelefonbuches oder Versicherungsmakler.

Auch bei Campingbussen wird schadensfreies Fahren mit Rabatt bei der Haftpflichtprämie belohnt. Zwar nicht so fein abgestuft wie bei PKW-Tarifen, aber immerhin. Übrigens: Besonders prämiengünstig für alle Gruppen von Versicherungsnehmern sind gelegentlich die Versicherungsunternehmen, die nur regional tätig sind.

Ein Tip

Als frischgebackener Campingbus-Versicherungsnehmer sollten Sie bei der Wahl der Versicherung aber nicht nur die Höhe der Haftpflichtprämie an sich beachten, sondern auch die der übrigen Versicherungsarten, z.B. die Beitragshöhe für Teil- oder Vollkasko usw.. Auch die Höhe der Selbstbeteiligung im Schadensfalle wirkt sich entscheidend auf die Prämienhöhe aus! Unter Umständen ist nämlich eine etwas teurere Haftpflichtversicherung in anderen Versicherungsarten mit ihren Prämien so günstig, daß es sich doch »lohnt«, daß Sie sich von dieser Versicherung ein Angebot ausarbeiten lassen. Hier sollten Sie in Ruhe das Optimale heraussuchen!

Die Teil- oder Vollkasko-Versicherung des Camping-Fahrzeugs hat grundsätzlich den Neuwert des kompletten Fahrzeugs als Ausgangsbasis. Bei selbst um- bzw. ausgebauten Campingbussen wird dieser

Neuwert von der Versicherung meist an Hand eines vergleichbaren Modells professioneller Hersteller errechnet. Aufwendige Einbauten (Möbel, technische Ausstattung usw.) erhöhen diesen Neuwert.

Wenn Sie Ihr Fahrzeug also beim Ausbau oder erst im Laufe der Zeit durch eine verbesserte Ausstattung wertvoller machen, sollten Sie diese Wertsteigerung der Versicherung unbedingt mitteilen und möglichst durch Belege und Zubehörrechnungen nachweisen können. Andernfalls setzen Sie (zumindest teilweise) Ihren Versicherungsschutz aufs Spiel.

Gerade betreffs der Wohneinrichtung sollten Sie auch vor einem eventuellen Schadensfall schon mit der Versicherung die Frage der Haftung geklärt haben.

In der Haftpflichtversicherung sind nämlich meist nur die Teile der Einrichtung eingeschlossen, die fest mit dem Fahrzeug verbunden sind. Also keine losen oder herausnehmbaren Teile. Diese Frage ist nicht nur wegen des Reisegepäcks, des transportablen Fernsehers oder der Kamera-Ausrüstung wichtig, sondern auch beispielsweise im Zusammenhang mit leicht herausnehmbarer Wohneinrichtung bei doppeltgenutzten Fahrzeugen.

Herausnehmbare Teile, wie z. B. Kamera, Fernseher usw. sind jedoch möglicherweise bereits gegen Verlust abgesichert: Meist sind solche Dinge nämlich in der Hausratversicherung dann mit eingeschlossen, wenn sie aus dem fest verschlossenen Fahrzeug in der Zeit zwischen 6 Uhr morgens und 22 Uhr abends abhanden kommen und Ihnen im Schadensfall keine Mitschuld (z. B. durch Fahrlässigkeit) nachgewiesen werden kann.

Noch ein Tip

Sprechen Sie unbedingt auch mit derjenigen Versicherung, wo Sie bisher schon Ihren PKW, Ihren Hausrat usw. versichert haben. Dort kennt man Sie seit vielen Jahren und ist deshalb vielleicht bereit, Ihnen durch Sonderkonditionen oder anderweitige Zusagen entgegenzukommen. Vielleicht auch nicht, das hängt vom Schadensverlauf der einzelnen Gesellschaft ab.

Schließlich bleibt Ihnen noch ein Ausweg aus der Kostenfrage: Wenn Sie Ihren Campingbus nicht das ganze Jahr über benötigen, sondern z. B. nur im Sommer, so können Sie ihn in der restlichen Zeit »vorübergehend stillegen«. Dann zahlen Sie nur für die Zeit, wo Sie ihn wirklich brauchen! Die Saison-Versicherung ist zwar, auf das ganze Jahr umgerechnet, meist etwas höher als eine normale Jahresversicherung, aber das ist durch höheres Risiko für die Versicherung und durch deren Mehrarbeit gerechtfertigt. Es gibt auch die Möglichkeit, sein Fahrzeug für die Zeit der Stillegung (bei Saisonkennzeichen) gegen Schäden, Diebstahl usw. zu versichern. Sprechen Sie mit Ihrer Versicherung rechtzeitig auch über solche Fragen.

Achtung

Fahrzeuge mit abgelaufenem Saison-Kennzeichen dürfen nicht auf Straßen oder öffentlichen Parkplätzen abgestellt werden!

In jedem Fall aber sollten Sie bei der Gesellschaft, bei der das Fahrzeug versichert werden soll, zuvor noch Einsicht nehmen in die »Allgemeinen Kraftfahrzeug-Versicherungs-Bedingungen« (AKB) einschließlich des dort enthaltenen Anhangs. Dieser Zeitaufwand für das Überfliegen des »Kleingedruckten« kann Ihnen unter Umständen mehr Geld sparen als Sie glauben!

Und wenn Ihnen etwas unklar ist oder mit der Versicherung Sondervereinbarungen getroffen wurden, so lassen Sie sich diese unbedingt schriftlich bestätigen und packen Sie diese Bestätigung gut weg. Eines Tages wird sich das womöglich bezahlt machen, wenn es doch einmal zu einem Schaden kommen sollte. Gerade weil die Versicherung von Sonderkraftfahrzeugen mit Wohneinrichtung ein relativ freies Gebiet ist, ergeben sich hier für den Eigentümer solcher Fahrzeuge noch Möglichkeiten von Sondervereinbarungen, von denen in ein paar Jahren die Versicherungsgesellschaften vielleicht nichts mehr wissen wollen.

7.03 Campingbus und Zulassung

Die Zulassung des Fahrzeugs ist vermutlich der Punkt, der Ihnen außer ein paar Laufereien und etwas Geduld die wenigsten Probleme aufbürdet. Nach erfolgreich abgeschlossener Prüfung des Fahrzeugs durch den Technischen Überwachungsverein oder eine andere zugelassene Prüfstelle hat der zuständige Prüfingenieur Ihre Kfz-Papiere entsprechend abgeändert. Von der Versicherung haben Sie die Bestätigung erhalten, daß Ihr Fahrzeug dort versichert wird und ab dem Zulassungstag die Haftung von dieser Gesellschaft übernommen wird. Meist wird man Ihnen als Nachweis hierfür eine entsprechend ausgefüllte »Deckungszusage« (Doppelkarte) mitgeben.

Mit diesen Unterlagen, dem Kfz-Brief und Ihrem Personalausweis bewaffnet beantragen Sie bei der Kfz-Zulassungsstelle die Zulassung zum Straßenverkehr. Bei Gebrauchtfahrzeugen wird sinngemäß die Wiedererteilung der Betriebserlaubnis beantragt. Bei Saisonkennzeichen ebenfalls. Wenn Sie sich durch den Formularkram durchgekämpft haben, müssen Sie sich noch um die Kennzeichen kümmern, bekommen die Plaketten darauf gepappt und können endlich mit Ihrem neuen Campingbus auf große Fahrt gehen. Zuvor sollten Sie aber ausreichend Geld auf dem Girokonto lassen, denn das Finanzamt zieht zwischenzeitlich bestimmt noch die Kfz-Steuern für den Campingbus von Ihrem Konto ein.

SICHERHEIT AUF REISEN

Reisen ist eine feine Sache. Mit dem Campingbus erst recht. Aber: Sorgen Sie auf Reisen vor allem für Ihre Sicherheit: Das betrifft nicht nur Reisen in östliche Nachbarländer oder nach Südeuropa! Selbst auf Rastplätzen mitten im »zivilisierten« Deutschland gibt es Raubüberfälle und Fahrzeugaufbrüche! Wie lassen sich Diebstähle und Überfälle auf Reisen verhindern? Im Prinzip nur durch eigene Wachsamkeit, durch Mißtrauen gegenüber jedem Fremden und durch rechtzeitige Selbstschutzmaßnahmen.

(a) Ein paar Tips vorab

- Der wichtigste Rat: Niemals in abgelegenen Gegenden oder gar im Wald parken! Dann schon lieber etwas mehr Lärm und Unruhe in Kauf nehmen und in einer Seitenstraße des nächstgelegenen Ortes, auf dem Kirchplatz oder auf dem Marktplatz übernachten. Noch sicherer ist ein bewachter Campingplatz.
- Parken Sie immer nur dort, wo auch andere Camper oder Fahrzeuge stehen.
- Grundsätzlich gilt: Halten oder Parken Sie immer (!) so, daß Sie jederzeit (also auch bei einem Überfall) sofort losfahren können und nicht erst umständlich rangieren müssen!
- Aber auch bei einem normalen Halt müssen Sie äußerst vorsichtig sein. Immer wieder kommt es, besonders in südlichen und östlichen Ländern vor, daß abends oder nachts eine Bande Strauchdiebe die Plastikscheiben eines parkenden Wohnmobils zertrümmert, eine Flinte durch die Öffnung steckt und unmißverständlich Geld und Wertsachen fordert. Noch größer ist die Gefahr für Leib und Leben, wenn auch Mädchen oder junge Frauen an Bord sind.
- Lassen Sie niemals Wertsachen, Handtaschen oder teure Kleidungsstücke offen sichtbar im Fahrzeug liegen!
- Ein- und Aussteigen: Das Aus- oder Einsteigen am Wohnmobil gehört für Sie zu den kritischen Momenten. Weil Sie sich in Gedanken schon auf die Fahrt, respektive auf einen Ausflug, Einkauf o. ä. vorbereiten. In diesen Momenten sind Sie abgelenkt und weniger aufmerksam als sonst. Das wissen die Ganoven natürlich auch. Konzentrieren Sie sich in diesen Momenten besser auf Ihre Umgebung! Achten Sie auf ungewöhnliche Aktivitäten oder fremde Personen in Fahrzeugnähe. Seien Sie wachsam!
- Problem Parkhaus: Besonders kritisch ist das Aus- und Einsteigen in Parkhäusern, vor allem für Frauen! Dunkle Parkhäuser sind bei Ganoven beliebt, weil sie dort ungestört mit ihrem eigenen Auto auf ein Opfer lauern können. Grundsätzlich sollten Sie in einem unübersichtlichen oder schlecht beleuchteten Parkhaus immer mit verriegelten Türen fahren. Das ist zwar bei Brandgefahr oder bei einem Zusammenstoß nicht so günstig, aber ein Raubüberfall im Parkhaus ist wahrscheinlicher. Wenn Sie jemanden in der Nähe Ihres vorgesehenen Parkplatzes bemerken, bevor Sie parken, dann fahren Sie lieber zu einem anderen, besser einsehbaren Platz. Optimal sind speziell einge-

richtete Frauenparkplätze, die per Video überwacht werden.

- ▪ Markieren Sie beim Weggehen Ihre Haupteingangstür oder auch die Fahrerhaustür so, daß ein Unbefugter diese Markierung unbewußt verändert und Sie bei Ihrer Rückkehr sofort sehen, ob jemand in Ihrem Fahrzeug war. Oder womöglich noch drin ist.
- ▪ Durchsuchen Sie Ihr Fahrzeug, wenn Sie es nach längerer Abwesenheit betreten, mit aller Vorsicht! Es könnte sich jemand eingeschlichen haben, der das Fahrzeug ausrauben will und dabei von Ihnen gestört wurde. Und der Ihnen eins über den Schädel haut, sobald Sie sich entspannt im Fahrersitz oder im Wohnteil niedergelassen haben.

Das alles kostet Zeit, Geld und Nerven und ist noch lange keine Garantie für ein sicheres Reisen. Aber es hilft zumindest etwas. Was kann man noch tun?

(b) Alarmanlagen

In jedem Kaufhaus oder Heimwerkermarkt werden sie als ultimative Sicherheitseinrichtung und Einbrecherschreck angeboten: Alarmanlagen in jeder Ausführung und Preislage und zum kinderleichten Selbsteinbau. Die Frage ist nur, was eine Alarmanlage, ob im Haus oder im Campingbus, tatsächlich bewirkt? Alarmanlagen verhindern keinen Einbruch! Sie melden ihn allenfalls, wenn sie ordnungsgemäß funktionieren. Schön, sie können möglicherweise beim Losgehen einen Eindringling abschrecken, falls der schlechte Nerven hat. Weiß er aber, daß er wenigstens ein paar Minuten Zeit hat, dann räumt er trotzdem das Wertvollste aus oder verwüstet Ihr Fahrzeug, falls er keine Beute findet.

Im Campingbus kann also, je nach Ausführung, z. B. durch eingebaute Näherungssensoren gemeldet werden, daß da jemand um den Bus herumschleicht. Im Bus selbst können die einzelnen Bereiche (Wohnteil, Fahrerhaus) mit Bewegungsmeldern oder Infrarotsensoren überwacht werden, so lange Sie nicht selbst im Bus sind. Nachts muß die Innenraumüberwachung abgeschaltet werden, damit Sie nicht selbst in den Alarmstrahl laufen. Für die Kontrolle bei Nacht sind Türkontakt-Sensoren oder außen am Fahrzeug angebrachte Bewegungsmelder besser. Auch Alarmsensoren, die das unerlaubte Abmontieren außen angebrachter Teile (Radkappen, Alufelgen, Ersatzrad, Satellitenschüssel, Vorzelt, Campingmöbel usw.) melden, sind eine Überlegung wert.

Die Frage ist aber immer, wem die Anlage ihren Alarm meldet: Ihnen, falls Sie gerade im Fahrzeug oder in der Nähe sind. Wenn Sie Glück haben, auch noch ein paar anderen beherzten Campern. Aber was dann? Können Sie sich zur Wehr setzen, wenn wirklich ein paar brutale Rowdies da draußen stehen · und mit Gewalt das Fahrzeug ausrauben wollen? Kommen Ihnen andere Leute zur Hilfe, wenn Ihre Anlage ein paar Sekunden lang piept oder tutet? Meine traurige Erfahrung mit Alarmanlagen ist, daß sich im Normalfall kein anderer Mensch darum kümmert, warum da etwas tutet! Entweder wird – mal wieder – ein Fehlalarm vermutet. Oder man fühlt sich durch den Lärm gestört. Oder man schaut bewußt wo anders hin, weil man Angst hat, in einen Konflikt hinein gezogen zu werden. Angesichts unserer Art von »Rechtsprechung« kein Wunder, wenn niemand mehr Zivilcourage aufbringt.

Meines Erachtens sind Alarmanlagen nur dann sinnvoll, wenn man damit selber gewarnt werden soll und wenn man dann Möglichkeiten hat, etwas zu unternehmen. Alles andere ist rausgeschmissenes Geld.

(c) Was tun im Notfall?

Persönliche Sicherheitsmaßnahmen müssen Sie selbst durch entsprechende »Bewaffnung« ergreifen. Ich will hier keinesfalls den Eindruck erwecken, daß man sich nun nur noch bis an die Zähne bewaffnet ins Campingbett legen soll. Oder daß ein Bus eine waffenstarrende Festung werden sollte. Aber ein bißchen sollten Sie schon vorsorgen. Sie wissen ja: »Vorbeugen ist besser als heulen«. Damit Sie nachts zumindest den harmloseren Gangstern nicht vollkommen wehrlos gegenüberstehen. Die zulässigen Verteidigungsmittel helfen aber, wenn überhaupt, nur bei einfachen Ganoven wie Dieben, Einbrechern und unbewaffneten Räubern. Bei mit Schußwaffen ausgestatteten Straßenräubern ist dagegen jeder Widerstand lebensgefährlich!!!

Ich empfehle jedem Camper, immer auf eine ausreichende »Bewaffnung« zu achten. Als vorsichtiger Campingbusfahrer kann es nicht schaden, sich (im Rahmen der im jeweiligen Lande geltenden Vorschriften!) vorbeugend zu »bewaffnen«! Natürlich nicht mit einer scharfen Waffe, denn da würden Sie auch im Ausland erheblichen Ärger bekommen. Aber mit ein paar »Haushaltsgegenständen« kann auch dann die Selbstverteidigung recht wirkungsvoll werden: ein solides Campingbeil, ein gutes Tränengasspray, ein batteriebetriebenes Hochspannungsschockgerät sowie ein oder zwei stabile große Küchenmesser oder ein Überlebensmesser sind brauchbare Waffen für den Notfall, die selbst den kritischsten Zollbeamten an der Grenze nicht zum Einschreiten veranlassen können. Übrigens: Auch eine ganz normale, schrille Trillerpfeife, in Reichweite am Bett angehängt, kann im Notfall schon hilfreich sein.

Ein Handy, selbst wenn es kaputt ist oder die Batterie ungeladen, wirkt vor allem tagsüber auf Ganoven abschreckend, weil sie befürchten müssen, daß Sie gerade die Polizei alarmieren!

(d) Allgemeinen Reisetips

Speziell für Auslandsreisen:
- Führen Sie immer einen Satz Fotokopien der Fahrzeugpapiere und Ausweise mit sich, die Sie ebenso unauffällig am Körper verwahren können wie einen Notgroschen in Papiergeld.
- Tragen Sie stets einen Gürtel, auf dessen Innenseite Sie wichtige Telefonnummern notieren.
- Wenn Ihnen Ihr Fahrzeug im Ausland gestohlen wird oder Sie einen erheblichen Unfall erleiden, dann sollten Sie sofort die Polizei verständigen und dort ein Protokoll (mit Durchschlag für Sie wegen der Versicherung!) aufnehmen lassen.
- Außerdem sollten Sie gleich anschließend Ihre Versicherung (Teilkasko, Hausrat- bzw. Reisegepäckversicherung) telefonisch verständigen und sich von dem Sachbearbeiter beraten lassen. Überlassen Sie die Abwicklung der übrigen Formalitäten ruhig der Versicherung, denn wenn Sie eigenmächtig dazwischenfunken, kann es sein, daß die Angelegenheit verzögert wird oder Sie am Ende auf vielen Kosten sitzenbleiben.

- Denken Sie auch noch an eines: Wenn Ihnen zusammen mit Ihrem Fahrzeug auch die Wohnungsschlüssel abhanden gekommen sind, informieren Sie sofort telefonisch Verwandte oder Bekannte, damit Ihre Wohnung geschützt werden kann. Sonst sind Sie unter Umständen nicht nur Ihr Fahrzeug los, sondern auch die Wohnungseinrichtung oder die Wertsachen aus Ihrem Heim.
- Außerdem ein Hinweis: Große Bier- oder Grillpartys am abendlichen Lagerfeuer, laute Radiomusik oder Gelächter und Gesang locken nicht nur hungrige »Mitesser« oder Mitwanderer an, sondern auch Landstreicher und anderes Gesindel. Schon mancher ist morgens nicht nur mit einem Brummschädel aufgewacht, sondern auch ohne Geld und Wertsachen. Sofern er überhaupt noch aufwachen konnte!

Ich hoffe, ich habe Ihnen jetzt mit diesem letzten Kapitel nicht den Spaß am Reisen verdorben. Aber wie gesagt: Vorsicht ist die Mutter der Porzellankiste. Und lieber einmal öfter vorsichtig sein als ausgeraubt im Ausland aus der Betäubung zu erwachen.

8.02 Ein paar Worte zum Schluß

Am Ende dieses Buchs angelangt, gestatten Sie mir noch ein paar abschließende Worte. Ich möchte Ihnen, lieber Leser, von ganzem Herzen wünschen, daß Sie mit der Planung und dem Ausbau Ihres Campingbusses guten Erfolg und mit den vielen schönen Reisen recht viel Freude haben werden. Das ist zu schaffen! Viele tausend Campingfreunde haben es bisher bewiesen. Das schaffen auch Sie, indem Sie jetzt in die Hände spucken und damit anfangen, Ihren Campingbus so selber zu machen, wie Sie ihn sich wünschen. Ich hoffe, daß dieses Buch Ihnen hierbei etwas behilflich sein kann.

Dabei bin ich mir natürlich klar darüber, daß ich Ihnen in einem solchen Buch immer nur Tips und Hinweise geben kann, aber niemals eine genaue Arbeitsanleitung für ein ganz bestimmtes Fahrzeug oder eine bestimmte Einrichtung, denn dann wären all die anderen Leser enttäuscht, die gerade dieses Fahrzeug oder diese Einrichtung nicht wollen.

Eine 08/15-Standardeinrichtung will kaum einer, denn dann brauchten Sie ja Ihren Campingbus nicht selber zu machen, sondern könnten ihn von der Stange kaufen. Gerade die Vielfalt der Ideen und die individuelle Einrichtung »Ihres persönlichen« Campingbusses ist es ja, die Sie als individuellen Menschen ein klein wenig aus dem grauen Alltag heraushebt. Glauben Sie mir: Der Campingbus ist das ideale Mittel dazu, sich selbst und ein paar nette Leute aus dem grauen Alltag hinaus in die Welt zu bringen. Für den Bau Ihres Campingbusses und für möglichst viele erlebnisreiche, interessante Reisen wünsche ich Ihnen viel Glück und allzeit gute Fahrt.

Johannes P. Heymann

ANHANG

Erste Einrichtungsskizzen

Jetzt haben Sie die Möglichkeit, ganz zwanglos in diesen vereinfachten Fahrzeug-Grundrissen Ihre Vor-

stellungen einer optimalen Einrichtung mit Bleistift (!) aufzuzeichnen. Kümmern Sie sich noch nicht all zu sehr um Möbelmaße oder Fahrzeug-Abmessungen, sondern skizzieren Sie einfach mal 2 Diskussionsgrundlagen auf.

Einrichtungsvorschlag A (unmaßstäblich)

Einrichtungsvorschlag B (unmaßstäblich)
(Zeichnen Sie bitte hier Ihre Einrichtungswünsche ein)

Einige wichtige Grundriß-Rohmaße

(Tragen Sie bitte hier Ihre Rohmaße ein)

Auf dieser Seite kommt es darauf an, zunächst einmal die Hauptabmessungen innen in Ihrem Fahrzeug möglichst genau auszumessen und in diesen Grundriß zu übertragen. Nur so können Sie anschließend beurteilen, wieviel Platz Ihnen für Ihre Einrichtung tatsächlich zur Verfügung steht und wie sich dann Ihre Einrichtungswünsche verwirklichen lassen.

Meist wird es nicht möglich sein, alle Wünsche zu realisieren. Dann muß man eben Kompromisse schließen oder ... so lange tüfteln, bis doch noch alles klappt. Zu dem Zweck empfiehlt es sich, einen guten Radiergummi zur Hand zu nehmen und etwas mehr Zeit in die Grundrißplanung zu investieren. Das lohnt sich am Ende für Sie nämlich mehr, als in der Eile eine unbefriedigende Planung aufs Papier zu bringen.

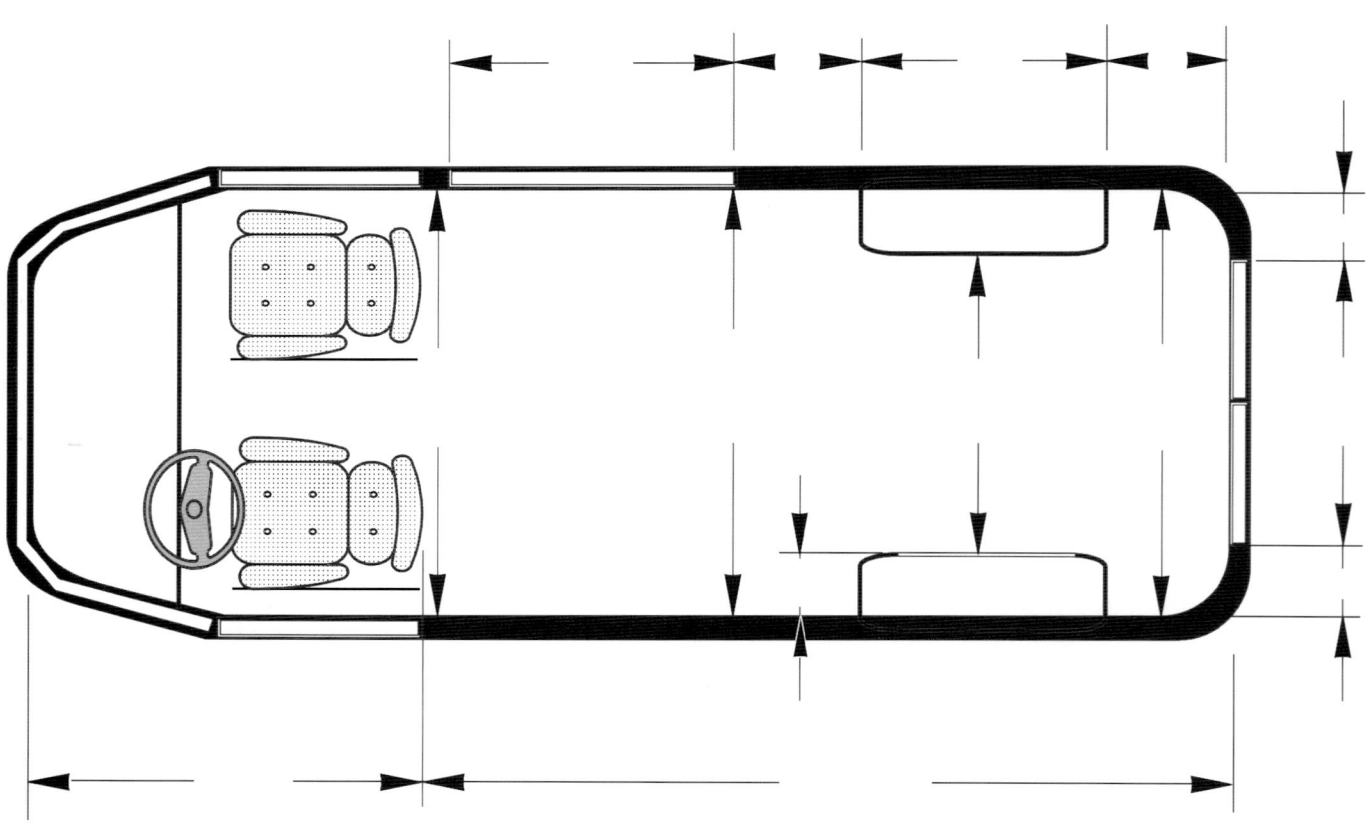

Wichtige Rohmaße
von Fenstern und Türen

(Tragen Sie bitte hier Ihre Rohmaße ein)

Kein Fahrzeug ist wie das andere. Bei Fenstern und Türen gibt es praktisch kaum Normmaße. Aber Sie haben ja ein gutes Bandmaß, einen spitzen Bleistift und diesen Fahrzeug-Längsschnitt. Jetzt gilt es nur noch, hier zumindest die paar vorgemerkten Maße zu notieren. Achten Sie beim Maßnehmen bitte auch darauf, daß sich Fenster und Türen öffnen lassen müssen, daß evtl. Wandverkleidungen, Fußboden-aufdoppelungen usw. Ihre Maße vor dem Möbelausbau noch verändern können und daß Möbel oder Einrichtungen verkehrssicher gestaltet werden sollten.

Wenn in Ihrem Fahrzeug keine Fenster sind: Um so besser! Dann sind Sie nämlich wesentlich freier bei der Gestaltung und Anordnung Ihrer Einrichtung. Fenster in vorgeschriebenen Mindestabmessungen lassen sich fast immer einbauen, aber wenn man sich mit der Planung nach bereits vorhandenen Fenstern richten muß, engt das die großzügige Gestaltung doch ziemlich ein.

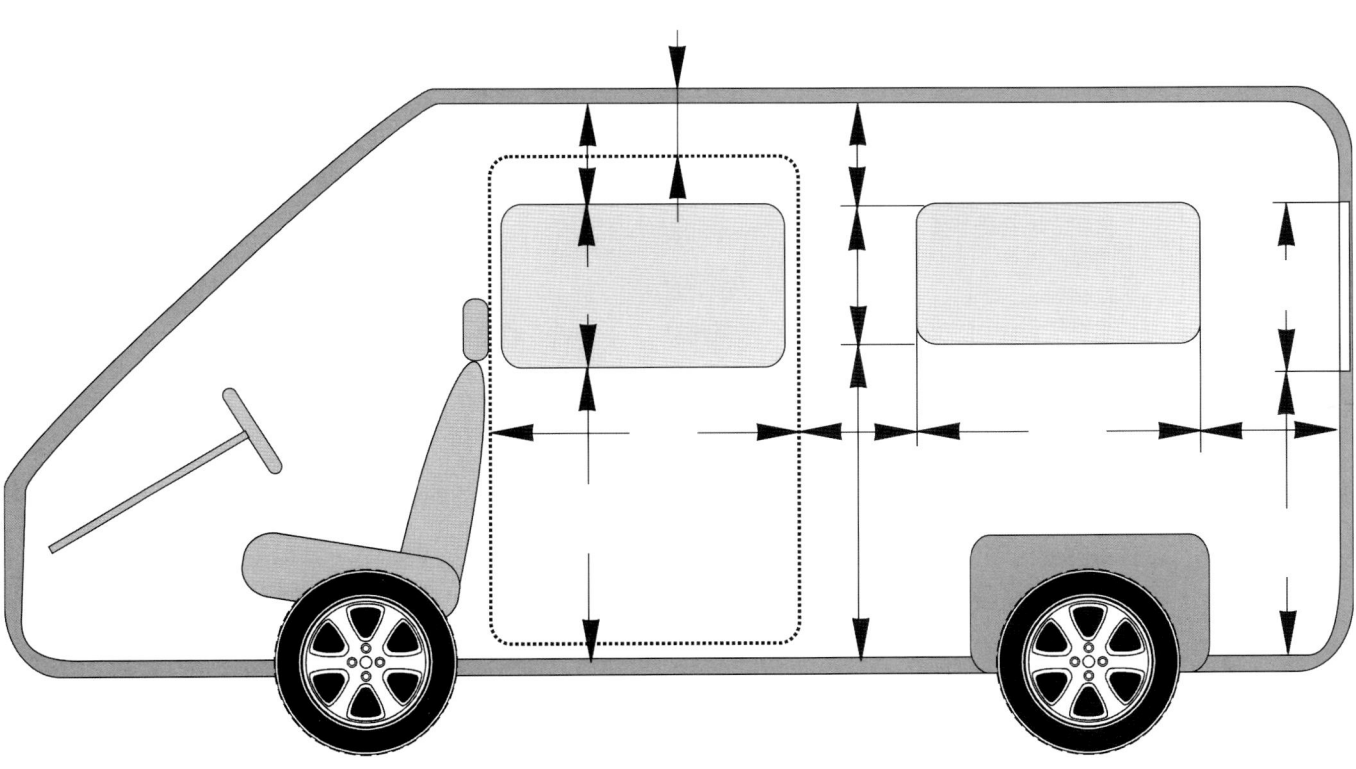

Wichtige Roh-Innenmaße im Fahrzeugquerschnitt

(Tragen Sie bitte hier Ihre Rohmaße ein)

Sie sehen hier drei Querschnitte durch Ihren künftigen Campingbus. Einmal brauchen Sie die einzelnen Maße unmittelbar hinter den Vordersitzen Ihres Fahrzeugs, dann etwa in Fahrzeugmitte bzw. im Bereich der Seitentür und schließlich noch im hinteren Fahrzeugbereich. Dort, wo die Radkästen im Wege sind. Bei besonders schwungvoll geformten Fahrzeugen kann es auch erforderlich sein, noch ein paar mehr Längs- und Querschnitte auszumessen, um Planungssicherheit zu schaffen.

Tragen Sie bitte zumindest die vorgemerkten Maße sorgfältig (mit Bleistift) ein, dann haben Sie eine solide Grundlage für Ihre Einrichtungsplanung.

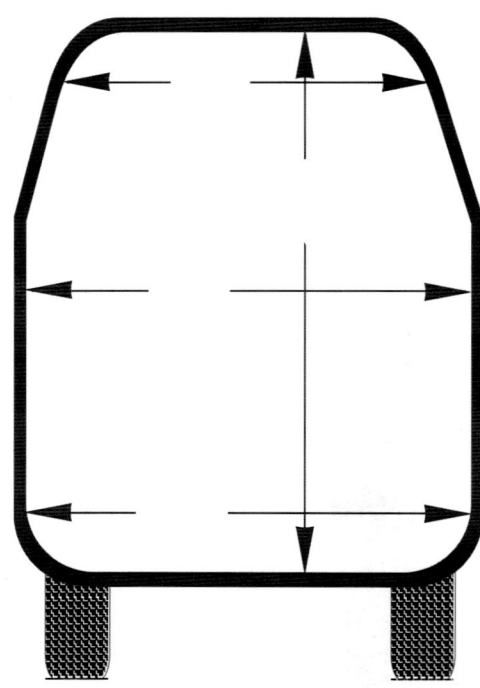

**Querschnittmaße
innen in Fahrzeugmitte**

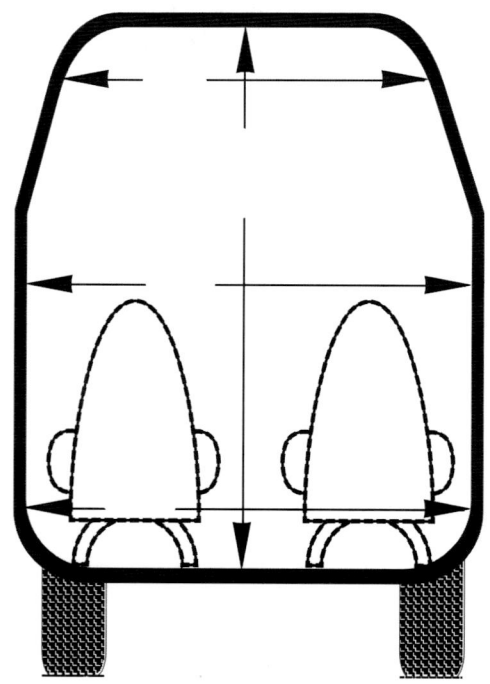

**Querschnittmaße
hinter den Vordersitzen**

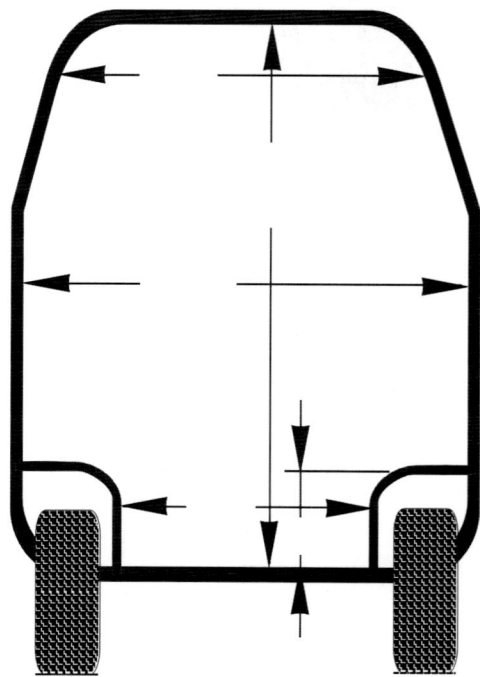

**Querschnittmaße
im Bereich der Radkästen**

Man muß stets den Durchblick behalten!

Natürlich wurde hier vom Zeichner etwas reichlich übertrieben! Aber eine ganze Reihe von sauber gesägten und exakt passenden Durchbrüchen durch die Fahrzeugkarosserie sind nun einmal erforderlich, um all die schönen, nützlichen oder wichtigen Dinge sachgerecht montieren zu können, die das Leben im Campingbus angenehmer machen. Allerdings erfordert so etwas eine genaue Planung. Aber wem sage ich das!

Noch wichtiger ist bei allem Elan aber, daß die Stabilität des Fahrzeugs nicht gefährdet wird. Deshalb: Besser vorher mit dem TÜV und der Kfz-Werkstatt reden!

J. P. Heymann

Der Campingbus

Der Mensch, den's in die Ferne treibt,
weil er nicht gern zu Hause bleibt,
kommt irgendwann zu dem Entschluß:
»Ich brauche einen Campingbus!«

Die Busse, die auf Messen stehen,
sind schick und edel anzusehen,
doch haben sie, wie jeder weiß,
als Nachteil ihren hohen Preis.

Weshalb man Heimwerkern sodann
aus Kostengründen raten kann,
den Campingbus voll Selbstvertrauen
sich selber preiswert auszubauen.

Nun wird der Ausbauplan studiert,
es wird getüftelt und probiert,
geleimt, gehobelt und gesägt,
verschraubt, montiert und neu verlegt.

Dann endlich ist das Werk vollbracht:
Der Campingbus, ganz selbstgemacht,
wird rausgeputzt und aufpoliert
zur TÜV-Abnahme vorgeführt.

Danach kann es auf Reisen gehen,
um sich im Ausland umzusehen.
Erst dabei wird dann manchem klar,
wie schön es doch zu Hause war.

Allzeit gute Fahrt!

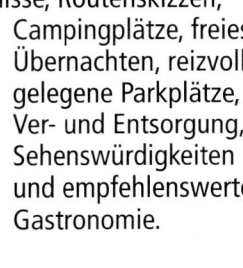